# 60 Jahre Aufbau der Menschenrechte in China

Dong Yunhu, Chang Jian (Hg.)

übersetzt von Benjaporn vom Hofe

CANUT INTERNATIONAL VERLAG

Istanbul - Berlin - London - Santiago

Diese Ausgabe ist eine anerkannte Übersetzung aus der chinesichen Ausgabe, publiziert in Zusammenarbeit mit dem Volksverlag Jiangxi, Nanchang, VR China.

Diese Publikation wurde mit Unterstützung vom "Chinese Fund for Humanities and Social Sciences" (中华社会科学基金) verwirklicht.

60 Jahre Aufbau der Menschenrechte in China
herausgegeben von Dong Yunhu, Chang Jian
übersetzt von Benjaporn vom Hofe
Chinesischer Titel: 中国人权建设60年 (2009), (ISBN: 9787210042778)
© Jiangxi People's Publishing House, 2009

Canut International Verlag
Canut Intl. Turkei, Teraziler Cad. No.29. Sancaktepe, Istanbul, Türkei
Canut Intl. Deutschland, Heerstr. 266, D-47053, Duisburg, Deutschland
Canut Intl. England, 12a Guernsay Road, London E11 4BJ, England
© Canut International Publishers, 2017
**ISBN: 978-605-4923-32-8**
Printed in UK
Lightning Source Ltd. UK
Chapterhouse, Pitfield Kiln Farm
MK11 3LW
United Kingdom
www.canutbooks.com

# Über die Verfasser des Buches

**Dong Yunhu**, geb. 1962 in Xianju, ist stellvertrender Vorsitzender und Generalsekretär der Chinesischen Gesellschaft für Menschenrechtsforschung seit 2009. 2009-2012 diente er als Vize-Direktor des Informationsbüros des Staatsrats. 1986-1997 war er Direktor des Büros für Menschenrechte der Kommunistischen Partei Chinas und Vize-Direktor des Instituts für Marxismus-Leninismus und Mao Zedung-Ideen. Er absolvierte ein Studium im Fachbereich Philosophie der Nankai Universität.

**Chang Jian**, Ph.D, geb. 1957, Vize-Dekan der Zhou Enlai Schule für Staatskunde, leitender Vize-Direktor des Forschungszentrums für Menschenrechte an der Nankai Universität, Ratsmitglied der Chinesischen Gesellschaft für Menschenrechte. Sein akademischer Schwerpunkt liegt im Bereich der Menschenrechte, Führung, Conflict Management, Ethik für öffentliche Verwaltung und westlichen poltischen Ideen.

# Inhaltsverzeichnis

Vorwort        1

**Kapitel 1**
**Der Prozess des Ringens um Menschenrechte und deren Wahrung**
**und Weiterentwicklung in China**        5

I. Die Menschenrechte als wesentliches Ergebnis der Modernisierung der
menschlichen Gesellschaft        6

II. Die Kämpfe des chinesischen Volkes um Menschenrechte in der
chinesischen Neuzeit        12

**Kapitel 2**
**Rechte auf Existenz, auf Entwicklung, und Schutz der**
**ökonomischen, gesellschaftlichen und kulturellen Rechte**        57

I. Rechte auf Existenz und Entwicklung sind die alle wichtigsten
Menschenrechte        57

II. Beitrag Chinas für die Gewährleistung der Rechte des Volkes auf Existenz
und Entwicklung        67

III. Schutz der Rechte auf Wirtschaft, Gesellschaft und Kultur        73

**Kapitel 3**
**Der Schutz der politischen Rechte der Bürger**        99

I. Rechte der Bürger auf Politik und die Entwicklung der chinesischen Politik    99

II. Rechtsschutz der Bürger und Schutz derer politischen Rechte        105

III. Die Entwicklung der bürgerlichen und politischen Rechte der
Bevölkerung        117

IV. Die Verstärkung der Gewährleistung der bürgerlichen und politischen
Rechte der Bevölkerung im Hinblick auf die Förderung der sozialen
Harmonie        128

**Kapitel 4**
**Menschenrechte in der Justiz** 131

I. Die Geschichte und Besonderheit des Menschenrechtschutzes im
Strafrecht 132

II. Der Schutz der Rechte der Opfer im Strafrecht 135

III. Die Gewährleistung der Rechte der Tatverdächtigen und Angeklagten
im Strafrecht 143

IV. Die Gewährleistung der Rechte Krimineller im Strafrecht 153

**Kapitel 5**
**Schutz der Rechte der Frauen und Kinder** 161

I. Gleichberechtigung zwischen Mann und Frau, Schutz der legitimen
Rechte der Frauen und Kinder 161

II. Politische Rechte der chinesischen Frauen werden durch Gesetze
und politische Richtlinien ausreichend geschützt 171

IV. Schutz der Frauen auf Ehe und Familien 185

V. Gewährleistung der Rechte der Kinder auf Existenz und Entwicklung 188

**Kapitel 6**
**Schutz der Rechte der nationalen Minderheiten** 199

I. Politik der nationalen Minderheiten mit chinesischer Prägung und Schutz
der Rechte der nationalen Minderheiten 199

II. Autonome Rechte der nationalen Minderheiten in ihren Gebieten 209

III. Rechte der nationalen Minderheiten auf Entwicklung 217

IV. Rechte der nationalen Minderheiten auf Entwicklung ihrer Sprachen
und ihrer traditionellen Kultur 226

**Kapitel 7**
**Schutz der Rechte für Behinderte** 233

I. Der Entwicklungsprozess der Schutz der Rechte für Behinderte 233

II. Rechtsschutz für Behinderte 237

III. Der Schutz des Rechts der Behinderten auf Existenz 248

IV. Gewährleistung und Schutz der Rechte der Behinderten
auf gleiche Entwicklung 254

V. Schutz der Rechte der Behinderten auf gleiche Anteilnahme 261

**Kapitel 8**
**Aktives Mitwirken bei der internationalen**
**Menschenrechtskonvention**         **269**

I. Die Entwicklung der internationalen Menschenrechte    269

II. Der Prozess der chinesischen Anteilnahme an Aktivitäten der
internationalen Menschenrechte    278

III. Der Kampf zwischen China und den westlichen Ländern hinsichtlich
der Menschenrechte    281

III. Die Essenz der chinesischen und westlichen Nationen im Kampf
für Menschenrechte    293

IV. Die Zusammenarbeit Chinas mit der internationalen Gemeinschaft
im Bereich der Menschenrechte    295

V. Chinas Beitrag zur Entwicklung der internationalen Menschenrechte  298

**Kapitel 9**
**Die Entwicklungsperspektive der chinesischen Menschenrechte**  **303**

I. Der besondere Weg der Entwicklung der chinesischen Menschenrechte    304

II. Die Herausforderung in der neuen historischen Phase der Entwicklung
der chinesischen Menschenrechte    312

III. „Der Handlungsplan der nationalen Menschenrechtskonvention" und
die Zukunftsperspektive für die Entwicklung der chinesischen Menschenrechte  316

**Erster Anhang**
**Weißbuch Menschenrechte in China**         **325**

Vorwort    325

I. Das Recht auf Leben – das oberste Menschenrecht, worum das
chinesische Volk lange kämpfte    327

III. Die Bürger genießen ökonomische, kulturelle und gesellschaftliche Rechte  339

IV. Die Gewährleistung der Menschenrechte in der Rechtsprechungsarbeit  346

V. Gewährleistung des Rechtes auf Arbeit    356

VI. Die Bürger genießen Glaubensfreiheit    361

VII. Gewährleistung der Rechte der Minoritätsnationalitäten    364

VIII. Familienplanung und Sicherung der Menschenrechte    371

IX. Gewährleistung der Menschenrechte für die Behinderten    375

X. Aktive Teilnahme an den Aktivitäten der internationalen Menschenrechte  381

**Zweiter Anhang**
**Nationaler Handlungsplan für Menschenrechte**
**in China 2009-2010**                                                    **387**

Einleitung                                                                    387

I. Sicherung der wirtschaftlichen, gesellschaftlichen und kulturellen Rechte   390

II. Sicherung der bürgerlichen und politischen Rechte                         404

III. Gewährleistung der Rechte und Interessen der ethnischen Minoritäten,
Frauen, Kinder, älteren Menschen und Behinderten                             415

IV. Ausbildung in den Menschenrechten                                         424

V. Ausführung der internationalen Menschenrechtepflichten und
Vornahme der Austäusche und Zusammenarbeit im Feld
der internationalen Menschenrechte                                           426

**Dritter Anhang**
**Generalsekretär des Zentralkomitees der**
**KP Chinas und Staatspräsident Hu Jintaos Brief an**
**die Chinesische Forschungsgesellschaft für Menschenrechte   429**

# Vorwort

Die Frage der Menschenrechte zählt zu denjenigen Fragen, die in weiten Teilen der heutigen Welt Beachtung finden. Es ist auch ein wichtiges Problem beim Modernisierungs-Projekt Chinas und in seinen Außenbeziehungen. Die vollen Menschenrechte zu genießen ist ein hohes Ideal, das die Menschheit seit langem verfolgt. Auch das chinesische Volk streitet unbeirrt für dieses hehre Ziel: In einem gewissen Sinne dienten die chinesische Revolution, Aufbau, Reform und Entwicklung gerade dazu, die Menschenrechte des gesamten Landesvolkes zu erstreiten und zu verwirklichen.

Im 20. Jahrhundert erwachte das chinesische Volk aus einem Abgrund des Leidens. Es war ein Jahrhundert des Widerstandes und der Erhebung, aber auch eines, in dem das chinesische Volk harte Prüfungen durchlebt und sein Leben sich tiefgreifend gewandelt hat. Unter der Führung der Kommunistischen Partei Chinas wurde 1949 nach einem bitteren und unbesiegten Kampf endlich der Druck der „drei großen Berge" von Imperialismus, Feudalismus und bürokratischem Kapitalismus abgeworfen und die Volksrepublik China gegründet, somit staatliche Unabhängigkeit und die Befreiung der Völker verwirklicht. Wir führten nun unseren eigenen Haushalt und bestimmten unser Schicksal. Die Geburt der Volksrepublik China war ein Ereignis von enormer Bedeutung für die Weltgeschichte des 20. Jahrhunderts. Sie signalisierte für das chinesische Volk, also ein Viertel der Weltbevölkerung, das Ende einer jahrtausendelangen Geschichte von feudalistischer Unterdrückung und imperialistischer Versklavung; nun war es auf der Welt wirklich aufgestanden. Das war nicht nur ein wichtiger Meilenstein für die Entwicklung der Menschenrechte in China, sondern auch eine beachtliche Leistung für die Entwicklung der Menschenrechte auf der ganzen Welt.

2009 jährt sich die Gründung der Volksrepublik China zum 60. Mal. Seit 60 Jahren haben Chinas Kommunistische Partei, die chinesische Regierung und das chinesische Volk sich in einer harten und mühevollen Erkundung unermüdlich dafür angestrengt, die Menschenrechte voranzutreiben und zu sichern. Beginnend mit der Geburt der neuen Gesellschaft hat China weltweit anerkannte, riesige Fortschritte gemacht, und das Leben des chinesischen Volkes hat sich bis zur Unkenntlichkeit verändert. Durch 60 Jahre währende Mühen ist das schwache, arme und erniedrigte China zu einer blühenden Weltmacht geworden, die viel für Frieden und Entwicklung auf der Welt geleistet hat. Das materielle Leben der 1,3 Milliarden Chinesen hat sich enorm verbessert; sie sind bitterer Armut und Unwissenheit entkommen und führen nun ein zivilisiertes, gesundes Leben, in dem ihre Grundbedürfnisse erfüllt sind. Dabei genießen sie Freiheit und Menschenrechte in zuvor ungekanntem Maße. Gegenwärtig befindet sich China in jener entscheidenden Phase, in der die Gesellschaft des „bescheidenen Wohlstandes" umfassend aufgebaut und die sozialistische Modernisierung beschleunigt vorangetrieben wird. Die Lehren zusammenzufassen, die Chinas Regierung und Volk in den 60 Jahren seit der Gründung des neuen Chinas aus ihren Erfahrungen mit der Wahrung und Förderung der Menschenrechte gezogen haben, und die Entwicklung der Menschenrechtsbemühungen zu fördern, hat eine enorme und reale Bedeutung für den umfassenden Aufbau der Gesellschaft des „bescheidenen Wohlstandes", den beschleunigten Aufbau der sozialistischen Modernisierung, den Antrieb des wissenschaftlichen Fortschritts und die Förderung der gesellschaftlichen Harmonie.

Unsere Ziele bei der Herausgabe von „60 Jahre Aufbau der Menschenrechte in China" liegen darin, den glorreichen Weg Revue passieren zu lassen, den Chinas Partei, Regierung und Volk bei der Wahrung und Förderung der Menschenrechte gegangen sind, ebenso wie die enormen Erfolge, die sie dabei erreicht haben. Wir wollen systematisch die institutionelle Garantie, politische Position, sowie die Entwicklungsmodalitäten und praktischen Ergebnisse der Menschenrechte im Sozialismus chinesischer Prägung vorstellen, und die Umstände und Entwicklung des Aufbaus der Menschenrechte in China vielschichtig und von mehreren Standpunkten und Blickwinkeln aus beleuchten. Indem wir die Erfahrungen zusammenfassen, treiben wir die Unternehmung der Menschenrechte in China noch einen Schritt voran, um in einer neuen Ära neue, prächtigere Erfolge zu erringen. Wir wollen mit Tatsachen die Entstellungen und Angriffe feindlicher internationaler Kräfte bezüglich der Menschenrechtssituation in China widerlegen, und so den internationalen Eindruck wahren, dass China die Menschenrechte achtet.

Das Buch „60 Jahre Aufbau der Menschenrechte in China" umfasst neun Kapitel. Das erste Kapitel „Der Prozess des Ringens um die Menschenrechte, ihrer Erhaltung und Entwicklung in China" schildert den bewegenden Kampfprozess des chinesischen Volkes um seine nationale Befreiung, um die Menschenrechte des Volkes und um die Suche nach einem für die chinesischen

Verhältnisse gangbaren Weg seit der Zeit vor der Gründung der Volksrepublik Chinas. In diesem Kapitel wird dargestellt, was die chinesische Regierung und das chinesische Volk in den letzten sechzig Jahren seit der Gründung der Volksrepublik bei der Suche nach einem für China geeigneten Entwicklungsweg geleistet haben. Auch beschreibt das Kapitel damit den Versuch der schwierigen und holprigen Erkundung eines Aufbaus der Menschenrechte und ihre weitreichenden Errungenschaften. Das Kapitel versäumt dabei nicht zu betonen, dass dieser Kampf um Menschenrechte in der chinesischen Neuzeit begonnen hat, als der Imperialismus in China eingedrungen ist. Damals stand China – im Unterschied zu den westlichen kapitalistischen Ländern – vor ganz anderen historischen Aufgaben und Anforderungen. Damit war der entscheidende Ausgangspunkt dafür bestimmt, warum China einen besonderen Weg gehen musste: Zunächst hatte China gegen den Imperialismus und Feudalismus zu kämpfen, dann aber musste China auch noch um seine nationale Souveränität und um den Aufbau der Menschenrechte ringen. Diese besondere Situation hat dazu geführt, dass in China erst eine spätere Entwicklung und ein ganz anderer Weg bei der Modernisierung und beim Aufbau der Menschenrechte beschritten werden musste als im Westen.

In den Kapiteln zwei bis sieben haben die Verfasser die Besonderheiten des chinesischen Aufbaus der Menschenrechte für verschiedene Gesellschaftsgruppen, aus jeweils historischer Perspektive, und in Verbindung von Theorie und Praxis, systematisch dargestellt und gezeigt, wie die Kommunistische Partei Chinas und die chinesische Regierung beständig bemüht waren, ein vollständiges Rechtssystem aufzubauen, um das Recht der Bevölkerung auf Leben, auf Entwicklung, auf Wirtschaft und Gesellschaft, auf Kultur und Politik, um das Recht für Frauen und Kinder, für nationale Minderheiten, für Behinderte zu gewährleisten. Dabei hat China deutliche Fortschritte gemacht. In diesen Kapiteln wird schwerpunktmäßig beschrieben, wie die Partei und die Regierung in jüngster Zeit, in der die Förderung einer harmonischen Gesellschaft als Ziel angestrebt wurde, ständig versucht hat, einen umfassenden Aufbau der Menschrechte, auch unter wissenschaftlichem Aspekt, voranzutreiben. Im Blick darauf hat man viele neue Gesetze erlassen und entsprechende Maßnahmen getroffen, womit man große Erfolge errungen und dem Aufbau der Menschenrechte entgegen gearbeitet hat.

Das 8. Kapitel, betitelt als „Anteilnahme an internationalen Aktionen für Menschenrechte", behandelt hauptsächlich die Frage der Globalisierung der Menschenrechte, der internationalen Menschenrechte in Theorie und Praxis, wobei der Schwerpunkt der Frage gilt, wie China an der Diskussion internationaler Angelegenheiten hinsichtlich der Menschenrechte beteiligt werden konnte. Auch thematisiert es präzise, wie China in Sachen der Menschenrechte sich mit dem Westen auseinandersetzt und es erläutert zugleich systematisch, wie China aktiv am Prozess einer gesunden Entwicklung der Menschenrechte teilnimmt und bestimmt die chinesische Position.

Das 9. Kapitel mit dem Titel „Vorausschau der chinesischen Entwicklung in Sachen Menschenrechte" nimmt den Bericht des 17. Volkskongresses über Menschenrechte in China als Modell und den „Staatlichen Unternehmungsplan hinsichtlich der Menschenrechte" als Basis, um die Erfahrungen für den Aufbau der Menschenrechte seit der Gründung der Volksrepublik Chinas in den letzten sechzig Jahren systematisch zusammenzufassen und entwickelt zuversichtlich eine Perspektive für die künftige Entwicklung.

Das Buch wurde unter Dong Yunhus Leitung von vielen Fachleuten und Forschern gemeinsam verfasst. Den Grundriss des Ganzen hat Dong Yunhu geliefert, die Experten waren jeweils für einzelne Teile zuständig. Die Verfasser einschließlich Dong Yunhu (1. Kapitel) sind Wu Leifen und Chen Yichao (2. Kapitel), Liu Jie (3. und 8. Kapitel), Li Zhongcheng (4. Kapitel), Zhang Xiaoling (5. Kapitel), Li Yunlong (6. Kapitel), Zhang Wanhong (7. Kapitel), Chang Jian (9. Kapitel). Dong Yunhu und Chang Jian haben das ganze Buch lektoriert. Für die Genese dieses Unternehmens hat Wu Leifen große organisatorische Arbeit geleistet.

Der Volksverlag Jiangxi hat viel dazu beigetragen, dass dieses Buch veröffentlicht werden konnte. Dessen Direktor Xu Jianguo hat dieses Projekt persönlich betreut und sich intensiv um das Zustandekommen dieses Buchs gekümmert und war in vielerlei Hinsicht hilfreich. Ich ergreife deshalb diese Gelegenheit, mich einmal herzlich bei allen Beteiligten am Projekt herzlich zu bedanken, die als Verfasser, Lektoren, und Verantwortliche für die Gestaltung beteiligt waren; und auch bei allen Mitarbeitern des Verlags.

*Dong Yunhu*
*September 2016*

# Kapitel 1

# Der Prozess des Ringens um Menschenrechte und deren Wahrung und Weiterentwicklung in China

Der Prozess des Ringens um Menschenrechte des chinesischen Volkes, ihre Bewahrung und ihre Weiterentwicklung ist ein wichtiger Bestandteil der chinesischen Revolution, des Aufbaus und Reform und der Entwicklung. Dieser stürmische historische Entwicklungsprozess kann auch als ein wesentliches Moment des großartigen historischen Prozesses der Befreiungsbewegung und der friedlichen Entwicklung der Nationen der Welt begriffen werden. Die Frage des chinesischen Menschenrechts versteht sich als Teil der Frage der chinesischen Modernisierung und die Sache des chinesischen Menschenrechts geht fortlaufend einher mit dem Aufbau der Modernisierung in China. Die Ausbildung der Menschenrechte kann als ein entscheidendes Ergebnis der Modernisierung der Menschengesellschaft überhaupt gesehen werden. Unter Menschenrecht versteht man das Grundrecht jedes Menschen: Jeder Einzelne soll unter seinen jeweils besonderen geschichtlichen Bedingungen Würde erfahren und genießen können. Das Wesen, ja die spezifische Bedeutung des Menschenrechts liegt in der Forderung nach Freiheit und Gleichheit. Ohne die Voraussetzung und Gewährleistung von Freiheit und Gleichheit kann im Grunde die Menschheit nicht existieren und sich fortentwickeln. Ohne die Garantie dieser Werte kann von einer Existenz und Entwicklung im Zeichen der Menschenwürde als einer dem menschlichen Wesen adäquaten Form, mithin vom Menschenrecht überhaupt keine Rede sein. Die Wesensbestimmung und das Ziel des Menschenrechtes betrifft die Möglichkeit einer anerkannt würdigen Existenz und fortgehenden Ausbildung der Menschen. Das Ziel der Freiheit und Gleichheit intendiert die Befreiung aller Menschen von jeglicher Art von Unterdrückung, Ausbeutung und Diskriminierung. Alle sollen in Würde leben und sich allgemein frei entwickeln können. Wenn man die Bestimmung der Existenz und der freien Entwicklung eines Menschen nicht ernst nimmt, dann verblassen die Werte der Freiheit und Gleichheit und werden zu einer bloßen Phrase, zu einer hohlen Form ohne Inhalt und verlieren somit vollkommen ihre Bedeutung. Denn das eben meint Menschenrecht in seiner umfassenden Bedeutung, dass alle Menschen die Chance einer freien und gleichberechtigten Existenz und Entwicklung haben; oder anders gesagt: Jeder einzelne Mensch hat das Recht auf eine freie Existenz und Entwicklung. Alle sollen über die nötige Freiheit und Gleichheit verfügen, d.h. über die Möglichkeit gleichberechtigter Existenz und Entwicklung.

# I. Die Menschenrechte als wesentliches Ergebnis der Modernisierung der menschlichen Gesellschaft

In gewissem Sinne könnte man vielleicht behaupten, die Geschichte der Menschheit sei identisch mit der Geschichte eines Kampfes um die Menschenrechte und deren Verwirklichung. Als die Menschheit historisch gesehen zu einer Klassengesellschaft geworden war, geriet die Geschichte der Menschenrechte zum Problem einer Geschichte des Kampfes der Unterdrückten gegen die Unterdrücker, in dem die unterdrückten Menschen nach Anerkennung, nach Würde, nach den Werten menschlicher Grundrechte strebten. Der entschiedene Kampf gegen Unterdrückung, gegen Ausbeutung und gegen Diskriminierung: Darin liegen die entscheidenden inhaltlichen Postulate des Menschenrechts. In der alten römischen Sklavengesellschaft hat ein Führer des Aufstandes einmal den heroischen Spruch verlauten lassen: „Lieber tod als unfrei!" In der lange währenden feudalistischen Gesellschaft in China haben die Führer der Bauernaufstände die provozierende Frage gestellt: „Sollten die Könige und Kaiser von Geburt an mehr wert sein als andere?" Sie erhoben die Fahne ihres Kampfes mit den Parolen: „Gleichstellung von Ober- und Unterschicht der Gesellschaft und Gleichstellung der Armen und Reichen, gerechte Gleichverteilung des Reichtums". Gerade aus solchen mutigen und bewegenden Kämpfen ist die Geschichte der Menschenrechte hervorgegangen. Und diese Geschichte währt bis heute an.

Streng genommen entstand der Begriff der Menschenrechte als ein universeller politischer Begriff erst im 17. und 18. Jahrhundert, als die europäische Bourgeoisie sich gegen die feudale Despotie zu erheben begann. In den Anfängen spiegelt dieser Kampf die wesentliche Forderung nach kapitalistischer Globalisierung und Modernisierung wider. In gewissem Sinne ist sie zugleich ein wichtiges Produkt und Zeichen der Entwicklung von der traditionellen zur modernen Gesellschaft. Damals haben bürgerliche Denker und Politiker die Fahne der „angeborenen Menschenrechte" erhoben, um sich damit den als „heilig" und unverletzlich geltenden feudalen von Gott gegebenen, königlichen und ständischen Privilegien zu widersetzen und aufzuheben

und die feudale Despotie von Grund auf zu zerschlagen, um so der kapitalistischen Marktwirtschaft und Modernisierung den Weg zu ebnen. Sie behaupteten, dass jeder einzelne Mensch von Natur aus unabhängig, frei und
gleich sei. Ihrer Überzeugung nach hatten Leben, Eigentum, Freiheit und
Gleichheit sowie der Widerstand gegen Unterdrückung den Status von unantastbaren Naturrechten; entzöge man den Menschen diese Rechte oder gäbe
man sie preis, dann hätte dies die Entziehung bzw. Preisgabe der Würde des
Menschen zufolge, was gegen die menschliche Natur spräche. Die amerikanische „Unabhängigkeitserklärung" von 1776 hat zum ersten Mal die „angeborenen Menschenrechte" ins politische Programm der bürgerlichen Revolution
eingeschrieben, und dies ist zur „ersten Erklärung der Menschenrechte"[1] in
der Geschichte der Menschheit geworden. Die „Erklärung" verfichte den
Anspruch, dass „alle Menschen gleich geschaffen sind; dass sie von
ihrem Schöpfer mit gewissen unveräußerlichen Rechten ausgestattet
sind; dass dazu Leben, Freiheit und das Streben nach Glück gehören; dass zur Sicherung dieser Rechte Regierungen unter den Menschen
eingerichtet werden, die ihre rechtmäßige Macht aus der Zustimmuung
der Regierten herleiten; dass, wenn irgendeine Regierungsform sich für
diese Zwecke als schädlich erweist, es das Recht des Volkes ist, sie zu ändern oder abzuschaffen und eine neue Regierung einzusetzen". In der
„Erklärung der Menschen- und Bürgerrechte", welche im Jahr 1789 zur Zeit
der französischen Revolution verabschiedet wurde, haben die „angeborenen
Menschenrechte" zum ersten Mal Eingang in eine Staatsverfassung gefunden.
Darin hieß es: „Die Menschen werden frei und gleich an Rechten geboren
und bleiben es", „der Zweck jeder politischen Vereinigung ist die Erhaltung
der natürlichen und unantastbaren Menschenrechte. Diese sind das Recht auf
Freiheit, das Recht auf Eigentum, das Recht auf Sicherheit und das Recht auf
Widerstand gegen Unterdrückung." Seither hat die Bourgeoisie jedes Landes
nach ihrer Machtergreifung die Menschenrechte in die Verfassung festgeschrieben, so dass sie zu einem wichtigen Inhalt und Wahrzeichen der bürgerlichen
Demokratie geworden ist. So ist die erste Gestalt des Menschenrechtsbegriffs,
nämlich ihre bürgerliche Gestalt entstanden.

7

Die Bourgeoisie kämpfte gegen die von Gott gegebenen, königlichen
und ständischen Privilegien, und verteidigte das Recht, auf die menschliche Natur zurückzugreifen, und aus der menschlichen Natur freie und gleiche  Menschenrechte herzuleiten. Im Namen der Menschenrechte verkündete die Bourgeoisie die Geburt des Kapitalismus und hat damit die
kapitalistische Modernisierung mit einem reizvollen Zauber versehen. Dies hat
die Modernisierung und den gesellschaftlichen Fortschritt mächtig vorangetrieben und hatte damals eine große Rolle in der Befreiung der Ideen gespielt
und auf die Weltgeschichte einen revolutionär fortschrittlichen Einfluss gehabt.
Aber der Menschenrechtsbegriff in kapitalistischer Gestalt hatte von Anfang
an unverkennbare historische Schranken und  Klassenschranken. Zwar wurden

---

1    Marx und Engels Werke, Band 16, Dietz Verlag, 1962, S.18.

feudale Standesprivilegien über den Haufen geworfen, doch um den Preis einer Legitimierung von Klassenprivilegien der Bourgeoisie. Das Recht des Privateeigentums hängte sich einen heiligen Mantel um, und die Freiheit und Gleichheit der Kapitalbesitzer zum höchsten Menschenrecht erklärt. Ebenso wie Karl Marx einst bemerkt hatte, dass solche Menschenrechte selbst Privilegien sind.[2] Die Grundvoraussetzung der kapitalistischen Gesellschaft besteht darin, dass eine Minderheit von Kapitalisten die Produktionsmittel besitzen und dass das werktätige Volk bis zum Äußersten enteignet wird, weshalb hier das Menschenrecht, das zu einem der wichtigsten erklärt wurde, in Wirklichkeit das Eigentumsrecht der Bourgeoisie ist. Die verheißene sogenannte Freiheit besteht nur in der Freiheit des Kapitals, dem Arbeiter auch noch das letzte Blut auszupressen. Auch die sogenannte Gleichheit heißt nichts anderes als, dass das Kapital die Arbeitskräfte gleich ausbeutet. Dementsprechend sind alle politischen Rechte und Freiheiten, die die bürgerliche Demokratie verkündet hat, letztlich nichts anderes als eine Freiheit der Bürger ist, die Freiheit des werktätigen Volkes gemeinsam zu unterdrücken.

Gerade in der Unterdrückung und Ausbeutung des Proletariats und des werktätigen Volkes, die mit der Entstehung und Entwicklung der kapitalistischen Modernisierung einhergeht, tritt die grausame Unterdrückung und Heuchelei kapitalistischer Menschenrechte zutage. Darum haben das Proletariat und die breiten Massen des werktätigen Volkes seit dem ersten Tag, an dem die Bourgeoisie die „Menschenrechte" ausgerufen hat, den Kampf um ihre eigenen wahren Menschrechte begonnen. Anfänglich haben sie die Losung „Menschenrechte" der Bourgeoisie übernommen, daraus die Forderungen, die mehr oder weniger richtig sind bzw. weiterentwickelt werden können, aufgenommen und diese mit ihrem eigenen Klasseninhalt versehen, als Fahne für den Kampf um ihre eigenen Ansprüche an die Bourgeoisie. Sie ertappten den Hohn der Bourgeoisie, indem sie ihr vorwarfen, dass die Rechte der Freiheit und Gleichheit nicht nur scheinbare politische Rechte, sondern wirkliche gesellschaftliche und ökonomische Rechte sein sollten; man müsse nicht nur die ständischen Privilegien beseitigen, sondern vielmehr die Klassenunterschiede selbst. So würden sich die Forderungen der Menschenrechte nicht mehr auf politische Rechte beschränken, sondern auch auf die Frage der ökonomischen, gesellschaftlichen und kulturellen Gleichstellung der Menschen ausgedehnt werden.

Die Geburt des Marxismus hat die Heuchelei und das Geheimnis des kapitalistischen Systems, das unter dem Deckmantel der „Freiheit, Gleichheit, Menschenrechte" das werktätige Volk grausam ausbeutet, tiefgründig enthüllt, und wissenschaftlich aufgedeckt, dass nur der Kommunismus mit dem Ziel, das Privateigentum und die Ausbeutung auszulöschen, in Wahrheit den Grund der Menschenrechte verwirklichen kann, was die Entstehung der sozialistische Gestalt des Menschenrechtsbegriffs bezeichnet. Gemäß diesem Begriff ist die Grundlage der Menschenrechte nicht irgendeine abstrakte Natur der

---

2    Marx und Engels Werke, Band 3, Dietz Verlag, 1978, S.190.

Menschheit, sondern das wirkliche gesellschaftliche Wesen des Menschen, nämlich Arbeit. Der Marxistismus hält daran fest, dass die Rechte des Menschen von der Funktion der Arbeit des Menschen und dem tatsächlichen Beitrag des von Menschen geschaffenen materiellen und geistigen Reichtums nicht getrennt werden können und deshalb auch von der Existenz und Entwicklung der Menschen nicht getrennt werden können. Daraus folgt: Die erste Voraussetzung der Menschenrechte besteht darin, das Privateigentum auszulöschen und die Ausbeutung und Unterdrückung durch Klassen zu beseitigen. Solange die Freiheit zur Befreiung der Arbeit von der Ausbeutung und Unterdrückung durch das Kapital in Widerspruch steht, ist sie etwas Trügerisches; wenn die Gleichheit die Auslöschung des Privateigentums nicht betrifft, dann mündet sie notwendig in einem Unding. Kurzum: Solange Privateigentum und Ausbeutung bestehen, sind wahre Freiheit und Gleichheit unmöglich. Deshalb besteht die sozialistische und kommunistische Forderung der Menschenrechte darin, dass die umfassende Freiheit und Gleichheit der Menschen unter der Voraussetzung der Auslöschung des Privateigentums und der Ausbeutung und unter der Bedingung, dass die Freiheit und Gleichheit eines jeden gesellschaftlich und politisch gesichert ist, verwirklicht wird. Das Ideal der Menschenrechte in sozialistischer Gestalt besteht darin, dass "die freie Entwicklung eines jeden die Bedingung für freie Entwicklung aller ist."[3] Die „Deklaration der Rechte des werktätigen und ausgebeuteten Volkes", die die sowjetische Oktoberrevolution verkündet hat, hat zum ersten Mal den sozialistischen Menschenrechtsbegriff zu einem rechtlichen Prinzip erhoben. Die nachfolgenden sozialistischen Länder haben in ihren jeweiligen Verfassungen ähnliche Inhalte festgesetzt mit der Folge, dass das Ideal der sozialistischen Menschenrechte in bestimmtem Beriech und Umfang zur Wirklichkeit wurde, und den Menschenrechtsbegriff sodann in der ganzen Welt zutiefst beeinflusst und bereichert hat. Der große Beitrag der sozialistischen Gestalt der Menschenrechte mit ihrer weltgeschichtlicher Bedeutung besteht darin, einerseits den wesentlichen Zusammenhang von Menschenrechten und Arbeit betont und die Wichtigkeit der ökonomischen, gesellschaftlichen und kulturellen Rechte angeregt und hervorgehoben zu haben, und andererseits die Sicherung der gesellschaftssystemischen und materiellen Bedingungen der politischen Rechte und der Freiheit bestätigt und betont zu haben. Damit hat sie den Bedeutungsgehalt des Menschenrechtsbegriffs überaus bereichert und vertieft.

Seit dem Eintritt ins 20. Jahrhundert, vor dem Hintergrund des Konflikts und der Koexistenz der beiden Ideologien des Sozialismus und Kapitalismus und vor dem Hintergrund, dass zahlreiche jüngst unabhängige Länder der Dritten Welt die internationale politische Bühne betreten\ den Entwicklungsweg der Modernisierung eingeschlagen und auf der internationalen Ebene eine aktive Rolle gespielt haben, hat der Menschenrechtsbegriff in der Weltgemeinschaft eine weitere Bereicherung und Entwicklung erfahren. Die kapitalistische Modernisierung hing dann von Anfang an mit der Aggression nach außen,

3   Marx und Engels Werke, Band 4, Dietz Verlag, 1977, S.482.

der Kolonisierung und Plünderung und mit der Globalisierung zusammen. Besonders nach dem Übergang vom Stadium des Kapitalismus zum Stadium des Imperialismus wurden die Kämpfe um Kolonien und Hegemonie immer heftiger, derart, dass schließlich in den ersten mehr als zehn Jahren des letzten Jahrhunderts zwei Weltkriege ausgebrochen sind und dem Leben und der Habe der Menschheit eine unvorhergesehene Katastrophe zugefügt haben. Nach dem zweiten Weltkrieg begann eine wahre Brandungswoge nationaler Befreiung der Völker in den Kolonien und abhängigen Ländern. Der Ruf nach dem Schutz der Menschenrechte wurde zur gemeinsamen Stimme aller Völker aller Welt und der Kampf gegen Imperialismus, Kolonialismus sowie gegen Hegemonie, das Streben nach dem Recht auf nationale Selbstbestimmung wie auch nach dem Recht auf Entwicklung und nach Gleichheit wurde zu einem wesentlichen Inhalt der Entwicklung der internationalen Menschenrechtssache. 1945 wurde die UN gegründet und die „Förderung der internationalen Zusammenarbeit und die Achtung vor den Menschenrechten und Grundfreiheiten für alle ohne Unterschied der Rasse, des Geschlechts, der Sprache oder der Religion"[4] wurde klar und eindeutig als ein Ziel der UN festgesetzt. 1948 haben die UN durch die „Allgemeine Erklärung der Menschenrechte" zum ersten Mal systematisch und in internationalem Rahmen konkrete Inhalte der Menschenrechte vorgeschlagen, und zwar als gemeinsam anzustrebendes Ziel aller Völker und Nationen, was auch für spätere internationale Menschenrechtsaktivitäten die Grundlage gebildet hat. 1966 verabschiedete die UN den „Internationaler Pakt über Menschenrechte", den „Internationaler Pakt über wirtschaftliche, soziale und kulturelle Rechte" den „Pakt über bürgerliche und politische Rechte" wie auch ein „Optionales Protokoll". So hat man den wesentlichen Inhalt der „Allgemeine Erklärung der Menschenrechte" in juristischer Form bestätigt. Zugleich wurden Menschenrechtsinhalte wie Recht auf nationale Selbstbestimmung und Souveränität über Naturressourcen und eigene Besitztümer besonders bekräftigt. In der im Jahr 1986 von den UN verabschiedeten „Erklärung über das Recht auf Entwicklung" wurde bekräftigt, dass das Recht auf Entwicklung ein unveräußerliches Menschenrecht ist. In der 1984 von den UN verabschiedeten „Erklärung über das Recht der Völker auf Frieden" hat man das heilige Recht aller Völker auf Frieden verkündet. Im Jahr 1993 wurde auf dem Weltkonferenz über Menschenrechte der UN die „Erklärung und das Aktionsprogramm von Wien" verabschiedet, in der angesichts der Menschenrechtssituation nach dem Kalten Krieg die Einheit der allgemeinen und die besonderen Bestimmungen der Menschenrechte sowie die Unteilbarkeit einzelner Menschenrechte betont wurde. Darüber schlug sie die leitenden Prinzipien und das Aktionsprogramm für spätere Menschenrechtsaktivitäten vor. In den mehr als sechzig Jahren nach dem zweiten Weltkrieg haben die UN zahlreiche Erklärungen, Pakte und Protokolle mit Vereinbarungen über Menschenrechte verabschiedet, deren Inhalte alle Bereiche des gesellschaftlichen Lebens betreffen. Gleichzeitig haben einzelne Regionen je nach ihrer unterschiedlichen Geschichte, Kultur, Gesellschaftssystem und Ideologie regionale Konventionen zum Schutz der

---

4   UN-Charta (26. Juni 1945), http://www.staatsvertraege.de/uno/satzung45-i.htm.

Menschenrechte formuliert. Hierunter fallen zum Beispiel die „Amerikanische Menschenrechtskonvention", die „Europäische Menschenrechtskonvention" und die „Afrikanische Charta der Menschenrechte und der Rechte der Völker" u.a.m.

Es kann festgestellt werden: Die im Rahmen der UN ausgebildete und entwickelte Gestalt der Menschenrechte hat die Konnotation des Menschenrechtsbegriffs enorm bereichert. Deren Hauptströmung hat die fortschrittliche Tendenz der Menschheit demonstriert. Diese Tendenz stellt sich vor allem im folgenden dar:

1. Die ökonomischen, gesellschaftlichen und kulturellen Rechte wurden bekräftigt, die Unteilbarkeit einzelner Menschenrechte wurde betont und der bornierte Rahmen des westlichen Menschenrechtsbegriffs durchbrochen. Die UN-Menschenrechtsabkommen weisen darauf hin, dass alle Menschenrechte und Grundfreiheiten unteilbar und voneinander abhängig sind, dass man den bürgerlichen und politischen Rechte wie auch ökonomischen, gesellschaftlichen und kulturellen Rechte eine gleichrangige Beachtung schenken soll; denn falls die ökonomischen, gesellschaftlichen und kulturellen Rechte nicht gleichzeitig genossen werden, dann bleiben bürgerlichen und politischen Rechte für ewig unerfüllt.

2. Die Wichtigkeit der kollektiven Menschenrechte wie das Recht auf nationale Selbstbestimmung, das Recht auf Entwicklung, auf Frieden, auf Gleichberechtigung aller Rassen, usw. wurden bekräftigt und betont, was dem Entwicklungtrend der Zeit entspricht. Sie hat den zahlreichen Entwicklungsländern in ihrem ständigen Kampf gegen den Imperialismus, gegen den Kolonialismus, gegen den Hegemonismus und in ihrem Bestreben um Bewahrung ihrer nationalen Unabhängigkeit und Autonomie sowie den Grundinteressen der Existenz und Entwicklung der Völker mächtige Waffen geliefert.

3. „Menschenrechte-Mainstreaming" im Schema der UN hat wesentliche Fortschritte erzielt. Die Menschenrechte sind zu einem bedeutenden Thema im internationalen Austausch und Zusammenarbeit geworden. Seit Ende des Kalten Krieges ist der Frage der Menschenrechte in den internationalen Beziehungen und in der internationalen Politik eine immer größere Bedeutung zugemessen worden. Besonders aufgrund der ökonomischen Globalisierung, der rasanten Entwicklung der Informationisierung des gesellschaftlichen Lebens, dem plötzlichen Auftreten des Internets und der zunehmenden Rolle der NGOs, der Verstärkung der wechselseitigen Abhängigkeit und Zusammenarbeit zwischen einzelnen Ländern hat die Frage der Menschenrechte an Relevanz gewonnen. In 2005, während der Jubiläumsfeier zum 60. Gründungsjahr der UN, hat der Generalsekretär der Vereinten Nationen Annan einen Bericht mit dem Titel „In größerer Freiheit: Auf dem Weg zu Entwicklung, Sicherheit und Menschenrechte für alle" vorgelegt und hat vorgeschlagen, kollektive Entwicklung, Sicherheit und Menschenrechte, mit den Menschenrechten als

Kern, in einem Menschenrechtsbegriff der „größeren Freiheit" zu integrieren. Am 15. März 2006 hat die UNO-Generalversammlung die Schaffung des UNO-Menschenrechtsrates als eine der UNO-Generalversammlung unterstellte Institution und deren Ersetzung der seit über 50 Jahren wirksamen UNO-Menschenrechtskommission beschlossen, bezeichnete dies die Verbesserung der Standards der UN-Menschenrechtsorgane: Erstmals wurde damit die Frage der Menschenrechte mit den Fragen der Sicherheit und Entwicklung auf dieselbe Ebene gerück und gemeinsam als die „drei Säulen" der UN festgelegt. Zugleich haben viele Länder der Welt Tag für Tag größeres Gewicht auf die Frage der Menschenrechte gelegt und der Konsens unter Ländern wird auch immer größer. Einzelne Länder begründen gemäß den Anforderungen der UN nationale Menschenrechtskommissionen und andere Menschenrechtsorgane, formulieren ihren eigenen „Nationalen Menschenrechtsplan", sodass die Förderung und Bewahrung der Menschenrechte immer mehr an Gewicht gewinnen wird.

Aus den oben erwähnten Tatsachen kann man sehen, dass die Entstehung und die Entwicklung des Menschenrechtsbegriffs mit dem Prozess der menschlichen Gesellschaft hin zur Modernisierung eng verbunden ist. Anfänglich ist er entsprechend den Anforderungen der kapitalistischen Modernisierung entstanden und bahnte den Weg für ihre Entwicklung. Da das kapitalistische Gesellschaftssystem und dessen Entwicklungsform später mit der Allgemeingültigkeit der Menschenrechte in einen wesentlich innerlichen Widerspruch geriet, insbesondere weil dieses System die breiten Massen der Werktätigen, die Kolonien und die abhängigen Völker unterdrückte und ausbeutete, kam es zur Entwicklung der sozialistischen Bewegung sowie der nationalen Befreiungsbewegung: In den sozialistischen Ländern und Entwicklungsländern hat dies eine neue Suche nach einer Entwicklungsform der Modernisierung entfesselt, die Modernisierung der Welt vorangebracht und auch die Bereicherung und Entwicklung der Gestalt und Konnotation des Menschenrechtsbegriffs gefördert. Bereits heute stehen die Menschenrechte immer mehr im gemeinsamen Zusammenhang mit dem fortschrittlichen Strom der Zeit des Friedens und der Entwicklung.

## II. Die Kämpfe des chinesischen Volkes um Menschenrechte in der chinesischen Neuzeit

China ist ein Land mit einer langen Geschichte, einer glänzenden Kultur und einer alten Zivilisation. Sie hat für die Menschheit ein unvergängliches kulturelles Erbe und geistiges Reichtum geschaffen und zur Zivilisierung der Welt einen unauslöschlichen Beitrag geleistet. Die Kultur der chinesischen Völker birgt umfassende Kenntnisse und tiefschürfende Gedanken, und sie ist auch nach Tausenden von Jahren nicht untergegangen und noch heute ist die Entwicklung der chinesischen Gesellschaft von ihr stark geprägt, was ihre unerschöpfliche Lebensfülle und Lebenskraft demonstriert und ihre unverwechselbare Anziehungskraft auf der Welt zeigt. Obwohl der Begriff der

„Menschenrechte", in dessen Kern das Individium steht, erst in der westlichen Neuzeit entstanden ist, blickt der humanitäre Geist in der Kultur der chinesischen Völker dennoch auf eine lange Tradition zurück und stellt etwas Einmaliges dar.

In einem langen geschichtlichen Prozess hat die chinesische traditionelle Kultur ihr einzigartiges humanitäres Erbe bewahrt und gepflegt und enthält humanitäre Gedanken wie Respekt gegenüber Menschen, Liebe zum Mitmenschen und Fürsorge; allgemein die alte Ideen: Sympathie und Empathie hinsichtlich aller Menschen. Hierfür gibt es unzählige Beispiele wie etwa Yao Shuns Gedanken: Alle unter dem Himmel sind gleich, oder auch: Man solle immer einem anderen Menschen den Vorrang geben, oder, um noch weitere wirkungsreiche Vorstellungen hier zu nennen: Was man selber nicht will, das füge man auch keinem anderen zu; oder: Was man selber wünscht, das sollte man auch dem anderen gönnen, und wenn man selbst etwas zu erreichen trachtet, dann sollte man auch anderen dasselbe zu erwerben helfen. Stets geht es hier um die Verpflichtung gegenüber anderen Menschen. Eine weitere überlieferte und besonders geachteter Gerdanke besteht beispielsweise darin, mehr auf das Volk zu achten, aber weniger auf den König; liegt auch etwa einer herkömmlichen Vorstellung, die das Volk in den Brennpunkt rückt: Das Volk betrachtet das Essen als einen Himmel. In China hat man schon sehr früh das Befinden und die Lebenshaltung des Volkes als wesentlich betrachtet. Darüber hinaus gab es auch Sentenzen wie: Reich werden durch Moral oder die Vorstellung einer Umverteilung des Reichtums. Nicht zuletzt auch liberale Sprüche wie: Die Alten respektieren und das Postulat: Man hat sich um Jüngere zu kümmern, den Schwächeren und Armen zu helfen. Oder es gab Gedanken, die den Frieden berührten: Das Wertvollste ist der friedliche Umgang mit anderen, Himmel und Erde gehören allen, jeder sollte sich nehmen können, was er braucht, und Idealvorstellungen der wünschenswerten Gleichheit: Himmel und Menschen sollten zu einer harmonischen Einheit verbunden werden, usw. Derartige kollektiv-humanitäre gesellschaftliche Gedanken hatten unter der Voraussetzung eines feudalistisch-despotischen Herrschaftssystems freilich kaum Chancen auf eine Verwirklichung, aber eine solche vorzügliche kulturelle Tradition, die das Leben des einen Menschen mit dem Schicksal anderer Menschen, wie mit dem Gemeinwesen und der Gesellschaft verbindet, konnte doch eine Generation nach der anderen ermutigen, der rohen Gewalt zu trotzen, die Unabhängigkeit des Landes und die Würde des Volkes zu schützen und für das Streben nach Frieden, Freiheit und Menschenrechte unerbittlich zu kämpfen. Diese kulturelle Tradition wurde zu einer mächtigen geistigen Triebkraft und Stütze im rastlosen Leben und Gedeihen der Völker Chinas und im unaufhörlichen Fortschritt in der Sache der chinesischen Menschenrechte. Bis heute ist sie immer noch eine wichtige geistige und kulturelle Basis für das Vorantreiben der Theorie und Praxis der Menschenrechtsentwicklung in China.

13

In gewisser Weise kann man behaupten, der Kampf des chinesischen Volkes um Menschenrechte habe schon in ihrer halbkolonialistischen und halbfeudalistischen Gesellschaft begonnen. Denn die tausend Jahre lang dauernde feudalistische Herrschaft hat China immer tiefer in einen armen und rückständigen Zustand hineingezogen, in einen Zustand, der bis in die chinesische Neuzeit angedauert hat und in der Zeit der Kolonialherrschaft nur noch schlimmere Formen angenommen hat. Im Jahr 1840 nach dem Opiumkrieg sind die westlichen imperialistischen Staaten, die sich bereits auf dem Weg der Modernisierung befanden, permanent und immer tiefer in China eingedrungen, so dass sie immer mehr Gebiete in China besetzt und diese unter ihre Herrschaft gebracht haben. Schließlich ist China geradezu in die Hölle einer halbkolonialistischen und halbfeudalistischen Gesellschaft geraten. Unter Bedingungen aufgenötigter Fremdherrschaft und der Versklavung durch imperialistische Mächte, dann unter der moralisch verkommenen Herrschaft feudalistischer Mächte des eigenen Landes ist China in viele Teile zersplittert und von ständigen großen und kleinen Bürgerkriegen heimgesucht worden und war hart an eine Grenze des Untergangs getrieben worden. Auch das Volk hat unter Demütigungen gelitten, hat in Not und Elend gelebt. Sicherheit und Würde der Menschen wurden nicht einmal notdürftig geschützt. Vor allem durchs imperialistische Eindringen ins Land und durch Kolonialisierung hat China allmählich vollends seine Souveränität verloren. Das Leben der Bevölkerung und das Land waren beinahe ruiniert, die ganze chinesische Nation hat vor der Bedrohung der

14    Existenz gezittert. Und auch die Menschenrechte gerieten in eine derart noch nie erlebte furchtbare Katastrophe. In den beinahe 110 Jahren nach 1840 haben Großbritannien, Frankreich, Japan, USA und Russland sowie einige weitere imperialistische Staaten nacheinander mehr als hundert größere und kleinere militärische Angriffe auf China verübt, wobei hunderttausend chinesische Söhne und Töchter gewaltsam ums Leben gekommen sind. Diese Mächte hatten China gezwungen, mehr als tausend ungleiche Verträge zu unterschreiben, wobei mehr als 100 Milliarden Tael Silber als Reparationen geltend gemacht und eingezogen worden sind. Nach statistischen Erhebungen sind allein in der Zeit während der Besatzung Japans in China mehr als 35 Millionen Chinesen getötet worden. Die ausländischen Imperialisten genossen in China "uneingeschränkte Rechte". Im Jahr 1843 hat Großbritannien das chinesische Volk auf die Knie gezwungen, missgünstige „Regelungen der Geschäfte in fünf Häfen" zwischen China und Großbritannien zu unterzeichnen. Die 13. Bestimmung enthielt folgenden Passus: Wenn ein Engländer auf dem Gebiet Chinas gegenüber Chinesen sich eines kriminellen Vergehens schuldig gemacht hat, dann ist die chinesische Regierung nicht berechtigt, ihn nach chinesischen Gesetzen zu verurteilen, dies habe vielmehr ein Funktionär des englischen Konsulats nach englischen Gesetzen zu regeln. Auf eigenem Terrain mussten die Chinesen hinnehmen, dass man ihre Würde verletzen und sie ungerecht behandeln durfte. Der Gipfel des Unerträglichen aber bestand darin, dass im Jahr 1885 vor dem Tor eines Parks im französischen Viertel ein Schild aufgestellt wurde, worauf stand: „Betreten des Parks von Chinesen und Hunden verboten!"

Insofern verwundert es nicht, wenn Kämpfe gegen den Imperialismus und gegen den Kolonialismus im Zusammenhang mit dem Streben nach Souveränität der chinesischen Nation und nach Befreiung gesehen werden, wenn die Verhinderung der feudalistischen Unterdrückung mit den Kämpfen um Demokratie und Freiheit des Volkes einhergegangen ist und wenn solche Aktionen als die wesentlichen Zeichen einer Einklagung von Menschenrechten vonseiten des chinesischen Volkes zu deuten sind. Dies entspricht genau dem gelegentlichen Diktum Mao Zedungs: „Es fehlt in China vieles, aber was uns am meisten fehlt, sind die Unabhängigkeit und Demokratie. Wenn eine dieser zwei Voraussetzungen nicht gegeben ist, hat China kaum Chancen, sich zu entwickeln."[5] Deshalb waren zwar die Kämpfe gegen den Imperialismus und Feudalismus wie das Streben nach Souveränität der Nation und nach den Rechten für die einzelne Person gleichwichtige Aufgaben in China, aber das Vordringlichste waren doch die Kämpfe gegen den Imperialismus und das chinesische Streben nach der Unabhängigkeit. Die damalige gesellschaftliche Situation und die konkreten historischen Bedingungen in China haben über Ausrichtung und Besonderheiten im Kampf um die Menschenrechte in China entschieden.

Vom Opiumkrieg, über den Taiping-Aufstand, die Wuxu- Reformbewegung, den Boxeraufstand, bis hin zur Xinhai-Revolution hatte das chinesische Volk in seinem Kampf um die Unabhängigkeit des Landes und um demokratische Rechte des Volkes viel Blut verloren, viel Leben geopfert, ausdauernd lange und sehr hart gekämpft. Doch das Ende war schließlich ein bitterer Niederschlag. Die Xinhai- Revolution unter der Führung des großen Vorkämpfers der demokratischen Revolution Sun Zhong Shan hatte zwar die feudalistische Monarchie gestürzt, so dass die ausländischen Mächte im China eine empfindliche Schwächung erlitten, aber die Macht fiel zuletzt doch in die Hände der feudalistischen Warlords, so dass China dadurch doch nicht zur Unabhängigkeit und Demokratie gefunden hat. Das Volk lebte immer noch in Not und Elend. Wie Herr Sun Zhong Shan in seinem Testament eingestehen musste: „Ich habe mehr als vierzig Jahre für die Revolution des Landes gekämpft, mit dem einzigen Ziel, dass China zur Freiheit und Gleichheit aller Menschen kommen möge." Doch dann folgt der ein wenig resignativ klingende Satz: „Die Revolution ist noch nicht vollendet und die Genossen müssen sich weiter anstrengen".

Die Geburt der Kommunistischen Partei hat erst eine neue Epoche der demokratischen Revolution des Landes und des Kampfes um Menschenrechte in China eröffnet. Sie erst hat dem in Not und Elend geratenen Volk Hoffnung und Licht gebracht. Seit ihrer Gründung hat die Kommunistische Partei Chinas die historische Aufgabe der Verwirklichung der Menschenrechte in China übernommen. Schon im Jahr 1922 hat sie in ihrer ersten „Resolution über die gegenwärtige Lage Chinas" die Abschaffung der Privilegien der ausländischen Mächte in China und die Beseitigung der Militärwarlords gefordert. In dieser

5   Gesammelte Werke von Mao Zedung, 2. Band, Volksverlag 1991, 2 Auflage, S.731.

Resolution vertrat die kommunistische Partei nicht nur ihre antiimperialistische und antifeudalistische Position, sie forderte darüber hinaus noch die Einführung eines allgemeinen Wahlsystems und die Gewähr der Rechte auf Vereinigung und Versammlung, forderte Meinungsfreiheit, Abschaffung der körperlichen Züchtigung, Anerkennung der Gleichberechtigung von Mann und Frau und sprach sich für weitere Menschenrechte aus. Auf dem zweiten Parteitag forderte sie das "Ende der internationalen imperialistischen Unterdrückung und die Unabhängigkeit Chinas" sowie die Abschaffung der Militärwarlords. Sie verkündete ihre politische Charta zur Verwirklichung einer Vereinigung des ganzen Landes und zur Verwirklichung einer echten demokratischen Republik. Und darin betonte die Partei die unbedingte Gewährleistung des allgemeinen Wahlrechts und der Meinungsfreiheit, der Publikationsfreiheit, des Rechts auf Versammlung und Vereinigung, des Streikrechts und die Gewähr weiterer Freiheiten. Dies seien die Ziele der Partei und zugleich „notwendige Bedingungen" für die Befreiung des chinesischen Volkes aus seinen äußeren und inneren Pressionen. Auch rief die Partei das Volk des ganzen Landes dazu auf, „für solche Freiheit und Selbständigkeit zu kämpfen". Gleichzeitig hat die Partei größere Arbeiter- und Bauernbewegungen organisiert, die aktive Zusammenarbeit mit der Guo Min Dang-Regierung gewünscht, den „Krieg gegen die nördlichen Militärmächte", d.h. den Krieg gegen die feudalistischen Militärwarlords eröffnet. Seitdem hat sie mit der Praxis ihrer entschiedenen Verteidigung der Rechte der Bevölkerung nie mehr aufgehört. Im Jahr 1922 hörte man von Arbeitern des Anyuan–Kohlenbergs bei ihrem Streik einen Slogan, den die kommunistische Partei gern benutzt hat: „Früher waren wir Rinder und Pferde, jetzt wollen wir als Menschen leben". Im Jahr 1923 hat man beim sogenannten „siebten Februar-Streik", den auch die kommunistische Partei unterstützt hat, die Fahne zum „Kampf um Freiheit und Menschenrechte" gehisst. Zur gleichen Zeit hat die Kommunistische Partei Chinas die Initiative der Bewegung für Arbeitsrechte ergriffen und den Entwurf einer „Charta der Arbeitsrechte" vorgelegt, in der man mit Nachdruck dafür plädierte, die Rechte auf Versammlungen, Vereinigungen und Streiks der Arbeiter unbedingt zu garantieren; von weiteren neunzehn Bestimmungen war darin die Rede. Im Mai 1925 hat die Kommunistische Partei Chinas den zweiten Kongress der Arbeit des Landes veranstaltet, auf dem weitere Forderungen thematisiert worden sind, u.a. die Rechte der werktätigen Bevölkerung auf Politik, Wirtschaft, Kultur und Gesellschaft betreffend. Im Jahr 1927 haben die Arbeiter in Shanghai einen bewaffneten Aufstand ebenfalls mit ausdrücklicher Zustimmung der kommunistischen Partei begonnen. Währenddessen gründeten Vertreter der Arbeiter in Shanghai eine Regierung, die dann die „Aufforderungen aller Shanghaier Bevölkerungskreise" und einen „Entwurf der politischen Charta der Shanghaier provisorischen Regierung" veröffentlicht hat. Mit diesem Entwurf hat man zum ersten Mal verschiedene Rechte der Bevölkerung festgeschrieben und gesetzlich verankert.

Nach der Niederlage dieser großen Revolution in Shanghai hat die Kommunistische Partei Chinas begonnen, mit Hilfe bewaffneter Aufstände in den ländlichen Regionen revolutionäre Stützpunkte aufzubauen, in denen eine demokratische Regierung der Arbeiter und Bauern zu begründen möglich schien und regional die Menschenrechte eingeführt werden konnten. In dieser Zeitphase hat die Kommunistische Partei Chinas die bewaffneten Kämpfe des Volkes geleitet und eine Reihe von Stützpunkten geschaffen, in denen die Gutsbesitzer gestürzt und die Bodenreform und weitere derartige revolutionäre Aktionen durchgeführt wurden. Darüber hinaus hat man noch eine Reihe programmatischer politischer Erklärungen hinsichtlich anti- imperialistischer und anti-feudalistischer Maßnahmen zum Schutz der Rechte der Bevölkerung auf Politik, Wirtschaft, Kultur herausgegeben. Im Jahr 1934 hat der Zweite Landesweite Kongress der Arbeiter, Bauern und Soldaten die „Grundgesetze der Chinesischen Sowjetrepublik" verabschiedet, in dem zum ersten Mal im Rahmen der Verfassung diese Errungenschaft im Kampf gegen den Imperialismus und gegen den Feudalismus schriftlich fixiert und Menschenrechtsgesetze formuliert worden sind. Dieser Grundriss vertrat die von der chinesischen Bevölkerung erwünschten Sachverhalte des Rechtsschutzes ihrer grundlegenden Menschenrechte. In diesem Grundriss ist zudem noch erklärt worden, dass „die Chinesische Sowjetische Republik die endgültige Befreiung des chinesischen Volkes aus der Unterdrückung des Imperialismus als ihr Hauptziel anvisiert." Der Grundriss hat die Freiheit der chinesischen Nation und ihre Unabhängigkeit verkündet und zugleich „alle Privilegien der imperialistischen Mächte in der Politik und Wirtschaft auf dem chinesischen Gebiet für nichtig erklärt."[6] Überdies hieß es darin: Auf dem Gebiet der chinesischen Sowjetischen Republik sind alle Personen der werktätigen Bevölkerung vor dem Gesetz gleich, unabhängig der Differenzen von Mann und Frau, unterschiedlicher Religion und ethischer Normen. Alle genießen das Recht, zu wählen und gewählt zu werden. Auch die Meinungsfreiheit, Publikationsfreiheit, das Recht auf freie Vereinigungen und Versammlungen, des Glaubens und die Freiheit weiterer Rechte auf Wirtschaft, Gesellschaft und Kultur sind zu gewährleisten. Beispielsweise sollen gleiche Rechte für Frauen und für die nationalen Minderheiten garantiert und geschützt werden usw. Dies war das erste Dokument in Gesetzesform, angenommen vom Volk als Herr des eigenen Landes, unter der Führung der chinesischen kommunistischen Partei, im eigenen Interesse und zum Schutz eigener Rechte. Dies hat eine wichtige Rolle gespielt für die Ermutigung zum Kampfeswillen des Volkes und war ein wichtiger Impuls für dessen Widerstand gegen Imperialismus und Feudalismus.

Im Jahr 1931 mit dem Zwischenfall vom „18. September" ist der Konflikt der chinesischen Nation mit dem japanischen Imperialismus eskaliert und hat zu einer ersten harten Auseinandersetzung geführt. Die Kommunistische Partei Chinas hat mehrfach mit ihren Erklärungen appelliert für die Bildung einer

---

6  Grundriss der Chinesischen Sowjetischen Republik, Dong Yunhu, Liu Wuping, Provisorische Verfassung der internationalen Menschenrechte, Sichuan Volksverlag, 1990, S. 784.

antijapanischen nationalen Einheit, um „gemeinsam gegen Japan zu kämpfen". Im Jahr 1935 hat die Kommunistische Partei Chinas einen „offenen Brief an alle Landsleute, die im antijapanischen Krieg und für das eigene Land kämpfen", veröffentlicht, der später bekannt geworden als „Die Erklärung am ersten August". In dieser Erklärung appellierte die kommunistische Partei an alle Landsleute, die nicht Sklaven einer fremden Macht werden wollen, für die Existenz und Unabhängigkeit der Nation, für das Territorium des Landes persönlich einzutreten und am Kampf der Rettung des eigenen Landes wie an dem Kampf gegen die japanischen Eindringlinge entschlossen teilzunehmen. In diesem offenen Brief ist der Slogan „Kampf um Freiheit der Menschenrechte" unüberhörbar laut erschallt. Im Februar 1937 forderte die Kommunistische Partei Chinas die Nationalisten auf, den Bürgerkrieg zu beenden und gemeinsam die demokratischen Rechte des Volkes mit der Parole „Antijapan" und im Zeichen der „Demokratie" zu schützen. Nach dem Ausbruch des antijapanischen Krieges haben das Zentralkomitee der chinesischen kommunistischen Partei und Mao Zedung an das ganze Volk des Landes appelliert, sich „für die Unabhängigkeit der Nation, für Freiheit der Rechte der Nation, für das Glück des Volkes, diese drei Ziele" einzusetzen.[7] Mao Zedung hat in diesem Zusammenhang das Verhältnis der Schlagwörter „Antijapan" und „Demokratie" erläutert und darauf hingewiesen, dass „Antijapan" und „Demokratie" die allerwichtigsten Aufgaben Chinas seien, man müsse beides in unlösbarer Verbindung sehen und das „demokratische Antijapan" wie die „Antijapanische Demokratie" tatkräftig verwirklichen. Einerseits müssten die zentralen Aufgaben der Demokratie als „Antijapan" begriffen, andererseits die Realisierung der Demokratie als wesentliches Moment der „Gewährleistung des antijapanischen Sieges" verstanden werden. Mao war der Überzeugung, „ohne Demokratie werde der antijapanische Krieg bestimmt verloren gehen, denn „ohne Demokratie hätten Chinesen keine Chance im Antijapanischen Krieg". Deshalb müsse man nicht nur die Bevölkerung bei ihrer Entlarvung der japanfreundlichen Landesverräter unterstützen, sondern auch für die Freiheit aller antijapanischen Parolen, Vereinigungen, Versammlungen und bewaffneten Kämpfe eintreten. Man müsse „gewährleisten, dass alle Kapitalisten des Landes, Arbeiter und Bauern, auch wenn diese nicht an den antijapanischen Kämpfen teilnehmen, die gleichen Menschenrechte und die gleichen ökonomischen Rechte, die gleichen Wahlrechte und Rechte auf freie Meinungsäußerungen, auf Vereinigungen, auf Versammlungen, und Religionsfreiheit" teilen dürften.[8] Gerade im Interesse dieser klugen und liberalen Politik in dem oben genannten Brief hat die Kommunistische Partei Chinas einerseits die militärischen Truppen beim Partisanenkrieg gegen Japan geführt, andererseits hat sie im Hinterland der japanischen Feinde, nachdem sie diese vertrieben hatte, Stützpunkte errichtet, um langfristig gegen japanische Aggressoren vorzugehen.

---

7   Mao Zedung, Gesammelte Werke, 1. Band, Volksverlag 1991, 2. Auflage, S. 259.
8   Mao Zedung, Gesammelte Werke, 2. Band, Volksverlag 1991, 2. Auflage, S. 731-732, 768.

Nicht lange sind Orte mit Stützpunkten die Hauptkampfplätze während des Antijapanischen Krieges geblieben. Neben den militärischen Kämpfen gegen Japan hatte man in den antijapanischen Stützpunkten auch eine demokratische Regierung ins Leben gerufen, die eine Reihe von Gesetzen mit einer Regelung der Menschenrechte herausgegeben hat. Auf diese Weise sind viele solche Stützpunkte zu Musterregionen für den Schutz der Menschenrechte avanciert.

1. Die Kommunistische Partei Chinas hatte in allen antijapanischen Stützpunkten eigene politische Programme entwickelt, in denen die Regeln zum Schutz der Menschenrechte festgelegt wurden. So hat man beispielsweise in einem im Jahr 1941 ausgegebenen "Politischen Programm der Shangan Gegend" für die Gewährleistung der „Menschenrechte, der Rechte der ganzen antijapanischen Bevölkerung auf Politik, auf ökonomische Rechte, auf Meinungsfreiheit, Publikationsfreiheit, Freiheit der Vereinigungen und Versammlungen, auf Religionsfreiheit, Siedlungsfreiheit und freien Wohnungswechsel entschieden. Diesen „Programmen" entsprechend dürfen außer juristischen Institutionen und der Polizei keine anderen Instanzen, auch keine Armee oder irgendeine andere Einheit irgendjemanden festnehmen bzw. verurteilen. Auch kann „die Bevölkerung (…) alle Gesetzesvollzugspersonen im Falle ihres gesetzwidrigen Verhaltens, unabhängig von der Methode und von der Art des Vollzugs anklagen".[9] Im „aktuellen politischen Programm der Jicha-Gebiete aus dem Jahr 1941 hat man proklamiert, „die ganze antijapanische Bevölkerung besitze Rechte auf freie Meinungsäußerung, freie Vereinigungen und freie Versammlungen, Publikationsfreiheit, Religionsfreiheit, Siedlungs- und Wohnfreiheit. Auch dies „Programm" versagt Institutionen, Organisationen und einzelnen Personen das Recht, irgendjemanden ohne ein juristisches Verfahren und ohne gesetzliche Regelung zu verhaften oder einzusperren, das Demonstrationsrecht zu verbieten und eine Verletzung der Würde und des Rufes einer Person."[10] Darüber hinaus hatten die „politischen Programme der antijapanischen Stützpunkte Shangan" und „Das politische Programm der Ji Region" sowie die „politischen Programme des Aufbaus der Jixi Region" und auch die „Provisorischen politischen Programme in der Zeit des Krieges in Shandong" sämtlich entsprechende Regelungen für den Schutz der Menschenrechte festgeschrieben.

Fast alle antijapanischen Stützpunkte haben also spezielle Regeln zum Schutz der Menschenrechte getroffen. Beispiele dafür sind etwa die „Regeln zum Schutz der Menschenrechte und ökonomische Rechte in der Gegend von Shangan" (im Oktober 1942) oder auch die „Regelung zum Schutz der Menschenrechte in Shandong" (von 1940), „Provisorische Regelungen über den Schutz der Jilu-Region"(vom Februar 1942), „Regelungen zum Schutz der Menschenrechte in Jixi" (vom November 1941), „Regelungen zum Schutz der Menschenrechte der Bohai Gegend", (von 1943) usw. Alle diese Regelungen betrafen umfangreiche

---

9   Politische Programme des Shanning Stützpunkts, Dong Yunhu, Liu Wuping, Gesetze der internationalen Menschenrechte, Sichuan Volksverlag,1990, S. 787.
10   Provisorische politische Programme vom Jicha Stützpunkt, Dong Yunhu, Liu Wuping, Gesetze der internationalen Menschenrechte, Fortsetzung, Sichuan Volksverlag, 1993, S. 799.

Dimensionen der Menschenrechte, angefangen von gesetzlicher Gleichheit aller ethnischen Gruppen, aller Schichten, aller Parteien, beider Geschlechter, aller Berufe, der Religionszugehörigkeiten bis hin zum Schutz aller Rechte auf Arbeit, auf Widerruf, der Versammlungs- und Vereinigungsfreiheit, der freien Meinungsäußerung, der freien Publikation, der Freiheit der Kunstwerke, der Ideologie, der Religionsfreiheit und Handlungsfreiheit, Freiheit der Medien, die Möglichkeit der freien Wahl des Wohnsitzes und des Umzugs. Darüber hinaus sehen diese Proklamationen die Unverletzlichkeit des Eigentums, der Wohngebäude und des Personenschutzes vor. Schließlich darf niemand ohne ein legitimes juristisches Verfahren verhaftet und inhaftiert, verhört, verurteilt, misshandelt oder geprügelt werden. Auch waren zwanghafte Erpressung eines Geständnisses und erzwungene Selbstanzeige bei der Polizei untersagt. Zur Gewährleistung der oben angeführten Regeln hatten die für die einzelnen Stützpunkte zuständigen Regierungen noch das Verfahren von „ dreimal drei Systemen" eingeführt, d.h. das gleiche Recht für alle zu wählen, das Recht direkter und anonymer Wahlen. Andere Gesetze betrafen die „Reduzierung der Verwaltung", die „Reduzierung der Steuern" und den „Schutz der Arbeit".

Die Gesetze und Regelungen der Stützpunkte hinsichtlich der Menschenrechte und deren Musterbeispiele haben das Ansehen der chinesischen kommunistischen Partei erhöht, und die Partei hat dadurch beim chinesischen Volk viel Sympathie und Respekt gewonnen. Dies hatte bei dem ersten Sieg des chinesischen Volkes im antiimperialistischen Krieg in der chinesischen Neuzeit eine entscheidende Rolle gespielt. Und gleichzeitig war dies eine Erklärung für den Umstand, dass die Kommunistische Partei Chinas im Antijapanischen Krieg die Rolle einer tragfähigen Brücke im Strom gespielt hatte.

Nach dem Sieg im Antijapanischen Krieg hat die Kommunistische Partei Chinas im Namen der ganzen chinesischen Bevölkerung die endgültige Befreiung des Landes aus dem elenden Schicksal der halbkolonialen und halbfeudalistischen Gesellschaft gefordert und zusammen damit die Gründung eines unabhängigen, freien, demokratischen und wohlhabenden Staates. Sie hat damit auch die Verwirklichung der „drei Wünsche" von Herrn Sun Zhong Shan, die Verwirklichung von Lincolns Prinzip: „Gesetze kommen vom Volk und auch das Volk soll sie genießen können" und von Roosevelts „vier Freiheiten" postuliert, um die „Menschenrechte, die Befreiung des Volkes und die Verwirklichung der Vereinigung zu gewährleisten".[11] Aber die Regierung von Jiang Jie Shi hat die Forderungen des chinesischen Volkes und der chinesischen kommunistischen Partei widerwillig missachtet. Kurz nach dem Sieg im Antijapanischen Kriegs hat Jiang Jie Shi mit Unterstützung der amerikanischen Imperialisten skrupellos einen Bürgerkrieg begonnen und eine diktatorische Herrschaft zu begründen versucht. In dieser Situation hat die Kommunistische Partei Chinas einen imponierenden Befreiungskrieg des chinesischen Volkes inszeniert, um die Verschwörung der amerikanischen Imperialisten und die Politik

---

11  Forschungsinstitut der Parteischule der Zentralkomitee, Archive der Geschichte der Kommunistischen Partei, 6. Band, Volksverlag, 1979, S. 7143.

des Bürgerkriegs von Jiang Je Shi zunichte zu machen. Zur gleichen Zeit haben die Lokalregierungen der befreiten Regionen unter der chinesischen kommunistischen Partei einerseits die Tradition des Schutzes der Menschenrechte der ehemaligen Stützpunkte des Antijapanischen Krieges fortgesetzt, andererseits hat man in den befreiten Gebieten mit der Bodenreform begonnen und auch mit der Herausgabe neuer politischer Programme und Prinzipien der Verfassung. In diesen Programmen ging es um eine Reihe von Gesetzen zum „Schutz der Menschenrechte, zum Recht auf Eigentum bis hin zum Bürgerrecht", womit sogar spezielle Gesetze hinsichtlich der Menschenrechte festgelegt wurden. Dazu zählten zum Beispiel die Erlasse „Gesetzlicher Grundsatz der Shangan Gebiete"(vom April 1946), „Politische Programme des Jicha Regierungskomitees"(vom 26. September 1945), „Politische Programme der provisorischen Regierung der Suwan Gebiete", (vom Januar 1946), „Die gemeinsamen politischen Programme der Provinzen und Städte im Nordosten" ( vom August 1946), „Politische Programme des Autonomiegebiets der Inneren Mongolei" (vom April 1947), „Leitlinien der Volksregierung im Norden Chinas", und die „Bekanntmachung der Sonderstadt Harbin – betreffend illegale Inhaftierungen, Verhöre und andere Verletzungen der Menschenrechte", (vom April 1948), „Verordnungen der Xiangwan Regierung für die untergeordneten Verwaltungsebenen zum Schutz der Menschenrechte und strenger Verbote willkürlicher Verhaftungen, erzwungener Geständnisse durch Prügel", (vom Mai 1948), „Korrigierte Regelungen zum Schutz der Menschenrechte im Huaihai Gebiet" usw. Alle diese genannten politischen Programme und Gesetze haben immer wieder betont: „Der Schutz der Menschenrechte zählt schon immer zu den kontinuierlich erstrebten politischen Maßnahmen unserer Regierung" und „markiert ein zentrales politisches Ziel beim Aufbau der demokratischen Ordnung unserer Regierung". Hier sind bereits einbegriffen eine umfangreiche Bestimmung des Gegenstands der Menschenrechte und deren Schutz. Just in diesem Sinne hatte der Genosse Mao Zedung einmal gesagt: "Die Freiheit der Meinungen, der Publikation, der Versammlungen und Vereinigungen, der ideologischen und religiösen Freiheit unseres Volkes sind die wichtigsten Freiheiten. Innerhalb von China wurden diese Freiheiten nur in den von den Kommunisten eroberten Regionen tatsächlich verwirklicht."[12] Damit war aber ein deutlicher Widerspruch zu der politischen Praxis in den Gebieten der Jiang Jie Shi-Regierung erhoben, in denen noch die faschistische Diktatur herrschte und in denen die willkürlichen Festnahmen, Inhaftierungen, die Ermordung von Arbeitern, Studenten und anderen patriotischen sowie demokratischen Persönlichkeiten an der Tagesordnung waren; in denen die Bevölkerung nicht die geringsten Rechte und Freiheiten hatte. Überdies hat die Bevölkerung in den Gebieten der Jiang Jie Shi–Regierung furchtbar gelitten unter der Inflationspolitik, die für die Bevölkerung Hunger und Armut mit sich brachte. Darin lag wiederum eine offensichtliche Diskrepanz zu den politischen Verhältnissen der von der kommunistischen Partei befreiten Gebiete vor, in denen klare Gesetzesvorschriften den Schutz der Bevölkerung garantierten.

---

12  Mao Zedung Gesammelte Werke, 3. Band, Volksverlag, 1991, 2. Auflage, S. 1070.

Durch solche zahlreichen neuen Regelungen und Gesetze ist die Bevölkerung vor finanzieller Not und Armut, vor Rückständigkeit und Krankheiten bewahrt geblieben. In der Tat ist dank der kommunistischen Partei und der von ihr geführten Lokalregierungen in den befreiten Gebieten die neue Hoffnung des ganzen Landes nicht zuletzt durch das nachhaltige Erstreben der Menschenrechte symbolisch genährt worden. Und dies hat auch den historischen Prozess einer Vertreibung der amerikanischen Imperialisten und der Befreiung der Jiang Jie Shis Mächte unter der Fahne der chinesischen kommunistischen Partei mächtig vorangetrieben. Andererseits hat die Kommunistische Partei Chinas versucht die demokratischen Parteien in den Gebieten, die noch von Jiang Jie Shis Regierung kontrolliert wurden, zu solidarisieren und Einheiten zu konstituieren, um gemeinsam gegen den Diktator, dessen Terrorherrschaft und dessen Geheimagenten zu kämpfen. In diesen Regionen hatte die kommunistische Partei mehrere umfangreiche demokratische Bewegungen ins Leben gerufen, die die Slogans „gegen Hunger, gegen Verfolgung, gegen Bürgerkrieg" und des „Strebens nach Freiheit, Demokratie und nach Menschenrechten" auf ihre Fahne geschrieben hatten. Diese Organisationen hatten der amerikanischen und der reaktionären Herrschaft Jiang Jie Shis das Wasser abgegraben und einen erfolgreichen Befreiungskrieg bewirkt und zuletzt zum definitiven Sieg der nationalen demokratischen Revolution wesentlich beigetragen.

Das chinesische Volk hat schließlich unter Führung der kommunistischen Partei nach einem 28jährigen unerbittlichen Kampf die Vorherrschaft des Imperialismus, Feudalismus und bürokratischen Kapitalismus beenden können und die mehr als hundert Jahre währende leidvolle Geschichte der willkürlichen Aufteilung des Landes durch fremde Mächte beendet; dem Prozess der lange andauernden Demütigung, des ständigen Chaos und der Kriege ein Ende gesetzt und den Zustand beharrlicher Unruhe in China qualitativ ins Positive verändert. Das Volk hatte endlich den langersehnten Traum seiner nationalen Unabhängigkeit, Befreiung der ganzen Nation und Verwirklichung der Volksdemokratie Realität werden sehen können. Im September 1949 ist der Kongress der demokratischen Konsultationskonferenz in Peking veranstaltet worden und Mao Zedung hat da pathetisch ausrufen können: „Das chinesische Volk, das ein Viertel der Weltbevölkerung beträgt, ist nun aufgestanden". „Unsere Nation wird von heute an in die große Familie aller frieden- und freiheitsliebenden Nationen eingebunden, wir werden tapfer und tüchtig arbeiten für die eigene Zivilisation und für unser Glück, zugleich werden wir uns auch für die Förderung des Weltfriedens und der Freiheit einsetzen. Unsere Nation wird künftig nicht mehr eine von anderen ständig gedemütigte Nation sein. Wir sind schon aufgestanden". „Die Zeit, in der Chinesen als unzivilisiert galten, ist nun endgültig vorbei."–„Wir werden als eine hochzivilisierte Nation in der Welt auftreten"[13].

Die auf diesem Kongress angenommene, wenn auch noch provisorische Verfassung, betitelt „Gemeinsame Richtlinien des Kongresses der demokratischen Konsultationskonferenz des chinesischen Volkes" hatte selbstbewusst

13    Mao Zedung Gesammelte Werke, 3. Band, Volksverlag, 1991, 2. Auflage, S. 1070.

verkündet: Die Zeit, in der der Imperialismus und Feudalismus China beherrscht hat, ist endgültig vorbei, das chinesische Volk hat die Position der Unterdrückten hinter sich gelassen und ist jetzt der Besitzer eines neuen sozialistischen Landes. Die „Gemeinsamen Richtlinien" verkünden die Gründung der Volksrepublik und betonen nachdrücklich: Die Souveränität des Landes gehört dem chinesischen Volk.

Diesen Prinzipien gemäß sollten die schon in den ehemaligen Stützpunkten und später in den befreiten Gebieten eingeführten Gesetze zum Schutz der Demokratie, der Freiheit und Menschenrechte als Normen für die neue Verfassung der Volksrepublik dienen. Darin waren auch Orientierungspunkte für die Bestimmung der allgemeinen Rechte der chinesischen Bevölkerung vorgegeben, die Angelegenheiten der Politik, Wirtschaft, Kultur und Gesellschaft betreffen. Reaktionäre und die Klasse der Ausbeuter in der alten Gesellschaft waren zwar in einer bestimmten Zeit dem Gesetz nach von allen politischen Rechten ausgeschlossen und eigentlich auch jetzt auszuschießen, aber ihnen sollte man doch auch „den Weg zum Leben" ermöglichen" und damit die Chance eröffnen, „bei der Umerziehung durch Arbeit zu neuen Menschen" umgewandelt werden zu können.

Am ersten Oktober 1950 wurde die Volksrepublik China offiziell gegründet. Von da an ist das chinesische Volk Besitzer des eigenen Landes. Das Volk hält das eigene Schicksal in seinen Händen, hat endlich das Recht, Herr im eigenen Land zu sein. Dies bedeutet einen einmaligen Sieg für die Menschenrechte in der bisherigen chinesischen Geschichte und markiert zugleich einen Meilenstein und Riesenschritt nach vorn in der Entwicklungsgeschichte der ganzen Welt hinsichtlich der Menschenrechte.

Nach der Gründung der Volksrepublik und unter Führung der chinesischen kommunistischen Partei hat das chinesische Volk zur Förderung und Entwicklung der Menschenrechte kontinuierlich und langfristig viel auf diesem Gebiet experimentiert, aber auch viel geleistet. Man wird mit Fug und Recht sagen dürfen: Die mittlerweile sechzig Jahre lange Geschichte seit der Gründung der Volksrepublik ist eigentlich die Geschichte einer weitgehenden Förderung und progressiven Entwicklung der Menschenrechte durch die chinesische Regierung unter Führung der kommunistischen Partei.

## 2.1. Die historischen Wendepunkte in der Entwicklungsgeschichte der Menschenrechte in China

In der Anfangszeit nach der Gründung der Volksrepublik hat das chinesische Volk unter der kollektiven Führung des Zentralkomitees der ersten Generation, für die Mao Zedung als repräsentative und zentrale Führungsperson fungierte, eine Reihe umfangreicher gesellschaftlicher Reformbewegungen durchgeführt, wobei Altes durch Neues ersetzt worden ist. In nur wenigen Jahren ist der Dreck der alten Gesellschaft weggewaschen worden, und ein neues politisches Gesellschaftssystem charakteristisch chinesischer und sozialistischer

Prägung ist mit Rücksicht auf Förderung und Entwicklung des Schutzes der Menschenrechte aufgebaut worden. Staat und Gesellschaft erstrahlen in neuem Glanz und eine neue Epoche der chinesischen Menschenrechte hat damit begonnen.

—— Die Verwirklichung der Souveränität des Landes schafft die notwendigen Voraussetzungen für die Durchsetzung der Menschenrechte im neuen China.

Die Unabhängigkeit und Souveränität eines Landes sind die wesentlichen Voraussetzungen für den Genuss der Menschenrechte des Volkes. In dem alten China, wo auf Grund der ausländischen Eindringlinge und der Versklavung keine Souveränität der Nation herrschte, konnte man im chinesischen Volk nicht einmal ansatzweise von einem Schutz der Menschenrechte sprechen. Um das Land zu stärken und die Bevölkerung einigermaßen zum Wohlstand zu führen, um damit die chinesische Nation von der Demütigung zu befreien und ansatzweise die Menschenrechte zu verwirklichen, hatten viele Menschen aus Idealismus mit verschiedenen Reformen vergeblich experimentiert und dabei häufig empfindliche Niederlagen erleben und einen teuren Preis bezahlen müssen. Zu solchen Versuchen und Experimenten zählten die Rettung des Landes durch Industrie, Rettung des Landes durch Technik, auch durch systematisch betriebene Ausbildung, nicht zuletzt Reformen zur neuen Gestaltung des Landes. Alle diese Bewegungen haben Wellen auf Wellen hochgewirbelt. Doch sie alle sind letztlich früher oder später in einer bloß vernichtenden Brandung verendet. Diese Fakten bestätigen nur: Ohne Autonomie und Souveränität einer Nation als Vorbedingung kann ein Land offensichtlich nicht dem Schicksal willkürlicher Zersplitterung durch fremde Mächte entgehen. Ein Land kann sich dann auch nicht frei entwickeln, und im Hinblick auf solche Bedingungen kann von den Menschenrechten überhaupt nicht die Rede sein. Dies hat Mao Zedung erkannt, wenn er sagte: „Im Grunde kann man ohne Unabhängigkeit, Freiheit, Demokratie und ohne ein vereinigtes China keine industriellen Fortschritte machen. (…) Ohne Industrie aber kann man keine starke Landesverteidigung aufbauen, dann kann man auch nicht vom Wohlstand des Volkes und vom Reichtum des Landes sprechen. (…) Wie viele Menschen hatten in dem halbkolonialistischen und halbfeudalistischen, gespaltenen China davon geträumt, eine nationale Industrie, eine starke Landesverteidigung, den Wohlstand des Volkes zu verwirklichen, doch schließlich sind alle diese Träume nur Schaum gewesen."[14] Das Ergebnis des wichtigsten und überhaupt des ersten Sieges der chinesischen demokratischen Revolution ist die Vertreibung der imperialistischen Mächte aus China, was erst den Weg für Verwirklichung wahrer Souveränität und Unabhängigkeit bereitet hat.

Gleich nach der Gründung der chinesischen Volksrepublik hatte China zuerst und sofort alle Privilegien der imperialistischen Mächte abgeschafft sowie auch alle ungleichen Verträge, welche die ausländischen Imperialisten China aufgezwungen hatten. Gleichzeitig hat der Staat alles Eigentum von Personen

---

14    Mao Zedung Gesammelte Werke, 2. Band, Volksverlag, 1986, S. 691, 692.

faschistischer Staaten in China enteignet, alles Eigentum anderer ausländischer Mächte und derer Betriebe in China aufgekauft und dann verstaatlicht. So wurde den Imperialisten grundlegend die politische und wirtschaftliche Macht entzogen und auf diese Weise die wahre Unabhängigkeit des Landes realisiert. In der Anfangsphase der Gründung der Volksrepublik hatten alle Imperialisten mit Amerika an der Spitze die chinesische Volksrepublik politisch nicht anerkannt und eine Politik verfolgt, wonach diese Länder China wirtschaftlich und militärisch isoliert und mit allen möglichen Methoden zu unterwandern versucht und Unruhe gestiftet haben. Im Jahr 1950 hat Amerika skrupellos den Koreakrieg begonnen und das Feuer des Krieges entzündet und bis an die Grenze Chinas getrieben, d.h. bis zum Yalu Fluss, offenbar in der Absicht, die junge chinesische Volksrepublik in ihrer Wiege zu ersticken. Das neue junge China aber hat sich in dieser schwerwiegenden Situation tapfer und ohne Angst vor Aggressionen dazu entschlossen, Korea in seiner Verteidigung des eigenen Landes beizustehen und zu unterstützen; mit dem Ergebnis (wie allen bekannt) des letztlichen Sieges im Koreakrieg.

Dadurch wurden auch die chinesische Unabhängigkeit des Landes und die Sicherheit des Volks gewährleistet. Von da an stand die chinesische Nation wie ein wunderbarer Riese im Osten, wurde als eine Frieden und Freiheit liebende Nation in die internationale Gemeinschaft aufgenommen und hatte deren Respekt gewonnen. Und die Imperialisten haben fortan keinen Versuch mehr zu machen gewagt, in China einzudringen. Unterdessen hat China die Prinzipien befolgt: „einen neuen Herd bauen" und „zuerst das eigene Haus säubern, dann die Gäste einladen". Einerseits hat China alle vormaligen diplomatischen Beziehungen zwischen seiner alten Regierung zu imperialistischen Staaten abgebrochen und alle Rudimente imperialistischer Mächte im eigenen Land beseitigt. Andererseits hat China nun auf der Basis seiner Unabhängigkeit unbeirrt friedliche außenpolitische Beziehungen aufgebaut, im Sinne seiner fünf friedlichen Prinzipien agiert und versucht, richtungweisend danach zu handeln. China hat jetzt mit allen Ländern der Welt bilaterale und nutzbringende friedliche wie freundschaftliche Beziehungen geknüpft und hat dadurch wirkungsvoll die internationale feindselige Politik der Isolierung, Umzingelung und Einmischung verhindert und jeglicher Provokation vorgebeugt. So hat China letztlich den allgemeinen Respekt der internationalen Gesellschaft gewonnen. Dass China schließlich seine vollkommene Selbständigkeit bewahrt, dass das chinesische Volk seinen eigenen Wünschen und Vorstellungen gemäß aus freien Stücken das sozialistische System und damit seinen genuinen Entwicklungsweg gewählt hat, das war die notwendige Voraussetzung für seinen späteren, Stabilität und durable Gesundung ermöglichenden Prozess der Öffnung zur Außenwelt und eine Gewähr für die Verbesserung der Menschenrechte.

—— Die Abschaffung des feudalistischen Bodensystems und anderer alter Systeme der Ausbeutung des werktätigen Volkes; Einführung des Systems "jedem Bauer sein Land" und grundsätzliche Verbesserung des Lebens der Bauern.

Die Bauern hatten unter dem alten feudalistischen Bodensystem sehr zu leiden gehabt. Die Gutsbesitzer, die nur zehn Prozent der Bevölkerung ausmachten, besaßen 80% des Ackerlandes, während vergleichsweise die Bauern und Knechte, deren Anteil sich auf 90% der Landesbevölkerung belief, lediglich über 20% des Ackerlandes verfügte. Dieses äußerst ungerechte feudalistische Bodensystem war die Grundlage für eine tausendjährige Existenz der alten feudalistischen Gesellschaft, war auch der Grund für die chinesische Rückständigkeit und die wirtschaftliche Erklärung dafür, dass China so lange durch ausländische Mächte gedemütigt worden ist. Um die Probleme der chinesischen Menschenrechte zu bedenken und lösen zu können, galt es, die Produktivität zu befreien, d.h. sie überhaupt erst zu ermöglichen. Dazu musste man aber zuerst das feudalistische Bodensystem abschaffen und die ausgebreitet armen Bauern von der schweren Last der Steuerabgaben befreien. Um alles dies zu verwirklichen, hatte die Volksrepublik China gleich nach ihrer Gründung mit Enthusiasmus und Energie eine umfangreiche Bodenreform durchgeführt mit der Maßgabe folgender Prinzipien: Das Ackerland sollte nach Köpfen der Menschen neu verteilt werden, und das feudalistische Bodensystem, das die Gutsbesitzer begünstigt hatte, musste abgeschafft werden. Diese Bodenreform ist bis zum Frühling 1953 im ganzen Land so gut wie vollständig realisiert worden, einmal abgesehen von einigen abgelegenen Teilen in Gebieten der nationalen Minderheiten. Insgesamt drei Milliarden Bauern, die früher kaum ein Stück Land oder sogar überhaupt kein Land besessen hatten, hat man kostenlos sieben Milliarden Mu (Flächeneinheit: ein Mu = 1/15 Hektar) Boden zugeteilt einschließlich entsprechender Produktionsmaterialien. Auch die insgesamt 350 Milliarden Kilo Getreide, die vormals als Steuerabgaben den Gutsbesitzern zustanden, sind jetzt gestrichen worden. Dies ist in der chinesischen Geschichte die allergrößte und umfangreichste Bodenreform gewesen. Damit war der Ausbeutung der Bauern durch die Gutsbesitzer definitiv und ein für alle Mal ein Ende gesetzt. Die Bauern sind jetzt zum ersten Mal Herr ihrer eigenen Ländereien geworden. Und verständlicherweise hat sich dadurch die Motivation zu produzieren schlagartig erhöht. Die wirtschaftliche Lage und Lebenssituation der Bauern hatte sich grundlegend und qualitativ verändert und verbessert.

Während der Bodenreform hat das neue China begonnen, auch die Bedingungen der Arbeiter zu verbessern. Man hat zunächst eine demokratische Reform der alten Produktions- und Verwaltungssysteme bei den staatlichen Bergbau- und Verkehrsbranchen durchgeführt. Bei dieser Reform animierte die Regierung die Arbeiter, selber initiativ zu werden. Mit ihnen zusammen hat die Regierung alle Überbleibsel des bürokratischen kapitalistischen Systems und viele andere Probleme des alten Systems der Ausbeutung und Versklavung der Arbeiter beseitigt. Darüber hinaus hat man auch die in den Betrieben heimlich noch tätigen Antirevolutionäre und restlichen feudalistischen Ideologen abgesetzt, das feudalistische Mafiasystem und die Diskriminierung zwischen den Regionen erfolgreich bekämpft. Auch hinsichtlich einer Verbesserung der Verhältnisse zwischen den Arbeitern, ihrer Beziehung zum Verwaltungspersonal und hinsichtlich einer Verbesserung der Verhältnisse der Techniker untereinander hat man viel bewirkt. Zudem hat man Verwaltungskomitees in den Betrieben und eine Gewerkschaft mit Vertretern der Betriebsbelegschaft begründet. Man hat Arbeiter an der Verwaltung der Betriebe beteiligt, um eine demokratische Betriebsverwaltung zu verwirklichen und den Arbeitern die Genugtuung zu verschaffen, wahre Herren ihrer eigenen Betriebe werden zu können. Gleichzeitig hat man das alte Lohnsystem reguliert, das System einer Arbeitsversicherung eingeführt, die Sozialfürsorge erhöht und das Leben der Arbeiter prinzipiell verbessert.

In den Städten hat die Regierung zahlreiche Maßnahmen ergriffen, um die Flüchtlinge, Arbeitslosen, Bettler, Diebe und Alte, Behinderte, Waisenkinder, auch die Vagabunden angemessen unterzubringen und ihnen Ausbildungskurse angeboten, damit sie eines Tages befähigt würden, ihren Unterhalt selbst verdienen zu können und nützliche Menschen für die Gesellschaft zu werden.

—— Abschaffung des Frauen diskriminierenden feudalistischen Ehesystems einer Unterdrückung, Beseitigung aller schädlichen gesellschaftlichen Erscheinungen und Einführung der Gleichberechtigung von Mann und Frau.

Im alten China waren die Frauen diskriminiert und der untersten Schicht der Gesellschaft zugeordnet, von einer Gleichberechtigung von Mann und Frau konnte überhaupt keine Rede sein. Um die Frauen von solcher Diskriminierung und Unterdrückung durch das feudalistische Ehesystem zu befreien, hatte das neue China im Jahr 1950 ein neues „Gesetz der Ehe in der Volksrepublik Chinas" veröffentlicht. Es zählte zu den ersten Gesetzen, welche die Volksrepublik Chinas erlassen hat. In diesem „Gesetz der Ehe" hieß es unmissverständlich: Abschaffung der Zwangsehe. Dass dem Mann ein höherer Sozialstatus zuzuschreiben sei, sollte ein Kapitel der Vergangenheit sein. Neu war jetzt auch die Einführung der Ehefreiheit, der Monogamie, der Gleichberechtigung zwischen Mann und Frau. In diesem neuen Gesetzestext zum Schutz der legitimen Rechte der Frauen und Kinder wurden auch folgende moralische Übel streng verboten: Polygamie, Nebenfrauen, Kinderehe, Handel mit Frauen und Einmischung in das Leben der Witwen. Dies war im Hinblick auf die tausend Jahre alte Geschichte der chinesischen Gesellschaft wirklich eine geradezu revolutionäre Reform der Ehe und Familie. Nach der Veröffentlichung dieses neuen „Gesetzes der Ehe" hat man im ganzen Land weitreichende Propaganda dafür gemacht und eine Massenbewegung zur Durchführung dieses neuen Gesetzes ins Leben gerufen, um die neuen Ideen der Gleichberechtigung von Mann und Frau und der Ehefreiheit allgemein und ubiquitär publik zu machen. Dies hatte auch die Konsequenz, dass nun viele Ehen, die noch im feudalistischen Sinn geschlossen worden waren, aufgelöst wurden. Der Tatbestand der Gewalt gegen

Ehefrauen, Prügelei und Misshandlung waren ersichtlich rückläufig. Freie Partnerwahl und Selbstbestimmung waren jetzt modern und fanden allgemein Akzeptanz. Dank der Veröffentlichung des „Gesetzes der Ehe" und der entsprechenden Propaganda, seiner Befolgung und der Beseitigung des feudalistischen Ehesystems hatte die Position der Frau deutlich an gesellschaftlichem Gewicht gewonnen; die Befreiung und Emanzipation der chinesischen Frau war damit wesentlich vorangebracht worden.

Die Prostitution war als ein hässlicher Überrest der alten chinesischen Gesellschaft noch nicht ausgerottet, blieb als ein gesundheitsschädlicher Tumor des alten Systems immer noch zu beklagen. Dies Übel hatte die Volksrepublik China von Anfang an strikt mit allen möglichen Maßnahmen untersagt. Im November 1949 hatte der zweite Peking Volkskongress die Prostitution per Gesetz verboten. Gleich danach wurden alle Bordelle zwangsweise geschlossen, die Prostituierten zur Ausbildung und Umerziehung angehalten. Man half ihnen bei der Ablösung von den alten Sitten, versorgte sie mit hygienischen Kenntnissen, ermöglichte ihnen eine Berufsausbildung, kümmerte sich in jeder Hinsicht um sie und half ihnen, sich an ein normales Arbeitsleben zu gewöhnen. Man versuchte, sie zu neuen Menschen zu machen, die künftig selbst durch eine seriöse Arbeit ihren Unterhalt verdienen. Nach solchen Aktionen in Peking begann dann in allen großen und kleinen Städten des Landes eine Kampagne der Aufhebung der Prostitution. In kürzester Zeit schien diese seit mehr als rei tausend Jahren in China existente sündhafte Sitte, wodurch Frauen an Körper und Seele Verletzungen erlitten, auf einmal spurlos verschwunden.

——Gegen Unterdrückung und Diskriminierung der nationalen Minderheiten, Entwicklung der Gleichheit, wechselseitige Hilfe, Solidarität und Harmonie aller ethnischen Gruppen, Einführung des Autonomiesystems.

Im alten China haben seit langem schwerwiegende Diskriminierung und Unterdrückung der ethnischen Gruppen geherrscht. Viele ethnische Minderheiten hatte man überhaupt nicht anerkannt, sie führten deshalb ein armseliges Leben. Manche waren gezwungen, im unwirtlichen Gebirge und weit entfernt von der Außenwelt zu leben. Nach der Gründung der Volksrepublik hat man jedoch umgehend das alte und die ethnischen Volksgruppen unterdrückende, diskriminierende System abgeschafft, so dass sich die Situation vieler nationaler Minderheiten grundsätzlich verbessert hat. Die im Jahr 1949 erlassenen und als provisorische Verfassung geltenden „Gemeinsamen politischen Programme des Kongresses der chinesischen Konsultation" hatten proklamiert: Alle ethnischen Gruppen haben gleiche Rechte, man sollte sie achten und sich mit ihnen solidarisch erklären; und diese hätten einander zu achten und wechselseitige Hilfeleistung zu gewähren. Eine Diskriminierung der ethnischen Gruppen, ihre Unterdrückung und Separierung müsse strengstens verboten werden. Alle nationalen Minderheiten müssten über gleiche Rechte auf Entwicklung ihrer eigenen Sprache und Schrift verfügen, auf Bewahrung und Reform ihrer Sitten und Gebräuche, auch auf Religionsfreiheit. Um Entfremdungen und Missverständnisse zwischen den ethnischen Gruppen zu unterbinden, die durch frühere Unterdrückung der ethnischen Gruppen entstanden waren, hat die Zentralregierung zwischen 1950 und 1952 nacheinander vier Delegationen in den Südwesten, Nordwesten, Mittelsüden, Nordosten und in die innere Mogelei gesandt, um die nationalen Minderheiten vor Ort zu besuchen. Und auch die nationalen Minderheiten hatten zahlreiche Delegationen in die Hauptstadt und in andere Orte des Landes geschickt, um einander besser zu verstehen und um günstige Bedingungen für den Aufbau wechselseitiger Beziehungen zu ermöglichen. Diese Aktivitäten haben in der Tat den Kontakt untereinander gefördert und auch zum besseren Verständnis untereinander beigetragen wie auch zur Harmonisierung ihrer Beziehungen. Die im Jahr 1951 von der Zentralregierung erlassenen „Regeln zur Beseitigung von problematischen Ortsnamen, Denkmälern und allen Inschriften" betrafen das Verbot solcher Namen, die offenkundig oder vermeintlich eine Diskriminierung und Beleidigung der nationalen Minderheiten enthielten. Und auf Wunsch der nationalen Minderheiten sind auch solche Namen, denen keine direkte diskriminierende Bedeutung zukam, vor Ort geändert worden. Um eine Politik der Gleichschaltung aller ethnischen Gruppen durchzusetzen, hat die chinesische Regierung im Jahr 1953 mit umfangreichen Recherchen zur Identifizierung der einzelnen ethnischen Gruppen begonnen. Im Hinblick auf ihre chinesische geschichtliche Realität sind alle ethnischen Gruppen, ohne Rücksicht auf ihr gesellschaftliches Entwicklungsniveau und auf die Größe ihrer jeweiligen Wohngebiete, auch ohne Rücksicht auf die jeweilige Anzahl der Personen als Einheiten einer nationalen Minderheit anerkannt worden. Sofern nur diese bestimmten Voraussetzungen erfüllt schienen, sind die gleichen Rechte für alle diese ethnischen Gruppen gewährleistet worden. Wissenschaftlichen Forschungen zufolge sind insgesamt 55 nationale Minderheiten identifiziert worden. Auf diese Weise sind nationale Minderheiten in der chinesischen Geschichte zum ersten Mal als gleichberechtigte Mitglieder der nationalen Großfamilie bestimmt worden. Um historische Zeichen der Unterdrückung und Diskriminierung der ethnischen Gruppen endgültig auszulöschen, hatte die chinesische Regierung seit den 50er Jahren in ideologischer und kultureller Hinsicht für eine breite Erziehungsbewegung im ganzen Land plädiert und diese auch durchgeführt. In Verbindung damit hat man für eine große Solidarität mit allen ethnischen Gruppen und Antinationalisten appelliert. Vor allem ist man gegen die dominante Herrschaft der Han-Chinesen vorgegangen und hat sich für den Widerstand gegen die Unterdrückung und Diskriminierung eingesetzt und dafür plädiert, die kleineren ethnischen Gruppen hinreichend zu respektieren und zu schützen. Alle diese Maßnahmen haben der Verwirklichung der Gleichheit aller ethnischen Gruppen gedient, auch einer Förderung des Solidaritätsgefühls für alle ethnischen Gruppen und haben somit ein gutes soziales Klima geschaffen.

In dem alten China waren die Wirtschaft, Kultur und Gesellschaft in den Gebieten der nationalen Minderheiten erschreckend rückständig gewesen. Mancherorts hatten noch Zustände einer primitiven Sippengesellschaft geherrscht, anderswo noch Verhältnisse einer extremen, selbst feudalen

Sklavengesellschaft, wo große Armut bestimmend, verheerende Pest zu beklagen und die Population beängstigend rückläufig war. Seit Gründung der
Volksrepublik Chinas und unter vielen neuen Voraussetzungen, etwa auch
weitgehender Respektierung der Wünsche der nationalen Minderheiten und
des Schutzes ihrer Religionsfreiheit, ihrer Sitten und Gebräuche, sind in den
Gebieten der nationalen Minderheiten wirkungsvolle und stabile demokratische Reformen durchgeführt worden. Dies alles hat den Menschen vor Ort geholfen, die dort noch rückständigen Produktionsverhältnisse und herrschenden
Gesellschaftssysteme zu reformieren, Wirtschaft und Kultur zu entwickeln, so
dass die gesellschaftliche Entwicklung einiger nationaler Minderheiten sogar
mehrere gesellschaftliche Entwicklungsphasen im Sprung überholt hat. Tibet
war das Paradigma einer noch rückständigeren Gesellschaft, wo die gemeinsame Herrschaft von Politik und Religion noch an das dunkle Mittelalter in Europa
erinnerte und an Verhältnisse einer feudalistischen, leibeigenen Gesellschaft.
Dort in Tibet besaßen die Herrschenden, die nur 5% der Bevölkerung ausmachten, das ganze Ackerland und sämtliche Produktionsmaterialien. Diese kleine
Gruppe aber nahm das Recht für sich in Anspruch, über Leben und Tod aller Leibeigenen zu entscheiden. Und diese Gruppe wie auch die Sklaven, die
95% der Bevölkerung ausgemacht haben, besaßen überhaupt kein Stück Land
und auch keine Produktionsmaterialien. Die Leibeigenen und Sklaven hatten keine Freiheit über ihren Körper, mussten unter willkürlicher Gewalt und
Beschimpfungen ihrer Herrscher leiden. Etlichen wurden Hände oder Füße
abgehackt, andere wurden ins Wasser geworfen, anderen wurden barbarische
Strafen zugemessen und man hat ihnen Augen oder Ohren, auch andere Haut-
und Körperteile abgeschnitten. Im Jahr 1959 sind dann in Tibet eine allgemeine
demokratische Reform durchgeführt und die Bodenreform realisiert worden.
Die ehemaligen Herrscher verloren ihre Besitztümer und das politische System
gemeinsamer Herrschaft von Politikern und Priestern wurde abgeschafft.
Sodann verlor auch die feudalistische Herrschaft alle Privilegien, Millionen
Leibeigener und Sklaven wurden befreit. In der tibetanischen Gesellschaft hatte sich ein grundsätzlicher historischer Wandel vollzogen.

Um die besonderen Interessen der nationalen Minderheiten zu schützen, hatte China in den Gebieten der nationalen Minderheiten das Autonomiesystem
eingeführt. Die Erklärung „Gemeinsame politische Programme des Kongresses
der chinesischen Konsultation" proklamierte ausdrücklich, in den Gebieten, in
denen viele nationale Minderheiten konzentriert waren, sollten je nach Anzahl
der Bevölkerung und der Fläche ihrer Gebiete autonome Verwaltungen eingerichtet werden. Bis zum Juni 1952 wurden im ganzen Land 130 autonome
Gebiete begründet und 4.5 Millionen Menschen waren davon betroffen. Im
August 1952 hat die neue chinesische Regierung in ihrem „Grundriss der
Durchführung der Autonomie in manchen Regionen der Volksrepublik Chinas"
die Verwaltungsvorschriften für die Autonomiegebiete differenziert erläutert, womit die Durchführung der autonomen Verwaltung in diesen Gebieten
bestimmt worden ist. Danach sind die Autonomie von Xinjiang, Guangxi,
Ningxia und Tibet nacheinander im Oktober 1955, im März und Oktober

1958 und im September 1965 verwirklicht worden und haben den Status einer Provinzgleichheit genossen. Das System einer autonomen Verwaltung ist in China ein wesentlicher Aspekt der politischen Verwaltung. Damit wurden nicht nur die gleichen Rechte auf Beteiligung an der Verwaltung der Angelegenheiten aller nationalen Minderheiten gewährleistet, sondern auch das besondere Recht autonomer Verwaltung eigener Angelegenheiten der einzelnen ethnischen Gruppen.

—— Gründung eines demokratischen Systems zur Gewährleistung der grundlegenden politischen Rechte des Volkes, das nun Herr im eigenen Land wird.

Im Jahr 1949 fand in Peking der Kongress der chinesischen politischen Konsultationskonferenz statt. Diese Konferenz, die provisorisch die Funktion des Volkskongresses wahrnahm, hat eine vorläufige Verfassung unter dem Titel „Gemeinsame politische Programme des Kongresses der chinesischen Konsultationskonferenz" verabschiedet, hat die zentrale Regierung der Volksrepublik Chinas gewählt und die Gründung der Volksrepublik China verkündet. In den „Gemeinsamen politischen Programmen" ist als die zentrale Bestimmung festgelegt worden: Die Macht des Landes gehört dem Volk. Die Organe der Regierung des Staates werden in allgemeiner Wahl ermittelt. Das Verfahren ist folgendes: Zunächst wählt das Volk Vertreter einzelner Orte, und diese ihrerseits wählen Vertreter für den nationalen Volkskongress, die nun für die Wahl der höheren Regierung des Staates zuständig sind. Das Volk genießt das Recht zu wählen und gewählt zu werden, also das aktive und passive Wahlrecht. Es kommt in den Genuss der Meinungsfreiheit. Es verfügt über Freiheiten für die Publikation, für Versammlungen, Vereinigungen, Nachrichten, die freie Wahl des Wohnorts, des Umzugs, die Religionsfreiheit und sowie das Demonstrationsrecht. Sämtliche noch in Kraft befindlichen und das Volk unterdrückenden Gesetze und Verordnungen, auch das Justizsystem der reaktionären Regierung werden abgeschafft. Die neuen, das Volk schützenden Gesetze, Verordnungen und das Volksjustizsystem werden jetzt etabliert. Den Bestimmungen der „Gemeinsamen politischen Programme" entsprechend sollten in allen Regionen und auf allen Ebenen Kongresse der Volksvertreter stattfinden, womit man demokratische Volksregierungen an den jeweiligen Orten schaffen könne. Sobald eine solche Volksregierung etabliert sei, könne sie unverzüglich nach dem Willen des Volkes handeln. Unter der Leitung dieser regionalen Regierungen ist dann eine Reihe von Bewegungen und Aktionen in Gang gesetzt worden. Man denke hier nur an die Unterstützung des Koreakriegs gegen das Eindringen der Amerikaner in Korea; oder auch an die Niederschlagung der Antirevolutionäre, oder an die Durchführung der Bodenreform und die demokratische Reform und dergleichen wichtige politische Bewegungen. Es war diesen Regierungen auch gelungen, gemeinsam mit dem Volk alle noch nicht bewältigten Übel, alte Sitten und Gebräuche der alten feudalistischen Gesellschaft zu beseitigen. Auf diese Weise war man befähigt, entschieden und rasch zu handeln, und dank zügig ergriffener Maßnahmen konnte man die Preise stabilisieren. Diese Volksregierungen haben auch viel dazu beigetragen, allmählich die nationale Wirtschaft in Blüte zu ringen und die demokratische Verwaltung aufzubauen. Darüber hinaus waren sie fähig geworden, gegen Korruption und Verschwendung sowie unnütze bürokratische Verhältnisse innerhalb der Partei und in staatlichen Kaderkreisen wirkungsvoll vorzugehen, so dass diese sich dann vorbildlich aufgeführt, Fleiß und Bescheidenheit bewiesen und motiviert gezeigt haben, sich als Diener des Volkes zu verstehen. Auf diese Weise ist ihnen die Einkehr eines frischen Windes in die neue demokratische Verwaltung zu verdanken.

Im Februar 1953 ist das "Gesetz für die Wahl der Volksrepublik" herausgekommen, worin es heißt: "Alle Bürger der Volksrepublik China über 18 Jahre, unabhängig von ihrer Nation, von ihrer ethnischen Gruppe, von Geschlecht, Beruf und sozialer Herkunft, auch von der Religionszugehörigkeit, vom Bildungsniveau, vom Besitztum und vom Wohnsitz und der Zeit der Wohnung an einem Ort haben das aktive und passive Wahlrecht". Im Dezember desselben Jahres haben im ganzen Land umfangreiche Wahlen stattgefunden; zuerst haben die Bürger direkt Vertreter der Gemeinden, Kreise, Bezirke einer Stadt und ganzer Städte gewählt, diese Vertreter haben dann auf höherer Ebene Vertreter der Provinzen und Städte gewählt und diese dann die Verwaltungsorgane ihrer Orte. Schließlich haben auf nächsthöherer Ebene die Verwaltungsorgane der einzelnen Provinzen, der Autonomiegebiete und regierungsunmittelbaren Städte Vertreter für den nationalen Volkskongress gewählt. Im ganzen Land hatten insgesamt 2,78 Milliarden Menschen an der Wahl teilgenommen, der Anteil der Wahlbeteiligung betrug 85.88% (darunter der Anteil der Wahlbeteiligung bei den Frauen über 90%). Insgesamt wurden 5.669.000 Vertreter in den unteren Ebenen gewählt (darunter 17.31% Frauen), insgesamt wurden 1226 Vertreter für den nationalen Volkskongress gewählt, ein durchaus repräsentatives Ergebnis.

Dies war die erste offizielle allgemeine und umfassende Wahl in der chinesischen Geschichte überhaupt. Damit ist ein wahrer Enthusiasmus des ganzen Volkes zur Mitbestimmung der staatlichen Angelegenheiten entfacht worden. Zum ersten Mal konnte das Volk als Herr im eigenen Land seine demokratischen Rechte verwirklichen. So hat die lebendige demokratische Politik in China einen Riesenschritt nach vorn gemacht.

Im September 1954 fand der erste nationale Volkskongress in Peking statt, auf dem die „Verfassung der Volksrepublik China", die Gesetze für die Bildung des nationalen Volkskongresses, des Staatsrats, des obersten Gerichtshofs, der Staatsanwaltschaft und anderer staatlicher Organe verabschiedet worden sind, auf dem auch das Staatsoberhaupt gewählt, der Bericht der Zentralregierung über ihre Arbeit vorgetragen, diskutiert und geprüft worden ist. Die Genese "der Verfassung" spiegelt das demokratische Wesen des Volksstaates wider. Über ihren Entwurf haben zuerst die politischen Konsultationskonferenzen in allen größeren Verwaltungsgebieten und allen Führungsorganen der Provinzen und Städte diskutiert, sodann alle demokratischen Parteien und Volksorganisationen. Insgesamt haben mehr als 8000 Menschen 81 Tage gebraucht, um ausführlich alle einzelnen Paragraphen kritisch zu prüfen mit dem Ergebnis, dass mehr als 5900 Korrekturvorschläge eingegangen sind. Nachdem jetzt der Entwurf in korrigierter Form unter Berücksichtigung der Korrekturvorschläge erarbeitet war, hat man ihn im ganzen Land bekannt gemacht und dem Volk zur nochmaligen Prüfung vorgelegt. So haben in den folgenden zwei Monaten im ganzen Land insgesamt 1.5 Milliarden Menschen an den entsprechenden Diskussionen teilgenommen und eine Anzahl von 116.000 problematischen Textpassagen und sachlichen Ergänzungsvorschlägen für eine Korrektur geltend gemacht. Folglich hat der nationale Volkskongress erst nach weiteren Korrekturen und kritischer Sichtung die für gültig erklärte Textfassung der Verfassung angenommen. Diese auf der Basis vorausgehender umfangreicher Diskussionen entstandene staatliche Verfassung war nicht nur in der chinesischen Geschichte ein singuläres Ereignis; einen derartig komplexen Vorgang hat es wohl auch sonst in der Welt kaum gegeben. Diese Verfassung hat der Bestimmung der Beschaffenheit des Staates wie der Funktionen der staatlichen Organe gedient und in kategorischer Form geklärt: Alle Macht des Staates gehört dem Volk, und diese Macht des Volkes wird durch die nationalen Volkskongresse und die Volkskongresse der einzelnen Orte ausgeübt. Der Nationale Volkskongress gilt als das oberste Organ des Staates. Der Nationale Volkskongress kann Gesetze erlassen und hat die Befugnis der Gesetzesanwendung und die Macht der Kontrolle. Er ist zuständig für die Wahl des Staatsoberhaupts und auch für dessen Entlassung. Er hat das Recht, beim Staatsrat und bei allen Ministerien Einsprüche zu erheben. Die „Verfassung" als Grundgesetz des Staates definiert auch die Rechte der Bevölkerung in Politik, Wirtschaft, Gesellschaft, Kultur und leiblicher Existenz, bestimmt aber zugleich auch ihre Pflichten.

Die Tagung des ersten Nationalen Volkskongresses mit der Annahme der "Verfassung der Volksrepublik Chinas" hatte die zuvor dafür zuständige Amtsbefugnis der chinesischen Konsultationskonferenz als eines provisorischen nationalen Volkskongresses definitiv beendet und damit auch der Übergangsphase, in der die „Gemeinsamen politischen Programme" das Ansehen und den Status einer Verfassung des Staates hatten und in diesem Sinne fungierten. Jetzt war das verbindliche Zeichen für die Begründung eines in Wahrheit demokratischen politischen Systems gesetzt und der Aufbau der Demokratie wie auch die Herrschaft einer Regierung durch Gesetze hatte eine neue Epoche eingeläutet. Im Dezember 1954 hat die zweite chinesische politische Konsultationskonferenz erstmals getagt. Auf dieser Konferenz nach der Einführung des Nationalen Volkskongresses sind neue Satzungen der chinesischen „Volkskonsultationskonferenz" beschlossen worden, in denen Funktion und Aufgaben der Konsultationskonferenz festgelegt wurden. Zu ihren neuen Aufgaben gehörte fortan das Protegieren der Solidarisierung mit allen ethnischen Gruppen, mit Personen aller demokratischen Ebenen, mit allen demokratischen Parteien, mit allen Organisationen, mit allen Überseechinesen und anderen Demokraten. Alle diese Gruppen sollten sich in einer volksdemokratischen Vereinigung zusammenfinden, und diese Vereinigung sollte als signifikantes Zeichen des demokratischen politischen Systems unter der Führung der Kommunistischen Partei fungieren, unter Beteiligung mehrerer anderer Parteien und Konsultationen. Das konstituiert das politische demokratische System des Volkes und liefert eine wesentliche politische Gewähr für die Verwirklichung der Rechte des Volkes als Herr im eigenen Land.

— Aufbau des sozialistischen Systems und Förderung der gesellschaftlichen und wirtschaftlichen Entwicklung sowie Erhöhung des Niveaus der Menschenrechte.

Nach der Gründung der Volksrepublik China hat man zuerst durch umfangreiche Bodenreformen und andere demokratische Reformen sowie weitere effektive Maßnahmen die Preise stabilisiert und die wirtschaftliche Entwicklung gefördert. Das Land hatte nur drei Jahre gebraucht, um sich von den Wunden durch Kriege zu erholen und die nationale Wirtschaft aufs höchste Niveau der Geschichte zu bringen. 1952 hat der gesamte Produktionswert des Landes, gemessen an dem damaligen Geldwert, beinahe das Doppelte des Wertes vom Jahr 1949 betragen. Der gesamte Produktionswert der Industrie und der Landwirtschaft hat die stattliche Summe von 81 Milliarden Yuan erreicht und war um 77.5% gestiegen. Auch das Einkommen der Bevölkerung hat sich in dem Zeitraum beinahe um mehr als das Anderthalbfache erhöht. Die Zahl der Beschäftigten des Landes kletterte von 8 Millionen im Jahr 1949 auf nunmehr 16 Millionen; der durchschnittliche Lohn der Beschäftigten wurde auch im Vergleich zu dem von 1949 um 70% gesteigert. Selbst das Einkommen der Bauern erreichte eine mehr als 30%-ige Erhöhung. Aber es gab noch einzelne kleine private Wirtschaftsbetriebe, insbesondere gab es noch lange nach den Bodenreformen hin und wieder eine privat geführte Agrarlandwirtschaft auf dem Land, was die nationale Volkswirtschaft beeinträchtigen musste, weil man so das Auseinanderklaffen der extremen Pole reich und arm kaum verhindern konnte. Dieser Zustand bedeutete einen schwer lösbaren Widerspruch im Prozess der Industrialisierung des Landes und stimmte nicht zusammen mit dem Streben des Volkes nach einem gemeinsamen Wohlstand. Genau wie dies Mao Zedung vorhergesagt hatte: „Chinas Situation ist folgende: Die riesige Zahl der Bevölkerung, der Mangel an Anbauflächen, (...) immer wieder vorkommende Naturkatastrophen (...) , die rückständigen Produktionsmethoden, all das hat dazu geführt, dass das Leben der Bauern, obwohl es sich nach der Bodenreform im Vergleich zu früher schon einigermaßen verbessert, zum Teil sogar wesentlich besser geworden ist, weitgehend noch viele Schwierigkeiten mit sich bringt, (...) die Befreiung aus der Armut und damit eine Verbesserung ihres Lebens zu bewirken, auch gegen Naturkatastrophen wirksam vorzugehen. Hierzu müssten sehr viele Bauern sich zusammen tun und gemeinsam auf den Sozialismus vertrauen, dann könnten sie wohl ihr Ziel erreichen."[15] Das war der Grund, warum die chinesische Regierung sogleich mit den sozialistischen Reformen in der Landwirtschaft, im Handwerk, in der kapitalistischen Industrie und im Handel angefangen hatte, ein sozialistisches Wirtschaftssystem

15 Gesamte Werke von Mao Zedung, 5. Band, Volksverlag, 1977, S. 179.

möglichst schnell aufzubauen. Nach Durchführung der sozialistischen Reformen ist das chinesische Volk Herr der Produktionsmaterialien geworden und hat selber den sozialen Reichtum genießen können. Dies hatte die Bevölkerung maßgeblich zum den sozialistischen Aufbau angetrieben und zur Verwirklichung eines neuen Lebens stimuliert, den Prozess einer unaufhaltsam fortschreitenden Industrialisierung mächtig vorangetrieben mit dem Ergebnis, dass die Wirtschaft in der chinesischen Gesellschaft sich mit einem Tempo entwickelt hat, wie man es in der chinesischen Geschichte bislang noch nie erlebt hat. Statistischen Erhebungen zufolge betrug im Jahr 1957 der Produktionswert der Industrie des ganzen Landes 78,39 Milliarden Yuan und war gegenüber dem Jahr 1952 um 28.3% gestiegen, was auf eine durchschnittliche Zuwachsrate von 18% pro Jahr hinauslief. Der Gesamtwert in der Landwirtschaft von 60,4 Milliarden Yuan war im Vergleich zum Jahr 1952 um 25% gestiegen, mithin eine deutliche Erhöhung des Lebensniveaus der Bevölkerung widerspiegelnd. Im Jahr 1957 hatte sich das Niveau des durchschnittlichen Konsums der ganzen Bevölkerung des Landes im Vergleich zum Jahr 1952 um mehr als ein Drittel erhöht; davon das durchschnittliche Verbrauchsniveau der Städter um 38.5%; das der Bauern betrug dagegen nur 27.4%. Im Zuge der Entwicklung des sozialistischen Systems und der allgemeinen Partizipation am Aufschwung der Wirtschaft und dank der gleichen Verteilung des Einkommens der Bevölkerung im ganzen Land haben sich auch die Bedingungen der Menschenrechte ersichtlich zum Besseren gewendet. Diese Faktoren zusammen haben ein wesentlich neues Sozialsystem zuwege gebracht.

## 2.2. Die schwierige Ergründung der Menschenrechte auf dem Wege ihrer Entwicklung in China

Ein großes Land wie China mit einer immensen Bevölkerungsrate, mit allgemeiner Armut und mit einer relativ rückständigen Wirtschaft stand nach der Einführung des sozialistischen Systems vor den Herausforderungen, das Land aus seiner Armut und Rückständigkeit herauszuführen, eine Modernisierung zu verwirklichen, die Menschenrechte zu fördern und überhaupt das Problem des Aufbaus und der Festigung einer sozialistischen Gesellschaft zu lösen. Für alle diese wichtigen und komplexen Probleme hatte man in der eigenen Geschichte noch kein vergleichbares normatives Beispiel, woran man sich hätte orientieren können. Deshalb haben die chinesische Regierung und das chinesische Volk seit 1957 mehr als zwanzig Jahre lang an hartnäckig und unerbittlich hinsichtlich der anstehenden Probleme und Fragen mit verschiedenen Versuchen experimentiert, mittlerweile auch schon mit einem beträchtlichen Erfolg, wenn auch viele Umwege nötig waren und bisweilen auch schwerwiegende Fehler zu Rückschritten, ja in unglückliche Krisenzustände geführt haben. Man denke hier nur an die „Kulturrevolution" oder andere katastrophale Fehler, die die politische Gesamtsituation betroffen haben und wofür man einen hohen Preis bezahlen musste.

In den letzten mehr als zwanzig Jahren hat China beim Aufbau der Modernisierung und einer Ausbildung der Menschenrechte große Fortschritte gemacht, aber zugleich auch einige überaus empfindliche Niederschläge hinnehmen müssen. Doch im Großen und Ganzen könnte man im Überblick diese Zeitspanne als eine Periode kurvenreicher Erforschungen und Experimente auf dem Weg der Ausbildung der Menschenrechte in China bezeichnen. Doch gleichzeitig war es eine mehr als zwanzig Jahre nur langsam voranschleichende und holprige Wegstrecke forschender Versuche gewesen mit der Suche nach einem geeigneten Weg der Ausprägung der Menschenrechte für China. In den ersten zehn Jahren(von 1957 bis 1966) hat China im ganzen Land einen weitreichenden Aufbau der Modernisierung realisiert und dabei auch achtbare Erfolge errungen, vor allem die materialistische Basis für die Entwicklung des Landes und damit Voraussetzungen für eine Ausbildung der Menschenrechte geschaffen. 1965 ist der Gesamtwert der Industrie und der Agrarlandwirtschaft des ganzen Landes im Vergleich zum Jahr 1957 um 59.9% gestiegen, das durchschnittliche Einkommen der Bevölkerung im Vergleich zum Jahr 1957 um 54 Yuan; 131.384.000 Studenten und Schüler haben alle Hochschulen und Schulen im ganzen Land gezählt, im Vergleich zum Jahr 1957 bedeutete dies einen Anstieg um mehr 83%. Dann in den späteren zehn Jahren (1966 bis1976) unterlief jener alle politischen und kulturellen Bereiche betreffende schwerwiegende Fehler der „Kulturrevolution", wodurch die nationale Wirtschaft und das demokratische Rechtssystem empfindlich getroffen worden und die Menschenrechte unzähliger Menschen missachtet worden sind. Aber weil das politische System des Landes sich damit im Grunde nicht prinzipiell verändert hat, ist die Volkswirtschaft damals nicht völlig zusammengebrochen und das Leben der Bevölkerung unter den widrigen Bedingungen sogar noch ein wenig verbessert worden. Von 1967 bis 1976 lag die Steigungsrate des Gesamtwertes der Produktion durchschnittlich bei 6.8%, also nur um 1.4% niedriger die Quote von 8.2% in der Zeit von 1952 bis 1966; die Erhöhungsrate der Jahreseinkommen der Nation lag bei 4.9% und war damit um 1.3% geringer als die Quote von 6.2% in der Zeit von 1952 bis1966.

Im Hinblick auf das Problem der Menschenrechte kann man die Rückschritte und Verfehlungen in diesen 20 Jahren folgendermaßen summarisch erklären:

—— Gravierende Mängel hinsichtlich der Einschätzung der Wichtigkeiten und Schwierigkeiten für die Lösung der Probleme des Lebens und die Entwicklung des Volkes in einem so rückständigen Land wie China.

Es war schon immer der große Wunsch und die Hoffnung des chinesischen Volkes, über hinreichend Nahrung und warme Kleidung zu verfügen; und das war auch ein Problem, vor welches das neue China sich gestellt sah. Die amerikanische Regierung hatte schon vor der Gründung der Volksrepublik China in seinem Weißbuch behauptet, in China könne keine Regierung, gleich welcher Art, das Problem der Bereitstellung hinreichender Nahrungsmittel für die Bevölkerung lösen. In der Tat war, was die alte chinesische Regierung hinterlassen hatte, nichts anderes als ein armes, mit tausenden von Plagen heimgesuchtes, völlig heruntergekommenes Land. Erschwerend kam hinzu, dass das Land mit einer immensen Bevölkerungszahl zu tun hatte und dass es ihm an entsprechenden Ressourcen mangelte. Deshalb war es eine besonders schwierige Herausforderung für das neue China, diese Probleme angemessen zu lösen und das Recht der Bevölkerung auf Leben und Entwicklung zu schützen. Doch über eine sehr lange Zeit hin hat die Regierung von diesen Problemen viel zu wenig Kenntnis genommen. Stattdessen hat sie übereilt die Bewegungen des Großen Sprungs nach vorn und die Bewegung der Volkskommunen in Gang gesetzt, ohne Rücksicht auf die chinesische Realität und im Widerspruch zu den objektiven Möglichkeiten der wirtschaftlichen und gesellschaftlichen Entwicklung. Sie hat lediglich subjektiven Wunschvorstellungen gemäß gehandelt und hat sich von einer blinden Begeisterung leiten lassen, hat dabei naiv agiert und in einer linksdogmatischen Auffassung einem vermeintlich grundsätzlich überlegenen Sozialismus ihr Vertrauen geschenkt. Sie war des Glaubens, durch Massenbewegungen und eine überstürzte Veränderung der Produktionsverhältnisse allein könne man den großen Wirtschaftsaufschwung erreichen, könne China Hals über Kopf seine Rückständigkeit überwinden und das Lebensniveau der entwickelten Länder sogar überholen und die Probleme des Lebens und der Entwicklung definitiv lösen. Doch in Wahrheit haben diese leichtfertigen und übereilten Entscheidungen der Wirtschaftsordnung und dem Leben des Volkes gravierenden Schaden zugefügt und dazu geführt, dass das Lebensniveau rapide gesunken ist. Dies war eine bittere Lektion für alle.

—— Der springende Punkt des wirtschaftlichen Entwicklungsprozesses und der Förderung der Menschenrechte ist nicht rechtzeitig erkannt worden.

Eigentlich hätte gleich nach Begründung des sozialistischen Systems die wirtschaftliche Entwicklung als vordringliche Aufgabe erkannt und begriffen werden müssen, denn dies war ja der Schlüssel für die Stabilisierung und die künftige Förderung des sozialistischen Systems, übrigens auch für die Entwicklung der Menschenrechte. Aber nach der Einführung des neuen sozialistischen Systems hat die Regierung auf lange Zeit hin die Hauptprobleme verkannt und falsche Richtlinien propagiert, den „Klassenkampf als Hauptaufgabe" gesehen, „der Politik und Ideologie den Vorrang eingeräumt" und eine zehn Jahre dauernde große „Kulturrevolution" initiiert und versucht, durch ständige ideologische politische Bewegungen den Sozialismus zu stabilisieren und voranzubringen. Und man wollte durch revolutionäre Aktionen die Produktion fördern, was aber zu einem zehn Jahre dauernden inneren Chaos geführt hat und wodurch nicht nur die nationale Volkswirtschaft beinahe bis an die Grenze eines totalen Zusammenbruchs geraten war, sondern auch das materielle Lebensniveau über einen langen Zeitraum keine spürbare Erhöhung erfahren, vielerorts nicht einmal die Probleme zureichender Nahrungsmittel und Kleidung gelöst worden sind. Insofern hat es in der Entwicklung der Menschenrechte schwerwiegende Rückschläge gegeben.

—— Die Probleme eines langfristigen demokratischen politischen Aufbaus, der Komplexe des demokratischen Systems und dessen Kompetenz sowie die Probleme einer Etablierung des Rechtsschutzes wurden für lange Zeit ignoriert.

In einem großen Land wie China mit einer tausendjährigen feudalistischen Geschichte, mit einer wirtschaftlichen und kulturellen Rückständigkeit, auch mit einer regional unterschiedlich verlaufenen Entwicklung musste für den differenzierten Aufbau einer demokratischen Politik eine außerordentlich lange Zeitspanne einkalkuliert werden. Man konnte nicht darauf bauen, dass man diese komplexen Probleme mit einem forcierten Sprung nach vorn würde erreichen können. Vielmehr war dies alles nur möglich in einem Prozess organisatorisch und sachlich angemessener, schrittweiser Befolgung von Maßnahmen zum Aufbau eines umfassenden Systems und mittels Absicherung der Entwicklung der demokratischen Politik durch Gesetze. Doch über eine sehr lange Zeit hatten die zuständigen chinesischen Führungskräfte dies früher leider nicht erkannt. Da kein organisatorisch zusammenhängendes und gesetzlich abgesichertes System aufgebaut worden ist, konnten einerseits in der zehnjährigen „Kulturrevolution" die willkürlichen Erscheinungen wuchern, die Verfassung und Regierung auf Grund willkürlicher Gesetze außer Kraft gesetzt werden. Und am Ende schienen die Partei, der Staat und das demokratische Leben unglaublich stark angeschlagen; andererseits ist die Demokratie aus den Gleisen der Gesetze geraten. Und etliche haben sich unverfroren über die Gesetze hinweggesetzt und unmittelbar den Massenbewegungen wie der sogenannten Bewegung „Großes Krähen, große Freiheit, große Diskussionen und große Wandzeitungen" und ähnlichen Aktionen angeschlossen. Dies hatte zur Folge: Die reguläre Gesellschaftsordnung, Produktion und Lebensordnung sind aus den Fugen und einen Zustand der Anarchie geraten und haben schwerwiegende gesellschaftliche Katastrophen verursacht, was dazu geführt hat, dass der Prozess des Aufbaus demokratischer Rechte eine Weile rückläufig war und die Menschenrechte im wahrsten Sinne des Wortes mit Füssen getreten worden sind. Im Jahr 1975 ist die zweite „Verfassung" der Volksrepublik China erschienen, in der zahlreiche die Volksdemokratie betreffende Passagen gestrichen worden sind. Im Kapitel über „Grundrechte und Pflichten der Bürger" hatte man eine Reduktion der ursprünglich 19 Paragraphen auf nur noch vier vorgenommen. Damit war sachlich der Bereich der bürgerlichen Grundrechte auf ein Minimum beschränkt worden. Ungewöhnlich war auch, dass außerdem zuerst die Pflichten der Bürger bestimmt wurden und erst in zweiter Linie von den Rechten die Rede war.

## 2.3. Die neue Situation für die chinesische Entwicklung der Menschenrechte während der Zeit der Reform und der Öffnung Chinas zur Welt

Auf der dritten Plenarversammlung des 11. Parteitags im Dezember 1978 sind die positiven und negativen historischen Erfahrungen seit der Gründung der Volksrepublik Chinas und insbesondere seit Etablierung des sozialistischen

Systems gewissenhaft geprüft und summiert worden und man hat sich dann entschieden von den irrtümlichen Richtlinien des „Klassenkampfs als Hauptaufgabe" abgewandt und den Entschluss gefasst, den Schwerpunkt der Arbeit der Partei und des Staates auf den sozialistischen Aufbau der Modernisierung zu verlegen. Damit hatte sich eine neue Perspektive für den Sozialismus chinesischer Prägung eröffnet, die auch und gerade die Entwicklung der Menschenrechte betraf. Die zweite Generation der Zentralregierung unter Deng Xiaoping hat dann die Frage, was Sozialismus in China sei, besonders stark betont und eine Begründung dafür in den besonderen Bedingungen der chinesischen Realität zu sehen gelehrt und zu einer erneuten Reflexion darüber motiviert. Hier ist die Frage, wie der Sozialismus aufzubauen und zu stabilisieren sei, erneut intensiv verfolgt worden. Schließlich ist man sich einig geworden darüber, dass ein gangbarer Entwicklungsweg für Reformen und die Öffnung Chinas nur unter Berücksichtigung der chinesischen Besonderheiten und der Produktion als sozialistischer Entwicklungsweg dezidiert chinesischer Prägung zu verfolgen möglich sei. Unter diesen Prämissen einer Analyse typisch chinesischer Verhältnisse ist dann schließlich auch ein geeigneter Weg der Förderung und Entwicklung der Menschenrechte gefunden worden: ein entscheidender historischer Fortschritt und eine bahnbrechende neue Erkenntnis der chinesischen kommunistischen Partei hinsichtlich des Problems der Menschenrechte. Dank dieser neuen Einschätzung hat die Sache der chinesischen Menschenrechte einen enormen historischen Auftrieb gewonnen und eine dynamische Progression erfahren.

39

A. Der historische Fortschritt, bedingt durch eine neue Einschätzung der Frage der Menschenrechte in der Partei und beim Staat

Nach der Gründung der Volksrepublik hat die Kommunistische Partei Chinas und mit ihr die chinesische Regierung in der Frage nach der politischen Bedeutung der Menschenrechte einen Denkprozess durchgemacht. Zuerst ist das Wort „Menschenrechte" ganz vermieden worden, dann ist es aber in den Dokumentarschriften der Partei und der Regierung verwendet und somit als Problem begriffen worden; und schließlich hat man den Begriff und das mit ihm bezeichnete Sachproblem in den Verfassungstext und in die Programmschriften zur Durchführung politischer Handlungen aufgenommen. Dieser längere Vorgang spiegelt die allmählich immer tiefer vordringende Erkenntnis und die zunehmende Reflexion des Sachproblems der Menschenrechte in Kreisen der Partei und der Regierung wider.

—— Vom Absehen der Rede über Menschenrechte bis zur Thematisierung des Problems, dem Hissen der Flagge der Menschenrechte mit dem Weißbuch der Regierung.

Noch lange Zeit nach der Gründung der Volksrepublik Chinas hat man nicht nur im Text der Verfassung und in Gesetzestexten den Begriff „Menschenrechte" vermieden. Man hat die ideologisch aufgeladene Frage der Menschenrechte auch theoretisch für ein Tabu erklärt. Besonders in der „Kulturrevolution" sind die meisten von der „linken" Strömung stark beeinflusst gewesen. Viele haben die Frage der „Menschenrechte" für ein typisch kapitalistisches Problem gehalten. Kein Wunder, dass man über Menschenrechte verächtlich geredet und die Sache mit Füssen getreten hat. Sogar bis zur Anfangzeit der Reform und der Öffnung sind noch eine Reihe von despektierlichen Artikeln in einigen wichtigen überregionalen Zeitungen veröffentlicht worden mit Titeln wie „Wessen Slogan sind Menschenrechte?" oder „Menschrechte sind ein kapitalistischer Slogan" oder „Menschenrechte sind kein Slogan des Proletariats" und „Der Slogan über Menschenrechte ist ein heuchlerischer" und dergleichen mehr. Damals hatte man die Frage der Menschenrechte automatisch mit dem Kapitalismus verbunden. Man hat die Überzeugung vertreten, „das Proletariat sei schon seit eh und je gegenüber den Menschenrechten stets kritisch eingestellt gewesen."

Nach der Zeit der Reform und Öffnung hat die chinesische kommunistische Partei erneut und sachgerecht versucht, sich über die chinesische Situation und den Sozialismus Klarheit zu verschaffen und hat für eine Theorie des Sozialismus chinesischer Prägung Argumente gesucht. Dies hat dann zu einer theoretischen Grundlage für einen neuen und sachgerechten Erkenntnisgewinn und zu einer neuen Beleuchtung der Frage der Menschenrechte geführt. Am 6. Juni 1985 hatte Deng Xiaoping auf einen verbalen Angriff der internationalen feindlichen Mächte mit den Fragen geantwortet: „Was ist Menschenrecht? Entscheidung ist hier doch die Frage nach dem Recht für wie viele Menschen? Gilt das Menschenrecht für eine Minderheit oder für eine Mehrheit? Gelten nicht Menschenrechte für ein ganzes Volk? Die sogenannten Menschenrechte der westlichen Länder und die von uns gemeinten Menschenrechte sind ihrem Wesen nach zwei ganz unterschiedliche Sachen, und hierüber gibt es zwei total unterschiedliche Ansichten".[16] Hier redet Deng Xiaoping zwar über zwei unterschiedliche Aspekte der Menschenrechte im Westen und in China, aber der entscheidende Punkt im angeführten Zitat muss darin gesehen werden, dass Deng Xiaoping indirekt darauf hinzielt, auch das sozialistische China habe ein Recht, über Menschenrechte zu sprechen, und nicht nur das, sondern über die ganz spezifisch chinesische Auffassung der Menschenrechte.

Am Anfang der achtziger und neunziger Jahre des 20. Jahrhunderts mit den großen Veränderungen in der Sowjetunion und in Osteuropa haben die westlichen Mächte ihre antichinesischen Angriffe gegen China verstärkt, wobei sie ihre Kritik an den „Menschenrechten" in China geradezu als Waffen eingesetzt haben. Um diese westlichen und feindseligen Anschuldigungen zurückzuweisen, hat die dritte Generation der Zentralregierung unter Jiang Zemin die Handhabung der Menschenrechte in China und in der Welt im Vergleich analysiert und damit neue Einsichten gewonnen, wobei man dabei erst einmal das Problem aus der Perspektive der Opposition gegen feindliche ausländische Mächte beleuchtet und damit die Frage verbunden hat, ob das sozialistische China die Fahne der Menschenrechte hissen könne, was man positiv

16  Ausgewählte Werke von Deng Xiaoping, 3. Band, Volksverlag, 1994, S.125.

beschieden hat. So hat Jiang Zemin zwischen 1989 und 1990 deutlich erklärt, man solle sich erst einmal darüber Klarheit verschaffen, „wie man mit marxistischen Ansichten die Fragen der ‚Demokratie, Freiheit und Menschenrechte beurteile". „Wir müssen allen anderen Ländern gegenüber deutlich machen, dass unsere Demokratie die umfangreichste Volksdemokratie ist und dass auch der Sozialismus die Menschenrechte in außerordentlicher Weise respektiert". Deshalb hat die Zentralregierung im Jahr 1990 verkündet: „Man muss mit Fug und Recht über den Sachverhalt öffentlich berichten, welche Ansichten in China über Menschenrechte, Demokratie und Freiheit bestehen und was China hinsichtlich der Durchführung der Demokratie geleistet hat. Wir sollten die Flagge der Menschenrechte, Demokratie und Freiheit fest in unseren Händen halten."

Mit dem am ersten November 1991 von der Presse des Staatsrates veröffentlichten Weißbuch mit dem Titel „Der Zustand der chinesischen Menschenrechte" legt die chinesische Regierung der ganzen Welt ihr erstes Dokument mit dem Hauptthema der Menschenrechte vor. Die außerordentliche historische Bedeutung dieses Weißbuchs liegt darin, zunächst einmal mit dem Tabu der traditionell „linken" Auffassung gebrochen zu haben, sodann aber hauptsächlich darin, dem Begriff „Menschenrechte" als einem „großartigen Wort" einen durchaus positiven Wert zugeschrieben zu haben. Das Weißbuch hatte betont: Die optimale Realisierung der Menschenrechte sei „seit langem das von der Menschheit angestrebte Ideal". Das aber „ist auch das vom Sozialismus angestrebte große und hochgeachtete Ziel" und „eine langfristige historische Aufgabe des chinesischen Volks und der chinesischen Regierung". Zum ersten Mal wurde hier in Form eines Dokumentes der Regierung der Begriff der Menschenrechte in der Dimension der sozialistischen politischen Welt chinesischer Prägung ausdrücklich positiv bewertet. Vor der ganzen Welt hat China hier kühn und selbstbewusst die Fahne der Menschenrechte hochgehoben. Zum anderen hat man hier die allgemeinen Prinzipien der Menschenrechte im Zusammenhang mit der chinesischen Geschichte und der Realität Chinas thematisiert und erläutert, dass China die Ansicht vertrete, „das Recht auf Existenz sollte als das allerwichtigste Recht des Volkes gelten". Über diese chinesische Deutung der Menschenrechte hinaus hat das Weißbuch systematisch die wahre Situation Chinas hinsichtlich der Menschenrechte analysiert und gezielt die Verdrehungen und Angriffe der internationalen feindlichen Mächte analysiert und widerlegt und alle im Ausland allgemein interessierenden Fragen beantwortet. Dies hat im In- wie auch im Ausland eine große Wirkung gehabt.

Von da an sind die Menschenrechte ein wichtiges Thema der Propagandaarbeit Chinas fürs Ausland geworden. Wenn fortan der Premierminister alljährlich über die Arbeit der Regierung berichtet und die Außenpolitik erläutert hat, dann hat er immer auch die chinesische Grundauffassung der Menschenrechtsfrage zur Sprache gebracht.

—— Vom Hauptthema der Propaganda fürs Ausland bis zum zentralen Dokument.

Das Weißbuch ist zwar in erster Linie konzipiert als ein Dokument der Erklärung der chinesischen Politik und Situation fürs Ausland, doch mit seiner erstmals formulierten Anerkennung der Menschenrechte hat dieses Dokument der Regierung im Inland auch eine Wende der Meinungsbilder über China bewirkt und insofern eine wichtige Rolle gespielt. Es hat zum ersten Mal die chinesische Revolution, den Aufbau Chinas und die Praxis seiner Reformen aus der Perspektive der Menschenrechte dargestellt und im Hinblick auf zahlreiche Fakten und Beispiele demonstriert, dass alle diese Aktionen des politischen Prozesses unter der Führung der kommunistischen Partei nur ein und dasselbe Ziel verfolgt haben, nämlich die Menschenrechte des Volkes zu verwirklichen; dass also der Sozialismus chinesischer Prägung eigentlich das Problem der Menschenrechte im ursprünglichen Sinn erfasst und von Anbeginn als Ziel vor Augen hatte. Der Sozialismus chinesischer Prägung hat nicht allein eine Befreiung der Gedanken der Menschenrechte bewirkt und die Theorie der Menschenrechte vorangetrieben. Den Resultaten solcher Erforschungen ist vielmehr in der politischen Praxis die Fixierung neuer Gesetze des Staates zu verdanken, die dann das Bewusstsein der Bevölkerung für die Menschenrechte geschärft haben. So hat der systematische Vorgang eines Aufbaus chinesischer Menschenrechte einen Übergang von spontaner Affirmation zu einer überlegten und bewussten Selbstbestimmung erfahren. Künftig wird die chinesische Regierung immer selbstbewusster die Förderung und den Schutz der Menschenrechte in alle ihre sozialistischen Ausbauprojekte charakteristisch chinesischer Prägung aufnehmen.

Im September 1997 fand der 15. Parteitag statt und hat zum ersten Mal den Begriff der „Menschenrechte" im Themenbericht des Kongresses besonders exponiert. Der Generalsekretär Jiang Zemin hat im sechsten Teil seines Berichtes auf dem 15. Parteitag mit dem Titel „Politische Reformen des Systems und Aufbau des demokratischen Rechtstaats" unmissverständlich erklärt: „Das Regiment der kommunistischen Partei hat nur die Absicht, das Volk zu leiten und zu unterstützen, damit es die Macht der staatlichen Verwaltung in seiner Hand hält, damit es wählen, demokratische Entscheidungen treffen und demokratische Kontrollen durchführen kann, damit das Volk, entsprechend gesetzlicher Garantie, umfassende Rechte und Freiheiten, den Respekt und Schutz der Menschenrechte genießen kann." Hier ist der Begriff der Menschenrechte zum ersten Mal in ein offizielles Dokument des nationalen Volkskongresses eingeschrieben worden. Respekt und Schutz der Menschenrechte sind eindeutig als Leitideen kommunistischer Regierung und ihrer Handlungsprogramme bezeichnet worden. Zugleich sind damit die Menschenrechte als ein wesentlicher Aspekt politischer Reformen, des weiteren Aufbaus eines Rechtsstaates begriffen und in Strategien der chinesischen Reform, der Öffnung Chinas sowie in den fortschreitenden Prozess der Modernisierung eingeflossen, mithin in alle Bestrebungen, die noch die Jahrhundertgrenze überschreiten.

Im November 2002 wurden im Hauptbericht des 16. Parteitags „Respekt und Schutz der Menschenrechte" als wichtige Zielvorstellungen der Partei und Staates für die neue Epoche und den kommenden neuen Entwicklungsabschnitt affirmiert. Der Bericht hob hervor, „bei dem politischen Aufbau und der Reform des politischen Systems" müssten auch „das demokratische System vervollständigt, die Formen der Demokratie ausgeweitet, die politische Anteilnahme der Bürger nach und nach intensiviert, die demokratischen Wahlen des Volkes, die demokratischen Entscheidungen, die demokratische Verwaltung, demokratische Kontrollen und der Genuss allgemeiner Rechte und Freiheit garantiert und die Menschenrechte respektiert und geschützt werden".

—— Von der Verkündung der Parteipolitik bis zur Aufnahme in die Staatsverfassung und in den wirtschaftlichen und gesellschaftlichen Entwicklungsplan.

Nach dem 16. Parteitag hat die Zentralregierung unter Hu Jintao als Generalsekretär einen entschiedenen Appell für die These „Der Mensch als Ausgangspunkt" vertreten. Diese Auffassung ist geradezu als eine wissenschaftliche Theorie begriffen worden und sollte eine strategische Bedeutung für den Aufbau einer sozialistischen harmonischen Gesellschaft gewinnen. Damit ist der Respekt und Schutz der Menschenrechte noch viel stärker als notwendiges Prinzip für die Regierung der Partei und die Verwaltung des Landes gewichtet worden.

Im Oktober 2003 hat man auf der 3. Plenartagung des 16. Parteitags die These „Der Mensch als Ausgangspunkt" als eine entscheidende wissenschaftliche Entwicklungsauffassung vertreten. Dabei wurde betont, Wesen und Zentrum der wissenschaftlichen Entwicklungsauffassung müsse vom Menschen ausgehen. Mit der These „Der Mensch als Ausgangspunkt ist gemeint der Respekt und Schutz der Menschenrechte, einschließlich der Rechte der Bürger auf Politik, Wirtschaft und Kultur". Die Konferenz hat nach gründlicher Prüfung und Diskussion auch die beim ständigen Ausschuss des nationalen Volkskongresses präsentierten „Vorschläge der Zentralregierung hinsichtlich einer Korrektur mancher Bestimmungen der Verfassung" angenommen und vorgeschlagen, die Bestimmung „Respekt des Staates und Schutz der Menschenrechte" in die Verfassung aufzunehmen. Im September 2004 auf der 4. Plenartagung des 16. Parteitags der Partei sind dann „Die Bestimmungen für die Begründung eines effektiveren Regierens" herausgegeben worden, worin betont wurde, die Partei müsse wissenschaftlich, demokratisch und nach Gesetzen regieren. Außerdem müsse die Partei den „Respekt und Schutz der Menschenrechte, den Genuss allgemeiner Rechte und der Freiheit der Bevölkerung" gewährleisten. Dies seien wesentliche Gesichtspunkte für die Ermöglichung einer effektiven Regierung. Im Oktober 2006 sind auf der 6. Plenartagung des 16. Parteitags „einige wichtige Entscheidungen für den Aufbau einer harmonischen Gesellschaft" angenommen worden, und damit ist noch ein weiterer Schritt hinsichtlich der Achtung und des Schutzes der Menschenrechte erreicht und diese Bestimmung jetzt auf eine Ebene mit dem Aufbau einer harmonischen Gesellschaft gehoben und mit dieser Zielvorstellung gleichgestellt worden. Diese „Entscheidungen" haben bewirkt, dass „das Interesse des Volkes wirklich respektiert und geschützt" werden kann. Insofern kann man von einem vordringlichen Ziel und der ersten Aufgabe beim Aufbau einer harmonischen Gesellschaft reden. „Der Mensch als Ausgangspunkt": Dies muss mit Recht als das erste Prinzip gelten, nach dem man unbedingt beim Aufbau einer harmonischen Gesellschaft verfahren muss. Außerdem hat man betont, beim Aufbau einer harmonischen sozialistischen Gesellschaft müsse man ausgehen von der Berücksichtigung der Angelegenheiten des Volkes und eine „Lösung" der brennenden Probleme der Volksmassen und seiner unmittelbaren und realistischen Interessensfragen schwerpunktmäßig anstreben. Auch sollte man „das volksdemokratische System des Schutzes der Rechte des Volkes verbessern", „die Menschenrechte durch Gesetze schützen", sie in der legitimen Weise respektieren und achten, auch den Schutz der Rechte und Freiheit gesetzlich verankern. Dies alles müssten wesentliche Punkte bei einer Stabilisierung des Rechtssystems und bei einer gesetzlichen Regelung und Ermöglichung der Gerechtigkeit sein. In dem oben genannten Dokument haben Respekt und Achtung der Menschenrechte alle anderen Bestimmungen von Zielvorstellungen und Aufgaben, von Grundprinzipien und Postulaten des Aufbaus einer sozialistischen harmonischen Gesellschaft tingiert. Damit war für den Aufbau einer sozialistischen harmonischen Gesellschaft die maßgebliche Grundlage geschaffen.

44    Auf Betreiben der kommunistischen Zentralregierung ist am 14. Mai 2004 auf der zweiten Sitzung des 10. Nationalen Volkskongresses der Entwurf zur Änderung der Verfassung angenommen worden, wobei zum ersten Mal der Begriff „Menschenrechte" in die Verfassung aufgenommen worden ist. Im Text der Verfassung war unmissverständlich vom „Respekt der Nation und Schutz der Menschenrechte" die Rede. Die Verfassung ist

die verbindliche Rechtsgrundlage, liefert der Partei und Regierung die verbindlichen Regularien, ist das höchste Organ mit den maßgeblichen Kriterien für die ganze Gesellschaft. Dadurch dass das Wort „Menschenrechte" in die Verfassung aufgenommen wurde, ist der Begriff „Menschenrechte" zu einem politischen Begriff und zu einem Gesetzesbegriff geworden, und auf diese Weise haben die Partei und die Regierung die These der Achtung und des Schutzes der Menschenrechte zu einer gesetzmäßigen Leitidee erhoben, die den Respekt der „Nation" erfordert und verdient. So ist dieser politische Zentralsatz dem Willen der Partei und der Regierung entsprechend zum Willen des Volkes und des Staates „aufgestiegen", von einem bloßen politischen Gedanken für Partei und Regierung zu einer politischen Idee und einem politischen Wert für den Aufbau des Staates und der Entwicklung emporgestiegen, von einer bloßen politischen Richtlinie der Partei in den Regierungsdokumenten zu einem legitimen Prinzip der Verfassung des Staates avanciert. Jetzt repräsentiert dies Prinzip nicht nur den Willen der Partei und des Staates, nein, auch den Willen des Volkes, und erfüllt gerade damit die Bestimmung und zentralen Forderungen eines sozialistischen Systems. Die Tatsache, dass die Frage der „Menschenrechte" in die

Verfassung aufgenommen worden ist, hat ihr im chinesischen Rechtssystem und beim Aufbau des Landes eine besondere Bedeutung zugemessen und deutlich gemacht, dass die Verfassung den Charakter eines Manifests der Rechte des Volks erhalten hat und dass ihrer Garantie Rechnung getragen worden ist. Dies wird dann eine bedeutende Rolle spielen bei der Perfektionierung der konstitutionellen Regierungsform. Erstens: Der Begriff „Menschenrechte" ist in die Verfassung aufgenommen worden und ist jetzt verbunden mit dem „Respekt der Nation in einem direkten Zusammenhang mit dem Schutz der Menschenrechte". Dies hat den Bestimmungen der „Grundrechte der Bürger" eine noch höhere Bedeutung verliehen. Die Prinzipien der Menschenrechte sind derart geregelt worden, dass sie mit der Demokratie und der Regierung als den drei Prinzipien im wahren Sinn des Wortes gesetzlich verbunden werden. Und zugleich sind die Grundprinzipien der konstitutionellen Regierung verbessert worden. Zweitens: der „Respekt der Nation und Schutz der Menschenrechte" ist als eines der Gesetze für die Prinzipien der Rechte der Bürger erlassen worden, und so hat man mit dem Begriff der Menschenrechte eine bestimmte Intention verbunden; auf diese Weise sind die wesentlichen Aspekte und die Bedeutung des Begriffs der Bürgerrechte prinzipiell aufgewertet worden. und so hat man beide Sachverhalte, die Menschenrechte und die Bürgerrechte, in einen unlösbaren Zusammenhang gerückt. Drittens: Indem man die Menschenrechte als Prinzipien in die Verfassung aufgenommen hat, hat man den Paragraphen 33 mit der Festlegung der Prinzipien der Rechte der Bürger erweitert und erwirkt, dass der zweite Abschnitt über „Grundrechte und Pflichten der Bürger" nun auch eine bedeutende Rolle spielt. Überhaupt gilt für alle Bestimmungen der Verfassung, dass nun die Menschenrechte grundsätzlich eine führende Rolle spielen; und dies sollte auf alle künftigen Präzisierungen von Richtlinien der Verfassung einen wichtigen Einfluss nehmen.

45

Im März 2006 ist auf der 4. Tagung des 10. Nationalen Volkskongresses der „Grundriss des 11. Fünfjahresplanes für die Entwicklung der Volkswirtschaft in der Gesellschaft der Volksrepublik Chinas" angenommen worden. Während dieser „Grundriss" den Plan und das Handlungsprogramm der künftigen fünf Jahre erläutert, hatte das vorausgehende Papier vorzüglich den „Respekt und Schutz der Menschenrechte, die Förderung der alle Bereiche umfassenden Entwicklung in der Sache der Menschenrechte" zur Sprache gebracht.

Dies war das erste Mal, dass die Frage der Menschenrechte in den Entwicklungsplan der nationalen Wirtschaft und Gesellschaft aufgenommen worden ist und dass das Problem der Entwicklung der Menschenrechte als ein Gesichtspunkt im Aufbau der Modernisierung in einen Plan staatlicher Entwicklung erstmals Aufnahme gefunden hat.

—— Von Prinzipien des Regierens und des Verwaltens der Partei und der Regierung bis zur Festlegung eines speziellen „Handlungsplans des Staates hinsichtlich der Menschenrechte".

Im Oktober 2007 wurde auf dem 17. Parteitag der Paragraph „Respekt und Schutz der Menschenrechte" zum ersten Mal in den Kanon der Parteisatzungen der kommunistischen Partei aufgenommen. Generalsekretär Hu Jintao hat in seinem Bericht auf diesem 17. Parteitag im Blick auf die neuen Realitätsverhältnisse beim das ganze Land betreffenden Aufbau einer Wohlstandsgesellschaft von allen Bürgern ausdrücklich gefordert, sie hätten im Hinblick auf die Förderung der wissenschaftlichen Entwicklung und den Aspekt der Beförderung der gesellschaftlichen Harmonie den „Respekt und Schutz der Menschenrechte" zu wahren und ihnen stünden die gleichen gesellschaftlichen Ansprüche auf alle bestehenden und noch in Entwicklung begriffenen Rechte zu." Außerdem hob er hervor, als das Entscheidende sei zu betrachten, „dass das Volk sein eigener Herr sein darf". Man sollte im Blick auf das bereits Erreichte die schon geregelte politische Anteilnahme der Bürger noch erweitern. Die Bürger sollten „dem Gesetz nach an demokratischen Wahlen teilnehmen, auch an demokratischen Entscheidungen, an der demokratischen Verwaltung und an der demokratischen Kontrolle" beteiligt werden. Auch die Rechte des Volkes auf Informationen, auf Beteiligung, auf Meinungsäußerung, auf Kontrolle" müssten gewährleistet werden. Schließlich muss erreicht werden, dass „die Entwicklung im Interesse des Volkes" erfolge, man brauche dafür das Volk, und die Früchte solcher Entwicklung sollte vom Volk gemeinsam genossen werden". Man werde sich bemühen und dafür sorgen, dass „alle Schüler Schulen besuchen, alle, die gearbeitet haben, auch belohnt werden, alle Kranken behandelt werden, alle Alten gepflegt werden und allen ein Zuhause zustehe". Dies waren explizit klare Richtlinien für eine umfassende Entwicklung der neuen Epoche und eine neuen Etappe in der historischen Entwicklung der Menschenrechte in China.

Die Auffassungen im Bericht des Generalsekretärs Hu Jintao auf dem 17. Parteitag über Menschenrechte haben die Kenntnisse der Hauptprobleme, ihrer Bedeutungen und Prinzipien, doch auch der Methode ihrer Verwirklichung präzisiert und für die Förderung einer umfassenden Entwicklung der Menschenrechte eine besonders große und richtungweisende Dynamik gewonnen. Am 10. Dezember 2008 aus Anlass der Jubiläumsfeier der Veröffentlichung des „Manifestes der Menschenrechte der Welt" schrieb der Generalsekretär Hu Jintao einen Brief an das Forschungsinstitut der chinesischen Menschenrechte, in dem er eingehend auf die Grundansichten Chinas über die Frage der Menschenrechte Bezug nahm. In diesem Brief sprach er zum ersten Mal vom Respekt und Schutz der Menschenrechte als den „wichtigen Prinzipien der Partei und Regierung für die Lenkung und Verwaltung eines Landes". Dabei hat er ausdrücklich darauf hingewiesen, man müsse sich beim Prozess „eines umfassenden Aufbaus der Gesellschaft mit dem Ziel des Wohlstands und beim Versuch eines dynamischen Antriebs der sozialistischen Modernisierung unentwegt an diese Grundprinzipien halten und dürfe den Imperativ, stets die Menschen als ursprünglichen Bezugspunkt zu beachten, nicht aus den Augen verlieren. Nur so sei unter Voraussetzung des wirtschaftlichen und gesellschaftlichen Aufschwungs eine allgemeine und gleichwertige Teilnahme aller Gesellschaftsmitglieder an Wahlen und an der allgemeinen Entwicklung zu gewährleisten". Das eben sei die entscheidende politische Absicht und markiere die spezifischen Besonderheiten einer Entwicklung der Menschenrechte in charakteristisch chinesischer Ausrichtung. Damit würden auch die Fragen beantwortet, wie China als ein immens großes Entwicklungsland die Sache der Menschenrechte voranbringe. Weiterhin hat der Generalsekretär hervorgehoben: „Das chinesische Volk wird künftig die Zusammenarbeit mit den internationalen Bemühungen um die Menschenrechte verstärken und mit den Völkern aller Länder gemeinsam seinen angemessenen Beitrag zur gesunden Entwicklung der Sache der internationalen Menschenrechte und zu deren langwährender Geltung wie auch zu einer fortbestehenden harmonischen Welt leisten." Hier zeigt sich Chinas innovatives Engagement und aktive Rolle hinsichtlich der neuen Entwicklungssituation und bekundet sich Chinas ausdrückliche Willenserklärung, am Entwicklungsprozess internationaler Bestrebungen für die Menschenrechte tatkräftig mitzuwirken.

Im April 2009 hat die chinesische Regierung den „Handlungsplan des Staates hinsichtlich der Menschenrechte (2009-2010)" herausgegeben, in dem erstmals die Frage der Menschenrechte das ausschließliche Thema war. Dieser „Handlungsplan" bezog sich auf den Bericht des 17. Volkskongresses über Erweiterung der Demokratie, die Verbesserung der Praxis der Regierung durch Gesetze, die Verbesserung des Lebens der Bevölkerung und den Schutz der Menschenrechte als maßgebliche Anregung und hat die erreichten Ziele konkretisiert und die Methoden einer Fortentwicklung der Menschenrechte im Zeitraum von 2009 und 2010 zusammengefasst. Nachdem das Medienbüro des Staatsrates diesen „Handlungsplan" veröffentlicht hatte, haben die Medien sowohl des In– wie auch des Auslandes positiv darauf reagiert und ihm besondere Aufmerksamkeit geschenkt. Die Zeitungen aller Länder haben darüber extensiv berichtet und Kommentare verbreitet. Einige haben diesen „Handlungsplan" „eine Aktion" genannt, „bei der die chinesische Regierung die Menschenrechte als die zentrale Frage der menschlichen Gesellschaft" behandelt, und dies als „eine Aktion" bezeichnet, „bei der die chinesische Regierung in Form eines staatlichen Dokumentes systematisch die Ideale der Menschenrechte anerkannt" und darin „ein wichtiges Zeichen für den politischen und gesellschaftlichen Fortschritt" gesehen hat; und sie haben dies verstanden als „ Ausdruck dafür, dass die chinesische Regierung auf den Schutz der Menschenrechte und auf das Fortbestehen des internationalen Standards der Menschenrechte großen Wert legt." Die Ausarbeitung des „Handlungsplans des Staates hinsichtlich der Menschenrechte" ist auf einen Appell des von der UN im Jahre 1993 verabschiedeten „Wiener Manifestes und Aktionsplattformes" zurückgegangen. Bis heute haben in der Welt einschließlich China 26 Länder ähnliche Pläne entworfen. Darunter war China das erste unter den größeren Ländern, welches einen „Handlungsplan des Staates hinsichtlich der Menschenrechte" herausgegeben hat. Der von der chinesischen Regierung entworfene „Handlungsplan des Staates hinsichtlich der Menschenrechte" (2009-2010) lässt die Zielsetzungen und politischen Maßnahmen der chinesischen Regierung hinsichtlich der Förderung und Achtung der Menschenrechte und deren Praktizierung für die künftigen zwei Jahre in allen Bereichen, d.h. in Politik, Wirtschaft und Kultur klar erkennen. Auch die Legislative und die Praktizierung der Gesetze, die Justiz und die Regierungspraxis sollten sich an diesem „Handlungsplan" orientieren. Zweifelsohne gilt damit für auf alle Ebenen und für alle Funktionen der Regierung, für alle beruflichen Branchen und Unternehmen ein neues Wertesystem, orientiert am Respekt und der Achtung der Menschenrechte und deren Erweiterung, wodurch das Bewusstsein der ganzen Gesellschaft hinsichtlich dieser Fragen unbedingt geschärft und erhöht worden ist. Dies alles wird die Sache der Menschenrechte umfassend vorantreiben, wird auch für die Entwicklung der Wissenschaft sehr hilfreich sein und auch die Ausbildung gesellschaftlicher Harmonie entsprechend fördern. Man wird behaupten können, der Entwurf des „Handlungsplans des Staates hinsichtlich der Menschenrechte" ist ein entscheidendes symbolträchtiges Ereignis für den Aufbau der Menschenrechte in der chinesischen Geschichte. Er zeigt den entschiedenen Willen und die Entschlossenheit der chinesischen Regierung in Fragen der Förderung und des Schutzes der Menschenrechte. Es ist ein symbolisches Signal dafür, dass die Sache der Menschenrechte inzwischen zu einem außerordentlichen Thema geworden ist und beim Aufbau des Staates, für die Entwicklung der Gesellschaft und in der Zusammenarbeit mit der Außenwelt eine bedeutende Rolle zu spielen begonnen hat. Man darf resümieren: Von der Zeit an, in der das Thema der Menschenrechte in China noch ein Tabu war, bis hin zu der Zeit, in der die Partei und die Regierung die Menschenrechte als ein die Regierungs- und Verwaltungsgeschäfte unmittelbar tangierendes Prinzip erkannt und bestimmt haben, haben die Beachtung und die sachkundige Behandlung der Menschenrechte bedeutende historische Fortschritte gemacht. Und dies ist der kommunistischen Partei und chinesischen Regierung zu verdanken, die seit der Plenartagung des 11. Parteitags aus der Optik der realen chinesischen Verhältnisse alle historisch positiven und negativen Erfahrungen seit der Gründung der Volksrepublik und im Rahmen der internationalen kommunistischen Bewegungen kritisch überschaut und in der Zeit der Reform und der Öffnung versucht haben, sich aller konventionellen Gedanken zu begeben und auf einen aktuellen Kurs zu kommen. Hier hat sich erwiesen, dass die Kommunistische Partei Chinas bemüht blieb, mit ihrer Ideologie innovativ zu sein und zu beherzigen, was der Zeitgeist gebot. Das hat zu neuen Erkenntnissen in Theorie und Praxis beim Aufbau des Sozialismus geführt und ist als eine Bereicherung des Marxismus zu bewerten.

B. Wirtschaftlicher Aufbau als zentrale Aufgabe, Begründung der Rechte der Bevölkerung auf Leben und Entwicklung als vorrangige Notwendigkeit für die Beurteilung und Begründung der chinesischen Menschenrechte.

China war ein großes, wirtschaftlich nicht sehr entwickeltes Land, das seine Herkunft aus einer halbkolonialistischen und halbfeudalistischen Gesellschaft nicht verleugnen konnte. Nach allmählicher Etablierung eines sozialistischen Systems stand China folglich vor allen wichtigen Aufgaben der Entwicklung der Wirtschaft, der Modernisierung mit den Problemen einer Begründung der Rechte der Bevölkerung auf Leben, auf Entwicklung und Befriedigung des zunehmenden Bedarfs an Materialien. Just diese Aufgaben hatte Deng Xiaoping als dringlich erkannt: „Die Hauptziele Chinas sind Entwicklung, Abschüttelung der Rückständigkeit, Verstärkung der Kraft des Staates, allmähliche Verbesserung des Lebens der Bevölkerung."[17] Solche Entwicklungen waren grundlegende Notwendigkeiten. Alle Probleme Chinas konnten überhaupt nur im Zusammenhang mit seiner Entwicklung gelöst werden, auch die Probleme der Menschenrechte. Das Wesen des sozialistischen Systems, seine Vorzüge, die Erhaltung und künftige Entfaltung dieses Systems, die Verwirklichung und Ausbildung der Menschenrechte: dies alles hängt schließlich mit der wirtschaftlichen Entwicklung und den ständig zu verbessernden ökonomischen Verhältnissen des Volkes zusammen. Denn das erste sozialistische Prinzip ist die Entwicklung der Produktion, das zweite der gemeinsame Wohlstand. Nur wenn man kontinuierlich den wirtschaftlichen Aufbau als vordringliche und zentrale Aufgabe berücksichtigt und den Progress der Gesellschaft im Auge hat, das Land zu Reichtum und Wohlstand zu bringen versucht, kann man die Rechte der Bevölkerung auf Leben, auf Entwicklung und auf andere Rechte verwirklichen und die nötigen Voraussetzungen für ein qualitativ gutes Leben schaffen. Nur wenn man den Weg zu einem gemeinsamen Wohlstand konsequent verfolgt und das ganze Volk die Früchte der Entwicklung genießen lässt, kann das allgemeine materielle Niveau der Bevölkerung erhöht werden und können dadurch schließlich die Rechte der Bevölkerung auf Leben, auf ihre adäquate Teilhabe an der Entwicklung und an weiteren anderen Rechten wirkungsvoll in Praxis umgesetzt werden. Deng Xiaoping hat gesagt: „Wenn wir den kapitalistischen Weg gehen, dann kann nur ein geringfügiger Prozentsatz der Bevölkerung in China reich werden, doch dies kann auf keinen Fall einem Anteil von mehr als neunzig Prozent der Bevölkerung Wohlstand bescheren."[18] Auch Hu Jintao hatte auf dem 17. Parteitag betont: „Man muss die Entwicklung wissenschaftlich betreiben; das Hauptproblem ist eine methodische Entwicklung, die den Menschen als Ausgangspunkt geltend macht" und der Partei vorschreibt, beim Regieren des Landes das Ziel nicht aus den Augen zu verlieren, das Land zum Wohlstand zu führen. Hu akzentuiert das unabdingbare ständige Bemühen, am Prinzip festzuhalten, stets den Menschen als Ausgangspunkt und Ziel zu betrachten". „Man darf nie das Hauptziel aus den Augen verlieren, nämlich die Entwicklung

---

17  Ausgewählte Werke von Deng Xiaoping, 3. Band, Volksverlag, 1994, S. 244.
18  Ebenda, S.64.

für das Volk und dass das Volk in den Genuss der Früchte der Entwicklung kommen soll". Die historischen Bedingungen haben die Möglichkeiten einer positiven Entwicklung stark eingeschränkt, sie erklären auch das rückständige Entwicklungsniveau und den Umstand, dass die materiellen Grundlagen zur Verwirklichung der Menschenrechte nicht gerade stabil waren. Die Faktoren der Armut und einer unzureichenden Entwicklung sind ständig die größten Hindernisse bei der Verwirklichung der Menschenrechte gewesen. Nur unter der Voraussetzung einer bereits entwickelten Gesellschaft kann ein Land auf Dauer sicher und stabil bleiben und kann dann das Volk davon profitieren. Erst unter solchen Voraussetzungen konnte sich die chinesische Auffassung der Menschenrechte beständig und gesund entwickeln. Jiang Zemin hatte mit Recht gesagt: „Mit der Steigerung der chinesischen Wirtschaft und einer Zunahme des Bildungsniveaus wird das Leben des chinesischen Volks immer besser, und so kann man immer mehr Rechte genießen".[19]

Nach der 3. Plenartagung des 13. Parteitags haben die kommunistische Partei und die chinesische Regierung ständig darauf beharrt, den Aufbau der Wirtschaft als Hauptproblem zu begreifen und die Lösung der Rechtsprobleme der Bevölkerung auf Existenz und Entwicklung an die erste Stelle zu rücken. Man hat die Richtlinien „zuerst essen, dann aufbauen" vertreten und „drei Schritte" als Ziele der Entwicklung protegiert: Für die Realisierung des ersten Schritts hat man zehn Jahre ab 1980 veranschlagt, um die grundlegenden Bedürfnisse ausreichender Nahrung und warmer Kleidung zu befriedigen. Der zweite Schritt sah bis zum Jahr 2000 die Verwirklichung eines bescheidenen Wohlstands vor. Der dritte Schritt intendierte die Errungenschaften des mittleren Niveaus eines einigermaßen entwickelten Landes und eines zufriedenstellenden gemeinsamen Wohlstands bis zur Mitte des nächsten Jahrhunderts. Nach den Worten von Den Xiaoping sollte die Bevölkerung, die immerhin ein Viertel der Weltbevölkerung beträgt, endgültig aus der Armut und Rückständigkeit befreit werden, die Bevölkerung sollte hinreichend mit Kleidung und Nahrung versorgt sein und einen bescheidenen Reichtum gewinnen. Sollte man dies erreichen können, dann hätte man für die Menschheit einen wichtigen Beitrag geleistet. Um dies aber zu erreichen, so hatte Deng betont, müsse man zuerst einen heroischen Willen beflügeln und unerbittlich auf eine kontinuierliche und konsequente Verfolgung dieser Zielvorstellung achten und ständig in diesem Sinne agieren. Gerade weil die chinesische Regierung konsequent nach Dengs Worten gehandelt hat, haben sich die chinesische Wirtschaft und Gesellschaft in den letzten 30 Jahren nach der Reform und Öffnung sprunghaft nach vorn entwickelt und mit einer Entwicklungsrate von mehr als 9%. Das Lebensniveau von 1,3 Milliarden Chinesen hat sich beträchtlich erhöht und hat zwei historisch bemerkenswerte Sprünge gemacht: 1.) ist man aus der Armut herausgekommen, hat sich angemessen kleiden und satt essen können; 2.) hat man unter solchen Prämissen den Zustand

19  Das Gespräch von Jiang Zemin mit dem Chefredakteur Jiang Li Zhong der japanischen Zeitung „Chaori Presse",Tageszeitung Guangming 9.8.1993.

eines bescheidenen Wohlstand erreicht. Fraglos sind der Lebenszustand der Bevölkerung und deren Entwicklung deutlich verbessert worden. Statistischen Angaben zufolge ist das Nettoeinkommen der städtischen Bevölkerung von 343 Yuan auf 15781 Yuan pro Person gestiegen, das Nettoeinkommen der ländlichen Bevölkerung von 134 auf 4761 Yuan, also ungefähr um das 46-fache und im zweiten Fall um das 35-fache. Der Engel-Koeffizient der städtischen und ländlichen Bevölkerung ist jeweils von 56.6% auf 37,9% und von 67.71% auf 43.7% gesunken. Auch die Branchen Verkehr, Medien, Bildung und Unterhaltung, Medizin und Gesundheit, Dienstleistungen und Tourismus usw. haben sich wesentlich entwickelt und sind effizienter geworden.[20] Bis Ende 2007 betrug die durchschnittliche Wohnfläche 6,7 Quadratmeter bei der städtischen Bevölkerung und ist inzwischen auf 27 Quadratmeter gestiegen, die der ländlichen Bevölkerung betrug ursprünglich 8.1 Quadratmeter und hat sich auf 30.7 Quadratmeter erhöht. Die Anzahl der armen Bevölkerung im Jahr 1978 ist bis 2007 erheblich gesunken. Die durchschnittliche Lebenserwartung von 68 Jahren im Jahr 1978 ist auf 73 Jahre gestiegen und dies entspricht dem Standard eines mittelmäßig entwickelten Landes. Der Analphabetismus der Jugend und der Menschen mittleren Alters existiert so gut wie nicht mehr. Die neunjährige Schulpflicht ist im Grunde allgemein und verbreitet eingeführt. Es gibt mittlerweile ein Städte und ländliche Regionen abdeckendes öffentliches kulturelles Dienstleistungssystem, und das geistige und kulturelle Leben der Bevölkerung ist wesentlich bereichert worden.

C. Verstärkter Aufbau des Rechtssystems, wodurch die Sache des Menschenrechtsschutzes durch demokratische Verhältnisse und durch Gesetze gewährleistet werden und ordnungsgemäß voranschreiten kann.

Die Verwirklichung der Menschenrechte ist mit dem demokratischen Rechtssystems eng verbunden. Der Aufbau eines demokratischen Rechtssystems ist die Voraussetzung dafür, dass die Bevölkerung nun in vollen Maßen von den Menschenrechten profitieren kann. Die Menschenrechte sind ja die Ideen und Hauptziele eines Aufbaus des demokratischen Rechtssystems. Damit die Bevölkerung über die Menschenrechte verfügen kann, muss die Demokratie entwickelt werden, muss das Rechtssystem erweitert werden, muss das Land gesetzmäßig regiert und das Land als ein Rechtsstaat aufbaut werden. Deng Xiaoping hat gesagt: „Ohne Demokratie gibt es keinen Sozialismus, und auch keine sozialistische Modernisierung." Auch Hu Jintao hat dem zugestimmt: „Die Volksdemokratie ist das Leben des Sozialismus". Der springende Punkt der sozialistischen Demokratie ist der Schutz der Rechte der Bevölkerung und das rechtmäßige Vermögen des Volkes, sein eigener Herr im Land zu sein. Die chinesische Verfassung hat eindeutig geregelt, dass die Rechte des Staates dem Volk gehören, dass das Volk die Rechte hat, in unterschiedlicher Art und Weise die Staatsangelegenheiten, Probleme der Wirtschaft, Gesellschaft und

---

20  Das Staatliche Amt für Statistik der Volksrepublik China, Kommuniqué über Statistik der Nationalwirtschaft und Sozialentwicklung in 2008, http://cn.chinagate.cn/economics/2009-02/26/content_17338480.htm.

Kultur zu verwalten. Das wesentliche Ziel der Entwicklung der sozialistischen Demokratie liegt in der Gewährleitung umfassender Rechte der Bevölkerung. Der Aufbau demokratischer Politik dient gerade einer Demokratisierung des staatlichen politischen Lebens, der Wirtschaftsverwaltung und des ganzen Gesellschaftslebens, auch der Gewähr eines Anrechts auf egalisierte Teilnahme an der Verwaltung und der Entwicklung in den Sektionen Politik, Wirtschaft, Gesellschaft und Kultur. So gibt es für alle Verwaltungsvorschriften des Staates, für die Entwicklung der Gesellschaft und den Schutz der Menschenrechte entsprechende Gesetze. Und alle müssen sich an die Gesetze halten. Die Gesetzesvollstrecker müssen streng kontrollieren und die gesetzwidrig Handelnden juristisch verurteilen. Kurz und bündig gesagt: Auf den Prinzipien des Rechtssystems ist zu beharren, der Staat muss nach den Gesetzen regieren, er ist verpflichtet, einen Rechtsstaat aufzubauen. Nur wenn die Exekutive den Gesetzen folgt, kann gewährleistet werden, dass die Partei und die Regierung legitim regieren und legitime Verwaltungsarbeit leisten. Nur wenn die juristischen Behörden streng und gerecht nach Gesetzen handeln, können die Rechte und Pflichten der Bürger gewährleistet werden. So kann das legitime Rechtssystem eine ständige Entwicklung der Gesellschaft und des Staates, die Sicherheit des Landes und eine permanente Erweiterung der Menschenrechte garantieren.

Nach der 3. Plenartagung des 11. Parteitags hat die Kommunistische Partei Chinas die positiven und negativen Erfahrungen, insbesondere die der „Kulturrevolution", resümierend analysiert. Die Regierung legt – das ist eine Konsequenz der zurückliegenden historischen Erfahrungen – großen Wert auf den Aufbau des demokratischen Rechtssystems und den Schutz der Grundrechte der Bevölkerung. Hinsichtlich des Aufbaus und der Entwicklung der Demokratie und der Förderung und Achtung der Menschenrechte hat die Partei zwei Aspekte besonders stark gewichtet: 1.) China muss von den Verhältnissen gegenwärtiger Realität im eigenen Land aus Schritt für Schritt vorwärts gehen und beharrlich am sozialistischen Weg chinesischer Prägung festhalten. Deng Xiaoping hatte apodiktisch erklärt: „Die westliche Demokratie können wir nicht einfach auf chinesische Verhältnisse übertragen, die chinesischen Angelegenheiten müssen unserer eigenen Situation gemäß behandelt werden."[21] „Wir müssen alles von der Realität aus betrachten, müssen im Hinblick auf unsere eigenen Besonderheiten unser System und unsere Methoden der Verwaltung aufbauen". „Wir müssen Schritt für Schritt vorwärts gehen und wenn eine allgemeine Wahl stattfindet, dann muss diese gründlich vorbereitet werden, man dürfe nichts überstürzen."[22] Deng hat überdies erklärt: "Um die Demokratie und das Rechtssystem zu verwirklichen wie etwa die vier Modernisierungen, dann darf man nicht wie bei dem „Großen Sprung" forciert mit dem Blick nach vorn handeln, man darf nicht voreilig Methoden wie bei

---

21  Ausgewählte Werke von Deng Xiaoping, 3. Band, Volksverlag,1994, S.249.
22  Ausgewählte Thesen von Deng Xiaoping über den Aufbau eines Sozialismus mit chinesischer Prägung, Verlag der Archive der Zentralkomitee,1992, S.124.

der Bewegung der „großen Krähe" und der „großen Freiheiten" praktizieren. Anders gesagt: Alles muss planmäßig und überlegt verändert werden, sonst leistet man nur dem Chaos Vorschub, was beispielsweise „eine längerfristige Verwirklichung der vier Modernisierungen und auch eine funktionierende Demokratie und das Rechtssystem verhindern können."[23] Wenn wir nach dem Muster der westlichen Demokratie handeln würden, dann müsste früher oder später ein chaotischer Zustand eintreten und dann würden die Menschenrechte großenteils Schaden erleiden. Hu Jintao hat im Bericht des 17. Volkskongresses gesagt: "Die politische Systemreform zählt zum wichtigen Teil unserer weitgespannten Reform des Landes. Die Vertiefung der wirtschaftlichen und gesellschaftlichen Entwicklung sollte einer Steigerung der politischen Anteilnahme dienen und mit einer Begeisterung des Volkes einhergehen."

2.) Die Regierungsmethode muss den Gesetzen folgen. Die Regierung muss entschieden am Gesamtkonzept eines Rechtsstaates festhalten. Deng Xiaoping hat drauf hingewiesen, der Sozialismus sei mit dem Rechtssystem und der Demokratisierung verbunden. Um die Volksdemokratie und die Menschenrechte zu schützen, müsse die Demokratie durch Gesetze legitimiert werden. Alle Bereiche des Soziallebens und des demokratischen Systems seien durch Gesetze und Regeln zum Handeln abzusichern. Nur so könne man erreichen, dass das bestehende System und die Gesetze nicht willkürliche Änderungen dank subjektiver Meinungen von Führungskräften erfahren. Auf dem 15. Parteitag hat Jiang Zemin in seinem Bericht betont: „Die Entwicklung der Demokratie muss mit einer Perfektionierung des Rechtssystems eng verknüpft werden, dann kann man durch Gesetze das Land regieren".

„Man muss durch Gesetze regieren und ein sozialistisches Rechtssystem aufbauen". Auf dem 17. Volkskongress hat Hu Jintao in seinem Bericht erklärt: "Regieren durch Gesetze ist die Grundforderung der sozialistischen demokratischen Politik". Man müsse „auf dem Gesamtkonzept des Rechtssystems und einer Regierung durch Gesetze beharren, das Bewusstsein für ein sozialistisches Rechtssystem schärfen, damit alle Arbeit des Staates durch Gesetze geregelt wird und die legitimen Rechte der Bevölkerung geschützt werden". „Man muss die sozialistische demokratische Politik systematisch durch Standardisierung und Ordnung vorantreiben". Unter Berücksichtigung der zusammengetragenen historischen Erfahrungen wurde am 4. Dezember 1982 die vierte „Verfassung" der Volksrepublik Chinas, die noch heute gültige „Verfassung" angenommen. Darin wurden Bestimmungen der Demokratie und des Rechtssystems besonders hervorgehoben. Einerseits sind die Passagen über die Grundrechte der Bürger im Vergleich zu anderen früheren Fassungen viel umfangreicher, konkreter und deutlicher; außerdem wurden jetzt politische Maßnahmen der Verwirklichung und Erweiterung des Schutzes von Bürgerrechten festgeschrieben. Zweitens: „Die Entwicklung der sozialistischen Demokratie und die Vervollständigung des sozialistischen Rechtssystems" wurden als wesentliche Aufgaben des Staates exponiert. Hier sind augenscheinlich die

---

23  Ausgewählte Werke von Deng Xiaoping, 2. Band, Volksverlag 1994, S.257.

Autorität der Verfassung und die Wichtigkeit des Regierens durch Gesetz unterstrichen worden. Es wurde klar und unmissverständlich ausgesprochen: Alle ethnischen Gruppen, alle Staatsbehörden und Militärkräfte, alle Parteien und Gesellschaftsorganisationen, alle öffentlichen Institutionen müssen die Verfassung als entscheidendes Kriterium für alle Handlungen anerkennen, und alle sind verpflichtet, die Würde der Verfassung zu schützen und die Durchführung der Verfassung anzuerkennen. Keine der Institutionen und keine Privatpersonen dürfen sich über die Verfassung hinwegsetzen oder besondere Privilegien genießen. Im März 1999 wurden auf der zweiten Tagung des 9. Nationalen Volkskongresses die Paragraphen „Regieren durch das Gesetz" und „Aufbau eines sozialistischen Rechtsstaats" in den Text der Verfassung aufgenommen. So sind die Prinzipien eines Rechtsstaates durch staatliche Grundgesetze festgelegt worden.

Seit der Reform und Öffnung des Landes hat China beharrlich auf der Führung durch die kommunistische Partei bestanden, mit dem Prinzip, dass das Volk Herr im eigenen Lande sein soll, aber auch mit dem Prinzip der legalen Regierung unter Berufung auf Gesetze, beides in unlösbarer Einheit. Man hat sehr darauf gesehen, durch das System eine Demokratisierung des politischen, wirtschaftlichen und gesellschaftlichen Lebens der Partei und des Staates zu gewährleisten, das System des Volkskongresses zu affirmieren und es zu verbessern. Das System politischer Konsultation und Zusammenarbeit mit mehreren Parteien unter der Führung der kommunistischen Partei sollte unbedingt fortgeführt werden, ebenso das System der Autonomie in den Gebieten der nationalen Minderheiten und das System der Selbstverwaltung auf den unteren Organisationsebenen. Es ist der Partei gelungen, mit sicheren Schritten die sozialistische demokratische Politik aufzubauen, das demokratische System in allen Bereichen des gesellschaftlichen Lebens zu etablieren und zu perfektionieren. Auch ein einigermaßen perfektes politisches System zum Schutz der demokratischen Rechte des Volkes zu begründen. Zur gleichen Zeit hat die Partei nicht vergessen, ein sozialistisches Rechtssystem aufzubauen und zu vervollständigen, eine Reihe von Gesetzen, Bestimmungen und Regeln herauszugeben, wenn sie dies nicht bereits getan zu haben glaubte. Schließlich hat China ein funktionierendes und der Verfassung als Grundlage dienendes, relativ effizientes Rechtssystem zum Schutz der Menschenrechte entwickelt. So hat China auf dem Weg des Aufbaus der Menschenrechte und des Rechtssystems deutliche Fortschritte gemacht.

D. Die Verhältnisse von Reform, Entwicklung und Stabilität angemessen auszubalancieren, um die Angelegenheit der Menschenrechte in gesunder Entwicklung zu gewährleisten

Die Entwicklung der Menschenrechte ist niemals bedingungslos geschehen, sondern war immer an viele Voraussetzungen gebunden. Damit eine gesunde Entwicklung der Menschenrechte gewährleistet werden kann, muss ein Land wie China mit einer so immensen Bevölkerungszahl und mit einer ziemlich schwachen wirtschaftlichen Basis und mit einer noch nicht gerade vollständig entwickelten Gesellschaft eine vernünftige Balance finden zwischen den Verhältnissen der Reform, der Entwicklung und der Stabilität. Die ökonomische Entwicklung ist der Schlüssel für eine Lösung aller möglichen Probleme in China, sie ist auch der Schlüssel für eine Lösung der Probleme der Menschenrechte. Ohne die Entwicklung der Wirtschaft, ohne die Verwirklichung der Modernisierung und der Erhöhung des Lebensniveaus der Bevölkerung kann man eine Stabilität der Gesellschaft schwerlich erreichen, und dann kann von einer Verbesserung der Menschenrechte auch nicht Rede sein. Die Reform ist die treibende Kraft der gesellschaftlichen und wirtschaftlichen Entwicklung, sie ist auch der einzig gangbare Weg der Entwicklung der chinesischen Menschenrechte. Nachdem das grundlegende sozialistische politische Gesellschaftssystem aufgebaut worden ist, müssen noch weitere Reformen durchgeführt werden, müssen ein Wirtschaftssystem, ein politisches System und ein Bildungssystem, sämtlich dem Entwicklungsniveau und den materiellen Wünschen der Bevölkerung entsprechend, aufgebaut werden, damit China schließlich aus der Armut und Rückständigkeit herauskommen kann, damit die Modernisierung verwirklicht werden kann, damit die Sache der Menschenrechte weiter entwickelt werden kann. Dafür müssen ständig weitere Reformen durchgeführt werden, denn ohne weitere Reformen hat die chinesische Modernisierung keine Chance und auch die gesellschaftliche Stabilisierung der Chinesen wie eine Erweiterung der Menschenrechte können dann nicht kontinuierlich verfolgt werden. Doch die Reformen und Entwicklungen brauchen eine stabile Gesellschaft als politische Voraussetzungen. So ist die Stabilität die Voraussetzung für die Verwirklichung der chinesischen Modernisierung, sie ist aber auch Voraussetzung für die Verwirklichung der Menschenrechte des chinesischen Volkes. Ohne stabile gesellschaftliche politische Bedingungen kann man von wirksamen Reformen und Entwicklungen gar keine Rede sein. Auch die Verbesserung der Menschenrechte bleibt dann nur bloßes Gewäsch. Deshalb konnte Deng Xiaoping mit gutem Grund immer wieder betonen: „Bei den chinesischen Problemen ist das allerwichtigste die Stabilität. Ohne eine stabile Umwelt lässt sich nichts erreichen und die errungenen Früchte werden wieder verloren gehen". „Wir denken an Modernisierung, Reformen und Öffnung, aber das allerwichtigste bleibt die Stabilität." „Nur wenn wir das Problem der Stabilität in den Griff kriegen, können wir weiter über die Entwicklung sprechen". Wenn China in unstabile Verhältnisse gerät, dann droht ein Bürgerkrieg auszubrechen", „wenn aber ein Bürgerkrieg ausbricht, dann wird Blut in Strömen fließen, und wie könnte man dann noch von Menschenrechten sprechen."[24] Auch Jiang Zemin hatte gesagt: „Der Weg der Verwirklichung der Demokratie, der Freiheit und der Menschenrechte eines Landes hängt entschieden vom Fortschritt der Gesellschaft ab und bleibt an stabile Verhältnisse in der Gesellschaft und an ihre Entwicklung gebunden." „Ohne Stabilität der Gesellschaft gibt es keine Entwicklung der Wirtschaft. Ohne die wirtschaftliche Entwicklung gibt es keinen gesellschaftlichen Fortschritt. Ohne gesellschaftlichen Fortschritt kann man den Wunsch der Menschheit nicht

---

24 Ausgewählte Werke von Deng Xiaoping, 3. Band, Volksverlag, 1994, S. 249.

verwirklichen und das Schicksal in die eigene Hand nehmen. Dann bleiben Demokratie, Freiheit und Menschenrechte bloß noch Worthülsen."[25] Seit der 3. Plenartagung des 11. Parteitags hat die chinesische Regierung die Verhältnisse von Reformen, Entwicklung und Stabilität in eine raffinierte Form der Balance gebracht und einen spezifischen Entwicklungsweg der Menschenrechte chinesischer Prägung beschritten, so dass heute in China ein ziemlich guter Zustand herrscht, wo die Stabilität der Gesellschaft sich behauptet, die Wirtschaft sich weiterentwickelt, die Gesellschaft voranschreitet, die ethnischen Gruppen sich solidarisieren, das Volk ein sicheres und zufriedenes Leben führt und die Lage der Menschenrechte sich ständig verbessert. Die Praxis beweist, der sozialistische Entwicklungsweg chinesischer Prägung ist der einzige erfolgversprechende Weg einer Förderung der chinesischen Menschenrechte. Wenn wir weiter diesen Weg gehen, dann kann die Sache der chinesischen Menschenrechte sich durchaus weiter entwickeln.

Letztendlich sind seit der Reform und Öffnung dreißig Jahre vergangen. Es waren dreißig Jahre, in denen die chinesische Regierung und das Volk bei einer bewundernswerten Praxis des Aufbaus eines wohlhabenden, demokratischen, zivilisierten und harmonischen Staates permanent und in Kontinuität eine sozialistische neue Welt chinesischer Provenienz geschaffen haben. Es waren auch dreißig Jahre, in denen die Sache der chinesischen Menschenrechte eine bemerkenswerte historische Entwicklung durchgemacht hat.

25 Ausgewählte Thesen von Deng Xiaoping über den Aufbau eines Sozialismus mit chinesischer Prägung, Verlag der Archive des Zentralkomitees,1992, S. 124.

# Kapitel 2

# Rechte auf Existenz, auf Entwicklung, und Schutz der ökonomischen, gesellschaftlichen und kulturellen Rechte

In den letzten 60 Jahren seit Gründung der Volksrepublik Chinas unter Führung der kommunistischen Partei beharrt man auf dem Prinzip „Der Mensch ist der Ausgangspunkt" und achtet besonders auf die Erhöhung der Lebensqualität. Auf der Grundlage einer rasanten wirtschaftlichen Entwicklung sind derweil die Rechte der Bevölkerung auf Existenz und Entwicklung und die Rechte auf Schutz der Wirtschaft, Gesellschaft und Kultur wesentlich verbessert worden.

## I. Rechte auf Existenz und Entwicklung sind die alle wichtigsten Menschenrechte

Die Rechte auf Existenz und auf Entwicklung gelten unter den Menschenrechten als vorrangig stehen an erster Stelle. Denn sie sind Grundlagen für die anderen Menschenrechte. Ohne diese beiden Rechte kann man die anderen Menschenrechte vergessen. Dies hat das chinesische Volk aus seiner Geschichte und der seinen Verhältnissen in der letzten Zeit gelernt. Diese Grundthese ist auch von allgemeiner Bedeutung.

## 1.1. Die primäre Position der Rechte auf Existenz und auf Entwicklung

Mit dem Recht auf Existenz ist das Grundrecht auf Gewährleistung unverzichtbarer sozialer Lebensbedingungen unter bestimmten historischen Voraussetzungen angesprochen. Mit anderen Worten: Das Recht auf Existenz ist das Recht auf Lebenssicherheit und Schutz des Lebens. In diesem Sinne ist dies ein menschliches Grundrecht und die Voraussetzung für die den Genuss anderer Menschenrechte. Das Recht auf Existenz betrifft wie gesagt den Anspruch auf Sicherheit des Lebens. Es umfasst das Recht auf Leben, auf Gesundheit und andere vergleichbare Rechte. Das Recht auf Existenz und auf Leben berührt folgende Aspekte: Erstens das Verbot, einem anderen illegal das Leben zu rauben, und das Gebot, dafür Sorge zu tragen, dass das Leben dem natürlichen Rhythmus entsprechend lange währen und naturgemäß enden kann. Zweitens: Wenn das Leben in Gefahr gerät und dessen Sicherheit bedroht wird, darf der Betroffene Maßnahmen ergreifen, um sein Leben zu schützen, sich zu bewahren und der Gefahr auszuweichen. Drittens: Wenn die Umgebung das Leben bedroht, dies jedoch noch nicht zu einem Unglück geführt hat, darf der Betroffene die Veränderung seiner Umgebung einklagen. So ist das Recht auf das Leben ist ein integraler Bestandteil des Rechts auf Existenz. Denn das Recht zu leben ist das Grundrecht und das ursprüngliche Recht eines jeden Mitglieds der Gesellschaft und somit die Voraussetzung für alle anderen Menschenrechte. In der „Konvention der politischen Rechte der Bürger" ist festgelegt worden, dass das jedermann zugesprochene Recht auf Leben zu schützen ist. Niemand darf einem anderen Menschen das Leben rauben. Die chinesische Verfassung und das Gesetz, welches den Schutz des Lebens und der Menschenrechte gebietet, garantieren die Rechte der Bevölkerung auf Leben und Gesundheit in vollem Umfang. Das chinesische Strafrecht legt fest, wenn jemand absichtlich einen anderen tötet, dann wird dieser entweder zum Tode oder zu einer lebenslangen Haft, mindestens aber zu einer mehr als zehnjährigen Gefängnisstrafe verurteilt; in leichteren Fall zu einer Gefängnisstrafe von 3 bis 10 Jahren. Im Falle einer fahrlässigen Tötung kann man mit einer Freiheitsstrafe von unter fünf Jahren rechnen, in einem besonders schweren Fall dagegen mit mehr als fünf Jahren Freiheitsstrafe. In den „Chinesischen gesetzlichen Regeln der Bürger", in „Ehegesetzen", „Gesetzen zum Schutz der Minderjährigen", in den Bestimmungen zum „Gesundheitsschutz der Mutter und Säuglinge" und in vielen weiteren gesetzlichen Bestimmungen sind zahlreiche Regelungen des Lebensschutzes und der Gesundheit der Bevölkerung festgelegt worden. In den „Konvention der politischen Rechte der Bürger" steht: Alle Bürger genießen Rechte auf Leben und Gesundheit. Wenn jemand einen anderen körperlich verletzt, muss dieser für die medizinische Versorgung des Verletzten aufkommen. Er muss auch noch für das Einkommensdefizit des Verletzten, das dieser durch seine Arbeitsunfähigkeit erlitten hat, einstehen. Darüber hinaus muss er auch den Lebensunterhalt aufkommen, den der Verletzte seiner

Behinderung wegen nicht hat aufbringen können. Im Todesfall muss der Täter die Bestattung des Opfers zahlen und auch noch den notwendigen Unterhalt der Hinterlassenen des Toten. Außerdem gibt es noch „Arbeitsgesetze", „Gesetze für den Schutz der Interessen der Verbraucher", „Regeln für Beihilfe der pensionierten Soldaten", „Gesetze über staatliche Entschädigung", „Provisorische Bestimmungen über Entschädigung der Fluggäste beim Flugverkehr", „Regeln für Entschädigung der Fahrgäste der Bahn" und weitere Regeln und Gesetze. Im Falle eines Verkehrstodes oder eines tödlichen Unfalls im Bergbau, zudem im Falle anderer Unfälle dürfen die Familienangehörigen Betroffener bei Privatpersonen, bei der Arbeitseinheit, bei Organisationen oder beim Staat die Bestattungskosten und den Lebensunterhalt für Hinterbliebene beantragen. Die Angehörigen des Verunglückten können sich an die betroffenen Behörden, an die Polizei oder an das Steueramt wenden und eine Ermittlung oder Prüfung der Angelegenheit fordern, damit die Schuld oder auch die Unschuld erwiesen und am Ende ein angemessenes Urteil ermöglicht werden kann. Wenn die Angehörigen dann mit dem Ermittlungsergebnis unzufrieden sind, dann dürfen dem „Gesetz für Rechtsstreitigkeiten" gemäß beim Volksgerichtshof ihre Klagen einreichen. Das Recht auf Existenz schließt das Recht auf Gewährleistung des Lebens und das Recht auf Gewähr eines angemessenen Lebensniveaus ein. In dem „Manifest der Menschenrechte der Welt" ist festgelegt worden, dass allen Bürgern ein Recht auf den Schutz des Lebensunterhalts, das Recht auf Arbeit, auf Bildung und auf ein kulturelles Leben zusteht. Im „Internationalen Grundriss der Menschenrechte" wird betont, dass alle Bürger Rechte auf Wirtschaft, Gesellschaft und Kultur, Rechte auf Arbeit und auf Schutz der Gesundheit, auf einen Mindeststandard des Lebens, auf eine Verhinderung von Hungersnot, ein Recht auf Bildung und gesundheitsfördernde kulturelle Unterhaltung haben. Die chinesische Verfassung hat darüber hinaus noch proklamiert, das Volk müsse Herr im eigenen Lande sein und der Besitzer des Produktionsmaterials, auch in den Genuss des gesellschaftlichen Reichtums kommen. Diese seine grundlegenden Bedingungen müssten erfüllt werden. Der Staat sei übrigens verpflichtet, mittels Entwicklung der Wirtschaft, Gesellschaft und Kultur die Lebensbedingungen der Bevölkerung ständig zu verbessern, damit alle vom Hunger verschont bleiben, gemeinsam reich werden und ein Leben im Wohlstand führen können. Außerdem steht auch in der chinesischen Verfassung, dass das Leben der Pensionäre vom Staat und der Gesellschaft geschützt werden müsse. Alle Bürger hohen Alters, alle Kranken und Arbeitsunfähigen haben das Recht, vom Staat und von der Gesellschaft materiell unterstützt zu werden.

Das Recht auf Existenz ist wie alle anderen Menschenrechte ein persönliches Recht, zugleich aber auch ein kollektives Recht. Aus der Perspektive einer Person gesehen bedeutet das Recht auf Existenz das Recht auf Sicherheit des Lebens und der Schutz des Lebensunterhalts, doch aus der Perspektive einer Nation oder einer ethnischen Gruppe geurteilt bedeutet es, dass eine Nation oder eine ethnische Gruppe das Recht hat, nicht von einer anderen Nation oder einer anderen ethnischen Gruppe verfolgt oder vernichtet werden zu können, dass alle vom Hunger verschont bleiben und weiter existieren können. Aus der Perspektive der ganzen Menschheit gesehen bedeutet Recht auf Existenz den Genuss des internationalen Friedens, der Sicherheit und guter Lebensumstände. Diese drei Dimensionen des Rechts auf Existenz sind eng miteinander verbunden.

Falls der internationale Frieden und die internationale Sicherheit sowie die globalen Lebensumstände in Frage stehen (man denke nur insbesondere an die heutige Gefahr einer atomaren Bedrohung), dann wird das Recht auf Existenz der Menschheit in Frage gestellt und auch das Recht der Nationen, der ethnischen Gruppen und der einzelnen Person auf Existenz kaum mehr zu schützen sein. Desgleichen verlieren einzelne Personen einer Nation und einer ethnischen Gruppe den Schutz des Rechts auf Existenz, wenn das Recht einer Nation und einer ethnischen Gruppe auf Existenz in Frage steht. Wir können nicht einfach die Verwirklichung und den Schutz des Rechts auf Existenz nur auf ein Minimum, die bloße Garantie von Leben, beschränken. Das Recht auf Existenz betrifft wesentlich mehr, es umfasst nicht nur das wirtschaftliche Leben, es bezieht sich zugleich auch auf politische, kulturelle und andere Lebensfragen, die nicht außer Acht gelassen werden dürfen. Es ist ein umfassendes Grundrecht. Recht auf Existenz hat in verschiedenen historischen Phasen eine unterschiedliche Bedeutung. Es wird im Zuge der Entwicklung der menschlichen Gesellschaft ständig erweitert und perfektioniert. Das sogenannte Recht auf Entwicklung schließt das Recht auf Existenz ein, umspannt mithin die Rechte der einzelnen Person und des Kollektivs. Recht auf Entwicklung ist ein Grundrecht, das keinem Menschen versagt werden darf. Dies haben die Entwicklungsländer mit Recht gefordert. Das auf der 41. Tagung der UN im Jahr 1986 erlassene „Manifest über Recht auf Entwicklung" hatte erklärt: „Man erkannt das Recht auf Entwicklung als ein unentbehrliches Recht an. Das gleiche Recht auf Entwicklung ist ein besonderes Recht des Staats und der einzelnen Personen, aus denen ein Staat besteht."

Das Recht der einzelnen Person und das Recht auf Entwicklung umfassen alle in internationalen Dokumenten anerkannten Rechte. „Jeder und alle haben das Recht auf Teilnahme an Wahlen, auf Teilhabe an der ökonomischen Entwicklung, der Gesellschaft, der Kultur und Politik."

Es sind dies (1) Hinreichende Verwirklichung des Rechts auf Freiheit und auf Existenz ist eine Garantie des Rechts auf Entwicklung. Alle Menschenrechte hängen mit einander eng zusammen. Auch Bürgerrecht, politisches Recht, Recht auf Wirtschaft, Gesellschaft und Kultur können nicht voneinander getrennt werden. Man darf nie einseitig ein Recht besonders hervorheben. Im „Teheraner Manifest" vom Jahr 1968 hatte es entsprechend geheißen: „Die Grundmenschenrechte dürfen nicht voneinander getrennt werden, denn wenn nicht gleichzeitig Rechte auf Wirtschaft, Gesellschaft und Kultur zu genießen sind, kann das Recht der Bürger auf Politik auch niemals verwirklicht werden. Außerdem benötigt die Verwirklichung der Menschenrechte eine sehr lange Entwicklungszeit und hängt stark ab von der Perfektionierung der wirtschaftlichen und gesellschaftlichen Entwicklungspolitik eines Landes und der ganzen Welt." Diese These ist auf der Tagung der UN im Jahr 1977 in einer Erklärung mit dem Titel „Bewegung hinsichtlich neuer Thesen der Menschenrechte" noch einmal bestätigt worden: „Alle Menschenrechte und die Grundfreiheit hängen zusammen und können nicht getrennt betrachtet werden. Man muss die Durchführung, die Förderung und den Schutz der Rechte der Bürger auf Politik, Wirtschaft, Kultur in gleichem Maße achten." (2) Die Entfaltung des Potenzials einzelner Personen und eine hinreichende Entwicklung des Charakters sind maßgebend für eine Erweiterung des Rechtes auf Entwicklung. Wenn das Potenzial der einzelnen Person hinreichend erschlossen worden ist und deren Charakterprofil sich hat entfalten können, dann können daraus kreative Impulse und eine Mobilität entstehen, welche die Gesellschaft vorantreiben. Insofern kann das Ziel der gesellschaftlichen Bewegung auf eine hinreichende Entfaltung persönlicher Charaktereigenschaften der einzelnen Personen zurückgeführt werden. (3) Gleiche Chancen bei der Entwicklung sind Grundlagen und Ausgangspunkte für Verwirklichung des Rechtes auf Entwicklung. Den Ausführungen des „Manifestes über das Recht auf Entwicklung" zufolge sollten die obersten Regierungsebenen eines Landes die Verwirklichung des Rechts auf Entwicklung durch hilfreiche Maßnahmen fördern, so dass alle von einer gleichen Umverteilung der grundlegenden Ressourcen profitieren können. Das gilt auch für die gleichen Anteile an Bildung und Gesundheit, für die Verteilung von Getreide, für die Gewähr von Unterkunft, Berufswahl und ein angemessenes Einkommen. Wenn jemand, besonders in der heutigen Gesellschaft mit Informationstechnik, sich im vollständig entwickeln will, muss er wie alle anderen an der Entwicklung der Gesellschaft teilnehmen und versuchen, viel von den Früchten der gesellschaftlichen Entwicklung zu pflücken und von den neuen Möglichkeiten ihrer Informationen und Kenntnisse zu profitieren.

Das Recht des Kollektivs auf Entwicklung kann zum Selbstentscheidungsrecht einer Nation erweitert werden. Hier ist gedacht an alle Staaten; insbesondere die Entwicklungsländer haben über Wirtschaft, Politik, Gesellschaft und Kultur ein eigenes Entscheidungsrecht. Das „Manifest über das Recht auf Entwicklung" betont: „Das Recht der Menschen auf Entwicklung bedeutet zugleich die Verwirklichung des nationalen Selbstentscheidungsrechts. Das Selbstentscheidungsrecht umfasst die einem Land nicht zu nehmende Souveränität der Verfügung über seine Ressourcen und sein Eigentum." Der Inhalt des Rechts auf Entwicklung ist deshalb von allgemeiner und historischer Bedeutung. Das genannte „Manifest" erklärt weiterhin: „Der Entwicklungsprozess bezieht sich umfassend auf Wirtschaft, Gesellschaft, Kultur und Politik" und betrifft in dieser Gesamtheit die Aspekte des Rechts auf die Entwicklung einer einzelnen Person wie auch eines Kollektivs. Ihnen kommen in den verschiedenen Perioden unter differierenden historischen Bedingungen auch unterschiedliche spezifische Bedeutungen zu.

Wie das Recht auf Existenz ist auch das Recht auf Entwicklung ein primäres Menschenrecht. Ohne die gesamte Entwicklung des Staats, der Gesellschaft und der einzelnen Person zu beachten, kann man schlechterdings nicht von allen anderen Menschenrechten reden. Das Recht auf Existenz und Recht auf Entwicklung sind eng verbunden. Sie bedingen sich nicht nur hinsichtlich ihrer Gehalte, sondern fördern sich auch gegenseitig in der Praxis. Das Recht auf Existenz ist Voraussetzung für das Recht auf Entwicklung, und das Recht auf Entwicklung folgt logisch dem Recht auf Existenz. Nur wenn eine Entwicklung stattfindet, kann die Qualität der Existenz ständig verbessert und erhöht werden; und damit das Recht auf Existenz dauerhaft verlässlichen Schutz erfährt, bedarf es der Mobilisierung des Rechts auf Entwicklung.

Das Recht auf Existenz und das Recht auf Entwicklung sind die entscheidenden Menschenrechte und die Voraussetzung für Empfindung und Genuss aller anderen Menschenrechte. Ohne Recht auf Existenz und Recht auf Entwicklung kann man von allen andren Menschenrechten kaum sprechen. Denn wenn die Existenz des Lebens und menschliche Sicherheit nicht geschützt werden, dann besteht jederzeit die Gefahr, des Rechts auf Existenz illegal verlustig zu gehen. Die „Internationale Konvention der Rechte und politischen Rechte der Bürger" bestätigt: Alle verfügen über ein angeborenes Recht auf Existenz, und dieses Recht muss deshalb durchs Gesetz geschützt werden, keinem darf das Leben grundlos genommen werden. Nur wenn das Recht auf Existenz und auf Entwicklung zuverlässig geschützt wird, kann unter notwendiger Voraussetzung eines gesicherten materiellen Lebens von einer Praktizierung anderer Rechten auf Wirtschaft, Politik, Kultur und Gesellschaft usw. die Rede sein. Nach materialistischer Geschichtsauffassung beschränken Mittel und Art der Produktion des materiellen Lebens das ganze gesellschaftliche und politische Leben. Der Mensch muss zunächst die Probleme der Ernährung und der Kleidung gelöst haben, erst dann kann er in der Politik, Wissenschaft, Kunst, Philosophie, Religion aktiv werden. Eben das hatte Karl Marx gesagt: „ Wir müssen zunächst unser Leben begründen, das ist die erste Voraussetzung aller Existenz der Menschheit und die erste Voraussetzung aller Geschichte. „Um ‚Geschichte zu begründen', muss man zunächst einmal leben können; doch um leben zu können, braucht man zunächst Kleidung, Essen, Unterkunft und anderes Elementare mehr. Deshalb dient die primäre geschichtliche Aktivität der Bereitstellung dieser notwendigen Materialien und der Produktion dieser Materialien."[1] Das Problem der Existenz ist viel konkreter als andere Probleme der Freiheit. Denn das Recht auf Existenz ist im Vergleich zu allen anderen Menschenrechten vordringlich und das wichtigste Recht. Lu Xun hat in seiner im Jahr 1925 veröffentlichten Erzählung „Es fällt mir plötzlich ein" gesagt: „Unsere allerdringlichsten Aufgaben sind: erstens existieren, zweitens satt essen und sich warm anziehen, drittens sich entwickeln. Alle, die diese drei elementaren Bedingungen blockiert und verhindert haben, ob heute oder früher, ob Menschen oder Geister, ob bestimmte Dynastien und welche auch immer,

---

1    Gesamte Werke von Marx und Engels, 3. Band, Volksverlag, 1960, S. 31.

ob einer, im Himmel oder auf der Milchstraße lebend, ob aus Gold oder wie Buddha aus Jade, ob im Besitz geheimer Rezepte für Generationen, ob selber in der Lage der Herstellung von Wundermitteln, sie alle werden zu Boden gestürzt und getreten."[2]

## 1.2. Aufgrund von Erfahrungen in der chinesischen Geschichte und der besonderen Situation wird die These vertreten: „Die Rechte auf Existenz und auf Entwicklung sind primäre Menschenrechte"

Das Recht auf Existenz und auf Entwicklung sind die wichtigsten Menschenrechte. Dies hat das chinesische Volk nach einem mehr als hundert Jahren währenden Kampf um die Menschenrechte begriffen. Das chinesische Volk ist einmal durch den Imperialismus, Feudalismus und bürokratischen Kapitalismus unterdrückt worden und hat die Souveränität des Landes verloren. Es hat dabei seinen gesellschaftlichen Reichtum eingebüßt mit der Konsequenz, dass dem chinesischen Volk fundamentale Existenzbedingungen verloren gingen. In den 110 Jahren zwischen 1840 bis 1949 sind die Imperialisten von Großbritannien, Frankreich, Japan, Amerika, Russland nacheinander mehrmals in China militärisch eingedrungen und haben mehr als hundert Kriege geführt. In mehr als 1100 ungleichen Verträgen hatte man mehr als 1000 x hundert Millionen Tael Silber als Reparationen gefordert und das Land dadurch ausgeplündert. Im Jahr 1900 haben acht Alliierte viele Orte in China verbrannt, ausgeplündert und die Menschen dort getötet, so dass z.B. das Städtchen Tanggu mit mehr als 50000 Einwohnern zu einer menschenleeren Ruine geworden ist. Von den mehr als 10.000.000 Menschen in Tianjing haben nur eine Millionen die Plünderung überlebt. Damit noch nicht genug, die Imperialisten haben zudem mit chinesischen Arbeitskräften gearbeitet und diese dann willkürlich getötet. Nach einer lückenhaften Statistik sind seit Mitte des 19. Jahrhunderts in die ersten zwanzig Jahre des 20. Jahrhunderts mehr als 12.000.000 chinesische Arbeitskräfte überall in der ganzen Welt verkauft worden. Während der Besatzung Chinas durch die japanischen Aggressoren sind mehr als 2.000.000 Arbeiter nur in den Nordostgebieten durch harte Schufterei ums Leben gekommen. Außerdem haben die imperialistischen Aggressoren in China „Rechte außerhalb der Gesetze" besessen. In „Konzessionen" haben sie über die Macht der Verwaltung, Gesetzgebung, Justiz, Polizei und Finanzen verfügt. Sie haben in einem von der chinesischen Verwaltung und chinesischen Justiz ganz unabhängigen „Staat im Staat" gelebt. Im Jahr 1885 wurde vor dem Tor eines Parks im französischen Wohngebiet ein Schild aufgehängt, worauf stand: „Betreten des Parks für alle Chinesen und Hunde verboten", womit die Würde der Chinesen äußerst empfindlich verletzt worden ist.

Das chinesische Volk hat aus der Geschichte lernen müssen, wenn der Staat nicht unabhängig ist, dann kann das Leben des Volkes unmöglich geschützt werden, und dann kann man eigentlich nicht mehr von Menschenrechten sprechen.

---

2  Grundkenntnisse über Menschenrechte für alle Kader, Volksverlag, 2006, S. 45.

Deshalb hat das chinesische Volk fortan einen mehr als hundertjährigen unerbittlichen Kampf um die Menschenrechte geführt und schließlich die Volksrepublik
gegründet, womit die Unabhängigkeit und Vereinigung des Landes verwirklicht worden ist. Von da an konnte erst wirklich die Rede sein vom Schutz einer Sicherheit des Lebens des chinesischen Volks und seiner Erfahrung der
Menschenwürde. Erst nach 60 Jahren harter Arbeit sind die Rechte der chinesischen Bevölkerung auf Existenz und Entwicklung entschieden und sprunghaft
verbessert worden. Doch aufgrund der immens großen Bevölkerung und der
bescheidenen Ressourcen wie auch der in unterschiedlich schnell von statten ge-
henden wirtschaftlichen Entwicklung im Norden und Westen und angesichts ähn-
licher Probleme stand die chinesische Regierung schon immer vor der schwerwiegenden Aufgabe wirtschaftlicher Entwicklung, um auf diesem Wege dem
Volk das Recht auf Existenz und Entwicklung zu ermöglichen. Bis heute sind
Erhaltung und Förderung der Rechte des Volks auf Existenz und Entwicklung für
die chinesische Regierung noch immer die wichtigsten Aufgaben.

Die Auffassung, dass die Rechte auf Existenz und Entwicklung primäre
Menschenrechte sind, gilt für die Geschichte und die Verhältnisse in den meisten Entwicklungsländern. Im Verlauf ihrer Geschichte waren viele Länder und
Völker der Dritten Welt in die Situation einer Kolonie oder Halbkolonie geraten. Diese Länder hatten beim Streben nach Souveränität und Unabhängigkeit
zunächst die Probleme der Menschenrechte zu lösen. Lange andauernde kolonialistische Herrschaft und wirtschaftliche Ausplünderung als Folge haben viele
Länder in eine Rückständigkeit geführt, wodurch die Existenz und Entwicklung
der Völker vieler Entwicklungsländer ständiger Bedrohung ausgesetzt war. Von
den 6 Milliarden Menschen auf der ganzen Welt stammen mehr als 80% aus
Entwicklungsländern. Eine Milliarde Menschen in den Entwicklungsländern
hat keinen Zugang zu sauberem Trinkwasser, 1,7 Milliarden Menschen erman-
gelt es an hygienischen Einrichtungen. Diese Umstände erklären auch, warum
jedes Jahr 10 Millionen Menschen durch Krankheiten ums Leben gekommen
sind. In diesen Ländern leiden viele Menschen unter Hunger und Kälte und
schlagen sich mit Ach und Krach durch oder kämpfen ums nackte Überleben,
zumal hier nicht einmal elementare Probleme hinreichender Nahrung und warmer Kleidung gelöst sind. Statistischen Erhebungen der UN zufolge herrscht
die Armut zumeist in den Entwicklungsländern. Heutzutage verfügen die
Reichen, also 20% der Bevölkerung, über 83% des Reichtums der Welt, wogegen die Ärmeren, mithin 20% der Bevölkerung, nur an 1.4% des Reichtums
der ganzen Welt teilhaben. Deshalb stehen die meisten Entwicklungsländer vor
dem dringenden Problem, wie man das Recht auf die eigene Existenz schützen
könne. Das „Wiener Manifest und der Grundriss der Handlung" hat darauf hingewiesen: „Solange allerorts eine allgemeine und extreme Armut zu beklagen
ist, kann von einer ausreichenden Erfahrung oder gar von einem Genuss der
Menschenrechte überhaupt keine Rede sein. Man muss deshalb unverzüglich
für eine Reduktion der Armutsverhältnisse sorgen und sie möglichst beseitigen.
Das wäre die höchste und primäre Pflicht der internationalen Gesellschaft."

Nur in wenigen der entwickelten Länder gelten die Rechte auf Existenz und Entwicklung auch als primäre Menschenrechte und sind von großer Bedeutung. In diesen Ländern herrschen eine große Diskrepanz von Armen und Reichen, eine zunehmende Arbeitslosigkeit, Diskriminierung der Rassen, Korruption, eine steigende Kriminalitätsrate und andere Mängel mehr. So sind das Leben der Bevölkerung und die Sicherheit des Eigentums ständig in Gefahr. Die Grundfreiheit und die Menschenwürde werden hier nicht respektiert. Eine nicht einmal sehr kleine Anzahl von Menschen lebt sogar noch unter der Armutsgrenze. Deren Recht auf Existenz ist schwer bedroht. Behauptungen, dass es gebe in den entwickelten Ländern keine Probleme der Existenz und Entwicklung mehr, entsprechen nicht den Tatsachen. Einige Menschen in der westlichen Welt werten das Recht auf Existenz ab oder leugnen es sogar, andere versteigen sich zu der Aussage: „Recht auf Existenz ist ein Recht der Tiere und kein Menschenrecht". Irrsinnig falsch!

„Das Recht auf Existenz ist das primäre Menschenrecht". So lautet die Grundüberzeugung der kommunistischen Partei und der chinesischen Regierung, die dafür Argumente aus der chinesischen Geschichte und aus der chinesischen Situation angeführt haben. Das ist – wie die Chinesen hinsichtlich der Frage der Menschenrechte zuerst herausgefunden haben – wissenschaftlich erwiesen. Dies ist im Weißbuch „Der Zustand der chinesischen Menschenrechte" erstmals formuliert und systematisch erörtert worden. Im Zeitraum zwischen April und Mai 1991 hat Jiang Zemin das mehrfach unterstrichen: „Die chinesische Partei und Regierung sorgen entschieden für die Menschenrechte. Für China ist Recht auf Existenz das oberste Recht der Menschenrechte. Im alten China hat das Volk in Not und Elend (wörtlich: im tiefen Wasser und heißen Feuer) gelebt und vom Recht auf Existenz konnte noch kaum die Rede sein." „Es ist unnötig viel Blut geflossen und viele revolutionäre Märtyrer hatten ihr Leben geopfert, aber wofür? Natürlich für die Begründung der Souveränität des Landes, für das Recht der Bevölkerung auf Existenz und Entwicklung." Überdies hat Jiang Zemin gesagt: „Dass man für die 1.1 Milliarden Menschen das Problem ihrer Existenz lösen konnte, dass alle mit zureichender Nahrung und warmer Kleidung versorgt wurden, damit ist das allerwichtigste Menschenrecht in Kraft gesetzt worden." „Jetzt können wir stolz sagen, wir haben das Problem gelöst. Das hat es so noch nie auf der Welt gegeben." Anfang November 1991 hat der Staatsrat „Der Zustand der chinesischen Menschenrechte" (Weißbuch) veröffentlicht, in diesem Dokument gab es extra ein Kapitel über „Recht auf Existenz ist das primäre Menschenrecht für das chinesische Volk". Über diese These wurde aus der chinesischen historischen Perspektive, verbunden die Theorie mit der Praxis, mit zahlreichen Tatsachen als Beweise, umfassend begründet. Zur gleichen Zeit hat Premierminister Li Peng noch aus der Perspektive der internationalen Gesellschaft die allgemeine Bedeutung des „Recht auf Existenz" dargelegt. Zwischen April und Mai 1991 hat Li Peng erklärt: „Für eine Nation ist das Recht auf Existenz und Entwicklung das erste Menschenrecht." Und er fuhr fort: „In den letzten hundert Jahren der

Weltgeschichte tyrannisiert nicht die Mehrheit die Minderheit, sondern umgekehrt: die Minderheit schikaniert jetzt die Mehrheit. Es gab zwar nicht so viele imperialistische und kolonialistische Länder, aber diese haben sich auf ihre entwickelte Wirtschaft und modernen Waffen gestützt und sind willkürlich in viele Länder eingefallen und haben die große Zahl der Bevölkerung der nicht entwickelten Länder unterdrückt. Auch heute noch kämpfen viele auf der Welt ums Überleben. Was ist unter solchen Umständen wichtiger? Ob jeder bei einer Wahl seine Stimme abgibt oder ob er doch nicht lieber genug zum Essen und zum Anziehen hat?" Im Januar 1992 hat Li Peng auf einer Tagung mit Staatsmännern des Sicherheitsrates der UN in seiner Rede ausgeführt: „Die Menschenrechte und Grundfreiheit der ganzen Menschheit sollten allgemein respektiert werden. (...) Was die meisten Entwicklungsländer angeht, so sind für diese zunächst die Rechte auf Unabhängigkeit, Existenz und Entwicklung wesentlich." Diese Grundthese hat der Premierminister im April 1993 in seinem „Arbeitsbericht der Regierung" wiederholt beteuert.[3] Die neue Generation der Zentralregierung mit Hu Jintao als Generalsekretär beharrte auf Deng Xiaopings Theorie der „drei Vertretungen", analysierte die neue Situation und begriff die entsprechenden Aufgaben, und vertrat unmissverständlich die wissenschaftliche Entwicklungsthese des „Menschen als Ausgangspunkt" sowie die große strategische Idee des „Aufbaus einer harmonischen Gesellschaft", wobei Respekt und Schutz der Menschenrechte deren wichtigsten Probleme darstellen. Seit 2004 wurden „Respekt und Schutz der Menschenrechte" zunächst in die Verfassung geschrieben, dann in das offizielle Dokument „Fünfter Oktober" als den Grundriss des Entwicklungsplans und in das „Statut der kommunistischen Partei". Dies alles zeigt, dass die Förderung Menschenrechte inzwischen ein zentrales Thema beim Staatsaufbau und bei der sozialistischen Entwicklung darstellt und auch ein wichtiges Prinzip der kommunistischen Partei und chinesischen Regierung geworden ist. Im Jahr 2006 hat der Generalsekretär Hu Jintao in einem Vortrag an der Yale Universität in den USA erklärt: „Der Schutz des Rechts der Bevölkerung auf Existenz und Entwicklung sind immer noch die allerwichtigsten Aufgaben Chinas. Wir werden kräftig die wirtschaftliche und gesellschaftliche Entwicklung vorantreiben, den Schutz der Bevölkerung gesetzlich garantieren, damit sie Freiheit genießen, Demokratie und Menschenrechte erfahren kann; und wir werden die soziale Gleichheit und Gerechtigkeit verwirklichen, damit 1.3 Milliarden Chinesen ein glückliches Leben führen können."[4] Am 10. Dezember 2008, am „Tag der Menschenrechte der Welt" hat der Generalsekretär Hu Jintao an das Forschungsinstitut für Menschenrechte in China geschrieben: „Im Prozess des umfassenden Aufbaus mit dem Ziel eines bescheidenen Wohlstands, im Prozess des beschleunigter Mobilisierung der sozialistischen Modernisierung müssen wir uns konsequent an die Maxime „Der Mensch als Ausgangspunkt" halten,

---

3    Die Fortsetzung des Überblicks über provisorische Charta der Menschenrechte der Welt, Dong Yunhu, Liu Wuping, Sichuan Volksverlag 1993, S.12.
4    Der Vortrag von Hu Jintao an der Yale Universität in den USA: Xinhua Presseagentur, 22. 04. 2006 http://news.xinhuanet.com/newscenter/2006-04/22/content_4460879.htm.

die allgemeinen Prinzipien der Menschenrechte respektieren, aber auch den Umstand der Landesverhältnisse berücksichtigen und ernstlich den Schutz der Rechte auf Existenz und auf Entwicklung als primäre Menschenrechte achten. Auf der Basis einer schnellen und effektiven Entwicklung der Wirtschaft und Gesellschaft müssen wir die gleichen Rechte aller Mitglieder der Gesellschaft auf Entwicklung gewährleisten."[5] Das „Recht auf Existenz ist das primäre Menschenrecht". Seit Erkenntnis der Wahrheit dieser These ist sie von immer mehr Ländern der Welt anerkannt worden. Denn diese These schließt das allgemeine Prinzip des Respekts der Menschenrechte ein und berücksichtigt auch die Besonderheiten des jeweiligen Landes, das die Menschenrechte im Blick auf die Situation des eigenen Landes realisiert und erweitert. Darin besteht der größte Beitrag Chinas hinsichtlich der Theorie der Menschenrechte.

## II. Beitrag Chinas für die Gewährleistung der Rechte des Volkes auf Existenz und Entwicklung

Die chinesische Regierung legt seit der Gründung der Volksrepublik China vor 60 Jahren, insbesondere seit der Reform und Öffnung die Problemlösung der Rechte des Volkes auf Existenz und Entwicklung an erste Stelle, betrachtet den wirtschaftlichen Aufbau als Mittelpunkt, entwickelt die soziale Produktivität stark und treibt die wirtschaftliche sowie gesellschaftliche Entwicklung sprunghaft voran, womit die gesamte nationale Stärke bemerkenswert gestiegen ist und zwei enorme historischen „Sprünge" realisiert worden sind, nämlich das Leben der Bevölkerung von Armut bis zu ausreichender Nahrung sowie Kleidung, und weiter von ausreichender Nahrung und Kleidung bis zu Wohlhabendem Leben gebracht zu haben. China hat bemerkenswerte Leistungen von der Verbesserung der Rechte des Volkes auf Existenz und Entwicklung hervorgebracht.

### 2.1. Deutliche Steigerung der gesamten nationalen Stärke

Die inländische Produktivität erlitt im alten China einen Rückschlag, die Verkehrsinfrastruktur wurde beschädigt, die Inflation beschleunigte, die Bevölkerung lebte in extremer Armut. Die Volkswirtschaft fiel in einem Zustand des Zusammenbruchs. Nach der Gründung der Volksrepublik China hat sich die Wirtschaft rapide entwickelt. Die durchschnittliche jährliche Wachstumsrate des Bruttoinlandsprodukts betrug 8.1%, während die durchschnittliche jährliche Wachstumsrate der Welt von 1961 bis 2008 nur 3.6% betrug. Als die Weltwirtschaftskrise einen Rückgang der weltweiten Wirtschaft brachte, zeigte die chinesische Wirtschaft einen starken Aufwärtstrend und das Bruttoinlandsprodukt stieg im ersten Halbjahr 2009 um 7.1%. Das Bruttoinlandsprodukt Chinas im Jahr 1952 betrug nur 67.9 Milliarden Yuan. Diese Zahl stieg bis zum Jahr 1978 auf 364.5 Milliarden Yuan. Das

---

5    Der offene Brief von Hu Jintao an das chinesische Forschungsinstitut über Menschenrechte, Xinhua Presseagentur, 12.12. 2008, http://news.xinhuanet.com/newscenter/2008-12/12/content_10491767_1.htm.

Bruttoinlandsprodukt im Jahr 2008 erreichte 30.067 Billionen Yuan. Darunter betrug die durchschnittliche jährliche Wachstumsrate von 1979 bis 2008 9.8%, diese Zahl ist höher als die weltweite Wachstumsrate im gleichen Zeitraum von 6.8%. Vom 1952 bis zum 2008 ist die gesamte chinesische Wirtschaft um 77-fache gestiegen, das geschaffene Reichtum an einem Tag im Jahr 2008 überholte die gesamte Menge vom Jahr 1952. Die chinesische Wirtschaft hatte im Jahr 1952 nur einen winzigen Anteil an der Weltwirtschaft und hatte im Jahr 1978 auch nur 1.8%. Aber der Anteil im Jahr 2008 betrug 6.4%, nahm nach den Vereinigten Staaten und Japan den dritten Platz in der Welt ein. Nach Angaben der Weltbank beträgt das Bruttoinlandsprodukt Chinas im Jahr 2008 3.86 Billionen USD, diese Zahl entspricht 27.2% der Vereinigten Staaten und 78.6% Japans.

Das Bruttoinlandsprodukt pro Kopf steigt von 119 Yuan im Jahr 1952 auf 381 Yuan im Jahr 1978, 9030 Yuan im Jahr 2003. Nach der Umrechnung ist diese Zahl höher als 1000 USD und das Leben der Bevölkerung hat im allgemeinen einen wohlhabenden Standard erreicht, bis hin zu 22698 Yuan im Jahr 2008. Nach dem Abzug der Preisfaktoren ist diese Zahl im Jahr 2008 um das 32.4-fache gegenüber dem Jahr 1952 gestiegen, die durchschnittliche jährliche Wachstumsrate betrug 6.5%. Darunter betrug die durchschnittliche jährliche Wachstumsrate von 1979 bis 2008 8.6%. Nach Angaben der Weltbank erreicht das gesamte Bruttoinlandsprodukt pro Kopf Chinas im Jahr 2008 2770 USD und China ist nach Klassifizierungskriterien der Weltbank zu Ländern mit mittlerem Einkommen auf der Welt zugeordnet.

Die Finanzeinnahme Chinas im Jahr 1950 betrug nur 6.2 Milliarden Yuan, sie stieg im Jahr 1951 auf 12.5 Milliarden Yuan, sowie im Jahr 1978 auf 113.2 Milliarden Yuan. Die Finanzeinnahme wuchs nach der Reform und Öffnung enorm, sie stieg bis 1999 um mehr als 10-fache und erreichte 1.1444 Billionen Yuan. Sie erzielte im Jahr 2008 einen Durchbruch und erreichte 6.1317 Billionen Yuan, diese Zahl stieg um 985-fache gegenüber dem Jahr 1959.

Die Devisenreserven Chinas im Jahr 1952 betrugen nur 139 Millionen USD, sie stiegen im Jahr 1978 auf 167 Millionen USD. Nach der Reform und Öffnung sind die Devisenreserven nicht mehr mangelhaft, sondern nach und nach reichlich. Die Devisenreserven im Jahr 1990 erreichten 1.11 Milliarden Yuan. Die Devisenreserven erreichten im Jahr 1996 105 Milliarden Yuan und im Jahr 2006 1.0663 Billionen Yuan. Diese Zahl übertraf die Japans und nahm den ersten Platz in der Welt ein. Die Devisenreserven Chinas haben sich bis zum Jahr 2008 auf 1.9460 Billionen Yuan erhöht, sind beinahe 14000-fache gegenüber dem Jahr 1952 gestiegen und bleiben fest auf dem ersten Platz in der Welt.

Die Gesamtvolumen der Importe und Exporte Chinas sind von 1.13 Milliarden Yuan im Jahr 1950 auf 2.5616 Billionen Yuan im Jahr 2008 gestiegen, eine Zunahme von 2266-fachen, die durchschnittliche jährliche Wachstumsrate beträgt 14.2%. Die Volumen der Exporte sind von 550 Millionen Yuan im Jahr 1950 auf 1.4286 Billionen Yuan im Jahr 2008 gestiegen, eine Zunahme von

2596-fachen, die durchschnittliche jährliche Wachstumsrate beträgt 14.5%. Die Volumen der Importe sind von 580 Millionen Yuan im Jahr 1950 auf 1. 1331 Billionen Yuan im Jahr 2008 gestiegen, eine Zunahme von 1953-fachen, die durchschnittliche jährliche Wachstumsrate beträgt 14.0%. Die Rangliste der Gesamtvolumen der Importe und Exporte in der Welt erhöht sich vom Platz 29 im Jahr 1978 auf Platz 3 im Jahr 2008, stand nur nach Vereinigten Staaten und Deutschland. Der Anteil am gesamten Welthandel wird auch von 0.8% auf 7.9% erhöht.

In den frühen Jahren nach der Gründung des neuen Chinas hat keine einzige Erzeugungsmenge von allen landwirtschaftlichen Produkten den ersten Platz der Welt erreicht. In der Industrie gelangte nur die Erzeugungsmenge von Stahlprodukten den 26. Platz, die von Erdöl den 27. Platz und die von Strom den 25. Platz. Im Jahr 2007 nach der 60 jährigen Entwicklung nimmt die Erzeugungsmenge von den wichtigen Agrarprodukten wie z.B. Getreide, Fleisch, Baumwolle, Erdnuss, Raps, Tee, Obst den ersten Platz in der Welt ein. Die Erzeugungsmenge von Zuckerrohr und Sojabohnen bleibt jeweils auf dem dritten und vierten Platz. Aus den Hauptindustrieprodukten nimmt die Erzeugungsmenge von Stahl, Kohle, Zement, Düngemittel und Baumwolltuch den ersten Platz in der Welt ein, die von Strom den zweiten Platz und die von Erdöl den fünften Platz. Die Erzeugungsmenge von weiteren Produkten ist auch deutlich nach vorne gerückt.

Einige westliche Politiker behaupteten: Keine Regierung in China sei in der Lage, die Nahrungsfrage der Bevölkerung zu lösen. Das sozialistische China verlässt sich allerdings 60 Jahren lang auf eigene Stärke, versorgt 22% der Weltbevölkerung mit nur 7% der Weltackerfläche und hat die Nahrungs- und Bekleidungsfrage von Milliarden Menschen im Grunde gelöst. Die Bevölkerung bekommt allmählich einen wohlhabenden Lebensstandard. Dieser große Erfolg wird von Völkern der Welt gelobt.

## 2.2. Der Wohlstand der Bevölkerung wird allgemein verbessert.

Die Getreideproduktion Chinas betrug im Jahr 1949 nur 113.18 Millionen Tonnen, 209 kg pro Kopf und erreichte im Jahr 2008 528.71 Millionen Tonnen, eine Zunahme von 3.7-fachen gegenüber 1949, die Produktion pro Kopf stieg um 91%. Die Produktion von Baumwolle betrug im Jahr 1949 nur 444,000 Tonnen und erreichte im Jahr 2008 7.49 Millionen Tonnen, eine Zunahme von 15.9-fachen, die Produktion pro Kopf stieg um 5.9-fache. Die Ölproduktion betrug im Jahr 1949 nur 2.56 Millionen Tonnen und erreichte im Jahr 2008 29.53 Millionen Tonnen, eine Zunahme von 10.5-fachen, die Produktion pro Kopf stieg um 3.7-fache. Die Zuckerproduktion betrug im Jahr 1949 nur 2.83 Millionen Tonnen und ist in 2008 schnell auf 134.2 Millionen Tonnen gestiegen, eine Zunahme von 46.4-fachen, die Produktion pro Kopf stieg um 18.4-fache. Die Produktion von Schweine-, Rind- und Lammfleisch betrug im Jahr 1952 nur 3.39 Millionen Tonnen, 5.9 kg pro Kopf und erreichte im Jahr 2008 53.37 Millionen Tonnen, die Produktion pro Kopf stieg auf 40.3 kg. Die

Obstproduktion betrug im Jahr 1949 1.2 Millionen Tonnen, 2.2 kg pro Kopf und erreichte im Jahr 2008 192.2 Millionen Tonnen, 145.1 kg pro Kopf. Die Produktion von Wasserprodukten betrug im Jahr 1949 448,000 Tonnen, 0.8 kg pro Kopf und erreichte im Jahr 2008 48.96 Millionen Tonnen, 37 kg pro Kopf.

Das verfügbare Einkommen der städtischen Einwohner nahm von weniger als 100 Yuan im Jahr 1949 auf 15,781 Yuan im Jahr 2008 zu, was nach der Inflationsbereinigung eine Steigerung um 18.5-fache entspricht. Die durchschnittliche jährliche Wachstumsrate betrug 5.2%, darunter von 1979 bis 2008 7.2%. Das Nettoeinkommen der ländlichen Einwohner pro Kopf nahm von 44 Yuan im Jahr 1949 auf 4,761 Yuan im Jahr 2008 zu, die reale durchschnittliche jährliche Wachstumsrate betrug von 1979 bis 2008 7.1%. Der reale Verbrauchsstandard der Einwohner nahm von 80 Yuan pro Kopf pro Jahr im Jahr 1952 auf 4,552 Yuan pro Kopf pro Jahr im Jahr 2004 zu. Das Reichtum der städtischen und ländlichen Einwohner erhöhte sich sehr schnell. Die Spareinlagen in RMB von städtischen und ländlichen Einwohnern erreichten 21.78854 Billionen Yuan, eine Zunahme um 25000-fache gegenüber Ende 1952 mit 860 Millionen Yuan, pro Kopf ist von 1.6 Yuan auf 16,407 Yuan gestiegen.

Der Umfang von Finanzanlagen wie Aktien und Anleihen wird weiter expandiert. Das Vermögenseinkommen der städtischen und ländlichen Einwohner pro Kopf betrug am Beginn der Reform im Jahr 1985 nur 4 Yuan. Das Vermögenseinkommen der städtischen Einwohner pro Kopf durch Zinsen sowie Dividenden aus Aktien, Anleihen sowie Spareinlagen erreichte im Jahr 2008 387 Yuan, was eine Zunahme auf das 95.8-fache gegenüber 1985 entspricht. Der Anteil des Vermögenseinkommens am gesamten Einkommen ist auch von 0.5% im Jahr 1981 auf 2.3% gestiegen.

## 2.3. Kontinuierliche Verbesserung des Menschenlebens

Die gesamten Einzelhandelsumsätze der gesellschaftlichen Konsumgüter sind von 27.68 Milliarden Yuan im Jahr 1952 auf 10.8488 Billionen Yuan im Jahr 2008 gestiegen. In den frühen Jahren nach der Gründung der Volksrepublik China hatten die Ausgaben der städtischen Einwohner für Nahrung und Kleidung einen Anteil von 80% an allen Lebensunterhaltungskosten, die der ländlichen Einwohner sogar 90%. Vor der Reform und Öffnung betrug der Engel-Koeffizient (der Anteil der Ausgaben für Lebensmittel an den gesamten Konsumausgaben) der städtischen Einwohner ständig mehr als 57%, ging hin und her zwischen Nahrungs- und Bekleidungsminimun und Armut. Der Engel-Koeffizient der ländlichen Einwohner betrug sogar mehr als 60%. Bis zum Jahr 2008 ist der Engel-Koeffizient der städtischen Haushalte von 58.4% im Jahr 1957 auf 37.9% gesunken, der der ländlichen Haushalte von 68.6% im Jahr 1954 auf 43.7%. Nach Standard der Ernährungs- und Landwirtschaftsorganisation der Vereinten Nationen (FAO) haben die städtischen Einwohner Chinas eine wohlhabende Konsumstruktur, auch die Konsumstruktur der ländlichen Einwohner hat einen komfortablen Standard erreicht.

Die Ausgaben ländlicher Haushalte pro Kopf für kulturelle Bildung und Unterhaltungsprodukte sowie Dienstleistungen ist von 8.3 Yuan im Jahr 1980 auf 314.5 Yuan im Jahr 2008 gestiegen, eine

Zunahme des 36.9-fachen, die durchschnittliche jährliche Wachstumsrate betrug 13.9%, der Anteil dieser Ausgaben an Konsumausgaben hat sich von 5.1% auf 8.6% erhöht. Die Ausgaben städtischer Haushalte pro Kopf für kulturelle Bildung und Unterhaltung sowie Dienstleistungen ist von 38 Yuan im Jahr 1981 auf 1,358 Yuan im Jahr 2008 gestiegen, eine Zunahme um das 34.7-fache, die durchschnittliche jährliche Wachstumsrate betrug 14.2%, der Anteil dieser Ausgaben an Konsumausgaben hat sich auch von 8.4% auf 12.1% erhöht.

Mit der Erhöhung des Einkommens richten die städtischen und ländlichen Einwohner mehr Aufmerksamkeit auf eigene körperliche und geistige Gesundheit. Die Umstände änderten sich stark, dass schwere Krankheit nur als leichte Erkrankung behandelt und eine leichte Erkrankung überhaupt nicht mehr behandelt wurde. Die Ausgaben ländlicher Haushalte pro Kopf für Gesundheitswesen im Jahr 2008 betrug 246 Yuan, eine Steigerung um 243 Yuan gegenüber 1980, was eine Zunahme von 82-fachen entspricht, die durchschnittliche jährliche Wachstumsrate betrug 17%. Die Ausgaben städtischer Haushalte pro Kopf für Gesundheitswesen im Jahr 2008 betrug 786 Yuan, eine Zunahme von 29.6-fachen gegenüber 25.7 Yuan im Jahr 1990, die durchschnittliche jährliche Wachstumsrate betrug 20.9%.

Die Ausgaben städtischer Haushalte für Dienstleistung im Jahr 2008 betrug 2,919 Yuan, der Anteil an Gesamtkonsumausgaben betrug 26%, ein Steigerung um 15.8% von 10.2% im Jahr 1978. Die Ausgaben ländlichen Einwohner für Dienstleistung pro Kopf ist von 447 Yuan im Jahr 2000 auf 1,042 im Jahr 2008 gestiegen, der Anteil an Gesamtkonsumausgaben erhöht sich von 26.7% auf 28.5%, eine Zunahme von 1.7%.

## 2.4. Deutliche Verbesserung der Lebensbedingungen der Bevölkerung

Der Verkehrsbau hat großen Erfolg erzielt. Dieser erfüllt nicht nur die Bedürfnisse der nachhaltig schnell wachsenden Wirtschaftsentwicklung, sondern erleichtert auch erheblich das Leben der Volksmassen. Die Eisenbahnen wurden von 21,800 Kilometern im Jahr 1949 auf 79,700 Kilometer im Jahr 2008 erweitert, eine Zunahme des 2.7-fachen. Die Qualität und der Zustand der Straßen sind deutlich verbessert worden. Land- und Autostraßen sind von 80,700 Kilometern im Jahr 1949 auf 2.01 Millionen Kilometer im Jahr 2008 erweitert (ohne Dorfstraßen), eine Zunahme des 23.9-fachen. Insbesondere wachsen Autobahnen aus dem Nichts und entwickeln sich rasant. Die gesamte Länge der Autobahnen erreicht im Jahr 2008 60.600 Kilometer, nimmt die zweite Stelle weltweit ein. Binnenschifffahrtsstraßen wurden von 73,600 Kilometern im Jahr 1949 auf 122,800 Kilometer im Jahr 2008 erweitert. Die Zivilluftfahrt hat 1,532 internationale und nationale Strecken erschlossen. Die

Strecken der Luftfahrt sind von 11,300 Kilometern im Jahr 1949 auf 2.4618 Millionen Kilometer im Jahr 2008 erweitert worden.

Die Zahl der Festnetzkunden in China ist von 218,000 im Jahr 1949 auf 1.925 Millionen im Jahr 1978 gestiegen. Diese Zahl belief sich im Jahr 2008 sogar auf 340.36 Millionen, eine Zunahme von 1560-fachen gegenüber 1949. Mobilfunk wächst aus dem Nichts und entwickelt sich von Luxusware zu einem alltäglichen Produkt. Die Zahl der Mobilfunkkunden hat sich von 3,000 im Jahr 1988 auf 641.25 Millionen im Jahr 2008 erhöht. Die Länge der fernen Glasfaserleitung erreicht 798,000 Kilometer und die Zahl der Breitband-Internetanschlüssen beläuft sich auf 108.9 Millionen. Bis zum Ende Juni 2009 gibt es 338 Millionen Internetnutzer in China, davon surfen 320 Millionen mit Breitband-Internet. Die beiden Zahlen bedeuten die Nummer eins in der Welt. Die gesamten Post- und Telekommunikationsdienstleistungen sind von 3.41 Milliarden Yuan im Jahr 2008 auf 2.365 Billionen Yuan im Jahr 2008 gestiegen, eine Zunahme des 930-fachen. Der Anteil der von Postverbindung zugänglichen Verwaltungsdörfern beträgt 98.4%.

Je hundert städtische Haushalte in China verfügten im Jahr 1981 über durchschnittlich 6.3 Waschmaschinen, 0.2 Kühlschrank und 0.6 Farbfernsehgerät. Diese Zahl ist bis zum Jahr 2008 auf 94.7, 93.6 und 132.9 gestiegen. Die Zahl der Farbfernsehgeräte je hundert ländlicher Haushalte hat sich von 0.39 im Jahr 1980 auf 99.2 im Jahr 2008 erhöht. Die Zahl der Kühlschränke und Waschmaschinen je hundert Haushalte hat sich jeweils von 0.06 und 1.9 im Jahr 1985 auf 30.2 und 49.1 im Jahr 2008 erhöht. Einige normalen Bevölkerungsfamilien besitzen Autos. Ende 2008 gab es in China 64.67 Millionen Zivilfahrzeuge (einschließlich 4.92 Millionen Drei-Räder-Autos und Low-Speed-LKWs), davon waren 41.73 Millionen Privatautos; 4.38 Millionen Zivil-PKWs, davon 19.47 Millionen Privat-PKWs. Die Zahl der Autos je hundert städtischer Haushalte ist von 0.5 im Jahr 2000 auf 6.06 im Jahr 2007 gestiegen. Die Zahl der Motorräder je hundert ländlicher Haushalte hat sich von 0.89 im Jahr 1990 auf 48.52 im Jahr 2007 erhöht.

Reise ist nun eine alltägliche Erholungsmöglichkeit. Die Zahl der chinesischen Touristen im Jahr 2008 betrug 1.71 Milliarden. Das gesamte Einkommen von Inlandsreisen betrug 874.9 Milliarden Yuan. Die Zahl der Touristen im ganzen Jahr, die eine Auslandsreise unternahmen, betrug 45.84 Millionen, wovon 40.13 Millionen selbst finanziert waren, ein Anteil von 87.5% an der gesamten Zahl der ausreisenden.

## 2.5. Drastische Reduzierung der Anzahl armer Bevölkerung

Der Einschätzung nach litten im alten China 80% der Bevölkerung langfristig an Hunger bzw. Halbhunger. Fast jedes Jahr verhungerten Zehntausende bis Hunderttausende Menschen. Bei Naturkatastrophen starben um so mehr Menschen. Im Jahr 1946 verhungerten 10 Millionen Menschen und im Jahr 1947 litten sogar mehr als 100 Millionen Menschen an Hunger, 22% der gesamten Bevölkerung Chinas. Die chinesische Regierung betrachtete seit der

Gründung der Volksrepublik China vor 60 Jahren die Lösung der Nahrungs-
und Bekleidungsfrage armer Bevölkerung als dringendste Angelegenheit, ergriff eine Reihe von Maßnahmen, plante staatlich einheitlich, führte planmäßige, organisierte sowie umfassende Armutsbekämpfung und Entwicklungsarbeit
durch und hat große Erfolge erzielt. Die Zahl der ländlichen armen Bevölkerung
Chinas ist von 250 Millionen im Jahr 1978 auf 40.07 Millionen im Jahr 2008
gesunken (gemäß des Armut Standards auf dem Land im Jahr 2008 1196
Yuan). Die Zentralregierung stellte 16.73 Milliarden Yuan Armutsbekämpfung
Fonds bereit, die schwerpunktmäßig für Infrastrukturbau der ländlichen armen Gebieten, industrielle Entwicklung und Ausbildung von ländlichen armen Arbeitskräften eingesetzt wurden. Durch wirksame Maßnahmen wie
Verbesserung der Rahmenbedingungen der Produktion und des Lebens in
armen Gebieten sowie Steigerung der Gesamtqualität der armen Bauern, die
absolute Armut grundlegend zu beseitigen. Von 1990 bis 2008 ist China das
einzige Land auf der Welt, das das Millennium-Entwicklungsziel der Vereinten
Nationen frühzeitig verwirklicht hat, die Zahl der armen Bevölkerung auf die
Hälfte zu reduzieren. In den letzten 20 Jahren vermehren sich arme Menschen
auf der Welt Jahr für Jahr und die Armut vertieft sich ständig. Die Zahl der
armen Menschen Chinas reduziert sich dagegen jährlich wesentlich. China ist
das Land, in dem sich die Zahl der armem Menschen weltweit am schnellst
verringert. Die im Mai 2004 in Shanghai veranstaltete Weltkonferenz zur
Armutsbekämpfung hat die Errungenschaften Chinas in der Armutsbekämpfung
hoch gelobt und sagte, „Der Erfolg Chinas bei der Armutsbekämpfung ist ein
gutes Beispiel zu beweisen, dass die Beseitigung der menschlichen Armut
kein unerreichbares Ziel sei. Das Beispiel China wird den pessimistischen
Ton der weltweiten Armutsdebatten ändern." Die Vereinten Nationen und
Weltbank meinen, dass die chinesische Regierung große Anstrengungen bei
der Beseitigung der Armut beigetragen hat. Zwei Drittel der Leistungen aller
Menschheit bei der Armutsbekämpfung in den letzten 25 Jahren sollten durch
China hervorgebracht werden. China ist ein Modell für Entwicklungsländer.

## III. Schutz der Rechte auf Wirtschaft, Gesellschaft und Kultur

Die Rechte auf Wirtschaft, Gesellschaft und Kultur sind wesentlicher
Bestandteil der Menschenrechte. Sie beinhalten eine Reihe von Grundrechten,
nämlich die Rechte auf Arbeit, auf Bildung, auf Sichausruhen sowie Arbeitslohn
der Beschäftigten, auf angemessenen Lebensstandard und auf Kultur. Die
Rechte auf Wirtschaft, Gesellschaft und Kultur sind mit Bürgerrechten und politischen Rechten eng verbunden. Ohne die umfassende Verwirklichung der
Rechte auf Wirtschaft, Gesellschaft und Kultur können Bürgerrechte und politische Rechte nicht vollständig realisiert werden. Wenn Menschen selten satt
essen bzw. warm anziehen können, wenn Menschen unwissend bzw. ungebildet
sind, wenn Menschen keine saubere bzw. hygienische Häuser bewohnen können, wenn Menschen nicht angemessen medizinisch versorgt werden, erhalten

sie–bei der einseitigen Betonung der bürgerlichen und politischen Rechte–nur die Freiheit, aber Hunger und Kälte; eine von der herrschenden Klasse betrogene Freiheit, und eine Freiheit mit Leiden an Krankheiten.

Die „Allgemeine Erklärung der Menschenrechte" legt eindeutig fest: „Jeder Mensch hat als Mitglied der Gesellschaft das Recht auf soziale Sicherheit sowie auf Verwirklichung von verschiedenen Rechten hinsichtlich der Wirtschaft, Gesellschaft und Kultur, die seine persönliche Würde und freie Entwicklung der Persönlichkeit benötigen. Dies soll durch Anstrengungen des Staats und internationale Zusammenarbeit unter Berücksichtigung der Organisationen und Ressourcen aller Länder realisiert werden." Der „Internationale Pakt über das Recht auf Wirtschaft, Gesellschaft und Kultur" zeigt auf, nur wenn die Voraussetzungen für den Genuß der Wirtschaft, Gesellschaft und Kultur geschaffen worden sind, können die Ideale freier Menschen verwirklicht werden, nämlich von Furcht und Knappheit zu befreien. Die von der Wiener Weltkonferenz über Menschenrechte im Jahr 1993 verabschiedete „Wiener Erklärung und Aktionskonzept" betont ebenfalls, dass alle an der Konferenz beteiligten Länder darin übereinstimmen, dass alle Menschenrechte untrennbar, voneinander abhängig und miteinander verknüpft sind. Die internationale Gesellschaft muss Menschenrechte allseitig mit gleichmässiger Aufmerksamkeit gerecht und gleichberechtigt behandeln.

Die chinesische Regierung hat seit 60 Jahren den sozialen Aufbau, der nationale Planung, das tägliche Leben der Bevölkerung sowie soziale Gerechtigkeit in eine noch wichtigere Position gebracht, die Rechte der ganzen Bevölkerungen auf Wirtschaft, Gesellschaft und Kultur energisch entwickelt und somit gewährleistet. Die chinesische Regierung hat enorme Anstrengungen unternommen, sodass die Rechte aller Bevölkerungen auf Bildung, Arbeitslohn, medizinische Versorgung, Renten und Wohnung verwirklicht werden können. Dabei hat die chinesische Regierung bedeutende Erfolge erzielt.

### 3.1. Aufbau eines besseren gesetzlichen Schutzsystems für das Recht auf Arbeit

Im alten China wurden die Volksmassen langfristig durch Imperialismus, Feudalismus und bürokratischen Kapitalismus unterdrückt. Das Volk hatte kein Recht auf unabhängige Arbeit. Das Recht auf Arbeit wurde nur durch Grundbesitzer und Kapitalisten manipuliert, die über Produktionsmittel verfügten. Die Arbeiter hatten absolut kein Recht auf Arbeit. Die Hoffnung, dass der Staat Maßnahmen wie berufliche Bildung zur Förderung der Beschäftigungen ergreifen wurde, war nur eine Fantasie. Nach Gründung der Volksrepublik China im Jahr 1949 hat die chinesische Regierung verschiedene Maßnahmen ergriffen, um den Schutz des Rechts auf Arbeit aktiv zu fördern. Seit 60 Jahren ist der Schutz des Rechts auf Arbeit zusammen mit der Entwicklung der Wirtschaft und Gesellschaft Chinas am meisten zum Ausdruck gekommen.

Etablierung eines vollkommenen Gesetzschutzsystems für Recht auf Arbeit. In den frühen Jahren nach der Gründung der Volksrepublik China hat die chinesische Regierung das „Gewerkschaftsgesetz" und die „vorläufigen Maßnahmen zur Unterstützung der Arbeitslosen" erlassen, um entsprechende Maßnahmen zum Schutz des Rechts auf Arbeit festzulegen. Der Artikel 91 der „Verfassung" im Jahr 1954 legt eindeutig fest: „Alle Bürger der Volksrepublik China haben das Recht auf Arbeit. Der Staat erweitert Arbeit und Beschäftigung durch die planmäßige Entwicklung der Volkswirtschaft Schritt für Schritt, verbessert Arbeitsbedingungen sowie Arbeitslöhne, um dieses Recht zu gewährleisten. Nach der Reform und Öffnung verbessert sich das Gesetzsystem zum Schutz des Rechts auf Arbeit ständig. Der Artikel 42 der „Verfassung" im Jahr 1982 legt eindeutig fest: „Alle Bürger der Volksrepublik China haben das Recht und die Pflicht auf Arbeit. Der Staat versucht durch verschiedene Mittel, Voraussetzungen für Beschäftigung zu schaffen, Arbeitsschutz zu verstärken, Arbeitsbedingungen zu verbessern und auf der Basis der Produktionsentwicklung Arbeitslöhne sowie soziale Fürsorge zu erhöhen. Der Staat bietet dem Bürger vor der Beschäftigung erforderliche Berufsausbildung an. Das im Jahr 1994 verabschiedete „Arbeitsgesetz der Volksrepublik China" legt fest, „Alle Arbeiter haben das Recht auf Gleichheit bei der Beschäftigung und Berufswahl, auf Erhaltung von Arbeitslohn, auf Sichausruhen und Urlaub, auf Erlangung von Arbeitssicherheit und Gesundheitsschutz, auf berufliche Weiterbildung und Qualifizierung, auf Sozialversicherung und Fürsorge, auf Antragstellung bei Arbeitsstreitigkeiten und auf vom Gesetz angeordnete andere Rechte auf Arbeit". Das kennzeichnet die erste Gründung des Gesetzsystems Chinas zum Schutz des Rechts auf Arbeit. Seit 2002 hat der Staat eine Reihe von Gesetzen und Vorschriften nacheinander erlassen und umgesetzt wie „Gesetz zum Arbeitsvertrag", „Gesetz zur Beschäftigungsförderung", „Gesetz zur Mediation und Schiedsgerichtsbarkeit bei Arbeitsstreitigkeiten", „Gesetz zur Produktionssicherheit", „Vorschriften zur Arbeitsunfallversicherung" sowie „Vorschriften zur Arbeitssicherheitsaufsicht", und die Reform des Gesetzsystems zum Schutz des Rechts auf Arbeit weiter vorangetrieben. Zurzeit ist ein ziemlich vervollständiges Gesetzsystem zum Schutz des Rechts auf Arbeit grundsätzlich entstanden, das auf der Grundlage des „Arbeitsgesetzes" basiert, betreffende wichtige Gesetze als Stütze nimmt und mit einschlägigen Gesetzen und Vorschriften zusammenfügt. Dieses System etabliert eine solide gesetzliche Grundlage für die Verwirklichung neuer Entwicklung zum Schutz des Rechts auf Arbeit. Darüber hinaus hat die chinesische Regierung weiterhin den Aufbau des Systems für Gesetzvollstreckung und Beaufsichtigung verstärkt. Bis Ende 2008 gab es 3,291 Aufsichtsorgane für Arbeitsschutz, die Bildungsrate der Aufsichtsorgane für Arbeitsschutz betrug 94.7%. Die Organe für Arbeitsschutz auf allen Ebenen haben 23,000 hauptamtliche Inspektor.

Schutz des Rechts auf Beschäftigung. Im alten China aufgrund der Korruption der Kuomintang-Regierung sowie des Bürgerkriegs fiel die Volkswirtschaft in einem Zustand des Zusammenbruchs. Zahlreiche nationale Industrien und

Handel sind ruiniert worden. Bis Anfang 1948 gingen 70%-80% Fabriken in Tianjin Bankrott. In Guangdong sind aus mehr als 400 Werken nur weniger als 100 übriggeblieben. In Shanghai sind zahlreiche Fabriken geschlossen worden und die Inbetriebnahme der mehr als 3000 übriggebliebenen Fabriken betrug nur 20% als sonst. Die Pleite von zahlreichen nationalen Industrien und Handeln hatte die große Zahl von Arbeitslosen zur Folge. Bis zum Jahr 1949 bei der nationalen Befreiung gab es 4.742 Millionen Arbeitslosen, was 60% der gesamten Zahl der damaligen Mitarbeiter entspricht, die Arbeitslosenquote des ganzen Landes betrug 23.65%. Darüber hinaus gab es noch einige zehn Millionen von pleiten Bauern auf dem Land.

In weniger als vier Jahren nach der Gründung der Volksrepublik China ist der chinesischen Regierung grundsätzlich gelungen, Beschäftigungen für zurückgelassene Arbeitslosen aus altem China zu schaffen. Obwohl am Beginn der Reform und Öffnung sowie während des Aufbaus und der Entwicklung der sozialistischen Marktwirtschaft schwere Arbeitslosigkeit in China entstanden war, versuchte die chinesische Regierung mit verschiedenen Möglichkeiten, wie Gründung der Arbeitsvermittlungsagenturen und der Dienstleistungszentren für Beschäftigungen, Erweiterung des Umfangs der Berufsausbildung, löste die Probleme von Beschäftigung und Wiederbeschäftigung durch reale Praxis sowie harte Arbeit, sodass die Beschäftigungszahl sich nach und nach erhöhte. Der Staat brachte im Jahr 2002 vor, dass die Beschäftigung Grundlage des täglichen Lebens der Bevölkerung sowie Taktik der Befriedung des Landes ist, legte Beschäftigungsförderung in eine noch wichtigere Position bei der wirtschaftlichen und sozialen Entwicklung, bestand ständig darauf, die Beschäftigungszahl durch Wirtschaftsförderung zu erhöhen, und realisierte positive Interaktion zwischen Wirtschaftswachstum und Beschäftigungserweiterung. Die chinesische Regierung besteht fest auf den Richtlinien, dass der Arbeiter die Berufswahl freiwillig trifft, der Markt Beschäftigungen reguliert und die Regierung Beschäftigungen fördert. Die chinesische Regierung bemüht sich, das Verantwortungssystem der Regierung zur Beschäftigungsförderung zu etablieren und vervollständigen, das Marktsystem der Personalressourcen, das System der Berufsbildung und Weiterbildung der Arbeiter sowie das Servicesystem der öffentlichen Beschäftigung zu regeln, das System der gerechten Beschäftigung sowie der Hilfe für bedüftige Mitarbeiter zu verbessern und hat den Schutz zum Recht der Bürger auf Arbeit verstärkt. Der Anteil der Beschäftigtenzahl des ganzen Landes am gesamten Bevölkerungszahl im jahr 2006 betrug 58.1%, eine Zunahme von 22.1% gegenüber 1952. Bis Ende 2007 sind Beschäftigungsprobleme von mehr als 80% der bedüftigen Familien gelöst worden. Bis Ende 2008 gab es 774.80 Millionen Beschäftigten, davon 302.10 Millionen städtische Beschäftigten, die registrierte Arbeitslosenquote in den Städten betrug 4.2%. Von den 9,965,00 Familien ohne Beschäftigten war bis Ende 2008 mindestens eine Person berufstätig, ein Anteil von 99.9% an der gesamten Zahl der Familien ohne Beschäftigten.

Erhöhung der Arbeitslöhne und Schutz des Rechts auf Sichausruhen. Das durchschnittliche Jahreseinkommen städtischer Beschäftigten ist von 445 Yuan im Jahr 1952 auf 29,229 Yuan im Jahr 2008 gestiegen. In den frühen Jahren nach der Gründung der Volksrepublik China hat die chinesische Regierung sofort das Arbeitssystem mit acht Stunden pro Werktag festgelegt. Im Jahr 1995 gab der Staatsrat wieder bekannt, dass das Arbeitssystem mit fünf Tage pro Woche eingeführt wird, um die Arbeitszeit der Beschäftigten auf 40 Stunden pro Woche zu verkürzen. Unternehmen und öffentliche Dienste führen wiederum je nach Beschäftigungsjahren verschiedene Urlaubsregelungen durch. Im Jahr 2007 wurde „Verordnung über die öffentlichen Feiertage zu nationalen Jahresfesten und Gedenktagen" überarbeitet, die Feiertage des ganzen Jahres sind von sieben Tagen im Jahr 1949 auf gegenwärtige elf Tage gestiegen.

Entwicklung der beruflichen Bildung und Ausbildung von Arbeitskräften und Etablierung eines Systems für vielförmige, vielschichtige und dem Wirtschaftsaufbau anpassende berufliche Bildung und Ausbildung. Vor 1949 gab es landesweit nur ganz wenige Schulen für Ausbildung von technischen Facharbeitern. Im Gegensatz dazu gab es Ende 2008 im ganzen China schon 3,075 Schulen für technische Ausbildung, 3,019 Berufsbildungszentren sowie 21,000 private Bildungseinrichtungen, im ganzen Jahr wurden verschiedene Berufsausbildungen an 20.53 Millionen Menschen angeboten. Im Jahr 2008 gab es 20.57 Millionen Studierenden bei mittleren Berufsfachschulen, etwa 5 Millionen Absolventen der mittleren Berufsfachschulen treten jedes Jahr in den Arbeitsmarkt ein.

Verwirklichung der Gleichberechtigung ländlicher Arbeiter bei der Beschäftigung und Bemühung um den Schutz des Rechts der Landarbeiter auf Arbeit. Der Staat ergreift wirksame Maßnahmen zur Verstärkung der technischen Ausbildung für Landarbeiter, fördert die Gleichberechtigung ländlicher Arbeiter bei der Beschäftigung, schafft diskriminierende Vorschriften und unangemessene Beschränkungen für Beschäftigung der Landarbeiter in den Städten ab, löst die Schulungsprobleme von Kindern der Landarbeiter, verbessert die Produktions- und Lebensbedingungen der Landarbeiter und gewährleitet das Recht der Landarbeiter auf Arbeit. Der Staat hat landesweit spezielle Veranstaltungen für Rechtschutz der Landarbeiter einheitlich durchgeführt, um Probleme wie Lohnrückstände der Landarbeiter und schlechte Arbeitsbedingungen zu regeln und zu lösen, und rechtzeitige Zahlung der Landarbeiterlöhne zu gewährleiten. Gleichzeitig verbessert der Staat die Aufsicht über die Lohnzahlung, die Ordnung der Lohn-Anzahlungen sowie des Reports über Lohnrückstände der Unternehmen, um Probleme wie Lohnrückstände der Landarbeiter wirksam aufzuhalten und vorzubeugen. Bis zum Frühlingsfest des Jahres 2005 wurden 33.7 Milliarden Yuan Lohnrückstände der Landarbeiter in der Geschichte grundsätzlich zurückgezahlt. Bis zum Januar 2007 sind landesweit insgesamt 183.4 Milliarden Yuan vor 2003 entstandene Lohnrückstände in der Bauindustrie zurückgezahlt worden, ein Anteil von 98.6% an gesamten Rückständen in der Geschichte. Nach der unvollständigen Statistik von 27 Provinzen, Städten und Gemeinden wurde vom vierten Quartal 2006 bis zum ersten Halbjahr 2007 spezielle Aufsicht über die Zahlungen von Landarbeiterlöhnen durchgeführt, insgsamt 1.735 Milliarden Yuan Lohnrückstände wurden an 1.50 Millionen Landarbeiter zurückgezahlt.

Durchführung spezieller Kontrollen und Verstärkung der Beaufsichtigung sowie Gesetzvollstreckung der Arbeitssicherheit. Im Jahr 2007 zog der Staat die von der „illegalen Ziegelofen Affäre" der Shanxi Provinz betroffenen Verwaltungsbeamten gesetzlich zur Rechenschaft. Der Staat hat im Jahr 2008 landesweit schwerpunktmäßig spezielle Kontrollen durchgeführt, wie Aufsicht über die Zahlungen von Landarbeiterlöhnen, Regulierung der Marktordnung der Personalressourcen, Regelung illegaler Beschäftigungen, Bekämpfung von Kriminalitäten und Überwachung der Befolgungssituation nach „Arbeitsgesetz" durch Arbeitgeber, um legitime Rechte der Arbeiter ausdrücklich zu schützen. Die chinesische Regierung hat im Gesamtjahr 2008 1.808 Millionen Arbeitgeber aktiv überprüft, 1.712 Millionen Arbeitgeber schriftlich kontrolliert, 481,000 Anzeigen und Beschwerden untersucht und behandelt, und 483,000 verschiedene Verstöße gegen die Arbeitssicherheit bestraft. Die chinesische Regierung hat durch die Beaufsichtigung und Gesetzvollstreckung der Arbeitssicherheit angewiesen, dass Arbeitgeber mit 15.617 Millionen Arbeitgebern nachträglich Arbeitsvertrag unterzeichnen, dass Arbeitgeber 8.33 Milliarden Yuan an 6.98 Millionen Arbeitnehmer Lohnrückstände zurückzahlen, dass 164,000 Arbeitgeber 4.9 Milliarden Yuan Sozialversicherungen nachzahlen, dass 126,000 Arbeitgeber Sozialversicherung registrieren und anmelden, dass 7,192 illegale Arbeitsvermittlungsagenturen geschlossen werden, und dass Arbeitgeber 89,000,000 Yuan Kautionen für Risiko an Arbeitnehmer zurückzahlen.

## 3.2. Etablierung und Verbesserung eines Sozialversicherungssystems im Einklang mit der nationalen Lage Chinas

Im alten China gab es kein richtiges Sozialversicherungssystem für Volksmassen. Nach der Gründung der Volksrepublik China wurden die Rechte chinesischer Bürger auf soziale Sicherheit und auf materielle Unterstützung in der „Verfassung" eindeutig festgelegt. Eine große Menge von Kapitalen ist in die Entwicklung und Verbesserung der sozialen Sicherheit investiert worden. Insbesondere während der Überarbeitung der Verfassung im Jahr 2004 wurde in Artikel 14 extra eine Klausel hinzugefügt: „Der Staat hat ein mit der wirtschaftlichen Entwicklung anpassendes Sozialversicherungssystem zu etablieren". Ein vollständiges Sozialversicherungssystem ist Schritt für Schritt entstanden. Das aktuelle Sozialversicherungssystem Chinas umfasst hauptsächlich Sozialversicherung, Sozialfürsorge, Vorzugsbehandlung und Sozialhilfe.

Sozialversicherung ist der Kern des Sozialversicherungssystems und besteht aus fünf Teilen, nämlich Rentenversicherung, Arbeitslosenversicherung,Kranken versicherung, Arbeitsunfallversicherung und Mutterschaftsversicherung.

Im Jahr 1951 hat China die „Vorschriften zur Arbeitsversicherung" erlassen, das Sozialversicherungssystem des neuen Chinas etabliert und die soziale Gesamtplanung der Sozialversicherungskosten umgesetzt. Während der „Kulturrevolution" von 1966 bis 1976 wurde das Sozialversicherungssystem Chinas beschädigt, die Verwaltungsorgane der Sozialversicherung wurden geschlossen, und die Sozialversicherungskosten wurden nicht mehr einheitlich geplant, sondern von Unternehmen übernommen. Zusammen mit der Reform- und Öffnungspolitik Chinas und der Gründung der sozialistischen Marktwirtschaft seit den 80er Jahren des 20 Jahrhunderts begann die Wiederherstellung der sozialen einheitlichen Planung für Renten, im Bereich der Sozialversicherungen wie Rentenversicherung, Arbeitslosenversicherung,Krankenversicherung, Arbeitsunfallversicherung und Mutterschaftsversicherung wurden auch Reformen und Forschungen unternommen. Bis 2008 wurden in einem ganzen Jahr insgesamt 1.3696 Billionen Yuan Fonds für fünf Sozialversicherungen eingezahlt, eine Zunahme von 26.7% gegenüber dem Vorjahr. Die Auszahlung des Sozialversicherungsfonds betrug 992.5 Milliarden Yuan, ein Anstieg von 25.8% gegenüber dem Vorjahr.

Die chinesische Regierung hat im Jahr 1978 und 1997 nacheinander eine Reihe von Vorschriften wie die „Vorläufigen Maßnahmen des Staatsrates zu Ruhestand und Kündigung der Beschäftigten", die „Bestimmungen des Staatsrates für Etablierung eines einheitlichen Grundrentenversicherungssystems der Unternehmensmitarbeiter" erlassen, somit wurde das Grundrentenversicherungssystem städtischer Beschäftigten grundsätzlich etabliert. Bis 2008 hat sich die Zahl der städtischen Bevölkerungen, die an der Grundrentenversicherung teilnehmen, von 57.10 Millionen im Jahr 1989 auf 2.1891 Billionen erhöht.

Etablierung eines von Arbeitsunfallvorbeugung, Arbeitsunfallbeschädigung und Arbeitsunfallrehabilitation kombinierten Arbeitsunfallversicherungssystems. China hat im Jahr 1996 die „Probeweisen Maßnahmen zur Arbeitsunfallversicherung der Unternehmensmitarbeiter" erlassen, bei Arbeitsunfällen wurde die Regel „Beschädigung ohne Schulduntersuchung" vollgezogen. Nachdem die „Vorschriften zur Arbeitsunfallversicherung" im Januar 2004 in die Tat umgesetzt worden sind, vergrößert sich der Abdeckungsbereich der Arbeitsunfallversicherung rapide. Bis Ende 2008 erreichte die Beschäftigtenzahl 1.3787 Billionen, die sich an der Arbeitsunfallversicherung beteiligen.

Durchführung der Reform des Mutterschaftsversicherungsystems. Der Staat hat im Jahr 1988 angefangen, Reform des Mutterschaftsversicherungsystems in einigen Gebieten umzusetzen. Die Arbeitsverwaltungsorgane haben im Jahr 1994 die „Probeweisen Maßnahmen zur Mutterschaftsversicherung der Unternehmensmitarbeiter" erlassen. Der Staatsrat hat den „Entwurf zur Entwicklung der chinesischen Frauen" (1995-2000) erlassen und das genaue Ziel vorgebracht, die soziale einheitliche Planung für Mutterschaftskosten der Beschäftigten in allen Städten grundsätzlich zu realisieren. Bis Ende 2008 erreichte die Beschäftigtenzahl 92.54 Millionen, die sich an der Mutterschaftsversicherung beteiligen. In dem ganzen Jahr hat insgesamt 1.4 Millionen Beschäftigten Mutterschaftsversicherung erhalten.

Etablierung des Arbeitslosenversicherungssystems. Der Staatsrat hat im Januar 1999 die „Vorschriften zur Arbeitslosenversicherung" erlassen und das chinesische Arbeitslosenversicherungssystem nach dem Gesetz gegründet. Bis 2008 hat sich die Beschäftigtenzahl, die an der Arbeitslosenversicherung teilnehmen, von 79.68 Millionen im Jahr 1994 auf 1.24 Billionen erhöht.

Etablierung und Reform des Krankenversicherungssystems. Der Staatsrat hat Ende 1998 die „Bestimmungen für Etablierung eines Grundkrankenversicherungssystems städtischer Beschäftigten" erlassen und das chinesische Krankenversicherungssystem mit Schwerpunkt auf Grundkrankenversicherung städtischer Beschäftigten wurde nachher grundsätzlich gegründet. In den letzten Jahren hat die chinesische Regierung die Reform der Krankenversicherung aktiv gefördert. Die Grundkrankenversicherung städtischer Beschäftigten ist in einigen Städten probeweise durchgeführt und wird planmäßig in ein wenig mehr als drei Jahren das ganze Land abdecken. Das von der sozialen einheitlichen Planung und individuellen Konten kombinierte Grundkrankenversicherungssystem wird grundsätzlich gegründet und ein multischichtiges Krankenversicherungssystem mit sozialer Grundkrankenversicherung, zusätzlicher Krankenversicherung, sozialer medizinischen Fürsorge und privater Krankenversicherung ist Schritt für Schritt entstanden. Bis 2008 hat sich die Zahl der Bevölkerungen, die an der Krankenversicherung teilnehmen, von 4 Millionen im Jahr 1994 auf 3.1822 Billionen erhöht.

Entwicklung der genossenschaftlichen Krankenversicherung neuen Typs auf dem Land. Das Zentralkomitee und der Staatsrat haben im Oktober 2002 vorgebracht, die genossenschaftliche Krankenversicherung neuen Typs auf dem Land zu etablieren, die hauptsächlich durch den Staat investiert wird, sich auf die einheitliche Planung von schweren Krankheiten konzentriert und von Bauern freiwillig zu beteiligen ist. Die Krankenversicherung für Bauer unter der Führung des Staats zu etabliert, ist das erste Mal in der Geschichte. Der Staatsrat hat von 2003 bis 2007 viermal nationale Arbeitskonferenz hintereinander einberufen, um gesunde Entwicklung der genossenschaftlichen Krankenversicherung neuen Typs auf dem Land aktiv zu fördern. Bis Ende 2008 ist in 2,729 Gemeinden (Städten, Bezirken) die genossenschaftliche Krankenversicherung neuen Typs auf dem Land umgesetzt worden, die Beteiligungsquote betrug 91.5%. Die gesamte Auszahlung der genossenschaftlichen Krankenversicherung neuen Typs auf dem Land betrug 42.9 Milliarden Yuan und insgesamt 370 Millionen Menschen haben davon profitiert. Von 2004 bis 2006 wurden insgesamt 32.9 Milliarden Yuan für die genossenschaftliche Krankenversicherung neuen Typs auf dem Land beschaffen. 470 Millionen Bauer haben 24.39 Milliarden Yuan medizinische Entschädigung erhalten. Gleichzeitig hat die Zentralregierung von 2003 bis 2006 1.85 Milliarden Yuan investiert, um die Etablierung der medizinischen Hilfe auf dem Land zu unterstützen. Dadurch wurden die Probleme in gewissem Maße gelöst, dass bedüftige Bauer nicht in der Lage sind, sich an der genossenschaftlichen Krankenversicherung zu beteiligen und großen medizinischen Betrag zu zahlen.

Förderung der Entwicklung von Sozialhilfe. Durch verschiedene Kanäle werden Kapitale beschafft, um ältere Menschen, Waisen und Behinderten mit Sozialhilfe zu versorgen. In den letzten Jahren ist in China ein Sozialdienstleistungssystem für ältere Menschen, das die vom Staat und Kollektiv organisierten Einrichtungen der Sozialhilfe für ältere Menschen als Stütze nimmt, die von der Gesellschaft organisierten Einrichtungen der Sozialhilfe für ältere Menschen als neuen Wachstumspunkt betrachtet, sich auf die gemeinschaftliche Dienstleistung der Sozialhilfe für ältere Menschen verlässt und auf der Grundlage der häuslichen Pflege basiert, durch Förderung der Sozialisierung von Sozialhilfe Schritt für Schritt entstanden.

## 3.3. Gewährleistung des Rechts auf Bildung für die Bevölkerung

Im alten China sind die meisten der arbeitenden Bevölkerung nicht in den Genuss der Bildung gekommen. Mehr als 80% der Bevölkerung waren Analphabeten. Nur ca. 20% der Kinder konnten eine Grundschule besuchen, bei der Mittelschule waren es nur 6%. Nach Gründung der Volksrepublik hat die chinesische Regierung verschiedene Maßnahmen ergriffen, um die Bildung voranzutreiben und das Recht der Bevölkerung auf Bildung zu gewährleisten. Gegen Ende des Jahres 1953 stieg die Anzahl der Studenten der Hochschulen, der Studenten der Fachhochschulen, der Schüler mittlerer Reife, der Grundschüler und der Kinder, die in einen Kindergarten gehen, im Vergleich mit den höchsten Zahlen vor der Gründung der Volksrepublik jeweils um 40%, 75%, 96%, 117% und 226%, d.h. auf 216.000 Studenten der Hochschulen, auf 670.000 Studenten der Fachhochschulen, auf 2.930.000 Schüler mittlerer Reife, auf 51.500.000 Grundschüler und auf 425.000 Kinder, die einen Kindergarten besuchen. Im Jahr 1954 hat die erste Verfassung der VR China im Paragraphen 94 festgelegt: „Alle Bürger der Volksrepublik Chinas haben das Recht auf Bildung. Der Staat wird die Zahl verschiedener Schulen und Hochschulen und anderer Bildungsinstitutionen erweitern, so dass alle Bürger vom Recht auf Bildung profitieren können".

Seit der Reform und Öffnung Chinas 1978 achtet der Staat noch mehr auf die Entwicklung der Bildungsbereiche. Der Staat hat Bildung an die bevorzugte strategische Position gerückt. Die gängige Verfassung legt fest: „Der Staat entwickelt das sozialistische Bildungswesen, erhöht das wissenschaftliche und kulturelle Niveau der ganzen Bevölkerung. Der Staat ist auch bemüht, die verschiedenen Schulen weiter auszubauen, die Schulpflicht zu verallgemeinern, die mittlere Bildung, die Berufsausbildung, die Hochschulbildung und die Vorschulbildung zu intensivieren und weiter auszubauen. Außerdem ist der Staat verpflichtet, verschiedene Bildungsausrichtungen zu entwickeln, den Analphabetismus vollends zu beseitigen, Arbeitern, Bauern, Beamten und anderen Beschäftigten eine Fortbildung in Politik, Kultur, Wissenschaft, Technik und Beruf zu ermöglichen, damit sie durch Selbststudium und Weiterbildung eine höhere Qualifikation erreichen." „Alle Bürger haben das Recht und die Pflicht auf Bildung. Der Staat ist bemüht, junge Menschen, Jugendliche, Kinder in moralischer, geistiger und sportlicher Hinsicht, auch in anderen hier nicht genau bezeichneten Bereichen umfassend zu bilden." 1995 hat die chinesische Regierung für eine Doppelstrategie plädiert: die Bildung erweitern und den Wirtschaftsaufschwung beflügeln. Diese Doppelstrategie wurde bald zum wichtigen Bestandteil der Entwicklungsstrategie des Landes. 1995 sind „Bestimmungen über Bildung" erlassen worden, in denen es heißt: Alle Bürger der Volksrepublik verfügen über das Recht, ja die Pflicht auf Bildung, unabhängig von der Zugehörigkeit zu ethnischen Gruppen, unabhängig von Geschlecht, Beruf, Besitz, Religion usw. Nach dem Gesetz sollten alle die gleichen Bildungschancen haben. Heutzutage gibt es eine Reihe von Gesetzen, die Bildung betreffend, neben den „Bestimmungen über Bildung" (1995 erlassen), die als Kern aller Bestimmungen gelten, noch die „Bestimmungen über den akademischen Grad", (1980 erlassen), die „Bestimmungen über die Schulpflicht" (1986 erlassen, 2006 korrigiert) , die „Bestimmungen über Lehrkräfte" (1993 erlassen), die „Bestimmungen über Berufsausbildung" (1996 erlassen), die „Bestimmungen über Hochschulbildung", (1998 erlassen), die „Bestimmungen über Förderung der lokaleingerichteten Bildung" (2002 erlassen). Insgesamt hat man sieben spezielle Erlasse und Regelbestimmungen für Bildungsfragen herausgebracht und damit ein Rechtssystem der Bildung geschaffen.

Darüber hinaus ist für Bildung weit mehr investiert worden. Mit dem Ziel, eine ausgewogene Entwicklung der Bildung zu fördern und die Bildungschancen aller Bürger des Landes zu vergrößern das allgemeine Bildungsniveau zu erhöhen. Die Abschnitt 53 der „Bestimmungen über Bildung" hat festgelegt: „Neben der staatlichen Investition für Bildung sollten auch anderweitig finanzielle Mittel für die Bildung bereitgestellt und für Bildung grundsätzlich höhere Ausgaben veranschlagt werden." Dem Abschnitt 54 in besagtem Erlass zufolge „sollte der Prozentsatz der Ausgaben für Bildung im Staatshaushalt der Steigerung der wirtschaftlichen Entwicklung und der Einnahmen angeglichen werden." In der Tat hat die chinesische Regierung in letzter Zeit immer mehr für Bildung investiert, 2003 bis 2007 wurden 240.300.000 Yuan des gesamten Haushalts für Bildung ausgegeben, im Vergleich zu den Ausgaben vor fünf Jahren um 1.26fach mehr. Unter den Hauptausgaben des Finanzministeriums 2008 betrug die Ausgabe für Bildung 159.854.000.000 Yuan und 48.5% mehr als im Jahr zuvor. Dies übertrifft die Steigerungsrate der Finanzausgaben des ganzen Landes. 2009 hat man geplant, 198.062.000.000 Yuan für die Bildung auszugeben, das würde wieder einen Zuwachs von 23.9% bedeuten.

Zur Verbreitung der Schulpflicht. 1992 hatte sich die chinesische Regierung die Ziele gesetzt, „bis Ende 2000 im ganzen Land die neunjährige Schulpflicht einzuführen und den unter jungen Menschen verbreiteten Analphabetismus ganz zu beseitigen". Dafür hatte man einen entsprechenden Handlungsplan entworfen. Um die Schulpflicht in der westlichen Region in größerem Umfang durchsetzen zu können, hat die chinesische Regierung zwischen 2004 und 2007 in diesen Landesteilen Pläne für „zwei Ziele" entworfen: die „Durchführung der Schulpflicht und Beseitigung des Analphabetismus bei den jungen Menschen". Der Staat hatte speziell für die Renovierung und den Neubau von Grundschulen in den ländlichen Regionen 220.000 Yuan investiert und hat mehr als 8000 Internate auf dem Land erweitert oder neu gebaut. Bei den ländlichen Regionen können Schüler von 360000 Mittel- und Grundschulen ihren Unterricht im Fernsehen verfolgen. Mehr als hundert Millionen Grund- und Mittelschüler abgelegener Orte profitieren von diesen Bildungsmöglichkeiten. Nach zehnjähriger Bemühung haben 2832 Kreise, Städte und Bezirke Ende des Jahres 2008 melden können, dass sie die oben genannten „zwei Ziele", Durchsetzung der Schulpflicht und Beseitigung des Analphabetismus bei den jungen Menschen" erreicht haben. Der Prozentsatz derjenigen, die davon betroffen waren, beträgt 99.3%. So ist der Prozentsatz der Analphabeten von 33.58% im Jahr 1964 auf 22.81% 1982, zuletzt auf 6.67% im Jahr 2008 zurückgegangen. Bis Ende 2008 besuchen 99.5% aller grundschulpflichtigen Kinder des ganzen Landes die Schule. Bei den Mittelschülern waren es 98.5% der jungen Leute. 2008 gab es im ganzen Land 103.315.000 Grundschüler und 557.420.000 Mittelschüler.

Zur Förderung der Bildung der höheren Mittelschulen und Berufsschulen. 2008 besuchen 8.100.000 neue Schüler alle möglichen mittleren Berufsschulen. Die Zahl der Berufsschüler betrug 20.563.000, der Absolventen 5.706.000. Die Zahl der neuen Schüler der Mittelschulen des ganzen Landes betrug 8.370.000, schon die Zahl der bisherigen Schüler in den Mittelschulen hatte 24.763.000 betragen, die der Absolventen 8.361.000. Im Jahr 2008 betrug der Prozentsatz der Schüler, die die Mittelschulen besuchten, 74%.

Zur Entwicklung der Hochschulbildung. Zwischen 1978 und 2008 gab es im Durchschnitt jedes Jahr 3.521.000 Absolventen der Hochschulen, Absolventen der Aspiranten 210.000, dies waren jeweils im Vergleich mit den 29 Jahren zuvor 3.243.000 bzw. 208.000 mehr. Seit 1999 hat die chinesische Regierung durch Schaffung weiterer Ausbildungsplätze die Zahl der Studierenden an den Hochschulen anwachsen lassen. Die Zahl neuer Studenten ist seitdem ständig stark gestiegen. 2008 gab es in den Hochschulen 20.210.000 Studierende, im Vergleich zu 1978 hat dies einen Anstieg um 19.350.000 bedeutet. 2008 konnten 23.3% der Schüler von den Hochschulen aufgenommen werden. Nach einer forcierten Reformierung der Hochschulen in wenigen Jahren hat ihre Ausbildung nicht nur kleinen Eliten gedient, sondern nunmehr der allgemeinen Bildung normaler Bürger. In den 90er Jahren des 20. Jahrhunderts hat der Staat zwei Projekte in Gang gesetzt: das „Projekt 211" und das „Projekt 985", womit unverzüglich besondere Fakultäten, höhere Verwaltungspersonalien und Elitenhochschulen aufgebaut und bereitgestellt worden sind. Dank solcher sprunghaften Entwicklung der Hochschulbildung konnten Tausende junger Menschen in Stadt und Land ihre Chancen wahrnehmen und studieren. Dadurch hat sich auch das Schicksal zahlreicher normaler Familien im positiven Sinn verändert; viele haben jetzt durchaus zuversichtlich ihre Zukunft sehen können. Gegenwärtig beträgt die durchschnittliche Ausbildungszeit der Bevölkerung 8.5 Jahre. Die durchschnittliche Zeit für Bildung und Ausbildung der neuen Arbeitskräfte beträgt inzwischen mehr als 10 Jahre. Im ganzen Land gibt es 70.000.000 Menschen mit einem Hochschulabschluss. Die Zahl der Berufstätigen mit Hochschulabschluss ist am höchsten in der Welt.

Zur Verbesserung einer Politik der Unterstützung der Familien mit finanziellen Problemen. Damit alle Schüler Chancen haben, an der Bildung teilzunehmen, hat die chinesische Regierung die Förderung gleicher Bildungsrechte und Schutz- und Fördermaßnahmen für Schwächere als einen wichtigen Punkt behandelt. So sollte das wahrgenommene Recht der Bildung auch ein Ausdruck für soziale Gerechtigkeit sein, und alle Kinder sollten ihren Traum einer Schulbildung erfüllen können, alle sich die Schulbildung leisten und ohne Sorgen ihre Bildung genießen können. Der Staat sei verpflichtet, während der Schulpflicht alle von Schulgebühren zu befreien, den schulpflichtigen Schülern auf dem Land kostenlose Lernmaterialien zur Verfügung zu stellen und Schülern aus ärmeren Familienverhältnissen, die ein Internat besuchen, finanzielle Unterstützung zu gewährleisten. Auch Schüler der mittleren Berufsschulen und Mittelschulen mit finanziellen Schwierigkeiten sollten unterstützt werden. In mittleren Berufsschulen wurde ein staatlich subventioniertes Stipendiensystem eingerichtet. Seit dem Wintersemester 2007 bekommen alle mittleren Berufsschüler des ersten und zweiten Jahrgangs, deren Familien auf dem Land leben, oder auch diejenigen, deren Familien in stadtnäheren Kreisen wohnen, aber in der Landwirtschaft arbeiten, oder auch diejenigen, deren Familien in den Städten leben, aber finanzielle Probleme haben, jährliche eine Unterstützung von 1500 Yuan, und dies für zwei Jahre, also insgesamt von 3000 Yuan. Zurzeit werden im ganzen Land 1.200.000 mittlere Berufsschüler vom Staat finanziell unterstützt, das sind 90% aller Berufsschüler. Im Februar 2007 hat das Finanzministerium aus Lotteriegewinnen 300 Millionen Yuan zur Unterstützung der Mittelschüler in den mittleren und westlichen Regionen des Landes mit finanziellen Schwierigkeiten bereitgestellt. In allen Hochschulen und Fachhochschulen wurde inzwischen ein vollständiges staatliches System für Stipendien, Prämien, Studienkredite und Vermittlung von Jobs eingerichtet; die Gewährung besonderer finanzieller Unterstützung, eine Abschaffung von Gebühren und ähnliche Vergünstigungen einbegriffen. Jeder in Betracht kommende Student erhält jährlich 8000 Yuan, und jedes Jahr profitieren 50.000 Studenten von den Prämien. Seit dem Wintersemester 2007 wurden in allen Hochschulen und Fachhochschulen zusätzliche staatliche Prämien für hervorragende Studenten aus ärmeren Familienverhältnissen eingeführt. Ein in Frage kommender Student wird mit 5000 Yuan belohnt, 3% der Studierenden können davon profitieren. Im Durchschnitt bekommt jeder Studierende jährlich 2000 Yuan, und dies sind immerhin 20% der Studierenden. Darüber hinaus hat man nach einer neuen staatlichen Regelung die Vergabe von Studienkrediten eingeführt. Seit 2006 hat die chinesische Regierung in den westlichen ländlichen Regionen Schulgebühren und andere Schulkosten abgeschafft. Seit 2007 ist in allen ländlichen Regionen des ganzen Landes der kostenfreie Schulbesuch möglich. Seit dem Wintersemester 2008 werden dann alle Schulpflichtigen, auch die in den städtischen Regionen, von Schulgebühren befreit. In ganz China ist heute die kostenlose Wahrnehmung der Schulpflicht verwirklicht.

## 3.4. Die Kulturangebote erweitern, das Recht der Bevölkerung auf Kultur mobilisieren.

Das Recht auf Kultur ist von den Menschenrechten nicht zu trennen. In der 27. Bestimmung der „Menschenrechtskonvention der Welt" hat es geheißen: „Alle haben das Recht, freiwillig am gesellschaftlichen Kulturleben teilzunehmen, Kunst, die Wohlfahrt wissenschaftlicher Fortschritte und deren Produkte zu genießen. Alle haben das Recht, in den Genuss ihrer geistigen und materiellen Vorteile durch die von ihnen geschaffenen wissenschaftlichen, literarischen Werke und Produkte der bildenden Kunst und Malerei zu kommen und in dieser Hinsicht Schutz zu erhalten." In der 15. Bestimmung der „Menschenrechtekonvention" ist festgelegt worden: „Alle Länder, die die Konvention unterzeichnet haben, erkennen dadurch an, dass alle das Recht haben: (1) am Kulturleben teilzunehmen; (2) von den wissenschaftlichen Fortschritten und ihren Produkten zu zehren; (3) die geistlichen und materiellen Vorteile der durch sie geschaffenen wissenschaftlichen, literarischen Werke und der Werke der Malerei wie der bildenden Künste zu genießen und öffentlich Anerkennung und Schutz zu finden."

Im alten China, wo die Produktion rückläufig gewesen ist und die Preise explodiert sind, haben die meisten Menschen in bitterer Armut leben müssen. Da gab es noch keine Rede von einer Affirmation der Kultur und war noch keine Rede davon, am kulturellen Leben teilzunehmen, oder vom Genuss der Wohlfahrtsvorzüge, der wissenschaftlichen Fortschritte und deren Produkte. Der volkstümliche Gesang und das Singen von Balladen und anderen volkstümlichen Kunstformen, die eigentlich doch ein wichtiger Bestandteil der traditionellen chinesischen Kultur sind, befanden sich noch in einem anarchischen und jämmerlichen Zustand. Die volkstümlichen Künstler waren allgemein verachtet und lebten in der untersten Schicht der Gesellschaft.

Nach der Gründung der Volksrepublik hat die Regierung zahlreiche Maßnahmen ergriffen und in diesen Bereichen viel investiert, damit allmählich und schrittweise die Kultur aufgebaut und das Recht der Bevölkerung auf Kultur zu gewährleisten versucht. 1954 ist in der Verfassung festgelegt worden: „Die Volksrepublik China gewährleistet Freiheit für wissenschaftliche, literarische Produktionen und anderes künstlerische Schaffen seiner Bürger.

Der Staat fördert kreative Tätigkeiten der Bürger in Wissenschaft, Bildung, Literatur, Kunst und in anderen kulturellen Bereichen". Seit der Reform und Öffnung hat China die Verfassung überdies um einige weitere Bestimmungen bereichert. Dazu gehören „Gesetze über Werke", „Gesetze zum Schutz der Kulturschätze des Landes", „Regeln für öffentliche kulturelle und sportliche Einrichtungen" und anderes mehr. Hier ging es um die Gewährleistung des Genusses freier kultureller Arbeit und kultureller Dienstleistungen für die Bürger und um den Schutz des kulturellen Erbes. Darüber hinaus hat China noch weitere kulturelle Fragen betreffende Bestimmungen erlassen (z. B. den 2006 erlassenen Grundriss für den kulturellen Plan in der Zeit der nationalen Feiertage. 2008 betrug das Budget für das Kulturwesen des ganzen Landes 24.804 Milliarden Yuan und war um 24.67% gestiegen. Mit Gesetzen und anderen Maßnahmen hat China in vierfacher Hinsicht die Rechte auf kulturelles Leben garantiert. Alle Menschen sollten das Recht haben, die Kulturangebote wahrzunehmen, sich an kulturellen Aktivitäten zu beteiligen, in kreativer Weise die Kultur zu beleben und zu bereichern und für die Bewahrung kultureller Produkte und Kunstwerke einzutreten.

Zum Thema des Kunstschaffens, dessen Belebung und dessen Rezeption durch die Bürger. China hat sich schon immer für das Gebot ausgesprochen, „hundert Blumen blühen zu lassen", und dafür plädiert, über verschiedenartige Themen, Formen und Stilarten zu diskutieren und ist für eine Pluralität wissenschaftlicher Anschauungsweisen eingetreten. Zur gleichen Zeit aber hatte die Regierung hier vornehmlich eine Kunst für die Volksmassen und eine Kunst mit einem sozialen Nutzeffekt vor Augen. Am besten sollte man den sozialen Nutzeffekt der Kunstwerke mit einem wirtschaftlichen Gewinn verbinden. Man sollte freilich Rücksicht nehmen auf die gewöhnlich vorliegende Erwartung eines Kunstgenusses und diese von der Masse vertretene ästhetische Haltung respektieren, doch die verschiedenartigen Produktionsmöglichkeiten fördern. Seit 1996 hat China zahlreiche Gruppen mit einem wahren Strauß bunter künstlerischer Veranstaltungen unterschiedlichen Niveaus aufs Land geschickt, um auf diese Weise das kulturelle Leben auf dem Land zu bereichern. Seit 2005 veranstaltet man jährlich anspruchsvolle Kunstaufführungen in den Hochschulen, um die künstlerische Bildung der Studierenden zu erhöhen. Speziell für die Bevölkerung der westlichen Regionen hatte man verschiedene künstlerische Ausbildungskurse vorgesehen, um Fachkräfte für diesen Bereich zu gewinnen und das Niveau der Kunstwerke vor Ort zu steigern.

Zur Frage des Schutzes des traditionellen Kulturerbes. 2001 hatte die UNESCO die Melodie der Kunqu Oper in die Liste der ersten „mündlich überlieferten Kulturerbe der Menschheit" aufgenommen. Seit fünf Jahren ist der Staat ständig bemüht, die Kunst der Kunqu-Oper zu retten, zu pflegen und wieder zu restituieren. Jedes Jahr hat man ein Budget von 10 Millionen dafür eingeplant. Innerhalb von vier Jahren sind insgesamt 18 traditionelle Kunqu- Opern entsprechend bearbeitet, 12 neue geschrieben, 160 traditionelle, besonders gute Szenen selektiert und aufgenommen worden; und man hat 420 Aufführungen veranstaltet und diese traditionelle Kunstform wieder populär zu machen versucht. Auch hat der Staat eine Reihe historischer und antiquarischer Materialien gesammelt und ein Ausbildungszentrum für die Kunqu- Oper ins Leben gerufen.

Zur Mobilisierung öffentlicher kultureller Dienstleistungen, um das grundlegende Recht der Bevölkerung auf Kultur zu gewährleisten. Auf dem 16. Parteitag und dem 17. Volkskongress hat man den Aufbau einer umfassenden öffentlichen Kulturdienstleistung als Ziel gefordert. 2003 hatte der Staatsrat „Regeln für öffentliche Einrichtungen des Sports und der Kultur" veröffentlicht. So hat man solche Institutionen des Sports und ihre Verwaltung wie auch die Kultureinrichtungen unter gesetzlichen Schutz gestellt. 2005 hat der Staat weitere Dokumente mit Proklamationen für einen Aufbau des kulturellen Lebens und öffentlicher kultureller Einrichtungen auf dem Land publiziert. Von 1949 bis Ende 2008 ist die Zahl der öffentlichen Bibliotheken von früher 55 auf 2825 gestiegen, die Zahl der Kulturzentren von 896 auf 3171, die der Museen von 21 auf 1798, die der Aufführungsgruppen von 1000 auf 4512, die der Aufführungsplätze von 891 auf 2070. So ist ein Netz von öffentlichen Dienstleistungen der Kultur im Staat, in den Provinzen, Städten, Kreisen und Dörfern entstanden. Von 2003 bis 2008 hat das Zentralfinanzamt 120 Millionen Yuan investiert und 6614 Kreisen der 592 besonders armen Regionen 1.060.000 Bücher geschenkt. Für die mobilen Bühnen hat man auch kräftig investiert. Zwischen 2005 und 2008 hat das Finanzministerium 200 Millionen für Aufführungsgruppen und kulturelle Zentren der unteren Ebenen ausgegeben. Das staatliche Radio und Fernsehamt hat drei Projekte in den Gang gesetzt: eine Einrichtung von Fernsehleitungen namens „Dorf mit Dorf verbunden", eine Montage von Stromleitungen und den Bau von Kinos, und hat damit ein breites Funknetz für Radio und Fernsehen geschaffen. Stromleitungen konnten bis in die abgelegenen Bergdörfer geführt werden. Seit 1998 ist in dieser Hinsicht ständig weiter gebaut worden. Inzwischen verfügen im ganzen Land 1.170.000 große Dörfer und 100.000 kleine Dörfer mit mehr als 50 Familien über Strom. So können mittlerweile mehr als 100 Millionen Bauern Radio hören und fernsehen. Im Jahr 1997 hatten 86.02% Bauern Zugang zu Radio und Fernsehen, im Jahr 2007 schon 96.58%. Seit einigen Jahren öffnen sich immer mehr öffentliche kulturelle Einrichtungen kostenlos. In der ersten Hälfte des Jahres 2008 hatte man in 29 Provinzen, autonomen Gebieten, regierungsunmittelbaren Städten mit insgesamt 650 Museen und Gedenkhäusern keine Eintrittsgelder zu entrichten gehabt. Die Besucherzahl hat sich dadurch verdoppelt.

Zur Entwicklung der kulturellen Produkte. Im Vergleich zu 1950 gab es im ganzen Land nur 295 Zeitschriften mit einer Auflage von 40.000.000 Exemplaren: es gab 382 Zeitungen mit einer Auflage von insgesamt 800.000.000 Exemplaren; 12153 neue Veröffentlichungen von Büchern mit einer Gesamtauflage von 27.000.000 Bänden. Im Jahr 2008 gab es in einem

Jahr 9549 Zeitschriften mit einer Gesamtauflage von 3.105 Milliarden Stück; 1349 Zeitungen mit einer Auflage von 44.292 Milliarden Stück; 275.668 neue Veröffentlichungen von Büchern mit einer Gesamtauflage von 6.936 Milliarden Exemplaren; 11.721 neu aufgenommene CD oder Kassetten, insgesamt 25.4 Millionen Stück. 2007 wurden in einem Jahr 11.270.000 Stunden Radioprogramme gesendet und 14.550.000 Stunden Fernsehprogramme ausgestrahlt. 2007 wurden 529 Fernsehserien mit 14.670 Folgen gedreht. Jahre lang hat diese Zahl als die höchste in der ganzen Welt gegolten. 234 Zeichentrickfernsehfilme sind mit 10.239 Folgen gesendet worden; außerdem 402 Filme, davon 34 Filme zu Lernzwecken, 9 Dokumentarfilme, 6 Zeichentrickfilme. Damit ist in der Geschichte ein Rekord gebrochen worden. Die kulturellen Bedürfnisse der breiten Bevölkerung sind umfassend erfüllt worden.

Zur Frage der ansteigenden technischen Investition und Verbreitung der allgemeinen wissenschaftlichen Kenntnisse. 1953 hatte der chinesischen wissenschaftliche Forschung nur ein Budget von 5.6 Millionen Yuan zur Verfügung gestanden, doch im Jahr 2008 hatte wissenschaftliche Forschung bereits 842 Milliarden Yuan zur Disposition. 2008 hat das ganze Land für Forschungen und Experimente 457 Milliarden ausgegeben. Das war ein Betrag von 1.52% des gesamten Produktionswertes des Jahres, im Vergleich zum Jahr 1991 also um 0.87% mehr; 2007 waren 4.540.000 Menschen in der Forschung tätig, doppelt so viel wie im Jahr 1991. Außerdem hat China eine Reihe von Dokumenten die wissenschaftlichen Forschungen betreffend vorgelegt. Dazu gehören die „Regeln über technische Fortschritte", „Meinungen über den Aufbau allgemeiner wissenschaftlicher Kenntnisse", der „Grundriss eines Handlungsplans der allgemeinen wissenschaftlichen Kenntnisse". Diese neuen Regeln haben zur Verbreitung allgemeiner wissenschaftlicher Kenntnisse viel beigetragen. 2008 hat der bemannte Satellit „Shenzhou 7" seinen Flug erfolgreich absolviert. 2006 wurden 3162 neue Veröffentlichungen allgemeiner wissenschaftlicher Kenntnisse herausgebracht und haben 5.5 % aller Bücher naturwissenschaftlichen Inhalts ausgemacht. Es hat 568 Zeitschriften zur Verbreitung allgemeiner wissenschaftlicher Kenntnisse, mithin 11.9% aller Zeitschriften waren dies. In fast allen Fernsehsendern der Städte und Provinzen hat es besondere Sendungen zur Verbreitung allgemeiner wissenschaftlicher Kenntnisse gegeben, wobei zahlreiche Werke bei der breiten Bevölkerung ein sehr positives Echo gefunden haben. 2006 hat man im Fernsehen Vorträge über allgemeine wissenschaftliche Probleme ausgestrahlt, die 14.800.000. Rezipienten angesprochen haben.

### 3.5. Entwicklung der Medizin„ Schutz der Gesundheit der Bevölkerung

Im alten China gab es nur ganz wenige medizinische Einrichtungen mit geringem Personal, zudem kaum fachgerecht ausgebildet. Die meisten hatten sich in den größeren Städten etabliert. Die Regierung kannte noch keine

Vorbeugungsmittel gegen ansteckende Krankheiten. Immer wenn eine Pest ausgebrochen war, hat dies tausend und abertausend das Leben gekostet. 1949 betrug die durchschnittliche Lebenserwartung der Bevölkerung nur 35 Jahre. Im ganzen Land gab es nur 3670 Krankenhäuser, 84.600 Krankenbetten und 505.000 medizinisch kompetente Personen. Für tausend Kranke standen nur jeweils 0.15 Krankenbetten, 0.93 medizinisches Personal, 0.67 Ärzte und über 0.06 Krankenschwestern zur Verfügung.

Seit der Gründung der Volksrepublik ist dann allmählich ein medizinisches Netzwerk einschließlich verschiedener medizinischer Einrichtungen und medizinischen Personals, auf dem Land und in den Städten aufgebaut worden. Der Entwicklung der Medizin war ein deutlicher Rückgang aller möglichen ansteckenden und lokal verbreiteten Krankheiten zu verdanken. Lepra, Cholera, Pest, Masern und ähnliche Krankheiten mit großer Ansteckungsgefahr sind so gut wie besiegt. Die Schistosoma-Krankheit, die Kashin-Becksche Krankheit, die Keshan- Krankheit und andere lokale ansteckende Krankheiten sind nun unter Kontrolle. Das verbesserte Vorbeugungs- und Impfsystem hat einer weitgehend gesunden Bevölkerung wesentlich zugearbeitet.

Zur Verbesserung des medizinischen Systems, Erhöhung des Niveaus medizinischer Versorgung. China hat effektive Maßnahmen getroffen, damit die Bevölkerung rechtzeitig medizinische Versorgung in Anspruch nehmen kann. Außerdem hat die Regierung ein Kontrollsystem für Medikamente und ein gerechtes und bezahlbares medizinisches System entwickelt. 1982 ist ein Verfassungstext mit dem Titel „Entwicklung der modernen und traditionellen chinesischen Medizin, Unterstützung des Ausbaus der medizinischen Einrichtungen durch landwirtschaftliche kollektive Organisationen, durch staatliche und öffentliche Betriebe. Entfaltung einer medizinischen Massenbewegung" publiziert worden. Bis heute hat der ständige Ausschuss des nationalen Volkskongresses eine ganze Reihe von Gesetzen und Bestimmungen hinsichtlich medizinischer Versorgung erlassen: „Gesundheitsschutz der Mütter und Babys", „Hygienischer Schutz der Lebensmittel", „Bestimmungen über Blutspenden", „Bestimmungen über die Berufsausübung der Mediziner", „Verwaltung und Kontrolle der Medikamente", „Vorbeugung der Berufskrankheiten", „Bevölkerung und Familienplanung", „Vorbeugung der ansteckenden Krankheiten", „Kontrolle an der Grenze", „Bestimmunen über das Rote Kreuz" usw. Der Staatsrat hat folgende Bestimmungen verkündet: „Verwaltungsregeln der medizinischen Einrichtungen", „Hygienische Verwaltungsregeln der öffentlichen Plätze", „Regeln für Organimplantationen", „Bestimmungen für Krankenschwester", „Vorbeugung der HIV", „Vorbeugung der Schistosoma-Krankheit" und weitere Bestimmungen. Das Medizinministerium hat mehr als 180 Bestimmungen herausgegeben, darunter die „Verwaltungsmethoden über berufliche Krankheiten, verursacht durch Strahlung." Darüber hinaus hat das Ministerium noch 1800 hygienische Kriterien und Regeln vorgelegt, die fast alle Bereiche umfassen, wie die Hygiene der Lebensmittel, Fragen der Umwelt, Berufe, Schulen, Kosmetik, der Desinfektion, der Hygiene bei der Diagnose einer Berufskrankheit, der Strahlenkrankheit, regionaler Krankheiten, ansteckender Krankheiten und der Blutuntersuchung usw. Man darf hier wahrscheinlich von einem vollständigen System medizinischer Kontrolle und Behandlungskriterien reden.

2003 ist China von SAS schwer betroffen worden. Die Zentralregierung und der Staatsrat haben sofort und entschieden eine Reihe Maßnahmen ergriffen und innerhalb von zwei Monaten diese Katastrophe besiegt und 95% der betroffenen Kranken geheilt. Dies ist von vielen ausländischen Experten außerordentlich gelobt worden. Die chinesischen medizinischen Einrichtungen gehören vielleicht nicht zu den besten der Welt, aber die wirkungsvollen Vorbeugemaßnahmen und die Bekämpfung der SAS sind ausgezeichnet gewesen. Für die Kommunistische Partei Chinas sind Leben und Gesundheit der Bevölkerung immer das höchste Gut gewesen. Die Zentralregierung und die lokalen Regierungen haben deshalb 10 Milliarden Yuan für neue medizinische Einrichtungen, Medikamente, Schutzausstattungen und Renovierung von Krankenhäusern ausgegeben. Alle Kranken sind in Krankenhäusern kostenlos behandelt worden. Außerdem hat die Regierung Vorbeugemaßnahmen hinsichtlich von AIDS verstärkt. Der Staatsrat hat ein Arbeitskomitee zur Vorbeugung von AIDS gegründet und einen „staatlichen langfristigen Plan zur Vorbeugung und Kontrolle von AIDS" (1998 -2010), außerdem den „Handlungsplan für eine Beendigung und Vorbeugung von Aids" (2001-2005). Der Staat hat Bauern, die mit Aids infiziert waren, und Aidskranken mit finanziellen Schwierigkeiten kostenlos Medikamente zur Verfügung gestellt. In Gegenden vieler Aidsfälle hat man regelmäßig anonyme und kostenlose Untersuchungen durchgeführt. Auch Mütter und Babys haben eine kostenlose Untersuchung und Behandlung erhalten. Die Waisenkinder von Aids gestorbenen Eltern konnten kostenlos die Schule besuchen und von dieser Krankheit Heimgesuchte mit finanziellen Schwierigkeiten hatten Anspruch auf staatliche Hilfe.

Der Staat hat an das ganze Volk appelliert, viel Sport zu treiben, um gesund zu bleiben. Seit Erlass des „Grundrisses für das Sporttreiben des ganzen Volks" im Jahr 1995 hat China ständig dieses „Projekt einer Beförderung des Sporttreibens" vor Augen. Am 30. August 2009 sind demgemäß „Aufbauregeln für das ganze Volk" veröffentlicht worden. Und erstmals ist gesetzlich garantiert worden, dass alle Bürger das Recht haben, „an einer Gesundheitsbewegung teilzunehmen." Bis Ende 2007 hat der Staat insgesamt elf Projekte für „Einrichtungen zum Sportzweck der Bevölkerung" publiziert und insgesamt 59 Millionen Yuan dafür investiert, 9497 sportliche Einrichtungen geschaffen. Zur gleichen Zeit haben auch die lokalen Regierungen in zahlreiche sportliche Einrichtungen nachhaltig investiert. Bis Ende 2007 hat das nationale Sportministerium 106 Sportzentren gebaut. Darüber hinaus sind auch in den weniger entwickelten westlichen Regionen viele sportliche Einrichtungen entstanden, sind hier 40 Millionen Yuan ausgegeben und 258 Projekte begründet worden. Zurzeit besteht die chinesische nationale Sportvereinigung aus 154 Einheiten, darunter 60 für nur eine Sportart, und aus 37 auf Provinzebene. Bis zum 31. Dezember 2003 hat es im ganzen Land 850.080 Sportplätze gegeben, mit einer Gesamtfläche von 2.25 Milliarden Quadratmetern. Auch für den Bau weiterer Sportstätten ist zusätzlich investiert worden, eine Summe von jährlich im Durchschnitt 191.45 Milliarden Yuan. Im Vergleich zum 4. Nationalen Sportfest (1995) hat die Zahl der Sportplätze um 230.000 mit Umfang von 1.18 Milliarden Quadratmeter zugenommen. Die durchschnittliche Zuwachsrate betrug jährlich 5.92% und die durchschnittliche Investition hat einen Anstieg von 117,09 Yuan pro Kopf ausgemacht. 2008 hat Peking die 29. Olympischen Spiele und die 13. Paraolympischen Spiele erfolgreich veranstaltet. Diese Ereignisse haben einen hundert Jahre alten Traum der chinesischen Bevölkerung erfüllt. Die chinesischen Sportler haben bei den Olympischen Spielen 51 Goldmedaillen und weitere 100 andere Medaillen geholt, bei den Paraolympischen Spielen 89 Goldmedaillen und 211 übrige andere Medaillen. Das sind die besten sportlichen Leistungen gewesen, welche die Chinesen bisher bei allen Olympischen Spielen gezeigt haben.

Bis Ende 2008 gab es im ganzen Land 278.000 medizinische Einrichtungen und im Vergleich zum Jahr 1949 war dies eine 75-fache Steigerung. Darunter waren 60.000 Krankenhäuser, 28.000 medizinische Institutionen in ländlichen Regionen, 3020 Gesundheitszentren für Frauen und Kinder, 3020 Krankenhäuser ausschließlich für Fälle ansteckender Krankheiten, 1344 Zentren für Kontrolle und Vorbeugung, 3560 andere Kontrollinstitutionen. Die Anzahl der medizinischen Fachkräfte hat 5.030.000 betragen und war im Vergleich zum Jahr 1949 um das Neunfache gestiegen, darunter waren 2.050.000 ärztliche Fachkräfte, und es gab 37.480.000 Krankenbetten, was im Vergleich zum Jahr 1949 eine 45-fache Erhöhung bedeutet. Im Jahr 1949 waren von 100.000 Menschen 20.000 von ansteckenden Krankheiten befallen, während es jetzt von 100.000 Menschen nur noch 268 sind. Im Jahr 1949 sind 33% in Folge einer Krankheit gestorben, im Jahr 2008 waren es lediglich 7.06%. Die Lebenserwartung von den 35 Jahren im Jahr 1949 ist auf 73 Jahre im Jahr 2005 gestiegen. Das signalisiert unter Ländern mit gleichem wirtschaftlichem Entwicklungsniveau eine führende Position.

## 3.6. Perfektionierung des Rechtsschutzsystems für die Umwelt der Bevölkerung

Der Begriff des Umweltrechts ist in den 60ziger und 70ziger Jahren des letzten Jahrhunderts entstanden. Seither ist das Umweltrecht als ein Grundmenschenrecht allmählich international anerkannt worden. 1972 fand in Stockholm, der Hauptstadt Schwedens, eine „Konferenz der Umwelt der Menschheit" statt. Im „Manifest der UN über Konferenz der Umwelt der Menschheit" hat man betont: „Alle Menschen sollten das Grundrecht genießen können, in einer guten Umwelt frei, friedlich und unter guten Lebensbedingungen zu leben." 1982 hat die „Charta der Natur der Welt" der UN festgelegt: „Alle Menschen sollten die Chancen haben, nach Gesetzen ihres eigenen Landes oder ihrer Region am Entscheidungsprozess über Umweltfragen teilzunehmen.

Wenn eine Umweltzerstörung droht, sollte jedermann eine Chance haben, zu klagen und entsprechenden Schadenersatz zu verlangen." 1992 haben die UN im „Manifest der Entwicklung" verkündet, dass Menschen das Recht zusteht, harmonisch und friedlich mit der Natur und gesund zu leben.

Umweltrecht meint auch wörtlich das Recht der Menschen auf eine schöne Umwelt. Doch darüber und über andere Fragen und deren Einflüsse herrschen in der Welt noch unterschiedliche Meinungen. Das Umweltrecht hängt mit vielen anderen Menschenrechten eng zusammen, zum Beispiel mit dem Recht auf Existenz und auf Entwicklung. In den chinesischen Gesetzen gibt es zwar keine klaren Bestimmungen zum Schutz der Menschenrechte, die auf diesen Begriff bezogen wären, aber viele Gesetze haben festgelegt, dass der Staat die Pflicht hat, die Umwelt zu schützen und zu verbessern. Eigentlich ist das Umweltrecht der Bevölkerung damit angesprochen.

China hat im Paragraphen 26 seiner Verfassung festgelegt: „Der Staat schützt und verbessert die Lebensumwelt, damit keine Umweltverschmutzung und kein anderer Schaden für die Öffentlichkeit entstehen." Das im Jahr 1979 erlassene und 1989 korrigierte „Gesetz über Umweltschutz" formuliert in aller Deutlichkeit: „Die Gesetze dienen dazu, die Lebens- und Naturumwelt zu schützen und zu verbessern, die Verschmutzung zu vermeiden, die Gesundheit der Menschen zu fördern". Im Abschnitt 6 ist bestimmt worden: „Alle Arbeitseinheiten und einzelnen Personen haben die Pflicht, die Umwelt zu schützen, und haben das Recht, die Arbeitseinheiten oder einzelne Personen zu verklagen, wenn diese die Umwelt schädigen oder zerstören." China hat auf der Grundlage der „Verfassung" und der „Gesetze über Umweltschutz" nach und nach eine Reihe weiterer Gesetze zum Schutz der Umwelt erlassen. Dazu zählen „Gesetze über Umweltschutz der Meere", „Gesetzte zur Vorbeugung der Wasserverschmutzung", „Gesetze über Schutz der Luftverschmutzung", „Gesetze über Vorbeugung der Umweltverschmutzung durch Abfall", „Gesetze über Vorbeugung der Umweltbelastung durch Lärm", „Gesetze über Vorbeugung der Umweltbelastung durch Strahlen", und weitere sachbezogene Gesetze. Bis Ende August 2008 hat China weitere neue Gesetze hinsichtlich des Umweltschutzes erlassen. Unter den neuen Gesetzen sind „Regeln zum Schutz der Naturschutzgebiete", „Verwaltungsregeln zur Vorbeugung der Umweltverschmutzung durch Zerlegen der Schiffe", „Verwaltungsregeln zum Umweltschutz bei Bauprojekten", „Detaillierte Vorschriften der Vorbeugung der Wasserverschmutzung", „Verwaltungsregeln über Strafen von Abwasserentsorgung", „Verwaltungsregeln für Umweltkontrollen des Landes", „Verwaltungsmethoden der städtischen Strahlenabfälle", „Verwaltungsregeln über den Schutz der Trinkwassergebiete und Vorbeugung der Wasserverschmutzung", „Verwaltungsmethoden für die Kontrolle der Abgasverschmutzung", und weitere 61 Regeln und Vorschriften. Damit ist im Grunde ein ziemlich vollständiges Rechtssystem zum Schutz der Umwelt geschaffen worden. Darüber hinaus hat man versichert, die Bürger hätten hinsichtlich der Umwelt ein Recht auf „transparente Informationen", auf „Beteiligung an Entscheidungen", auf „Kontrolle der Durchführung der Gesetze", auf „Schadenersatz in Folge von Umweltverletzung".

Um die Naturressourcen optimal zu benutzen, die Fläche der Wälder zu vergrößern, die schöne Landschaft zu bewahren oder wiederherzustellen, ökologische Sicherheit zu wahren, ein harmonisches Zusammenleben mit der Natur zu verwirklichen, hat China seit 1999 mit Projekten begonnen, schrittweise in Versuchsgebieten große Teile des Ackerlandes in naturbelassene Ländereien umzuwandeln. Dies hat zu einer ökonomischen Verbesserung der Umwelt und zu einer Veränderung unvernünftiger Produktionsmethoden geführt, zu einer Beschleunigung der Förderung landwirtschaftlicher Entwicklung, besonders in ärmeren Gebieten. Der Staatsrat hat zwischen 2000 und 2002 jeweils „Einige Meinungen … über Versuchsgebiete der Umwandlung von Ackerland in Wälder und Wiesen" und „Meinungen … über Maßnahmen der Umwandlung von Ackerland in Wälder und Wiesen" vorgelegt. 2002 wurden offiziell die "Bestimmungen über Umwandlung der Ackerlande in Wälder" erlassen. Seit 1999, dem Beginn solcher Projekte, sind plangemäß 36.4 Millionen Mu (= 1/15 Hektar) Fläche Ackerland in Wälder und Wiesen umwandelt. Zurzeit haben alle Projekte der Provinzen und Städte die umfassenden Aufgaben des Staates vollzogen. 1999 bis 2005 hat der Staat 34.4 Millionen Mu für eine entsprechende Umwandlung zur Pflicht gemacht. 2000 bis 2006 hat der Staat in diese Projekte 130 Milliarden Yuan investiert. Der Zustand der neuen Wälder zeigt eine gute Qualität. Nach einer Statistik der Provinzen und Städte trifft dies für 97.4% der zwischen 1999 und 2005 neu aufgepflanzten Wälder zu. Mithin sind alle diese Projekte zur Verbesserung der Umwelt durchaus effektiv gewesen. China hat die Gesetzgebung zum Schutz der Umwelt mit einer strengen Gesetzvollstreckung verbunden; und in dieser Hinsicht hat sich viel getan. Inzwischen ist der „verstärkte Aufbau der ökonomischen Umwelt" eine der wichtigsten zehn Aufgaben des Staats geworden. Die erste Sitzung des 11. Volkskongresses hat der Gründung eines Ministeriums für Umweltschutz stattgegeben. Unter dieser Voraussetzung lässt sich langfristig und großflächig planen. Dies hat der historischen Wende einer Förderung des Umweltschutzes günstigere organisatorische Möglichkeiten eröffnet. Inzwischen hat man bei der Reduzierung der Umweltverschmutzung einen Durchbruch erreicht. Die Arbeit der Vorbeugung und Verbesserung der Verschmutzung von Flüssen und Seen geht kontinuierlich vonstatten und macht Fortschritte. Eine allgemeine Umweltschutzbewegung auf dem Land ist inzwischen in Gang gesetzt worden. Die Kontrollen und Durchführung von Gesetzesvorschriften in diesem Bereich sind auch immer konsequenter vollzogen worden. Immer größere Summen sind in den Umweltschutz investiert worden.

Die Waldfläche in China hat sich seit 1989 von 12.98% auf 18.21% im Jahr 2008 vergrößert. Die Weidefläche ist seit 1989 von 31.2 Millionen Hektar auf 40 Millionen Hektar im Jahre 2008 gestiegen. Gleichzeitig ist der Ausstoß der hauptsächlich Verschmutzung verursachenden Elemente, also des Abgases, Abwassers und Abfalls ständig gesunken. Darunter fällt der Ausstoß von

Abgas, der seit 1989 von 13.980.000 Tonnen auf 9.010.000 Tonnen im Jahr 2008 zurückgegangen ist. Und der Ausstoß von Chemikalien im Abwasser ist seit 1997 von 17.570.000 Tonnen auf 13.270.000 Tonnen gesunken. Beim Abfall hat man in verstärktem Maße versucht, diese zu reinigen und wieder zu verwenden. Der Anteil erneut verwendeter Abfälle ist vom Jahr 1998 an um 47% auf 65% im Jahr 2008 gestiegen. In den ständig unter Kontrolle stehenden 519 Städten hatten im Jahr 2008 399 Städte den Standard der Luftqualität der Stufe 2 erreicht, d.h. 69.8% der kontrollierten Städte, und das bedeutete im Vergleich zum Zustand des Jahres 2000 eine Steigerung von 40.3%. Die Klärung des Abwassers der Städte ist 2000 von 34.3% auf ein Niveau von 60% im Jahr 2008 verbessert worden. Im Jahr 2008 ist der Ausstoß von chemischem Sauerstoffbedarf und Dioxid im Vergleich zum Vorjahr um 4.42% bzw. um 5.95% gesunken.

## 3.7. Schutz des Eigentums und des legalen Einkommens der Bürger

Im alten China waren überall Spekulations- und Schiebergeschäfte an der Tagesordnung. Der Markt war furchtbar chaotisch, viele Steuerlasten und aufgenötigte Abgaben haben die Menschen schwer bedrückt. Lokale Militärmächte haben gegeneinander Kriege geführt und von der Bevölkerung Zwangsabgaben verlangt. Die Eigentümer der Bevölkerung sind überhaupt nicht ausreichend geschützt worden. Auch ein chaotisches Bankwesen und schlimme Inflationen haben ständig zu einer Reduzierung des Wertes von Eigentümern der Menschen geführt. Nach der Gründung der Volksrepublik, insbesondere nach der Zeit der Reform und Öffnung zur Welt hat sich China mit Hilfe bemüht, durch zahlreiche neu erlassene und qualitativ verbesserte Gesetze das Eigentum der Bevölkerung zu schützen und besonders durch eine Reihe neuer Bestimmungen die Bauern zu entlasten.

A. Korrektur der Verfassung, Schutz der privaten Eigentümer

China hat 2004 eine umfangreiche Korrektur der Verfassung durchgeführt. Die in der alten Verfassung vorhandenen Bestimmungen über den „Schutz des Besitzes des legitimen Einkommens, der Ersparnisse, Unterkunft und anderer legitimen Besitztümer der Bevölkerung", und der „Schutz des Erbschaftsrechts der privaten Eigentümer" wurden verändert in den Erlassen „Die legitimen Eigentümer der Bevölkerung dürfen nicht verletzt werden" und „Die Gesetze des Staates schützen die privaten Eigentümer und das Erbschaftrecht der Bürger. Hier gibt es einen Passus, der besagt: „Der Staat darf nach Bedarf eines öffentlichen Interesses und gesetzlichen Bestimmungen zufolge die privaten Eigentümer der Bürger einfordern und ankaufen bei Zahlung eines entsprechenden Schadenersatzes." Auch die bereits geltenden Bestimmungen „Der Staat darf nach dem Bedarf öffentlicher Interessen und nach gesetzlicher Regelung Boden ankaufen oder einfordern" sind geändert worden in folgendem Erlass: „Der Staat darf nach dem Bedarf öffentlichen Interesses und nach gesetzlichen Bestimmungen den Boden ankaufen oder einfordern, muss dafür aber Schadensersatz zahlen". In der Weise ist das System des staatlichen Ankaufs von Grund und Boden verbessert und hat den Eigentümern in der Bevölkerung insofern verstärkt Rechnung getragen.

Zum Schutz der Pächter von Land und Boden. In der chinesischen Verfassung steht: „Alle in einer ländlichen kollektiven Organisation Arbeitenden haben das Recht, im dem gesetzlich erlaubten Rahmen auf ihrem privaten Grundstück und Land Nebenbeschäftigungen nachzugehen und Tierzucht zu betreiben". In dem „Gesetze über Bodenpacht auf dem Land" ist festgelegt worden: „Der Staat schützt das stabile und langfristige Verhältnis der Bodenpacht auf dem Land". Die Mitglieder ländlicher kollektiver wirtschaftlicher Organisationen haben das Recht Ackerland der eigenen kollektiven Organisation zu pachten. Keine Organisation oder Privatperson hat das Recht, Pächtern das von ihnen gepachtete Land zu entziehen oder dieses Recht illegal einzuschränken. Während der Pachtzeit darf der Verpächter nicht einseitig den Pachtvertrag auflösen. Man darf niemanden zwingen, mit der Ausrede, die Minderheit müsse der Mehrheit gehorchen, einen Pachtvertrag aufzuheben. Man darf die Pächter bei ihrer Produktion nicht stören. Auch sind im Hinblick auf Pachtverträge Männer und Frauen gleichberechtigt. Doch die Interessen der Frauen sind in besonderer Weise zu berücksichtigen. Keine Organisation oder einzelne Person darf den Frauen legitime Pachtrechte entziehen. Der Gewinn der Pächter darf nach dem Erbschaftsgesetz weiter vererbt werden. Das Gesetz über Bodenpacht gewährt den Bauern eine langfristige und gesicherte Nutzung der Ländereien und die legitimen Interessen der Pächter werden dadurch geschützt. Dies war für die Förderung der Agrarlandwirtschaft und die wirtschaftliche Entwicklung auf dem Land wie auch für den Schutz des legitimen Eigentumsrechts von großer Bedeutung.

## B. Abschaffung der agrarlandwirtschaftlichen Steuern

2002 hat der ständige Ausschuss des nationalen Volkskongresses „Die Bestimmungen der Landwirtschaft der Volksrepublik Chinas" umfassend revidiert. Neben einer Reihe von prinzipiellen Bestimmungen über Maßnahmen zur staatlichen Unterstützung und des Schutzes der Agrarlandwirtschaft hatte man noch einen Paragraphen über „Schutz der Rechte der Bauern" hinzugefügt, um die legitimen Rechte der Bauern stärker zu schützen. Am 8. Februar 2004 haben die Zentralregierung und der Staatsrat „Meinungen über die Politik zur Förderung des Einkommens der Bauern" erlassen, worin klar und deutlich gefordert wird, aufgrund der Aufforderung der einheitlichen wirtschaftlichen und gesellschaftlichen Entwicklung in den städtischen und ländlichen Regionen sollen ab 2004 allmählich die agrarlandwirtschaftlichen Steuern gesenkt werden, durchschnittlich um mehr als 1% pro Jahr, und in fünf Jahren sollen die agrarlandwirtschaftlichen Steuern ganz abgeschafft werden. Dabei sind neue strategische Maßnahmen für eine ausgewogene Entwicklung der städtischen und ländlichen Regionen getroffen worden. Was die ländlichen Regionen betrifft, so sollte man am Gesamtkonzept festhalten: „viel geben", doch „wenig nehmen, und flexible Regeln anstreben". Man sollte den Schutz materieller Interessen und Rechte der Bauern als grundlegenden Ausgangspunkt fixieren. 2004 hat das ganze Land die Bauern von 23.3 Milliarden Yuan agrarlandwirtschaftlichen Steuern und von 6.8 Milliarden Steuern für spezielle Produkte befreit. So hat man die Bauern um 30.1 Milliarden Yuan Steuern entlastet. Der Staat hat bei allen Fällen einer Schadenersatzforderung, bei denen der Staat Ländereien der Kollektive auf dem Land eingefordert hatte, recherchiert und alle registrierten rückständigen Schadenersatzvorkommnisse in Höhe von 14.77 Milliarden nachträglich beglichen. Seit Anfang 2005 haben die Zentralregierung und der Staatsrat „Ansichten über Erhöhung der agrarlandwirtschaftlichen allgemeinen Produktionskraft" erlassen, in denen eine Reihe neuer Bestimmungen festgelegt wurden. Hierzu gehören Bestimmungen derart, dass noch mehr Steuern für spezielle agrarlandwirtschaftliche Produkte zu senken sind, die Bauern ganz von den agrarlandwirtschaftlichen Steuern zu befreien sind und direkte Subventionen für Bauern des Getreidebaus erhöht werden müssten, d.h. Subventionen für Bauern von vier Getreidesorten, ebenfalls Subventionen für große und mittelgroße landwirtschaftliche Maschinen. Am 5. März 2005 hat der Premierminister Wen Jia Bao in seinem Bericht über die Arbeit der Regierung auf der 3. Konferenz des 10. Nationalen Volkskongresses verkündet, ab 2006 würden im ganzen Land keine landwirtschaftlichen Steuern mehr erhoben. Am 29. Dezember 2005 ist auf der 19. Sitzung des 10. Ständigen Ausschusses des nationalen Volkskongresses entschieden worden, die Bestimmungen über die landwirtschaftlichen Steuern, die auf der 96. Sitzung des ersten ständigen Ausschusses angenommen wurden, sollten ab dem 1. Januar 2006 aufgehoben werden. So sind die Ziele, in fünf Jahren die landwirtschaftlichen Steuern ganz abzuschaffen, schon zwei Jahre eher verwirklicht worden. Die seit tausend Jahren erhobenen „Steuern für das Kaisergetreide" waren auf einmal Geschichte geworden. Seither sind die Bauern erheblich von Steuern entlastet und sind ihre Rechte auf Eigentum ausdrücklich geschützt worden.

C. Schutz der Immobilieneigentümer der umgesiedelten Bevölkerung

Die Immobilie ist ein wichtiges Eigentum der Bürger. Die chinesische Verfassung hat durch Vervollständigung und den Erlass neuer Gesetze über Schadenersatz, notwendige finanzielle Hilfeleistung und ähnliche Maßnahmen ein umfangreiches Verwaltungssystem der Umsiedlung geschaffen. Darüber hinaus wurden noch zusätzlich „Die Bestimmungen über Rechte auf Eigentum" erlassen, in denen klar und deutlich festgelegt ist: „Im Interesse der Öffentlichkeit dürfen nach gesetzlichen Bestimmungen und Regelungen die Gebäude und Häuser eines Kollektives, einer Arbeitseinheit, einer privaten Person und andere Immobilien eingefordert werden". „Die Arbeitseinheiten Privatpersonen, deren Immobilien eingezogen wurden, sollten nach gesetzlichen Bestimmungen einen Schadenersatz für die Umsiedlung bekommen. Um das Recht der Umzusiedelnden zu schützen, müssen auch die Wohnbedingungen der Umgesiedelten angemessen berücksichtigt werden, wenn man deren Wohnhäuser einfordert." Schon am 22. März 1991 hatte der Staatsrat „Verwaltungsregeln für das Abreißen der Gebäude und für die Umsiedlung" erlassen. Am 13. Juni 2001 hat man diese Regeln dann revidiert und ergänzt. Darin wurden die marktwirtschaftlichen Prinzipien des Schadenersatzes festgelegt, so dass jetzt die Regeln des Schadenersatzes noch gerechter erscheinen. Am 6. Juni 2004 hat der Staatsrat seine „Mitteilung über den Umfang und strenge Verwaltung der abzureißenden Gebäude in den Städten und Kreisen" erlassen. Am 24. Mai 2006 ist die „Mitteilung des Staatsrates an Baubranchen hinsichtlich der Regulierung der Wohnungen und Stabilisierung der Wohnungspreise" veröffentlicht worden. Darin ist gefordert worden, die Umsiedlung und den Abriss der Gebäude und auch den Umfang und das Tempo eines Abrisses und einer Umsiedlung noch strenger zu kontrollieren. Auch das Bauministerium hat eine ganze Reihe neuer Regeln und Bestimmungen nacheinander veröffentlicht. Hierunter fallen: „Regeln über Umsiedlung der Arbeitseinheiten der Städte, deren Gebäude abgerissen werden", „Anleitungen zur Begutachtung der abzureißenden Gebäude in den Städten", „Regeln der Beurteilung und Entscheidung über abzureißende Gebäude" und „Regeln der Umsiedlung und des Abrisses von Gebäuden in den Städten", und weitere ähnliche Dokumente. So wurden die Regeln für den Abriss und die Umsiedlung, die Prozedur des Abrisses, allmählich vervollständigt und standardisiert. Auch wurde ein System der Zulassung des Abrisses von Gebäuden etabliert, Regeln der Schadenersatzes und der Hilfe für die umsiedelten Menschen wurden vervollständigt, so dass der Abriss von Gebäuden nach gesetzlichen Bestimmungen erfolgt und das Interesse der Bevölkerung hinsichtlich der Immobilien hinreichend geschützt werden kann.

Zusammenfassend sei gesagt: Seit 60 Jahren hat China hinsichtlich der Lösung der Rechte auf Existenz, Entwicklung und Wirtschaft, Gesellschaft und Kultur enorme Fortschritte gemacht und hat allerseits anerkannte Erfolge zu verbuchen. Aber wir müssen auch nüchtern sehen, dass China durch Restriktionen und Einschränkungen des Entwicklungsniveaus in Natur, Geschichte, Gesellschaft und Kultur noch viele Probleme bei der Förderung der Rechte des Volkes auf Existenz, auf Entwicklung, Wirtschaft, Gesellschaft und Kultur hat. So ist beispielsweise das Wirtschaftssystem noch nicht vollständig stabilisiert, die Wirtschaft und Gesellschaft entwickeln noch nicht in einer ausgewogenen Weise, der Aufbau der Gesellschaft hinkt noch hinter der Wirtschaft her. Es existiert immer noch ein enormer Unterschied zwischen Stadt und Land, zwischen einzelnen Regionen, zwischen Reich und Arm. Auch bei der Arbeitssuche, Sozialsicherheit, bei Verteilung des Einkommens, in der Bildung, in der Medizin, auf dem Wohnungsmarkt gibt es noch Mängel zu beklagen; und hinsichtlich einer effektiven Produktion sind noch erhebliche Probleme zu lösen. Natürlich bemüht sich die chinesische Regierung, der wissenschaftlichen These: „Der Mensch als Ausgangspunkt" nachzueifern und mit wirkungsvollen Methoden diese Probleme zu lösen. Wir blicken zuversichtlich in die Zukunft und hoffen, mit der Entwicklung der sozialistischen Gesellschaft spezifisch chinesischer Prägung wird die chinesische Bevölkerung ständig an Bedeutung gewinnen und das Niveau ihres Rechts auf Existenz, Entwicklung, Wirtschaft, Gesellschaft und Kultur kann sich nur weiter erhöhen.

# Kapitel 3

# Der Schutz der politischen Rechte der Bürger

Schutz des Rechts auf Politik ist ein wichtiger Bestandteil des chinesischen Aufbaus der Menschenrechte. Seit der Gründung der Volksrepublik, insbesondere seit der Reform und Öffnung wird in China unter Berufung auf Gesetze regiert und ein Rechtssystem aufgebaut, auch der Aufbau der demokratischen Politik wird verstärkt, die privaten Rechte und politischen Rechte der Bürger immer erweitert und besser geschützt. China hat beim Schutz der Rechte der Bürger, auch deren politischer Rechte, einen dem Land angemessenen Entwicklungsweg beschritten. Die Besonderheiten dieses Wegs liegen in dem Prinzip: der Mensch als Ausgangspunkt. Wir handeln immer unter der Voraussetzung der Stabilität, die Reform gilt uns als Motivation, Gesetze als Sicherheit, so fördern wir die umfassende Entwicklung der Rechte der Bürger und deren politische Rechte wie auch die Rechte auf Wirtschaft, Gesellschaft und Kultur. Wenn wir weiterhin diesen Weg verfolgen, dann kann das Niveau des Schutzes der Rechte der Bevölkerung auf Politik nur erhöht werden und mit der Modernisierung nur noch gesteigert werden.

## I. Rechte der Bürger auf Politik und die Entwicklung der chinesischen Politik

Die Verwirklichung des Schutzes der Grundrechte und der politischen Rechte ist schon immer das angestrebte Ziel der chinesischen Regierung und des Volkes gewesen. Seit Gründung der Volksrepublik ist wohl einiges schiefgegangen, aber im Grunde hat sich die ganze Situation des Schutzes der Menschenrechte zusammen mit dem Aufbau des chinesischen sozialistischen demokratischen Systems fortentwickelt. Und mit der Entwicklung der chinesischen Politik hat auch der Schutz der Menschenrechte ständig eine Verbesserung erfahren. Besonders seit der Reform und Öffnung vertrauen die chinesische Regierung und das Volk auf einen Entwicklungsprozess spezifisch chinesisch sozialistischer Prägung. Man vertraut auf die Führungsrolle der kommunistischen Partei und auf die Maxime: das Volk ist der Herr im eigenen Land. Im Blick darauf treibt man die politische Reform voran und stabilisiert sie. Die sozialistische demokratische Politik erweist auf diese Weise ihre noch stärkere Lebenskraft. Auch das chinesische Volk verfügt über Rechte auf Information und Meinungsäußerung und eine Gewähr, dass seine politischen Rechte voll geschützt werden kann.

Seit der Gründung der chinesischen kommunistischen Partei gelten ihr „Streben nach Demokratie" und „Streben nach Menschenrechten" als große Ziele ihres Kampfs. Schon 1921 in ihrem Gründungsjahr hat sie in ihrem politischen Grundriss erklärt, „China zu einer demokratischen Republik aufzubauen".1922 hat die Partei „Die ersten Meinungen über die Situation" veröffentlicht, worin sie für die allgemeine Wahl, Bewahrung des Rechts auf Vereinigungen, Versammlungen, Meinungsfreiheit und auf Freiheit der Publikation sowie weiterer politischer Rechte appelliert hat.

In der Zeit der Sowjetischen und Chinesischen Republik im Jahr 1931 ist in den Stützpunkten der „Grundriss der Sowjetischen und Chinesischen Republik" erlassen worden, der eine Reihe von Bestimmungen über den Schutz der politischen Rechte der Bevölkerung enthält, etwa, dass alle vor dem Gesetz gleich sind, ob Mann oder Frau, gleich welcher Mitgliedschaft einer ethnischen Gruppe, gleich welcher Religionszugehörigkeit. Allen Menschen über 16 Jahre in der Sowjetischen und Chinesischen Republik wird das aktive und passive Wahlrecht zuerkannt. Alle Arbeiter und Bauern haben das Recht auf Meinungsfreiheit, auf Vereinigungen und Versammlungen und auf Publikationsfreiheit. Auch die Religionsfreiheit wird gewährt. Geschützt werden alle, die unter reaktionärer Herrschaft verfolgt worden sind. Alle Ausländer, die in der Sowjetischen und Chinesischen Republik arbeiten, haben die gleichen politischen Rechte wie alle anderen Bewohner der Republik genossen.[1]

In der Yanan Zeit ist im November 1941 in der „Resolution über Schutz der Menschenrechte und Eigentümer im Shangan Stützpunkt" wiederholt betont worden, dass der Schutz der politischen Rechte der Bevölkerung der Maßstab bleibt. In der „Resolution" hat man festgelegt: „Alle Bewohner der Stützpunkte, unabhängig ihrer Zugehörigkeit zu ethnischen Gruppen, unabhängig von Klasse, Partei, Geschlecht, Beruf und Religionszugehörigkeit, verfügen über Meinungsfreiheit, Rechte auf Publikation, Vereinigungen, Versammlungen, Wahl des Wohnsitzes und Wohnortes, verfügen über ideologische und religiöse Freiheit und das Recht auf Gleichheit"[2]. Darüber hinaus sind auch zahlreiche konkrete Maßnahmen über juristische Verfahren, die dem Schutz der Rechte der Bevölkerung dienen, getroffen worden. Zum Beispiel: Außer dem Justiz- und Polizeipersonal, das hier seiner Pflicht nachkommt, darf niemand

1   Grundriss der Verfassung der Sowjetischen und Chinesischen Republik, Dong Yunhu, Liu Wuping, „Menschenrechtskonvention der Welt", Sichuan Volksverlag, 1990, S. 779-782.
2   Regeln über Schutz der Menschenrechte und Eigentümer im Shangan Stützpunkt, Dong Yunhu, Liu Wuping,Menschenrechtskonvention der Welt, Sichuan Volksverlag, 1990, S. 765-766.

jemanden verhaften, verhören und bestrafen. Bürger, die sich widerrechtlich behandelt fühlen, dürfen förmlich und methodisch bei Beamten beklagen. Eine Verhaftung kann nur erfolgen unter Voraussetzung hinreichender Beweise und nach einem rechtlichen Verfahren. Niemand, der nicht ausdrücklich polizeilich legitimiert oder sich als Justizbeamter ausweist, kann jemanden länger als 24 Stunden festhalten. Polizei und Personen von der Justiz müssen ihre Verhöre innerhalb von 24 Stunden erledigen. Ein Verhafteter darf nicht beleidigt, geprügelt und zum Geständnis gezwungen werden. Ein ziviler Rechtsstreit muss innerhalb von 30 Tagen entschieden werden, und derartige juristische Verfahren sind für den Ankläger kostenlos. Ohne ein gerichtliches Urteil kann das Eigentum eines Angeklagten nicht enteignet werden. Alle haben das Recht, Berufung einzulegen.

In der Zeit der Befreiungskriege hat die kommunistische Partei Chinas in den befreiten Gebieten weitere Fortschritte im Bereich des Schutzes der Menschenrechte und des Schutzes auf politisches Recht der Bevölkerung gemacht. Hierzu gehören auch ein paar neue Besonderheiten. Aufgrund der nationalen Vereinigungen hat China mehr zur Methode der neudemokratischen politischen Konsultation tendiert. Dies hat für die Erhöhung des Schutzes der Rechte der Bevölkerung auf Politik und auf andere Bereiche eine feste Grundlage geschaffen. Am 23. April 1946 sind auf der ersten Sitzung des dritten Senats in dem Shangan Stützpunkt „Prinzipien der Verfassung" erlassen worden, in denen sechs Grundrechte der Bevölkerung festgelegt wurden: 1.) in der Politik alle Rechte auf Freiheit; 2.) das Recht auf Befreiung von Armut und Elend; 3.) das Recht auf Befreiung von Rückständigkeit und Krankheit; 4.) das Recht auf bewaffneten Selbstschutz; 5.) das Recht auf Gleichheit aller ethnischen Gruppen; 6.) das Recht auf Gleichstellung von Mann und Frau. Für die Durchführung aller dieser Rechte wurden auch entsprechend konkrete Maßnahmen getroffen. Außerdem wurde auch in der Justiz die juristische Unabhängigkeit festgelegt. Außer der Polizei ist keiner befugt, jemanden festzunehmen und zu verhören. Das Volk kann förmlich einen Beamten wegen seiner Pflichtversäumnis verklagen. Außerdem wurden auch zum Schutz der Menschenrechte Maßnahmen getroffen und für die Methode plädiert, einen Beschuldigten durch Überzeugung zur Umkehr zu bringen. Erwähnenswert ist zudem, dass die volksdemokratische Regierung nicht nur beim Aufbau des Rechtssystems den Schutz der Bürgerrechte und des politischen Rechts im Blick hatte, sondern darauf auch bei der Durchführung dieser Maßnahmen und Regeln, also auch in der Praxis geachtet hat. Sobald nur der Verdacht irgendeiner Verfehlung hinsichtlich der Verletzung der Menschenrechte entstanden war, sind dagegen sofort Maßnahmen getroffen worden, um die Fehler unverzüglich zu korrigieren. Man denke hier nur an die Anwendung einiger radikaler Methoden in einigen Regionen beim Aufbau der neuen Regierung im Jahr 1948, als illegale Festnahmen, willkürliche Einsperrungen, durch Prügel erzwungene Geständnisse an der Tagesordnung waren und andere illegale Vorkommnisse. Deshalb haben viele lokale Regierungen hinsichtlich solcher Ereignisse besondere Dokumente veröffentlicht, um damit derartigen

Verfehlungen Vorschub zu leisten. Im nämlichen Monat des Jahres 1948 hat die Stadtregierung Haerbin einen Erlass herausgebracht und verkündet: Es ist jeglicher Arbeitseinheit, Organisation, Schulinstitution und jedem Geschäft untersagt, ungesetzlich zu handeln. Es ist verboten, Veranstaltungen zu organisieren, die die Menschenrechte verletzen. Alle Handlungen, die Menschenrechte verletzen, ziehen strenge Strafen nach sich. Mit der Verkündung solcher neuer Regeln hat die kommunistische Partei beim Volk hohes Ansehen gewonnen und ist von immer mehr Menschen unterstützt worden.

Kurz vor der Gründung der Volksrepublik hat die politische Konsultationskonferenz auf ihrer ersten Tagung einstimmig den „Gemeinsamen Grundriss" erlassen. Dieser Grundriss präsentiert wiederholt die Grundprinzipien der chinesischen Regierung und begründet den Schutz der Rechte der Bürger. In diesem „Gemeinsamen Grundriss" wurde hinsichtlich des Schutzes der Menschenrechte festgelegt: 1.) Alle haben das aktive und passive Wahlrecht; 2.) Alle haben Rechte auf Ideologiefreiheit, Freiheit auf Meinungsäußerung, Publikation, Versammlungen, Vereinigungen, Presse, Wohnortwahl, Religion und Demonstrationen; 3.) Frauen haben gleiche Rechte auf Politik, Wirtschaft, Bildung, Gesellschaft und freie Wahl ihres Ehepartners; 4.) Alle ethnischen Gruppen haben gleiche Rechte.

1954 hat das neue China „Die Verfassung der Volksrepublik China" erlassen. Im 3. Kapitel sind die „Grundrechte und Pflichten der Bürger" festgelegt worden: Alle Bürger sind vor dem Gesetz gleich, alle haben ein aktives und passives Wahlrecht. Alle Bürger haben das Recht auf Meinungsfreiheit, Publikation, Versammlungen, Vereinigungen, Demonstrationen und Glaubensfreiheit. Ohne gesetzliches Verfahren darf niemand jemand anderen festnehmen und in eine Privatwohnung eindringen. Alle haben das Recht auf freie Wahl ihres Wohnsitzes und auf Wohnortwechsel. Die Bürger dürfen staatliche Beamte wegen ihrer Verfehlungen bei staatlichen Behörden schriftlich oder mündlich anklagen. Die durch Verfehlungen der Beamten geschädigten Bürger können vom Staat Schadensersatz verlangen. Auch die Rechte der Übersee-Chinesen werden vom Staat geschützt. Selbst Ausländer, die für ihr Eintreten für Gerechtigkeit, für ihre Beteiligung an Friedensbewegungen oder wegen ihrer wissenschaftlichen Forschung verfolgt werden, erhalten Schutz und eine Aufenthaltserlaubnis. Die Verfassung von 1954 hat die Grundprinzipien für den Schutz der politischen Rechte der Bevölkerung und deren Zielsetzung festgelegt. Das hat der damaligen politischen, wirtschaftlichen und gesellschaftlichen Realität in China entsprochen. Denn einerseits hat man verschiedene Schutzmaßnahmen für Rechte der Bevölkerung festgelegt, andererseits aber auch deren Pflichten gegenüber dem Staat bestimmt. Einerseits hat man zahlreiche konkrete Maßnahmen zur Verwirklichung der Rechte getroffen, andererseits auch Regeln zur Einschränkung einiger Rechte definiert. Darüber hinaus hat man sich gegenüber vorläufigen und noch nicht ausgereiften Rechten, die noch weiterer Entwicklung und Präzisierung bedurften, flexibel verhalten und Handlungsspielräume bewahrt. Mao Zedung hat dies Verhalten zur Verfassung wie folgt erläutert: „Wenn Flexibilität fehlt, dann funktioniert vieles nicht (…) zum Beispiel die Gewährleistung des materiellen Schutzes der Bürger. Wenn später die Produktion steigt, dann muss man dem Volk auch entsprechend mehr zugutekommen lassen."[3]

Seit Ende der 50er Jahre hat sich die „linke" Ideologie allmählich stärker ausgebreitet und haben viele von der Verfassung festgelegte Grundprinzipien, die Frage des Schutzes der politischen Rechte der Bürger betreffend, ihre ursprünglich intendierte Funktion und ihren Effekt verloren. Besonders in der zehnjährigen „Kulturrevolution" sind die Bestimmungen der Verfassung zum Schutz der politischen Rechte der Bürger nur noch Makulatur geworden. Illegale Verletzungen der Menschenrechte gehörten da beinahe zur Tagesordnung. Auch der Volkskongress und die Konsultationskonferenz, die in der Regel einmal im Jahr veranstaltet werden sollten, haben zehn Jahre lang kein einziges Mal getagt. Auch die Organe der öffentlichen Sicherheit, der Staatsanwaltschaft und Volksgerichte haben in der Zeit im Gesellschaftsleben keine Rolle mehr gespielt.

Nach der „Kulturrevolution" hat die chinesische politische Entwicklung erst allmählich den Rückweg zur Normalität gefunden. Im Dezember 1978 hat Deng Xiaoping mit seiner Rede „Gedankenbefreiung, handeln nach der Realität, solidarisch nach vorn schauen" den Vorhang zur Befreiung von früheren Missständen geöffnet und das Präludium zum Wiederaufbau der chinesischen sozialistischen Demokratie und des chinesischen Rechtsstaates angestimmt. Mit seinen Worten: „Wir müssen die Bedingungen zur Demokratie schaffen (…) im politischen Leben der Partei und des Volkes darf niemand weiter die Methoden der Unterdrückung und Angreifer anwenden, sondern nur demokratische Methoden. Die in der Verfassung festgelegten Bestimmungen zum Schutz der Menschenrechte der Bevölkerung, die in dem Parteistatut festgelegten Bestimmungen für Parteimitglieder müssen strikt eingehalten werden. Niemand darf diese verletzen." Und er hat weiter betont: „Um die Volksdemokratie zu schützen, muss ein Rechtssystem aufgebaut werden, müssen Gesetze wieder ihre Autorität zurückgewinnen. Das System und die Gesetze können nicht einfach geändert werden, wenn das Regierungsoberhaupt wechselt. (…) Wir müssen ein vollständiges Rechtssystem aufbauen, inklusive Gesetze über Strafrecht, Zivilrecht, Zivilrechtsstreit, Gerichtsverfahren und ähnliche Gesetze. Auch die Organe der öffentlichen Sicherheit, Staatsanwaltschaft und Volksgerichte müssen wieder funktionieren, alle haben sich wieder an Gesetze zu halten, nach Gesetzen zu handeln und müssen durch Gesetze streng kontrolliert, nach Gesetzen verurteilt werden."[4] Mit dieser Rede sind die Grundprinzipien zum Schutz der Rechte der Bürger wieder unmissverständlich klar formuliert und vor allem der Aufbau eines Rechtssystems und Rechtsstaates besonders deutlich hervorgehoben worden.

---

3  Rede von Mao Zedung auf der 30. Sitzung der Regierungskomitee, Dong Yunhu, Liu Wuping, Überblick der Menschenrechtekonvention der Welt, Sichuan Volksverlag, 1990, S. 619.
4  Ausgewählte Reden von Deng Xiaoping, 2. Band, Volksverlag, 1994, S. 144,147.

Kurz nach dieser Rede von Deng Xiaoping hat die kommunistische Partei ihre 3. Sitzung des 11. Parteitags veranstaltet, in der offiziell entschieden wurde, den Schwerpunkt der Arbeit der Partei und des Landes auf den wirtschaftlichen Aufbaus zu legen, aber zugleich auch die Entwicklung der demokratischen Politik zu beschleunigen. Demgemäß ist die Vervollständigung des Rechtsschutzes der politischen Rechte der Bevölkerung in eine neue Phase eingetreten. Im Juni 1979 hat die 2. Konferenz des 5. Nationalen Volkskongresses die Verfassung überarbeitet und offiziell „Die Entschlüsse über Ergänzungen und Korrekturen der Verfassung der Volksrepublik" publiziert, in denen einige Mängel in dem Rechtsschutz der Bürger beseitigt und einige neue Bestimmungen hinzugefügt worden sind. Am 4. Dezember 1982 hat die 5. Konferenz des 5. Nationalen Volkskongresses die neue „Verfassung der Volksrepublik" herausgegeben, in der hinsichtlich des Schutzes der Menschenrechte und der neuen Situation des Landes eine Reihe von neuen Bestimmungen hinzugefügt worden sind. Vor allem im Bereich der Menschenrechte und politischen Rechte der Bevölkerung hat die neue Verfassung einige veraltete und der neuen Zeit unangemessene Passagen gestrichen wie zum Beispiel die Bestimmungen über den Entzug der politischen Rechte der „Gutsbesitzer und Kapitalisten" und einige in der „Kulturrevolution" geltende politische Slogans. Die Verfassung hat jetzt festgeschrieben: „Die Menschenwürde der Bürger darf nicht verletzt werden. Es ist verboten, die Bürger in irgendeiner Weise zu beleidigen, fälschlich zu beschuldigen oder zu verleumden." „Die Wohnungen der Bürger dürfen nicht illegal betreten werden und es ist verboten, illegal Wohnungen der Bürger zu inspizieren". Nach der neuen Verfassung „darf niemand ohne Erlaubnis der Organe der öffentlichen Sicherheit, Staatsanwaltschaft und Volksgerichte jemanden inhaftieren, anderen die Freiheit entziehen oder illegal die Leibesvisitation eines anderen durchzuführen". „Die Klagen, Beschuldigungen und Anzeigen der Bürger werden von entsprechenden Staatsorganen und Anwälten geprüft und entsprechende Entscheidungen getroffen." Alle diese Maßnahmen waren in der alten Verfassung nicht vorgesehen.

Die neue Verfassung hat auch eine symbolische Bedeutung, denn sie zeigt, dass sie die Prinzipien und Hauptzielsetzung des Schutzes der politischen Rechte der Bevölkerung nach einem 30 Jahre währenden krummen Weg in Wind und Sturm endlich klar bestimmt. Bis heute sind die Grundprinzipien der im Jahr 1982 herausgekommenen Verfassung nur unwesentlich geändert worden. Nur hat man dem Wandel der Zeit und der neuen Entwicklungstendenzen entsprechend mit einigen Ergänzungen hinsichtlich des Menschenrechtsschutzes Rechnung getragen. Eine größere Bewegung in dieser Hinsicht hat es Ende 1998 gegeben, als China offiziell die „Internationale Konvention der Bürgerrechte und politischer Rechte" verabschiedet hat. Damit China erklärt, im Sinne der Konvention die Rechte der Bürger, besonders deren politische Rechte ausreichend zu schützen. Im März 2004 hat China den „Respekt und Schutz der Menschenrechte" offiziell in die Verfassung eingeschrieben. Im Oktober 2007 hat der 17. Parteitag den Passus „Respekt und Schutz der Menschenrechte" in die Parteistatuten aufgenommen, wobei besonders betont wurde, „Schutz der gleichen Anteilnahme und Entwicklung aller Gesellschaftsbeteiligten"[5] besonders akzentuiert wurden. Alles dies demonstriert den Willen und die Entschlossenheit Chinas, den Schutz der politischen Rechte der Bevölkerung zu garantieren.

Wenn man auf die in den 60 Jahren historisch beschrittenen Wege zum Schutz der Rechte der Bürger und ihrer politischen Rechte seit Gründung der Volksrepublik zurückblickt, dann kann man ein Grundprinzip erkennen: Die Beachtung und Schutz der Rechte der Bürger ist immer mit der politischen Entwicklung und mit der Situation des sozialistischen politischen Aufbaus eng verbunden gewesen. Immer wenn China in einer politisch stabilen Phase war und die politische Entwicklung keine großen Hindernisse erlebt hat, sind die Rechte der Bürger, deren politische Rechte allgemein respektiert worden, ist das Bewusstsein für das Rechtssystem und den Rechtsschutz gestiegen. Daraus folgt: Wenn man die politische Stabilität nicht bewusst verfolgt und eine ordnungsmäßige Entwicklung vorantreibt, kann das sozialistische Rechtssystem schwer fortschreiten, dann drohen Schutz der Rechte der Bürger und ihrer politischen Rechte zum leeren Gerede zu verkommen.

## II. Rechtsschutz der Bürger und Schutz derer politischen Rechte

Um die Bürgerrechte und deren politische Rechte zu schützen, benötigt man ein entsprechendes Rechtssystem und Gesetze. Seit Gründung der Volksrepublik sind 60 Jahre vergangen. In der Zeit sind das Rechtsschutzsystem und sachbezogene Gesetze mehrmals reguliert und vervollständigt worden. Inzwischen hat man ein der chinesischen Situation entsprechendes immer vollständigeres Rechtsschutzsystem aufgebaut.

### 2.1. Rechtsschutzsystem der Bürgerrechte und deren politischer Rechte

Die Kommunistische Partei Chinas ist die regierende Partei und zugleich auch zuständig für eine Gesetzgebung, die den Rechtsschutz der Bürgerrechte und die politischen Rechte der Bürger reguliert. Sie spielt im staatlichen politischen Leben eine entscheidende Rolle, muss alles im Blick haben und auf Koordination mit allen Seiten bedacht sein. In den letzten Jahren hat die kommunistische Partei unter Berücksichtigung der positiven, aber auch der negativen historischen Erfahrungen bezüglich des Rechtsschutzes der Bevölkerung die Vervollständigung des Menschenrechtsschutzes auf eine strategisch beachtliche Höhe geführt. Die kommunistische Partei hält an dem Grundsatz fest: Alle Rechte des Staates gehören dem Volk. Deshalb muss die Bevölkerung ständig weiter zur politischen Anteilnahme stimuliert werden, auf allen Ebenen und in allen Bereichen, damit immer mehr Menschen an der

---

5   Volkszeitung, 15. 10. 2007.

Verwaltung der Staatsangelegenheiten und gesellschaftlicher Belange aktiv beteiligt werden können. Zugleich wird die kommunistische Partei weiterhin die Volksdemokratie ausbauen, das demokratische System vervollständigen, die demokratischen Formen bereichern und gesetzmäßig demokratische Wahlen veranstalten. So soll allmählich ein vollständiges System kraft demokratischer Entscheidungen und demokratischer Kontrollen im Blick auf den Schutz der Rechte der Bürger auf Transparenz der Information, ihr Recht auf Partizipation, auf Meinungsäußerung und Kontrolle entstehen. Die chinesische Partei fordert alle Parteimitglieder und die parteilichen Organisationen aller Ebenen auf, sich streng an die Gesetze zu halten und vorbildlich für die Autorität der Verfassung und Gesetze einzustehen.

A. Volkskongress

Das wesentliche politische System in China ist das System des Volkskongresses. Dieses System ist die höchste Institution, die zuständig ist für den Schutz der Rechte und der politischen Rechte der Bevölkerung. In der Verfassung steht, dass alle Rechte des Staates dem Volk gehören. Der nationale Volkskongress und die Volkskongresse aller Verwaltungsebenen sind die Organe, die die Rechtsschutzgesetze des Staates erlassen. Das Volk wählt demokratisch seine Vertreter, die dann die Volkkongresse aller Ebenen konstituieren. Das System der Volkskongresse hat fünf Stufen, den nationalen Volkskongress, die Volkskongresse der Provinzen (Provinzen, autonomen

Gebiete, regierungsunmittelbaren Städte), die Volkskongresse der Städte, der Kreise und der Dörfer. Diesen subordiniert sind die Volkskongresse der untersten zwei Ebenen, die von Wählern in direkter Wahl rekrutiert werden, wogegen die Vertreter der Volkskongresse der Provinzen und Städte von den Vertretern der Volkskongresse der zwei untersten Ebenen (der Kreise und Dörfer) gewählt werden. Die Vertreter des nationalen Volkskongresses werden von den Vertretern aller Provinzen, autonomen Gebiete, regierungsunmittelbaren Städte und von der Armee gewählt. Die Vertreter aller Ebenen in allen Regionen kommen aus den verschiedenen Branchen, Berufen und allen gesellschaftlichen Positionen; sie begründen somit den repräsentativen Charakter des Gremiums.

Die chinesische Verfassung besagt über die Wahlen in Paragraph 34: „Alle chinesischen Bürger über 18 Jahre, unabhängig von ethnischen Gruppen, von Rasse, Geschlecht, Beruf, Familienherkunft, Religionszugehörigkeit, Bildungsniveau, Eigentum und Dauer des Wohnsitzes haben aktives und passives Wahlrecht. Ausgeschlossen sind nur diejenigen, denen die politischen Rechte legal entzogen wurden." Um die Rechte der Bevölkerung auf Wahl besser zu schützen, hat man im Wahlgesetz klare Bestimmungen formuliert betreffend die Wahl der Vertreter aller Volkskongresse, die Wahlen der ethnischen Minderheiten, die Aufteilung der Wahlgebiete, das Wahlanmeldeverfahren, die Aufstellung der Kandidaten, das Wahlverfahren, Kontrollmaßnahmen, Nachwahlen und eine Sabotage der Wahl. In den Wahlgesetzen steht auch: „Die Zahl der Kandidaten der Vertreter der Volkskongresse aller Ebenen muss die Anzahl der zu wählenden Kandidaten unterbieten." „Die Zahl derjenigen, die durch direkte Wahl gewählt werden, muss mehr als ein Drittel der Kandidaten betragen, die zur Wahl standen. Die Zahl der Kandidaten des nationalen Volkskongresses muss die Anzahl der Kandidaten, die durch die Volkskongresse der Provinzebene gewählt werden, um ein Fünftel übersteigen." Mit Rücksicht auf die Souveränität des Wählerwillens hat das Wahlgesetz festgelegt: „Die Wahl der Volkskongresse aller Ebenen findet anonym statt."

Zurzeit zählen diejenigen Vertreter, die durch Wahlen der Kreise und großen Dörfer für diese zwei Ebenen gewählt worden sind, 2.600.000. Die Anzahl der Vertreter, die durch Wahl der Provinzen und Städte gewählt worden sind, beträgt 130.000. Die Vertreter des 11. Nationalen Volkskongresses zählen 2.987. Sie, die Vertreter des nationalen Volkskongresses, bilden das höchste staatliche Organ. Sie werden durch Vertreter der Provinzen, autonomen Gebiete, Regierungsunmittelbaren Städte, der Wirtschaftssonderzonen Hongkong und Macao, durch Vertreter aus der Provinz Taiwan, der Volksbefreiungsarmee, insgesamt von Delegierten von 35 Einheiten gewählt. Alle 56 ethnischen Gruppen haben ihre Vertreter, auch die kleinste ethnische Gruppe hat mindestens einen Delegierten, insgesamt sind es 411 Vertreter der ethnischen Minderheiten und 13.76% aller Vertreter im Nationalen Volkskongress. 35 Vertreter sind Überseechinesen aus den Gebieten, in denen viele aus dem Ausland zurückgekehrte Chinesen wohnen. Um die politischen Rechte der Frauen zu gewährleisten, beträgt die Anzahl ihrer Vertreterinnen 21.33% aller Vertreter, was mit 20.24% im Vergleich zum 10. Nationalen Volkskongress eine Erhöhung von 1% bedeutet. Auch die Zahl der Arbeiter und Bauern, die von ganz unten kommen, hat zugenommen und beträgt insgesamt 3 Vertreter.

Der nationale Volkskongress ist das höchste Organ des Staates. Seine Vertreter sind zuständig für die Wahlen der wichtigen Organe der Staatsmacht, der staatlichen Verwaltung, der Rechtsprechung und der Staatsanwaltschaft. Nach der chinesischen Verfassung und entsprechenden Bestimmungen überwachen die Volkskongresse aller Ebenen und deren ständige Ausschüsse die Arbeit der Regierung, des Gerichthofs und der Staatsanwaltschaft. Die Überwachungsmethoden der einzelnen Volkskongresse und deren ständige Ausschüsse bestehen darin, 1.) die Arbeitsberichte der Volksregierungen, des Gerichtshofs und der Staatsanwaltschaft zu überprüfen; 2.) nach der Überprüfung von Arbeitsplänen und Haushalt Regulierungsvorschläge zu machen. Die Vertreter können in der Sitzung des Volkskongresses wie die Mitglieder des ständigen Ausschusses in ihrer Sitzung bei der Regierung, beim Gerichtshof und bei der Staatsanwaltschaft ihre Einwände geltend machen. Die Volkskongresse und deren ständige Ausschüsse können von der Provinzebene aufwärts in bestimmten Problemfällen Recherchen anstellen. Die Mitglieder des nationalen Volkkongresses haben das Entlassungsrecht der von ihnen gewählten Staatschefs in begründeten Fällen. Auch die Mitglieder der Volkskongresse aller Ebenen haben das Recht der Entlassung der von ihnen gewählten Regierungspersonen.

B. Das System der Zusammenarbeit mit mehreren Parteien und mit den politischen Konsultationskonferenzen unter Führung der kommunistischen Partei

Das System der Zusammenarbeit mit mehreren Parteien und mit den politischen Konsultationskonferenzen unter der Führung der Kommunistischen Partei garantiert, dass Personen aller gesellschaftlichen Ebenen, aller Bevölkerungsgruppen, überhaupt alle Menschen, die China lieben, im staatlichen politischen und gesellschaftlichen Leben mitwirken können. Die Hauptaufgaben der Konsultationskonferenzen liegen in der Beratung, demokratischer Überwachung und Mitwirkung in der Politik. Die Konsultationskonferenzen bestehen aus mehreren Parteien, Vereinigungen und Mitgliedern aller Branchen und gesellschaftlichen Ebenen. Sie nehmen aktiv an den staatlichen Angelegenheiten teil, können beraten und Vorschläge machen. Dies bereichert das politische Leben, erweitert die Kompetenzen derer, die an politischen Entscheidungen teilhaben, unterstützt die Zusammenarbeit der kommunistischen Partei mit anderen Parteien, ermöglicht die Entfaltung demokratischer Solidarität, trägt zur allgemeinen harmonischen und stabilen politischen Lage bei. Die Parteien, die mit der kommunistischen Partei sympathisieren, arbeiten mit der Regierungspartei einander eng zusammen. Sie partizipieren an der staatlichen Macht, an politischen Entscheidungen und an Wahl der Regierungschefs, am Entwurf der politischen Richtlinien, an der Verwaltung des Landes, an der Festlegung neuer politischer Programme, an der Gesetzgebung und der Vorbereitung neuer Gesetze. In allen wichtigen staatlichen Angelegenheiten bittet die kommunistische Partei alle anderen Parteien und Vereinigungen um Rat, um die Probleme des Staates gemeinsam lösen zu können.

108

Im März 2008 ist die 11. Nationale Konsultationskonferenz ins Leben gerufen worden. Sie besteht aus 34 Parteien, Vereinigungen und Organisationen. Darunter sind einschließlich der kommunistischen Partei, acht demokratische Parteien, parteilose Mitglieder, Verbände der Frauen, Arbeiter, Jugendlichen, Vertretern allermöglichen nationalen Minderheiten, Vertreter der Wirtschaftssonderzonen Hongkong und Macao, Vertreter aus Taiwan und der Überseechinesen. Die 11. Konsultationskonferenz hat insgesamt 2237 Mitglieder, davon sind 1345 keine Mitglieder der kommunistischen Partei, also 60.1%. Von den 298 Mitgliedern des ständigen Ausschusses sind 195 keine Mitglieder der kommunistischen Partei, mithin 65.4%. Von den 25 Vizevorsitzenden sind 13 keine Mitglieder der kommunistischen Partei, also mehr als die Hälfe. Die demokratischen Parteien und Mitglieder ohne Parteizugehörigkeit konstituieren zusammen die Konsultationskonferenz. Die kommunistische Partei arbeitet nach den Prinzipien: gemeinsam arbeiten, einander kontrollieren, offen miteinander umgehen, das gilt für alle demokratischen Parteien und Mitglieder ohne Partei, wechselseitiges Solidarisieren, Beraten der staatlichen Angelegenheiten, sich gegenseitig überwachen.

In den letzten Jahren hat die Arbeit der Konsultationskonferenz hinsichtlich der politischen Beratung, der demokratischen Überwachung und in einer verstärkten Anteilnahme an der politischen Praxis an Bedeutung gewonnen.

Das hat für den Schutz der Rechte der Bevölkerung und vor allem für deren politische Rechte eine unglaublich wichtige Rolle gespielt. Über die politische Konsultation heißt es in dem Dokument „Meinungen der Zentralregierung über die Verstärkung und Verbesserung der Arbeit der Konsultationskonferenz" sachgemäß: Bevor ein wichtiger Entschluss getroffen wird, muss darüber auch in der Konsultationskonferenz ausreichend diskutiert werden, damit man bei den Entscheidungen möglichst zu einem einvernehmlichen Meinungsbild kommen kann. Was die Überwachung angeht, so wird in den „Meinungen" betont: Die demokratische Überwachung ist ein wichtiger Bestandteil des sozialistischen Überwachungssystems. Diese politische Überwachung umfasst die Momente der Meinungsäußerung, der Kritik und der Vorschläge. Alle Parteien, alle Vereinigungen, Organisationen und Menschen aller ethnischen Gruppen, Branchen und gesellschaftlichen Bereiche der Konsultation dürfen die Arbeit der Staatsorgane und die ihrer Mitarbeiter überwachen. Dies schließt ein die gegenseitige Überwachung in der Konsultation zwischen der kommunistischen Partei, den demokratischen Parteien und den Mitgliedern ohne Partei. Unter Anteilnahme an der Politik versteht man, dass alle Parteien, alle Vereinigungen, Organisationen, die Vertreter aller Branchen, aller gesellschaftlichen Bereiche der Konsultation über wichtige politische, wirtschaftliche, kulturelle und gesellschaftliche Fragen, die für die Bevölkerung von Interesse sind, recherchieren, die Meinungen der Bevölkerung berücksichtigen, darüber beraten und diskutieren. Schließlich sollen dann die Konsultationskonferenzen die Ergebnisse ihrer Recherchen, Diskussionen und Meinungsumfragen in Form von Berichten und Vorträgen den Staatsorganen mitteilen. Dies ist ein guter Weg für die Staatsorgane, die allgemeinen Meinungen der Bevölkerung zu erfahren. So können die Staatsorgane bei ihren Entscheidungen die Willenskundgebungen und Wünsche der Bevölkerung berücksichtigen.

C. Das System der Selbstverwaltung auf den unteren Ebenen.

Das System der Selbstverwaltung schützt die politischen Rechte der chinesischen Bevölkerung. Der Bericht des 17. Parteitags hat unmissverständlich klar erläutert, dass dieses Selbstverwaltungssystem mit dem System der Konsultation unter der Führung der kommunistischen Partei und dem System der Selbstverwaltung in den autonomen Gebieten das grundlegende politische System des Staates ist. Im heutigen China gewährleistet die Selbstverwaltung auf den unteren Ebenen der Bevölkerung die Anwendung ihrer demokratischen Rechte. In allen Betrieben und Arbeitseinheiten hat man Gewerkschaften der Belegschaft gegründet, in Städten und Dörfern sind Straßenkomitees und Dorfkomitees gegründet worden, so dass Bewohner der Städte und Bauern durch diese Organisationen direkt ihre Rechte bei der Verwaltung des gesellschaftlichen Lebens wahrnehmen können. Außerdem gibt es je nach Alter, Geschlecht und Beruf zahlreiche gesellschaftliche Organisationen, Vereinigungen auf allen Ebenen. Die Regierung organisiert und ermutigt die Bevölkerung sogar auf legalen Wegen, ihre möglichen Aktivitäten zu betreiben und ihre Rechte in vollen Zügen anzuwenden.

Die Selbstverwaltung der Stadtbewohner besteht aus demokratischen Wahlen, demokratischen Entschlüssen, demokratischer Verwaltung, demokratischer Überwachung. Dem Gesetz zufolge sollten die Mitglieder der Straßenkomitees von den Bewohnern demokratisch gewählt werden. Diese Wahl sollte alle drei Jahre einmal stattfinden. Ihre Entschlüsse entstehen durch Diskussionen mit den dort wohnenden Einwohnern und betreffen alle wichtigen Angelegenheiten und Interessen der betroffenen und dort wohnenden Bewohner. Demokratische Verwaltung meint hier, dass die Straßenkomitees mit den dort wohnenden Bewohnern gemeinsam ihre inneren Angelegenheiten verwalten, die Ordnung in ihren Wohngebieten regeln und erhalten.

Schon immer hat die chinesische Regierung großen Wert auf die demokratische Wahl der unteren Ebenen in den Städten gelegt. Die im Jahr 1982 erlassene Verfassung hat zum ersten Mal die Wahl der Straßenkomitees in die Verfassung aufgenommen. Dies hat für die Wahl der unteren Ebenen in den Städten eine gesetzlich verankerte Garantie ermöglicht. Die 1989 erlassenen „Gesetze für Organisation der Straßenkomitees der Städte" haben weitere Bestimmungen für die Wahl der Straßenkomitees formuliert. Nach 2001 sind mit dem umfassenden Aufbau der Städte die Wahlen der Straßenkomitees extensiver verbreitet. 2006 wurden in 16 Provinzen, autonomen Gebieten und in Regierungsunmittelbaren Städten Mitglieder der Straßenkomitees neu gewählt. Bis jetzt wurde in mehr als 80.000 Straßenkomitees im ganzen Land mehr als 6mal gewählt. Die Wahlbeteiligung erreicht hier durchschnittlich 70%.

Die demokratischen Entscheidungen in diesen Straßenkomitees werden auf Versammlungen und Konferenzen von Vertretern der Bewohner getroffen. Alle Bewohner über 18 Jahre dürfen an den Versammlungen teilnehmen. Wenn die Versammlungen der Bewohner aus irgendwelchen Gründen nicht stattfinden können, finden dann doch Konferenzen der Vertreter der Bewohner statt. Die Tagesordnungen dieser Versammlungen betreffen die Entschlüsse über Belange von Interesse der Bewohner.

Was die demokratische Verwaltung betrifft, so dürfen die Straßenkomitees nach Maßgabe der Gesetze des Staates und der Grundrichtlinien der Partei je nach der Situation ihrer Gebiete ihre eigenen Regelungen und Vereinbarungen mit den Bewohnern festlegen. In dieser Hinsicht wurde in den letzten Jahren viel geforscht und experimentiert. Zum Beispiel: Nach Diskussionen der Einwohner und Berichten auf der Versammlung des Wohngebiets hat man ungutes Verhalten oder falsche Handlungen getadelt. In manchen Gebieten ist auch auf Webseiten über manches Fehlverhalten in einem Wohngebiet diskutiert und auf diese Weise getadelt.

Was die demokratische Überwachung betrifft, so gibt es vier Formen: 1.) Zweimal im Jahr müssen die Straßenkomitees auf der Versammlung der Bewohner ihrer Gebiete Berichte vortragen. 2.) Über die Hauptangelegenheiten der Wohngebiete muss regelmäßig berichtet werden. So zum Beispiel über Ein- und Ausgaben der Kasse, über Vergabe von Sozialhilfe an die Bedürftigen.

3.) In den Wohngebieten gibt es an vielen Orten Kästen für Beanstandung- und Meinungsvorschläge. Wer seine Meinungen äußern will, kann sie schriftlich formulieren und dann in den Kasten werfen. 4.) Man kann in Telefongesprächen dem Straßenkomitee seine Meinungen und Vorschläge machen.

Auf dem Land in China haben Anfang der 80er Jahre des 20. Jahrhunderts die Bauern freiwillig die ersten Dorfkomitees gegründet. Nach 30 Jahren derartiger Praxis ist diese Selbstverwaltungsform der Bauern vielfach verbessert worden. Diese Selbstverwaltung besteht aus einer demokratischen Wahl, aus demokratischen Entscheidungen, aus demokratischer Verwaltung und demokratischer Überwachung. Dieses System funktioniert inzwischen ganz gut, seine Struktur ist immer perfekter, ausgereifter und immer differenzierter geworden. Seit den 80ger Jahren des 20. Jahrhunderts bis heute haben auf dem Land die Wahlen der Dorfkomitees 6 bis 7mal stattgefunden. Das war jeweils ein Prozess, beginnend mit der Benennung der Kandidaten, dann dem Wahlvorgang, zunächst mit der Situation der gleichen Zahl von Posten und wiederholt mit den gleichen Kandidaten, bis hin zu einer Mehrzahl von Kandidaten, von einem Stadium indirekter Wahl zu direkten Wahlen. Die Wahlbeteiligung hat durchschnittlich 80% erreicht. Inzwischen ist im ganzen Land die direkte Wahl auf dem Land im Vormarsch. Auch ist die Wahl inzwischen erfreulicherweise viel freier, viel transparenter und vollzieht sich mit stärkerer Konkurrenz zwischen den Kandidaten. Bis Ende 2007 gibt es im ganzen Land 611.234 Dorfkomitees, mit 2.411.074 Mitgliedern, von denen die Zahl der Mitglieder der kommunistischen Partei 56% beträgt, die der Frauen 21%.

Die offene demokratische Verwaltung der Dorfangelegenheiten gehört zum Hauptgeschäft der Selbstverwaltung der Bauern. Seit der offiziellen Einführung 1998 mit den „Gesetzen für die Organisation der Dorfkomitees" spielt die öffentliche Verwaltung der Dorfangelegenheiten auf dem Land eine immer wichtigere Rolle. In Berichten der zahlreichen Sitzungen des 16. Parteitags und der jährlich stattfindenden Sitzung der Zentralregierung über Arbeit auf dem Land sind klare Anweisungen für die Verstärkung der demokratischen Verwaltung auf dem Land vertreten worden. 2004 haben der ständige Ausschuss der Zentralregierung und das Politbüro hinsichtlich dieses Themas Untersuchungen angestellt. Anhand ihrer Ergebnisse sind dann die „Meinungen über Verbesserung der transparenten und demokratischen Verwaltung der Bauern" erlassen worden. In diesem Dokument wurde besonders betont, dass die Bauern bei der Verwaltung der Dorfangelegenheiten „vier Rechte" haben, nämlich das Recht auf transparente Informationen, auf Entscheidungen, auf Anteilnahme an der Verwaltung und das Recht auf Überwachung. Daraus ist auf dem Land ein System der Selbstverwaltung mit „Fünf Rechten" entstanden, nämlich den Rechten auf Wahl, auf transparente Informationen, auf Entscheidungen, auf Teilhabe an der Verwaltung ind auf Überwachung.

Gegenwärtig legen alle Regierungen, angefangen von der Zentralregierung bis hin zu den Regierungen auf allen Ebenen, großen Wert auf das System einer transparenten demokratischen Verwaltung auf dem Land. An vielen

Orten ist eine erfreuliche Situation entstanden, nämlich unter der Führung der kommunistischen Partei, in Kooperation mit der Konsultation, in Zusammenarbeit aller Abteilungen und mit Anteilnahme der allgemeinen Gesellschaft. Die Zentralregierung hat noch eine Arbeitsgruppe zur Koordinierung der Dorfverwaltung des ganzen Landes gegründet, damit das Selbstverwaltungssystem überall auf dem Land durchgeführt werden kann. Inzwischen haben alle Provinzen und Kreise auch ähnliche Arbeitsgruppen gegründet, damit in ihren zuständigen Regionen dieses System aufgebaut und verbessert wird. So wird das Selbstverwaltungssystem in den unteren Ebenen auf dem Land noch demokratischer, noch standardisierter, noch transparenter und hat vielfältige und effektive demokratische Formen. Im ganzen Land sind in 85% der Dörfer Bauernversammlungen oder Versammlungen der Bauernvertreter gegründet worden. 80% der Dorfer verfügen über eine öffentliche Wandtafel, 90% der Dörfer haben eine Schatzverwaltungsgruppe oder Überwachungsgruppe. Eine neue Dimension demokratischer, transparenter Selbstverwaltung der Bauern auf dem Land wird immer populärer.

## 2.2. Gesetzgebung, Justiz und Zivilrecht gewährleisten die bürgerlichen und politischen Rechte der Bürger.

A. Gewährleistung der Rechte durch Gesetzgebung.

Mit der Gesetzgebung hat China ein Rechtssystem zur Gewährleistung aller Rechte der Bevölkerung aufgebaut. Gewährleistet sind die Rechte auf Wahlen, Meinungsfreiheit, Publikation, Religionszugehörigkeit, Versammlung, Vereinigung, Demonstration und politische Rechte, das Recht auf Existenz, auf Menschenwürde, auf Gleichheit und weitere Grundrechte. Damit die Gesetzgebung tatsächlich den allgemeinen Interessen der Bevölkerung entspricht, hat die chinesische Verfassung ein „dreifaches Überprüfungssystem" des Gesetzgebungsverfahrens des nationalen Volkskongresses und seines ständigen Ausschusses vorgesehen. Ein Gesetzentwurf muss in der Regel in drei Sitzungen des ständigen Ausschusses diskutiert werden, bevor man über diesen Entwurf abstimmt. Bei außerordentlich wichtigen Gesetzentwürfen sollte noch mehr als dreimal darüber debattiert werden. Die Gesetzentwürfe, die schließlich bei der Generalversammlung des nationalen Volkskongresses zur Überprüfung vorgelegt werden, müssen zuvor in der gesamten Versammlung, in der Sitzung der Delegationen der einzelnen Provinzen und Städte und in der Sitzung der Vertretergruppen mehrfach diskutiert werden. Bevor ein Gesetz erlassen wird, wird es durch wiederholte Diskussionen, mehrfache Überprüfungen erarbeitet und korrigiert. Bevor man schließlich zu einem gemeinsamen Meinungsbild findet, wird der Gesetzentwurf dem nationalen Volkskongress zur Abstimmung vorgelegt.

In einem Gesetzgebungsverfahren tragen die Volkskongresse aller Ebenen die Meinungen der Bevölkerung zusammen und berücksichtigen sie. Die Gesetzentwürfe, die der nationale ständige Ausschuss des nationalen Volkskongresses überprüfen muss, sind meist der Öffentlichkeit schon bekannt, da man an einem differenzierten Meinungsbild der Öffentlichkeit interessiert ist. Vor der Überprüfung eines Entwurfs veranstaltet man Gespräche und Diskussionssitzungen, um ein vielseitiges und möglichst umfassendes Meinungsbild zu gewinnen und den Vorgang einer Gesetzgebung transparent zu machen und möglichst viele Bürger daran zu beteiligen.

Aufgrund der rasanten wirtschaftlichen und sozialen Veränderungen muss China ständig seine Gesetze korrigieren und das Rechtssystem verbessern. Der nationale Volkskongress hat viermal nacheinander die Verfassung korrigiert. Der 1988 revidierte Verfassungstext hatte die staatliche Billigung von Privatwirtschaft und deren Entwicklung im gesetzlichen Rahmen propagiert; und außerdem geregelt, dass das Nutzungsrecht von Grundstücken an einen Nichteigentümer übertragen werden kann. In der 1993 korrigierten Verfassung hat man dann verkündet, dass der Staat die sozialistische Marktwirtschaft betreibt; zudem, dass das Mehrparteien- und Konsultationssystem mit Führung der kommunistischen Partei weiterhin existent ist und sich fortentwickelt. In der 1999 revidierten Fassung war davon die Rede, der Staat protegiere eine Verwaltung durch Gesetze und baue einen Rechtsstaat auf. In der 2004 korrigierten Textfassung heißt es ausdrücklich, dass der Staat die Entwicklung der nicht staatlichen Wirtschaft motiviert und unterstützt; dass das legitime Eigentum der Bürger zu schützen ist; dass der Staat überdies das Erbschaftsrecht seiner Bürger schützt; und nicht zuletzt, dass der Staat die Menschenrechte respektiert und gewährleistet.

Die chinesische Verfassung hat festgelegt, dass der Staatsrat Verwaltungsgesetze erlassen darf, die Volkskongresse der Provinzebenen lokale Bestimmungen herausgeben können und die Volkskongresse der größeren Städte regional gültige Bestimmungen entwerfen können, die aber zuerst von den Volkskongressen der Provinzebenen gebilligt werden müssen, bevor sie veröffentlicht werden. Die Volkskongresse der autonomen Gebiete dürfen spezifische Vorschriften entwerfen, die nur in ihren Gebieten gelten. Doch vor ihrer Publikation müssen sie vom ständigen Ausschuss des nationalen Volkskongresses gebilligt werden. Auch die autonomen Kreise dürfen lokale Regelungen entwerfen, müssen diese dann aber dem ständigen Ausschuss der Volkskongresse der Provinzebenen zur Überprüfung vorlegen. Sie sind erst dann gültig, wenn sie vom ständigen Ausschuss der Volkskongresse der Provinzebenen gebilligt werden. Der nationale Volkskongress hat aber das Recht, alle lokalen Regelungen und Bestimmungen zu ändern oder sie sogar zu dementieren. Er ist vermögend, alle vom ständigen Ausschuss des nationalen Volkskongresses und von den Volkskongressen der Provinzebene, der autonomen Gebiete und regierungsunmittelbaren Städte gebilligten gesetzwidrigen Bestimmungen zu widerrufen. Auch der Staatsrat darf unangemessene lokale Regelungen und Vorschriften ändern oder abschaffen. Die Volkskongresse der Provinzen, der autonomen Gebiete und regierungsunmittelbaren Städte können die von deren ständigem Ausschuss gebilligten, aber lokal unangemessenen Bestimmungen und Regelungen widerrufen. Die ständigen Ausschüsse der Volkskongresse auf lokaler Ebene dürfen die von den lokalen Regierungen herausgegebenen, aber unangemessenen Bestimmungen und Regelungen für ungültig erklären. Die Regierungen der Provinzebenen und autonomen Gebiete dürfen im Hinblick auf inadäquate Bestimmungen, die von einer subordinierten Regierung publiziert worden sind, auf deren Veränderungen oder auch auf deren Abschaffung hinwirken.

B. Schutz der Justiz

Der Volksgerichtshof ist die verbindliche staatliche Urteilsinstanz und spielt für die juristische Gewährleistung bürgerlicher und politischer Rechte eine wichtige, wenn nicht entscheidende Rolle. Für alle juristischen Institutionen in China gilt das Prinzip: „gerechte Justiz, dem Volk dienen."

Im Strafrechtverfahren bauen alle Gerichtshöfe auf zureichende Indizien, ein korrektes Gerichtsverfahren, ein gerechtes Urteil und eine angemessene Strafe. In der Zeit von 2003 bis 2007 hat der oberste Gerichtshof 4.802 strafrechtliche Fälle behandelt und 3.385.000 von den Gerichtshöfen der unteren Ebenen behandelte strafrechtliche Fälle überprüft. Das sind im Vergleich zu den vorausgegangenen fünf Jahren um 19,61% Fälle mehr, von denen 760.000 Personen zu jeweils mehr als fünf Jahren Gefängnis, lebenslänglich bestraft oder zum Tode verurteilt worden sind. Alle Gerichtshöfe haben sich strikt an die strafrechtlichen politischen Maßnahmen gehalten und haben Kriminelle für schwerwiegende, die Gesellschaft gefährdende Taten auch entsprechend zu schweren Strafen verurteilt. Kriminelle Handlungen hat man in leichteren Fällen entsprechend zu milderen Strafen verurteilt. Im Verlauf eines Strafverfahrens respektieren und gewährleisten die Gerichtshöfe das Recht auf Selbstverteidigung und das Recht, einen Anwalt damit zu beauftragen. Gleichzeitig versucht man auch, Pflichtverteidiger für die Angeklagten zu benennen. In den Jahren 2003 bis 2007 haben Gerichtshöfe aller Ebenen für 320.000 Angeklagte Pflichtverteidiger berufen, was einen Anstieg um das 2,3fache bedeutet hat. Insgesamt hat man 14.000 Angeklagte letztlich für unschuldig erklärt und nicht weiter strafrechtlich verfolgt.

Beim Zivilrechtsverfahren sind alle Gerichtshöfe daran interessiert, möglichst viele Fälle schlichten zu können, die sozialen Widersprüche möglichst zu reduzieren, damit die soziale Stabilität und gesellschaftliche Harmonie gefördert wird. Von 2003 bis 2007 hat man im Zivilstrafrecht viele Fälle schlichten können, so dass 50,74% der Ankläger ihre Klage wieder zurückgezogen haben. Der oberste Gerichtshof hat 3.196 Zivilrechtsfälle behandelt und 22.145.000 Fälle, die zunächst von den unteren Gerichtshöfen abgewickelt worden sind. Im Vergleich mit den fünf Jahren zuvor waren es 6,25% weniger Fälle. Die Gerichtshöfe achten besonders auf eine korrekte Behandlung solcher Fälle, die das Leben der Bevölkerung betreffen. In den vergangenen fünf Jahren sind es 5.930.000 Fälle gewesen, in denen Probleme der Ehe, der Familien und der Erbschaft verhandelt worden sind, was einer um 12,54% gesunkenen Anzahl solcher Fälle entspricht; dagegen in 209.000 Fällen von Streitigkeiten um Schadenersatz wegen körperlicher Verletzungen handelte es sich um einen

Anstieg von 16,76%, bei 60.000 Fällen von Streitigkeiten im Arbeitsbereich um einen Anstieg von 30%.

Die chinesische Regierung achtet strikt auf die Funktion der Rechtsanwälte und darauf, welche Rolle sie bei der Verteidigung spielen. Bis Ende 2007 hat es in China mehr als 13.000 Kanzleien mit 143.000 Anwälten gegeben. Im Jahr 2007 sind in 347.000 Fällen Rechtsanwälte als Verteidiger tätig gewesen, außerdem in 1.247.000 Zivilrechtsfällen und in 56.000 Verwaltungsfällen. Die chinesischen Anwälte bieten auch Personen mit finanziellen Problemen, Behinderten, Älteren, Frauen und Minderjährigen ihre kostenlose juristische Hilfe an. 2007 ist dies in 120.000 Fällen geschehen.

Nach der chinesischen Verfassung fungiert die Staatsanwaltschaft als das staatliche, juristische Überwachungsorgan. Sie erfüllt hinsichtlich des Schutzes der Menschenrechte eine wichtige Mission. Die Staatsanwaltschaften auf allen Ebenen kontrollieren die Ermittlungsverfahren der Polizei. Sie überprüfen die Urteilsentscheidungen der Gerichtshöfe und überwachen sie.

Die Staatsanwaltschaft hat ein Archivsystem aufgebaut, das die Durchführung der Strafrechtsverfahren und Strafregelungen durch Beamte erfasst, und im Falle von Verstößen gegen Disziplinen deren Bestrafung erforderlich macht.

Sobald ein solcher Fall entdeckt wird, kommt es sofort zu einer Nachprüfung; und bei Bestätigung eines Verstoßes zu einer strengen Bestrafung der verantwortlichen, zuständigen juristischen Beamten. Inzwischen hat es solche Fälle kaum mehr gegeben. 2003 ist man noch gegen 5.651 juristische Beamte disziplinarisch vorgegangen; 2007 waren es nur noch 3.524 und damit um 37,6% weniger. 2003 sind 424 Beamte suspendiert worden, 2007 waren es nur noch 207 und um 51,2% weniger.

C. Gewährleistung der Durchführung der Gesetze.

Die chinesische Polizei übernimmt wichtige Aufgaben der Verhinderung krimineller Taten oder auch der Bestrafung. Und sie sorgt für den Schutz des Lebens und des Eigentums der Bevölkerung. In den letzten Jahren hat der Staat eine Reihe neuer Gesetze und Bestimmungen herausgegeben und hat damit noch klarere und differenziertere Regelungen für die Vollstreckung eines Strafrechtverfahrens durch die Sicherheitsbehörden als Standard festgelegt. Dazu gehören beispielsweise die „Regelungen für Strafrechtsverfahren der Sicherheitsbehörden", die „Regelungen für Verwaltungsverfahren der Sicherheitsbehörden", die „Regelungen für manche Fragen im Strafrechtsverfahren", die „Regelungen für manche Fragen im Ermittlungsverfahren", die „Regelungen für manche Fragen der Verhaftung" und die „Regelungen für illegale Verlängerung der Haftzeit". Allen diesen neuen Regelungen eignet eine gemeinsame Strategie: die Gewährleistung der Menschenrechte. Die „Regelungen für Strafrechtsverfahren der Sicherheitsbehörden" haben festgelegt, dass „man beim Verhör den Aussagen und Rechtfertigungen der Tatverdächtigen genau zuhören muss; dass es streng verboten ist, durch Folter Zeugenaussagen zu erzwingen." Die „Reglungen für

Verwaltungsverfahren der Sicherheitsbehörden" haben verankert, dass „die Sicherheitsbehörden sich bei Verwaltungsverfahren streng an die Prinzipien der Legitimität, Gerechtigkeit und Transparenz halten müssen und dabei auf die Gewährleistung der Menschenrechte und der Menschenwürde zu achten haben."

Auch sind die Sicherheitsbehörden ständig bemüht, ihr Kontrollsystem zu perfektionieren, um auf diese Weise ihrer Pflichterfüllung vollends nachzukommen und um diese zu garantieren. Die Sicherheitsbehörden haben nach und nach eine Reihe von Regelungen zur Kontrolle der Arbeit ihrer Beamten herausgegeben. Darunter sind etwa die „Regelungen für die Kontrolle der Beamten hinsichtlich der Vollstreckung der Strafrechte", die „Regelungen für die Untersuchung der Schuldfragen bei Vollstreckung des Strafrechtsverfahrens durch Sicherheitsbeamte" und weitere Regelungen für die Kontrolle der Polizisten. Außerdem hat man ein System aufgebaut, wodurch man regelmäßig Petitionen wegen polizeilichen Fehlverhaltens empfangen kann, damit man die Fehler der Polizei bei der strafrechtlichen Vollstreckung aufklären und entsprechend korrigieren kann.

Das Überprüfungsverfahren im Fall einer Todesstrafe ist besonders streng. Nach dem Strafrechtgesetz muss ein Todesurteil durch die erste Instanz des mittleren Gerichtshofs, anschließend durch die zwei Instanzen des höheren Gerichtshofs und letztendlich durch den höchsten Gerichtshof vor dem Vollzug überprüft werden.

Seit der Gründung der Volksrepublik hat man alle Todesurteile langfristig durch den höchsten Gerichtshof überprüfen lassen. 1983 hat der ständige Ausschuss das Gesetz hinsichtlich des Todesurteils angesichts des damaligen gesellschaftlichen Sicherheitszustandes revidiert. Seither beauftragt der oberste Gerichtshof die mittleren Gerichtshöfe mit einer kritischen Nachprüfung der Todesurteile, sofern es hier um schwerwiegende Verbrechen geht. 2007 ist das Gesetz der Überprüfung der Todesurteile nochmals korrigiert worden. Seitdem muss der oberste Gerichtshof wieder die Todesurteile überprüfen.

Das chinesische Gesetz achtet auch die Menschenwürde der zum Tode Verurteilten. Man muss einem zum Tode Verurteilten mitteilen, dass er das Recht hat, seine Verwandten noch einmal wiederzusehen. Der Gerichtshof muss auch dessen Verwandte über das Urteil in Kenntnis setzen, den Antrag auf einen Besuch des zum Tode Verurteilten genehmigen und einen solchen Besuch arrangieren. Im Falle einer Vollstreckung der Todesstrafe muss die Öffentlichkeit unterrichtet werden, dass es streng untersagt ist, die Würde des Verurteilten zu verletzen oder sogar dessen Leiche zu schänden. Die Todesstrafe wird im Allgemein durch Erschießen oder eine Giftspritze vollzogen. Inzwischen tendiert man in der Praxis zur Giftspritze.

D. Das Recht auf physische Unantastbarkeit

Nach dem allgemeinen internationalen Standard der Menschenrechte versteht man unter dem Recht physischer Unantastbarkeit, dass niemand befugt ist, jemand anderen willkürlich festzunehmen oder einzusperren.

Die Gewährleistung dieses Rechts für Inhaftierte ist eine wichtige Komponente der Aufgaben der Gefängnisaufseher und ist auch ein wichtiges Indiz für die Gewährleistung der Menschenrechte eines Staates. Dies ist heutzutage auch ein heißes Thema der internationalen Gesellschaft. In China beachtet man besonders genau die Gewährleistung der Menschenrechte für Inhaftierte, angefangen mit der Gesetzgebung über die alltägliche Verwaltung und das Verhalten der Gefängnisaufseher bis zu hin zum Moment des strafrechtlichen Vollzugs.

## III. Die Entwicklung der bürgerlichen und politischen Rechte der Bevölkerung

### 3.1. Gewährleistung der Grundfreiheit und Grundrechte der Bürger

A. Freiheit der Meinungen, Medien und Publikation.

Die chinesischen Bürger genießen in vollem Maße ihre Meinungsfreiheit. In China gibt es kein Zensursystem für Medien. Die persönliche Freiheit und Menschenwürde werden rechtlich geschützt. Das gilt auch für das Briefgeheimnis. Der Staat fördert energisch die Entwicklung der Medien, um Voraussetzungen und Bedingungen für die Meinungsfreiheit und Publikationsfreiheit der Bürger zu garantieren. Die Publikationsfreiheit in einem gesetzlich erlaubten Rahmen wird nicht durch Faktoren wie die Nationalität, die Religionszugehörigkeit oder die jeweilige ökonomische und soziale Stellung beeinflusst. Nach den „Regelungen für Verwaltung der Publikation" des Staatsrats dürfen alle Bürger durch Publikation ihre Meinungen über staatliche, wirtschaftliche, soziale und kulturelle Angelegenheiten kundtun und die Ergebnisse ihrer wissenschaftlichen Forschungen sowie ihre literarischen und künstlerischen Werke veröffentlichen. Natürlich hat man in diesen Regelungen auch festgelegt, welche Inhalte nicht in den Medien veröffentlicht werden dürfen. Das ist in einem Rechtsstaat normal, denn alle Länder verbieten durch Gesetze die Veröffentlichung bestimmter Inhalte. Solche Maßnahmen sind notwendig, will man die soziale Moral und eine gesunde seelische Entwicklung der Minderjährigen garantieren.

In den letzten Jahren hat die chinesische Regierung den Aufbau des elektronischen Rechtsschutzes beschleunigt mit der Intention, eine sichere und gesunde Netzumwelt zu schaffen. Inzwischen hat man in dieser Hinsicht eine ganze Reihe neuer Bestimmungen herausgegeben. Hier sind zu nennen die „Entscheidung des ständigen Ausschusses des Volkskongresses für das Bewahren der Sicherheit der Netzwerke", die „Regelungen für den elektronischen Nachrichtenverkehr", die „Methoden der Verwaltung der Netzwerke", die „Bestimmungen für die Verwaltung der elektronischen Bekanntmachungen in den Netzwerken", die „provisorischen Verwaltungsmethoden bei der Kontrolle der elektronischen Dienstleistung," die „Bestimmungen der elektronischen Dienstleistung," die „Verwaltungsmethoden für elektronische Post der Netzwerke" und mehr als 30 weitere neue Bestimmungen.

Inzwischen hat die chinesische Regierung die Verwaltung in den elektronischen Branchen verstärkt, und angesichts vieler heißer Themen hat der Staat viele Maßnahmen getroffen hinsichtlich elektronischer Zahlmöglichkeiten und auch, um eine unseriöse Nachrichtenverbreitung durch Netzwerke und Spam-Mails zu verhindern. Der Staat appelliert an die Selbstdisziplin elektronischer Branchen und hat ein Interesse daran, zu Anzeigen wegen illegalen Aktionen in den Netzwerken zu motivieren, um eine grüne und gesunde Netzwerkumwelt zu gewährleisten. Bis Ende 2009 haben 3,38x100 Millionen Menschen das Internet benutzt. China hat über mehr als 3.061.000 Webseiten verfügt. Bis Ende 2009 hat die Verbreitungsrate des Internets 25,5% betragen und hat den internationalen Durchschnittswert von 21,1% überboten.[6] Die Infrastruktur des chinesischen Internets ist immens, alle mögliche Technik des Internets und die Internetdienstleistungen entwickeln sich kräftig. Tausend und abertausend chinesische Internetnutzer und Blogger tauschen in den Webseiten des In- und Auslands ihre Meinungen aus, führen Geschäfte, senden per Internet ihre Post. Inzwischen sind die Netzwerke eine wichtige Plattform für Nachrichtenübertragung und für wirtschaftliche Aktivitäten der chinesischen Bevölkerung geworden.

B. Religiöse Freiheit

China ist ein Land mit vielen Religionen. Die hier vertretenen Hauptreligionen sind Buddhismus, Taoismus, Islam und das Christentum evangelischer und katholischer Prägung. Die chinesischen Bürger dürfen ihre Religionszugehörigkeit frei bestimmen. Statistischen Erhebungen zufolge gibt es bis Ende 2007 im ganzen China etwa einhundert Millionen Personen, die sich zu verschiedenen Religionen bekennen; mit steigender Tendenz. Es gibt mehr als 100.000 aktive religiöse Stätten; im Vergleich zum Jahr 1997 bedeutet dies einen Anstieg um 25.000. Es gibt 300.000 Geistliche, 3.000 religiöse Organisationen, 76 religiöse Schulen. Darunter fallen 20.000 buddhistische Klöster mit 200.000 Nonnen und Mönchen, 3.000 taoistische Klöster mit mehr als 50.000 Nonnen und Mönchen, 35.000 Moscheen mit 2.100.000 Muslimen und mehr als 40.000 Imame. Es gibt 5.300.000 Katholiken mit 6.000 Kirchen, 97 Gemeinden, 60 Bischöfen, 1900 Pfarrern oder Geistlichen Räten und 3.000 Nonnen. Es gibt 16.000.000 evangelische Christen, 37.000 Pfarrer und 55.000 Kirchen. Seit 1980 bis heute hat die chinesische evangelische Kirche 50.000.000 Bibeln gedruckt und verteilt.

---

6 Der Statistikbericht über die Entwicklung der Netzwerke in China, das Nachrichtenzentrum der chinesischen Netzwerke, Juli 2009.

Die chinesische Regierung hat verstärkt die religiösen Organisationen, religiöse Schulen und religiöse Stätten unterstützen. Seit den 80ger Jahren des letzten Jahrhunderts hat die chinesische Regierung für Renovierungen von Tempelanlagen, Klöstern, Kirchen und Moscheen jährlich Jahr drei bis fünf Millionen Yuan investiert. Seit 1997 ist diese Summe auf jährlich 10 Millionen Yuan aufgestockt und seit 2006 jährlich sogar auf 15 Millionen Yuan erhöht worden. Seit 2003 hat die Regierung für religiöse Organisationen der sieben wichtigsten Religionen in China und für deren Schulen weitere Vorzugsmaßnahmen ergriffen. So hat der Staat für 11 Bauprojekte religiöser Schulen 700 Millionen Yuan beigesteuert.

In China werden alle Religionen als gleichrangig angesehen und bestehen harmonisch miteinander. Es hat kaum Auseinandersetzungen in religiösen Fragen gegeben. Gläubige und Nichtgläubige respektieren einander. Das ist Chinas traditioneller Kultur der Toleranz zu verdanken, vor allem aber der Religionspolitik des Staates, welche die Religionsfreiheit propagiert. Motiviert und befördert durch die chinesische Regierung mobilisieren alle religiösen Wohlfahrtstätigkeiten den Aufbau der harmonischen Gesellschaft und partizipieren daran. Besonders seit der Zeit der Reform und der Öffnung haben die Religionen immer mehr an Bedeutung gewonnen und haben immer mehr Anhänger gefunden. Im Jahr 2004 hat der Staatsrat die „Regelungen für religiöse Angelegenheiten" herausgegeben, mit dem erklärten Ziel, die religiöse Freiheit noch optimaler zu gewährleisten.

## 3.2. Gewährleistung der Rechte der Bevölkerung auf Informationen, Anteilnahme, Meinungsäußerung und Kontrolle

### A. Recht auf Informationen

Der springende Punkt beim Recht auf Informationen ist darin zu sehen, dass die Regierung die Bevölkerung immer rechtzeitig und vielseitig über ihre Arbeit zu informieren hat. Deshalb muss die Handlungsweise der Regierung transparent sein, durchsichtige Verfahren und plausible Ergebnisse sind zu erwarten. Der Schwerpunkt der Verwaltungsinstitutionen der ländlichen Regionen liegt in der Vermittlung von Informationen über Finanzprobleme, über Einnahmen und Fonds für einzelne Projekte. Wogegen der Schwerpunkt für die Regierungsbehörden der Städte mehr auf der Informationsvermittlung über Entwicklungspläne und die Durchführung wichtiger Projekte wie etwa dem Abriss alter Wohnviertel liegt. Der Hauptgesichtspunkt der Provinzregierungen besteht in der Publikation von Informationen über den regionalen wirtschaftlichen Aufbau und die entsprechende Politik sowie über den Gesamtplan für die Regionen. Im Jahr 2005 hat der Staatsrat „Meinungen über das Vorantreiben der transparenten Verwaltungstätigkeit der Behörden" herausgegeben. 2008 hat der Staatsrat seine „Regelungen über transparente Nachrichten der Regierung" erlassen. Alle diese neuen Bestimmungen haben transparente Informationen der Regierung zur Pflicht erklärt. Diesen Bestimmungen gemäß müssen alle

Verwaltungsbehörden rechtzeitig, präzise und unaufgefordert die Öffentlichkeit über Innovationen und neue politische Bewegungen der Regierung informieren, sofern sie für die Bevölkerung von Interesse und Belang sind.

Zurzeit hat man weitere mehr als 80 neue Bestimmungen veröffentlicht, die eine transparente Informationsvermittlung der Verwaltungsbehörden betreffen. 55 Institutionen des Staatsrats haben eine offene Verwaltungsarbeitsgruppe ins Leben gerufen. 45 Arbeitseinheiten und Institutionen, die der Zentralregierung direkt untergeordnet sind, und 31 Provinzregierungen haben sich angesichts der transparenten Informationen der Behörden auf ganz konkrete Regelungen verständigt. Und so ist allmählich von oben nach unten ein offenes Verwaltungssystem aufgebaut worden. 74 Einheiten und Institutionen der Zentralregierung und 31 Provinzregierungen haben ein Pressesystem mit Regierungssprechern etabliert. In den ländlichen Regionen hat man für die Öffentlichkeit eine Wandtafel aufgestellt, auf der Neuigkeiten der Verwaltungsbehörden angeschlagen werden. Außerdem geben die Regierungen ab den Kreisebenen regelmäßig ein Kommuniqué der Behörden heraus. In den letzten Jahren sind die Formen der offenen Verwaltung immer bunter geworden. 2006 hat man eine Webseite der Zentralregierung eröffnet, auf der der Staatsrat und andere staatliche Institutionen ihre Innovationen veröffentlichen. Man nennt eine solche Plattform die „24 Stunden rund um die Uhr arbeitende Regierung". Zurzeit haben 80% der Regierungen ab den Kreisebenen ihre eigenen Webseiten eingerichtet. Neben der Veröffentlichung von Neuigkeiten der Behörden dienen diese Webseiten auch der Bequemlichkeit der Bevölkerung, denn so kann man manche Angelegenheiten auf dem Weg über diese Webseiten erledigen, ohne sich zu den Behörden zu bemühen. Außerdem haben 80% der staatlichen Institutionen und 85% der öffentlichen Institutionen eine Hotline für rasche Serviceleistungen eingerichtet.

Neben der offenen Verwaltungsarbeit werden die obligatorischen Arbeitsvorgänge der staatlichen Machtorgane immer transparenter. 2003 haben während der Versammlung des Volkskongresses 3.000 Journalisten, darunter 500 ausländische, ausführlich über die Sitzungen und deren Themen berichtet. Seither haben die obersten Machtorgane immer freimütiger ihre Fenster zur Öffentlichkeit hin geöffnet. Oft lässt man jetzt die Journalisten an ihren Gruppensitzungen oder Diskussionen teilnehmen. 2006 hat man „das Zentrum der Nachrichten" erschlossen. 2007 sind zum ersten Mal alle Kontaktinformationen einschließlich der Adressen und Telefonnummern der einzelnen Delegationen des Volkskongresses veröffentlicht worden. Auch hat man den ausländischen Journalisten gestattet, die Vertreter zu interviewen. Den ausländischen Journalisten hat man auch Entwürfe, die im nationalen Volkskongress verabschiedet werden sollten, in englischen Versionen angeboten.

## B. Recht auf Anteilnahme

Unter dem Recht auf Anteilnahme versteht man den Anspruch der Bürger, durch direkte Wahl ihrer Vertreter an der staatlichen Politik und an öffentlichen Angelegenheiten zu partizipieren. In den letzten Jahren hat China sein Wahlsystem immer weiter verbessert, das Wahlverfahren standarisiert und die Teilhabe der Bevölkerung an der Politik ständig erweitert.

Auch das Wahlsystem für die Vertreter des nationalen Volkskongresses ist in der Praxis zunehmend verbessert worden. Als im Jahr 2006 die Wahl der Kreis- und Dorfebenen stattfand, haben 600 Millionen Wähler direkt die Vertreter des nationalen Volkskongresses gewählt. Das ist in der chinesischen Geschichte bisher einmalig und demonstriert in beeindruckender Weise die chinesische demokratische Praxis. 2007 hat die 15. Sitzung des 10. Nationalen Volkskongresses die Entscheidungen über die Anzahl der Kandidaten und über einige weitere Fragen der Wahl für den 11. Nationalen Volkskongresses verabschiedet. Darin ist erstmals festgelegt worden, dass in den Provinzen und regierungsunmittelbaren Städten mit vielen Bauern und Arbeitern auch entsprechend Kandidaten als Vertreter der sozialen Gruppe der Bauern und Arbeiter vorgesehen werden. So hat man auf legalem Weg gewährleistet, dass auch die mehr als eine Milliarde Bauern und Arbeiter in den obersten Staatsmachtorganen mit ihren eigenen Vertretern präsent sind. Auf dem 17. Nationalen Volkskongress hat man festgelegt, dass die Städte und die ländlichen Regionen in gleicher prozentualer Gewichtung ihre Kandidaten wählen. Dadurch hat man garantieren wollen, dass die Bauern, die doch die größte Anzahl der Bevölkerung ausmachen, die gleichen Rechte auf Anteilnahme an Politik beanspruchen können.

Das Konsultativ- und Mehrparteiensystem unter der Führung der kommunistischen Partei spielt bei der Gewährleistung der Rechte der Bevölkerung auf Anteilnahme an der Politik eine immer größere Rolle. Nach statistischen Erhebungen sind von den Vertretern der Volkskongresse auf allen Ebenen 180.000 keine Mitglieder der kommunistischen Partei; von den Repräsentanten der Konsultationskonferenzen aller Ebenen sind es 340.000. Und in den Institutionen der Zentralregierung, im obersten Gerichtshof sowie in der obersten Staatsanwaltschaft gehören 19 Führungskräfte nicht der kommunistischen Partei an. Unter den Führungskräften ab den Kreisebenen sind auch 32.000 Nichtmitglieder der kommunistischen Partei. 2007 sind der parteilose Chen Lan und das Mitglied der Zhigong- Partei Wan Li nacheinander zu Ministern der Medizin und Minister der Wissenschaften ernannt worden. Beide sind die ersten Minister gewesen, die entweder parteilos oder Mitglied einer anderen Partei waren.

Auch hat man das System der Selbstverwaltung auf den unteren Ebenen ständig verbessert. Die Bevölkerung der unteren Ebenen kann mittels einer demokratischen Wahl, demokratischer Entschlüsse, demokratischer Verwaltung und demokratischer Kontrollen direkt an der Verwaltung öffentlicher Angelegenheiten teilnehmen. Zurzeit haben 28 Provinzen, autonome Gebiete und regierungsunmittelbare Städte konkrete Methoden einer Organisation der

Dorfkomitees und ihrer Wahl verabschiedet. Bis Ende 2004 hat man in den ländlichen Regionen des ganzen Landes 644.000 Dorfkomitees begründet und in den Wohnvierteln der Städte 71.000 Straßenkomitees. In den Betrieben sind 1.732.000 Gewerkschaften etabliert worden. Bis Ende 2007 haben sich 381.000 verschiedene gesellschaftliche Organisationen, diverse Vereine und Gesellschaften eintragen lassen. Diese gesellschaftlichen Organisationen erfassen alle möglichen Sektoren und Branchen: Industrie, Landwirtschaft, wissenschaftliche Forschungen, Bildung, Kultur und Sport, Umweltschutz, Justiz usw. Und sie spielen in der Politik und in der Gesellschaft auch eine unübersehbare Rolle.

C. Recht auf Meinungsäußerung

Das Recht auf Meinungsäußerung ist das Recht der chinesischen Bürger, ihre Ansichten und Vorschläge hinsichtlich staatlicher und politischer Angelegenheiten öffentlich zu äußern und dadurch wichtige Entscheidung zu beeinflussen. In den letzten Jahren ist dies Recht der Bevölkerung, bei Entscheidungen über Gesetze und bei politischen Entscheidungen in der Weise mitzuwirken, immer mehr in Anspruch genommen worden. Die Volkskongresse sind während eines Entstehungsprozess von Gesetzen offen für Beiträge und Meinungsäußerungen und gewähren allen bei den Entwürfen ein Mitspracherecht. Auch der nationale Volkskongress hat die Gesellschaft bei allen Entwürfen neuer Gesetze mitwirken lassen. So hat der nationale

Volkskongress beispielweise 2005 beim Entwurf der „Steuergesetze" erstmals öffentliche Diskussionen veranstaltet, um in einem offenen Meinungsaustausch die Ansichten und Anregungen der Öffentlichkeit zu erfahren. Das ist der Durchbruch für die Zusicherung „Gesetzgebung mit offener Tür" gewesen. 2006 hat der Volkskongress erneut die Meinungen der Öffentlichkeit gesichtet und für den Entwurf der „Gesetze der Arbeitsverträge" auswertend berücksichtigt. Innerhalb eines Monats hat man die rekordverdächtige Anzahl von 200.000 schriftlichen Vorschlägen erhalten, unter denen 65% von normalen Arbeitern stammten. Auf der Grundlage dieser Vorschläge hat dann der ständige Ausschuss des nationalen Volkskongresses den Entwurf weitgehend korrigiert. Statistischen Angabe zufolge sind die meisten Gesetze in ihrer Genese vom Entwurf bis zum endgültigen Erlass mehrfach korrigiert worden und hat man ein Drittel der Bestimmungen einer Korrektur unterziehen müssen. Bei manchen Gesetzen hat man sogar mehr als die Hälfte des Textes ändern müssen.

2005 hat der Staatsrat entschieden, dass alle wichtigen Entschlüsse erst nach kritischer Überprüfung von Experten oder einer Analyse der Forschungsinstitute und juristischer Kontrolle verabschiedet werden dürfen. Wenn die Gesetze die Interessen der Volksmassen sehr eng tangieren, dann muss man die öffentlichen Meinungen des Volkes berücksichtigen. In den letzten Jahren haben die Zentralregierung und der Staatsrat zahlreiche Gelehrte, Fachleute und Unternehmer eingeladen, um deren Meinungen über den Entwurf des „11. Fünfjahresplan" oder über ähnliche Entwürfe von großer Bedeutung zu vernehmen.

Der 2009 vom Staatsrat verkündete „Handlungsgrundriss der Menschenrechte" (2009-2010) ist mehrfach von allen Seiten beraten worden. Man hat zuerst die Stiftung der juristischen Beratung, die Stiftung der Frauenentwicklung, die Stiftung der Armenhilfe, die Stiftung der Wohlfahrt für Behinderte und 20 gesellschaftliche Organisationen und Vereinigungen wiederholt um Vorschläge gebeten, an die ganze Gesellschaft und alle möglichen Forschungsinstitute und alle Bevölkerungsgruppen appelliert, ihre Meinungen zu dem entsprechenden Entwurf zu äußern, bevor dieser dann schließlich gebilligt und verabschiedet worden ist.

Das Recht auf Meinungsäußerung spiegelt sich auch in dem als spezifisch chinesisch charakterisierten Petitionssystem wider. In China haben alle Staatsanwaltschaften von den Kreisebenen an aufwärts ihre eigenen Petitionsbüros. Auch alle Dörfer- und Straßenkomitees haben Zuständige für eine Petition. Alle Bürger können sich durch Briefe, Telefon, Fax, E-Mails oder auch persönlich an die Behörden wenden und ihre Meinungen, Vorschläge, Klagen oder Beschwerden übermitteln. Alle Regierungen haben systematisch dafür gesorgt, dass die Führungskräfte regelmäßig die Briefe der Bevölkerung lesen und Sprechstunden für die normalen Bürger einrichten. China baut jetzt gerade ein Petitionssystem im Internet auf, womit man das Petitionssystem noch erweitern möchte.

D. Das Recht auf Kontrolle

Die Kontrolle der Machtorgane gliedert sich in drei Teile. 1.) Die ständigen Ausschüsse der einzelnen Volkskongresse auf allen Ebenen kontrollieren ihre Volksregierungen, die Gerichtshöfe und Staatsanwaltschaften auf ihrer Ebene. 2.) Die Staatsanwaltschaften als Kontrollinstitutionen der Gesetze kontrollieren die Arbeit der staatlichen Behörden und der Beamten, ob hier alles mit rechten Dingen zugeht. 3.) Die Bürger und gesellschaftlichen Organisationen kontrollieren die Arbeit der staatlichen Behörden und der Beamten.

2004 hat der Staatsrat den „Grundriss der umfangreichen Praxis des Regierens durch Gesetze" verabschiedet und hat der ganzen Welt allen Ernstes verkündet, dass China innerhalb von zehn Jahren einen Rechtsstaat aufbauen wird. In den letzten Jahren wird das Gesetzgebungsverfahren immer weiter standarisiert. Bis 2007 hat der Staatsrat dem nationalen Volkskongress 29 Gesetze zur Verabschiedung vorgelegt und 122 Bestimmungen korrigiert. Innerhalb von nur wenigen Jahren haben 31 Provinzen und 44 Abteilungen des Staatsrats 163.000 lokale Bestimmungen, Regelungen und Vorschriften überprüft. Und sie haben dann 1.800 Bestimmungen der Zentralregierung und 22.000 Regelungen der Provinzebenen korrigiert oder ganz abgeschafft.

Auch innerhalb der staatlichen Behörden wird inzwischen ein Selbstkontrollsystem aufgebaut. 23 Provinzen und mehr als 10 Institutionen des Staatsrats haben eine Methode der Kontrolle eingeführt und damit sich selber der Kontrolle ausgesetzt. 70% der Städte haben detailliert die Arbeitsmethoden der Beamten und ihre Amtsführung geregelt. In den letzten Jahren hat man in der Regel mit durchschnittlich 80.000 Streitfällen wegen Klagen gegen Missbrauch der Befugnisse der Beamten zu tun gehabt, von denen 80% zufriedenstellend gelöst werden konnten. Schließlich musste man manche Beamten suspendieren, und viele sind zur Rechenschaft gezogen und bestraft worden. 2006 haben 90.000 Beamte wegen Amtsmissbrauch oder fahrlässigem Verhalten Berufsverbot erhalten.

In dem chinesischen System der Gewährleistung der bürgerlichen und politischen Rechte der Bevölkerung fungieren die Bürger und gesellschaftlichen Organisationen als die maßgeblichen Kontrolleure der staatlichen Behörden und Beamten. Nach der chinesischen Verfassung verfügen alle chinesischen Bürger über das Recht auf Kritik an staatlichen Behörden und Beamten. Sie dürfen gegen alle staatlichen Behörden und Beamten wegen Missbrauch der Befugnisse Klage erheben und sie anzeigen. Alle Bürger und gesellschaftlichen Organisationen dürfen schriftliche Anträge auf Überprüfung der lokalen Regelungen an den Staatsrat richten, wenn diese ihrer Meinung nach gesetzwidrig sind. Zwecks Wahrung der Rechte der Bevölkerung auf Klagen, Anzeigen und Beschwerden, haben alle staatlichen Institutionen eine Petitionsabteilung eingerichtet. Auch die Institutionen der Staatsanwaltschaften auf allen Ebenen warten mit Abteilungen für Anzeigen gegen Missbrauch auf. Und auch die Medien spielen eine wichtige Rolle für die Kontrolle mit ihren Berichterstattungen über Skandale der Beamten. Die Bürger können mit Schadenersatz durch den Staat rechnen, wenn sie Opfer eines Missbrauchs der Beamten geworden sind.

### 3.3. Gewährleistung der Rechte auf Existenz und gerechtes Gerichtsurteil

A. Recht auf Existenz

Das Recht auf Existenz gehört zu den fundamentalen Menschenrechten und ist damit die Grundlage aller anderen Rechte. Die chinesische Regierung achtet sehr auf die Wahrung dieses Rechts der Bevölkerung und hat zahlreiche Maßnahmen in dieser Hinsicht ergriffen, damit alle Bürger nicht nur leben, sondern auch in einer harmonischen Gesellschaft würdig und niveauvoll leben können. Statistisch gesehen hat die Lebenserwartung im Jahre 2008 durchschnittlich 73 Jahre betragen. Der Kindersterblichkeit ist erheblich gesunken. Die Bürger sind objektiv immer zufriedener und ihre Lebensqualität hat sichtlich an Niveau gewonnen. Zur gleichen Zeit hat man alle kriminellen Vergehen, die Menschenleben verletzt oder gefährdet haben, hart bestraft.

China hat zwar die Todesstrafe nicht abgeschafft, ist aber mit diesem Strafmaß sehr gewissenhaft umgegangen. Die gegenwärtigen Umstände in China lassen eine Abschaffung der Todesstrafe leider noch nicht zu, denn China befindet sich momentan in einer Phase des Aufbaus einer Gesellschaft mit bescheidenem Wohlstand und noch in einer Zeit, in der die Kriminalität und schwere Verbrechen noch zunehmen. Um die soziale Stabilität und Sicherheit zu garantieren, muss man die Kriminalität mit der Todesstrafe als einer abschreckenden Waffe effektiver bekämpfen und im Fall schwerwiegender Verbrechen, die der Gesellschaft schwer schaden, mit der Todesstrafe drohen. Natürlich darf man dabei den Respekt der Menschenrechte als unbedingtes Prinzip nicht außer Acht lassen. Normalerweise werden die Todesstrafen ja nicht sofort vollstreckt, sondern in der Regel kommt es zum Vollzug der Todesstrafe erst nach zwei Jahren. Und oft ist eine Todesstrafe nach zwei Jahren in eine lebenslängliche Haftstrafe umgewandelt worden, wenn die zum Tode Verurteilten sich gut geführt haben, was meist in der Praxis auch geschieht.

B. Recht der Inhaftierten.

Gewährleistung der Rechte der Inhaftierten

Die Inhaftierten haben per Gesetz das Recht erhalten, bei den juristischen Behörden Klage, Anzeige oder Beschwerde einzureichen, wenn sie sich ungerecht behandelt sehen, wenn sie beispielsweise das Gerichtsurteil ungerecht finden oder wenn sie im Gefängnis inhuman behandelt worden sind. Die Gefängnisleitung darf solche Klagebriefe der Inhaftierten nicht blockieren, sondern ist verpflichtet, sie weiterzuleiten.

Gewährleistung der Rechte der weiblichen Inhaftierten.

Im Strafvollzug und in der Verwaltung gilt auch die Gleichberechtigung von Mann und Frau. Niemand darf weibliche Inhaftierte beleidigen. Bei der Arbeitszuteilung sollte man den weiblichen Insassen die leichtere Arbeit überlassen. Man sollte sie nicht nur in juristischer und moralischer Hinsicht erziehen, sondern sie auch auf ihr Leben nach der Freilassung vorbereiten und für ihre adäquate Schulbildung und Berufsausbildung sogen. Auch im Gefängnis sollten sie an Prüfungen teilnehmen und Zertifikate erwerben können. Im Gefängnisleben können weibliche Inhaftierte wie alle anderen die Feiertage mit Unterhaltung (auch TV) und Sporttreiben verbringen. Das Gefängnis organisiert auch kulturelle Veranstaltungen mit weiblichen Inhaftierten als Schauspielerinnen. Außerdem veranstaltet man auch Sportwettkämpfe und Wissenswettkämpfe. Die Minderjährigen, Älteren, nationalen Minderheiten und Ausländer kommen in der Gefangenschaft in den Genuss einer besonderen Betreuung. Minderjährige dürfen beispielsweise nur halbtags arbeiten und halbtags lernen.

C. Recht auf transparentes und gerechtes Urteil.

Unter einem transparenten Urteil versteht man die öffentliche Verlesung eines Gerichtsurteils. Dabei dürfen die Bürger zuhören und die Journalisten darüber berichten. Nach der chinesischen Verfassung sollten alle Gerichtsverfahren in der Weise transparent sein.

Die Informationen über das Gerichtsverfahren müssen rechtzeitig erfolgen und transparent sein. Nach dem Strafrechtsgesetz muss der Gerichtshof nach der Entscheidung über die Akzeptanz einer Anklage zehn Tage vor der Eröffnung des Verfahrens den Sachverhalt der entsprechenden Klage dem Angeklagten zuschicken und allen Betroffenen wie den Verteidigern, den Vertretern der Kläger, den mutmaßlichen Zeugen, Gutachtern und Dolmetschern mitteilen. Drei Tage vor der Eröffnung eines Gerichtsverfahrens muss der Gerichtshof die Öffentlichkeit über die Namen der Angeklagten, Ort und Zeit der Verhandlung informieren.

Das transparente Gerichtsverfahren. Alle Gerichtsverfahren sollten (abgesehen von wenigen begründeten Ausnahmen) transparent durchgeführt werden. Wird ein Angeklagter zum Tode verurteilt, muss mindestens die zweite Instanz transparent sein. Wenn ein Verfahren für die Öffentlichkeit nicht zugänglich sein kann, muss man Gründe dafür geltend machen. In allen offenen Gerichtsverfahren dürfen Bürger zugegen sein, ausgenommen psychisch Kranke, Betrunkene und Minderjährigen. Auch Ausländer und Staatslose können nach Vorlage ihrer Ausweise den Verfahren beiwohnen.

Transparenz des Urteils. Das Strafrechtsgesetz sieht vor, dass alle Gerichtsurteile offen verkündet werden müssen. Allen Betroffenen müssen rechtzeitig vor der Urteilsverkündung informiert werden. Bei der Verkündung des Urteils dürfen Bürger zugegen sein. Inzwischen überlegt man, ob alle Gerichtshöfe ihre Urteile schriftlich und im Internet veröffentlichen sollen. Außerdem hat man daran gedacht, ob man das ganze Gerichtsverfahren aufzeichnen und archivieren soll, so dass alle Betroffenen bei Bedarf eine Kopie der Aufnahmen einsehen oder doch bestimmtes Material in den Archiven zur Kenntnis nehmen können.

Alle Gerichtsverfahren sollten der Öffentlichkeit zugänglich sein. Nach den 2007 vom Gerichtshof verkündeten „Meinungen über die Bedeutung transparenter Urteile" sollten alle Gerichtsverfahren der Öffentlichkeit zugänglich sein. Alle chinesischen Bürger mit einem gültigen Ausweis können sie verfolgen. Der oberste Gerichtshof hat auch schon Livereportagen im Fernsehen und durch Netzwerke erlaubt.

Gewährleistung des Rechts für Schöffen auf Anteilnahme am Gerichtsverfahren. Bei Gerichtsverfahren einflussreicher straf-, zivil- und verwaltungsrechtlicher Fälle müssen Richter mit Schöffen gemeinsam zur Urteilsfindung kommen. Die Schöffen dürfen jedoch nur nicht als Vorsitzende fungieren. Ansonsten haben sie die gleichen Aufgaben wie die Richter. Zu einem Gerichtsurteil müssen schließlich Richter und Schöffen gemeinsam finden. Hier gilt das Prinzip „Mehrheit entscheidet". Seit dieser Praxis gemeinsamer Urteilsfindung mit den Schöffen, also seit 2005 hat man im ganzen Land 55.681 Volksschöffen benannt. Inzwischen haben sie an 121.000 Fällen mitgewirkt.

D. Recht auf juristische Hilfe

Nach der chinesischen Verfassung sind alle Bürger vor dem Gesetz gleich. Im Hinblick auf diese Gleichberechtigung muss allen Bürgern der Zugang zur Justiz gewährleistet sein. Alle Bürger müssen sich bei Streitigkeiten unabhängig von ihrer Finanzsituation auf ein gerechtes Urteil verlassen können. Damit die Unkostenfrage für manche Bürger nicht zur Hürde und zum Hindernis wird, sich an die Justiz zu wenden, hat die chinesische Regierung ein differenziertes Zahlungssystem für Gerichtsverfahren aufgebaut, demzufolge je nach bestimmten Kriterien Kosten für die Anklage, das Gerichtsverfahren oder andere juristische Angelegenheiten reduziert werden können. Unter Umständen kann man sogar ganz von Kosten befreit werden oder kann sie auf Raten bezahlen.

1994 hat die chinesische Regierung begonnen, ein juristisches Hilfssystem zu etablieren. 2003 hat der Staatsrat „Regelungen für juristische Hilfe" herausgegeben. Darin heißt es, dass die juristische Hilfe für die Regierung verpflichtend ist. Alle Bürger dürfen in begründeten Fällen nach dem Gesetz Schadenersatz und Geld für Lebensunterhalt vom Staat verlangen. 2005 hat der oberste Gerichtshof „Regelungen über juristische Hilfe für die Betroffenen mit schwierigen finanziellen Problemen" veröffentlicht. 2007 sind die „Methoden für Bezahlung der Kosten der Anklage" eingeführt worden. Dadurch hat man viele alte Regelungen weitgehend korrigiert und vor allem die Kriterien für Entschädigungen und auch die Bedingungen für eine Befreiung von Kosten gelockert und die Beträge für Schadenersatz erhöht. Auch die Verfahrensweise der Finanzierungen hat man vereinfacht.

2007 haben Gerichtshöfe auf allen Ebenen 9.071 Anträge auf Reduzierung der Anklagekosten gebilligt und damit insgesamt 5,21 Millionen Yuan erlassen. In 26.297 Fällen hat man überhaupt keine Unkosten gehabt und immerhin 2,09 x 100 Millionen Yuan gespart. In 196.056 Fällen hat man die Kosten in Raten zahlen können. Das sind 8,68 x 100 Millionen Yuan gewesen. In den Jahren 2002 bis 2007 haben die Gerichtshöfe auf allen Ebenen 127.000 Personen geholfen, so dass diese für die Anklageunkosten entweder überhaupt nicht oder nur symbolisch aufkommen mussten. 2006 haben die juristischen Behörden in 3.185.000 Fällen ihre helfenden Hände ausgestreckt. Davon profitiert haben 1.252.000 Wanderarbeiter. Von 1999 bis 2007 haben die juristischen Behörden 17.770.000 Personen juristische Beratungen angeboten. Und 1.830.000 Personen haben dies juristische Hilfssystem in Anspruch genommen.

Außerdem hat der Gerichtshof auch ein staatliches Entschädigungssystem für die Opfer eingerichtet, um den durch kriminelle Handlungen Geschädigten und deren Verwandten finanzielle Hilfe zukommen zu lassen. Gemeint ist hier ein Personenkreis, dem keine Entschädigung durch die Täter zuteil geworden ist. In diesem Fall sollte der Staat den Opfern entsprechende Hilfe leisten.

Inzwischen haben die juristischen Behörden in allen Provinzen und Städten Hilfsinstitutionen eingerichtet, die vor Ort juristische Hilfe leisten. 2007 hat es im ganzen Land 3.259 solcher Institutionen gegeben, die von den jeweils örtlichen Regierungen finanziell unterstützt werden. Um der ärmeren Bevölkerung die Wege zu den juristischen Hilfsquellen zu erleichtern, haben die juristischen Institutionen noch viele andere gesellschaftliche Organisationen wie den Frauenverband und die Behindertenunion beauftragt, Hilfsstationen aufzubauen. So gibt es inzwischen 54.976 solche Stationen auf der untersten Ebene in den

Kasernen der Grenzgebiete, in Gefängnissen und Arbeitslagern. In den meisten Dorfkomitees und Straßenkomitees hat man Verbindungsleute für juristische Hilfsinstitutionen beauftragt. Jetzt haben die juristischen Hilfsinstitutionen 12.519 festangestellte, fachlich qualifizierte Mitarbeiter, darunter 5.791 juristische Experten und Rechtsanwälte mit Zertifikat, mithin 46,3% aller Mitarbeiter. Neben diesen Hilfsinstitutionen mit ihren juristischen Fachkräften haben auch 140.000 Anwälte, 12.000 Notare und 70.000 freiwillige juristische Helfer mitgeholfen. Und auch einige gesellschaftliche Organisationen sind an juristischer Hilfeleistung beteiligt gewesen. Inzwischen hat die chinesische Regierung die Kosten für juristische Hilfe im Regierungshaushalt eingeplant. Von 1999 bis 2007 haben die Regierungen auf allen Ebenen 16,4 Milliarden Yuan für juristische Hilfe ausgegeben.

E. Recht auf staatliche Entschädigung

Nach der chinesischen Verfassung haben alle Bürger den Rechtsanspruch auf Entschädigung, wenn sie Opfer staatlicher Behörden oder Beamter durch Amtsmissbrauch geworden sind. Der ständige Ausschuss des 8. Nationalen Volkskongresses hat 1994 die „Regelungen für staatliche Entschädigung" erlassen, in denen über den Umfang und die Kriterien staatlicher Entschädigung und deren Verfahrensweise informiert wird.

In China haben alle Opfer, ob Bürger oder Organisationen, einen Rechtsanspruch auf Entschädigung. Beim Todesfall der Opfer können deren Verwandte eine Entschädigung beantragen.

Damit eine Entschädigung tatsächlich verwirklicht werden kann, haben alle Gerichtshöfe ab den mittleren Stufen ein Entschädigungskomitee vorgesehen. Seit Veröffentlichung des staatlichen Entschädigungsgesetzes hat der Gerichtshof 1995 197 Entschädigungsanträge erhalten, von denen 154 Anträge behandelt und in 64 Fällen für Entschädigungen entschieden worden sind. 2000 hat man 2.447 Anträge erhalten, von denen 2.430 Fälle negativ beschieden, in 925 Fällen Entschädigungen bezahlt worden sind. 2005 sind 3.056 Anträge eingereicht worden, 2991 davon sind abschlägig, 941 tatsächlich positiv entschieden worden. 2007 hat man 1.658 Anträge eingereicht, davon 585 Entschädigungsfälle. Seit der Einführung statistischer Erhebungen 2004, zeigt sich bei Entschädigungsfällen eine steigende Tendenz: 2004 hat man 31.674.000 Yuan bezahlt, 2005 bereits 37.510.000 Yuan, 2006 34.840.700 Yuan und 2007 waren es 46.002.200 Yuan.

# IV. Die Verstärkung der Gewährleistung der bürgerlichen und politischen Rechte der Bevölkerung im Hinblick auf die Förderung der sozialen Harmonie

Obwohl die chinesische Regierung in den letzten 60 Jahren bei der Förderung der Gewährleistung der bürgerlichen und politischen Rechte historische Erfolge errungen hat, muss man leider auch eingestehen, dass die heutige Welt gerade einen tiefgehenden Wandel durchmacht. Auch das heutige China erlebt eine weitgehende und grundlegende Veränderung. Somit steht die Gewährleistung der chinesischen bürgerlichen und politischen Rechte auch vor einer neuen Herausforderung, was aber zugleich auch eine neue Chance bedeutet.

China befindet sich in einer Zeit qualitativer Veränderungen. In dieser Zeit, in der China mit seinem gesamten Produktionswert von 2000 Dollar pro Kopf die USA überholen wird, in der China sich gerade in einem gesellschaftlichen Wandel befindet und in der die wirtschaftliche und soziale Struktur sich in einem noch nie erlebten Tempo verändert, in der die sozialen Gruppierungen sich spalten, die Interessensverhältnisse immer komplizierter werden, verschärfen sich die sozialen Widersprüche immer mehr. Die möglichen Zeichen für ein beginnendes goldenes Zeitalter Chinas und die Aussicht darauf kann indessen auch täuschen, schnell ins Gegenteil umkippen und in die entgegengesetzte Richtung laufen.

Angesichts dieser neuen Situation hat sich die chinesische Regierung den Aufbau einer sozialistischen harmonischen Gesellschaft als neues Ziel gesetzt. 2006 hat der 16. Parteitag den „Entschluss über einige wichtige Fragen des Aufbaus einer sozialistischen Gesellschaft" verabschiedet. Hu Jintao hat darauf hingewiesen, dass man weiter die Menschenrechte entwickeln sollte und nie vergessen dürfe, den Menschen und die Interessen der Bevölkerung als unverzichtbaren Ausgangpunkt im Auge zu behalten, die ökonomischen Verhältnisse weiter zu entwickeln habe, um die immer steigenden materiellen und kulturellen Bedürfnisse der Bevölkerung erfüllen zu können. Man müsse garantieren, dass die ganze Bevölkerung die Früchte der Entwicklung ernten könne. In diesem Sinne ist die soziale Harmonie selbst ein Thema der Menschenrechte.

Zurzeit ist die chinesische Regierung gerade ernstlich bemüht, mit der Fortentwicklung der Wissenschaft und Förderung der sozialen Harmonie, mit dem Hissen der Flagge des Reformgeistes einen neuen Weg und eine neue Methode zur Gewährleistung der bürgerlichen und politischen Rechte zu erkunden. China wird nicht nur bei seinem Kurs der wirtschaftlichen Reformen bleiben. Dem wird eine grundlegende politische Reform folgen. Man darf prognostizieren: Mit einer Vertiefung der Reform politischer Struktur werden die sozialen Schichten hinsichtlich der Dimensionen ihrer Anteilnahme an der Politik mobilisiert und intensiviert und das Erkenntnisinteresse der Bevölkerung für staatliche Verwaltung wird sich mit der Zeit weiter erhöhen.

China wird hinsichtlich der Menschenrechte mehr und mehr mit der Welt zusammenarbeiten. Die Geschichte hat gezeigt, dass China die Welt braucht. China darf die Tür zur Welt nicht verschließen und sich nur um sich selbst drehen. Die Erfahrungen haben gezeigt, dass dies nie funktioniert hat. Nicht nur in der Wirtschaft braucht man die Außenwelt, auch im Hinblick auf die Förderung der bürgerlichen und politischen Rechte muss man bereit sein, von anderen Ländern zu lernen. Die Gewährleistung der chinesischen Menschenrechte hat einen Entwicklungsprozess aus dem Nichts heraus bis zum heutigen Stand hinter sich. Von Anfang an haben wir von den wertvollen Erfahrungen anderer Länder dabei profitiert. Auch künftig werden wir uns noch intensiver mit anderen Ländern austauschen. Wir müssen dabei noch offener und aktiver werden.

Doch die entscheidende Voraussetzung für eine noch gründlichere Praktizierung der bürgerlichen und politischen Rechte der Bevölkerung ist wie immer die Festigung und Bewahrung sozialer Stabilität. Dialektisch gesehen ist auch die soziale und politische Stabilität eine wesentliche Voraussetzung für den wirtschaftlichen Aufbau und damit Grundlage für die Entwicklung aller anderen Menschenrechte. Kein Land kann in einer chaotischen Situation seine Wirtschaft entwickeln. Und kein Land kann in einer unruhigen Situation die bürgerlichen und politischen Rechte für die Bevölkerung gewährleisten. Angesichts dieser historischen Tatsache und der Lehre aus historischer Erfahrung wird China auch weiterhin die Bewahrung der sozialen Stabilität an die erste Stelle setzen und das Verhältnis von Reformen, Entwicklung und Stabilität gut ausbalancieren.

China wird weiterhin das demokratische System verbessern, die demokratischen Formen und demokratischen Wege erweitern, über alle Fragen demokratische Entscheidungen treffen, die demokratische Verwaltung und demokratische Kontrollen voranbringen.

China wird weiter den Weg zu einem Rechtsstaat anstreben. Die Gesetze sollen bei der Gewährleistung der Menschenrechte eine noch wichtigere Rolle spielen, und das Bewusstsein der Bevölkerung für das Regieren durch Gesetze soll weiter geschärft werden. Bis 2020 plant China den Aufbau eines gut funktionierenden sozialistischen Rechtsstaats spezifisch chinesischer Prägung, in dem alle Bürger bewusst nach Gesetzen handeln können. Das Bewusstsein der Bevölkerung für die Bedeutung der Gesetze soll deutlich dimensioniert werden, auch das Bewusstsein für die aktive Partizipation an der Politik und für die Wahrung eigener legitimer Rechte. Das gilt auch für die Gewährleistung der Rechte der Bürger durch die Regierungen auf allen Ebenen. Dann wird China von sich selbst als einem wahren Rechtsstaat sprechen können.

# Kapitel 4

# Menschenrechte in der Justiz

Menschenrechte in der Justiz umfassen nicht nur Strafrechts-
und Zivilrechtsverfahren, sondern auch Verwaltungsverfahren und
Strafvollstreckung. Bei Zivilverfahren geht es zwar um die Lösung von
Streitigkeiten der Bürger, aber es geht hier im Grunde auch um Schutz und
Praktizierung der Menschenrechte. Denn wenn die Bürger den Eindruck haben, dass ihre Rechte nicht gewährleistet werden, können sie sich in Erwartung
entsprechender Hilfe an die Justiz wenden. Denn Schutz und Praktizierung
der legitimen Rechte der Bürger durch Zivil- oder Strafrechtsverfahren tangieren die Gewährleistung der Menschenrechte. Die Zivilrechtsverfahren
und Verwaltungsverfahren gehören zu juristischen Tätigkeiten des
Volksgerichtshofs. Die Volksstaatsanwaltschaft überwacht gleichzeitig die
Zivilrechtsverfahren und Verwaltungsverfahren. Schutz und Gewährleistung
der Menschenrechte in der Justiz bedeuten Schutz der Menschenrechte im
Zivilrechts – und Strafrechtsverfahren.

Da die meisten der Strafrechtsverfahren nicht öffentlich durchgeführt werden,
möchten viele Menschen wissen, auf welche Weise dabei die Menschenrechte
geschützt werden können. Also wird der Schwerpunkt in diesem Kapitel auf
der Behandlung dieser Frage liegen.

Der Schutz der Rechte der Bürger in der Justiz wird durch das
Strafrechtsverfahren gewährleistet. Einerseits müssen die Straftaten, wodurch
die Rechte der Bürger verletzt worden sind, durch Strafrechtsverfahren und ihre
Urteile verfolgt und gesühnt werden, wobei die legitimen Rechte und Interessen
der Opfer gewahrt werden. Außerdem bedroht Kriminalität die Sozialordnung,
und deshalb bedarf es einer angemessenen Strafe Krimineller für die

Aufrechterhaltung der öffentlichen Ordnung und die Gewährleistung der Rechte der Gesellschaft. In Gerichtsverfahren wird festgestellt, ob die Tatverdächtigen und Angeklagten tatsächlich schuldig sind. In diesem Untersuchungsprozess krimineller Taten und Verbrechen kommt auch die Frage des Schutzes und der Praktizierung legitimer Rechte der Tatverdächtigen und Angeklagten zur Geltung. Bei Strafrechtsverfahren müssen Polizei und Justizbeamte unbedingt die Gesetze respektieren und die legitimen Rechte der Tatverdächtigen und Angeklagten. Insofern kommt es einer Menschenrechtsverletzung gleich, wenn man Verdächtige und Angeklagte nicht durch ordentliche Gerichtsverfahren strafrechtlich verfolgt, sondern außergerichtlich Urteile fällt. Das ist in einem Rechtsstaat nicht erlaubt. Mithin betreffen Schutz und Gewährleistung der Menschenrechte im Strafrecht nicht nur den Schutz der Rechte der Opfer, sondern auch den Schutz der Rechte Tatverdächtiger und Angeklagter.

# I. Die Geschichte und Besonderheit des Menschenrechtschutzes im Strafrecht

In der Frage, ob die bürgerlichen Rechte in der Justiz wirksam geschützt werden können, spiegelt sich die Handhabung des Menschenrechtsschutzes eines Landes, der Zustand der sozialen Zivilisation und der Modus des demokratischen Rechtsschutzes in einem Land wider. Die chinesische Regierung legt durchweg großen Wert auf den Schutz der Rechte der Bürger, insbesondere auf den Schutz der Bürgerrechte in der Justiz. Seit der Gründung der Volksrepublik China und vor allem seit der Zeit der Reformen und Öffnung in den letzten 30 Jahren schenkt die Regierung dem Schutz der Menschenrechte in der Justiz verstärkt große Aufmerksamkeit. Durch eine Differenzierung und Präzisierung der Gesetze und durch Reformen der Gerichtsverfahren hat man für den Schutz der Menschenrechte in der Justiz legitime Formen und ein legitimes Rechtssystem geschaffen. Außerdem hat man durch Fortbildungskurse, in denen das sozialistische Justizkonzept gelehrt wird, das Bewusstsein der Polizei und der juristischen Behörden für legitime Handlungsweisen zu schärfen versucht.

## 1.1. Der Menschenrechtsschutz in der chinesischen Justiz in seiner Entwicklung

Im Jahr 1950 gleich nach der Gründung der Volksrepublik hat man „Regelungen der Organisation des Volksgerichtshofs" herausgegeben, in denen Folgendes steht: „Die Volksgerichte müssen bei der Untersuchung eines Falls sorgfältig die Indizien überprüfen. Folter sollte strengstens verboten werden."[1] 1954 hat man in der ersten Sitzung des ersten Nationalen Volkskongresses die „chinesische Verfassung" erlassen und verkündet, dass die persönliche Freiheit der chinesischen Bürger unantastbar ist. „Niemand darf ohne Entscheidung des Volksgerichtshofs oder ohne Genehmigung der Volksstaatsanwaltschaft jemanden verhaften." „Der Angeklagte hat das Recht auf Verteidigung".

---

1 Die Pekinger Universität der Politik und Justiz, Sammelband der juristischen Gerichtsverfahren der Volksrepublik China, 3. Band, 1956, S. 112.

Außerdem hat man „Regelungen über Strafen der Sicherheitsverwaltung", „Regelungen der Volkspolizei", „Regelungen der Organisation der lokalen Volksstaatsanwaltschaft" und „provisorische Regelungen der Organisation des Volksgerichtshofs" sowie einige weitere Bestimmungen herausgegeben. Diese haben den Schutz der Menschenrechte in der Justiz einigermaßen vorangetrieben.

Während der „Kulturrevolution" hat das chinesische Rechtssystem sehr starke Einbußen erfahren. Die Menschenrechte im Strafverfahren konnten nicht ausreichend geschützt werden. Erst nach dem Niederschlag der „Viererbande" und besonders seit der Zeit der Reformen und Öffnung zur Welt und mit der umfassenden wirtschaftlichen und sozialen Entwicklung ist der dringend nötige Aufbau eines Rechtssystems in Angriff genommen worden. Und jetzt hat man die Korrektur der Gesetzgebung für das Strafrecht beschleunigt.

1979 hat China „Gesetze für Strafrecht", und „Gesetze für Anklageverfahren im Strafrecht" herausgegeben. In diesen beiden Dokumenten ist deutlich gesagt worden, dass eine der Aufgaben des Strafrechts im „Schutz der Rechte der Bürger, ihrer demokratischen und anderer Rechte" liegt. Außerdem haben die neuen Bestimmungen festgelegt, welche Rechte auch Tatverdächtige und Angeklagte in Anspruch nehmen dürfen, damit auch deren Menschenrechte geschützt und gewährleistet werden. 1979 hat man „Bestimmungen über die Organisation der Volksanwaltschaft" veröffentlicht. In der 1982 erlassenen „Verfassung" ist verkündet worden, dass „der Staat verpflichtet ist, alle Handlungen, die die staatliche Sicherheit gefährden, und andere kriminelle Taten zu bestrafen." Man hat auch festgelegt, dass „niemand ohne Genehmigung der Volksanwaltschaft oder ohne das Urteil des Volksgerichtshofs jemanden verhaften" darf. „Es ist verboten, illegal in eine private Wohnung einzudringen und sie zu durchsuchen." „Keine Organisation, niemand darf ohne juristische Genehmigung die Freiheit der Post und das Recht auf Briefgeheimnisse verletzen." „Ein Angeklagter hat das Recht auf Verteidigung." Eine ganze Reihe neuer Bestimmungen garantiert auch die legitimen Rechte der Tatverdächtigen und Angeklagten. Inzwischen hat man in China mehr als 200 solche Bestimmungen herausgegeben. Diese dienen dem Schutz der Menschenrechte im Strafrecht als wichtige Grundlage.

## 1.2 Die 60 Jahre mehrfacher Verlegung des Schwerpunktes im chinesischen Strafrecht

Schutz und Gewähr der Menschenrechte im Strafrecht werden durch Rechtsvollstreckung erzielt. Es stellt sich die Frage, wie die juristischen Behörden und Beamten durch ihr korrektes Verhalten gewährleisten, dass keiner, weder das Opfer noch der Angeklagte, hinsichtlich der Menschenrechte benachteiligt wird. Hier kann man vier Aspekte unterscheiden: 1.) einen Übergang von „harter Bestrafung und geringem Schutz" zu „harter Strafe und gleichzeitig großem Schutz"; 2.) einen Übergang von besonderer Akzentuierung der Straftat und geringerer Achtung auf die Gerichtsverfahren hin zu gleichgewichtiger

Achtung auf beide Momente; 3.) eine Verlagerung ausschließlicher Achtung auf die Gewährleistung der Rechte der Kollektive mit Hintansetzung der Rechte einzelner Personen hin zur Gewährleistung der Menschenrechte für die ganze Bevölkerung und die einzelne Person und 4.) einen Übergang von einseitiger Betonung einer Gewährleistung der Rechte der Opfer hin zur Gewährleistung der Rechte der Opfer und der der Tatverdächtigen und Angeklagten.

A. Der Übergang von „harter Bestrafung" hin zu „harter Bestrafung und gleichzeitiger besonderer Schutzgewährung"

Ein Verbrechen stört die soziale Ordnung gravierend, deshalb muss es strafrechtlich geahndet werden, damit die gesellschaftliche Ordnung gewahrt bleibt und die Bevölkerung im Frieden und sicher leben kann. Doch müssen solche Strafen nach Gesetzen erfolgen, damit kein falsches Urteil ergeht und dadurch eine Ungerechtigkeit entsteht. Man muss deshalb die legitimen Rechte der Tatverdächtigen und Angeklagten gewährleisten, damit diese eine Chance erhalten, sich zu verteidigen. Die chinesische Regierung achtet sehr auf die Bekämpfung der Kriminalität, und ist darum bemüht, die Sicherheit der Bevölkerung und deren Eigentumsrecht zu gewährleisten. Mit einer Erhöhung des Rechtsschutzes verstärkt man auch die Gewährleistung der Rechte Tatverdächtiger und Angeklagter. Auf diese Weise entsteht ein Übergang zur Gewährleistung der beiderseitigen Rechte, nämlich Opfer und Tatverdächtigen zugleich.

B. Der Übergang von vorrangiger Achtung auf die Tat und geringerer Achtung auf das Gerichtsverfahren hin zur gleichgewichtigen Achtung auf beides

Wenn man zu sehr und einseitig auf die kriminellen Taten der hier verantwortlichen Tatverdächtigen und Angeklagten achtet, vernachlässigt man oft die Bedeutung des Strafrechtsverfahrens und verletzt infolgedessen manchmal auch die legitimen Rechte der Angeklagten, sofern man zu einem falschen Urteil kommt. Und man verursacht vielleicht einen nicht wieder gut zu machenden Schaden. Solche negativen Erfahrungen im chinesischen Strafrecht haben uns gelehrt, dass wir zunehmend den Strafrechtsverfahren besondere Beachtung schenken müssen und diese kritisch zu bewerten haben. Inzwischen hat die Regierung verboten, dass man bei den Ermittlungen gegen Tatverdächtige die Gesetze und legitimen Strafrechtsmethoden missachtet, dass man durch Folter Geständnisse zu erzwingen versucht und illegitime Mittel durch Täuschung und Suggestion Beweismaterialien sammelt.

C. Der Übergang von einseitiger Achtung auf Gewährleistung der Rechte der Kollektive und der Hintansetzung der Rechte des Einzelnen hin zur Achtung auf die beiderseitigen Rechte

Die chinesische Regierung betont immer wieder Notwendigkeit, die Interessen der ganzen Gesellschaft zu wahren und die kollektiven Menschenrechte aller Mitglieder der Gesellschaft zu gewährleisten. Doch mit der Schärfung des

Bewusstseins für das Verständnis des Begriffs der Menschenrechte hat man dem Schutz individueller Rechte der Opfer in Strafrechtsverfahren immer größere Aufmerksamkeit geschenkt. Denn häufig ist eine Entschädigung für den Verlust der Opfer von kriminellen Handlungen kaum mehr möglich gewesen, nachdem die Täter strafrechtlich zur Verantwortung gezogen worden sind. Im Blick auf eine jahrelange Praxis hat man in dieser Hinsicht viele Erfahrungen kritisch reflektiert, daraus neue Einsichten gewonnen und neue Wege gefunden, wie man nicht nur die Rechte aller Bürger in der Gesellschaft bewahrt, sondern gleichzeitig auch die des Einzelnen gewährleisten kann.

D. Der Übergang von einseitiger Achtung der Gewährleistung der Rechte der Opfer hin zu gleichrangiger Gewährleistung der Rechte der Opfer und Tatverdächtigen.

China hat immer wieder betont, die Menschenrechte der Opfer von Verbrechen müssten im Strafrechtsverfahren gewährleistet werden. Doch mit einer ständigen Verbesserung des Rechtsschutzes hat man mehr und mehr auch die Rechte der Tatverdächtigen und Angeklagten beachtet.

Alle diesen Schwerpunktverlagerungen im chinesischen Strafrecht haben zu einer beiderseitigen und ausgeglichenen Gewährleistung der Rechte im Strafrecht geführt.

# II. Der Schutz der Rechte der Opfer im Strafrecht

Dieser Abschnitt behandelt hauptsächlich die Gewährleistung der Menschenrechte für Opfer im gegenwärtigen Strafrechtssystem.

## 2.1. Die grundlegenden Aspekte der Gewährleistung der Rechte der Opfer im gegenwärtigen Strafrecht

Nach der chinesischen Verfassung verfügen die Opfer im Strafrecht über die folgenden Rechte:

A. das Recht auf Benutzung ihrer eigenen Sprache und Schrift bei der Anklage:

Nach dem chinesischen Strafrechtsgesetz verfügen „die Bürger aller Nationalitäten über das Recht auf Verwendung ihrer eigenen Mutter-sprache und Schrift bei der Anklage. Der Volksgerichtshof, die Staatsanwaltschaft und die Polizei müssen für den Ankläger Übersetzer oder Dolmetscher suchen, wenn man sich in dessen Sprache nicht verständigen kann. In den Gebieten nationaler Minderheiten muss man bei Gerichtsverfahren die ortsübliche benutzen." China ist ein Land mit zahlreichen ethnischen Gruppen. Alle 56 nationalen Minderheiten besitzen meistens ihre eigenen Sprachen. Im Strafverfahren muss man das Recht der Minderheiten auf die Verwendung ihrer Sprache gewährleisten. Zurzeit benutzen die chinesischen juristischen Behörden in den Gebieten der nationalen Minderheiten und bei den Fällen, die die nationalen Minderheiten betreffen, beim Gerichtsverfahren die ortsüblichen Sprachen.

Auch die entsprechenden juristischen Dokumente werden zugleich in chinesischer Sprache und der Sprache der Betroffenen geschrieben.

B. das Recht auf Beschwerden:

In dem chinesischen Strafrechtsgesetz steht: „Die Ankläger haben das Recht, gegen die Verletzung der Rechte des Anklägers und gegen Richter, Staatsanwälte und Ermittler wegen persönlicher Beleidigung oder der Verletzung anderer Menschenrechte im Strafrechtsverfahren Beschwerden zu erheben."

C. das Recht auf den Verzicht der Beteiligung an Strafrechtverfahren:

Nach dem chinesischen Strafrechtsgesetz sollten Richter, Staatsanwälte und Ermittler freiwillig einem Strafverfahren ausweichen oder darauf verzichten, wenn sie oder ihre Verwandten direkt mit dem Fall zu tun haben, damit eine unparteiische Ermittlung in diesem Fall und ein objektives Verfahren ermöglicht und garantiert wird. Auch die Betroffenen und ihre gesetzlichen Vertreter dürfen fordern, dass potentiell Befangene sich zurückziehen. So kann man Vorbehalte oder Zweifel an einem gerechten Urteil ausschließen und unnötige Petitionen reduzieren oder ganz verhindern.

D. das Recht auf Beauftragung eines Vertreters:

Nach dem chinesischen Strafrechtsgesetz dürfen „Ankläger und deren gesetzliche Vertreter oder Verwandte sowie die Nebenkläger und deren gesetzliche Vertreter (…) am Tag der Überreichung der Anklage oder auch während des Gerichtsverfahrens einen Vertreter beauftragen. Die Volksstaatsanwaltschaft muss innerhalb von drei Tagen nach Erhalt der Anklage den Betroffenen, ihren gesetzlichen Vertretern oder Verwandten mitteilen, dass sie das Recht auf Beauftragung von Vertretern haben." Das Opfer hat nicht nur das Recht, sich persönlich am Gerichtsverfahren zu beteiligen, sondern auch das Recht, jemanden beauftragen, seine Interessen zu vertreten. In der Regel beantragen die Opfer einen Anwalt als Vertreter zur Wahrung ihrer Rechte.

E. das Recht der Nebenkläger auf Erhebung einer Anklage:

Nach dem chinesischen Strafrechtgesetz haben die Opfer krimineller Handlungen und materieller Einbußen das Recht, Nebenkläger zu bestellen. Wenn das Volksgericht die Notwendigkeit erkennt, erlaubt es, das Eigentum der Beklagten zu versiegeln oder zu beschlagnahmen. Wenn das Opfer bei kriminellen Vergehen auch materielle Verluste erlitten hat, darf es Entschädigung verlangen.

F. das Recht auf Anklage:

Nach dem chinesischen Strafrechtsgesetz dürfen die Opfer bei der Polizei, der Volksanwaltschaft und beim Volksgerichtshof gegen Tatverdächtige Anklage erheben aufgrund von Verstößen gegen ihre persönlichen Rechte und Eigentumsrechte erheben. „Die Polizei, Volkstaatsanwaltschaft und der Gerichtshof müssen allerdings die Anklage, Anzeige und Meldung einer

Straftat akzeptieren. Wenn diese nicht in ihren Zuständigkeitsbereich fällt, müssen sie die Anklage an die zuständigen Behörden weiterreichen." Das Recht auf Anklage zählt zu den wichtigen legitimen Rechten der Bürger. Einer Anklage entsprechend können die juristischen Behörden kriminelle Taten verfolgen. Falls die juristischen Behörden ihrer Pflicht nicht nachkommen, müssen sie strafrechtlich zur Verantwortung gezogen werden.

G. das Recht auf Anonymität bei Strafrechtsverfahren:

Nach dem chinesischen Strafrechtsgesetz müssen die „Organe der öffentlichen Sicherheit, Staatsanwaltschaft und Volksgericht für die Sicherheit der Ankläger und für deren Verwandte aufkommen. Wenn die Vertreter der Anzeige, die Ankläger und deren Verwandte anonym bleiben wollen, sollten alle ihre Informationen vertraulich behandelt werden." Auf diese Weise soll gewährleistet werden, dass die Opfer und deren Verwandte im Falle des Bekanntwerdens ihrer Informationen oder vergleichbarer Gründe keinen weiteren Schaden erleiden müssen. Dies gehört zu den neuen Bestimmungen des Strafrechts, denn alten Regelungen zufolge hat sich die Geheimhaltung von Informationen der Opfer nur auf die Untersuchungsphase beschränkt. Nach den neuen Bestimmungen sollen vertrauliche Informationen, die auf die Opfer zurückgehen, während der ganzen Zeit des laufenden Strafverfahrens geheim bleiben.

H. das Recht auf direkte Anklage der Opfer:

Nach dem chinesischen Strafrechtsgesetz können die Opfer[2] „direkt beim Volksgerichtshof Anklage erheben. Wenn das Opfer infolge eines Verbrechens gestorben oder nicht mehr fähig ist, selbst Anklage zu erheben, können die gesetzlichen Vertreter oder die Verwandten der Opfer dies übernehmen." Das Opfer kann erwägen, ob es bei einer geringfügigen Straftat die Täter strafrechtlich verfolgen lässt oder lieber mit dem Täter einen Vergleich oder einen Versöhnungsversuch bevorzugt. Auch kann der Gerichtshof eine Schlichtung einleiten, damit das Opfer sich flexibel verhalten kann.

J. das Recht, einen Antrag auf zusätzliche sachverständige Gutachten oder erneute Überprüfung zu stellen:

Nach dem chinesischen Strafrechtsgesetz sollten „die Ermittlungsorgane dem Tatverdächtigen und den Opfern die Ergebnisse ihrer als Beweis dienenden sachverständigen Gutachten mitteilen. Die Tatverdächtigen und die Opfer dürfen auch einen Antrag auf zusätzliche Sachverständigengutachten oder erneute Überprüfungen stellen." Das Recht auf zusätzliche Sachverständigengutachten oder eine erneute Überprüfung ist sehr wichtig für die Gewährleistung der

---

2   Laut chinesischem Strafrecht betreffen Fälle einer direkten Anklage a) gerade passierte Fälle, b) geringfügige Straftaten, über welche die Opfer wichtige Hinweise liefern können und c) solche Fälle, wo die Opfer geltend machen können, dass ihre persönlichen Rechte und Eigentumsrechte durch kriminelle Handlungen eine strafrechtliche Verfolgung der Täter verlangen.

legitimen Rechte der Opfer. In der juristischen Praxis hat dies für die sachge-
rechte Bearbeitung eines strafrechtlichen Falls eine sehr wichtige Rolle gespielt.
Selbst wenn die Gutachter hinsichtlich spezieller Fragen mit wissenschaftlichen Methoden zu fachkundigen Schlussfolgerungen kommen, ist es manchmal nicht zu vermeiden, dass manche solcher Gutachten durch unterschiedliche Faktoren beeinflusst und insofern beeinträchtigt werden können. Deshalb
können zusätzliche Begutachtungen oder sogar erneute Überprüfungsverfahren
hilfreich sein, unnötige Fehlurteile und Schäden zu vermeiden.

K. das Recht auf direkte Anklage:

Nach dem chinesischen Strafrechtsgesetz sollte der Volksgerichtshof das
Opfer über seine Entscheidung einer Einstellung des Verfahrens informieren,
wenn man keine hinreichenden Anhaltspunkte und Gründe für eine Anklage
zu erkennen gemeint hat, den Angeklagten weiter strafrechtlich Klagehebung
nicht weiter zu verfolgen. Wenn das Opfer damit nicht einverstanden ist,
darf es binnen einer Woche nach Erhalt der schriftlichen Entscheidung dem
Gerichtshof oder der nächsthöheren Instanz erneut seine Anklage vorbringen.

L. das Recht auf Beteiligung an der Gerichtsuntersuchung:

Nach dem chinesischen Strafrechtsgesetz dürfen „die Angeklagten und
Opfer zu den Fakten des Verbrechens Stellung nehmen, nachdem sie die
Anklageschrift der Staatsanwalt gehört haben. Die Staatsanwälte dürfen ei-
nen Angeklagten auch verhören. Opfer, Kläger, Anwälte und Vertreter der
Ankläger dürfen nach Erlaubnis des vorsitzenden Richters dem Angeklagten
Fragen stellen. Dass die Opfer, Ankläger, Anwälte und Vertreter der Ankläger
auf diese Weise am Gerichtsverfahren und den Ermittlungen beteiligt werden,
die Tatsachen erläutern, sich über den Prozess des Verfahrens und über den
Stand der Ermittlungen informieren können, ist relevant für die Gewährleitung
der legitimen Rechte der Opfer.

M. das Recht auf Information des Gerichtsurteils des Gerichtshofs:

Nach dem chinesischen Strafrechtsgesetz „muss das Urteil des Gerichts offen ausgesprochen werden. Das Urteil des Gerichts muss innerhalb von fünf
Tagen den betroffenen Parteien und der Volksstaatsanwaltschaft zugestellt
werden."

N. das Berufungsrecht:

Nach dem chinesischen Strafrechtsgesetz „dürfen die Opfer und ihre gesetzlichen Vertreter sich weigern, das in erster Instanz des lokalen Gerichtshofs ge-
fällte Urteil zu akzeptieren. Sie dürfen innerhalb von fünf Tagen nach Erhalt des
schriftlichen Urteils bei der Volksstaatsanwaltschaft Berufung einlegen und das
Urteil revidieren lassen. Nach dem Erhalt des Antrags auf Berufung muss die
Volksstaatsanwaltschaft dem Opfer oder seinem gesetzlichen Vertreter innerhalb von fünf Tagen entsprechend antworten." Das Berufungsrecht hat man bei
der Korrektur des Strafrechtsgesetzes neu hinzugefügt, und zwar hauptsächlich

aus Gründen der Gewährleistung der legitimen Rechte der Opfer. Früher sind nur die Polizei und juristischen Behörden für Gewährleistung der Rechte der Opfer zuständig gewesen; und wenn die Opfer mit dem Urteil nicht einverstanden waren, haben sie durchaus bei der Staatsanwaltschaft protestieren können, aber die Staatsanwaltschaft war nicht verpflichtet, den Fall nochmals zu überprüfen. Heute ist das nach dem Gesetz anders: Wenn die Opfer mit dem Urteil nicht einverstanden sind, können sie bei der Staatsanwaltschaft um Revision des entsprechenden Falles nachkommen. Und die Staatsanwaltschaft muss zu dem Antrag stattgeben.

O. das Recht auf Klage gegen ein rechtwirksames Urteil:

Nach dem chinesischen Strafrechtsgesetz „dürfen die Opfer und deren gesetzliche Vertreter oder Verwandte gegen ein rechtwirksames Urteil bei der Staatsanwaltschaft Klage erheben, doch sie können die Ratifizierung dieses Urteils nicht stoppen." Eine solche Klage der Opfer muss zwar nicht direkt eine Wiederaufnahme des Falls bewirken, aber sie kann als Voraussetzung für eine Wiederaufnahme des Falls und für den entsprechenden Berufungsantrag dienen.

P. das Recht auf Schutz der Privatsphäre:

Nach dem chinesischen Strafrechtsgesetz sollten die Entscheidungen der ersten Instanz des Volksgerichts der Öffentlichkeit zugänglich sein. Doch wenn es sich dabei um Staatsgeheimnisse oder private Angelegenheiten handelt, wird die Öffentlichkeit ausgeschlossen." Der Umstand, dass in solchen Fällen keine öffentliche Anhörung gestattet wird, dient dem Schutz der Reputation des Opfers und einer Vermeidung einer weiteren Verletzung des Opfers.

Q. das Recht auf staatliche Entschädigung:

Wenn der Angeklagte tatsächlich nicht in der Lage ist, eine verpflichtende Entschädigung zu kompensieren, kann sich das Opfer an den Staat wenden. Der Staat wird je nach dem Fall eine entsprechende Entschädigung leisten. In der Praxis hat der Staat eigentlich schon eine solche Entschädigung in Form eines Schmerzensgeldes für die Opfer eingeführt. 2006 hat man in zehn höheren Volksgerichten mit einer staatlichen Entschädigung experimentiert. Statistischen Angaben zufolge hat man insgesamt 378 Opfern und ihren Angehörigen 7.802.400 Yuan Schmerzensgeld gezahlt.[3] Der Staat kümmert sich auch um eine Entschädigung für die Opfer, deren Angehörige bei Arbeitsunfällen ums Leben gekommen sind. Nach dem Vorfall am „5. Juli" im autonomen Gebiet Xinjiang hat der Staat den Angehörigen der ums Leben gekommenen Opfer unmittelbar 250.000 Yuan gezahlt. Darüber hinaus hat der Staat auch die Bestattungskosten für die Opfer übernommen.

---

3  Yang Xiao, Der Arbeitsbericht des obersten Volksgerichtshofs in der 5. Sitzung des 10. Nationalen Volkskongresses. 13.03. 2007.

## 2.2. Die Verwirklichung der Gewährleistung der Rechte der Opfer im Strafrecht.

Die Gewährleistung dieser Rechte hängt stark ab von juristischen Beamten und deren korrekten und unparteiischen Strafverfolgungen und von deren Wahrung der Rechte der Opfer. In der chinesischen Strafrechtspraxis hat man viele Maßnahmen ergriffen, um die Rechte der Opfer effektiv und angemessen zu schützen.

Die oben genannten 16 Rechte der Opfer kann man in zwei Kategorien teilen: 1.) in das besondere Recht der Opfer und 2.) in die Rechte der Opfer und anderer Beteiligter an Strafrechtsverfahren.

A. Das besondere Recht der Opfer.

Das besondere Recht der Opfer im Strafrechtgesetz umfasst folgende sieben Teile: 1.) die Beauftragung der Vertreter für das Gerichtsverfahren; 2.) das Recht auf Anklage durch Nebenkläger; 3.) die direkte Anklage durch die Opfer; 4.) die Klage gegen die Entscheidung der Staatsanwaltschaft wegen Einstellung eines Verfahrens und das Recht der Opfer auf direkte Klage; 5.) das Recht auf Berufung oder Revision; 6.) das Recht auf Privatsphäre; 7.) das Recht auf staatliche Entschädigung.

Die Strafrechtsgesetze für die besonderen Rechte der Opfer haben folgende Kategorien:

140

1.) Vor der Korrektur des Strafrechtsgesetztes hatte man das Recht auf nichtöffentliche Verhandlungen, auf eine direkte Anklage und das Recht auf Anklage durch Nebenkläger bereits festgelegt. Und nach vollzogener Korrektur ist dieser Rechtskomplex nur noch stärker betont worden.

2.) Die Gesetze haben nach der Korrektur an Präzision und Vollständigkeit gewonnen. Beispielsweise hinsichtlich direkter Anklagen in Fällen, die strafrechtlich nicht mehr verfolgt wurden. Vor Revision der Strafrechtgesetze hatte man festgelegt: „Die Staatsanwaltschaft muss dem Opfer schriftlich mitteilen, wenn sie sich entschieden hat, ein Verfahren gegen einen Angeklagten einzustellen und es strafrechtlich nicht weiter zu verfolgen. Doch wenn das Opfer damit nicht einverstanden ist, kann es innerhalb von sieben Tagen nach Erhalt der schriftlichen Mitteilung bei der Staatsanwaltschaft erneut seine Anklage einreichen. Nach der Bestimmung im korrigierten Gesetz kann das Opfer seinen Klageantrag nicht mehr bei derselben Staatsanwaltschaft einreichen, sondern muss ihn an die eine Stufe höhere Instanz der Staatsanwaltschaft richten. Auf diese Weise wird die Arbeit der unteren Staatsanwaltschaften durch eine höhere Instanz der Staatsanwaltschaft stärker kontrolliert. Dadurch können auch Fehler rechtzeitig entdeckt und entsprechend korrigiert werden. In der korrigierten Fassung der Gesetze hat man noch das Recht der Opfer auf direkte Anklage hinzugefügt. Das heißt, wenn das Opfer mit der Entscheidung der Staatsanwaltschaft hinsichtlich der Einstellung eines Verfahrens nicht einverstanden ist oder auch wenn es kein Vertrauen auf eine höhere Staatsanwaltschaft hat und sich durch vermeintliche Voreingenommenheit beeinträchtigt sieht, kann es beim Volksgerichtshof direkt Anklage erheben, damit sein Fall schließlich ein gerechtes Urteil finden kann.

3.) Das Recht der Opfer, einen Vertreter für das Gerichtsverfahren zu beauftragen, ist neu hinzugefügt. Wenn das Opfer selbst nicht in der Lage ist, vor Gericht zu erscheinen, darf es einen Vertreter beauftragen, der sein Interesse vertritt. Wenn das Opfer mit dem erstinstanzlichen Urteil über den Angeklagten nicht einverstanden ist oder dies für unangemessen hält, darf es die Staatsanwaltschaft bitten, den Fall zu überprüfen. In der strafrechtlichen Praxis ist dieses Recht schon oft in Anspruch genommen. 2006 hat es 439 solche Fälle gegeben. Nach der Überprüfung der Staatsanwaltschaft ist in 315 Fällen das fehlerhafte Urteil revidiert oder durch ein neues ersetzt worden, d.h. in 71,8% der Fälle.

4.) In der früheren Fassung des Strafrechtgesetzes ist darüber nichts gesagt worden. Doch in der Praxis ist es vereinzelt vorgekommen beispielsweise in Form staatlicher Entschädigung für die Opfer bei einem großen Unfall oder einer Katastrophe. So hat etwa der Staat für alle Opfer beim Vorfall des „5. Juli" in Urumqi eine staatliche Entschädigung geleistet.

Wie sich zeigt ist die Gewährleistung der Rechte der Opfer durch Gesetze ständig verbessert worden, indem man neue Gesetze erlassen, bisherige Gesetzesfassungen vervollständigt und Lücken geschlossen hat. Neue Gesetze haben durchweg noch entschiedener die Rechte eines Opfers berücksichtigt. Nach der Korrektur des Strafrechtgesetzes 1997 haben immer mehr Opfer die neuen Gesetze in Anspruch genommen. Vor allem haben immer mehr Opfer, denen die Urteilsfindung in erster Instanz nicht angemessen schien, ihre Klage bei der nächsthöheren Instanz, der Staatsanwaltschaft, eingereicht. Auch sind immer mehr solcher Klagen durch die Staatsanwaltschaft gebilligt worden. Dies waren 1997 51,8% und 2008 bereits 88,1%. Innerhalb von 12 Jahren ist diese Zahl um 75% gestiegen. Im Grund genommen darf man hier von einer effektiven Gewährleistung der Rechte der Opfer sprechen.

B. Die Gewährleistung der Rechte der Opfer und anderer Beteiligter an Strafrechtsverfahren.

Im Strafrechtsverfahren genießen neben dem Opfer auch alle an den Strafrechtsverfahren Beteiligten verschiedene Rechte. Diese sind:

1.) die Verwendung der Muttersprache und eigener Schrift; 2.) das Recht auf Anklage; 3.) das Recht auf Abstandnahme vom Verfahren; 4.) das Recht auf Anonymität; 5.) das Recht auf zusätzliche sachverständige Gutachter und eine erneute Überprüfung; 6.) das Recht auf Beteiligung am Gerichtsverfahren; 7.) das Recht auf Zustellung des schriftlichen Urteils und 8) das Recht auf die Klage gegen ein rechtskräftiges Urteil.

Nach der Revision der Strafrechtsgesetze gibt es in den bereits geltenden Bestimmungen einige Veränderungen, d.h. bei diesen handelt es sich nur um Differenzierungen. Beispielsweise kann jetzt die Anklage in der Muttersprache des Anklägers geschrieben werden und müssen alle Dokumente des Gerichtsverfahrens auch in der Sprache der Beteiligten formuliert werden. Diese Bestimmungen hat man in der langen Praxis des Strafrechts immer beachtet. In den autonomen Gebieten der Inneren Mongolei, in Xinjiang und Tibet haben alle Gerichtshöfe und Staatsanwaltschaften beide Sprachen, nämlich Chinesisch und die Sprachen vor Ort verwendet. Für diejenigen, die sich in der ortsüblichen Sprache nicht verständigen können, soll es Dolmetscher geben.

Ein weiteres Beispiel wäre für die Opfer das Recht auf Anonymität. Nach der revidierten Fassung des Gesetzes sind die Möglichkeiten einer anonymen Durchführung der Verfahren ausgeweitet worden. Denn jetzt müssen Polizei, Gerichtshof und Staatsanwaltschaft alle Daten der Beantragenden, der Ankläger und deren Familienangehörigen geheim halten, wenn diese das verlangen. Und dieses Geheimhalten vertraulicher Informationen muss während des ganzen Verfahrens gewahrt bleiben.

Mit der Revision haben sich einige vollkommen neue Regelungen ergeben wie beispielsweise das Recht auf zusätzliche sachverständige Gutachter und das Recht auf eine erneute Überprüfung eines noch nicht abgeschlossenen Verfahrens, das Recht für das juristische Personal, die ihm zugemessene Verantwortung für ein Verfahren abzulehnen[4] und das Recht aller an einem Verfahren Beteiligten auf ein schriftlich begründetes Urteil des Gerichts.

142

Man kann hier sehen, dass auch die Rechte anderer an den Verfahren Beteiligter gewährleistet werden. Auch für diese werden die Gesetze ständig verbessert.

C. Der Entwicklungsspielraum der Strafrechtsgesetze bei der Gewährleistung der Rechte der Opfer.

Wie oben bereits erwähnt werden sowohl die besonderen Rechte der Opfer als auch die Rechte anderer an den Verfahren Beteiligter gewährleistet. Doch was eine weitere Verbesserung solcher Gewährleistung von Rechten der Opfer angeht, so wäre zu überlegen, ob in Zukunft im Hinblick auf die gegenwärtige Praxis an den jetzt gültigen Bestimmungen noch einige Änderungen vorgenommen werden sollten. Beispielsweise könnte man den Zeitpunkt der Antragstellung durch die von den Opfern beauftragten Vertreter vorverlegen auf den Zeitpunkt, da die juristischen Behörden den Fall angenommen haben. Das Opfer sollte da schon einen Vertreter beauftragen können, der es beim Strafverfahren vertritt. Außerdem sollte man womöglich ein System für psychische Entschädigung der Opfer und ein System der staatlichen Entschädigung aufbauen.

---

4   Vor der Korrektur des Strafrechtgesetzes schließen die Verfahrensbeteiligten die Opfer nicht mit ein. Nach der Korrektur haben die Opfer den Status der Verfahrensbeteiligten erhalten. In diesem Sinne gehört diese Bestimmung zu den neu hinzugefügten. Der Begriff ist geblieben, nur der Inhalt hat sich verändert.

## III. Die Gewährleistung der Rechte der Tatverdächtigen und Angeklagten im Strafrecht

Die Gewährleistung der Menschenrechte im chinesischen Strafrecht hat Veränderungen erfahren. Früher hat man schwerpunktmäßig die Gewährleistung kollektiver Rechte der ganzen Gesellschaft beachtet. Doch inzwischen sieht man auch auf die Gewährleistung der Rechte der Tatverdächtigen und Angeklagten. Für das Strafrecht ist unterdessen die Gewährleistung der Menschenrechte der Tatverdächtigen und Angeklagten ein zentrales Anliegen geworden. Denn diese Betroffenen befinden sich strafrechtlich gesehen als die Beschuldigten in einer schwächeren Position und sind Objekte der Ermittlung durch die mächtigen Staatsorgane. Deswegen sind die Rechte dieser situationsbedingt Schwächeren besonders zu beachten.

### 3.1. Die Hauptinhalte der Rechte der Tatverdächtigen und Angeklagten

A. Recht auf Verwendung der Muttersprache und eigenen Schrift

Dieses Recht können alle an den Verfahren Beteiligten genießen, auch die Tatverdächtigen und Angeklagten. Nach dem chinesischen Strafrechtsgesetz dürfen alle bei ihren Anklagen und beim Gerichtsverfahren ihre eigene Sprache verwenden. Der Gerichtshof und die Staatsanwaltschaft sollten für die am Fall Beteiligten für Dolmetscher sorgen, wenn diese sich in der ortsüblichen Sprache nicht verständigen können. In den Gebieten mit vielen nationalen Minderheiten sollte man auch beim Verhören, bei der Verkündigung von Gerichtsurteilen und in allen anderen Dokumenten die Sprache vor Ort benutzen.

B. Recht auf Anklage

Nach dem chinesischen Strafrechtsgesetz dürfen am Fall Beteiligte gegen Richter, Staatsanwälte und Ermittler wegen Beleidigung Anklage einreichen. Da im Strafrecht gegen die Tatverdächtigen und Angeklagten ermittelt wird, können diese besonders leicht zur Beute einer Verletzung der Menschenrechte werden. Deshalb haben sie das Recht, im Fall der Menschenrechtsverletzung gegen die Polizei und andere juristische Behörden zu klagen. Solche Anklagen können sie bei der Abteilung der Disziplinkontrolle der juristischen Behörden oder bei der Staatsanwaltschaft einreichen, damit die hier Verantwortlichen zur Rechenschaft gezogen werden für ihre Verhaltensweise.

C. Recht für juristisches Personal, auf das ihnen zugemessene Verfahren zu verzichten

Nach dem chinesischen Strafrechtgesetz müssen alle Richter, Staatsanwälte und Ermittler in einem der folgenden Fälle freiwillig von einem Verfahren Abstand zu nehmen.[5] Die Betroffenen und deren Vertreter dürfen dies auch von

---

5 „Diejenigen, (1) die selbst die Betroffenen oder nahe Verwandte der Fallbeteiligten sind (2) die Interessen der Betroffenen vertreten oder die der nahen Verwandten derer, die mit dem Fall direkt zu tun haben, (3) die als Zeuge, Gutachter, Verteidiger oder Vertreter fungiert haben, (4) die andere Beziehungen zu den Fallbetroffenen haben."

ihnen verlangen. Dadurch können womöglich Zweifel der Tatverdächtigen und Angeklagten an einem vermeintlich gerechten Urteil ausgeräumt werden. So lässt sich eine unnötige Petition vermeiden. Doch das Recht der Tatverdächtigen und Angeklagten ist nicht uneingeschränkt; bevor ein Ermittler von einem Verfahren Abstand nimmt, kann und darf er seine Ermittlungen nicht abbrechen.

D. Recht auf Verteidigung

Nach dem chinesischen Strafrechtsgesetz verfügen die Tatverdächtigen und Angeklagten über folgende Rechte:

1. das Recht der Selbstverteidigung. Die Tatverdächtigen und Angeklagten können im Strafverfahren sich selbst verteidigen, um ihre legitimen Rechte und Interessen zu schützen.

2. das Recht, einen Verteidiger zu beauftragen. Nach dem chinesischen Strafrechtsgesetz dürfen die Tatverdächtigen und Angeklagten einen oder zwei Verteidiger beauftragen. Folgende Personen können als beauftragte Verteidiger fungieren: 1.) Rechtsanwälte; 2.) die von einer Volksorganisation oder von der Arbeitseinheit, bei der der Tatverdächtige oder Angeklagte gearbeitet hat, empfohlenen Personen; 3.) die Verwandten der Tatverdächtigen oder Angeklagten. In der juristischen Praxis sind das meist Strafverteidiger mit kompetenten juristischen Sachkenntnissen.

3. das Recht auf einen Pflichtverteidiger. Nach dem chinesischen Strafrechtsgesetz sollte der Gerichtshof für die Tatverdächtigen oder Angeklagten, die aus finanziellen Gründen sich keine beauftragten Verteidiger leisten können, einen Strafverteidiger benennen. Im Fall, dass die Tatverdächtigen oder Angeklagten blind, taubstumm oder minderjährig sind oder dass die Tatverdächtigen bzw. Angeklagten wahrscheinlich zum Tod verurteilt werden und keinen Verteidiger haben, sollte der Gerichtshof auch für sie Verteidiger benennen.

4. das Recht auf Ablehnung einer Verteidigung. Nach dem chinesischen Strafrechtsgesetz dürfen die Tatverdächtigen oder Angeklagten einen Verteidiger ablehnen.

5. das Recht auf Verwendung ihrer eigenen Sprache und Schrift bei der Anklage.

Nach dem chinesischen Strafrechtsgesetz verfügen „die Bürger aller Nationalitäten über das Recht auf Verwendung ihrer Muttersprache und eigenen Schrift bei der Anklage. Der Volksgerichtshof, die Staatsanwaltschaft und die Polizei müssen für den Ankläger Übersetzer oder Dolmetscher suchen, sofern man sich in dessen Sprache nicht verständigen kann. In den Gebieten nationaler Minderheiten muss man bei Gerichtsverfahren die ortsübliche Sprache benutzen." China ist ein Land mit zahlreichen ethnischen Gruppen. Alle 56 nationalen Minderheiten bedienen sich meist ihrer eigenen Sprachen. Im Strafverfahren muss man das Recht der Minderheiten auf die Verwendung ihrer Sprache gewährleisten. Zurzeit benutzen die chinesischen juristischen Behörden in den Gebieten der nationalen Minderheiten und bei den Fällen, die die nationalen Minderheiten betreffen, bei Gerichtsverfahren die ortsüblichen Sprachen. Auch die entsprechenden juristischen Dokumente werden zugleich in chinesischer Sprache und in der Sprache der Betroffenen geschrieben.

6. das Recht auf Rechtsanwälte. Nach dem chinesischen Strafrechtsgesetz darf der Verdächtige nach der ersten Vernehmung durch die Untersuchungsbehörde einen Anwalt benennen, der ihm bei juristischen Beratungen und Einsprüchen beisteht. Wenn es sich hier um einen Fall handelt, der Staatsgeheimnisse betrifft, muss der Antrag auf einen Rechtsanwalt durch die Ermittlungsbehörde genehmigt werden. Der beauftragte Rechtanwalt hat die Berechtigung, sich bei der Ermittlungsbehörde über die Tat des Verdächtigen kundig zu machen, den gefangengenommenen Verdächtigen zu treffen und sich über den Fall persönlich zu informieren. Je nach den Umständen eines Falls darf die Ermittlungsbehörde jemanden anweisen, beim Zusammentreffen mit dem Tatverdächtigen für die Anwesenheit von dessen Anwalt zu sorgen.

7. das Recht auf Verweigerung einer Reaktion auf die Fragen, die den Fall nicht betreffen.

Nach dem chinesischen Strafrechtsgesetz muss der Verdächtige beim Verhör auf die Fragen der Ermittler wahrheitsgemäß antworten. Aber wenn es bei den Fragen um irrelevante, den Fall sachlich nicht betreffende Dinge geht, hat der Tatverdächtige das Recht, sich zu weigern, die Fragen zu beantworten. Denn dabei könnte es sich um die Privatsphäre und Intimitäten betreffende Fragen handeln. Das Gesetz macht aus guten Gründen in dieser Hinsicht strenge Vorschriften. Dadurch wird einerseits garantiert, dass die Ermittlung nicht in die falsche Richtung läuft. Und andererseits schützt dieses Gesetz die legitimen Rechte des Tatverdächtigen.

8. das Recht auf Zeugenaussagen

Nach dem chinesischen Strafrechtsgesetz können die Zeugenaussagen erst dann als Maßgabe für das Urteil dienen, wenn sie vor Gericht durch Fragen oder Kreuzverhör der Staatsanwaltschaft und der Verteidiger des Opfers und Angeklagten bestätigt und anschließend überprüft worden sind. Wenn sich erweist, dass absichtlich falsche Aussagen gemacht und strafrechtliche Beweismittel bewusst verschleiert worden sind, dann wird strikt nach dem Gesetz gehandelt.

9. das Recht auf die letzte Aussage

Nach dem chinesischen Strafrechtsgesetz hat der Angeklagte noch die Chance einer letzten und endgültigen Aussage, wenn der vorsitzende Richter das Ende der Debatte festgestellt hat. Das heißt, bevor der vorsitzende Richter das Urteil verkündet, soll man dem Angeklagten das letzte Wort einer Erklärung zugestehen. Die letzte Aussage ist letzte Stellungnahme des Angeklagten vor dem Gericht. Wahrscheinlich wird dieser weiterhin seine Tat rechtfertigen oder er zeigt sich reumütig, bittet sein Opfer um Verzeihung oder das Gericht um Nachsicht. Unabhängig von der Intention seiner Rede ist dies die letzte Gelegenheit für den Angeklagten, etwas zu sagen.

10. das Recht auf Berufung

Nach dem chinesischen Strafrechtsgesetz dürfen der Angeklagte und dessen gesetzlicher Vertreter mündliche oder schriftliche Berufung bei der höheren Instanz einlegen, wenn sie mit dem Urteil der ersten Instanz des Gerichtshofs nicht einverstanden sind. Auch die Verteidiger und nahe Verwandte des Angeklagten dürfen Berufung einlegen, wenn der Angeklagte damit einverstanden ist. Dies Berufungsrecht des Angeklagten darf durch keinen Vorwand entzogen werden. Das Berufungsrecht ist ein wichtiges Recht für den Angeklagten. Nur so kann ein fehlerhaftes Urteil durch die zweite Instanz und deren Überprüfung womöglich revidiert werden. Damit das Berufungsrecht des Angeklagten tatsächlich gewährleistet werden kann, hat man im Strafrechtsgesetz noch festgelegt, dass die zweite Instanz mit ihrem Urteil die Bestrafung nicht erhöhen darf, nur weil der Angeklagte und dessen Vertreter oder Verwandten das Berufungsrecht in Anspruch genommen haben.

11. das Recht auf Klage gegen ein rechtswirksames Urteil

Nach dem chinesischen Strafrechtsgesetz dürfen der Angeklagte, dessen gesetzliche Vertreter und Verwandten gegen ein rechtswirksames Urteil des Gerichtshofes bei der Staatsanwaltschaft oder bei einer höheren Instanz des Gerichtshofs Einspruch erheben. Doch dadurch kann die

Ausführung des Urteils nicht gestoppt werden. Die Klage des Angeklagten kann zwar nicht zu einer direkten Wiederaufnahme des Verfahrens führen, aber sie kann einer neuen Überprüfung dienlich sein.

12. das Recht auf Entschädigung

Der Verdächtige oder Angeklagte hat das Recht auf Entschädigung, wenn dessen Persönlichkeitsrechte und Eigentumsrechte verletzt wurden. Nach dem chinesischen Strafrechtsgesetz können der Verdächtige und Angeklagte unter folgenden Umständen den Anspruch auf Entschädigung erheben: 1.) einer irrtümlichen Verhaftung ohne Indizien für ein schwerwiegendes Verbrechen oder kriminelle Vergehen; 2.) bei Festnahme ohne strafrechtliche Tatsachen; 3.) wenn nach dem einem Überprüfungsverfahren das Urteil in einen Freispruch revidiert worden ist, das ursprüngliche Urteil aber bereits vollstreckt ist; 4.) im Falle eines durch Folter erwirkten Geständnisses, wobei körperliche Verletzungen oder sogar der Tod erfolgt sind; 5.) bei körperlicher Verletzung mit Todesfolge durch illegale Verwendung der Waffen. Nach dem staatlichen Gesetz für Entschädigungen muss der Staat dem Opfer in folgenden Fällen Schadenersatz leisten, 1). wenn die juristischen Behörden und deren Beamte das Eigentum der Inhaftierten illegal beschlagnahmen, pfänden, und deren Konten einfrieren, 2). wenn nach dem revidiertem Urteil der Angeklagte freigesprochen wird, aber dem ursprünglichen Urteil nach eine Geldstrafe eingezogen oder die Beschlagnahme des Eigentums bereits ausgeführt worden ist, 3.) wenn der Verdächtige oder Angeklagte irrtümlich verhaftet, durch Fehler der Justiz irrtümlich verurteilt, illegal durch Waffen verletzt oder sogar getötet worden ist. Diese ziemlich neuen Bestimmungen bedeuten für die Sicherheitsbeamten auch eine Warnung, dass sie nach juristischen Normen in zivilisierter Form gerecht und präzise bei ihrer Strafverfolgung vorzugehen haben. Hier ist noch zu ergänzen, der Standard staatlicher Entschädigung steigert sich in Analogie zu der wirtschaftlichen Entwicklung und geht einher mit der Erhöhung des Lebensstandards der Bevölkerung. Siehe (Tabelle 4-1).

### Tabelle 4-1: Überblick über den jährlichen staatlichen Schadenersatz

| JAHR | Das durchschnittliche Einkommen der Beschäftigten | Die Arbeitstage des Jahres | Kriterien für den Schadenersatz |
|---|---|---|---|
| 1995 | 4538 | 254 | 17.87 |
| 1996 | 5500 | 254 | 21.65 |
| 1997 | 6210 | 254 | 24.45 |
| 1998 | 6470 | 254 | 25.47 |
| 1999 | 7479 | 254 | 29.44 |
| 2000 | 8346 | 254 | 32.86 |
| 2001 | 9371 | 251 | 37.33 |
| 2002 | 10870 | 251 | 43.3 |
| 2003 | 12422 | 251 | 49.48 |
| 2004 | 14040 | 251 | 55.95 |
| 2005 | 16024 | 251 | 63.83 |
| 2006 | 18405 | 251 | 73.3 |
| 2007 | 21001 | 251 | 83.66 |
| 2008 | 24932 | 251 | 99.31 |
| 2009 | 29229 | 251 | 111.99 |

Hier in der Tabelle 4-1 ist zu erkennen, wie die Tagesentschädigung von 1995 mit 17,87 Yuan 111,99 Yuan im Jahr 2009 gestiegen ist, d.h. innerhalb von 15 Jahren um das 6,27-fache.

Die Tabelle unten zeigt die Fälle von Entschädigung seit Einführung des Entschädigungssystems.

**Tabelle 4-2: Die Summen des jährlichen staatlichen Schadenersatzes**

| JAHR | Aufforderung nach dem Schadenersatz (Fälle) | Überprüfte Fälle wegen Antrag auf Entschädigung (Fälle) | Für Entschädigung entschiedene Fälle (Fälle) | Summen des Schaden-ersatzes (10,000 Yuan) |
|---|---|---|---|---|
| 1995 | 197 | 154 | 64 | |
| 2000 | 2447 | 2430 | 925 | |
| 2004* | | | | 3167 |
| 2005 | 3056 | 2991 | 941 | 3751 |
| 2006+ | | 2323 | | 3484 |
| 2007 | 1658 | 1709 | 585 | 4600 |
| 2008 | 1535 | 1634 | 543 | |

Anmerkungen: * Seit 2004 gibt es erst statistische Zahlen dafür.

+ Nach dem Arbeitsbericht des obersten Gerichtshofs, des Direktors Xiao Yang, in der 5. Sitzung des 10. Nationalen Volkskongresses am 13. März 2007.

Aus der Tabelle 4-2 kann man ersehen, dass der Volksgerichtshof zunehmend weniger Anträge auf Entschädigung erhalten, dafür aber die Summen für die Entschädigungen erhöht hat.

## 3.2. Intensivierung der Pflichten des juristischen Personals

Die Verwirklichung oben genannter Rechte der Verdächtigen und Angeklagten in der strafrechtlichen Praxis hängt von der tatsächlichen Wahrnehmung der Rechte durch die Strafrechtsvollstrecker und von deren strikter und unparteiischer Strafverfolgung ab. Die chinesische Regierung erwartet von den Strafverfolgungsbehörden und Beamten eine faire und gewissenhafte, präzise gehandhabte Strafverfolgung in strikter Übereinstimmung mit dem Gesetz. Dabei hat man die staatlichen Kontrollen und Überprüfungen in dieser Hinsicht noch verstärkt und entsprechende Maßnahmen ergriffen:

A. Zeugenaussagen für Zwangsgeständnisse durch Folter oder durch andere illegale Methoden zu registrieren

Angesicht einer nur geringen Anzahl von lokalen Polizeibeamten, die wegen ihrer Foltermethode bei der Strafvollstreckung aufgefallen sind, hat das Ministerium für öffentliche Sicherheit 1992 die „Entscheidung über ein strenges Verbot polizeilicher Anwendung von Folter" und 1995 die „Mitteilung des Ministeriums der öffentlichen Sicherheit für die Polizeibeamten hinsichtlich ihrer angemessenen Durchführung der ihnen zugemessenen Aufgaben" herausgegeben. 1997 haben die Organe der öffentlichen Sicherheit eine Bewegung von „drei Regulierungen" in Gang gesetzt. 2006 hat das Ministerium für öffentliche Sicherheit mit einschlägigen Vorschriften ausdrücklich ein „Video- System" für das ganze Vernehmungsverfahren zur Pflicht gemacht, um durch Aufzeichnungen von der Vernehmungen Foltermethoden zu verhindern. Außerdem haben die Organe für öffentliche Sicherheit bis Ende 2008 bereits 3.560 Institutionen für die Kriminalwissenschaft und Technologie mit 166 DANN- Labors gegründet. 2.077 Organe der öffentlichen Sicherheit auf Kreisebenen verfügen über die Möglichkeit eines Fernabgleichs der Fingerabdrücke. Alle Organe der öffentlichen Sicherheit haben acht Informationsdatenbanken gebaut und sieben Datensysteme für die Bekämpfung der Kriminalität. Durch die Verbesserung der Wissenschaft und Technologie in der Ermittlung und Untersuchung der Kriminalität hat man den ausschließlichen Bezug auf Zeugenaussagen und Geständnisse reduzieren können. So sind die von Polizeibeamten veranlassten Folterungen in Erwartung von Zwangsgeständnissen Jahr für Jahr zurückgegangen. In den fünf Jahren zwischen 1988 und 1992 haben die Organe der Staatsanwaltschaft 1.687 Fälle vom Zwangsgeständnissen aufgedeckt. Doch in den letzten Jahren sind derartige Vorgänge (im Jahr 2002 waren es 85 Fälle, die 149 Personen betroffen haben, und im Jahr 2007 nur noch 67 Fälle mit 96 betroffenen Personen) erkennbar rückläufig gewesen.

B. Vermeidung einer irrtümlichen Festnahme oder Anzeige

China hat schon immer für eine mögliche Verhaftung strenge Vorschriften gemacht und diese Maßnahme an bestimmte Voraussetzungen und Bedingungen geknüpft. Um hier Fehler zu vermeiden, hat man die für die Genehmigung einer Verhaftung zuständigen Organe stets von denen getrennt, die über die Strafvollstreckung entscheiden. Beispielsweise haben die Staatsanwaltschaften 89,4% der Anträge von Organen der öffentlichen Sicherheit genehmigt und 10,6% der Anträge auf Festnahme sind abgelehnt worden. 1998 hat man Anträge auf eine Verhaftung von 93.218 Personen abschlägig beschieden. In den fünf Jahren zwischen 2003 und 2007 haben die Staatsanwaltschaften aufgrund mangelnder Indizien entschieden, 255.931 Personen strafrechtlich nicht weiter zu verfolgen. 2008 sind für 107.815 Personen Anträge auf eine Verhaftung abgelehnt worden, mithin 7,1% mehr ein Jahr zuvor.

Die chinesischen Staatsanwaltschaften haben auch rigorose Bedingungen für die Erhebung von Anklagen festgelegt, um mögliche irrtümliche Strafverfolgungen auszuschließen. 1998 sind die Staatsanwaltschaften in 11.225 Fällen zu der Entscheidung gekommen, von einem strafrechtlichen Vorgehen abzusehen.[6] In den fünf Jahren zwischen 2003 und 2007 haben die Staatsanwaltschaften aufgrund von unzureichenden Indizien in 34.433 Fällen Anträgen auf Anklage ihre Zustimmung verweigert. 2008 waren dies 29.871 Anträge und ein Anstieg von 6,7% gegenüber dem Vorjahr.[7]

C. Maßnahmen gegen illegale Verlängerungen von Inhaftierungen

Seitdem illegale Verlängerungen von Inhaftierungszeiten üblich sind, haben die Staatsanwaltschaften ständig solchen Maßnahmen entgegenzuarbeiten versucht, vor allem in den letzten Jahren noch entschiedener. Im Jahr 1998 hat man in 70.992 Fällen eine Korrektur vorgenommen[8], und 1999 hat es sich um 74.051 Fälle gehandelt. Im Jahr 2000 sind 64.254 Fälle einer verlängerten Inhaftierung behandelt worden, 2001 waren es 66.196 Fälle. Insgesamt ist man 56.389 Personen in der Weise gerecht geworden. 2002 hat man 32.689 Fälle einer verlängerten Inhaftierung im Verlaufe des Ermittlungsverfahrens, Gerichtsverfahrens und Urteilverfahrens korrigiert. In den fünf Jahren von 1998 bis 2002 hat man insgesamt 308.182 Fälle revidiert.[9] Angesichts sich fortsetzender Häufung von verlängerten Inhaftierung trotz intensiver Gegenmaßnahmen hat der oberste Gerichtshof 2003 eine gezielte Aktion zur Korrektur derartiger Fälle verlängerter Inhaftierung in den Gang gesetzt. Die Staatsanwaltschaft hat im eigenen Zuständigkeitsbereich begonnen und gewissenhaft ihre

---

6    Han Zhubin, Arbeitsbericht der obersten Staatsanwaltschaft in der 2. Sitzung des 9. Nationalen Volkskongresses, 10.3. 1999.

7    Hia Chunwang, Arbeitsbericht der obersten Staatsanwaltschaft in der 1. Sitzung des 11. Nationalen Volkskongresses, 10.3. 2008.

8    Han Zhubin, Arbeitsbericht der obersten Staatsanwaltschaft in der 2. Sitzung des 9. Nationalen Volkskongresses, 10.3. 1999.

9    Han Zhubin, Arbeitsbericht der obersten Staatsanwaltschaft in der 1. Sitzung des 10. Nationalen Volkskongresses, 11.3. 2003.

Aufsichtspflicht erfüllt und in 555 Fällen eine irrtümliche Entscheidung korrigiert. Bis 2003 hat die Staatsanwaltschaft schließlich überhaupt keine verlängerte Inhaftierung mehr vermelden müssen.[10] Außerdem haben der oberste Gerichtshof, die oberste Staatsanwaltschaft und das Ministerium für öffentliche Sicherheit zusammen die „Mitteilung über strikte Umsetzung der Strafprozessordnung und strenge Vermeidung der verlängerten Inhaftierung" herausgegeben. Nach und nach hat man 18 Arbeitsgruppen in die Gebiete geschickt, wo die Fälle einer verlängerten Inhaftierung sich gehäuft haben. Die Staatsanwaltschaften auf allen Ebenen haben ein Überwachungssystem mit der elektronischen Daten-Vernetzung aufgebaut und auch ein Erinnerungssystem mit Countdown in allen Strafvollstreckungsinstitutionen eingeführt. Außerdem hat man noch einige öffentliche Telefon-Hotlines und E-Mail-Adressen speziell für Meldungen verlängerter Inhaftierungen bekannt gegeben. Allen diesen Maßnahmen ist zu verdanken, dass man in 14 Provinzen einen totalen Rückgang der Fälle von verlängerter Inhaftierung hat verbuchen können.[11] 2004 hat man auf dieser Basis weitere 7.132 Fälle korrigiert. Ende 2004 haben dann weitere 29 Provinzen mit einer Null-Zahl verlängerter Inhaftierungen aufwarten können.[12]

D. Überprüfung der Fälle von Verstößen gegen die Menschenrechte

Es ist die Pflicht der Staatsanwaltschaft, die Fälle von Verstößen gegen die Menschenrechte zu untersuchen und die Schuldigen entsprechend zur Rechenschaft zu ziehen. Dies gilt auch für die Tatverdächtigen und Angeklagten. 1988 hat man bei kritischer Überprüfung 4.700 Fällen entdeckt, bei denen juristische Beamte und Kader unterer Ebenen gegen Menschenrechte verstoßen haben, mithin 17,4% mehr als 1987. Darunter waren 167 Fälle von unter Folter erzwungenen Zeugenaussagen, 254 Fälle von fälschlicher Beschuldigung, 2.498 illegale Inhaftierungen einschließlich 227 Todesfällen.[13] 1990 hat die Staatsanwaltschaft landesweit insgesamt 3.059 illegale Verhaftungen, 472 Folterfälle, 461 fälschliche Beschuldigungen und 69 Vergeltungsintrigen aufgedeckt.[14] 1991 hat man wiederum 407 Folterfälle, 438 illegale Inhaftierungen, 389 fälschliche Beschuldigungen und 49 Vergeltungsfälle registriert.[15] Während der fünf Jahre von 1988 bis 1992 hat die Staatsanwaltschaft landesweit weitere Fälle registriert, bei denen die Beamten der öffentlichen Sicherheit und

---

10   Jia Chunwang, Arbeitsbericht der obersten Staatsanwaltschaft in der 2. Sitzung des 10. Nationalen Volkskongresses, 10.3. 2004.

11   Jia Chunwang, Arbeitsbericht der obersten Staatsanwaltschaft in der 2. Sitzung des 10. Nationalen Volkskongresses, 10.3. 2004.

12   Jia Chunwang, Arbeitsbericht der obersten Staatsanwaltschaft in der 3. Sitzung des 10. Nationalen Volkskongresses, 10.3. 2005.

13   Liu Xiazhi, Arbeitsbericht der obersten Staatsanwaltschaft in der 2. Sitzung des 7. Nationalen Volkskongresses, 4.4. 1989.

14   Liu Xiazhi, Arbeitsbericht der obersten Staatsanwaltschaft in der 4. Sitzung des 7. Nationalen Volkskongresses, 9.4. 1991.

15   Liu Xiazhi, Arbeitsbericht der obersten Staatsanwaltschaft in der 5. Sitzung des 7. Nationalen Volkskongresses, 3.4. 1992.

der Justiz gegen Menschenrechte verstoßen haben. Darunter waren 1.687 Folterfälle und 709 Fälle von Korruptionen. Darüber hinaus hat es 15.297 illegale Inhaftierungen aufgrund von Streitigkeiten wegen Geld, Ehe und Erbschaft gegeben.[16] 1993 hat die Staatsanwaltschaft landesweit 207 Korruptionsfälle bei Justizbeamten, 378 Folterfälle und 4.363 illegale Inhaftierungen registriert.[17] 1994 sind landesweit wiederum 409 Folterfälle, 4.441 illegale Inhaftierungen, illegale Hausdurchsuchungen und 104 Verstöße gegen Freiheit der Briefgeheimnisse vorgefallen.[18] 1995 waren es 412 Folterfälle, 4.627 illegale Inhaftierungen, 1.739 illegale Hausdurchsuchungen und 87 Verstöße gegen Freiheit der Briefgeheimnisse.[19] 1998 hat man landesweit 1.467 illegale Inhaftierungen, Folterfälle und andere kriminelle Fälle durch Justizbeamten registriert.[20] Im Jahr 2000 sind 1.793 Fälle untersucht worden, bei denen die Justizbeamten ihre Amtsbefugnis missbraucht und gegen Menschenrechte verstoßen haben. [21] 2001 lag diese Zahl bei 1.983.[22] In den fünf Jahren von 1998 bis 2002 hat man landesweit 7.760 kriminelle Verstöße gegen Menschenrechte registriert.[23] Die oberste Volksstaatsanwaltschaft hat seit Mai 2004 begonnen, im ganzen Land eine Reihe strikter Untersuchungen durchzuführen, bei denen Verstöße gegen die Menschenrechte durch Missbrauch der Amtsbefugnis entdeckt und untersucht worden sind. Schwerpunkte waren hier vor allem Fälle illegaler Inhaftierung, illegaler Ermittlung, durch Folter erzwungener Geständnisse, körperlicher Misshandlung der Inhaftierten und Fälle, bei denen durch gravierende Fehler der Beamten erhebliche Verluste von Eigentum entstanden und sogar von Menschenleben verursacht worden sind. Insgesamt hat man 1.595 Beamte für ihre Verfehlungen zur Verantwortung und zur Rechenschaft gezogen.[24] 2006 hat die Staatsanwaltschaft im Zuge ihrer Ermittlungen landesweit 930 Beamte wegen Missbrauch von Amtsbefugnissen und wegen Verstößen gegen Menschenrechte zur Rechenschaft gezogen.[25]

152

---

16   Liu Xiazhi, Arbeitsbericht der obersten Staatsanwaltschaft in der 1. Sitzung des 8. Nationalen Volkskongresses, 22.3. 1993.

17   Liu Xiazhi, Arbeitsbericht der obersten Staatsanwaltschaft in der 2. Sitzung des 8. Nationalen Volkskongresses, 15.3. 1994.

18   Liu Xia Zhi, Arbeitsbericht der obersten Staatsanwaltschaft in der 3. Sitzung des 8. Nationalen Volkskongresses, 13.3. 1995.

19   Zhang Siqing, Arbeitsbericht der obersten Staatsanwaltschaft in der 4. Sitzung des 8. Nationalen Volkskongresses, 17.3. 1996.

20   Zhang Siqing, Arbeitsbericht der obersten Staatsanwaltschaft in der 2. Sitzung des 9. Nationalen Volkskongresses, 10.3. 1999.

21   Han Zhubin, Arbeitsbericht der obersten Staatsanwaltschaft in der 4. Sitzung des 9. Nationalen Volkskongresses, 10.3. 2001.

22   Han Zhubin, Arbeitsbericht der obersten Staatsanwaltschaft in der 5. Sitzung des 9. Nationalen Volkskongresses, 11.3. 2001.

23   Han Zhubin, Arbeitsbericht der obersten Staatsanwaltschaft in der 1. Sitzung des 10. Nationalen Volkskongresses, 11.3. 2003.

24   Das Pressebüro des chinesischen Staatsrats, Sammelband der Weißbücher über den Zustand der chinesischen Menschenrechte, März 2007, S.300.

25   Jia Chunwang, Arbeitsbericht der obersten Staatsanwaltschaft in der 5. Sitzung des 10. Nationalen Volkskongresses, 13.3. 2007.

Den oben erwähnten Daten lässt sich folgendes ablesen: Insgesamt zeigt sich ein rückläufiger Trend hinsichtlich des Missbrauchs der Amtsbefugnisse und Verstöße gegen Menschenrechte. Der Hauptgrund dafür war die Entschlossenheit der Staatanwaltschaft in ihrem unerbittlichen Vorgehen. Hier hat sich gezeigt, wie das Bewusstsein der Beamten für die Bedeutung des Schutzes der Menschenrechte geschärft worden ist.

### 3.3. Die Verwirklichung der Gewährleistung der Rechte der Tatverdächtigen und Angeklagten.

Seit der Gründung der Volksrepublik China hat der Staat dem Schutz der Rechte der Tatverdächtigen und Angeklagten in der Justizpraxis schon immer große Aufmerksamkeit geschenkt. In der Verfassung findet man auch eindeutige Bestimmungen über die ordnungsgemäße Genehmigung einer Festnahme und Verhaftung. 1979 sind Strafrechtsgesetze herausgegeben worden, die man dann 1996 korrigiert und verbessert hat. In allen diesen Gesetzen hat man den Rechten der Tatverdächtigen und Angeklagten gehörige Aufmerksamkeit geschenkt, insbesondere hinsichtlich der Strafverfahren. Auch hat man die Begrifflichkeit entsprechend geändert; heute bezeichnet man alle diejenigen, die man früher vorzeitig als Verbrecher, Beschuldigte und Kriminelle diskriminiert hatte, lediglich die Tatverdächtige und Angeklagte.

Die legitimen Rechte der Tatverdächtigen und Angeklagten umfassen zwei Kategorien: Erstens das Recht der Verteidigung in der Muttersprache während des gesamten Strafverfahrens sowie das Recht, einen Antrag auf Ausschluss eines Beamten wegen Befangenheit zu stellen, das Recht, zusätzliche sachverständige Gutachter und eine erneute Überprüfung zu beantragen, das Recht auf Hinzuziehung eines Rechtanwalts, das Recht, das Eingehen auf Fragen zu verweigern, die mit dem Fall nichts zu tun haben, das Recht auf Aussagen vor Gericht und das Recht auf die ein Verfahren abschließenden Worte. Zweitens handelt es sich hier um finanzielle Rechte. Sie umfassen Recht auf Klage, auf Berufung und auf Entschädigung.

In den letzten Jahren hat der nationale Volkskongress eine neuerliche Korrektur der Strafrechtsgesetze auf die Agenda zu setzen geplant. Man darf hoffen, dass man im Hinblick auf die Gewährleistung der Rechte der Tatverdächtigen und Angeklagten bald einen Durchbruch erzielen wird. Insbesondere müssten bei der Gewährleistung von Hilfeleistungen und der Verteidigung durch Rechtsanwälte, hinsichtlich des Schweigerechts und einer möglichen Revidierung eines fehlerhaften Urteils noch präzisere und differenziertere Bestimmungen erfolgen.

### IV. Die Gewährleistung der Rechte Krimineller im Strafrecht

China mit seinen 1,3 Milliarden Einwohnern zählt zu den Ländern mit der größten Bevölkerungszahl auf der Welt. Auch wenn die Regierung für die wirtschaftliche Entwicklung und für die Bewahrung der sozialen Stabilität viele notwendige Maßnahmen ergriffen hat, und obwohl die Kriminalitätsrate in

China die internationale Durchschnittsrate unterschreitet, muss man in jedem Jahr immer noch zu viele kriminelle Fälle registrieren. Zig Tausende Verbrecher sind alle Jahre wieder vom Gerichtshof verurteilt worden. Diese müssen den Gesetzen nach ihre Strafe verbüßen und sollen durch Arbeit und Strafe zu neuen Menschen werden. Das pädagogische Hauptziel der Strafmaßnahmen in China besteht darin, Kriminelle zu neuen anständigen Bürgern zu erziehen, die dann selbst ihren Lebensunterhalt verdienen und sich an die Gesetze halten. Das neue China hat die meisten Kriminellen, selbst Chinas letzten Kaiser und viele Kriegsverbrecher, zu ordentlichen Bürgern erziehen können, die für die Gesellschaft nützliche Zeitgenossen geworden sind und die sich an die Gesetze halten. Dieser Erfolg verdankt sich weitgehend der Arbeit einer Umerziehung, bei der man die legitimen Rechte Gefangener berücksichtigt, an humanitären Prinzipien festhält und nach dem Motto „mehr Erziehung als Strafe" handelt und auf diese Weise die Gefangenen für ihre Rückkehr in die Gesellschaft vorbereitet. Seit vielen Jahren stagniert der Anteil wiederholter Kriminalitätsfälle zwischen 6% und 8% und ist damit in der ganzen Welt am niedrigsten.

## 4.1. Die Hauptinhalte der Rechte der Inhaftierten im Strafrecht

Nach dem chinesischen Strafrechtsgesetz haben die Inhaftierten während der Zeit ihrer Gefangenschaft folgende Rechte:

A. Recht auf Klage

Die Straffälligen dürfen gegen das rechtswirksame Urteil des Gerichtshofs Klage erheben. 1990 und 1991 haben die Gerichtshöfe aller Ebenen 40.000 derartige Klagen bearbeitet.

B. Recht auf Verteidigung im Falle einer neuen kriminellen Handlung

Wenn ein Inhaftierter während seiner Freiheitsstrafe einer neuen kriminellen Handlung beschuldigt wird, darf er sich beim Strafverfahren verteidigen oder durch einen Rechtsanwalt verteidigen lassen.

C. Recht auf Achtung der Menschenwürde in allen Situationen und auf Sicherheit

Die Menschenwürde der Inhaftierten darf, unabhängig von der jeweiligen Situation, nicht verletzt werden. Auch muss ihre Sicherheit gewährleistet werden. Sie dürfen gegen Folteranwendung, körperliche Misshandlung und vergleichbare kriminelle Vorgehensweisen der Wächter und anderer juristischer Beamten Klage beim Gerichtshof erheben.

D. Recht auf Wahl

Die Straffälligen, denen ihre politischen Rechte nicht entzogen worden sind, dürfen an Wahlen teilnehmen.

E. Recht auf Vorschläge

Die Gefangenen dürfen zu Fragen der Verwaltung, Bildung, kulturellen Unterhaltung, zur Hygiene im Gefängnis und im Arbeitslager vernünftige Vorschläge machen.

## F. Recht auf sicheren Lebensunterhalt

Die Inhaftierten sollten ein normales Leben führen können. Ihr Lebensunterhalt und andere Lebensbedingungen sollten garantiert werden. Die Wohnfläche eines Gefangenen sollte mindestens mehr als fünf Quadratmeter betragen. Die Unterkunft muss stabil gebaut sein und sollte sauber, warm und luftig sein. Statistischen Angaben zufolge hat ein Gefangener 1990 durchschnittlich jeden Monat 22,75 Kilo Getreide, 20 bis 25 Kilo Gemüse, eine ähnliche Menge von Schweine-, Lamm-, Rind-, Fischfleisch wie auch eine vergleichbare Anzahl von Eiern, Bohnen usw. konsumiert und hat damit umgerechnet jeden Tag mehr als 2952 Gramm Kalorien verbraucht. Die durchschnittlichen Lebenskosten eines Gefangenen haben 650 Yuan betragen, was dem durchschnittlichen Standardwert eines normalen Bürgers entspricht.

## G. Recht auf medizinische Behandlung

Die Inhaftierten werden kostenlos medizinisch behandelt. Jedes Jahr können sie sich gesundheitlich untersuchen lassen. Bei schwerer Krankheit dürfen die Inhaftierten außerhalb des Gefängnisses behandelt werden. Bis heute verfügen alle Gefängnisse und Arbeitslager über eigene Krankenhäuser. Auf tausend Inhaftierte kommen 3,54 Ärzte. Das ist ein sogar noch günstigeres Verhältnis als bei den normalen Bürgern.

## H. Recht auf Briefverkehr und Besucher

In allen Gefängnissen und Arbeitslagern gibt es besondere Räume für den Besuch von Verwandten. Wenn die Familienmitglieder eines Inhaftierten auf Grund von Missverständnissen nicht zu Besuch kommen oder keine Briefe schreiben, versuchen die Beamten die Konflikte zu schlichten.

## J. Recht auf Bildung

Die Inhaftierten können sich je nach ihren eigenen Bildungsvoraussetzungen weiter bilden und ausbilden lassen. Sie können ihre begonnene Grundschulbildung bis hin zu ihrem Hochschulstudium abschließen. Außerdem werden ihnen berufliche Ausbildungen angeboten, damit sie sich später schnell in die Gesellschaft integrieren und ihren Lebensunterhalt selbst verdienen können. Man stellt ihnen auch viele Zeitungen, Zeitschriften, Radio und Fernsehen zur Verfügung, damit sie mit der Außenwelt in Verbindung bleiben.

## K. Recht auf Religion

Den Inhaftierten ist gestattet, während ihrer Freiheitstrafe weiter ihre religiösen Rituale auszuüben und ihrer religiösen Praxis nachzueifern.

## L. Zivilrechte

Das Eigentum der Inhaftierten, welches ihnen vor der Freiheitsstrafe zukam, wird geschützt. Sie haben das Recht auf Erbschaft. Die Inhaftierten genießen das Patentrecht für die Erfindungen und das Urheberecht für ihre Werke, die sie während ihrer Freiheitsstrafe geleistet haben. Sie dürfen auch einen Antrag auf Scheidung stellen.

M. Recht auf besondere Behandlung der besonderen Gruppen

Die älteren, weiblichen, kranken, ausländischen Inhaftierten oder Inhaftierte der nationalen Minderheiten werden im alltäglichen Leben, von der Verwaltung und bei ihrer Arbeit besonders behandelt, da man auf ihre physischen und psychischen Voraussetzungen bzw. Bedingungen und ihre Lebensgewohnheiten Rücksicht nehmen muss. Die Minderjährigen werden in einer Jugendanstalt ihre Strafe verbüßen, wo man sich ans Prinzip „Erziehung als Hauptziel, leichte Arbeit als Erziehungsmethode" hält. Mittels der ihnen aufgebürdeten Arbeit sollten die Minderjährigen eine berufliche Ausbildung erhalten. Für Mitglieder ethnischer Minderheiten gibt es in allen Gefängnissen und Arbeitslagern eine besondere Küche und Speise.

N. Recht auf Strafreduzierung und Haftentlassung auf Bewährung

Die Inhaftierten verfügen über das Recht einer Reduzierung der Strafe und auf das Recht einer Haftentlassung auf Bewährung bei guter Führung. China hatte schon immer ein System bevorzugt, wodurch die Inhaftierten zu guter Führung, zu möglichst baldiger Rückkehr in die Gesellschaft und zu einem neuen Leben motiviert werden.

**Tabelle 4-3 Strafreduzierung und Haftentlassung auf Bewährung**

| Jahr | Zahl der reduzierten Strafe (Person) | Entlassung auf Bewährung (Person) | Gesamte Zahl | Anmerkung |
|------|------|------|------|------|
| 1985 | | | 107.000 | |
| 1987 | | | 495.057 | Statistik 1983-1987 |
| 1988 | | | 151.538 | |
| 1991 | 201.893 | 21.461 | 223.354 | |
| 1992 | 932.542 | 104.237 | 1.036.779 | Statistik 1988-1992 |
| 1993 | 230.052 | 33.388 | 263.440 | |
| 1994 | 249.479 | 29.086 | 278.565 | |
| 1995 | 258.097 | 27.064 | 285.161 | |
| 1998 | 270.000 | 20.000 | 290.000 | |
| 2003 | 328.939 | 20.964 | 349.903 | |
| 2004 | 391.484 | 17.963 | 409.447 | |
| 2005 | 390.987 | 18.430 | 409.417 | |
| 2006 | 429.852 | 20.254 | 450.106 | |
| 2007 | 433.033 | 16.906 | 449.939 | |
| 2008 | 502.192 | 30.274 | 532.466 | |

*Quelle: Kommuniqué des obersten Gerichtshofs.*

Aus dieser Tabelle kann man ersehen, dass die Anzahl der Strafreduzierungen und Haftentlassungen auf Grund von Bewährung enorm hoch ist. 1985 lag die Anzahl von Strafreduzierungen und Haftentlassungen auf Bewährung beispielsweise noch bei 107.000 Personen; in den fünf Jahren von 1983 bis 1987 ist sie auf 495.057 angestiegen, was einem jährlichen Durchschnittswert von 99.011 Personen entspricht. Im Grunde hat es in diesem Zeitraum mehr Strafreduzierungen als Haftentlassungen auf Bewährung gegeben. Während der fünf Jahre von 1988 bis 1992 hat man 932.542 Personen ihre Strafe reduziert, im Durchschnitt mithin jährlich mehr als 186.508 Personen; und mehr als 104.237 sind aus ihrer Haft auf Bewährung entlassen worden, was einem jährlichen Durchschnittswert von 20.847 Personen entspricht. In den fünf Jahren von 2003 bis 2007 hat es eine Strafreduzierung in 1.974.295 Fällen gegeben, was einem jährlichen Durchschnittswert von 394.859 entspricht. Haftentlassung auf Bewährung hat es für 94.517 Personen gegeben, durchschnittlich also 18.903 Fälle. In den letzten Jahren lag die Anzahl der Fälle von Strafreduzierungen und Haftentlassungen etwa bei 400.000.

O. Recht auf Ruhe oder Pausen

Alle Inhaftierten haben wie alle anderen Bürger das Recht auf Ruhe und adäquate Pausen.

P. Recht der Inhaftierten auf Arbeit

Arbeit ist eine der vielen Methoden einer Umerziehung Krimineller. Umerziehung durch Arbeit, so die Erwartung, sollte als pädagogische Maßnahme funktionieren und ein sinnvoller Weg sein, eine Resozialisierung zu befördern und die Rückkehr in die Gesellschaft zu ermöglichen. Wie alle Bürger haben also auch die Inhaftierten das Recht und die Pflicht zu arbeiten. Niemand darf ihnen dies Recht entziehen.

Neben ihren Rechten haben die Inhaftierten aber auch ihre Pflichten zu erfüllen. Zu diesen Pflichten gehören: sich an Gesetze zu halten und Disziplinierungsaufgaben zu erfüllen, aktiv an der Produktionsarbeit teilzunehmen, sich geistig, kulturell und technisch fortbilden zu lassen, das Eigentum des Staates zu pflegen, sich zivil und höflich zu benehmen, sich an soziale Normen zu halten, kriminelle Taten anzuzeigen, diszipliniert zu sein, an kollektiven Aktivitäten teilzunehmen und die eigene Umerziehung zu akzeptieren.

## 4.2. Die tatsächliche Gewährleistung der Rechte für Kriminelle im Strafrecht.

Damit die legitimen Rechte der Kriminellen auch gewährleistet werden können, muss das für die Gefängnisse zuständige Personal fachlich und juristisch ausgebildet werden. Erst und nur dies Personal seine Ausbildung erfolgreich abgeschlossen hat, darf es seine Tätigkeit aufnehmen. Dabei ist es streng verboten, Inhaftierte zu foltern, zu erniedrigen und zu beschimpfen. Sollten gesetzwidrige Handlungen geschehen wie z.B. eine physische Misshandlung Inhaftierter, dann folgt unversehens eine strenge Untersuchung des Vorfalls, und die Verantwortlichen werden entsprechend zur Rechenschaft gezogen. 1990 und 1991 sind insgesamt 24 Gefängniswächter aus solchem Grund zu einer Freiheitsstrafe verurteilt worden. Die Volksstaatsanwaltschaft hat in allen Gefängnissen Überwachungsinstitutionen eingerichtet, die die Methode der Strafverfahren und ihren Vollzug kontrollieren. Die Vertreter des Volkskongresses auf allen Ebenen besuchen von Zeit zu Zeit die Gefängnisse und Arbeitslager, um sie zu inspizieren. So haben beispielsweise 1991 30 Mitglieder der nationalen und der Pekinger Konsultationskonferenz nach und nach viermal das 1. Pekinger Gefängnis besucht und die Arbeit dort kontrolliert. Man kann summarisch sagen: Im Grunde werden Schutz und Praktizierung der Rechte der Inhaftierten allgemein zufriedenstellend gehandhabt. Auch haben sich die Inhaftierten effektiv umerziehen lassen. Die Rückfallquote ist sehr gering. Seit vielen Jahren stagniert sie bei 6% bis 8%.[26]

Seit der Gründung der Volksrepublik achtet die chinesische Regierung besonders auf die Praktizierung der Umerziehung und Resozialisierung Krimineller. Dabei hat man die Gewährleistung von deren Rechten nicht hintangestellt. Im Gegenteil, diese Rechte der Inhaftierten sind immer noch erweitert worden. In der Anfangsphase der Gründung des neuen Chinas hat sich die nationale Wirtschaft noch in einer Verschnaufpause befunden und auch die Arbeitsweise der Umerziehung von Kriminellen ist noch von der damaligen Situation stark bestimmt worden. Das Motto in der Verwaltung der Gefängnisse hatte zwar gelautet: „erst die Umerziehung, dann die Arbeit." Doch aufgrund von einfallslosen Verwaltungsmethoden und der rückständigen Wirtschaft hatte der Arbeit die absolute Priorität gegolten. In der Phase der „Kulturrevolution" hat man damals strenge Verwaltungsmaßnahmen befürwortet und hat ausschließlich die Funktion und Wirkung der Strafe gebaut. Damals waren die Rechte der Inhaftierten im Strafrecht noch bedeutungslos. Infolge der Reformen und Öffnung hat sich die chinesische Wirtschaft dann rasant entwickelt und das demokratische System ist ständig verbessert worden. Und nun sind auch die inzwischen umfangreichen Rechte Krimineller ausreichend geschützt und gewährleistet worden.

Das Justizministerium hat 2001 im ganzen Land eine Untersuchung über den Zustand der Gefängnisse durchgeführt. 2002 hat die Zentralregierung mit den Reformen der Gefängnisverwaltung begonnen. 2003 hat der Staatsrat den Plan des Justizministeriums über Versuchsorte der Reformen gebilligt. So hat man 2003 angefangen, in sechs Provinzen mit Reformen zu experimentieren. 2009 hat man eine nationale Konferenz über Gefängnisreformen veranstaltet. Der Justizminister Wu Ai Ying hat auf dieser Konferenz die Absicht hervorgehoben, dass man durch die Reformen ein gerechtes und nicht länger korruptes, ein ziviles und modernes Gefängnissystem aufbauen sollte.

---

26   Das Pressebüro des Staatsrats, Der Zustand der Umerziehung von Kriminellen, August 1992.

China hat wohl in der Praktizierung der Rechte Krimineller schon viele Erfolge zu verzeichnen, aber es gibt immer noch viel zu verbessern. Insbesondere müsste man ein standardisiertes Prüfungssystem für die Polizisten aufbauen. Darüber hinaus müsste man noch über weitere differenzierte Gesetze nachdenken, die ein Antragsrecht der Inhaftierten auf Strafreduzierung und Haftentlassung betreffen und die eine Vergütung für ihre Arbeit im Gefängnis und ihren Arbeitsschutz garantieren. Ein effektives System für eine Rechtsforderung der Inhaftierten und ein Kontrollsystem durch die Staatsanwaltschaft müssten möglichst schnell eingerichtet werden.

# Kapitel 5

# Schutz der Rechte der Frauen und Kinder

Rechte der Frauen und Kinder gehören zu den wichtigen untrennbaren Bestandteilen der Menschenrechte, sie gelten auch als ein wichtiger Maßstab für den Zustand der Menschenrechte eines Landes. China ist das Entwicklungsland mit der meisten Bevölkerung, darunter die Frauen die Hälfte der 1.3 Milliarden betragen, Kinder unter 16 Jahre betragen 300 Millionen, Dies ist Ein Fünftel der gesamten Kinder der Welt. Der Schutz der Rechte der Frauen und Kinder gehört der notwendigen Forderung des sozialistischen Systems, und er widerspiegelt die Überlegenheit des Sozialismus. Er ist nicht nur für Entwicklung in China von großer Bedeutung, auch für den Fortschritt der Menschheit.

## I. Gleichberechtigung zwischen Mann und Frau, Schutz der legitimen Rechte der Frauen und Kinder

Gleichberechtigung zwischen Mann und Frau ist ein wichtiges Thema der Prinzipien des Menschenrechtsschutzes, ist zugleich eine wesentliche Grundlage für den Schutz der Frauen und Kinder. In den letzten 60 Jahren seit Gründung der Volksrepublik hat die chinesische Regierung hinsichtlich des Schutzes der Gleichberechtigung von Mann und Frau Entscheidendes getan und wesentliche Veränderungen für die Situation der Frauen bewirkt. Dies gilt auch für den Schutz der Rechte für chinesische Kinder, die noch nie so gut geschützt worden sind wie heute.

## 1.1. Schutz der Gleichberechtigung zwischen Mann und Frau

Die Gleichberechtigung zwischen Mann und Frau wird auch als Gleichberechtigung der Geschlechter bezeichnet. 1975 hat die erste internationale Frauenkonferenz in der „Erklärung von Mexiko" erstmals die Gleichberechtigung zwischen den Geschlechtern definiert: „Mit der Gleichberechtigung meint man die Gleichberechtigung von Wert und Würde beider Geschlechter und deren Gleichstellung in Bezug auf Rechte, Chancen und Pflichten." 1985 hat man auf der dritten internationalen Frauenkonferenz „Nairobis Zukunftsstrategien betreffend die soziale Rangerhebung der Frauen bis 2000" herausgegeben. In diesem Dokument ist erneut betont worden: „Gleichberechtigung bedeutet die Verwirklichung vieler Rechte, deren Entzug verursacht worden ist durch Diskriminierung auf Grund von kulturellen, systembedingten und gesellschaftlichen Verhaltensweisen." 1995 hat die vierte internationale Frauenkonferenz das „Pekinger Erklärung" und die „Aktionsplattform" erlassen. Hier ist zum ersten Mal die Gleichberechtigung direkt mit dem Thema der Menschenrechte in Verbindung gebracht worden. Die Erklärung betont: „Die Gleichberechtigung zwischen Mann und Frauen berührt direkt die Frage der Menschenrechte und die Frage der Voraussetzung für den Sozialismus." Die angeführten internationalen Dokumente der Menschenrechte mit ihren Definitionen der Gleichberechtigung zwischen den Geschlechtern haben eine internationale Norm gebildet und die Förderung der internationalen Gleichberechtigung zwischen Mann und Frau entscheidend vorangebracht.

162

Das Thema der Gleichberechtigung zwischen Mann und Frau umfasst folgende Aspekte: 1.) Die Gleichberechtigung zwischen beiden Geschlechtern schließt eine die Gleichberechtigung von Wert und Würde, von Rechten, Chancen und Pflichten. 2.) Das entscheidend Neue der hier betonten Gleichberechtigung beider Geschlechter liegt eigentlich in der Verwirklichung der Rechte der Frauen. 3.) Gleichberechtigung ist die Bedingung und Voraussetzung für den Sozialismus.

Im Hinblick auf die Geschichte der Menschenrechte bildet rückblickend das Kapitel über das Verhältnis der Menschenrechte und die Gleichberechtigung der Geschlechter einen komplizierten Prozess. Die Frauenrechtsbewegungen mit ihren Forderungen nach Gleichberechtigung zwischen beiden Geschlechtern sind lange Zeit gesellschaftlich behindert und unterdrückt worden.

1948 mit dem Erlass der "Menschenrechtskonvention der Welt" sind die Rechte der Frauen offiziell als Teilaspekt in den Begriff der Menschenrechte aufgenommen worden. 1993 hat das Dokument „Wiener Erklärung und Aktionsplattform" dann noch einmal ausdrücklich den Begriff „Menschenrechte der Frauen" verwendet. Dabei ist betont worden: „Die Gleichstellung der Frauen und die Rechte der Frauen sollten in die Hauptströmung der Aktivitäten der Menschenrechte der UN aufgenommen werden." In dem 1995 auf der vierten internationalen Frauenkonferenz erlassenen „Pekinger Erklärung" und „Pekinger Aktionsplattform" hat man erneut betont: „Frauenrechte sind

Menschenrechte."[1] Dass diese hier zitierten Dokumente die Frauenrechte mit den Menschenrechten auf die gleiche Ebene gerückt haben, ist eine Innovation mit der Folge, dass die Frage der Gleichberechtigung beider Geschlechter endlich in die Hauptströmung der internationalen Menschenrechte Eingang gefunden hat.

Zurzeit gewinnen die Erkenntnisse der internationalen Gesellschaft über die Gleichberechtigung zwischen beiden Geschlechtern immer neue Dimensionen. Auch über das Verhältnis zwischen den Menschenrechten und der Gleichberechtigung beider Geschlechter hat man immer tiefere Einsichten gewonnen. Die Frauen als Menschen sollten wie alle anderen Menschen selbstverständlich in gleicher Weise alle Rechte genießen können. Die Anerkennung der Gleichberechtigung beider Geschlechter ist eine schlechthinnige Forderung der Menschenrechte, und sie ist auch die Voraussetzung für den Genuss der Menschenrechte der Frauen.

## 1.2. Gleichberechtigung zwischen beiden Geschlechtern und Schutz der Frauen und Kinder

Die Gleichberechtigung beider Geschlechter und der Schutz der Frauen und Kinder stehen in einem engen Verwandtschaftsverhältnis. Die Gleichberechtigung beider Geschlechter ist zugleich eine Frage der Menschenrechte, und nur wenn die Menschenrechte die Gleichberechtigung beider Geschlechter zum Ziel haben, kann man von einer wahren Verwirklichung der Menschenrechte sprechen. Deshalb schließt das allgemeine Postulat der Menschenrechte eine Erhöhung der sozialen Rangstellung der Frauen und eine Verwirklichung der Gleichberechtigung beider Geschlechter unbedingt ein und ist zugleich auch ein politisches Thema des demokratischen Rechtsstaates.

163

Wörtlich genommen scheint der Begriff der Gleichberechtigung beider Geschlechter ziemlich neutral. Denn es bedeutet ja nichts anderes als das Recht und die Möglichkeit gleicher Chancen für alle Männer und Frauen und deren Wahrnehmung, die Entfaltung ihres Potentials und ihrer Fähigkeiten, an der Entwicklung der staatlichen Politik, der Wirtschaft, Kultur und Gesellschaft teilzunehmen und von deren Früchten profitieren zu können. Doch vom Wesen her und historisch gesehen bedeutet die Gleichberechtigung zwischen Mann und Frau nichts anderes als die Verwirklichung der Rechte der Frauen. Denn in der langen Geschichte hatten die Frauen wegen ihrer Diskriminierung, verursacht durch kulturelle und systembedingte Faktoren, aber auch ihrer sozialen Stellung wegen, keine gleichberechtigte Stellung. Auch heutzutage ist die Gleichstellung der Frauen im Grunde immer noch nicht verwirklicht. Dementsprechend hatte die auf der dritten internationalen Frauenkonferenz 1980 erlassene „Aktionsplattform der Frauen der UN in der zweiten Hälfte der letzten zehn Jahre" betont: Gleichberechtigung heißt nicht nur die Gewährung gleicher Rechte, sondern auch und vor allem Beseitigung der Diskriminierungsfaktoren durch Gesetze. Gleichberechtigung heißt auch

---

1    Die 4. Internationale Frauenkonferenz der UN, „Pekinger Erklärung", 1995.

Rechte der Frauen auf aktive Teilnahme an der Entwicklung der Rechte, Pflichten und Chancen." Deshalb bedeutet die Gleichberechtigung von Mann und Frau eigentlich die umfassende Verwirklichung aller Rechte der Frauen.

Die Gleichberechtigung von Mann und Frau fördert auch die Rechte der Kinder. Denn die Rechte der Frauen stehen in einem engen Verwandtschaftsverhältnis mit den Rechten der Kinder. 1.) Der wunde Punkt des Problems der Rechte der Kinder ist eigentlich die Frage der Mädchenrechte. Wenn die soziale Rangstellung der Frauen erhöht wird und die Gleichberechtigung beider Geschlechter wahr geworden ist, dann existiert auch keine unausbleibliche Diskriminierung der Mädchen mehr. 2.) Die Frauen haben einen unersetzlichen und besonderen Einfluss auf Familien und Kinder. Wenn beispielsweise der Staat auf die Erziehung einer Frau einwirkt, dann hat er Einfluss auf die Erziehung der ganzen Familie genommen. Die Gleichberechtigung beider Geschlechter hat in der Konsequenz einen unausbleiblich großen Einfluss auf den Schutz der Kinder.

Aus der Perspektive der Menschenrechte betrachtet liegt der Grund der Ungleichberechtigung zwischen beiden Geschlechtern darin, dass die Frauen nicht als „Menschen" behandelt worden sind, und dass auch deren Rechte nicht als Menschenrechte anerkannt worden sind.

Die Frauenrechte fordern übrigens eine neue Dimensionierung der Menschenrechte, denn wenn die Frauen und Kinder nicht wirklich die gleichen Menschenrechte genießen können, dann sind diese Rechte zu einseitig verstanden, dann ist auch das Verhältnis beider Geschlechter nicht wirklich gleich. Deshalb bedeutet Schutz der Rechte der Frauen und Kinder zugleich die Förderung der Gleichberechtigung beider Geschlechter.

164

Die Gleichberechtigung beider Geschlechter ist die notwendige grundlegende Voraussetzung für Verwirklichung der Entwicklung und des Friedens. Das neue Verhältnis der Zusammenarbeit auf der Grundlage der Gleichberechtigung beider Geschlechter ist Voraussetzung für eine andauernde Weiterentwicklung, bei der der Mensch im Zentrum steht. Nur angesichts eines langwährenden Vertrauens können die Männer und Frauen für sich selbst, für ihre Kinder und für die Gesellschaft etwas leisten, um gemeinsam den auf sie zukommenden Herausforderungen des 21. Jahrhunderts gerecht zu werden[2]. „Gleiche Rechte und Chancen sowie gleiche Verteilung der familiären Pflichten auf beide Partner und deren harmonisches Verhältnis sind für beide und für deren Familienglück von großer Bedeutung."[3] Die Verwirklichung der Frauenrechte ist ein wichtiger Maßstab für die Gleichberechtigung zwischen Mann und Frau. Die Gleichberechtigung ist kein Gnadengeschenk für die Frauen. Das heißt auch nicht, dass von den Männern ein bestimmtes Opfer verlangt wird. Gleichberechtigung will nur das tausend Jahre alte ungleiche Verhältnis

2   Die 4. Internationale Frauenkonferenz der UN, „Pekinger Aktionsplattform", 1995.
3   Die 3. Internationale Frauenkonferenz der UN, „Nairobi Zukunftsstrategie der Erhöhung der Stellung der Frauen", 1985.

zwischen beiden Geschlechtern neu regeln, um damit die Frauenrechte zur Geltung zu bringen, die den Frauen durch kulturelle und systembedingte Diskriminierung und durch soziale Bedingungen entzogen waren. Von diesem Vorgang profitieren nicht nur Frauen, sondern die gesamte Gesellschaft.

## 1.3. Die riesigen Errungenschaften Chinas bei der Förderung der Gleichberechtigung zwischen Mann und Frau

Seit der Gründung der Volksrepublik in den letzten 60 Jahren haben die chinesische Regierung und das chinesische Volk bei der Förderung der Gleichberechtigung beider Geschlechter viele Aktivitäten entwickelt und dabei große Erfolge gehabt.

A. Die Gleichberechtigung zwischen Mann und Frau gehört zum chinesischen Grundprinzip der Verfassung und zur Basispolitik

In den letzten 60 Jahren seit der Gründung der Volksrepublik hat die chinesische Regierung von Anfang an die Gleichberechtigung von Mann und Frau als ein Grundziel des sozialistischen Aufbaus angestrebt. Seither hat sich die Stellung der Frauen in China qualitativ wie Tag und Nacht verändert. Die Frauenbefreiung hat offenkundige und in der ganzen Welt anerkannte Erfolge errungen.

In der mehr als zweitausend Jahre langen feudalistischen und hundert Jahre langen halbfeudalistischen und halbkolonialistischen Gesellschaft haben die chinesischen Frauen unter der feudalistischen Herrschaft, unter Herrschaftsverhältnissen der Sippen, religiösen Machtverhältnissen, ehelicher Vorherrschaft des Mannes und der Unterdrückung durch ausländische Aggressoren gelitten. Mit der Gründung der Volksrepublik hat China unverzüglich das alle Frauen unterdrückende feudalistische System abgeschafft, auch die vorwiegend alte Frauen diskriminierenden Gesetze. Die Frauenrechte werden seither durch Verfassung und eindeutige Gesetze geschützt. Die Frauen im neuen China haben in der Politik, Wirtschaft, Kultur, Gesellschaft und im Familienleben und in weiteren Bereichen noch nie so extensiv mitwirken können, und haben eine seit tausend Jahre noch nie erfahrene hohe gesellschaftliche Stellung gehabt.

Die Gleichberechtigung von Mann und Frau ist nach der chinesischen Verfassung ein Grundprinzip. In allen vier Textfassungen der Verfassung seit der Gründung der Volksrepublik sind die Prinzipien der Gleichberechtigung von Mann und Frau ausdrücklich und klar formuliert worden. 1954 hatte es in der ersten Verfassung geheißen: „Frauen genießen in der Politik, in Wirtschaft, Kultur und Gesellschaft sowie im Familienleben und in anderen Bereichen die gleichen Rechte wie die Männer." In der 1975 erlassenen Verfassung steht: „Frauen genießen in allen Bereichen die gleichen Rechte wie die Männer." Im 1978 erschienenen Verfassungstext verlautet der entsprechende Paragraph: „Frauen genießen in der Politik, Wirtschaft, Kultur, Gesellschaft und im Familienleben und in anderen Bereichen die gleichen Rechte wie die Männer. Gleiche Arbeit, gleicher Lohn, unabhängig von den Geschlechtern."

In der 1982 erlassenen Verfassung wurde hinsichtlich der Gleichberechtigung von Mann und Frau noch etwas Neues hinzugefügt: „Frauen genießen in der Politik, Wirtschaft, Kultur, Gesellschaft und im Familienleben und in anderen Bereichen die gleichen Rechte wie die Männer. Der Staat schützt die Rechte und Interesse der Frauen. Gleiche Arbeit, gleicher Lohn, unabhängig von den Geschlechtern. Man sollte immer mehr Kaderinnen fördern und ausbilden." Diese neuen Bestimmungen der Verfassung bezüglich der Gleichberechtigung von Mann und Frau fungieren als rechtliche Grundlage für Gleichberechtigung.

China achtet sehr auf die Rechte der Frauen und deren Rechtsschutz. Nach der Gründung der Volksrepublik ist die Gesetzgebung hinsichtlich der Frauenrechte in eine bisher noch nicht diskutierte Entwicklungsphase gekommen. Das erste verkündete Gesetz der Volksrepublik war ein Gesetz für die Rechte der Frauen, nämlich das „Ehegesetz". Danach hat China noch ein „Wahlgesetz", ein „Erbschaftsgesetz", ein „Bürgergesetz", ein „Strafrechtsgesetz" u.a.m. veröffentlicht. In allen diesen Gesetzen findet man die Prinzipien der Gleichberechtigung von Mann und Frau konkretisiert, und dies spiegelt den Geist eines Rechts und Schutzes der Frauen wider.

Seit den 80ger Jahren des 20. Jahrhunderts hat die chinesische Gesetzgebung eine ganze Reihe weiterer Bestimmungen zum Schutz der Frauen erlassen. Die in dieser Zeitphase verkündeten Bestimmungen über Schutz der Frauen haben sich immer wieder als außerordentlich effektiv erwiesen. 1992 sind die „Gesetze zum Schutz der Interessen der Frauen" ins Leben gerufen worden, und diese sind die ersten umfassenden Gesetze zum Schutz der Frauenrechte seit der Gründung der Volksrepublik. Und genau nach dem Prinzip der Verfassung hinsichtlich der Gleichberechtigung von Mann und Frau ist das Verbot der Diskriminierung der Frauen erfolgt. 2005 hat der 10. Ständige Ausschuss des 17. Volkskongresses den „Entschluss über die Korrektur der Bestimmungen zum Schutz der Frauen" angenommen. Die korrigierten Bestimmungen über Schutz der Frauenrechte haben „die Durchführung der Gleichberechtigung von Mann und Frau als grundlegendes Moment der Staatspolitik" unter die Grundprinzipien aufgenommen. Man hat hier auch ausdrücklich festgelegt: „Der Staat muss Maßnahmen treffen, schrittweise alle Systeme zum Schutz der Frauenrechte zu vervollständigen, damit alle möglichen Formen von Diskriminierung der Frauen verhindert werden." Die chinesische Regierung betont die Verwirklichung der Gleichberechtigung von Mann und Frau als grundlegendes Prinzip der Landespolitik. Und die Frage der Frauenrechte gilt der Regierung immer als vorrangig.

Das 2001 korrigierte „Ehegesetz" hat zum ersten Mal das Verbot der Hausgewalt ins Gesetz aufgenommen; außerdem noch „das System des Schadenersatzes der Frauen durch Scheidung und das System des Schadenersatzes der geschiedenen Frauen". In dem 2003 erlassenen „Gesetz der Pachtung von Grundstücken auf dem Land" hat man verbürgt, dass alle verheirateten und geschiedenen Frauen, auch Witwen das gleiche Recht auf Grundstückspachtung haben.

Die Kommunistische Partei Chinas und die chinesische Regierung legen großen Wert auf die Förderung der Arbeit der Gleichberechtigung von Mann und Frau. Hu Jintao hat gesagt: „Parteikomitees und Regierungen aller Ebenen müssen unbedingt die besondere Wirkung der Frauen und die besondere Bedeutung ihrer Arbeit anerkennen. Man muss die Gleichberechtigung als wesentliches Prinzip der Grundpolitik des Staates gründlich beherzigen und die Interessen der Frauen kontinuierlich durch konkrete und wirkungsvolle Arbeit berücksichtigen." Im Übrigen hat er noch gefordert, man müsse die Gesellschaft vorantreiben durch wirtschaftliche, rechtliche Maßnahmen und durch Verwaltung, durch Propaganda und weitere verschiedene Methoden, damit ein neues gesellschaftliches Bild entstehe, worin der Respekt und Schutz der Frauen entschieden gefördert werde.

Im heutigen China ist schon ein Rechtsschutzsystem zur Förderung der Gleichberechtigung und zum Schutz der Frauen aufgebaut worden. Dieses System akzentuiert die Verfassung als Grundlage für den Schutz der Frauen als Hauptziel. Es betrifft schließlich das Bürgerrecht, Strafrecht, Ehegesetz, Arbeitsrecht, tangiert die Gesetze zum Schutz der Frauen und Kinder sowie eine ganze Reihe anderer Gesetze und Bestimmungen.

B. Weitreichende Bemühungen Chinas zur Förderung der Gleichberechtigung von Mann und Frau

Seit der Gründung der Volksrepublik vor 60 Jahren, vor allem in den letzten 30 Jahren, also in der Zeit der Reform und Öffnung zur Welt hat sich China verstärkt für die Durchführung der Prinzipien der Gleichberechtigung von Mann und Frau eingesetzt. Dabei sind vielfache wirtschaftliche und rechtliche Maßnahmen getroffen worden. Auch hat man in der Verwaltung und in den Medien in dieser Hinsicht viel gearbeitet und auch große Erfolge errungen. Nachdem China als Veranstalter die 4. Internationale Frauenkonferenz der UN erfolgreich veranstaltet hat, begreift die chinesische Regierung die Dokumente „Pekinger Erklärung" und „Aktionsplattform" mit ihren Erklärungen zum Thema der Gleichberechtigung der Geschlechter als wesentlichen Inhalt des Sozialismus chinesischer Prägung. Dementsprechend ist die Regierung bemüht, den Inhalt des „Erklärung" und der „Aktionsplattform" konsequent in die Tat umzusetzen. Dies fungiert als Grundlage für den weiteren Aufbau des Rechtsschutzsystems, so dass eine Reihe weiterer Maßnahmen in der Gesetzgebung, Rechtsvollstreckung und Justiz getroffen wurden, natürlich auch mit entsprechender Wirkung.

1.) Zunehmende Verpflichtung des Staates für Schutz der Rechte der Frauen und Kinder.

Der Staat hat die Entwicklung der Frauenrechte in den gesamten Plan der wirtschaftlichen und gesellschaftlichen Entwicklung aufgenommen. 1995 hat der Staat die erste Aktionsplattform zur Förderung der Gleichberechtigung beider Geschlechter, den „Grundriss der Entwicklung der Frauen (1995-2000)" vorgelegt. 2001 hat man unter der Voraussetzung, dass die meisten Ziele dieses

„Grundrisses" erfüllt worden sind, einen neuen „Entwicklungsgrundriss der Frauen (2001-2010)" verkündet, um dem Bedarf der staatlichen Wirtschaft und gesellschaftlichen Regulierung zu entsprechen und um die Aufforderung der UN „Tausend Jahre Entwicklungsziele" zu erfüllen. Dieser Grundriss thematisiert Probleme wie Frauen und Wirtschaft, Anteilnahme der Frauen an Entscheidungen und an Verwaltungsaufgaben, Frauen und Bildung, Frauen und Gesundheit, Frauen und Gesetz, Frauen und Umwelt, insgesamt 100 Bestimmungen und sechs Bereiche umfassend. Darunter gilt das Frauenrecht fraglos als Hauptziel. Der Staatsrat, ihm subordinierte Behörden und Regierungen aller Ebenen haben Durchführungspläne dieses Grundrisses und Pläne für Entwicklung der Rechte der Frauen ausgearbeitet. Damit die Ziele des Grundrisses erfüllt werden können, haben das Finanzministerium und die lokalen Finanzämter Jahr für Jahr immer mehr für Durchführung des Grundrisses investiert. Die Umsetzung dieser zwei Grundrisse hat kräftig dazu beigetragen, dass die rechtlichen Bestimmungen in die Tat umgesetzt wurden, sodass der Entwicklungszustand der Rechte der chinesischen Frauen im Vergleich mit den Entwicklungsländern die führende Position einnimmt. China demonstriert hier den entwickelten Ländern seine besondere Überlegenheit.[4]

Der Staat berücksichtigt auch statistische Daten und die Erkenntnisse der Forschungsarbeit über die Situation der Frauen. Deshalb sind besondere Institutionen zur Kontrolle der Durchführung des Grundrisses gegründet worden; und man hat ein System von Standardwerten für die Kontrolle der Durchführungsverfahren entworfen und einen Plan für deren Beurteilung.

Die chinesische Regierung hat der internationalen Menschenrechtskonvention der UN immer sofort zugestimmt und sie unterstützt. 1980 hat China sich dem „Pakt der Beseitigung aller Frauen diskriminierenden Formen" angeschlossen. 2001 hat China den „Internationalen Pakt der Rechte auf Wirtschaft, Gesellschaft und Kultur" genehmigt. 2005 hat sich China dem „Pakt gegen berufliche Diskriminierung" angeschlossen. Im Mai 2000 hat China der UN seinen „Bericht der Volksrepublik Chinas über Durchführungsergebnisse der auf der 4. Internationalen Frauenkonferenz 1995 erlassenen Resolutionen ‚Pekinger Erklärung' und ‚Aktionsplattform'" überreicht. Und im Februar 2004 ist der „Bericht über die Ergebnisse der Durchführung des ‚Pakts der Beseitigung aller die Frauen diskriminierenden Formen'" (ebenfalls für die UN) gefolgt. Bis Ende Juni 2009 hat China mit 22 Ländern Verträge über die Auslieferung unterzeichnet. Und mit 19 Ländern hat China einen Vertrag über Zusammenarbeit im Strafrecht unterzeichnet.[5] Mit diesen Ländern hat China darüber hinaus noch weitere 40 Verträge und Vereinbarungen hinsichtlich der Zusammenarbeit der Polizei abgeschlossen. Um internationale Straftaten wie

---

4  Pressebüro des Staatsrats, „Der Entwicklungszustand der chinesischen Gleichberechtigung der Geschlechter und Frauen", 2005.
5  Informationen über Verträge der Zusammenarbeit mit der ausländischen Justiz", Webseite des Zivilstrafrechts der Volksrepublik China, http://www.moj.gov.cn/sfxzws/2009-08/26/content_1144120.htm.

Frauen- und Kinderhandel zu unterbinden, hat China in Zusammenarbeit mit dem Kinderhilfswerk der UNICEF in den drei Provinzen Yuan, Jiangxi und Sichuan drei Zentren eingerichtet, um Frauen und Kindern zu helfen, die Opfer des Menschenhandels geworden sind.

1. Die Einrichtungen für den Schutz der Rechte der Frauen und Kinder sind auf staatlichen wie auch auf nichtstaatlichen Ebenen entwickelt und verbessert worden.

1993 hat man die Kommission für eine Koordinierung der Arbeit der Frauen und Kinder des Staatsrates in eine Arbeitskommission für Arbeit der Frauen und Kinder umgewandelt. Alle chinesischen Strafrechtsorgane bieten jetzt mit Justizberatung, Vertretungen der Anklagen und vielen weiteren Maßnahmen den Frauen, deren Interessen und Rechte verletzt werden, ausreichend Hilfe. Bis Ende 2005 sind 3129 staatlich unterstützte juristische Beratung- und Hilfszentren im ganzen Land gegründet worden. 10900 Zentren für juristische Beratung und Hilfe für Frauen wurden in den einzelnen Provinzen und Städten ins Leben gerufen. [6] Bis 2009 haben im ganzen Land insgesamt 335.145 Personen juristische Hilfe erhalten, davon 88.740 Frauen, mithin 26,5% aller derer, die eine Hilfe in Anspruch genommen haben.[7] Der Gesamtchinesische Frauenverband hat in Zusammenarbeit mit entsprechenden Behörden auch 27.000 Hilfszentren für Frauen eingerichtet, um Frauen kostenlose juristische Beratungen zu bieten und eine kostenlose Vertretung der Anklage.[8]

Auch in der Justiz ist in dieser Hinsicht tüchtig gearbeitet worden. Der Gerichtshof hat mehr als 3000 gerichtliche Institutionen ausdrücklich zum Schutz der Frauenrechte begründet. In diesen Gerichten sollen ausschließlich zivile Gerichtsverfahren stattfinden, die dem Schutze der Interessen der Frauen dienen. Für die hier verhandelten Gerichtsverfahren lädt das Gericht oft Vertreter des Frauenbundes ein, damit diese als Geschworene an den Gerichtsverfahren teilnehmen können. Darüber hinaus haben die juristischen Organe gemeinsam mit dem Frauenbund „Zentren für die Opfer von Familiengewalt" und „110 Alarmmeldungen für Opfer der Familiengewalt" und „Stationen für Anklagen wegen Familiengewalt" gegründet, außerdem ein Frauenhaus und weitere Hilfsstellen. Im November 2001 hat der Staat ein Koordinationskommitee aus 19 verschiedenen Abteilungen zum Schutz der Interessen der Frauen und Kinder ins Leben gerufen. Zurzeit gibt es in allen Regierungen der Provinzen Institutionen für die Zuständigkeit der Arbeit der Frauen und Kinder. Die Ausgaben dafür gehen zu Lasten des Finanzhaushalts der einzelnen Regierungen.

---

6   Presse des Staatsrats, „Der Entwicklungszustand der Geschlechter und Frauen", 2005.
7   Statistik und Analyse der Arbeit bei der juristischen Hilfe in der ersten Hälfte 2009", Webseite des Zivilstrafrechts der Volksrepublik China, http://www.moj.gov.cn/flyzs/2009-08/27/content_1144496.htm.
8   Frauenbund aller Ebenen bauen gemeinsam die Dienstleistung für Opfer der Familiengewalt, Webseite der Zentralregierung, http://www.gov.cn/jrzg/2007-11/25/content_814840.htm.

Der Staat hat durch Fortbildungskurse für Gesetzesvollstrecker und Personalien der Justizbehörden das Bewusstsein für den Frauenschutz intensiviert. Übrigens versucht der Staat die Anzahl und den Prozentsatz weiblichen Personals für Justiz und Strafrecht zu erhöhen. 2004 hat der Prozentsatz der Richterinnen und des gerichtlichen Untersuchungspersonals jeweils 22,7% und 21,7% betragen und hat sich im Vergleich zum Jahr 1995 um 5,9% und 5% erhöht.[9] Zurzeit gibt es im ganzen Land insgesamt 44.502 Richterinnen.

Die chinesische Regierung achtet sehr auf die Entfaltung der nicht staatlichen Organisationen für die Entwicklungsarbeit der Frauen. Statistischen Angaben zufolge hat es bis 2004 mehr als 10.000 nichtstaatliche Frauenorganisationen gegeben. Der Gesamtchinesische Frauenverband, die chinesische Generalgewerkschaft, das Zentralkomitee des chinesischen kommunistischen Jugendverbandes, die chinesische Vereinigung der Behinderten, die chinesische Gesellschaft für Wissenschaftler und Techniker, alle dieser Organisationen setzen sich die Förderung der Gleichberechtigung beider Geschlechter zum Ziel. Der Gesamtchinesische Frauenverband ist die größte nichtstaatliche Organisation zur Förderung der Gleichberechtigung beider Geschlechter und der Entwicklung der Frauen. Er spielt beim Schutz der Frauenrechte eine bedeutende Rolle. Diesem Frauenverband ist beispielsweise zu verdanken, dass die Vertreterinnen des Verbandes als Geschworene im Gericht mitwirken und dass ihre Mitglieder als Konstrukteurinnen für Arbeitsgesetz fungieren. Im März 2005 hat dieser Frauenverband juristische Hilfszentren für Frauen gegründet und eine einheitliche Hotline 12338 für Hilfe der Frauen und eine Hotline 16838198 für Hilfe der Opfer in Fällen von Familiengewalt eingerichtet. Diese Hotlines bieten Frauen und Kindern im Fall der Verletzung ihrer Rechte Hilfe und den Opfern entsprechende juristische Dienstleistungsangebote. Zurzeit deckt diese Hotline des Frauenverbandes alle 31 Provinzen und Regierungsunmittelbaren Städte ab. 2006 hat der Frauenverband noch eine weitere Hotline besonders für Klagen und Hilfeleistungen für Bäuerinnen und Arbeiterinnen angeboten, speziell für Hilfe in juristischen Fragen. Im August 2007 ist die Hotline für Fälle von Familiengewalt umbenannt worden in „Friedliche Familien und glückliche Familien". Diese Hotline 4008812338 bietet den Frauen außerdem psychische Hilfe. Die Frauen können bei Wahl dieser Hotline ihren Kummer und ihre Sorgen ausschütten. Sie führen dann Gespräche mit Expertinnen und erhalten situationsgerechte Ratschläge. In den letzten Jahren machen von diesen Möglichkeiten durchschnittlich fünftausend Frauen im Jahr Gebrauch und wenden sich an die juristischen Hilfszentren des Frauenverbandes. Jährlich laufen in der Regel 50.000 Telefongespräche über diese Hotlines. Im März 2006 hat der Frauenverband zusammen mit der chinesischen Stiftung für juristische Hilfe gezielt eine „Juristische Hilfsaktion für chinesische Frauen" durchgeführt, mit dem Schwerpunkt, den Frauen der ärmeren Regionen und den Bäuerinnen und Arbeiterinnen juristische Hilfe zu bieten.

---

9  Presse des Staatsrats, „Der Entwicklungszustand der Geschlechter und der Frauen in China", 2005.

Im Jahr 2000 hat die chinesische Justizgesellschaft Gegenmaßnahmen gegen Familiengewalt verkündet und hat eine Webseite gegen Familiengewalt eröffnet, die Materialien und Informationen zu diesem Thema verbucht.

Solche neuen Maßnahmen und Institutionen verdanken sich neuen Erfahrungen in der Praxis der Bewahrung der Frauenrechte. Sie sind für den Fortbestand der Frauenrechte von großer Bedeutung.

Dass die Frauen zunehmend an staatlichen und gesellschaftlichen Fragen beteiligt werden, ist ein wichtiges Zeichen für den Zivilisationsfortschritt eines Landes. Dass China eine weitgehende aktive Teilnahme der Frauen an der staatlichen und gesellschaftlichen Verwaltung und derartigen Entscheidungen gewährleistet, ist ein wichtiges Ziel auf dem Wege der Entwicklung der chinesischen Menschenrechte.

# II. Politische Rechte der chinesischen Frauen werden durch Gesetze und politische Richtlinien ausreichend geschützt

Die Maßnahmen zum Schutz der politischen Rechte der chinesischen Frauen bestehen einerseits aus einer Reihe gesetzlicher Bestimmungen, andererseits aus verschiedenen politischen Programmen der Regierung.

## 2.1. Der Schutz der politischen Rechte der Frauen durch chinesische Gesetze

Unter politischen Rechten der Frauen versteht man Rechte der Frauen auf Teilnahme an der Verwaltung staatlicher und gesellschaftlicher Angelegenheiten. Diese Rechte beinhalten passives und aktives Wahlrecht, das Recht auf eine gesellschaftliche Position und das Recht auf politische Freiheit. Das politische Recht der Frauen ist ein wichtiger Bestandteil der Menschenrechte. Darin spiegelt sich wider, dass Frauen die gleiche Würde, der gleiche Wert, der gleiche Rang und die gleichen Rechte zukommen wie den Männern.

Die Paragraph 48 der „Verfassung" hat festgelegt: „Die Frauen der Volksrepublik haben in der Politik, in der Wirtschaft, in Kultur und im Familienleben und in allen anderen Bereichen die gleichen Rechte wie die Männer. Der Staat schützt die Rechte und Interessen der Frauen. Gleiche Arbeit, gleicher Lohn. Weibliche Funktionäre sollten besonders gefördert werden." Diese in der Verfassung gewährleisteten Rechte der Frauen werden in dem „Wahlgesetz" und im Dokument „Gesetze für Schutz der Rechte und Interessen der Frauen" konkretisiert. In dem letztgenannten Text heißt es: „Frauen genießen das aktive und passive Wahlrecht wie die Männer." Außerdem kann man darin lesen: „Die vernünftigen Vorschläge hinsichtlich des Schutzes der Rechte und Interessen der Frauen sollten die Behörden akzeptieren und annehmen".

In den letzten Jahren hat China immer mehr Frauen motiviert, aktiv an der Politik teilzunehmen. 2007 hat die 5. Sitzung des 10. Volkskongresses bestimmt: „Die Vertreterinnen des 11. Volkskongresses müssen mehr als 22% betragen". Hier ist zum ersten Mal eine klare Regelung hinsichtlich prozentualer Beteiligung von Frauen im Volkskongress getroffen worden. Darin reflektiert sich der Geist der UN mit der Bestimmung des „Paktes zur Beseitigung aller Frauen diskriminierenden Formen". In den letzten Jahren hat man für die weiblichen Mitglieder der Volkskongresse aller Ebenen einen Prozentsatz von mehr als 30% festgelegt.

## 2.2. Verschiedene politische Programme gewährleisten die politischen Rechte der Frauen

Die Kommunistische Partei Chinas und die chinesische Regierung haben schon immer auf den Aufbau und die Motivation weiblicher Führungskräfte geachtet. Der Staat hat schon immer ein großes Interesse gehabt, weiblich Führungskräfte heranzubilden und auszuwählen.

In dem „Entwicklungsgrundriss der chinesischen Frauen (2001-2010)" steht deutlich: „Der Protzentsatz der Frauen an der politischen Verwaltung sollte erhöht werden. In den Regierungen aller Ebenen muss mindestens eine Frau dabei sein. Die Hälfte aller Posten der Regierungsbehörden aller Ebenen, von Provinzen bis hin zu den Kreisen, muss mit Frauen besetzt werden. Gerade die obersten Führungskräfte sollten immer stärker mit Frauen besetzt werden. In der Verwaltung der Branchen und Bereiche, in denen konzentriert Frauen tätig sind, sollte der Prozentsatz der weiblichen Führungskräfte auch entsprechend höher sein. Auch in den Dörfern und Straßenkomitees sollten die weiblichen Führungskräfte anteilmäßig erhöht werden."

Seither sind die Regierungen aller Ebenen bestrebt, diesen neuen Bestimmungen gemäß zu handeln, damit immer mehr Frauen Posten der Führungsposition bekleiden und an demokratischen Entscheidungen, in der Verwaltung und Kontrolle beschäftigt werden können. 2004 hat das Büro des Zentralkomitees gemeinsam mit dem Staatsrat „Meinungen über die Vervollständigung und Verbesserung der demokratischen Verwaltung der Dörfer" verkündet. In diesem Dokument steht: „Die Vertreter der Dörfer werden von Dorfbewohnern gewählt, dabei muss die Anzahl der gewählten Frauen einen bestimmten Prozentsatz erreichen." 2005 sind die Bestimmungen dieses Dokumentes in der Weise korrigiert worden, „unter den Dorfkomitees muss mindestens eine Frau Mitglied sein." 2008 hat man die Resolution „Meinung über eine ausreichende Entfaltung aktiver Mitwirkung der Frauen in den unteren Ebenen" veröffentlicht. Darin hat man betont, dass man das demokratische Mitwirken der Frauen in den unteren Ebenen erweitern sollte. Diese neuen Regelungen haben Bedingungen für Frauen geschaffen, denen zufolge ihre Mitwirkung als Führungskräfte in Dorfkomitees und Straßenkomitees wesentlich verstärkt worden ist. 2006 waren 48,2% Mitglieder der Straßenkomitees Frauen, 23,16% Mitglieder der Dorfkomitees. Eine ganze Menge kompetente

Frauen fungieren in diesen Komitees im Vorstand. Dadurch ist das Niveau der Mitwirkung der Frauen in den unteren politischen Ebenen deutlich gehoben worden. Immer mehr Vorsitzende von Straßenkomitees und Dorfkomitees zeigen ihr außerordentliches Talent in der politischen Führung.[10] Auch Regierungen aller Ebenen haben alle möglichen Maßnahmen ergriffen, damit immer mehr Kaderinnen in den unteren Ebenen aktiv werden. Ein anderes Beispiel: Bestimmte Hochschulen nehmen gezielt Studentinnen auf, um diese zu späteren weiblichen Führungskräften auszubilden, die hervorragenden Absolventinnen auszuwählen und sie dann als Funktionärinnen in die unteren Ebenen zu schicken. In den staatlichen Behörden, vor allem in den Branchen und Betrieben, in denen Frauen in Konzentration tätig sind, werden junge kompetente Kaderinnen ausgewählt und dann als Führungskräfte in die unteren Ebenen geschickt. Kreise, Dörfer, Straßenkomitees berücksichtigen bei Förderung der neuen Funktionäre immer einen bestimmten Prozentsatz von Frauen. Bei der Auswahl der neuen Kader haben die Frauen bei gleichen Voraussetzungen sogar Vorrang.

2009 hat China in dem ersten „Handlungsplan der Menschenrechte" hinsichtlich der Gewährleistung politischer Rechte der Frauen gefordert: „Man muss sich dafür einsetzen, dass die Frauen in allen Bereichen gleiche Rechte wie Männer haben." „Man muss das Niveau der Anteilnahme an den staatlichen und gesellschaftlichen Angelegenheiten für Frauen erhöhen. Von den Vertretern der Volkskongresse, der Konsultationskonferenzen und Regierungen aller Ebenen muss mindestens eine Frau vertreten sein. Mehr als 50% aller staatlichen Regierungsbehörden und Verwaltungsabteilungen müssen Frauen als Mitglieder der Führungskräfte haben. Auch der Prozentsatz der Beamtinnen in allen staatlichen Organen und Institutionen soll um mindestens 20% oder sogar mehr erhöht und garantiert werden. In den Branchen und Betrieben, in denen hauptsächlich Frauen beschäftigt sind, muss der Prozentsatz der weiblichen Führungskräfte auch entsprechend höher sein."

Die politischen Rechte der chinesischen Frauen werden nicht nur durch Gesetze geschützt, sondern auch durch politische Maßnahmen gewährleistet und unterstützt. Somit hat die Gleichberechtigung von Mann und Frau beste Voraussetzungen gewonnen.

## 2.3. Die Errungenschaften beim Schutz der politischen Rechte der Frauen

Unter der Gewährleistung der staatlichen Gesetze und Politik nehmen immer mehr Frauen an der Verwaltung der staatlichen und gesellschaftlichen Angelegenheiten teil. Dies möge an einigen Beispielen erläutert werden:

10 Huang Qingyi, „Mehr als 45,4% aller Beschäftigten sind Frauen, die Zahl der Unternehmerinnen nimmt zu", 24. 9. 2008, Webseite Komitee der Frauen und Kinder des Staatsrats, http://www.nwccw.gov.cn/html/90/n-140990.html.

A. Der Prozentsatz der Vertreterinnen der Volkskongresse und Konsultationskonferenzen nimmt ständig zu.

Das System der Volkskongresse ist das wesentliche politische System Chinas. Der Staat achtet schon lange auf die wichtige Mitwirkung der Frauen in allen Volkskongressen. 1995 haben die „Wahlgesetze der Volkskongresse aller Ebenen und Volksvertreter aller Orte" verkündet: Unter den Volksvertretern des nationalen Volkskongresses und der Volkskongresse aller Ebenen muss eine bestimmte Anzahl von Frauen beteiligt sein. Und der Prozentsatz dieser Volksvertreterinnen muss ständig gesteigert werden. In den letzten Jahren nehmen die Frauen aktiv an der Wahl der Volkskongresse aller Ebenen teil und nutzen so ihre demokratischen Rechte. Die Wahlbeteiligung der Frauen bei der Wahl der Volkskongresse aller Ebenen erreicht 73,4%.

An dem ersten nationalen Volkskongress 1954 haben insgesamt 147 Volksvertreterinnen teilgenommen, d.h. 12% aller Vertreter. An dem 10. Nationalen Volkskongress 2003 haben 604 Volksvertreterinnen teilgenommen, d.h. bereits 20,2% aller Vertreter. 11 Von den Mitgliedern des ständigen Ausschusses sind 13,2% weibliche Mitglieder. Von den stellvertretenden Vorsitzenden des Komitees sind 18,8% Frauen. Auf dem 10. Nationalen Volkskongress ist noch eine stellvertretende Premierministerin, ein weibliches Mitglied des Staatsrates, gewählt worden. Von den Vertretern des 11. Nationalen Volkskongresses 2008 waren 21,33% Frauen, d.h. um 1,1% mehr als beim letzten Volkskongress. Auf dem 11. Volkskongress waren 637 Vertreterinnen, davon 29 Frauen im ständigen Ausschuss, von den stellvertretenden Vorsitzenden des ständigen Ausschusses waren drei Frauen. Von den Teilnehmern der 11. Nationalen Konsultationskonferenz waren 17,7% Frauen, 5 stellvertretende Vorsitzende der Konsultationskonferenz waren Frauen.

B. Der Prozentsatz der Kaderinnen nimmt ständig zu.

Nach der Gründung der Volksrepublik hat China einerseits durch Gesetze den Frauen die Rechte gewährleistet, eine führende Position zu übernehmen, andererseits hat China durch politische Maßnahmen die Frauen in dieser Hinsicht unterstützt und gefördert, so dass fortan immer mehr Frauen Führungspositionen übernehmen können. Seit der Gründung der Volksrepublik war Frau Song Qin Ling Vizevorsitzende und Ehrenvorsitzende des Staates. Unter den höchsten Staatsorganen des nationalen Volkskongresses waren nacheinander Song Qing Ling, Chen Mu Hua, Peng Pei Yun u.a.m. stellvertretende Vorsitzende des ständigen Ausschusses. Zurzeit sind 8 Frauen in hohen Positionen des Staates und der Partei.

1954 gab es in China nur 3 Ministerinnen, 4 Stellvertretende Ministerinnen. Zurzeit gibt es mehr als 15.000.000 Funktionärinnen im ganzen Land, 230 Funktionäre in der Provinzebene, 670 Bürgermeisterinnen. Bis Ende 2007 haben 17,7% Frauen eine führende Position in den Parteikomitees,

---

11 Gesamtchinesischer Frauenverband\ „Berichte über die Situation hinsichtlich des Schutzes der Frauenrechte", 2003.

Volkskongressen, Regierungen, Konsultationskonferenzen, Volksgerichtshöfen, Staatsanwaltschaften, demokratischen Parteien, im Vergleich zum Jahr 2003 also um 1,0% mehr. Von den Funktionären ab der Provinzebene sind 10,1% Frauen, im Vergleich zum Jahr 2003 um 1,1% mehr12. Im Jahr 2006 waren 23,2% der führenden Positionen der Dörfer von Frauen besetzt, 48,2% Frauen in den Straßenkomitees in leitender Funktion. Außerdem achtet China noch sehr auf die Ausbildung der Kaderinnen der nationalen Minderheiten.

## III. Schutz der Rechte der Frauen auf Wirtschaft, Gesellschaft und Kultur

Unter den Rechten der Frauen auf Wirtschaft, Gesellschaft und Kultur versteht man die Grundmenschenrechte, die Frauen in wirtschaftlichen, gesellschaftlichen und kulturellen Bereichen genießen. Diese Rechte umfassen hauptsächlich: Arbeitsrecht, Eigentumsrecht, Arbeitsschutzrecht, Recht auf gleiche Arbeit und gleichen Lohn, Recht auf Bildung, Recht auf Gesundheit. Alle diese Rechte werden durch die chinesische Verfassung und durch Gesetze geschützt.

## 3.1. Antidiskriminierung der Frauen und Schutz der Rechte der Frauen auf Wirtschaft, Gesellschaft und Kultur

Antidiskriminierung der Frauen und Schutz der Rechte der Frauen auf Wirtschaft, Gesellschaft und Kultur sind wichtigsten Prinzipien. Die chinesische Regierung demonstriert durch Verkündigung zahlreicher Gesetze ihre klare Position hinsichtlich der Verhinderung der Diskriminierung der Geschlechter und ihre Entschiedenheit für den Schutz der Rechte der Frauen.

A. Antidiskriminierung der Frauen ist die wesentliche Aufforderung der Frauen.

Wenn man die gleichen Rechte der Frauen auf Wirtschaft, Gesellschaft und Kultur schützt, muss man gegen Diskriminierung der Frauen kämpfen. In der Realität sind die größten Hindernisse, die die Verwirklichung der Rechte der Frauen verhindern, die Diskriminierung der Frauen. Solche Diskriminierung ist das Ergebnis mangelnder Gleichberechtigung beider Geschlechter. Der Hauptgrund dieser Diskriminierung liegt darin, dass man Frauen nicht als gleichberechtigte „Menschen" betrachtet; und in der Konsequenz die Rechte der Frauen nicht als Menschenrechte.

1948 ist mit der „Menschenrechtskonvention der Welt" die Antidiskriminierung der Frauen in eine völlig neue Phase eingetreten. Die „Menschenrechtskonvention der Welt" hatte verkündet: „Alle Menschen sind von Geburt an frei. Alle haben die gleiche Würde und die gleichen Rechte". Für die Durchführung der Prinzipien der „Menschenrechtskonvention der Welt" hat die UN eine Reihe von Erklärungen zum Zweck der Antidiskriminierung der Frauen erlassen. In diesen Dokumenten galt der 1979 erlassene „Pakt der

---

12  Materialien vom Gesamtchinesischen Frauenverband.

Beseitigung aller die Frauen diskriminierenden Formen" als ein Meilenstein. Denn in diesem Dokument hatte der Pakt zum ersten Mal die „Diskriminierung der Frauen" in Form eines internationalen Gesetzes definiert: „Unter der Frauendiskriminierung versteht man Handlungen, vollzogen in der Absicht, die Freiheit und Rechte der Frauen, unabhängig vom Familienstand, einzuschränken, bezogen auf Wirtschaft, Gesellschaft, Kultur und auf alle anderen Bereiche, Frauenrechte zu verdrängen, zu verhindern oder zu leugnen." Diese Definition sagt zum ersten mal klar und deutlich, dass Diskriminierung der Frauen eigentlich die Infragestellung der Rechte der Frauen und deren Freiheit bedeutet.

Ein anderes wichtiges internationales Dokument der Antidiskriminierung der Frauen ist das 1993 anlässlich der 2. Internationalen Menschenrechtskonferenz erlassene „Wiener Erklärung und Aktionsplattform". Dieses Dokument fordert zum ersten Mal die „Beseitigung aller Diskriminierungen der Frauen als das Hauptziel der internationalen Gesellschaften."

1995 hat die 4. Internationale Frauenkonferenz in Peking das „Pekinger Erklärung" und die „Aktionsplattform" erlassen. In diesen beiden Dokumenten ist erneut betont worden die „Beseitigung aller Frauen und Mädchen diskriminierenden Formen". Man hat hier auch ausdrücklich betont: „Die Erhöhung der Stellung der Frauen und die Verwirklichung der Gleichberechtigung von Mann und Frau sind Vorrausetzungen für Fragen der Menschenrechte. Man darf die Diskriminierung der Frauen nicht nur als ein Problem abtun, das nur Frauen betrifft."

Alle diese internationalen Dokumente, Definitionen und Erläuterungen haben den internationalen Gesellschaften für das Vorgehen gegen Diskriminierung international gültige Normen geliefert.

B. Die Gleichberechtigung von Mann und Frau ist ein wichtiges Thema der chinesischen Gesetze.

Die Tatsache mangelnder Gleichberechtigung beider Geschlechter war das Grundmerkmal der alten chinesischen Gesellschaft. Erst nach der Gründung der Volksrepublik ist die chinesische Regierung ständig ernstlich bemüht, in der Erziehung und in Verwaltungsgeschäften Elemente der Diskriminierung der Frauen zu beseitigen und zu verhindern und die gleichberechtigten Rechte der Frauen zu schützen. Besonders seit der Zeit der Reform und Öffnung zur Welt hat China viele diese Fragen betreffenden Gesetze erlassen und einige korrigiert. Denn die Entwicklung der chinesischen Menschenrechte hatte solche Gesetzesreformen erforderlich gemacht. Außerdem wollte China den Geist internationaler Prinzipien gegen die Diskriminierung durch eigenes Gesetz widerspiegeln.

1.) China hat sich 1980 dem „Pakt der Beseitigung aller die Frauen diskriminierenden Formen" der UN angeschlossen. Seither hat China der UN schon sechs Berichte über die Durchführung dieses Paktes überreicht. Um den Geist des Paktes noch effektiver zu verwirklichen, hat China 1992 die Resolution „Schutz der Frauenrechte" erlassen und zudem eine Menge umfassender Bestimmungen für den Schutz der Gleichberechtigung von Mann und Frau. 1994 betont das „Arbeitsgesetz" erneut die Gleichberechtigung und Antidiskriminierung der Frauen. Im Kapitel 7 ist hier die Rede von einem „besonderen Schutz der Arbeitsnehmerinnen und minderjährigen Arbeitnehmer".

2.) 2001 ist das „Ehegesetz" korrigiert worden, in dem erstmals Bestimmungen zum Schadenersatz für geschiedene Frauen formuliert worden sind. 2003 ist das „Gesetz für Landpacht" herausgegeben worden, in dem festgehalten wird, dass auch verheiratete und geschiedene Frauen und Witwen das gleiche Recht auf Landpacht haben wie alle anderen.

3.) Nachdem China 2005 sich dem internationalen „Pakt Antidiskriminierung im Beruf" angeschlossen hat, achtet man bei der Gesetzgebung besonders auf die Prinzipien der Antidiskriminierung. Angesicht der Tatsache, dass es in der Gesellschaft noch immer Diskriminierung der Frauen im Berufsleben gibt, hat China in dieser Hinsicht dem Problem verstärkte Aufmerksamkeit geschenkt. 2005 ist das „Gesetz für den Schutz der Interessen der Frauen" korrigiert worden, worin erstmals legalisiert worden ist, dass „Gleichberechtigung von Mann und Frau das grundlegende Ziel des Staates" ist. Darin sind Bestimmungen von Maßnahmen gegen die berufliche Diskriminierung enthalten und ein Verbot sexueller Belästigung. 2007 hat man eine Reihe weiterer Dokumente herausgegeben, in denen klipp und klar das Verbot formuliert wird, Frauen und andere Sondergruppen zu diskriminieren. Man sollte den Frauen und Behinderten im Beruf spezielle berufliche Hilfen anbieten. Es sind dies die „Gesetze für Förderung der Arbeit", „Gesetze der Arbeitsverträge", „Gesetze für Arbeit der Behinderten", „Gesetze für Verwaltung der Arbeit". Die 3. Bestimmung der „Gesetze für Förderung der Arbeit" hatte verkündet: „Alle haben das gleiche Recht beruflicher Wahl und auf gleiche Arbeitschancen. Niemand darf wegen der Zugehörigkeit zu einer ethnischen Gruppe, seines Geschlechts wegen oder aus religiösen Gründen diskriminiert werden." In der 27. Bestimmung steht: „Der Staat schützt die Gleichberechtigung der Frauen und der Männer hinsichtlich der Arbeit. Niemand darf bei der Einstellung neuen Personals jemanden seines Geschlechts wegen ablehnen. Auch ist es verboten, für Frauen mittels höherer Kriterien Hindernisse aufzubauen, es sei denn, die Ablehnung erfolge deshalb, weil eine Arbeit oder ein Posten sich grundsätzlich nicht für Frauen eignet. Auch ist es den Arbeitseinheiten untersagt, in den Arbeitsvertrag die Bedingung aufzunehmen, Frauen eine Heirat zu verbieten oder Kinder zu bekommen." In der 62. Bestimmung heißt es: „Alle dürfen diejenigen, die gesetzwidrig handeln oder jemanden bei der Arbeit diskriminieren, beim Gerichtshof anklagen." In den „Gesetzen der Arbeitsverträge" ist zudem ausdrücklich betont worden, dass man die Frauen bei der Arbeit besonders schützen muss. Man darf die Frauen während ihrer Stillzeit, Schwangerschaft und des Mutterschaftsurlaub nicht einseitig den Arbeitsvertrag kündigen.

## 3.2. Neue Errungenschaften bei der Gewährung wirtschaftlicher, gesellschaftlicher und kultureller Rechte der Frauen.

Durch gesetzliche Garantie haben sich die Rechte der Frauen auf die Wirtschaft, Gesellschaft und Kultur ständig entwickelt.

A. Gesetzgebung und gesetzlicher Schutz der Arbeitsrechte der Frauen

Das Arbeitsrecht der Frauen umfasst Rechte auf Arbeitssuche, freie Wahl der Berufe, gleiche Arbeitschancen, Arbeitsschutz, gerechten Lohn, Recht auf Mitgliedschaft in einer und Recht auf Bildung einer Gewerkschaft. Das Arbeitsrecht ist zugleich das Recht auf die Möglichkeit würdig zu existieren. Es ist überhaupt die Voraussetzung für die Verwirklichung der Würde und für die Anteilnahme am gesellschaftlichen Leben. Das Arbeitsrecht der Frauen ist die Grundlage der Frauen für Genuss aller anderen Rechte.

China achtet sehr auf die Gesetzgebung im Bereich des Arbeitsschutzes der Frauen. Inzwischen sind in dieser Hinsicht eine Reihe Gesetze erlassen worden. Hierzu zählen Gesetze für Arbeitssicherheit, Arbeitshygiene, Frauenschutz, Arbeitszeit, Urlaubsregeln. Darüber hinaus hat man noch „Gesetze für Arbeit", „Gesetze für Frauenschutz", „Regeln des Arbeitsschutzes der Frauen", „Regeln für Arbeitsunfälle", „Regeln für Schadenersatz bei Arbeitsunfällen" u.a.m. herausgegeben.

In der 23. Bestimmung der „Gesetze für Frauenschutz" steht: „Gleiche Arbeit, gleicher Lohn, unabhängig vom Geschlecht." „Männer und Frauen werden bei der Wohnungsverteilung und Wohlfahrt gleich behandelt". Die 26. Bestimmung besagt: „Niemand darf eine Heirat, eine Schwangerschaft, einen Mutterschaftsurlaub, eine Stillzeit als Grund geltend machen, Frauen einseitig den Arbeitsvertrag zu kündigen". Die 22. Bestimmung hält fest: „Es ist verboten, Frauen unter 16 Jahren einzustellen". Die 25. Bestimmung verkündet: „Man sollte auf die körperliche Verfassung der Frauen Rücksicht nehmen wie auf die Sicherheit und Gesundheit der Frauen bei der Arbeit. Man darf Frauen nicht mit einer ihnen ungeeigneten Arbeit belasten. Die Frauen sollten während ihrer Periode, Stillzeit, Schwangerschaft und des Mutterschaftsurlaubs besonderen Schutz genießen". In der 27. Bestimmung heißt es: „Den alten, kranken und arbeitsunfähigen Frauen sollte man materielle Unterstützung bieten." In der 13. Bestimmung der „Arbeitsgesetze" steht: „Die Frauen genießen die gleichen Arbeitsrechte wie die Männer. Bei der Anwerbung neuen Personals darf man Frauen nicht wegen ihres Geschlechts ablehnen oder höhere Anforderungskriterien bei der Einstellung geltend machen, einmal abgesehen davon, dass manche Arbeit oder Funktion für Frauen prinzipielle ungeeignet ist". In den „Regeln über Arbeitsschutz der Frauen" ist festgelegt worden: „Keine Arbeitseinheit ist berechtigt, Frauen eine ihnen zuträgliche Arbeit zu verweigern." Alle diese Gesetze gewähren den Frauen uneingeschränktes Recht auf Arbeit, gleiche Berufschancen wie die Männer, gleichen

Lohn für gleiche Arbeit, das Recht auf Erholungspausen, die Gewährleistung ihrer Sicherheit, die Garantie hygienischer Arbeitsbedingungen und die Rechte auf Sozialversicherung.

In der 2009 publizierten „Aktionsplattform der Menschenrechte" ist festgelegt worden: Bei der Anwerbung neuen Personals darf niemand Frauen diskriminieren. Die Sicherheitsmaßnahmen für Frauen bei der Arbeit müssen verbessert werden.

B. Die Rechte der chinesischen Frauen auf Arbeit sind zunehmend verwirklicht worden

Durch ständiges Bemühen der chinesischen Regierung wird das Recht der Frauen auf Arbeit gewährleistet. Dazu einige Beispiele:

(1) Die Zahl der berufstätigen Frauen nimmt ständig zu.

1949 gab es im ganzen Land 600.000 berufstätige Frauen, das waren 7,5% aller Berufstätigen. 1998 waren dies 340.670.000 berufstätige Frauen und 48,7% aller Berufstätigen. Dieser Prozentsatz ist höher als der durchschnittliche Prozentsatz in der ganzen Welt mit 34,5%.

2005 hat es 341.210.000 berufstätige Frauen im ganzen Land gegeben. Das sind im Vergleich zum Jahr 2000 24.000.000 mehr. D.h. 45,4% aller Berufstätigen sind Frauen. Auf dem Land sind 60% aller Arbeitskräfte Frauen. Im Vergleich zum Jahr 2000 gab es 4.000.000 weniger arme Frauen.

Seit 1995 nimmt die Zahl der berufstätigen Frauen ständig zu, obwohl die Zahl der berufstätigen Frauen in den staatlichen Betrieben der Städte sinkt. Doch insgesamt arbeiten im Jahr 2000 mehr als 33 Millionen Frauen. 46% aller Berufstätigen sind Frauen. In den Jahren 1998 bis 2003 haben alle Frauenverbände um kleine Kredite nachgesucht und diese dann direkt an die Frauen verteilt mit dem Ergebnis, dass 2.500.000 Frauen arbeiten konnten. Seit den 90er Jahren des letzten Jahrhunderts ist der Prozentsatz der berufstätigen Frauen immer sehr hoch gewesen. Von den 13.660.000 im Jahr 2005 arbeitslos gewordenen Frauen haben inzwischen 11.820.000 wieder Arbeit gefunden.[13] Es gibt in der ganzen Welt nur fünf Länder, in denen das Gehalt der Frauen 80% des Gehalts der Männer ausmachen. Bei den chinesischen Frauen sind es 80,4%.[14]

(2) Die Veränderung der Arbeitsstruktur

In den letzten Jahren arbeiten immer mehr Frauen in Computerbranchen, Medien, Banken und Versicherungen. Sie sind heutzutage wichtige Arbeitskräfte dieser Branchen. Nach der Statistik 2005 arbeiten in den sechs großen

---

13 Der Vortrag der Vizevorsitzenden des ständigen Ausschusses des nationalen Volkskongresses und Vorsitzenden des Frauenverbandes auf der Pressekonferenz des Staatsrats, http://politics.people.com.cn/2005/8/25.
14 Pressebüro des Staatsrats, „Der Entwicklungszustand der Gleichberechtigung in China", 2005.

Branchen Computer, Medien, Banken, Bildung, Medizin und Versicherungen 164.510.000 Frauen, im Vergleich zum Jahr 2003 mithin 6,8% mehr. Bis August 2005 betrug der Anteil der Unternehmerinnen großer, mittlerer und kleiner Unternehmen 20% der gesamten Unternehmer. Davon haben 60% in den letzten 10 Jahren ihre Unternehmen gegründet und erfolgreich gestaltet. Da alle staatlichen Organe und Betriebe bei der Anwerbung, Ausbildung und Höherstufung nach dem Prinzip der Gleichberechtigung beider Geschlechter verfahren, konnten viele Frauen ihr Talent zeigen. Ende 2004 erreichen weibliche technische Fachkräfte in den staatlichen Behörden und Betrieben 43,6% aller Beschäftigten.

(3) Verbesserung der beruflichen Struktur der Frauen.

Die Anzahl der technischen Fachfrauen und weiblichen Verantwortlichen in der Verwaltung nimmt ständig zu. Seit 1998 ist der Prozentsatz der weiblichen technischen Fachleute in den staatlichen Behörden und Betrieben von 39,3% auf 41% im Jahr 2001 gestiegen. Inzwischen haben viele Frauen entscheidende Positionen übernommen. In allen eingetragenen mittleren und kleinen Betrieben sind inzwischen 20% des Verwaltungspersonals Frauen. In 63% der von Frauen geleiteten Betriebe arbeiten mehr Frauen als Männer.

(4) Das Recht der Frauen auf Sozialschutz wird verbessert.

In den letzten Jahren versucht die Regierung, das Sozialsystem einschließlich der Altersversorgung, der Arbeitslosenversicherung, der Krankenversicherung und der Arbeitsunfallversicherung zu dynamisieren. Zur gleichen Zeit ist das Sozialwohlfahrtssystem der Städte reformiert worden. Allmählich hat man ein System für die Gewährleistung des elementaren Lebensunterhalts in den Städten und für die Arbeitslosen aufgebaut. In den Städten sind 90% der berufstätigen Frauen frauenversichert. Das heißt: Man gewährt den berufstätigen Frauen während ihrer Periode, Stillzeit, Schwangerschaft und während der Zeit ihres Mutterschutzurlaubs gewisse Vorrechte. Die berufstätigen Frauen genießen drei Monate bezahlten Mutterschaftsurlaub.

(5) Bewahrung der legitimen Rechte der Bäuerinnen auf Arbeit in den Städten.

In den letzten Jahren hat die chinesische Regierung das Anmeldesystem reformiert, um für alle die Freiheit eines Wohnortwechsels zu gewährleisten. Der Staat versucht durch Gesetze die Probleme verspäteter Lohnauszahlung für Wanderarbeiter und Wanderarbeiterinnen zu lösen. Auch versucht der Staat, die Arbeitssicherheit zu verbessern, gleichen Lohn bei gleicher Arbeit zu garantieren und Sozialversicherungen einzuführen. Außerdem versucht man, die Schwierigkeiten des Schulbesuchs der Kinder von Wanderarbeitern zu beheben. Zur gleichen Zeit investiert der Staat viel in den Bau der Berufs- und Ausbildungsschulen, um den Wanderarbeiterinnen bessere Berufschancen zu ermöglichen.

C. Das Recht der Frauen auf Gesundheit wird geschützt.

China hat die große Bedeutung der Gesundheit der Frauen als entscheidende Voraussetzung für eine Praktizierung der Gleichberechtigung von Mann und Frau begriffen. Seit den 90er Jahren des letzten Jahrhunderts hat China „Gesetze für den Schutz der Mütter und Kinder" und „Gesetze für die Bevölkerungs- und Familienplanung" u.a.m. herausgegeben; und in der „Aktionsplattform" die Gesundheit der Frauen als ein Ziel gesetzt. In die Gesundheit der Frauen ist immer mehr investiert worden, und man hat ein Servicenetz für Gesundheit der Frauen aufgebaut. Bis Ende 2004 hat man in den Städten und auf dem Land 2997 Institutionen für den Gesundheitsschutz der Frauen gebaut. Im ganzen Land gibt es 243.000 Krankenbetten für Entbindungen.[15] Statistischen Angaben zufolge haben im Jahr 2006 84,6% der Bäuerinnen auf dem Land im Krankenhaus entbunden. Im Vergleich zum Jahr 2000 mit 65,2% bedeutet das eine Erhöhung um 19,4%.

2007 ist die Sterberate der Frauen bei der Entbindung von im Jahr 2002 mit 48.3 von 100.000 auf 36.6 gesunken. Heutzutage beträgt die Lebenserwartung der Frauen durchschnittlich 74,1 Jahre.

In den letzten Jahren achtet der Staat sehr auf die Vorbeugung von HIV. Deshalb hat der Staatsrat die Arbeitskommission für Vorbeugung von HIV gegründet. Angesichts der Tatsache, dass sich immer mehr Frauen mit HIV/AIDS infiziert haben, hat der Staat in Vorbeugemaßnahmen in Bezug auf diese Krankheiten bei Müttern und Kindern eine wesentliche Aufgabe erkannt. So hat man Expertengruppen gebildet, die infizierte schwangere Frauen kostenlos behandeln, damit die Ansteckung Neugeborener vermieden wird. Die Regierung und die entsprechenden Institutionen informieren über HIV-Vorbeugungsmittel und plädieren für Verbreitung und Benutzung von Kondomen.

D. Die Entwicklung des Rechtes der Frauen auf Bildung

Auch das Recht auf Bildung gehört zu Grundmenschenrechten. Die Partei und die Regierung betrachten die Gewährleistung der Bildung der Frauen als eine wichtige Maßnahme für eine Erhöhung des gesellschaftlichen Stellenwerts der Frauen. In der chinesischen Verfassung, in dem Bildungsgesetz, im Gesetz für Schulpflicht und in dem Gesetz der Berufsbildung sind eindeutig und klar die für beide Geschlechter gleichen Rechte auf Bildung betont worden.

Die Rechte der Frauen auf Bildung umfassen folgende Aspekte: Frauen haben gleiche Möglichkeiten und Chancen der Bildung, sie haben Rechte auf kulturelle Aktivitäten. Wie die Männer sollen Frauen die Vorrechte der Bildung, der wissenschaftlichen, technischen, literarischen und künstlerischen Aktivitäten genießen. Sie haben auch bei der Einschulung, bei der Versetzung in die höheren Schulen, bei der Arbeitssuche, bei der Verleihung eines akademischen Grades, bei Entsendung zu einem Auslandsstudium die gleichen Rechte wie Männer.

---

15 Pressebüro des Staatsrats, „Die Gleichberechtigung der Geschlechter und der Entwicklungszustand der Frauen in China", 2005.

In der Paragraph 46 der chinesischen Verfassung steht: „Alle Bürger haben das Recht und Pflicht auf Bildung". Im 19. Paragraph heißt es: „Der Staat entwickelt die Möglichkeiten der Bildung und erhöht das wissenschaftliche Bildungsniveau des Volkes. Der Staat errichtet verschiedene Bildungsinstitutionen, sorgt für die Verbreitung von obligatorischer Allgemeinbildung, entwickelt die mittlere Bildung, Berufsbildung, und Hochschulbildung und Vorschulbildung. Der Staat gewährt verschiedene Bildungsinstitutionen und Einrichtungen, beseitigt den Analphabetismus, er fördert die politische, kulturelle, wissenschaftliche, technische und berufliche Bildung der Arbeiter, Bauern und Beamten und anderer Menschen. Der Staat hat ein Interesse daran, zum Selbststudium zu ermutigen. Er unterstützt kollektive wirtschaftliche Organisationen, staatliche Betriebe und andere gesellschaftliche Kräfte, selbst verschiedene Schulen und Bildungsinstitutionen zu bauen. Der Staat bemüht sich auch darum, die chinesische Umgangssprache zu verbreiten." Alle diese Bestimmungen haben eine legale Grundlage für die gleichen Rechte der Frauen hinsichtlich der verpflichtenden Allgemeinbildung, für die Mittelschul- und Hochschulbildung, für die Erwachsenenbildung und andere Bildungswege geliefert.

Die „Gesetze für Frauenrechte" haben über die Rechte der Frauen auf Bildung umfassende konkrete Maßnahmen für die Gewährleistung der Bildung der Frauen festgelegt. Hierzu beispielsweise: (1) Gewährleistung der obligatorischen Allgemeinbildung für Mädchen. „Eltern und Vormundschaft müssen die verpflichtende Allgemeinbildung schulpflichtiger Mädchen garantieren." „Die Regierung, Gesellschaft und Schulen tragen Verantwortung dafür, die schulpflichtigen Mädchen mit finanziellen Schwierigkeiten zu unterstützen, damit alle schulpflichtigen Mädchen die festgelegten Jahre der Ausbildung vollenden können. „ (2) Schutz der Mädchen bei der Einschulung und Versetzung in die höhere Schulen. „Alle Schulen und entsprechenden Institutionen müssen nach den Gesetzen des Staates die gleichen Rechte der Frauen bei der Einschulung, bei der Versetzung in höhere Schulen, bei der Arbeitssuche, bei der Verleihung eines akademischen Grades und bei Entsendung zum Studium ins Ausland gewährleisten." (3) Garantie der Beseitigung des Analphabetismus der Frauen. „Regierungen aller Ebenen müssen nach Gesetzen die Beseitigung des Analphabetismus und Halbanalphabetismus der Frauen als eine wichtige Aufgabe betrachten und dafür konkrete Maßnahmen ergreifen." (4) Schutz der beruflichen Bildung und der technischen Fortbildung. „Regierungen aller Ebenen und entsprechende Institutionen müssen Maßnahmen ergreifen, damit die Frauen berufliche und technische Fortbildung erhalten." (5) Schutz des kulturellen Rechts der Frauen. „Regierungsorgane, gesellschaftliche Organisationen, staatliche Betriebe sollten nach den staatlichen Gesetzen die gleichen Rechte der Frauen auf wissenschaftliche, technische, literarische und künstlerische Aktivitäten garantieren wie für die Männer."

China hat bei der Gewährleistung der Bildung der Frauen folgende Errungenschaft erwirkt:

(1) Der Rate des Analphabetismus der Frauen ist deutlich gesunken.

Im alten China waren 90% der Frauen Analphabetinnen. 2004 betrug der Analphabetismus der Frauen über 15 Jahren im ganzen Land nur noch 8,2% und war im Vergleich zum Jahr 1995 um 5,7% gesunken. Auf dem Land hat die Rate des Analphabetismus der Frauen über 15 Jahre noch 16,9% betragen und war im Vergleich zum Jahr 1995 um 10,5% gesunken. Der Anteil der lebensgeschichtlich jungen und mittelalterlichen Frauen betrug 4,2% Analphabetinnen und war im Vergleich zum Jahr 1995 um 5,2% gesunken. Im „staatlichen Plan zur Entwicklung der westlichen Regionen (2004-2007) „hatte man die Beseitigung des Analphabetismus der Frauen als wichtiges Ziel deklariert. Die Regierungen aller Ebenen haben dafür viel Geld investiert, damit diese Arbeit reibungslos verläuft.

1998 ist der Prozentsatz der Grundschülerinnen im ganzen Land von 15% im Jahr 1949 auf 98,86% gestiegen. Zurzeit beträgt die Anzahl der Grundschülerinnen 48%, und Mittelschulschülerinnen 47%. Insgesamt sind 98,69% Schüler und 98,61% Schülerinnen. Dies verrät Paritäten in der Pflichtschulbildung und in der Gleichberechtigung der Geschlechter. Auch in anderen Stufen der Schulbildung sind die Prozentsätze zwischen männlichen und weiblichen Schülern in etwa gleich. Der Prozentsatz der Schüler und Studenten entspricht ungefähr dem paritätischen Prozentsatz zwischen Männern und Frauen. 2005 betrug der Prozentsatz der eingeschulten Mädchen 99,14%, bei den Mittelschülerinnen waren es 98%.[16]

2008 ist erstmals die kostenlose Schulpflicht in den Städten und auf dem Land eingeführt worden. Alle schulpflichtigen Schülerinnen und Schüler mit finanziellen Schwierigkeiten erhalten zudem eine entsprechende Unterstützung vom Staat. Sie erhalten kostenlose Lehrmaterialien.

Für die Schülerinnen und Schüler im Internat bietet der Staat auch entsprechende Hilfe. Auch die Kinder von Wanderarbeitern wurden in das System der Schulpflicht aufgenommen.

(2) Der Unterschied der Ausbildungsdauer von Männern und Frauen wird immer geringer.

2005 beherrschten 83,85% erwachsene Frauen die Schriftsprache und 94,7% der jungen Frauen. Zurzeit dauert die Ausbildung der Frauen durchschnittlich 7,3 Jahre. Der Unterschied zwischen Mann und Frau ist vom Jahr 2000 mit 1,3 Jahren auf ein Jahr im Jahr 2004 gefallen.

---

16 Huang Qingyi, Die berufstätigen Frauen betragen mehr als 45.4%, es gibt immer mehr Unternehmerinnen, 24. September 2008, Webseite der Arbeitskommission für Frauen und Kinder des Staatsrates, http://www.nwccw.gov.cn/html/90/n-140990.html.

(3) Die Zahl der Akademikerinnen nimmt ständig zu.

2005 betrug die Anzahl studierender Aspirantinnen 424.600 und war im Vergleich zum Jahr 2000 um 320.000 gestiegen, d.h. um 322%. Dies entsprach 43,39% aller Aspiranten und im Vergleich zum Jahr 2000 einer Erhöhung um 10%. 2005 haben die Studentinnen der Hochschulen 7.353.200 ausgemacht und sind im Vergleich zum Jahr 2000 um 5 Millionen, d.h. um 222% gestiegen, was 47,08% aller Studierenden entsprach. Die Anzahl der Studentinnen der Fachhochschulen betrug 2.225.500 und war damit im Vergleich zum Jahr 2000 um 1.663.900 gestiegen, mithin um 296%. Das entsprach 51,12% aller Studierenden der Fachhochschulen.

(4) Der Prozentsatz von Studentinnen aller Bildungsebenen steigt ständig.

In den letzten Jahren ist der Unterschied im Bildungsniveau zwischen Frauen und Männern im Zuge der Entwicklung der wissenschaftlichen und technischen Bildung immer geringer geworden. Der Prozentsatz der Frauen in den Fachschulen ist seit 1995 um 50% gestiegen, und er steigt ständig weiter. Die chinesische Regierung ist daran stark interessiert, die höhere Bildung zu fördern. Von 1998 bis 2006 ist entsprechend der Prozentsatz der Studentinnen der Hochschulen ständig gewachsen, von 38,31% (1998) auf 39,66% (1999) und 40,98% (2000) auf 42,04% (2001) und 43,95% (2002), zuletzt von 47,1% (2005) auf 48.1% (2006).[17] Es gibt inzwischen vier Hochschulen für Frauen. In den Hochschulen arbeiten in den Rängen von Vizeprofessorinnen aufwärts 75.765. 30,14% aller Lehrkräfte sind Vizeprofessoren. Bis 2006 waren im ganzen Land 9.880.000 technische Expertinnen beschäftigt, das entspricht 36,9% aller technischen Experten. Von diesen beschäftigen sich im Jahr 2000 579.000 Frauen mit wissenschaftlichen Forschungen und technischen Dienstleistungen, das entspricht 35,2% aller in diesen Branchen Tätigen. Im Vergleich zum Jahr 1999 bedeutet dies einen Anstieg um 1.4%. Im Jahr 2001 haben 12.122 Frauen in den technischen Projekten der chinesischen wissenschaftlichen Akademie gearbeitet, das sind 33,5% aller Fachleute, darunter 2962 hochqualifizierte Expertinnen und 24% aller Experten, 5721 qualifizierte Fachfrauen mit mittlerer Bildung, also 47% aller Fachkräfte, 1416 Frauen mit Doktortitel, mithin 12% aller Fachleute, 5106 Frauen mit Hochschulabschluss, d.h. 42%. Bis 2002 haben die chinesische wissenschaftliche Akademie und die chinesische Ingenieurakademie insgesamt 1263 Absolventen besucht, darunter 78 Frauen und 6,2 % der aller Absolventen. Im Vergleich zum Jahr 1996 mit 33 Frauen bedeutet dies einen Anstieg um 45 weiblichen Absolventen und von 5.9%. Sie haben inzwischen in Mathematik, Physik, Chemie, Biologie, Mechanik, Elektrotechnik, Energiequellen, Wasseranlagen, Architektur, Landwirtschaft, in der Umwelt und in der Medizin und anderen wissenschaftlichen Gebieten viel geleistet.[18]

---

17   Die Frauen und Männer der chinesischen Gesellschaft—Zahlen und Fakten, 2007.
18   Daten vom Frauenverband.

# IV. Schutz der Frauen auf Ehe und Familien

Die Rechte der Frauen auf Ehe und Familie gewährleisten den Frauen die gleiche Freiheit wie die Männern. Diese Rechte umfassen die Freiheit der Partnerwahl, gleichberechtigtes Recht auf Eigentum, Recht auf Namen, auf Geburt der Kinder, das Recht auf Vormundschaft der Kinder, gleiche Rechte in der Ehe.

1. Schutz des Rechts der Frauen auf Ehe und Familie.

Im alten China hatten die Frauen kein den Männern gleichgestelltes Recht in Ehe und Familie. Oft durften Frauen wie Waren gehandelt werden. Außerdem hatten sie unter der Polygamie zu leiden. Um die Frauen von der Diskriminierung und Unterdrückung durch das feudalistische System zu befreien, ist das „Ehegesetz" als das allererste Gesetz der Volksrepublik Chinas ins Leben gerufen worden. In diesem Gesetz ist über die gleiche Stellung der Frauen in Ehe und in Familie und über die Abschaffung der Zwangsehe und der Polygamie, über die Freiheit der Partnerwahl, die Gleichberechtigung von Mann und Frau, die Gewährleistung legitimer Rechte der Frauen und ihrer Kinder entschieden worden.

Prostitution ist ein altes Übel der alten Gesellschaft. Im neuen China sind offiziell alle Bordelle geschlossen worden. Die Prostituierten hat man zuerst medizinisch behandelt. Dann hat man ihnen alle möglichen Kurse angeboten, damit sie einen ordentlichen Beruf erlernen und durch Arbeit ihren Lebensunterhalt selbst verdienen konnten.

Die chinesische Verfassung artikuliert das Verbot, Frauen als Ware kaufen und verkaufen zu können, sie verbietet Kinderheirat, verbietet die Doppelehe, verbietet die Einmischung ins Leben der Witwen. Mann und Frau verfügen in der Ehe gemeinsam über das Eigentum.

Seit der Reform und Öffnung zur Welt hat China für den Schutz der Frauen in Ehe und Familie darüber hinaus noch einiges getan. 2001 hat China die Ehegesetze auf der Basis der Gleichberechtigung beider Geschlechter noch weiter präzisiert. In diesem geänderten Gesetz ist die Gleichberechtigung von Mann und Frau noch einmal stark gewichtet worden. Darüber hinaus hat man auch die gleichen Pflichten in Ehe und Familie betont. Gezielt wurde Angesichts der Vorkommnisse von Familiengewalt hat man noch ein diesbezügliches Verbot eingefügt und auch ein Verbot der Doppelheirat gefordert. In dem Ehegesetz findet sich noch folgender Passus: „Beide Ehepartner haben die Freiheit zu arbeiten, zu lernen, und an gesellschaftlichen Aktivitäten teilzunehmen. Keiner der Ehepartner darf dem Partner dies verbieten oder einschränken." 2002 ist das „Gesetz für Familienplanung" eingeführt worden, in dem betont wird, dass beide Ehepartner gemeinsam für die Familienplanung verantwortlich zeichnen. Zurzeit haben die Frauen bei der Wahl ihrer Ehepartner deutlich mehr Freiheit, und sie spielen in den Familienentscheidungen eine immer wichtigere Rolle. Auch ihr Eigentum wird besser durch Gesetze geschützt.

2.Gegen Hausgewalt und für Gewährleistung der Frauenrechte

Unter Hausgewalt versteht man die Gewalt, mit der Familienmitglieder physisch und psychisch oder sexuell verletzt, gequält und unterdrückt werden. Die meisten Opfer von Hausgewalt sind Frauen und Kinder. Dieser schwerwiegende Missstand begegnet ziemlich häufig in fast allen sozialen Schichten und bedroht in hohem Maße die Sicherheit, Gesundheit und Würde der Frauen. 1993 hatte „Die Erklärung der Beseitigung der Hausgewalt" der UN mit einer Definition erklärt: „Alle in einer Familie vorkommenden physischen, psychischen oder sexuellen gewaltsamen Handlungen, einschließlich Prügel der Familienmitglieder und sexueller Misshandlung der Mädchen, der Vergewaltigung der Ehepartnerin und anderer traditioneller Handlungen, die Frauen Schaden zufügen", sind untersagt. 1999 haben die UN den 25.11. als den internationalen Tag der Verhinderung der Gewalt gegenüber Frauen bestimmt. Der Kampf gegen Hausgewalt ist für die chinesische Regierung und die Gesellschaft ein noch immer interessantes Thema und Problem.

A. Der Staat hat Gesetze gegen Hausgewalt erlassen und entsprechende politische Maßnahmen ergriffen

Im April 2001 hat die 21. Sitzung des 9. Ständigen Ausschusses des nationalen Volkskongresses die „Ehegesetze" korrigiert und das „Verbot der Hausgewalt" und das „System des Schadenersatzes bei der Scheidung" hinzugefügt. Außerdem hat man in dem neuen Gesetz betont, dass die Straßenkomitees, Dorfkomitees und die jeweilige Arbeitseinheit der Gewalttätigen sowie die Polizei für eine unverzügliche Unterlassung der praktizierten Hausgewalt zu sorgen verpflichtet werden. Später hat der oberste Gerichtshof ein Dokument herausgegeben mit dem Titel „Die Erklärungen für Frauen hinsichtlich des neuen Ehegesetzes". In diesem Dokument wird die „Hausgewalt" folgendermaßen definiert: „Handlungen wie Prügel, Quälereien oder gewaltsame Einschränkung der Freiheit, die bei den Familienmitgliedern schwerwiegende körperliche oder psychische Folgen hinterlassen."

Im August 2005 ist auf der 17. Sitzung des 10. Ständigen Ausschusses des Nationalen Volkskongresses eine „Korrektur der Gesetze für den Schutz der Frauen" erlassen worden, in welcher deutlich genug von einem „Verbot der Hausgewalt gegenüber Frauen" die Rede ist. Übrigens ist hier auch festgeschrieben: „Der Staat wird alle mögliche Maßnahmen ergreifen, um die Hausgewalt zu verhindern und zu verbieten. Auch die Polizei, strafrechtliche Maßnahmen und andere juristische Institutionen sollten eingeschaltet werden, städtische und ländliche volkstümliche Organisationen und Gesellschaften sollten in den für sie zuständigen Bereichen Verantwortung übernehmen und der Hausgewalt entgegenwirken und den Opfern entsprechende Hilfe bieten." Dem Gesetz entsprechend darf ein Opfer den Gewalttäter verklagen.

Im Dezember 2006 ist auf der 25. Sitzung des 10. ständigen Ausschusses des nationalen Volkskongresses das „Gesetz für den Schutz der Minderjährigen" korrigiert worden. In dies Gesetz wurde das „Verbot der Hausgewalt gegen

Kinder" hinzugefügt. „Der Grundriss der Entwicklung der chinesischen Frauen (2001-2010)" hatte sich entschieden „gegen alle Formen der Gewalt gegenüber Frauen" ausgesprochen. Im Juli 2008 haben alle staatlichen Behörden und Institutionen vom obersten Gerichtshof angefangen über die Polizei, bis hin zu den Innen- und Justizministerien und das Ministerium für Medizin einschließlich den Gesamtchinesischen Frauenverband gemeinsam das Dokument „Meinungen über die Verhinderung und das Verbot der Hausgewalt" herausgegeben. Hier hat sich erneut erwiesen, dass der Staat seit Jahren bemüht ist, durch Gesetze das Problem zu lösen.

B. Große Erfolge bei der Arbeit gegen Hausgewalt

Zurzeit hat die Polizei in den meisten Provinzen ein Alarmzentrum mit der Telefonnummer „110" gegen Hausgewalt eingerichtet. Insgesamt 12.000 Polizeistationen haben eine eigene Abteilung für Fälle von Hausgewalt gegründet. An vielen Orten haben die Zentren für juristische Hilfe auch noch eine eigene Abteilung für Frauen vorgesehen, um die Frauen juristisch zu beraten und ihnen Rechtshilfe zu bieten. Außerdem fungieren Leute aus den Frauenverbänden als Schlichterinnen in Fällen von Familienkonflikten. Vielerorts sind Frauenhäuser als Hilfsstationen für Opfer der Hausgewalt gegründet worden. Inzwischen gibt es im ganzen Land mehr als 400 solche Frauenhäuser. Der Frauenverband hat ein umfangreiches Netzwerk extra für Anklagen im Internet geschaffen. So können Opfer schnelle Hilfe erwarten. In den letzten Jahren hat der Frauenverband mit den Institutionen der Justiz zusammen im ganzen Land 27.000 Zentren für Opfer der Hausgewalt eingerichtet, in denen Opfer der Hausgewalt betreut und beraten werden. Außerdem ist in 31 Provinzen, autonomen Gebieten und Regierungsunmittelbaren Städten eine Hotline „12338" für die Gewährleistung der Rechte der Frauen etabliert worden; und noch eine weitere Hotline „16838198" besonders für Opfer von Hausgewalt. 2005 haben der Frauenverband, der Zentraljugendverband, die Polizei, das Justizministerium und der staatliche Rundfunk und das Fernsehen gemeinsam eine Bewegung „friedliche Familie" im ganzen Land mit dem Ziel der Realisierung „Familien ohne Gewalt" propagiert.

Zurzeit haben 25 Provinzen, autonome Gebiete und Regierungsunmittelbare Städte Bestimmungen für die Verhinderung der Hausgewalt herausgegeben. Nahezu 8.000 Mitarbeiterinnen von Frauenverbänden haben vor Gericht als Geschworene fungiert.[19] Die Polizei hat über 12.000 Stellen für Alarmmeldungen in Fällen von Hausgewalt zur Verfügung gestellt.[20]

---

19   Dong Yunhu,„Die 5 Jahre, in denen chinesische Menschenrechte sich weit entwickelt haben", „Menschenrechte", 2008, 1. Ausgabe.

20   Bestimmungen der 25 Provinzen für Vermeidung und Verhinderung der Hausgewalt, Webseite des chinesischen Gerichtshofs, http://www.chinacourt.org/public/detail. php?id=283680.

C. Die internationale Zusammenarbeit und der internationale Austausch in Fragen gegen Hausgewalt entwickelt sich ständig.

Die chinesische Regierung achtet sehr auf die Zusammenarbeit mit den UN und ähnlichen internationalen Institutionen und handelt genau nach der internationalen Menschenrechtskonvention. 2004 hat China an der Familienkonferenz der UN teilgenommen. Wie die auf der Konferenz erlassene „Erklärung" appelliert auch China für Treue und Gleichheit in der Ehe und gegen Hausgewalt. Im selben Jahr hat China als Gastgeber die internationale Gipfelkonferenz der Familien veranstaltet. Auf der Konferenz hat China die These vertreten: Die Empfindung für Gleichheit und harmonische Partnerschaft sollte schon von klein auf in der Erziehung ausgeprägt werden. 2005 beim 10jährigen Jubiläum der internationalen Frauenkonferenz hat die chinesische Regierung eine Reihe von Ausstellungen, Diskussionen und anderen Gedenkaktivitäten organisiert, um die bisherigen Erfolge und Fortschritte Chinas in Fragen der Gewährleistung der Frauenrechte darzustellen. Bei allen diesen Veranstaltungen war das Thema „Kampf gegen Hausgewalt" ein wichtiger Bestandteil. . In den letzten Jahren hat die chinesische Regierung der UN nach und nach die Berichte über die Ergebnisse der Durchführung der „Pekinger Aktionsplattform" überreicht.

# V. Gewährleistung der Rechte der Kinder auf Existenz und Entwicklung

Die Rechte der Kinder auf Existenz und Entwicklung umfassen hauptsächlich das Recht auf Leben, auf Entwicklung und deren Schutz, auf Anteilnahme, auf Gesundheit und auf Bildung. China hat 341 Millionen Minderjährige. Kinder sind die Zukunft und Hoffnung des Staates. Deshalb müssen die Rechte der Kinder besonders geschützt werden. Dies ist schon immer ein Angelpunkt in der Politik der chinesischen Regierung.

## 5.1. Gewährleistung der Rechte der Kinder auf Existenz und Entwicklung durch Gesetze

Nach der „Charta der Kinderrechte" der UN sind alle Menschen unter 18 Jahren Kinder. Unter Kindern versteht man hier Kleinkinder und Jugendliche. Niemand darf Kinder oder deren Eltern wegen ihrer Rasse, der Hautfarbe, des Geschlechts, der Sprache, der Religionszugehörigkeit, der politischen Haltung, des Eigentums, der Behinderung oder der Herkunft diskriminieren. Wenn ein Staat neue Entscheidungen trifft, dann muss er zuerst die Interessen der Kinder berücksichtigen.

Um die legitimen Interessen der Minderjährigen zu gewährleisten und sie weitreichend zu entwickeln, hat China im Blick auf die internationalen Gesetze in besonderer Rücksicht auf die realistische Situation des eigenen Landes eine Reihe von Gesetzen herausgegeben. Darunter sind „Gesetze für den Schutz der Minderjährigen", „Gesetze für Verhinderung der Kriminalität der Minderjährigen", „Gesetze für den Schutz der Mütter und Kinder", „Gesetze für die Schulpflicht", „Gesetze für die Vorbeugung ansteckender Krankheiten", „Gesetze für Adoption", „Gesetze für Ehe", „Gesetze für Bildung", „Gesetze für den Schutz der Behinderten", „Gesetze für den Schutz der Interessen der Frauen", „Resolution zum Verbot der Kinderarbeiter", „Strafrechte" u.a.m. So ist ein ziemlich vollständiges Rechtssystem zum Schutz der Kinder und deren Entwicklung entstanden.

Nach der chinesischen Verfassung sollte der Staat „ Jugendliche und Kinder in moralischer, geistiger und körperlicher Hinsicht fördern", „die Kinder schützen" und die „Misshandlung von Kindern verbieten". Die chinesischen Gesetze gewährleisten die Rechte der Kinder einschließlich behinderter Kinder auf Existenz, auf Entwicklung, auf Gesundheit, auf ihr Familienumfeld, auf Bildung. Nach den Gesetzen werden Misshandlung, Mord, Verhaftung, Menschenhandel mit Kindern und Verführung von Minderjährigen zu sexuellen Handlungen streng bestraft.

Seit den 90ger Jahren des 20. Jahrhunderts hat China im Bereich des Kinderschutzes größere Fortschritte gemacht. 1991 ist die „Resolution zum Schutz der Minderjährigen" verabschiedet worden, 1999 die Erklärung „Vorbeugung der Kriminalität der Minderjährigen" und 1992 der „Grundriss der Entwicklung der Kinder in den neunziger Jahren". Nachdem man in das 21. Jahrhundert eingetreten ist, hat China wiederum einen „Handlungsplan für die Behandlung und Vorbeugung der Kinderkrankheiten (2003 bis 2005) „erlassen. Damit hat eine neue Ära für den Schutz und die Gewährleistung der Rechte der Kinder begonnen. Mit dem Voranschreiten der Reformen und der Öffnung zur Welt und angesichts der neuen Situation und vieler neu entstandener Probleme beim Schutz der Minderjährigen hat die 25. Sitzung des Ständigen Ausschusses des 10. Nationalen Volkskongresses im Jahr 2006 die „Schutzgesetze für Minderjährige" korrigiert, in denen besonders betont worden ist, dass alle Kinder Rechte auf Existenz, Entwicklung, auf Schutz und auf Bildung haben. Außerdem betont dieses neu verabschiedete Dokument: „Regierungen auf allen Ebenen und die entsprechenden Institutionen müssen großen Wert auf den Schutz der Minderjährigen legen und entsprechende Fonds einrichten". Man müsse sich mehr um die Straßenkinder und Kinder ohne Schule kümmern, müsse Maßnahmen ergreifen, „damit die Schulpflicht der armen, behinderten, verwahrlosten Minderjährigen gewährleistet werden kann". Auch sind die Regierungen aller Ebenen aufgefordert worden, je nach Bedarf Stationen einzurichten, um den Straßenkindern und minderjährigen Bettlern entsprechende Hilfe zu leisten. Die Polizei ist verpflichtet, die Straßenkinder und die vagabundierenden Minderjährigen zu solchen Stationen zu bringen, ihnen alle mögliche Hilfe zu leisten oder sie zu ihren Eltern zu bringen. „Die Waisenkinder, und Kinder, deren Herkunft nicht mehr festzustellen ist, sollten in Waisenhäuser aufgenommen werden."

Die Rechte der Kinder werden durch Justizmaßnahmen besonders geschützt, insbesondere die der Minderjährigen. Bei den kriminellen Minderjährigen verfährt die Justiz nach dem Prinzip der Rettung statt Strafe: Vorrangig Erziehungsversuche in der Hoffnung, durch Erziehung eine innerlichen Wandlung zu bewirken; Strafe nur und erst dann, wenn alle diese Rettungsmethoden nicht fruchten. Bei Prüfung und Bearbeitung krimineller Fälle der Minderjährigen sollten Polizei, Anwaltschaft und Gerichtshof die jeweiligen Besonderheiten der Minderjährigen berücksichtigen und ihre Würde respektieren. Die zum Gefängnis verurteilten kriminellen Minderjährigen dürfen nicht mit erwachsenen Gefangenen zusammen untergebracht werden. Außerdem werden Gerichtsverfahren minderjähriger Krimineller nie öffentlich durchgeführt. Unter 18 Jahren gibt es keine Todesstrafe. Bis heute haben sich im ganzen Land 2.219 Gerichtshofabteilungen für Jugendliche mit solchen Fällen beschäftigt. Nach 25 Jahren harter Arbeit sind im ganzen Land 7.018 Richter ausschließlich für Gerichtsverfahren der Jugendlichen ausgebildet worden.[21]

Um die Rechte der Kinder besser zu gewährleisten, haben chinesische Gesetzgebung, Justiz, Regierung und gesellschaftliche Organisationen entsprechende Institutionen begründet.

Die chinesische Regierung hat 1990 alle auf der „Gipfelkonferenz für internationale Probleme der Kinder" erlassenen Dokumente gebilligt und bei vielen Entwürfen mitgewirkt. Darunter sind eine „Erklärung für den Schutz der Existenz und Entwicklung der Kinder", und ein „Handlungsplan der Durchführung der Erklärung für den Schutz der Existenz und die Entwicklung der Kinder", die „Charta der Rechte der Kinder", die „Charta über Gesundheitsuntersuchung der Minderjährigen, die in einem Schiff arbeiten", die „Charta über das Mindestalter der Minderjährigen in Fabriken", die „Pekinger Regeln" u.a.m.

## 5.2. Enorme Erfolge bei der Gewährleistung der Existenz und Entwicklung der Kinder

Hier kann man über historische Fortschritte reden.

A. Grundlegende Gewährleistung des Rechts auf Existenz der Kinder

Die Zahl der unter 5 Jahre verstorbenen Kinder ist maßgebend für den Zustand der Kinder eines Landes. In China sinkt die Zahl der unter 5 Jahre verstorbenen Kinder und Säuglinge sowie der Frauen bei der Entbindung ständig. Nach der Statistik 1994 ist die Sterberate der chinesischen Säuglinge von 200% in den 50 Jahren auf 37,79% und die der Kinder unter 5 Jahre auf 46,75% gesunken. Von 1950 bis 1980 ist die Sterberate der chinesischen Säuglinge um 5% gesunken. Seit 90ger Jahren des 20. Jahrhunderts sinkt die Sterberate der Säuglinge jährlich um 6,5% und die der Kinder unter 5 Jahren durchschnittlich um 5,85%. Zurzeit

---

21 Der chinesische Gerichtshof hat 2219 Gerichtshöfe für Jugendliche, mit 7018 Richtern, Webseite des chinesischen Gerichtshofs, http://www.chinacourt.org/html/article/200906/02/359164.shtml.

hat kein Land der Welt, in dem das durchschnittliche Jahreskommen pro Kopf ähnlich ist wie in China, dieses Niveau erreicht. Seit 1990 ist die Sterberate der chinesischen Kinder unter 5 Jahren von 45 pro tausend Kindern auf 24 pro tausend im Jahr 2006 gesunken, d.h. um 47%.[22] Die Sterberate der Frauen bei der Entbindung ist von 2007 mit 36.6/100.000 auf 2008 mit 34.2/100.000 gefallen, die Sterberate der Säuglinge von 2007 mit 15,3% auf 2008 mit 14,9%.[23]

Am Beginn der 50ger Jahre des 20. Jahrhunderts hat die Regierung im ganzen Land umfassende Impfungen der Kinder eingeführt. Inzwischen hat sich in China ein Impfsystem für Kinder bewährt, so dass die Sterberate der Kinder rasant gesunken ist. In den 60ger Jahren des 20. Jahrhunderts hat China erfolgreich die Masern, diese ansteckende Krankheit, besiegt. Auch in dieser Zeit sind in großen und mittelgroßen Städten Impfungen gegen BCG Vakzine, Diphtherie, Tetanus und Masern eingeführt worden.[24] 1982 hat das Ministerium für Medizin die „Resolution der Impfung des ganzen Landes" verabschiedet. Danach sind im ganzen Land Impfungen eingeführt und ein Impfungssystem für Kinder aufgebaut worden. Danach ist die Ansteckungsgefahr für verschiedene Krankheiten stark zurückgegangen. Nach der Statistik: 1994 ist die Krankheitsrate bei Masern im Vergleich zum Jahr 1978 um 96,4% gesunken, die Krankheitsrate von BCG Vakzine um 99,4%. In China vor 1949 ist meistens Tetanus für den Tod von Säuglingen verantwortlich gewesen. Seit den 50ger und 60ger Jahren des 20. Jahrhunderts sind neue Methoden der Entbindung eingeführt worden mit dem Erfolg einer deutlichen Minderung von Tetanusfällen bei Säuglingen. 1993 hat das Ministerium für Medizin auf eine noch schnellere Senkung der Sterberate wegen Tetanus bei Säuglingen hingearbeitet, um den internationalen Standard zu erreichen. Von 2000 bis 2001 haben das Ministerium, das Arbeitskomitee für Frauen und Kinder des Staatsrates und die Finanzämter in allen autonomen Gebieten und allen Provinzen und Städten Projekte zur Senkung der Sterberate der Säuglinge und Frauen bei der Entbindung durchgeführt und dabei 200 Millionen Yuan investiert. Das war seit der Gründung der Volksrepublik das größte Projekt zum Schutz der Gesundheit der Frauen und Kinder. Nach zwei Jahren ernstlicher Bemühung sind bis Ende 2001 alle Ziele erreicht worden.

Für eine entscheidende Verbesserung der Gesundheit der Kinder ist auch viel unternommen worden. In der Anfangszeit der Gründung der Volksrepublik hat die neue Regierung an vielen Orten Nahrungsmittel für Säuglinge verteilt. In den 60 und 70ger Jahren hat die Regierung im ganzen Land wissenschaftliche Ernährungsmethoden deklariert. In den 80ger Jahren hat man in die Produktion der Kindernahrungsmittel investiert. Seit den 90ger Jahren

---

22 Nach der Untersuchung der UN ist die Sterberate der chinesischen Kinder unter 5 Jahre stark gesunken, Webseite der Xinhua Presse, http://news.xinhuanet.com/newscenter/2007-09/14/content_6720044.htm.
23 Die Erfolge und Probleme der öffentlichen medizinischen Versorgung, Webseite des Ministeriums der Medizin, http://www.moh.gov.cn/publicfiles/business/htmlfiles/mohzcfgs/s9664/200904/40038.htm.
24    Das Pressebüro des Staatsrats, Der Zustand der chinesischen Kinder, 1996.

hat man für die Ernährung durch Muttermilch plädiert, außerdem hat man weitere qualitativ bessere Kindernahrungsmittel erforscht und hergestellt. Der Gesundheitszustand der Kinder ist inzwischen viel besser. Kaum gibt es noch Kinder, die wegen Mangel an Nahrung oder Mangel an Vitamin A krank werden.

China ist bemüht, in den ländlichen Regionen medizinische Institutionen wie Krankenhäuser, Impfstationen und Krankenstationen für Frauen und Kinder aufzubauen, damit die medizinische Versorgung der Frauen und Kinder auf dem Land verbessert und das Gesundheitsniveau der Frauen und Kinder der ländlichen Regionen erhöht wird.

Bis 2000 ist die Anzahl kranker Kinder unter 5 Jahren wegen Unterernährung um ein Viertel gesunken. Die Gesundheitsversorgung der Kinder in den Städten erreicht mehr als 90%, in den ländlichen Regionen mehr als 60%. 90% der Mittel- und Grundschüler können die „staatliche Norm in der Sportdisziplin" erreichen.

B. Die Gewährleistung der Entwicklungsrechte der Kinder wird noch effektiver verwirklicht.

Bei der chinesischen wirtschaftlichen und gesellschaftlichen Entwicklung achtet der Staat sehr auf die Interessen der Kinder, besonders auf die Entwicklung der Sondergruppen der Kinder.

Zu diesen Sondergruppen gehören minderjährige Straßenkinder. China hat zahlreiche Zentren für den Schutz und die Umerziehung der Straßenkinder und Jugendlichen. Im Januar 2006 haben das Arbeitskomitee für eine Verhinderung der Kriminalität Minderjähriger, das Innenministerium und die Polizei gemeinsam eine „Resolution für die Rettung minderjähriger Straßenkinder" verabschiedet und den „Plan der Gründung weiterer Hilfsinstitutionen der Kinder" in den staatlichen elften „Fünfjahresplan" mit aufgenommen. Man wollte innerhalb von fünf Jahren eine Milliarde Yuan investieren. Inzwischen sind gerade 147 „Hilfsinstitutionen für Kinder" gebaut worden.

Was die Waisenkinder betrifft, so appelliert die Regierung einerseits für Adoption und Pflegefamilien, andererseits fördert sie Hilfsinstitutionen für Kinder. Momentan bauen alle Städte Hilfsinstitutionen für Kinder, in denen sie aufgezogen, gesund gepflegt und ausgebildet werden.

„Im Dorf gelassene Kinder" sind eine besondere Gruppe Kinder und Jugendlicher auf dem Land. Bei diesen Kindern handelt es sich um Kinder, deren beide Eltern oder ein Elternteil sich lange Zeit als Wanderarbeiter in den Städten aufhalten. Diese Kinder leben meist bei den Großeltern auf dem Land. Statistischen Angaben zufolge gibt es in China heute 50 Millionen solche „im Dorf gelassenen Kinder". Diese Kinder haben beim Lernen und im Leben viele Schwierigkeiten und Probleme. Da sie lange Zeit von ihren Eltern getrennt leben und die Eltern ihre Kinder kaum versorgen können, weil kein Austausch zwischen ihnen stattfindet, leiden viele ihnen unter psychischen

Problemen. Ihre Schulleistungen sind unzureichend, zumal man sich nicht angemessen um sie kümmert. Wie kann man diesen Kindern zu einer glücklichen Kindheit und einem gesunden Großwerden verhelfen kann, diese Aufgabe ist für die Regierungen auf allen Ebenen, für alle Frauenverbände und Jugendorganisationen zu einer großen Herausforderung geworden. In den letzten Jahren hat China viele Maßnahmen ergriffen und ein großes Fürsorge-Engagement für diese Kinder entwickelt. Zurzeit hat man 66 verschiedene Aktivitäten der Fürsorge für diese Kinder in vielen Provinzen in Gang gesetzt. Es gibt inzwischen 6500 Stationen, in denen diese Kinder versorgt werden. Außerdem gibt es noch 30.000 Erziehungsinstitutionen für diese Kinder, in denen 3.150.000 „Ersatzeltern" tätig sind.[25]

C. Die Rechte der Kinder auf Fürsorge werden gefördert.

Angesichts zahlreicher neuer Fürsorgeprobleme für Kinder bedingt durch den Gesellschaftswandel und beispielsweise die Entführung und den Handel mit Kindern hat China viele derartige kriminelle Organisationen der Kinderentführung und des Kinderhandels zerschlagen.

In den letzten Jahren hat die Polizei im ganzen Land ihren Kampf gegen die Kriminalität der Verführung und des Handels mit Frauen und Kindern intensiviert. Inzwischen ist diese Kriminalität vielerorts im ganzen Land stark rückläufig. 2007 ist die „Aktionsplattform gegen Entführung und den Handel mit Frauen und Kindern (2008 bis 2012)" verabschiedet worden. Danach hat man eine systematische Zusammenarbeit aller entsprechenden Institutionen gegen diese Kriminalität beschlossen, die der Vorbeugung krimineller Entführung und entsprechenden Hilfsaktionen dienen. Man wollte damit erreichen, die von solchen Entführungen befreiten Kinder wieder in die Gesellschaft zu integrieren und ihnen entsprechende Hilfe zu bieten.

Zur gleichen Zeit haben die Polizei und juristische Institutionen ihre internationale Zusammenarbeit beim Kampf gegen die kriminelle Entführung und Menschenhandel erweitert. Mit einigen Ländern hat China einen Pakt der polizeilichen und juristischen Kooperation vereinbart, um „gemeinsam die Kriminalität der Entführung und den Handel mit Frauen und Kindern zu verhindern und zu bekämpfen".[26] Angesichts aktueller derartiger krimineller Vorfälle über die Grenzen hinweg hat die chinesische Polizei die Zusammenarbeit mit den angrenzenden Ländern in den Grenzgebieten verstärkt und hat nach und nach mit der Polizei von Vietnam, Kambodscha, Thailand, von den Philippinen, von Laos, Myanmar, Indonesien und von weiteren 41 Ländern Verträge über polizeiliche Kooperation abgeschlossen.

---

25   Wei Wu, Li Fei, Die Knospen blühen im Frühling—Zusammenfassung der 60 Jahre Kinderarbeit nach der Gründung den neuen Chinas, Xinhua Presse, 31. Mai 2009, http://news.xinhuanet.com/society/2009-05/31/content_11462838.htm.

26   Pressebüro des Staatsrats, "Der Entwicklungszustand der Gleichberechtigung zwischen den Geschlechtern und Frauen in China", 2005.

Hinsichtlich der Umerziehung minderjähriger Krimineller haben der oberste Gerichtshof, das Erziehungsministerium und die Staatsanwaltschaft mit allen Mitteln versucht, diese wieder in die Schule zurückzubringen, und haben viele Recherchen und Experimente der Resozialisierung unternommen. Das Arbeitskomitee für Jugendliche hat 93.000 Rentner organisiert, die mit allen möglichen Mitteln versuchen sollten, bei den 90.000 minderjährigen Kriminellen eine gesellschaftliche Umwandlung zu bewirken. Untersuchungen haben ergeben, dass bei 75% dieser Jugendlichen ein positives Ergebnis zu verzeichnen ist.

Im Falle der schwer zu resozialisierenden minderjährigen Kriminellen haben entsprechende Institutionen durch gezielte individuelle, fachliche und berufliche Erziehungsmaßnahmen einen menschlichen Wandel zum Guten zu erreichen. Inzwischen haben der Jugendverband und Beauftragte der Jugendlichen einige Versuchsprojekte gestartet. Unlängst haben 13 Städte derartige Versuche begonnen.

D. Das Recht der Kinder auf Bildung wird vorzugsweise gewährleistet.

Die Zukunft und Glück eines Kindes hängen sehr stark von der Bildung ab. Die chinesische Regierung hat schon immer die Bildung der Kinder mit Priorität gefördert. Die gemeinsamen Bemühungen der Regierung und der ganzen Gesellschaft haben schwerpunktmäßig vordringlich der Ausbildung und Fortbildung der Kinder gegolten. Viele Normen der Bildung scheinen wirkungskräftiger als die vieler anderer Entwicklungsländer. Manche nähern sich dem Niveau der entwickelten Länder. [27]

Das chinesische „Bildungsgesetz" hat festgelegt: „Für alle Kinder, beginnend mit dem 6. Lebensjahr, unabhängig von Geschlecht, ethnischer Gruppe und Rasse, ist die Schulbildung verpflichtend. In den Gegenden, in denen keine zureichenden Bedingungen bestehen, kann sich das Einschulungsalter auf das 7. Jahr verschieben." „Die Eltern und Vormundschaften müssen die Kinder, die das Schulpflichtalter erreicht haben, rechtzeitig in die Schule schicken und für eine Erfüllung der vorgesehenen Schulpflicht Sorge tragen." „Wenn die Kinder, die wegen Krankheit oder aus anderen Gründen ihre Einschulung altersmäßig aufschieben müssen, müssen deren Eltern oder deren Vormundschaften entsprechende Anträge stellen. Nur wenn die Volksregierung vor Ort den Antrag genehmigt hat, darf das Einschulungsalter aufgeschoben werden." „Die Volksregierungen auf allen Ebenen müssen für die Kinder entsprechende Bedingungen schaffen, damit diese ihrer Schulpflicht nachkommen können. Nur in Ausnahmefällen von Krankheiten oder anderer dringlichen Gründen, oder nur mit der Genehmigung durch die Volksregierung kann ein Kind von der Schulpflicht befreit werden. Ansonsten werden die Eltern oder Vormundschaften von der Volksregierung kritisiert und gezwungen, ihre Kinder einschulen zu lassen."

---

27 Pressebüro des Staatsrates, Der Zustand der chinesischen Kinder, 1996.

Die neun Jahre Schulpflicht allgemein zu verbreiten ist als das Hauptziel der chinesischen Grundbildung angesehen worden. Dank der Initiativen der Regierung und kräftiger Unterstützung der ganzen Gesellschaft ist die neunjährige Schulpflicht inzwischen umfassend im ganzen Land verwirklicht. Das ist ein historischer Sprung in der chinesischen Geschichte der Ausbildung. 1949 waren mehr als 80% der Bevölkerung Analphabeten. Nur 20% der Schulpflichtigen konnten die Schule besuchen. Nur 6% der Jugendlichen konnte in die Mittelschule gehen. 2008 konnten 99.5% der Kinder, die das entsprechende Alter erreicht hatten, eingeschult werden. 98.5% konnten weiter die Mittelschule besuchen. In 91% der Regionen des Landes sind Grund- und Mittelschul-Ausbildung verbreitet. Nach den Materialien der UNESCO ist die Rate der eingeschulten Kinder in China höher als die der Länder, die mit China auf einem ähnlichen Entwicklungsniveau sind.

Für China ist die Schulpflicht auf dem Land eine ganz wichtige Angelegenheit. Dafür hat man zahlreiche Projekte durchgeführt. Dazu zählen u.a. die „Durchführung der Schulpflicht in den ärmeren Regionen", die „Renovierung der Schulgebäude der Grund- und Mittelschulen", der „Aufbau der Internate auf dem Land", der „Aufbau des Fernlernens der Grund- und Mittelschulen auf dem Land" usw. Mit diesen Projekten wollte man die Verbreitung der Schulpflicht auf dem Land beschleunigen, vor allem in den westlichen Regionen. Darüber hinaus hat der Staat die Schulgebühren für Schulpflichtige aus den ärmeren Verhältnissen auf dem Land abgeschafft. Alle Schüler aus den ärmeren Familien brauchen auch für Lehrmaterialien und für den Unterhalt im Internat nicht zu bezahlen. 2007 sind Gebühren für die Schulpflicht in allen ländlichen Regionen abgeschafft worden. Außerdem hat man kostenlose Lehrmaterialien für alle Schulpflichtigen auf dem Land angeboten. Schulpflichtige mit finanziellen Schwierigkeiten bekommen vom Staat Hilfe. Von allen diesen Projekten und dieser Bildungspolitik profitieren 150 Millionen Kinder auf dem Land. Die zwei Ziele der Regierung, nämlich Verbreitung der Schulpflicht und Beseitigung der Analphabeten junger Menschen in den westlichen Regionen sind wie erwünscht verwirklicht worden. 2007 sind 98% dieser beiden Ziele erreicht worden.

Die Schulbildung der Mädchen war einmal ein besonderes Problem in China. Die chinesische Regierung hat darauf hingewirkt, den Unterschied zwischen den Geschlechtern bei den Schulpflichtigen zu verringern und das Recht der Mädchen auf Bildung zu gewährleisten. Alle chinesischen Gesetze waren darauf ausgerichtet, dass Mädchen und Frauen das gleiche Recht auf Bildung haben wie Jungen und Männer. Die Regierungen auf allen Ebenen haben auch entsprechend viele Maßnahmen ergriffen, um die neunjährige Schulpflicht für Mädchen zu gewährleisten, damit die Mädchen auch Chancen auf eine höhere Bildung haben. 2004 war die Rate der Einschulung bei Jungen 98,97%, bei Mädchen 98,93%. 2006 war die Rate der Einschulung der Mädchen zum ersten Mal 0,04% höher als die der Jungen. 2008 hat man sogar 0,08% mehr

Mädchen eingeschult als Jungen.[28] Die Stiftung der chinesischen Jugend hat eine Reihe von „Plänen der Frühlingsknospen" durchgeführt, mit dem Ziel, die Mädchen, die wegen verschiedener Schwierigkeiten die Schulausbildung abgebrochen hatten, wieder in die Schule zurückzubringen. 2005 haben die „Pläne der Frühlingsknospen" in mehr als 30 Provinzen, autonomen Gebieten und Städten 600 Millionen Yuan ausgegeben und 160 Millionen Mädchen geholfen, indem man 300 „Schulen der Frühlingsknospen" gebaut hat. Mit diesen Hilfsaktionen konnten viele Mädchen wieder in die Schulen zurückkehren.

Der Staat kümmert sich auch um die Vorschulbildung. Dafür hat man den Plan der Entwicklung und Reform der Vorschulbildung 2003 bis 2007 durchgeführt. Inzwischen sind verschiedene Formen von Vorschulbildung entstanden. Bis Ende 2005 konnten 41% der Dreijährigen einen Kindergarten besuchen. Diese Zahl ist um 3,3% höher als im Jahr 2000. 72,7% der Fünfjährigen konnten einen Kindergarten besuchen. 2008 gab es im ganzen Land 133.700 Kindergärten, in denen 24.749.600 Kinder untergebracht waren. Es gab 1.032.000 Erzieher und Erzieherinnen, das sind 80.100 mehr als ein Jahr zuvor.[29]

Der Staat achtet auch auf die Bildung auf den höheren Stufen. Im „10. Fünfjahresplan" hat der Staat „den Bau der Berufsschulen", „den Bau von Übungsstationen der Berufsschulen", „den Bau der Berufsschulen in den westlichen Regionen" und „den Bau der Ausbildungszentren in den Kreisen" aufgenommen und dafür einen Fond von 2,9 Milliarden Yuan zur Verfügung gestellt. Inzwischen hat man alle diese Projekte vollendet, und 1500 verschiedene Berufsschulen wurden entweder neu gebaut oder neu eingerichtet und renoviert.

2002-2004 hat der Staat noch einmal 2,9 Milliarden Yuan zur Verfügung gestellt, um schwerpunktmäßig den Bau der höheren Mittelschulen in den westlichen ländlichen Regionen zu fördern. Mit diesem Fond sind mehr als 1483 höhere Mittelschulen gebaut worden. 2005 gab es im ganzen Land 3175 höhere Mittelschulen, doppelt so viele wie 2000, wo man nur 1517 höhere Mittelschulen hatte. 2008 gab es im ganzen Land 45.760.700 höhere Mittelschüler. Das sind 485.800 mehr als ein Jahr zuvor. 74% der Mittelschüler konnten in die höheren Mittelschulen gehen, dies waren 8% mehr als ein Jahr zuvor.[30]

Der Staat hat auch die Sonderbildung für behinderte Kinder in das Bildungssystem aufgenommen. Besonders die Vorschulbildung und die Bildung der höheren Mittelschule für behinderte Kinder und Jugendliche hat man gefördert. Man hat darauf geachtet, dass diese behinderten Kinder in die Sonderklassen der normalen Schule gehen konnten. Man hat diesen Kindern auch finanzielle Hilfen zur Verfügung gestellt. Die behinderten Kinder mit

28  Kommuniqué der Statistik der Entwicklung der Bildung des ganzen Landes 2008, Webseite des Erziehungsministeriums, http://www.moe.gov.cn/edoas/website18/34/info1247820433389334.htm.
29  Ebenda.
30  Ebenda.

finanziellen Schwierigkeiten brauchten keine Schulgebühren und Kosten der Lernmaterialien zu bezahlen. Außerdem sind Unterrichtsmaterialien, Lehrmethoden und Lerninhalte für die Sonderbildung reformiert worden, und man hat die Materialien erneuert. Inzwischen stehen für alle Blindenschulen, Taubstummenschulen und Sonderschulen standardisierte Lehrmaterialien zur Verfügung, damit die behinderten Kinder und Jugendlichen später selbständig leben und ihren Lebensunterhalt verdienen können. 2008 gab es im ganzen Land 1640 Schulen für behinderte Kinder, 22 mehr als ein Jahr zuvor. Die Zahl der behinderten Schüler, die diese Schulen besucht haben, betrug 417.400. Darunter waren 47.100 blinde und 117.100 taubstumme Kinder. Die Schüler der Schulen für geistig behinderte Kinder und Jugendliche waren 253.200. Viele behinderte Kinder haben normale Schulen besucht, in denen sie entweder unter besonderer Betreuung wie alle anderen Kinder dem Unterricht gefolgt sind, oder sie sind in einer Sonderklasse der normalen Schule betreut worden. 2008 haben 52.000 behinderte Kinder die Schulen absolviert, das sind 1.700 Kinder mehr als ein Jahr zuvor.[31]

Der Staat hat großes Interesse an der Entwicklung der Bibliotheken. Im Vergleich zum Beginn der Gründung des neuen Chinas sind die Publikationen der Kinderbücher, Zeitungen und Zeitschriften von 200 auf 10.000 gestiegen. Zu Beginn der 50ger Jahre sind jährlich 30 Millionen Kinderbücher erschienen. 2008 waren es 600 Millionen Kinderbücher. 50% der guten Kinderbücher haben mehrere neue Auflagen. China hat 573 Verlage, von denen 130 besondere Redaktionen für Kinderlektüre haben. Zurzeit hat China 100 Kinderzeitschriften.[32]

Der Staat legt auch großen Wert auf die Ausbildung außerhalb der Schulen. 2008 gab es 4000 Institutionen, die den Familien mit schwierigen Kindern helfen und die Eltern mit Problemkindern beraten. 10 Provinzen haben besondere finanzielle Mittel für die Ausbildung außerhalb der Schulen zur Verfügung gestellt. Inzwischen kümmern sich Experten und Freiwillige um die Familien mit Kindern. Ihre Arbeit besteht oft aus Vorträgen für Eltern und deren Beratung. Zurzeit gibt es 430.000 verschiedene Elternschulen, 110.000 Beratungsstellen für Eltern und Kinder. Allein in der Zeit des 10. Fünfjahresplans wurden 600.000 Menschen ausgebildet, die dann bei der Kindererziehung der Familien helfen.[33]

Außerdem hat der Staat die Freizeitzentren, die vom Frauenverband betrieben worden sind, in staatliche Programme aufgenommen. Durch staatliche Unterstützung sind viele Zentren für Freizeitaktivitäten der Kinder gebaut worden. Nach der Statistik gibt es 413 Freizeitzentren der Ebenen von Kreisen, 31 der Provinzebenen, 169 der städtischen Ebenen, 213 der Gemeindeebenen. In

---

31  Ebenda.
32  Journalisten Wei Wu, Li Fei, Die Knospen blühen im Frühling—Zusammenfassung der 60 Jahre Kinderarbeit nach der Gründung den neuen Chinas, Xinhua Presse, 31. Mai 2009, http://news.xinhuanet.com/society/2009-05/31/content_11462838.htm.
33  Ebenda.

den vergangenen fünf Jahren haben 45 verschiedene Trainingsarten außerhalb der Schule stattgefunden. Mehr als 100.000 haben davon profitiert. Mehr als 50 Millionen Kinder der 100 Städte haben an den Aktivitäten unter dem Motto „das Vaterland im Herzen, die anderen Menschen im Herzen" teilgenommen.

Natürlich steht der Schutz der Frauen und Kinder durch Einschränkungen der wirtschaftlichen und gesellschaftlichen Entwicklung vor vielen neuen Problemen. Zum Beispiel: Das Entwicklungsniveau unterschiedlicher Orte, unterschiedlicher sozialer Schichten ist keineswegs gleich. Auch ein Rest alter Übel der Nichtgleichberechtigung von Mann und Frau existiert leider noch. Es mangelt immer noch an Hilfsinstitutionen für Minderjährige. Auch Verletzungen der Frauenrechte gibt es mehr oder weniger immer noch. Aber die chinesische Regierung wird weiterhin an den Prinzipien der Verfassung festhalten. „Der Staat respektiert und schützt die Menschenrechte" und „der Mensch als Ausgangspunkt" bleiben unverzichtbare Maximen. Und im Hinblick auf den Aufbau einer harmonischen Gesellschaft bleiben die Grundpolitik der Gleichberechtigung beider Geschlechter und der Entwicklungsgrundriss für die Frauen und deren konsequente Durchführungen das Ziel, wodurch eine umfassende Verwirklichung der Rechte der Frauen und Kinder erreicht werden soll.

198

# Kapitel 6

# Schutz der Rechte der nationalen Minderheiten

China ist ein Land mit 56 ethnischen Gruppen, von denen die Hanchinesen die größte Gruppe bildet. Die anderen 55 ethnischen Gruppen bestehen aus vergleichsweise wenigen Bewohnern. Gewöhnlich nennen wir sie „nationale Minderheiten". Die Zahl der 55 nationalen Minderheiten beträgt 10.643.000, damit 8.41% der Gesamtbevölkerung (nach der 5. Völkerzählung im Jahr 2000). Seit der Gründung der Volksrepublik achtet die chinesische Regierung in den letzten 60 Jahren immer stärker auf die Entwicklung der Rechte der nationalen Minderheiten und hat eine Reihe von Maßnahmen getroffen, ein umfassendes System zum Schutz der Rechte der nationalen Minderheiten aufgebaut, um die Rechte der nationalen Minderheiten hinreichend zu schützen.

## I. Politik der nationalen Minderheiten mit chinesischer Prägung und Schutz der Rechte der nationalen Minderheiten

In einem Land wie China mit einer derartig großen Zahl von ethnischen Gruppen entspricht eine angemessene Praxis der Innenpolitik dem Bedarf der Erhaltung der nationalen Einheit, zugleich auch dem Bedarf des Schutzes der Menschenrechte der nationalen Minderheiten. Seit der Gründung der Volksrepublik hat die chinesische Regierung in den letzten 60 Jahren eine Reihe innenpolitischer und der chinesischen Situation entsprechender Erlasse herausgegeben. Dies hat nicht nur dem Schutz der Grundmenschenrechte der nationalen Minderheiten gedient, sondern zugleich auch die Harmonie und

Solidarität zwischen den ethnischen Gruppen befruchtet, hat aber natürlich auch die Vereinigung des Landes gefördert. Manche Fakten sprechen dafür, dass die chinesische Innenpolitik hierdurch große Erfolge errungen hat.

## 1.1. Das neue China hat mit seinen Maßnahmen zum Schutz der Rechte der nationalen Minderheiten eine neue Ära eingeleitet.

Schon seit der alten Zeit war China ein vereinigtes Land mit vielen ethnischen Gruppen. Im Laufe der Jahre haben Handel und Verkehr Wirtschaft und Kultur aller ethnischen Gruppen eng miteinander verbunden, so dass ein neues Verhältnis wechselseitiger Abhängigkeit und gegenseitiger Förderung erwachsen ist. Alle Gruppen gemeinsam haben so die chinesische Zivilisation erschaffen. Die wechselseitigen Abhängigkeiten in Politik, Wirtschaft und Kultur haben in der langen Geschichte ein gemeinsames Schicksal mit gemeinsamen Interessen aller ethnischen Gruppen begründet. Aber auf Grund Jahre langer feudalistischer Zwänge und in Folge des Eindringens der westlichen Imperialisten sind viele nationale Minderheiten in einen desaströsen Zustand von Diskriminierung und Unterdrückung geraten. Dies hat dazu geführt, dass Ihnen ihre Rechte entzogen worden sind. Im alten China hat dieser Zustand der Diskriminierung und Unterdrückung der ethnischen Gruppen sehr lange angedauert. Viele nationale Minderheiten wurden überhaupt nicht anerkannt und haben ein elendes Leben gefristet, konnten nur im unwirtlichen Gebirge dahinvegetieren und ein Leben abseits der zivilisierten Gesellschaft führen. Vor der Gründung des neuen China sind alle nationalen Minderheiten wie auch die meisten Hanchinesen Opfer reaktionärer Herrschaft und Unterdrückung gewesen und haben überhaupt keine Menschenrechte erfahren.

Nach der Gründung der Volksrepublik hat die chinesische Regierung alle möglichen Maßnahmen ergriffen, um die Rechte der nationalen Minderheiten zu schützen. Zuerst hat man das alte System der Unterdrückung und Diskriminierung der ethnischen Gruppen abgeschafft. Dann ist allmählich eine Politik entwickelt worden, die sich eine Etablierung von Gleichberechtigung, Solidarität und wechselseitiger Hilfeleistung zum Ziel setzte und damit ein harmonisches Völkerverhältnis aufgebaut hat. Auf diese Weise sind die Probleme zwischen den ethnischen Gruppen nach und nach gelöst worden. Die Diskriminierung und die von Generation zu Generation fortlebende Unterdrückung der nationalen Minderheiten hat schließlich ein Ende gefunden; endlich von ihren Leiden befreit, konnten die nationalen Minderheiten ihre Würde und Menschenrechte zurückgewinnen. Sie können nun wie alle Hanchinesen Herr ihres eigenen Landes zu sein, gleichberechtigt mit umfassenden Rechte. Darüber hinaus können sie noch Sonderrechte genießen. Im September 1949 hat man in dem „gemeinsamen Grundriss der chinesischen politischen Konsultationskonferenz", der damals das Gewicht einer Verfassung hatte, festgelegt: „Alle ethnischen Gruppen sind gleich". Im 1954 dann erlassenen Text der „Verfassung" steht: „Die Volksrepublik ist eine vereinigte

Vielvölkernation. Alle ethnischen Gruppen sind gleich. Es ist streng verboten, irgendeine ethnische Gruppe zu diskriminieren oder zu unterdrücken, die Solidarität der Völker zu zerstören." Die Verfassung hat besonders hervorgehoben, dass die Völkersolidarität ist die Grundlage der neuen chinesischen Innenpolitik werden sollte. Außerdem betonte die Verfassung noch: „Unsere verschiedenen ethnischen Gruppen haben sich zu einer freien, gleichberechtigten Vielvölkerfamilie zusammengeschlossen. Auf der Grundlage der freundschaftlichen Beziehungen zwischen den Völkern, des gemeinsamen Kampf gegen den Imperialismus, gegen den gemeinsamen Feind, den großen und lokalen Nationalismus, werden alle ethnischen Gruppen sich stärker solidarisieren. Beim wirtschaftlichen und kulturellen Aufbau des Landes werden die besonderen Bedürfnisse der ethnischen Gruppen berücksichtigt. Und bei der sozialistischen Umwandlung der Gesellschaft wird auf die Besonderheiten der ethnischen Gruppen geachtet."

Kurz nach der Gründung der Volksrepublik hat die chinesische Regierung eine umfassende Schulung veranstaltet und eine Propaganda der neuen nationalen Politik im ganzen Land entfaltet, wobei für die Gleichheit der Völker, für Völkersolidarität, für den Kampf gegen den Han-Chauvinismus appelliert wurde. Angesicht der Tatsache, dass viele nationale Minderheiten lange diskriminiert und unterdrückt worden sind, war die chinesische Regierung sehr bemüht, die gleichberechtigte Position der nationalen Minderheiten wiederherzustellen. Im alten China unter dem System nationaler Diskriminierung und Unterdrückung hatten viele nationale Minderheiten überhaupt keinen Namen. Viele Ortsnamen hatten eine diskriminierte Färbung. Nach der Gründung der Volksrepublik hat die chinesische Regierung in dieser Hinsicht viel verändert. 1951 sind „Hinweise zum Wegnehmen der Namen, Denkmäler und Schilder, die die nationalen Minderheiten beleidigen oder diskriminieren", erlassen worden. An manchen Orten wurden auch Namen ohne beleidigende Tönung für die nationalen Minderheiten ihren Wünschen entsprechend vor Ort geändert. Dann hat die chinesische Regierung mit der Arbeit zur Bestimmung der ethnischen Gruppen begonnen. In einer Untersuchung sind 55 nationale Minderheiten definiert worden. Auch einige kleine ethnische Gruppen haben ihre Identität hier wieder zurückgewonnen. Das neue China hat 1952 dann noch den „Grundriss der autonomen Verwaltung der nationalen Minderheiten" und den „Schutz der gleichen Rechte der nationalen Minderheiten der abgelegenen Orte" und ähnliche Dokumente erlassen. Außerdem hat die chinesische Regierung die vom Aussterben bedrohten nationalen Minderheiten wesentlich unterstützt, damit diese sich besser entwickeln konnten. Um der Entfremdung zwischen den Völkern entgegenzuwirken, hat chinesische Regierung zahlreiche Besuchergruppen in die Gebiete geschickt, in denen nationale Minderheiten sich konzentrieren. Man hat viele nationale Minderheiten, die früher vor reaktionärer Herrschaft in den Urwald geflüchtet sind, wieder hergeholt, damit diese wieder ihre Dörfer aufbauen können. So wurde allmählich ein neues Verhältnis gleichberechtigter und solidarischer Völker aufgebaut.

## 1.2. Die nationale Politik mit chinesischer Prägung

Die Gleichheit und Solidarität aller Völker ist der Kern der chinesischen Innenpolitik. Alle Volksgruppen, die in China residieren, haben unabhängig von der Bevölkerungszahl einer ethischen Gruppe, unabhängig vom Niveau der wirtschaftlichen und gesellschaftlichen Entwicklung, unabhängig auch von ihren Sitten und Gebräuchen wie ihrer Religiosität die gleiche Stellung. Sie genießen gleiche Rechte und haben gleiche Pflichten. Niemand darf in irgendeiner Weise die anderen ethnischen Gruppen diskriminieren. Alle Volksgruppen sollten in einer freundlichen, harmonischen und solidarischen Beziehung zueinander stehen. Alle Volksgruppen sollten sich zusammentun, um das Gedeihen des Landes zu fördern. Alle sollten gegen Separatismus wehren und der Vereinigung des Landes dienen. Die chinesische Regierung vertritt entschieden die Auffassung, die Gleichheit der ethischen Gruppen sei Voraussetzung und Basis für die nationale Solidarität. Ohne Gleichheit der Volksgruppen sei keine nationale Solidarität möglich.

Die Garantie der Autonomie der Gebiete ist das grundlegende politische System in China. Dadurch hat China die Probleme der nationalen Minderheiten lösen wollen. Unter einem autonomen System versteht man die Gewähr von Selbstverwaltungsorgangen für die eigenen nationalen Angelegenheiten in autonomen Gebieten, in denen konzentriert Bevölkerung der nationalen Minderheiten wohnt, unter der Führung der Zentralregierung; und sieht darin die Möglichkeit, dass die nationalen Minderheiten Herr im eigenen Land sein können.

Dabei ist die Förderung der wirtschaften und gesellschaftlichen Entwicklung die Hauptziel der chinesischen Innenpolitik. Historische Gründe waren vor der Gründung der Volksrepublik dafür verantwortlich, dass die wirtschaftliche und gesellschaftliche Entwicklung nur schleichend vorankam. Einige nationale Minderheiten hatten noch in einem urgesellschaftlichen Zustand mit primitiven Produktionsmethoden gelebt. Die meisten von ihnen waren deshalb noch sehr arm. Damit alle Volksgruppen sich gemeinsam fortentwickeln und gemeinsam die Modernisierung verwirklichen konnten, wurden viele Maßnahmen ergriffen.

Die Entwicklung der nationalen Kultur ist eine auffallende Besonderheit der chinesischen Innenpolitik. Die chinesische Verfassung hat festgelegt, alle Volksgruppen hätten die Freiheit, ihre eigenen Sprachen in Rede und Schrift zu gebrauchen und zu entwickeln. Die autonomen Verwaltungsorgane sollten deshalb die vor Ort dominant herrschende Sprache und wenn nötig mehrere andere Sprachen der in einem Gebiet lebenden ethnischen Gruppen verwenden. Das hat dazu geführt, dass mehr als 13 Sprachen der nationalen Minderheiten in Rede und Schrift revidiert und verbessert worden sind.

## 1.3. Die nationalen Minderheiten genießen ausreichenden Schutz der Menschenrechte.

Die Verfassung der Volksrepublik hat festgelegt: „Alle Völker (Volksgruppen) der Volksrepublik sind alle gleich. Der Staat schützt ihre legitimen Rechte und die Interessen aller nationalen Minderheiten, bewahrt und entwickelt das prinzipiell gleichberechtigte, solidarische Verhältnis zwischen allen Völkern (Volksgruppen). Es ist streng verboten, irgendeine ethnische Gruppe zu diskriminieren und zu unterdrücken." Alle ethnischen Gruppen in China genießen umfassende legitime Rechte. Das bedeutet: Alle Völker (Volksgruppen) haben unabhängig von ihrer jeweiligen Zugehörigkeit und von ihrer Religion das aktive und passive Wahlrecht. Ihre Freiheit und ihre Würde darf nicht verletzt werden. Alle Völker haben Religionsfreiheit. Alle haben das Recht auf Bildung. Alle dürfen ihre Sprach und Schrift verwenden und entwickeln. Alle Volksgruppen haben das Recht freier Meinungsäußerung, Publikation, Versammlung, Vereinigung und Demonstration. Alle Volksgruppen haben das Recht auf wissenschaftliche Forschung, auf künstlerisch-literarisches Schaffen und andere kulturelle Aktivitäten. Alle Völker haben das Recht, vom Staat und von der Gesellschaft materielle Unterstützung zu bekommen, wenn sie nicht mehr arbeitsfähig sind. Alle Volksgruppen haben das Recht, die staatlichen Organe und deren Beamte zu kritisieren und ihnen Vorschläge zu unterbreiten. Alle Völker haben die Freiheit, ihre eigene Sitten und Gebräuche zu pflegen oder auch zu ändern.

203

In China dürfen alle nationalen Minderheiten und die Hanchinesen an der Verwaltung der staatlichen und lokalen Angelegenheiten teilnehmen. Die Rechte der nationalen Minderheiten hinsichtlich der Teilhabe an der staatlichen Verwaltung werden besonders geschützt. Ihre Beteiligung an der Wahl der Vertreter für das höchste Organ, den Volkskongress, spiegelt in aller Deutlichkeit den großen Respekt der Rechte der nationalen Minderheiten. Die nationalen Minderheiten dürfen nach dem „Wahlgesetz für den nationalen Volkskongress und für die Volkskongresse aller Ebenen" ihre Vertreter in die entsprechenden Gremien entsenden. Auch die kleinen nationalen Minderheiten dürfen ihre Vertreter wählen. Alle 55 nationalen Minderheiten haben jeweils ihre Vertreter im nationalen Volkskongress. Die nationalen Minderheiten, deren Bevölkerungszahl über Millionen beträgt, haben ihre Vertreter im ständigen Ausschuss des nationalen Volkskongresses. Seit dem 1. Nationalen Volkskongress 1954 bis heute sind die nationalen Minderheiten mit einem bestimmten Prozentsatz vertreten; und dieser Prozentsatz ist immer höher als der Prozentsatz der nationalen Minderheiten des Landes. 2005 hat der 11. Nationale Volkskongress 411 Vertreter der nationalen Minderheiten gezählt, mithin 13,76% aller Vertreter. Auch sitzen zahlreiche Vertreter der nationalen Minderheiten in den Volkskongressen ihrer Orte. Man verfährt im Grunde nach dem Prinzip, dass alle nationalen Minderheiten, unabhängig von ihrer Größe, ihre jeweiligen Vertreter in alle Volkskongresse auf allen Ebenen wählen können.

Die chinesische Regierung hat schon immer großen Wert auf die Ausbildung der Funktionäre der nationalen Minderheiten gelegt. Im ganzen Land gibt es 2.994.000 Kader der nationalen Minderheiten, das sind 7,4% aller Kader des Landes. Im Vergleich zum Jahr 2000 ist diese Zahl um 2,6% gestiegen. Alle Zentralorgane und lokalen staatlichen Machtgremien, Verwaltungsgremien, Gerichtshöfe und Staatsanwaltschaften repräsentieren eine große Anzahl von Kadern der nationalen Minderheiten. Diese partizipieren an den Verwaltungen staatlicher und lokaler Belange. Neben Kaderkräften sind auch viele wissenschaftliche und technische Fachleute und Experten in der Verwaltung ausgebildet. In allen ständigen Ausschüssen der 155 autonomen Gebiete gibt es Vorsitzende und Vizevorsitzende der nationalen Minderheiten. In vielen autonomen Gebieten, autonomen Provinzen, autonomen Kreisen bis hin zu autonomen Dörfern haben fast alle Kader der nationalen Minderheiten Posten des Vorsitzenden oder Vizevorsitzenden übernommen. In China wohnen 30.000.000 Mitglieder der überall zerstreuten nationalen Minderheiten. Die chinesische Regierung achtet besonders auf den Schutz der Interessen dieser Leute. Dafür sind besondere Vereinbarungen erlassen worden wie die „Regeln über Arbeit der nationalen Minderheiten in den Städten" und „Regeln der Arbeit der nationalen Minderheiten auf dem Land". In den 10 Provinzen und Regierungsunmittelbaren Städten, in denen die nationalen Minderheiten zerstreut leben, sind Regeln zum Schutz der Interessen der nationalen Minderheiten erlassen worden, um die Interessen der zerstreut lebenden nationalen Minderheiten in der Politik, Wirtschaft, Kultur und anderen Bereichen zu schützen.

In einigen Städten sind auch vergleichbare Bestimmungen und Regelungen herausgekommen, um den Wanderarbeitern der nationalen Minderheiten bessere Lebensbedingungen zu schaffen, was eine günstige Arbeitssuche, gute Schulbildung für ihre Kinder, den Schutz der Rechte und juristischen Beistand betrifft. In allen möglichen Bereichen hat man sie unterstützt, sie beraten und ihnen praktische Hilfe zugesichert.

China respektiert und schützt die Religionsfreiheit der Menschen, einschließlich religiöser Freiheiten der nationalen Minderheiten und deren religiöser Gebräuche. In China werden alle ausdrücklich und ausschließlich religiösen Aktivitäten durch Gesetze gewährleistet, gleich ob man dem tibetischen Buddhismus zugeneigt ist wie viele Tibeter, Mongolen, Tataren und andere ethnischen Gruppen, oder ob man sich zum Islam bekennt wie viele Hui, Uiguren, Kosaken und andere ethnische Gruppen, oder ob man dem Christentum anhängt wie viele Miao, Yao und andere ethnischen Gruppen. Zurzeit gibt es in China 30.000 Moscheen, in Xinjiang allein 23.000; und in Tibet gibt es mehr als 1.700 buddhistische Tempel und Klöster.

Um eine Politik der Gleichheit aller Volksgruppen zu realisieren und die allgemeine Solidaritätsbereitschaft zu stärken, haben die chinesische Regierung und sachlich zuständige Behörden mehrmals Veranstaltungen organisiert, auf denen viele Arbeitseinheiten und Personen für ihre Aktivitäten und Beiträge zur

Förderung der Gleichheit und Solidarität aller Volksgruppen ausgezeichnet worden sind. 1988 hat die chinesische Regierung die 1. Auszeichnungskonferenz des Landes für Beiträge zur Gleichheit und Solidarität aller Volksgruppen veranstaltet, auf der 565 vorbildliche Kollektive und 601 Personen prämiert worden sind. 1994 wurde die 2. Auszeichnungskonferenz für Beiträge zur Solidarität aller Volksgruppen veranstaltet, wo 1200 vorbildliche Kollektive und Personen ausgezeichnet worden sind. 1999 wurde eine 3.Konferenz dieser Art anberaumt und dabei sind 1254 vorbildliche Kollektive und Personen prämiert worden, darunter 626 Kollektive, 628 Personen. Im Mai 2005 fand dann die 4. Konferenz dieser Art statt, auf der 642 Kollektive wie z. B. die Niujie Straße in Peking und 676 Personen wie z.B. Li Su Zhi Preise davongetragen haben. Im September 2009 hat der Staatsrat die 5. Auszeichnungskonferenz in Peking veranstaltet, wobei zahlreiche Kollektive und Personen, die in den letzten Jahren zur Förderung der Solidarität der Völker besonders beigetragen haben, ausgezeichnet worden sind. Mit allen diesen Auszeichnungen wollte die Regierung nicht nur vorbildliche Leistungen belohnen, sondern zugleich damit eine neue soziale Moral wecken und die Solidarität aller Volksgruppen stimulieren und erreichen, dass dies ubiquitär bekannt und ein gesellschaftlicher Trend wird. Dies hat nicht nur die Solidarität aller Volksgruppen vorangebracht, es hat auch erheblich zur Stabilisierung in den Gebieten der nationalen Minderheiten und im ganzen Land beigetragen.

Um die Gleichheit aller Völker zu gewährleisten, die Solidarität aller Völker zu verstärken, die Menschenrechte der nationalen Minderheiten zu schützen, hat chinesische Verfassung verkündet: Man muss gegen den Anspruch eines dominanten Nationalismus wie gegen den Han- Chauvinismus, aber auch gegen irrtümliche Formen eines lokalen Nationalismus vorgehen. Gleichzeitig muss eine umfassende Propaganda und Erziehung für die Solidarität aller Völker vonstattengehen. Deshalb hat man in dieser Hinsicht durch viele Kunstwerke, durch das Fernsehen, durch Nachrichten, wissenschaftliche Forschungen verstärkt Propaganda betrieben.

In allen diesen Medienprogrammen wurden laut und stark Gleichheit und Solidarität aller Völker, Kampf gegen Unterdrückung und Diskriminierung der ethnischen Gruppen, besonders gegen überspannten Nationalismus appelliert. Um Auswüchse eines derartigen Nationalismus und einer Ungleichheit der Volksgruppen ideologisch zu verhindern, haben die chinesische Regierung und entsprechenden Behörden und Institutionen strenge Vorschriften herausgegeben, um solche Kunstwerke und den Verlautbarungen in den Medien zu verbieten, die einer wechselseitigen Solidarität der Volksgruppen hinderlich sein können.

## 1.4. Die sprunghafte Entwicklung der Menschenrechte in Tibet und Xinjiang

Vor den Bodenreformen 1959 hat in Tibet lange Zeit eine monarchistische Regierung unmittelbarer Einheit von Politik und Religion, von Mönchen und Adligen geherrscht, mit dem Resultat einer dunklen, grausam feudalistischen Sklavengesellschaft, die beinahe an Verhältnisse im europäischen Mittelalter erinnern konnten. Die Sklavenbesitzer in Tibet waren hauptsächlich Beamten, Adlige und höher gestellte Äbte der Klöster als die drei Herrscher. Das waren nicht einmal 5% aller Tibeter. Doch ihnen gehörten das meiste Ackerland, Weiden, Wälder und Gebirge; auch die Viehzucht in Tibet war überwiegend in ihrer Hand. Die Anzahl der Sklaven betrug 90% der Tibeter. Diese besaßen kein Stück Land, hatten keine Freiheit und mussten ihren Feudalherren dienen. Hinzu kam, dass noch 5% der Tibeter Leibeigene waren, und dies in Kontinuität seit Generationen, die weder über Produktionsmaterialien verfügten noch auch nur über die geringste persönliche Freiheit. Die gehörten mit Leib und Seele dem Feudalherrn und sind als Eigentum eines Feudalherrn entsprechend behandelt worden. Man durfte sie kaufen und verkaufen, einem anderen schenken, sie für eine Begleichung von Schulden veräußern oder auch austauschen. Der Feudalherr herrschte über Leben und Tod dieser Leibeigenen, bestimmte auch über die Möglichkeiten ihrer Verehelichung. Ihre Kinder sind in der Regel gleich nach der Geburt als neue Leibeigene registriert worden. Die lokalen Herrscher in Tibet sind durch Gesetze affirmiert worden, ihre Interessen als Feudalherrscher wahrzunehmen. Dem alten Gesetz in Tibet zufolge waren eben nicht alle Menschen gleich. Menschen unterschiedlichen Ranges und unterschiedlicher Position sind keineswegs gleich behandelt worden, auch wenn sie das Gleiche getan hatten. Auch die Strafen und der Maßstab ihrer Behandlung sind sehr unterschiedlich gewesen. Im alten Tibet waren furchtbar grausame Strafen an der Tagesordnung wie Augen ausstechen, Ohren abschneiden, Hände und Füße abhacken, ertränken usw. So gab es etwa in dem größten Kloster in Tibet viele Handschellen, Fußketten, Schlagstöcke, und weitere grausame Strafgeräte.

1959 ist durch demokratische Reformen das feudalistische System abgeschafft worden. Die Tibeter sind endlich wie alle Volksgruppen in China Herren ihres Staates und ihrer Gesellschaft geworden und haben alle legitimen Bürgerrechte erhalten. Die Tibeter können sich fortan wie alle Volksgruppen des Landes um die Angelegenheiten des chinesischen Staates und des Autonomiegebiets Tibets kümmern. Die ehemaligen Leibeigenen und Sklaven können jetzt die gleichen politischen Rechte beanspruchen wie die auf Anteilnahme an der Verwaltung staatlicher Belange; und sie können diese legitimen Rechte in ihrem Gebiet genießen wie alle anderen Volksgruppen des Landes. Sie können ihre Vertreter für Provinzen, Kreise, Bezirke und Dörfer direkt wählen, und diese Vertreter wiederum können die Vertreter für ihre autonomen Gebiete und Vertreter des nationalen Volkskongress wählen. 2007 ist im ganzen autonomen Gebiet Tibets, in tibetischen Städten, Kreisen und Dörfern, zum vierten Mal gewählt worden. Die

Wahlbeteiligung lag bei 96,4%. In manchen Gegenden hatte die Wahlbeteiligung sogar 100% erreicht. In direkten und indirekten Wahlen hat man in vier Stufen insgesamt 34.000 Vertreter gewählt. Davon betrug der Anteil der Tibeter und anderer nationaler Minderheiten mehr als 94%. Zurzeit sind unter den Vertretern des nationalen Volkskongresses 20 aus dem tibetischen autonomen Gebiet, davon sind 12 Mitglieder Tibeter und 3 Repräsentanten der nationalen Minderheiten.

Seit 1965 fungieren Tibeter als Vorsitzende des ständigen Ausschusses und als Vorsitzende der Regierung in Tibet. Auch die wichtigsten Posten der Regierung in Tibet wurden von Tibetern übernommen. Das gilt ebenso für die wichtigsten Positionen im Gerichtshof und in der Staatsanwaltschaft in Tibet. Zurzeit fungieren 78% Tibeter und tibetischer anderer nationaler Minderheiten in Ämtern und als Mitarbeiter staatlicher Organe in Tibet.

Das autonome Gebiet Tibet darf eigenen politischen, wirtschaftlichen und kulturellen Besonderheiten entsprechend über seine Angelegenheiten entscheiden und seine eigenen Verfahrensweisen bestimmen. Wenn die Entschlüsse, Entscheidungen und Anweisungen der oberen staatlichen Organe für Tibet nicht situationsgerecht scheinen, kann das autonome Organ in Tibet Anträge an die Regierung richten und eine Änderung gefällter Entscheidungen erwirken oder auch deren praktische Befolgung verhindern. Nach der Statistik hat der ständige Ausschuss des tibetischen autonomen Gebietes seit 1965 insgesamt 250 lokale Vorschriften und Bestimmungen mit der Relevanz von Gesetzen erlassen. Diese betreffen den politischen Aufbau, die wirtschaftliche Entwicklung, Kultur und Bildung, Sprache und Schrift, Justiz, die Bewahrung des kulturellen Erbes, den Schutz der Wildtiere und Pflanzen wie den Schutz der Naturressourcen.

Die religiöse Freiheit und üblichen religiösen Aktivitäten in Tibet werden geschützt. Zurzeit gibt es in Tibet 1700 religiöse Stätten (u.a. Klöster) mit 46.000 Mönchen. Dies deckt ausreichend den Bedarf der Gläubigen. In den Klöstern werden die heiligen Schriften gelehrt und gelernt, über heilige Schriften wird diskutiert, ihre Kenntnis wird geprüft, es wird meditiert und erfolgen weitere religiöse Handlungen. Statistischen Angaben zufolge gibt es gegenwärtig in Tibet 60 Kurse über heilige Schriften mit 6000 Mönchen. Die Tradition des lebendigen Buddhas wird vom Staat akzeptiert. Es gibt in Tibet zahlreiche verschiedene religiöse Praktiken und religiöse Feste. Seit den achtziger Jahren des 20. Jahrhunderts sind in Tibet inzwischen 40 religiöse Feste wiederbelebt worden. Jährlich hat man verschiedene religiöse und traditionelle Feste zelebriert.

Seit geraumer Zeit haben in Xinjiang Menschen verschiedener Religionen und unterschiedlicher ethnischen Gruppen gelebt. Schon sehr früh ist Xinjiang ein untrennbares Gebiet des vereinigten Chinas gewesen. Seit der Gründung der Volksrepublik in den letzten 60 Jahren haben die Menschen in Xinjiang mit allen anderen Volksgruppen zusammen das Bild der Gesellschaft in Xinjiang wesentlich verändert. Die chinesische Regierung hat viele Maßnahmen ergriffen, um die Gleichberechtigung aller Volksgruppen zu verwirklichen, deren wechselseitige Solidarität zu fördern und deren legitime Rechte zu gewährleisten. Wie alle chinesischen Bürger haben alle Bürger der nationalen Minderheiten über 18 Jahre das aktive und passive Wahlrecht. Als chinesische Bürger haben die Bürger der nationalen Minderheiten die gleichen Rechte auf Freiheit, Menschenwürde, Freiheit der Religion, auf Bildung, auf ihre eigenen Sprachen. Nach der Gründung der Volksrepublik hat die Regierung in Xinjiang durch Vorschriften darauf hingewirkt, dass sämtliche die Einheimischen beleidigenden Namen verboten werden. Um die Solidarität aller Völker zu fördern, findet seit 1983 jedes Jahr im autonomen Gebiet der Uiguren eine Veranstaltung zur Erziehung der Solidarität aller Volksgruppen statt. Auf diesen Veranstaltungen hat man im umfassenden Sinn für die Gleichheit und Solidarität aller Volksgruppen appelliert.

Auch die nationalen Minderheiten in Xinjiang haben das Recht auf Anteilnahme an der staatlichen Verwaltung. Alle nationalen Minderheiten in Xinjiang haben ihre Vertreter für den nationalen Volkskongress und die Volkskongresse auf allen Ebenen.

Die nationalen Minderheiten in Xinjiang genießen ausreichend religiöse Freiheit. Die meisten nationalen Minderheiten in Xinjiang sind religiös eingestellt, doch meist unterschiedlicher Glaubensrichtungen, einige wie die Uiguren, Kosaken und ein paar weitere Minderheiten hängen zumeist dem Islam an, während die Mongolen und andere Minderheiten dem Buddhismus zugeneigt sind. Alle diese Gruppen werden ausreichend geschützt, ihre üblichen religiösen Handlungen und Gebräuche werden respektiert und durch Gesetze geschützt. Seit 1982 sind im ganzen autonomen Gebiet 88 religiöse Organisationen wiederbelebt oder neu gegründet worden. So eine Islamgesellschaft des autonomen Gebiets und eine buddhistische Gesellschaft, 13 Islamgesellschaften der Städte, 65 Islamgesellschaften der unteren Ebenen. 2003 hat es in Xinjiang 24.000 religiöse Stätten, darunter 23.753 Moscheen gegeben, die hier Beschäftigten waren 26.800, darunter 26.500 Islamisten. Die Regierung hat jedes Jahr bestimmte Beträge für die Renovierungen der größeren Klöster und Kirchen zur Verfügung gestellt. 1999 hat die Zentralregierung 7.600.000 Yuan für die Renovierungen der wichtigen Moschen und Klöster in der Hauptstadt des autonomen Gebietes Xinjiang ausgegeben. Um den Menschen hinreichende religiöse Lektüre und Bücher zu bieten, hat man in Xinjiang eine ganze Reihe heiliger Schriften des Islam in viele Sprachen übersetzt und sie in vielen Auflagen veröffentlicht. Außerdem hat man noch eine Zeitschrift „Moslems in China" im Zusammenhang mit den Schriften der Uiguren und Hanchinesen herausgegeben. Und damit die Gläubigen leichter in den Besitz ihrer religiösen Bücher kommen, hat man noch einige Verkaufsstände für religiöse Literatur eingerichtet.

Bei den Vorschriften für die Familienplanung hat man die Uiguren viel großzügiger behandelt als die Hanchinesen. Der Volkskongress des autonomen Gebietes Xinjiang hat im Hinblick auf die eigene Situation „provisorische Bestimmungen der Familienplanung in Xinjiang" herausgegeben. Diesen

Bestimmungen gemäß können die nationalen Minderheiten mehr Kinder als die Hanchinesen auf die Welt bringen; so hat man das Wachstum der nationalen Minderheiten gewährleistet. Mithin nimmt die Bevölkerungszahl der nationalen Minderheiten viel schneller zu als die der Hanchinesen in Xinjiang. 2001 war dies eine Wachstumsrate von 13,04%, während die der Hanchinesen nur 8,25% betragen hat. Bei der 1. Völkerzählung 1953 hat man die nationalen Minderheiten in Xinjiang eine Bevölkerungsanzahl nationaler Minderheiten von 4.540.000 gezählt; im Jahr 2000 bei der 5. Völkerzählung hat sie hier schon 10.969.600 betragen.

## II. Autonome Rechte der nationalen Minderheiten in ihren Gebieten

Die Definition des autonomen Systems ist die Selbstverwaltung in Gebieten, in denen die nationalen Minderheiten in Konzentration leben, doch unter der Führung der kommunistischen Partei Selbstverwaltung. Die nationalen Minderheiten verfügen über ihre eigenen Verwaltungsorgane und können ihre Gebiete selbst verwalten. Dies autonome System hat zur Verwirklichung der Gleichheit und Solidarität aller Volksgruppen, zur harmonischen Beziehung zwischen den Völkern, zur Stabilisierung der Vereinigung des Staates, zur Förderung der Entwicklung der autonomen Gebiete und zum Fortschritt der nationalen Minderheiten viel beigetragen.

### 2.1. Das autonome System für die Gebiete der nationalen Minderheiten ist die Schlüssel für die Lösung der Probleme der Volksgruppen

Beim 1. Nationalen Volkskongress 1954 wurde das autonome System in die chinesische Verfassung integriert. In der Verfassung heißt es: „In allen Gebieten, in denen nationale Minderheiten leben, wird das autonome System eingeführt. Die autonomen Gebiete sind von der Volksrepublik untrennbare Teile." Auch wenn der Text der Chinesischen Verfassung später noch mehrmals geändert worden ist, das autonome System ist kontinuierlich erhalten geblieben. Der Wortlaut der Verfassung von 1982 besagt: „In den Gebieten, in denen nationale Minderheiten konzentriert leben, wird das autonome System eingeführt. Die nationalen Minderheiten haben ihre eigenen Verwaltungsorgane und verwalten selbst in ihren Gebieten. Alle autonomen Gebiete sind untrennbare Gebiete der Volksrepublik Chinas."

Schon im Jahr 1952 hatte die chinesische Regierung den „Grundriss der Einführung der autonomen Gebiete" herausgegeben. Damals sind schon klare Bestimmungen über die Gründung einer lokalen autonomen Verwaltung, über die Bildung der autonomen Organe und über die Rechte der autonomen Gebiete fixiert worden. 1984 hat die 2. Sitzung des 6. Nationalen Volkskongresses auf der Grundlage der Erfahrungen in den autonomen Gebieten „Gesetze der autonomen Gebiete" publiziert. Diese neuen Gesetze haben für das autonome System und für den Schutz der Rechte der nationalen Minderheiten umfassende Regelungen getroffen, von der Gründung und Bildung lokaler Verwaltungsorgane bis hin zu autonomen Rechten usw. 2001 angesichts der Entwicklung der sozialistischen Marktwirtschaft hat dann der ständige Ausschuss des nationalen Volkskongresses die „Gesetze der autonomen Gebiete" korrigiert und verbessert. In diesem Text von 2001 liest man: „Das autonome System der Gebiete der nationalen Minderheiten ist das grundlegende politische System des Staates".

Zurzeit hat der Staatsrat 22 Dokumente betreffend die autonome Verwaltung und die dazu gehörigen Regeln und Maßnahmen veröffentlicht. Inzwischen haben im ganzen Land 25 autonome Bezirke und 109 autonome Kreise ihre eigenen Regeln und Vorschriften, insgesamt 418 an der Zahl, festgeschrieben.

Das autonome System in China hat eine lange Geschichte. Und es stimmt zusammen mit dem Tatbestand der chinesischen Vereinigung mit vielen Volksgruppen. Es ist auch das Ergebnis des neuen demokratischen Erfolges aller chinesischen Volksgruppen unter Führung der kommunistischen Partei. In dem langen revolutionären Kampf haben zahlreiche nationale Minderheiten an dem antifeudalistischen und antiimperialistischen Kampf teilgenommen. Sie haben die Führung der kommunistischen Partei akzeptiert und haben wesentlich zur Geburt der Volksrepublik beigetragen. Im qualitativen Unterschied zur diskriminierenden und auf Unterdrückung zielenden Politik der alten Herrscher hat die kommunistische Partei eine immer größere Sympathie für die nationalen Minderheiten bewiesen und sie immer wie Gleichberechtigte behandelt. Gerade dadurch hat die kommunistische Partei auch die Unterstützung durch die nationalen Minderheiten gewonnen. Indem man den nationalen Minderheiten zugesteht, ihr eigener Herr zu sein, ihre eigenen Angelegenheiten selbst zu regeln, hat man ihre gleichberechtigte Politik zum Spiegel der Autonomie gemacht. 1947 ist in dem befreiten Gebiet in der Mongolei unter der Führung der kommunistischen Partei die erste Provinz eines gleichrangigen autonomen Gebietes entstanden. Nach der Gründung der Volksrepublik hat die chinesische Regierung angefangen, in allen Gebieten, in denen überwiegend nationale Minderheiten wohnen, eine autonome Verwaltung einzuführen. Im Oktober 1995 ist das autonome Gebiet Uiguren entstanden. Im März 1958 folgte das autonome Gebiet Guangxi Zhuangzu, im Oktober 1958 das autonome Gebiet Ningxia und im September 1965 das autonome Gebiet Tibet. Bis heute sind insgesamt 155 autonome Gebiete gegründet worden. Von den 55 nationalen Minderheiten haben 44 ihre autonomen Gebiete, d.h. 70% der nationalen Minderheiten leben in einem autonomen Gebiet. Im Grunde sind an fast allen geeigneten Orten autonome Gebiete begründet worden.

## 2.2. Die nationalen Minderheiten genießen ausreichende Rechte auf autonome Verwaltung

Nach der Verfassung und Erklärung der „Gesetze für autonome Gebiete" sind Volkskongresse und Volksregierungen der autonomen Gebiete die jeweiligen Verwaltungsgremien. Über die allgemeinen Aufgaben der Verwaltung hinaus haben sie auch autonome Rechte in der Gesetzgebung, in Bereichen der Wirtschaft, der Finanzen, der Bildung, Kultur, Medizin, Wissenschaft und Technik und in weiteren hier nicht genannten Sektionen.

A. Selbstverwaltung eigener innerer Angelegenheiten der Gebiete

In allen autonomen Gebieten werden Vertreter des Volkskongresses durch Wahlen bestimmt. Diese bilden dann die Verwaltungsorgane und sind zuständig für innere Angelegenheiten ihrer Gebiete. In den 155 autonomen Gebieten übernehmen die nationalen Minderheiten vor Ort die Führungspositionen, um eine zureichende Verwaltung ihrer eigenen Angelegenheiten durch Kräfte der eigenen nationalen Minderheiten zu garantieren. Gemeinsam mit der Regierung haben autonome Gebiete viele Maßnahmen ergriffen, um Kader aller Ebenen sowie wissenschaftliche und technische Fachkräfte und Verwaltungsexperten der nationalen Minderheiten auszubilden. Zurzeit gibt es mehr als 2.994.000 Kader und Fachkräfte aller Sachbereiche bei den nationalen Minderheiten. Die „Gesetze der autonomen Gebiete" haben festgelegt: „Wenn die Verwaltungsorgane der autonomen Gebiete neues Personal benötigt, dann werden die Kandidaten der nationalen Minderheiten vor Ort bevorzugt behandelt." „Die Verwaltungsorgane der autonomen Gebiete können durch verschiedene Animationsmethoden und bevorzugte Behandlung Fachkräfte für ihre Projekte gewinnen." „Bei Anwerbung neuen Personals für die staatlichen Behörden und Betriebe haben Vertreter der nationalen Minderheiten Vorrang. Dies gilt auch für nationale Minderheiten auf dem Land und in den Steppen." Die 3. Bestimmung der „Gesetze der Beamten" lautet: „Bei der Einstellung der Beamten sollten die Bewerber der nationalen Minderheiten Vorrang haben." Zurzeit haben die autonomen Gebiete in Fällen einer Neueinstellung stets vorzugsweise Rücksicht auf die Bewerber der nationalen Minderheiten genommen und hat sogar den Kriterienkatalog für diese Bewerber entsprechend reduziert. In den letzten Jahren sind immer mehr Kandidaten der nationalen Minderheiten in die Behörden und Betriebe des Staates aufgenommen worden.

Im „Grundriss der Ausbildung der staatlichen Beamten" hat man festgeschrieben, hier besonders auf die Bewerber der nationalen Minderheiten zu achten und immer mehr diese Kräfte zu schulen. Seit 2000 hat der Staat mit dem Projekt „Ausbildung der Beamten im Westen und Osten" begonnen. Bis 2007 sind in fünf autonomen Gebieten 2.280 Kräfte ausgebildet worden. Seit 2000 schickt die Regierung jährlich 400-500 Beamte der nationalen Minderheiten zur Fortbildung in die Institutionen der Zentralregierung oder der staatlichen Organe wirtschaftlich reich entwickelter Regionen.

## B. Rechte auf autonome Gesetzgebung der neuen Bestimmungen

Die „Gesetze der autonomen Gebiete" haben festgelegt: „Die Volkskongresse der autonomen Gebiete genießen außer den Rechten der allgemeinen staatlichen Organe auch die Rechte, mit Rücksicht auf die politischen, wirtschaftlichen und kulturellen Besonderheiten der ethnischen Gruppen vor Ort ihre eigenen autonomen Bestimmungen einzubringen". In den „Gesetzen für die Gesetzgebung der Volksrepublik Chinas" heißt es: „Die autonomen Bestimmungen können mit Rücksicht auf die Besonderheiten der ethnischen Gruppen vor Ort herausgegeben werden, damit die staatlichen Gesetze reibungslos durchgeführt werden." Im Text der „Gesetze der autonomen Gebiete" hat man festgelegt: „Im dem speziellen Fall, dass Entscheidungen, Anweisungen oder Aufforderungen der höheren Staatsorgane der realistischen Situation der autonomen Gebiete angemessen erscheinen, können die Institutionen dieser autonomen Gebiete bei den höheren staatlichen Gremien einen Antrag auf Änderung solcher Entscheidungen und Anweisungen stellen oder sogar sich weigern, demgemäß zu handeln." Bis heute haben die autonomen Gebiete 134 lokale Bestimmungen herausgegeben. Die autonomen Gebiete haben rücksichtlich ihrer eigenen Situation zusätzlich 74 weitere Gesetze erlassen: darunter fallen Ehegesetze, Erbschaftsgesetze, Wahlgesetze, Land- und Weidengesetze.

## C. Benutzung und Entwicklung eigener Sprachen und Schriften

In der chinesischen Verfassung ist verankert: „Die Institutionen der autonomen Gebiete sollten bei ihrer Arbeit eine oder mehrere lokale Sprachen und Schriften verwenden." Die 21. Bestimmung der „Gesetze der autonomen Gebiete" verkündet: „Bei den autonomen Gebieten, in denen mehrere Sprachen und Schriften benutzt werden, kann man in amtlichen Geschäften die Sprache der nationalen Minderheit des fraglichen autonomen Gebietes als die Hauptumgangssprache verwendet werden." In der Mongolei, Xinjiang, Tibet und anderen autonomen Gebieten sind über die Anwendung der Sprache der eigenen ethnischen Gruppen konkrete Regelungen getroffen worden.

Nach der Gründung der Volksrepublik hat der Staat mehr als zehn Sprachen der nationalen Minderheiten durch Experten auf ein höheres Niveau bringen lassen. In China verwenden jetzt 22 nationale Minderheiten 28 eigene Schriften. In China sind inzwischen gleich ob im Justizwesen, in der Verwaltung, im Bildungssektor und in anderen Bereichen oder auch im staatlichen politischen Geschäftsverkehr und im gesellschaftlichen Leben weitgehend die Schriftsprachen der nationalen Minderheiten in Gebrauch. Jetzt stellt man in den wichtigen Sitzungen des Parteitags, des nationalen Volkskongresses und der Konsultationskonferenz Vertreten aus der Mongolei, aus Tibet und einigen weiteren nationalen Minderheiten Simultandolmetscher zur Verfügung oder wartet mit Dokumenten auf, die in ihre Schriften übersetzt wurden.

## D. Autonome Verwaltung und Entwicklung des wirtschaftlichen Aufbaus

Autonome Verwaltungsinstitutionen in autonomen Gebiete können je nach der Besonderheit ihres wirtschaftlichen Entwicklungsstandes ihre Produktionsverhältnisse und ihre Wirtschaftsstruktur rationell gestalten. Im Rahmen des staatlichen Gesamtplans können autonome Gebiete ihren konkreten finanziellen Bedingungen und der Verfügbarkeit von Materialien entsprechend ihre eigenen Aufbauprojekte planen und selbst lokale Betriebe verwalten. Die autonomen Gebiete dürfen auch internationalen Handel betreiben und Handelshäfen zum Ausland eröffnen. Bei diesen Aktionen genießen sie eine bevorzugte Behandlung des Staates. Im Rahmen des staatlich regulierten nationalen wirtschaftlichen Gesamtplans und des staatlich gelenkten gesellschaftlichen Aufbauplans können autonome Gebiete rücksichtlich der realistischen Situation ihrer Regionen ihre eigenen wirtschaftlichen und gesellschaftlichen Entwicklungspläne entwerfen, ihre eigenen Ziele verfolgen und ihre eigenen Initiativen entwickeln.

Die Verwaltungsorgane der autonomen Gebiete sollten sich um Verbesserung der Lebensumstände und um den Schutz der Umwelt kümmern und nach den Gesetzen des Staates das Nutzungsrecht von Weiden und Wäldern festlegen und die Naturressourcen eigener Gebiete schützen. Die autonomen Gebiete dürfen die Naturressourcen ihrer Regionen erst unter Beachtung des staatlichen Gesamtplans rationell erschließen.

Die Verwaltungsorgane der autonomen Gebiete dürfen selbst ihre Finanzen verwalten. Über die Finanzeinnahmen, die den autonomen Gebieten gehören, dürfen sie selbst entscheiden, wofür diese ausgegeben werden sollen. Autonome Gebiete können auch selbst darüber entscheiden, wie sie den Überschuss ihres Haushaltes einsetzen wollen. Auch können autonom Gebiete selbst bestimmen, ob sie für gewisse Projekte Steuerermäßigungen vorsehen.

## E. Autonome Entwicklung der Bildung, Wissenschaft und Kultur

Die Verwaltungsorgane der autonomen Gebiete dürfen nach den Richtlinien des Staates für die Bildung gesetzliche Regelungen für Bildungspläne ihrer eigenen Gebiete treffen, selbst ihr Schulwesen aufbauen, selbst die Schulformen und den Lerninhalte der Schüler wie auch deren Aufnahmebedingungen bestimmen. In den Weidengebieten, in Gebieten mit finanziellen Engpässen und in den Gebieten, in denen nationale Minderheiten zerstreut leben, sollte man vorzugsweise Internate bauen und Stipendien verteilen, um der allgemeinen Schulpflicht gerecht zu werden. Die Schulen oder andere Erziehungsanstalten, in denen die meisten Schüler oder Studenten aus den nationalen Minderheiten kommen, sollten Lehrmaterialien in deren Sprachen bereitstellen. Hier sollte auch der Unterricht in deren Sprachen stattfinden. Nach Möglichkeit sollte situationsbedingt schon in der Grundschule der chinesische Unterricht eingeführt werden, die chinesische Sprache vermittelt und die Schüler mit chinesischen Standardzeichen bekannt werden.

Autonome Gebiete sollten Literatur, Kunst, Publikation, Rundfunk Filme und Fernsehen mit ausgesprochener Prägung durch den Charakter der nationalen Minderheiten entwickeln. Man sollte entsprechende Institutionen und Organisationen fördern, die Materialien über Geschichte und Kultur der nationalen Minderheiten sammeln und sachbezogen einschlägige Buchprojekte auf den Weg bringen. Auch sollte man die Sehenswürdigkeiten und das kulturelle Erbe der nationalen Minderheiten wie ihre Tradition und Kultur pflegen. Die Verwaltungsorgane der autonomen Gebiete sollten sich um die Verbreitung der wissenschaftlichen und technischen Kenntnisse bemühen. Auch sollte man sich darum kümmern, die traditionelle Medizin der Minderheiten zu pflegen und entwickeln. Auch die traditionellen Sportdisziplinen der Minderheiten sollten nicht vernachlässigt werden.

### 3. Autonome Gebiete Tibet und Xinjiang

1965 ist das autonome Gebiet Tibet begründet worden mit der Einführung des autonomen Systems in ganz Tibet. So hat man den Wandel von einem feudalistischen Sklavensystem mit der Herrschaft Adeliger und hoher Äbten zu einem sozialistischen System vollzogen. Die Tibeter sind nun endlich wie alle Volksgruppen in China Herren ihres Landes und ihrer Gesellschaft geworden und haben damit alle legitimen Bürgerrechte erhalten. Die Tibeter können sich fortan wie alle Volksgruppen des Landes um die Angelegenheiten des chinesischen Staates und des ihres Autonomiegebiets Tibet in gleicherweise kümmern. Die vormaligen Leibeigenen und Sklaven können jetzt gleiche politische Rechte beanspruchen wie auch ihre Teilhabe an Verwaltungsaufgaben staatlicher Belange; und sie können diese legitimen Rechte in ihrem Gebiet genießen wie alle anderen Volksgruppen des Landes. Sie können ihre Vertreter für die Provinzen, Kreise, Bezirke und Dörfer direkt wählen, und diese wiederum können die Vertreter für ihre autonomen Gebiete und ihre Vertreter des nationalen Volkskongresses wählen. 2007 hat man im ganzen autonomen Gebiet Tibets, in tibetischen Städten, Kreisen und Dörfern, zum vierten Mal gewählt. Die Wahlbeteiligung lag bei 96,4%. In manchen Gegenden hatte die Wahlbeteiligung sogar 100% erreicht. In direkten und indirekten Wahlen hat man in vier Stufen insgesamt 34.000 Vertreter gewählt. Davon betrug der Anteil der Tibeter und anderer nationaler Minderheiten mehr als 94%. Zurzeit sind unter den Vertretern des nationalen Volkskongresses 20 Mitglieder aus dem tibetischen autonomen Gebiet, von denen sind 12 Mitglieder Tibeter und 3 Repräsentanten der nationalen Minderheiten.

Dass die Tibeter für die Verwaltung eigener Angelegenheiten ihres Gebietes zuständig sind, hat man gewährleistet. Seit 1965 fungieren ausschließlich Tibeter als Vorsitzende aller ständigen Ausschüsse der Volkskongresse in Tibet und als Vorsitzende sämtlicher Volksregierungen. Die meisten Mitglieder aller ständigen Ausschüsse sind Tibeter, auch die meisten Funktionäre der Regierung in Tibet. Das gilt ebenso für die meisten Führungskräfte an den Gerichtshöfen und für die Staatsanwaltschaften in Tibet. Zurzeit sind 78% der Mitarbeiter der staatlichen Behörden aller Ebenen in Tibet Bewohner des eigenen Landes und anderer nationaler Minderheiten.

Das autonome Gebiet Tibet darf hinsichtlich der politischen, wirtschaftlichen und kulturellen Besonderheiten des Landes selbst regionale Verwaltungsaufgaben wahrnehmen und entsprechende Bestimmungen herausgeben. Seit 1965 haben der Volkskongress und der ständige Ausschuss Tibets insgesamt 250 derartige Erklärungen und Vorschriften publiziert und Vollzugsmaßnahmen getroffen. Diese haben Probleme der wirtschaftlichen Entwicklung, Kultur und Bildung, der Sprachen und Schriften, der Justiz, des Denkmal- und Tierschutzes sowie den verantwortlichen Umgang mit Naturressourcen berührt. Solche Bestimmungen waren u.a. die „Verwaltungsregeln für Denkmalschutz in Tibet", die „Regeln für Umweltschutz in Tibet", „Verwaltungsregeln für Ausländer, die in Tibet auf Gebirge steigen", „Vorschriften für das Erlernen, die Verwendung und Entwicklung der tibetischen Sprache und Schrift", „Vorschläge für Fortbestehen und Fortentwicklung der Vereinigung des Heimatlandes, Verstärkung der Solidarität aller Völker und Dynamisierung antiseparatistischer Bewegungen" usw. Diese Dokumente haben ein energisches Eintreten für den Schutz der Interessen Tibets bewirkt und für die Förderung der Entwicklung in Tibet als juristische Grundlage gedient.

Das autonome Gebiet Tibet ist sogar befugt, im Hinblick auf die eigene Situation und Kultur manche staatliche Gesetze zu ändern. So hat das tibetische Verwaltungsgremium zum Beispiel neben den staatlichen Feiertagen noch einige zusätzliche Feiertage für tibetische traditionelle Feste eingerichtet. Aufgrund der besonderen geographischen Lage Tibets wird die Arbeitszeit für Berufstätige auf 35 Stunden der Woche begrenzt, d.h. um fünf Stunden im Vergleich mit der gesetzlich geregelten Arbeitszeit im ganzen Land verkürzt. Darüber hinaus hat der ständige Ausschuss des Volkskongresses Tibets 1981 mit Rücksicht auf die traditionellen Sitten und Gebräuche in Tibet das staatliche „Ehegesetz" modifiziert und das Heiratsalter für beide Geschlechter herabgesetzt. Außerdem gestattet man das Fortbestehen der Polygamie.

Am 25. September 1949 ist Xinjiang friedlich befreit worden. Am 1. Oktober 1955 hat man das autonome Gebiet Xinjiang begründet. Damit hat in der Geschichte Xinjiangs ein neues Kapitel begonnen. Das autonome System ist ständig weiter verbessert und die autonomen Rechte sind durch Gesetze und dies System zunehmend geschützt worden. Im autonomen Gebiet Xinjiang leben hauptsächlich Uiguren, doch auch noch andere nationale Minderheiten, und auch diese haben entsprechende autonome Kreise gegründet. Zurzeit existieren fünf autonome Kreise mit vier nationalen Minderheiten, sechs autonome Gemeinden mit fünf nationalen Minderheiten und 43 autonome Dörfer.

Nach der Verfassung und den Gesetzen der autonomen Verwaltung entsprechend verfügen das autonome Gebiet Xinjiang und alle anderen autonomen Gebiete über umfassende autonome Rechte wie Rechte auf wirtschaftliche Entwicklung, Rechte auf Selbstverwaltung der Finanzen, Rechte auf Ausbildung eigener Mitarbeiter, Rechte auf Fortentwicklung der Bildung und Kultur. Wie anderen autonomen Gebieten ist es auch Xinjiang eingeräumt, die staatlichen Gesetze und Erlasse situationsgerecht zu ändern oder sogar zu ignorieren und ihnen Folge zu leisten. Man darf auch hier spezifischen Eigenarten und Situationen Rechnung tragen und neue Gesetze und Erlasse verabschieden, um dadurch die autonomen Interessen des Landes zu wahren. Bis Ende 2000 hat der ständige Ausschuss des autonomen Gebietes Xinjiang 119 lokale Bestimmungen und 71 Erlasse herausgebracht, die lokale Regierung 31 lokale Bestimmungen und 173 Regelungen.

Alle entscheidenden Führungskräfte des autonomen Gebietes Xinjiang sind Bewohner dieser Region; auch alle Vorsitzenden des autonomen Gebietes Xinjiang, seiner autonomen Kreise und autonomen Dörfer sind Bürger dieses Landes. Bei der Zusammensetzung der Mitarbeiter der Verwaltungsorgane hat man sehr darauf geachtet, Personal der nationalen Minderheiten zu berücksichtigen. Um die Rechte der nationalen Minderheiten des autonomen Gebietes besser zu schützen, hat man in Xinjiang großen Wert auf Ausbildung der Kader der nationalen Minderheiten gelegt. Viele Kader nationaler Minderheiten sind auf die Hochschulen des Landes zur Fortbildung oder zum Studium geschickt worden. In Xinjiang selber hat man einige Kaderschulen gegründet und Fortbildungskurse angeboten, in denen Fachkräfte für die Verwaltung, für politische, wirtschaftliche und kulturelle Bereiche ausgebildet worden sind. 1950 hatte Xinjiang nur 3000 Kader aus dem Kreis der nationalen Minderheiten. Als das autonome Gebiet Xinjiang 1955 gegründet worden ist, hat es 46.000 Kader mit Herkunft aus nationalen Minderheiten gegeben. Im Jahr 2003 war die Zahl der Kader der Minderheiten dann schon auf 348.000 gestiegen, d.h. auf 51.8% aller Funktionäre auf sämtlichen Ebenen des autonomen Gebietes, darunter 46% Frauen.

Damit die Interessen der nationalen Minderheiten in Xinjiang wirklich zur Geltung kommen können und die Vertreter der nationalen Minderheiten der Volkskongresse aus Xinjiang repräsentativ sein können für die Menschen aus dem autonomen Gebiet Xinjiang, musste ihr Prozentsatz 4% höher als der Prozentsatz aller Minderheiten in Xinjiang. Der Anteil der Vertreter nationaler Minderheiten aus Xinjiang in allen nationalen Volkskongressen betrug 63%. Dieser Prozentsatz war schon immer höher als der Prozentsatz der nationalen Minderheiten in Xinjiang.

Die Regierung in Xinjiang hat sehr auf die Erhaltung und Entwicklung der Sprachen und Schriften der nationalen Minderheiten geachtet. Zwischen 1988 und 1993 hat die Regierung der autonomen Gebiete nacheinander „Provisorische Regeln für Benutzung der Sprachen der nationalen Minderheiten in Xinjiang" und „Regeln für die Benutzung der Sprachen der nationalen Minderheiten in der Verwaltung" herausgegeben. Hier ist gesetzlich bestimmt worden, dass die nationalen Minderheiten die Freiheit und das Recht haben, ihre eigenen Sprachen zu verwenden. Gleich in welcher Branche, sei es in der Justiz, in der Verwaltung, in der Bildung oder im politischen und gesellschaftlichen Leben, überall wird die jeweilige Sprache der nationalen Minderheiten in Rede und Schrift extensiv genutzt. Die Verwaltungsorgane des autonomen Gebietes Xinjiang bedienen sich bei ihrer Arbeit immer mehrerer Sprachen. Die Verwaltungsorgane der autonomen Kreise und Gemeinden benutzen bei ihrer Arbeit die Sprachen nationaler Minderheiten vor Ort. Die nationalen Minderheiten dürfen in ihrer eigenen Sprache wählen, Klageschriften verfassen, publizieren, Radioprogramme senden, Filme drehen, Fernsehprogramme ausstahlen. Der Rundfunk in Xinjiang sendet in fünf lokalen Sprachen. Xinjiang hat drei Fernsehkanäle, die sich der Sprachen der nationalen Minderheiten bedienen. Die meisten größeren Minderheiten haben ihre eigenen Zeitungen, Zeitschriften und Bücher.

Auch Geistliche dürfen aktiv an der Politik teilnehmen. 2003 gab es 1800 Geistliche unter den politischen Funktionären aller Ebenen des autonomen Gebietes. Darunter waren ein Vertreter des nationalen Volkskongresses, vier geistliche Mitglieder der nationalen Konsultationskonferenz, 21 geistliche Funktionäre des autonomen Gebietes Xinjiang, 27 Mitglieder der Konsultationskonferenz des autonomen Gebietes. Sie repräsentieren die religiös orientierte Bevölkerung und nehmen aktiv an der Politik des autonomen Gebietes teil. Außerdem obliegt ihnen die Kontrolle darüber, ob die Regierung vor Ort die Politik der Religionsfreiheit wirklich realisiert. Damit diese Geistlichen ihre Pflicht erfüllen können, bietet ihnen die Regierung finanzielle Hilfen an und verbessert ihren Lebensunterhalt in schwierigen Situationen.

## III. Rechte der nationalen Minderheiten auf Entwicklung

Auf Grund historisch bedingter Umstände und der geographischen Lage wegen ist das wirtschaftliche Entwicklungsniveau der nationalen Minderheiten meistens ziemlich niedrig. Die rückständige Wirtschaft hat oft den gesellschaftlichen Fortschritt eingeschränkt. Die wirtschaftliche Entwicklung ist aber unabdingbar die Grundlage für einen allgemeinen gesellschaftlichen Fortschritt.

### 3.1. Das Recht auf Wirtschaftsentwicklung ist das Grundrecht chinesischer nationaler Minderheiten

Vor der Gründung der Volksrepublik waren die Agrarlandwirtschaft und Viehzucht die wichtigsten Produktionszweige. Die Entwicklung kam nur schleichend voran. Manche Gegenden sind lange noch im Zustand der Urlandwirtschaft zurückgeblieben und haben kaum Produktionswerkzeuge, auch kaum Wasseranlagen besessen. 1949 hat der Getreideertrag pro Mu (1 Mu = 1/15 Hektar) jedes Jahr nur 75 Kilo betragen. Der Gesamtwert der Landwirtschaft aller Gebiete der nationalen Minderheiten hat lediglich 312 Millionen Yuan betragen. Vor der Gründung der Volksrepublik hat es in den Gebieten der nationalen Minderheiten noch kaum Industrie gegeben. 1949 betrug der jährliche Gesamtwert von Industrieprodukten dieser Regionen nur 54 Millionen Yuan. Post und Verkehr befanden sich in einem desolaten und hoffnungslos rückständigen Zustand. Meist musste der Gütertransport von Menschen und Tieren bewältigt werden. Es gab keine Straßen und keine Autobusse. An manchen Orten hat es einen Monat oder noch länger gedauert, bis ein Brief sein Ziel erreicht hat. Viele Menschen hatten noch nie ein Auto oder ein Telefon gesehen. In Tibet gab's nicht einmal eine Straße von auch nur einem Kilometer Länge.

Nach der Gründung der Volksrepublik hat der Staat unaufhörlich Maßnahmen ergriffen, die gemeinsame Entwicklung aller Völker anzukurbeln und den nationalen Minderheiten bei ihrer wirtschaftlichen Entwicklung zu helfen. In der Verfassung steht: „Der Staat hilft je nach Bedarf und den Besonderheiten den nationalen Minderheiten, die wirtschaftliche und kulturelle Entwicklung in deren Gebietenden zu beschleunigen." „Auch wird der Staat ihnen in dieser Hinsicht finanzielle, materielle und technische Unterstützung liefern." Bei der Erschließung der Mineralienressourcen berücksichtigt man auch den Bedarf der wirtschaftlichen Entwicklung vor Ort. Im „Gesetz der Mineralienressource" steht: „Bei der Erschließung der Mineralienressource in den autonomen Gebieten sollte man die Interessen der nationalen Minderheiten vor Ort berücksichtigen und einen entsprechenden Plan haben, damit das Leben und die Produktion der Menschen am Ort nicht gestört werden." Außerdem ist eine Reihe von Maßnahmen getroffen worden, um die wirtschaftliche Entwicklung der nationalen Minderheiten zu dynamisieren. In den „Gesetzen für die autonomen Gebiete" heißt es: Der Staat wird einen gesonderten Betrag für die Entwicklungshilfe der autonomen Gebiete bereitstellen. Die auf eigene Produkte konzentrierten Betriebe und Handelskonzerne sollen vom Staat steuerlich begünstigt werden; ebenso soll die traditionelle Medizin bevorzugt behandelt werden. Der Staat erklärt sich bereit, den nationalen Minderheiten durch lokale Investitionen, Kreditvergünstigungen und Steuereinnahmen Mittel für die Produktion zu verschaffen und Handel und Transport voranzu-

218

bringen. Die nationalen Minderheiten sollen befähigt werden, durch rationale Nutzung der Ressourcen die lokale Industrie und den Verkehr zu entwickeln, die Energiequellen effektiver zu nutzen und die Herstellung der speziell in diesen Regionen gebrauchten Produkte zu optimieren. Auch an eine Erweiterung und Perfektionierung der traditionellen Handwerkskunst bei den nationalen Minderheiten ist gedacht worden. Der Staat fördert die ökonomische und technische Zusammenarbeit der autonomen Gebiete mit den wirtschaftlich bereits entwickelten Gebieten und verfolgt damit das Ziel, dass die letzteren den autonomen Gebieten in allen Bereichen hilfreich unter die Arme greifen.

## 3.2. Das neue China hat die wirtschaftliche Entwicklung der Gebiete der nationalen Minderheiten gefördert und vorangetrieben.

Nach der Gründung der Volksrepublik achtet die chinesische Regierung verstärkt auf die wirtschaftliche Entwicklung der Gebiete der nationalen Minderheiten und hat auch mit Rücksicht auf die besonderen und realistischen Bedingungen in diesen Regionen entsprechende politische Initiativen gestartet und Maßnahmen ergriffen, um hier vielseitig hilfreich zu wirken. Darüber hinaus motiviert der Staat die entwickelten Regionen der Hanchinesen, in den Regionen der nationalen Minderheiten hilfreich tätig zu werden. Zur ökonomischen und gesellschaftlichen Planung des Staates gehört die Kalkulation, die eine Konzentration auf einige große Projekte in den Regionen der nationalen Minderheiten und eine Regulierung der einseitigen Wirtschaftsstruktur dieser Regionen vorsieht.

1.) Die Infrastruktur der Gebiete der nationalen Minderheiten ist ständig verbessert worden. Seit dem „ersten Fünfjahresplan" (1953—1957) hat der Staat einige große Projekte in der Inneren Mongolei, Xinjiang, Ningxia und in einigen weiteren Regionen mit Bewohnern der nationalen Minderheiten vorgesehen. Etwa das Stahlwerk in Baotou in der Inneren Mongolei, den Staudamm in Ninxia, die Ölförderung in Xinjiang, die Holzförderung in der Inneren Mongolei. Schon in den fünfziger und sechziger Jahren hat der Staat in den Regionen der nationalen Minderheiten kilometerlange Straßen, die die Provinzen verbinden, und wichtige Eisenbahnstrecken gebaut. Auch hat der Staat nacheinander eine Reihe großer und mittelgroßer Industrieanlagen in diesen Regionen errichtet.

Der Staat achtet besonders auf die Entwicklung der Infrastruktur in den Gebieten der nationalen Minderheiten und hat vorzugsweise Wasserwerke, Anlagen für die Erzeugung von Stromenergie, Eisenbahnschienen und Straßen sowie Einrichtungen für die Ressourcenförderung in den Regionen, in denen verbreitet nationale Minderheiten leben, bauen lassen. Auch versucht der Staat, Investoren aus dem In- und Ausland für die mittel- und westlichen Regionen mit vielen nationalen Minderheiten zu gewinnen. 1998 hat der Staat 62% mehr in die mittel- und westlichen Regionen investiert. Statistischen Angaben von 1998 zufolge umfasst die Eisenbahnstrecke der autonomen Gebiete 17.300 Kilometer. Das hat sich im Vergleich zum Jahr 1952 vervierfacht. Die Wegstrecke öffentlicher Straßen beträgt jetzt 374.100 Kilometer, das bedeutet das 14.4 fache des Ausmaßes von 1952. Die Postverkehrswege betragen 1.135.400 Kilometer, also das 8,6 fache von 1952. Um die Entwicklung der autonomen Gebiete und der westlichen Regionen Chinas zu beschleunigen, hat chinesische Regierung von dem Jahr 2000 an mit „strategischen" großflächigen Erschließungsprojekten begonnen. Diese Projekte umfassen fünf autonome Gebiete und mehr als hundert autonome Kreise. Seit acht Jahren hat man inzwischen die Eisenbahnstrecke durch Tibet und Qinghai gebaut, den Gastransport vom Westen nach Osten, den Stromtransport vom Osten nach Westen und einige weitere 70 großdimensionale Projekte realisiert. Inzwischen hat man dafür mehr als 1000 Milliarden Yuan investiert. Inzwischen sind ist eine Reihe neuer Flughäfen, Eisenbahnen und Autobahnen gebaut worden; außerdem hat man die Infrastruktur der Städte erweitert und verbessert.

2.) Die Regionen der nationalen Minderheiten werden von der Zentralregierung finanziell unterstützt, weil man die wirtschaftliche und gesellschaftliche Entwicklung dieser Regionen derart fördern will, dass der Unterschied zu den entwickelten Regionen allmählich verringert wird. Seit 1955 hat die Regierung eine Art Zuschuss für die Regionen der nationalen Minderheiten garantiert. 1964 ist ein „flexibles Budget für Gebiete der nationalen Minderheiten" geschaffen worden. 1980 bis1988 hat das Zentralfinanzamt den Zuschuss für die fünf autonomen Gebiete wie die Innere Mongolei, Tibet usw. und für drei Provinzen mit vielen nationalen Minderheiten um 10% erhöht. 1994 hat der Staat das System der staatlichen Finanzverwaltung reformiert, dabei aber den Zuschuss für Gebiete der nationalen Minderheiten beibehalten.

3.) Die ärmeren Regionen der nationalen Minderheiten bekommen vom Staat kräftige Unterstützungen. Seit den 80ger Jahren des 20. Jahrhunderts hat China mit einer planmäßigen und organisierten Hilfe der ärmeren Regionen begonnen. Dabei waren die Regionen mit vielen nationalen Minderheiten die Hauptziele. Von den ersten 331 Schwerpunktregionen, die im Jahr 1986 aus der Armut geholt werden sollten, waren 141 autonome Regionen, also 42,6%. 1994 hat der Staat mit einem zweiten Projekt begonnen. Von den festgelegten 592 Schwerpunktregionen, die der Armut entrissen werden sollten, waren wieder 257 autonome Kreise, mithin 43,4%. 2001 ist ein „Grundriss der ländlichen Hilfeprojekte" durchgeführt worden, wobei die Gebiete der nationalen Minderheiten erneut wieder schwerpunktmäßig im Fokus der Hilfsaktionen standen.

1990 hat der Staat die „Stiftung für finanzielle Hilfe der ärmeren Regionen der nationalen Minderheiten" ins Leben gerufen. Hier waren die ärmeren Kreise der nationalen Minderheiten im Brennpunkt. 1992 hat der Staat Kapital für die Entwicklung der nationalen Minderheiten bereitgestellt. Mit diesem Geld sollten hauptsächlich die besonderen Schwierigkeiten des Lebens der nationalen Minderheiten und Probleme der Entwicklung der autonomen Gebiete gelöst werden. 2000 wurde das Projekt „Gedeihen der Grenzgebiete und Hilfe der dortigen Bevölkerung" gestartet. Dabei hat man für 22 ethnische Gruppen mit weniger als 100.000 Einwohnern besondere Hilfsmaßnahmen ergriffen. Schwerpunkte waren der Ausbau der Infrastruktur in den Peripheriezonen und Hilfe der dortigen Bevölkerung.

Seit dem Beginn des neuen Jahrhunderts hat China seine Projekte für die Hilfe der nationalen Minderheiten noch intensiviert.

Nach dem „Grundriss der Hilfe für ländliche ärmere Regionen" (2001 bis 2010) zu urteilen sind die Mittel- und Westregionen, in denen verbreitet ärmere nationale Minderheiten leben, ehemalige revolutionäre und Grenzgebiete als besonders arme Regionen und somit als Schwerpunkte angesehen worden. Das Finanzministerium hat entsprechend mehr für diese Mittel- und Westregionen zur Verfügung gestellt. Die Verteilung der staatlichen Finanzen sah wie folgt aus: 2,1% waren für den Osten, für Mittelchina 35,5% und für den Westen des Landes 62,4% vorgesehen. Bei dem neuen Projekt für Hilfe der ärmeren Gegend hat man die Kriterien für die finanzielle Unterstützung der nationalen Minderheiten geändert, so dass nun mehr nationale Minderheiten in das neue Projekt einbezogen werden konnten. Zurzeit sind noch 267 weitere autonome Kreise in diesem Projekt berücksichtigt, insgesamt 45.1%. Auch Tibet ist nun als besonders arme Region in das staatliche Hilfsprojekt eingeschlossen worden.

Das vom Finanzministerium gebilligte Projekt „Gedeihen der Grenzgebiete und Hilfe für die dortige Bevölkerung" hat bis 2007 55 Millionen Yuan verschlungen. Darüber hinaus hat man ein besonderes Budget für die Entwicklung der kleineren ethnischen Gruppen eingerichtet. Inzwischen sind in diesen Regionen eine Reihe kleinerer ländlicher infrastruktureller Verbesserungen realisiert worden. Dabei sind 1,6 Milliarden Yuan Arbeitslohn für die Kräfte vor Ort bezahlt worden. Außerdem hat man für die Umsiedlung der Bevölkerung in bessere Wohngegenden 4,8 Milliarden Yuan investiert. Ungefähr eine Millionen ärmere Menschen sind umgesiedelt worden.

4.) Die Gebiete der nationalen Minderheiten öffnen sich zur Außenwelt. Dies hat die lokale wirtschaftliche Entwicklung deutlich beflügelt. Seit dem 11. Parteitag hat man in den Gebieten der nationalen Minderheiten wie überall im ganzen Land eine Reihe von Reformen durchgeführt. Mit zunehmender Öffnung des Landes zur Welt konnten die Regionen der nationalen Minderheiten ihre besonderen geographischen Vorzüge der Lage an der See, an einem Fluss oder an der Grenze vorteilhaft nutzen, aktiv Außenhandel treiben und die wirtschaftliche und technische Zusammenarbeit mit dem Ausland erheblich fördern. Die Reform in China und Chinas Öffnung zur Welt hat die wirtschaftliche Entwicklung in den Gebieten der nationalen Minderheiten deutlich vorangetrieben.

1987 hat der Staat entschieden, einige günstige Orte der nationalen Minderheiten an den Grenzen zum Ausland als Freihandelszonen zu erschließen, um damit den Prozess der Öffnung zur Welt zu beschleunigen, die Wirtschaft in diesen Grenzregionen rascher zu beleben und der Bevölkerung in diesen Gebieten schneller zum Wohlstand zu verhelfen; nicht zuletzt und vor allem aber, um damit den Handel mit den angrenzenden Ländern zu erleichtern. 1992 hat der Staat weitere Regionen einschließlich der Inneren Mongolei und einiger nördlicher und südlicher Grenzgebiete als Freihandelszonen erschlossen. 1993 sind dann noch weitere 7 Grenzregionen, in denen vorwiegend nationale Minderheiten leben, als Versuchshandelszonen eingerichtet worden.

Seit den 80-er Jahren des 20. Jahrhunderts hat der Staat die Stadt Beihai im autonomen Gebiet Gungxi Zhuangzu zu einer der 14 Freihandelsstädte am Meer gemacht. Darüber hinaus sind noch viele Hauptstädte der autonomen Gebiete sowie eine Reihe von Hauptstädten der Provinzen, in denen überwiegend nationale Minderheiten wohnen, zu offenen Handelszonen erklärt worden.

Xinjiang pflegt inzwischen mit mehr als 70 Ländern und Regionen stabile Handelsverhältnisse. Von 1992 bis 1997 hat der Handelsumsatz von Xinjiang insgesamt 6,99 Milliarden Dollar betragen. Im Jahr 2008 belief sich dann der gesamte Umsatz des Handels auf 22,217 Milliarden Dollar; der Exportumsatz betrug 19.299 Milliarden Dollar, der Importumsatz 2.918 Milliarden Dollar und direkte ausländische Investitionen erfolgten in einer Höhe von 645 Millionen Dollar. Die sechs Sonderhandelszonen und Wirtschaftssonderzonen in Xinjiang haben im Zuge der wirtschaftlichen Zusammenarbeit und ausländischer Investitionen grandiose Erfolge erzielt. Inzwischen hat man in Xinjiang 15 freie Handelsstationen an den Grenzen eröffnet.

2005 hat die chinesische Regierung eine Konferenz über die Arbeit der nationalen Minderheiten veranstaltet und „Entschlüsse über die Beschleunigung der wirtschaftlichen und gesellschaftlichen Entwicklung in den Regionen der nationalen Minderheiten" herausgegeben. In diesem Dokument hat man eine Reihe von Anweisungen und Maßnahmen zur umfassenden Dynamisierung der Entwicklung in den Regionen der nationalen Minderheiten vertreten. In diesem Kontext sind beispielsweise „Der Fünfjährige Entwicklungsplan für die kleineren nationalen Minderheiten" (2005 bis 2010, „Der elfte Fünfjahresplan der nationalen Minderheiten", „Der elfte Fünfjahresplan zur Entfaltung der Grenzgebiete" und ähnliche Entwicklungspläne für die Regionen der nationalen Minderheiten veröffentlicht worden. Für Unterstützung von Tibet, Xinjiang und weiterer Regionen der nationalen Minderheiten sind besondere Maßnahmen getroffen worden.

Alle diese wichtigen Projekte haben einen guten und rapiden wirtschaftlichen Aufschwung in diesen Regionen bewirkt. Von 2000 bis 2007 ist die GDP dieser Regionen um das 1,4fache gestiegen, jährlich durchschnittlich um 11,7%. Dies ist übertrifft den durchschnittlichen Steigerungswert im ganzen Land. Das Entwicklungstempo im autonomen Gebiet der Inneren Mongolei ist seit Jahren im ganzen Lande nicht zu überbieten, der gesamte Produktionswert steigt jährlich um 20%, die finanziellen Einnahmen steigen jährlich um 37,5%. 2007 hat das durchschnittliche Einkommen der nationalen Minderheiten in den Städten pro Kopf 11.490 Yuan betragen, 2008 ist es auf 13.168 Yuan gestiegen. Das durchschnittliche Einkommen der ländlichen Regionen hat jährlich 2.937 Yuan erreicht und 2008 war es auf 3.391 Yuan angewachsen. Statistischen Angaben seit der Reform und Öffnung Chinas zufolge ist die GDP der Region der nationalen Minderheiten in den letzten 30 Jahren seit 1978 von 32,4 Milliarden Yuan auf 3062,62 Milliarden Yuan im Jahr 2008 gestiegen.

### 3.3 Die enorm schnelle wirtschaftliche Entwicklung in Tibet und Xinjiang

In den letzten 60 Jahren seit der Gründung der Volksrepublik China hat die wirtschaftliche Entwicklung der Regionen der nationalen Minderheiten mit der des ganzen Landes durchaus Schritt halten können. Auch der wirtschaftliche Aufbau in Tibet hat sich sprunghaft entwickelt und die Gesellschaft hat sich grundlegend gewandelt. Seit 1959 hat die Regierung zur Förderung der wirtschaftlichen Entwicklung in Tibet eine speziell auf diese Region abgestimmte Politik betrieben, um Tibet hinsichtlich seiner Finanzlage, verfügbarer Materialien und Arbeitskräfte unter den Arm zu greifen. Nach der Statistik hat der Staat in den Ausbau der Infrastruktur von 1951 bis 2008 mehr als 1.000 Milliarden Yuan investiert. Von 2001 bis 2008 hat Tibet 1.541 Milliarden Yuan vom Staat bekommen. Seit 1994 haben nacheinander 60 staatliche Institutionen, 18 Provinzen und Städte und 17 staatliche Betriebe mit 6.056 Projekten Tibet unterstützt. Der Staat hat darüber hinaus 3.747 Funktionäre nach Tibet entsandt, damit diese die Kader vor Ort unterstützen. Mit Hilfe der Zentralregierung und des ganzen Landes haben Wirtschaft und Gesellschaft in Tibet außerordentliche Fortschritte gemacht. Statistisch gesehen ist von 1959 bis 2008 der gesamte Produktionswert in Tibet um das 65fache gestiegen und jährlich um 8,9%, seit 1994 sogar um 12.8%. Das ist höher als der durchschnittliche Wert im ganzen Land. Von 1959 bis 2008 ist der gesamte Produktionswert pro Kopf in Tibet von 142 Yuan auf 13.861 Yuan, also um 13.719 Yuan angewachsen.

Im alten Tibet hat es nicht einmal eine einzige Straße gegeben. Heute verfügt Tibet mit Lhasa als Zentrum über ein breites Verkehrsnetz mit Straßen, Luftverkehr, Eisenbahn und Rohrleitungen. 2008 sind alle Kreise in Tibet durch Straßen verbunden worden, auch die Strecke des Busverkehrs hat 51.300 Kilometer betragen und war im Vergleich zum Jahr 1959 zuletzt mit 7.300 Kilometern um 44.000 Kilometer verlängert worden. Der Transport der Fahrgäste ist im Vergleich zum Jahr 1959 um das 107fache gestiegen. Der Warentransport hat sich im Vergleich zum Jahr 1959 verelffacht. Inzwischen ist ein umfangreiches Energienetz mit Wasserkraftwerken, Erdwärme, Windenergie und Sonnenenergie entstanden. 1959 bis 2008 ist die Stromerzeugung in Tibet jährlich um 16,8% gestiegen. Zurzeit sind 2.100.000 Menschen mit Strom versorgt, d.h. 73% aller Einheimischen. Auf dem Land hat man ausgebreitet die Benutzung umweltfreundlicher Energie gefördert. 43.000 Bauern und Viehzüchter benutzen Faulgas. Auch Funk- und Radioverbindungen haben sich rasch entwickelt. Inzwischen können alle Kreise fernsehen, telefonieren.

Bei der alten tibetanischen Landwirtschaft und Viehzucht war man abhängig vom Wetter und vom Klima. Heute benutzt man moderne landwirtschaftliche Maschinen und ist weitgehend immun gegen Naturkatastrophen. Der Getreideertrag hat noch 1959 jährlich 182.900 Tonnen betragen und ist 2008 auf 950.000 Tonnen angewachsen. Der durchschnittliche Ertrag des Getreides pro Mu von 91 Kilo 1959 ist auf 370 Kilo im Jahr 2008 gestiegen.1959 gab es 956.000 Viehtiere, 2008 dann schon 24 Millionen. Im alten Tibet kannte man auch keine moderne Industrie. Heute verfügt Tibet über ein modernes Industriesystem spezifisch tibetanischer Erzeugnisse mit der Produktion von Mineralien, Baumaterialien, volkstümlicher Handwerksartikel, tibetanischer Medizin, besonderer Stromerzeugung, der Viehverarbeitung und Nahrungsmittel. Inzwischen sind in Tibet viele neue Branchen entstanden, es gibt moderne Geschäfte, der Tourismus blüht auf, die kulturelle Unterhaltung wird groß geschrieben. Früher hat's das nicht gegeben. Und die letztgenannten Industriezweige werden allmählich Tibets dominante Branchen.

Seit der Gründung der Volksrepublik hat sich der Lebensstandard der Tibetaner deutlich erhöht. Ihre Lebensbedingungen haben sich spürbar verbessert. Im alten Tibet haben den Bauern und Viehzüchtern keine Produktionsmaterialien zur Verfügung gestanden. Sie waren ständig verschuldet; von Einkommen konnte damals überhaupt keine Rede sein. Doch 2008 umfasst das jährliche Nettoeinkommen der Bauern und Viehzüchter bereits 3.176 Yuan und seit 1978 ist es jährlich um 10,1% gestiegen, seit 2003 schon um 13.1%. Im alten Tibet hatten mehr als 90% der Menschen dort kein eigenes Haus. Die Wohnverhältnisse der Bauern und Viehzüchter sind miserabel gewesen. Die übliche Wohnfläche in den Städten hat auch nur drei Quadratmeter betragen. Damals hatte Lhasa nur 20.000 Einwohner und um die Stadt herum haben tausend Bettler und arme Menschen in zerrissenen Zelten gehaust. Heute aber sind die Wohnverhältnisse der Tibetaner qualitativ besser. Inzwischen hat man viele Wohngebiete und Häuser gebaut; mehr als 200.000 Familien von Bauern und Viehzüchtern konnten in sichere neue Häuser einziehen. 2008 betrug die Wohnfläche ländlicher Regionen in Tibet durchschnittlich 22,83 Quadratmeter, die der Stadtbewohner durchschnittlich 33 Quadratmeter. Zurzeit hat man in den Städten und auch auf dem Land Sozialleistungssysteme eingeführt. Seit 2006 erhalten alle tibetanischen Bauern und Viehzüchter, deren durchschnittliches Jahreseinkommen 800 Yuan unterschreitet, vom Staat eine finanzielle Unterstützung.

Wie in Tibet haben auch die Menschen in Xinjiang in der Zeit vor der Gründung der Volksrepublik hauptsächlich von Viehzucht gelebt und hatten kaum Industrie. Es gab überhaupt keine Eisenbahnstrecke, auch weder ordentliche Fabriken noch Bergwerke. Viele Orte waren ständig von Hungersnot bedroht und man hat in Not und Elend gelebt. Am 25. April 1949 ist Xinjiang friedlich befreit worden. Seit 1. Oktober 1955 gibt es das autonome Gebiet Xinjiang. Damit ist ein neues Kapitel in der Geschichte Xinjiang aufgeschlagen worden. Seit den letzten 60 Jahren haben sich die wirtschaftlichen und gesellschaftlichen Verhältnisse in Xinjiang rasant entwickelt.

2008 erreichte der gesamte Produktionswert in Xinjiang 420.341 Milliarden Yuan und war im Vergleich zum Vorjahr um 11% gestiegen. Der durchschnittliche Produktionswert pro Kopf betrug 19.893 Yuan, war um 8.9% gestiegen, die durchschnittliche GDP pro Kopf betrug 2864 Dollar.

Die gesamte Produktionskraft in Xinjiang ist deutlich erhöht worden. Nach 60 Jahren Aufbau, insbesondere nach der Zeit der Reform und Öffnung zur Welt, ist ein Bewässerungsnetz für die Ackerlande entstanden. Bis 2008 hat Xinjiang eine Anbaufläche von 68.053.100 Mu besessen. Die Erträge von Getreide, Baumwolle und Zuckerrüben haben jeweils 10.228.500, 3.015.500 und 4.388.800 Tonnen erreicht. Die weitbekannten Trauben aus Tulufan, die duftenden Birnen aus Kuerle und Honigmelonen u.a.m. sind in viele Länder exportiert worden. Moderne Viehzucht ist jetzt unter Einsatz moderner Technik betrieben worden. 2008 gab es 47.470.100 Viehtiere. Xinjiang ist inzwischen auch der größte Lieferant von Baumwolle, Hopfen und Tomaten in der Welt und der größte Lieferant von Viehtieren und Zuckerrüben im Land.

Auch die Industrie in Xinjiang hat sich rasch entwickelt. Kurz nach der Gründung der Volksrepublik hat Xinjiang nur 363 Industriebetriebe mit einem gesamten Produktionswert von 98 Millionen Yuan pro Jahr besessen; 2008 waren es bereits 179.070 Milliarden Yuan. Die Rohölproduktion hat 27.151.300 Tonnen, die Rohkohleproduktion 60.639.200 Tonnen, das Baumwollen-Garn 368.600 Tonnen betragen. Zudem gab es eine beträchtlich hohe Stromerzeugung. Dies alles bedeutet im Vergleich zum Jahr 1949 eine hundertfache Erhöhung. Die Zuckerherstellung betrug 53.7700 Tonnen, die des Eisens 5.356.000 Tonnen, des Zements 16.638.200 Tonnen, des Düngers

158.44 Tonnen. Nicht nur das Industriepotenzial war deutlich gewachsen, auch das technische Niveau war viel höher als früher. Inzwischen ist ein modernes Industriesystem entstanden mit verschiedenen großdimensionalen Branchen wie Öl, Petrochemie, Eisenstahl, Kohle, Strom, Textilien, Baumaterialien, Chemie, Medizin, Leichtindustrie und Nahrungsmitteln usw.

Besonders der Bau von Bewässerungsanlagen ist ein großer Erfolg gewesen. In Xinjiang wurden umfangreiche Bewässerungsanlagen für die Ackerfelder gebaut. Am Fluss Tamuli wurden Staudämme gebaut; ebenso an allen großen und kleineren Flüssen. So ist das meiste Ackerland mit genügend Wasser versorgt worden.

Auch Transport und Verkehr sind nicht auf dem alten Stand geblieben. Vor der Gründung der Volksrepublik hatten die Menschen in Xinjiang Tiere einspannen müssen, um Güter und Menschen zu transportieren. Denn hinsichtlich moderner Verkehrsmittel war Xinjiang ein leeres Blatt. Seit den letzten 60 Jahren sind nun in diesem Bereich auch große Veränderungen zu vermelden. 1962 mit dem Bau der Eisenbahnstrecke bis zur Hauptstadt des autonomen Gebietes hat Xinjiang Eisenbahngeschichte geschrieben. 1984 ist diese Eisenbahnstrecke mit einer Länge von 476 Kilometer dem Verkehr übergeben worden; 1990 folgte eine weitere Eisenbahnstrecke mit einer Länge von 460 Kilometer, 1999 dann eine 975 Kilometer lange Trasse. Bis 2008 hat das Eisenbahnsystem 2.925 Kilometer betragen. 1949 hatte Xinjiang nur einige einfache öffentliche Straßen und Busverbindungen für ein Straßennetz von nur 3.361 Kilometern.

Bis Ende 2008 bestand das Busverkehrsnetz aus 147.000 Km Straßen, davon 1.108 km Autobahnen. Übrigens gilt die Takelama Straße, welche die große Wüste Gobi und andere Wüsten durchquert, als die erste lange und auf Dünen gebaute Straße der Welt. Zurzeit ist die Hauptstadt Urumqi ein Verkehrsquotenpunkt. Von hier aus gehen Straßen in alle Richtungen und verbinden sich mit 68 Straßen aller umliegenden Provinzen innerhalb Xinjiangs. Manche Straßen führen in die Nachbarländer. Die Xinjiang Luftgesellschaft hat im Land 11 Flugplätze erweitert oder neu gebaut. Internationale Fluglinien sind vertreten. Von hier aus kann man 65 große Städte in China und im Ausland und 12 Orte innerhalb Xinjiangs per Flug erreichen.

Auch hat Xinjiang in neue Medieneinrichtungen viel investiert und hält mit dem ganzen Land Schritt. Nach und nach hat man lange Stromübertragungsleitungen, auch Leitungen für Telefon, Rundfunk und Fernsehen gelegt. Mittlerweile hat Xinjiang ein gut funktionierendes modernes Telefonnetz.

# IV. Rechte der nationalen Minderheiten auf Entwicklung ihrer Sprachen und ihrer traditionellen Kultur

In der Sprache einer ethnischen Gruppe und ihrer traditionellen Kultur zeigt sich die Geschichte dieser ethnischen Gruppe und lässt deren charakteristische Besonderheiten, ja deren Identität erkennen. Seit der Gründung der Volksrepublik respektiert die chinesische Regierung die Rechte der ethnischen Gruppen auf Bewahrung ihrer Sprachen und ihrer traditionellen Kultur. Man hat viele Maßnahmen ergriffen, um die Kultur der nationalen Minderheiten zu pflegen und lebendig zu erhalten.

## 4.1. Das neue China fördert Gebrauch und Entfaltung der Sprachen der nationalen Minderheiten

In der chinesischen Verfassung steht: „Alle ethnischen Gruppen haben die Freiheit des Gebrauchs und der Entfaltung ihrer eigenen Sprachen". Außerdem ist hier auch festgelegt worden, dass die Regierungsorgane der autonomen Gebiete verpflichtet sind, im Geschäftsverkehr eine oder auch mehrere lokale Sprachen zu gebrauchen. Die „Gesetze für autonome Gebiete" hatten verkündet, die Regierung solle für den offiziellen Schriftverkehr hauptsächlich die jeweiligen Sprachen der ethnischen Gruppen vor Ort benutzen. Im chinesischen Justizwesen gelten die Sprachen der nationalen Minderheiten als gleichberechtigt mit der chinesischen Sprache. Alle ethnischen Gruppen können in ihrer eigenen Sprache Klagen oder Anklagen vortragen. In Wohnorten vieler ethnischer Gruppen sollten sich Rechtsverfahren jeweils der ortsüblichen Sprache bedienen. Nach den „Gesetzen für nationale Minderheiten" sollten Schulen, die zumeist von Schülern nationaler Minderheiten besucht werden, möglichst Lehrbücher der nationalen Minderheiten vor Ort benutzen und wenn möglich auch den Unterricht in der ortsüblichen Sprache durchführen.

Nach der Gründung der Volksrepublik hat chinesische Regierung in den fünfziger Jahren Experten zur Untersuchung und Erforschung von Sprachen der nationalen Minderheiten in deren Regionen geschickt und eine Reihe von Forschungsinstituten für die Sprachen der nationalen Minderheiten etabliert. Im Zusammenhang damit sind zahlreiche Fachkräfte für diese Sprachen ausgebildet worden, die den nationalen Minderheiten bei ihrer Sprachentwicklung helfen und sie anleiten können, ihre Sprache vielseitig anzuwenden. Unter den 55 chinesischen nationalen Minderheiten bedienen sich die ethnischen Gruppen der Man-Nationalität und Hui-Nationalität der chinesischen Sprache. Alle anderen 53 nationalen Minderheiten haben dagegen ihre eigenen Sprachen. Es gibt insgesamt 80 verschiedene Sprachen der nationalen Minderheiten, von denen manche zwei verschiedene eigene Sprachen sprechen. Und manche verwenden neben der eigenen Sprache auch noch Sprachen anderer nationaler Minderheiten. Von der mehr als eine Milliarde zählenden Bevölkerung in China können 64 Millionen Menschen der nationalen Minderheiten von Kindesbeinen an ihre eigenen Sprachen. Das sind 60% der nationalen Minderheiten. Nach der Gründung der Volksrepublik hat der Staat vielen nationalen Minderheiten geholfen, ihre Sprachen zu entwickeln, damit Bildung und Kultur der nationalen Minderheiten gefördert werden. In China verwenden 22 nationale Minderheiten 28 Schriftarten. 13 Schriften davon sind von der Regierung mithilfe der Experten revidiert und verbessert worden. Im ganzen Land benutzen 30 Millionen nationale Minderheiten ihre eigenen Schriftarten.

In China ist der Gebrauch von Sprachen der nationalen Minderheiten, ob in der Justiz, in der Verwaltung, im Bildungswesen oder im politischen und gesellschaftlichen Leben, weit verbreitet. Im staatlichen politischen Leben wie etwa im nationalen Volkskongress, in der politischen Konsultationskonferenz und in vielen wichtigen öffentlichen Sitzungen und Veranstaltungen werden Dokumente mit Übersetzungen angeboten und Simultandolmetscher für Sprachen einiger großer ethnischer Gruppen sind präsent. Im Verwaltungsverkehr der autonomen Gebiete finden teilweise mehrere Sprachen der nationalen Minderheiten Verwendung. Im Bildungsbereich können die autonomen Gebiete selbst entscheiden, welche Sprachen sie im Schulunterricht verwenden. In Schulen oder auch anderen Lehranstalten, in denen die meisten Schüler oder Studenten nationaler Minderheiten sind, erteilt man oft Unterricht in einheimischer Sprache. Und auch die Lehrbücher sind meistens in der vor Ort gesprochenen Sprache geschrieben. In Medien, öffentlichen Publikationen, im Rundfunk und Fernsehen werden auch die Sprachen der nationalen Minderheiten benutzt. Zurzeit hat China mehr als hundert Zeitungen in 17 Sprachen der Minderheiten und 73 Magazine in 11 Sprachen der Minderheiten. Der Zentralrundfunk sendet sein Programm täglich in 5 Sprachen der Minderheiten. Der Staat hat Verlage und Redaktionen, die nur Bücher in Sprachen der Minderheiten herausgeben. Die Universität der nationalen Minderheiten, die als deren höchste Bildungsinstitution gilt, verfügt über ein eigenes Seminar für Sprachen der nationalen Minderheiten. In diesem Seminar werden Experten für die Sprachen der Minderheiten ausgebildet.

## 4.2. Bewahrung und Entwicklung der traditionellen Kultur der nationalen Minderheiten

In einem langen historischen Entwicklungsprozess sind viele Kulturen mit ihrem eigenen Profil entstanden. Im neuen China können alle verschieden ausgebildeten Kulturen der nationalen Minderheiten ihr je eigenes Gepräge bewahren und entwickeln.

A. Sitten und Gebräuche der nationalen Minderheiten respektieren

Die Sitten und Gebräuche der nationalen Minderheiten sind sehr verschieden. Sie alle pflegen ihre eigenen Produktionsmethoden und ihren eigenen Lebensstil. Alle haben ihre besonderen Gewohnheiten und Vorlieben in der Kleidung, in ihren Essgewohnheiten, bei der Wahl ihres Wohnorts, bei der Heirat oder bei Ritualen der Trauerfeier. Der chinesische Staat respektiert solche Sitten und Gebräuche. Die nationalen Minderheiten können und dürfen ihre Besonderheiten bewahren und pflegen.

Der Staat respektiert die Essgewohnheiten der Muslime. In China pflegen mehr als zehn nationale Minderheiten die vorgeschriebenen traditionellen Gewohnheiten, kein Schweinefleisch zu essen. In allen Instituten, Schulen und Betrieben, in denen viele Volksangehörige der nationalen Minderheiten arbeiten oder lernen, gibt es Küchen, die Rücksicht nehmen auf diejenigen, die kein Schweinefleisch essen dürfen. In den Städten, Hotels, Krankenhäusern, in Zügen, auf Schiffen und in Flugzeugen werden Speisen für Zugehörige der nationalen Minderheiten angeboten.

Auch bei Trauerfeiern und hinsichtlich der Totenbestattung von Mitgliedern der nationalen Minderheiten gibt es verschiedene Sitten wie eine Wasserbestattung, eine Erdbestattung, eine Himmelsbestattung usw. Die Regierung respektiert alle diese Gebräuche. Der Staat teilt den Volkszugehörigen der nationalen Minderheiten bestimmte Grundstücke als öffentliche Friedhöfe zu. Zurzeit gibt es in allen großen, mittelgroßen und kleineren Städten, in denen viele Mitglieder der Minderheiten leben, solche öffentlichen Friedhöfe. Abgesehen davon werden – wie bereits gesagt – auch andere Bestattungsarten respektiert.

Die nationalen Minderheiten kennen viele volkstümliche Feste und Feierlichkeiten. Jede ethnische Gruppe begeht ihre eigenen Feste, sei es ein Schneefest, ein Fastenfest, ein Wasser- oder ein Feuerfest. Alle nationalen Minderheiten genießen unbedingte Freiheit hinsichtlich der Pflege ihrer Tradition, und sie kommen in den Genuss nicht nur der staatlichen Feiertage, sondern auch ihrer eigenen Feiertage.

B. Schutz des Kulturerbes der nationalen Minderheiten

Der Staat hat zum Zweck der Bewahrung der traditionellen Kulturen der nationalen Minderheiten Experten bestellt, die beauftragt sind, das kulturelle Erbe der nationalen Minderheiten zu erhalten, durch Registrieren, Sichten und systematisches Ordnen von Dokumenten, Übersetzung von Schriften und deren Publikation, damit auf diese Weise sehenswürdige Kulturdenkmäler und anderes Bildungsgut des Kulturerbes gerettet, bewahrt und geschützt wird.

Der Staat hat besondere Institutionen eingerichtet, die sich speziell mit der Erforschung und Pflege des kulturellen Erbes der nationalen Minderheiten beschäftigen. Im ganzen Land gibt es 25 derartige Forschungsinstitute der Provinzen, der autonomen Gebiete und regierungsunmittelbaren Städte, 130 Forschungsinstitute der autonomen Kreise, die sich aufs Ordnen alter Schriften und Texte der nationalen Minderheiten verlegt haben. Nach nur lückenhaften statistischen Erhebungen sind in den letzten Jahren etwa 300.000 alte Dokumente und Bücher in den Gebieten der nationalen Minderheiten gerettet worden. Aus zerstreut aufgefundenen alten Materialien und Fragmenten sind nach kritischer Sichtung und sachgerechter Bearbeitung 5.000 wertvolle alte Bücher entstanden, von denen einige inzwischen zu bekannten Werken der nationalen Minderheiten zählen. In den letzten Jahren hat der Staat hat für Forschungstätigkeiten und für die systematische neue Bearbeitung des tibetanischen Lexikons in 150 Bänden große Summen ausgegeben. Inzwischen ist die Arbeit an diesem Lexikon erfolgreich abgeschlossen und die Veröffentlichung ist erfolgt. Überdies sind inzwischen viele weitere Fachbücher, die Themen der nationalen Minderheiten verhandeln, herausgegeben worden, darunter eine Geschichte der nationalen Minderheiten, ein Lexikon der Sprachen der Minderheiten und weitere 400 Monographien. Heute gibt es Fachbücher für alle 55 nationalen Minderheiten.

Seit der Gründung der Volksrepublik hat die Regierung Tausende von Experten der Anthropologie, Soziologie, Ethnologie und auch Schriftsteller in die Gebiete der nationalen Minderheiten geschickt, damit diese die zerstreut aufgetauchten Zeugnisse des traditionellen Kulturerbes sammeln und bewahren. In den 80er Jahren des 20. Jahrhunderts hat die Regierung viel Geld investiert für die systematische Bereitstellung der gesammelten Materialien der nationalen Minderheiten und ihre Publikation. Inzwischen sind interessante „Sammlungen der volkstümlichen Lieder", „Sammlungen der Musikstücke, gespielt mit volkstümlichen Musikinstrumenten", „Sammlungen volkstümlicher Geschichten", „Sammlungen der volkstümlichen Sprichwörter" und 310 andere literarische und musikarische Werke und Tanzstücke der nationalen Minderheiten entstanden.

C. Gedeihen der Kultur und Kunst der nationalen Minderheiten

Nach der Gründung der Volksrepublik hat für die Pflege der Kultur der nationalen Minderheiten eine neue Ära begonnen. Es sind etliche Kunstakademien und Kulturhallen begründet und gebaut worden. Hier konnten viele Künstler und Schriftsteller der nationalen Minderheiten ihr Talent beweisen. Man erfreut sich einer regen Schaffensperiode und kann auf die Genese vieler künstlerischer Werke von nationalem Rang vorausblicken. In Peking ist das staatliche Ensemble für Gesang und Tanz begründet worden. Dies Ensemble besteht nur aus Künstlern und Schauspielern der nationalen Minderheiten. Sie treten mit ihrem für die Minderheiten charakteristischen Gesang und mit besonderen Tanzaufführungen im ganzen Land auf. Und ungewöhnlich oft ist dieses Ensemble auch im Ausland aufgetreten. Bis Ende 2006 haben die autonomen Gebiete nachweislich 538 verschiedene Tanz- und Gesanggruppen, 602 öffentliche Bibliotheken, 631 Kulturhallen, 190 Museen, 381 Fernsehprogramme und 91 Radioprogramme. In den autonomen Gebieten können 88,28% aller Bewohner Radio und 92,35% Fernsehprogramme empfangen.

D. Entwicklung der traditionellen Sportarten der nationalen Minderheiten

Die traditionellen Sportarten der nationalen Minderheiten wurzeln unmittelbar im Leben dieser Menschen. Diese verschiedenen, immer noch lebendigen und manchmal eigenartig anmutenden Sportarten haben oft eine lange geschichtliche Tradition. Sie verlangen nicht nur viel Geschick und Artistik, sind oft von Gesang und Musik begleitet. Hier wären zu nennen Bogenschießen, Pferderennen, Ringen, Brettspringen, Drachenbootrennen, Bergsteigen u.a.m. Nach der Gründung der Volksrepublik sind in allen autonomen Gebieten Sportinstitute ins Leben gerufen worden, um talentierte Sportler zu fördern. Die traditionellen Sportarten sollten hier gepflegt werden und damit für die nationalen Minderheiten gesundheitsdienlich sein. Inzwischen hat man mehr als 290 Sportarten der nationalen Minderheiten registriert. 1953 fand in Tianjing das erste Sportfest für traditionelle Sportarten des Landes statt. Seit 1982 gibt es derartige Sportfeste in China alle vier Jahre.

## 4.3. Bewahrung und Entwicklung der Kultur in Tibet und Xinjiang

Seitdem 1950 Tibet friedlich befreit worden ist, besonders aber seit den demokratischen Reformen 1959, hat man sich immer wieder für die Pflege der tibetanischen Kultur eingesetzt. Auch sind seither die tibetanischen Sitten und Gebräuche immer respektiert worden. Die chinesische Regierung hat viele Initiativen gestartet, um die Sprache Tibets zu fördern. In Tibet werden Tibetisch und Chinesisch als Amtssprachen parallel verwendet, hauptsächlich aber bedient man sich des Tibetischen. Zurzeit werden in allen Grundschulen Tibets beide Sprachen unterrichtet und gelernt. In den wichtigeren Fächern ist das Tibetische die Unterrichtssprache. Auch in den Mittelschulen zählen beide Sprachen zu den Pflichtfächern, d.h. die tibetische Sprache ist hier besonderes Unterrichtsfach. Auch bei den Aufnahmeprüfungen der Hochschulen und Fachhochschulen ist Tibetisch ein Prüfungsfach. Seit der Gründung des tibetischen autonomen Gebietes werden alle Beschlüsse, Resolutionen, öffentlichen Bekanntmachungen und offiziellen Dokumente des tibetanischen Volkskongresses und der Regierung in Tibet in beiden Sprachen, Tibetisch und Chinesisch, verfasst und publiziert. Doch im Justizwesen, bei Gerichtsverfahren und Zeugenaussagen, welche Tibeter betreffen, kommt nur Tibetisch zur Anwendung. Auch die offiziellen Stempel aller Arbeitseinheiten, Ausweise, und Schilder der Behörden, Betriebe, Schulen, Bahnhöfe, Flughäfen, Geschäfte, Hotels, Restaurants, Opernhäuser und Theater, Sportstadien, Straßen, auch die Verkehrszeichen sind durchweg zweisprachig. Seit Gründung des Rundfunks in Tibet 1959 hat man schon immer auf die tibetische Sprache großen Wert gelegt. Zurzeit gibt es 42 tibetische Programme. Und es gibt inzwischen eine tibetische Fernsehsendung mit Programmen in ausschließlich Tibetischer Sprache. Zurzeit gibt es auch 14 Zeitschriften in tibetischer Sprache und 10 tibetische Zeitungen. 1984 hat man Tibetisch in den elektronische Medien eingeführt. Inzwischen ist tibetische Software Standard.

Das traditionelle kulturelle Erbe der Tibeter ist sorgfältig geschützt worden. Die Regierung hat Experten beauftragt, alle Kulturgüter in Tibet zu sammeln, zu ordnen, zu registrieren. Inzwischen sind die verschiedenen Texte und Noten der tibetischen Lokalopern, Bände der tibetischen Balladen, Aufzeichnungen der tibetischen Volkstänze, Sprichwörtersammlungen, Volksmusikstücke und Volkserzählungen veröffentlicht worden. Dadurch hat man verhindert, dass diese wertvollen traditionellen Kunstschätze und Dokumente des Kulturerbes möglicherweise endgültig verloren gehen. Viele tibetische literarische Werke sind inzwischen auch in viele Fremdsprachen übersetzt worden. Die wichtigsten Tempel und Klöster in Tibet hat man jetzt als in staatlichem Interesse besonders schützenswerte Kulturstätten registriert. Seit den 80ger Jahren des 20. Jahrhunderts haben die Zentralregierung und die tibetische Regierung nacheinander 70 Millionen Yuan für die Renovierung der Tempel und Klöster investiert. Von 1989 bis 1994 hat der Staat 55 Millionen Yuan und auch viel Gold und Silber für eine gründliche Renovierung des Potala Tempels in Lhasa investiert. Und 2007 hat man nochmals 570.000 Yuan für die Erneuerung der 22 tibetischen Denkmale ausgegeben.

Seit den letzten 60 Jahren sind die Sprachen, Sitten und Gebräuche der nationalen Minderheiten in Xinjiang respektiert und gepflegt worden. Die Zentralregierung und die Regierung des autonomen Gebietes Xinjiang haben die Lieferung spezieller Nahrungsmittel für Mohammedaner in Xinjiang schriftlich zugesichert. Jetzt müssen alle Arbeitseinheiten und Betriebe eine besondere Küche für Mohammedaner führen. Außerdem hat man darauf geachtet, dass an den islamischen Feier- und Festtagen genügend Lamm- und Rindfleisch verfügbar ist. Die nationalen Minderheiten kommen übrigens nicht nur in den Genuss ihrer eigenen traditionellen Feiertage, sie profitieren zudem von den staatlichen Feiertagen.

Wie in schon nach Tibet hat die Regierung ebenfalls viele Experten nach Xinjiang geschickt, damit diese auch dort die zum kulturellen Erbe zählenden traditionellen Kulturgüter registrieren und systematisieren, alte Texte übersetzen und veröffentlichen. Auch dort wurden alle sehenswürdigen Kultstätten, historische Orte, wertvolle Dokumente des Kulturerbes geschützt und gepflegt. Seit 1984 hat man 5000 derartige alte Zeugnisse und Schriften der nationalen Minderheiten vor Ort gesammelt, 100 hat man bearbeitet und veröffentlicht. Einige alte und große literarische Werke, die beinahe verloren gegangen wären, so auch das große Lexikon der Tujue- Nationalität, konnten mit kräftiger Unterstützung der Regierung in jahrelanger Zusammenarbeit vieler Gelehrten der nationalen Minderheiten schließlich gerettet werden. Auch einige alte Musikstücke konnten, schon beinahe verloren, konnten noch rechtzeitig dank gründlicher Forschungsarbeit in einer Sammlung bewahrt werden. Ein bekanntes Musikstück, das vor 50 Jahren nur noch von drei Menschen hat aufgeführt werden können, wird heute von einem ganzen Ensemble gesungen und ist so durch enorme Verbreitung sogar populär geworden. Auch die traditionellen beliebten Sportarten wie Pferderennen und Schießen sind weiter gepflegt worden.

Das kulturelle Leben in Xinjiang erlebt heute einen Höhepunkt nach dem anderen. Vor der Gründung der Volksrepublik hat es in Xinjiang kein einziges Ensemble und keine Kunstschule gegeben. 2001 hat Xinjiang 89 Tanz- und Gesangsgruppen, 107 Kunstforschungsinstitute und Kunstschulen. Die meisten nationalen Minderheiten haben ihre eigenen Kunstgruppen. Viele Künstler der nationalen Minderheiten überzeugen jedermann mit ihrem hervorragenden künstlerischen Talent. Vor der Gründung der Volksrepublik hatte Xinjiang kein einziges Museum aufzuweisen, auch keine einzige öffentliche Bibliothek. 2008 verfügt Xinjiang über 94 öffentliche Bibliotheken und 32 Museen. In den letzten Jahren heben sich auch Rundfunk und Fernsehen schnell entwickelt. 2008 hat Xinjiang 6 Fernsehstationen und 8 Rundfunkstationen. 93,5% der Menschen in Xinjiang können Radio und Fernsehsendungen empfangen. Auch das literarische Schaffen hat große Dimensionen angenommen. Einige literarische Werke haben inzwischen Staatspreise davongetragen. Das Tanz- und Gesangstück „Xinjiang ist ein schöner Ort" ist zu einer Sensation fürs ganze Land geworden. Das Stück ist unterdessen nicht nur ein Landesschlager in Xianjiang; es hat schon die halbe Welt erobert.

# Kapitel 7

# Schutz der Rechte für Behinderte

Nach dem „Gesetz für den Schutz der Behinderten" gehören alle Menschen, die physisch und psychisch nicht gesund sind, oder „Menschen, die manche Fähigkeiten und Funktionen des Körpers und der Organe verloren haben, oder Menschen, die sich ganz oder teilweise nicht normal bewegen können, auch Menschen mit Seh-, Gehör-, Geh- und Sprachbehinderungen, Menschen mit geistigen Schwächen" zu den Behinderten. Nach den Ergebnissen einer zweiten Zählung im ganzen Land hat man bis zum 1. April 2006 in ganz China insgesamt 8.296.000 Behinderte gezählt, mithin 6,34% der ganzen Bevölkerung. Die besonderen Rechte für diese schwächere gesellschaftliche Sondergruppe zu gewährleisten, ist für eine umfassende Förderung und Praktizierung der Menschenrechte notwendig und auch für eine Ermöglichung der gesellschaftlichen Harmonie von außerordentlicher Bedeutung. Deshalb achtet chinesische Regierung sehr auf Gewährleistung der Menschenrechte für Behinderte. Besonders seit der Zeit der Reformen und der Öffnung zur Welt hat der Staat etliche effektive Maßnahmen ergriffen, durch neue Gesetze und eine neue politische Initiative die Rechte der Behinderten in Politik, Gesellschaft und Kultur zu schützen.

## I. Der Entwicklungsprozess der Schutz der Rechte für Behinderte

Im traditionellen alten China, als die konfuzianische Kultur vorherrschte, galt es als eine Tugend, sich um die Behinderten und sozial Schwächeren zu kümmern und sie zu versorgen. Doch die Geschichte zeigt immer wieder Grausamkeiten. Immer wenn Kriege geführt und wenn das Land von Naturkatastrophen heimgesucht worden ist, waren die Behinderten als die ersten Verlassenen besonders schwer betroffen. In den letzten hundert Jahren nach dem Opiumkrieg hat China unter ausländischen Herrschern und permanenten inneren Bürgerkriegen leiden müssen. Hinzu kamen noch die Naturkatastrophen mit den Folgen, dass Behinderte oft obdachlos oder im Winter erfroren am Straßenrand gelegen haben. Sie hatten oft ein bitteres Schicksal. Deshalb ist es verständlich, wenn besonders Behinderte sich Frieden und eine stabile Gesellschaft wünschen.

Seit der Gründung der Volksrepublik 1949 haben sich die Partei und die Regierung intensiv für angemessene Schutzmaßnahmen für Behinderte eingesetzt. Durch den Aufbau des demokratischen Systems und soziale Reformen hat sich der Staat ständig bemüht, eine gute Sozialordnung zu schaffen und den Status der Behinderten zu erhöhen und deren Lebensbedingungen zu verbessern. Seit 1978 mit der Zeit der Reformen und Öffnung zur Welt und einem ständigen Aufschwung der Wirtschaft, Gesellschaft und Kultur hat man die Stellung der Behinderten und ihre Lebensbedingungen qualitativ erhöht.

Im Grunde kann man für die Entwicklung der Rechte der Behinderten drei Aspekte geltend machen: den Aufbau des Schutzsystems, eine langsame und eine rasante Entwicklungsphase in der Konstitution der Rechte.

## 1.1. Der Aufbau des Schutzsystems für die Behinderten

Von 1949 bis 1968 war die Zeit, in der das chinesische Schutzsystem für Behinderte noch zögerlich aufgebaut worden ist. In dieser Anfangsphase hat die Regierung eine Reihe von Maßnahmen zum Schutz der Behinderten ergriffen.

Im Dezember 1950 sind die „Bestimmungen der finanziellen Unterstützung für revolutionäre behinderte Soldaten", „Provisorische Bestimmungen der finanziellen Unterstützung für revolutionäre verletzte Mitarbeiter" sowie „Provisorische Bestimmungen der finanziellen Unterstützung für revolutionäre verletzte Volksmilizen" verabschiedet worden.

Im November 1951 hat Premierminister Zhou En Lai die „Resolution zur Reform des Schulsystems" unterzeichnet. In dieser Resolution ist festgelegt worden: „Alle Volksregierungen müssen sich dafür einsetzen, dass Taubstummen – Schulen und Sonderschulen für physisch behinderte Kinder und Jugendliche gegründet werden." 1953 hat Genosse Huang Nai auf Basis der alten Blindeschrift ein neues Wörterbuch verfasst. Die Methode des Schreibens in der Blindeschrift ist standarisiert und 1953 im ganzen Land verbreitet worden und findet noch heute Verwendung.

Im März 1953 hat man die Chinesische Blindengesellschaft in Peking ins Leben gerufen. Und 1954 hat man eine Zeitschrift dieser Gesellschaft, die „Zeitschrift der Blinden" begründet. Der Name dieser Zeitschrift geht auf Mao Zedung persönlich zurück. Mit Hilfe dieser Zeitschrift wollte man die Blinden über die neue Politik des Staates zum Schutz der Blinden informieren. Mit dieser Zeitschrift konnten die Blinden viel über die Politik, Wissenschaft und Kultur erfahren. Sie ist eine sehr populäre Zeitschrift geworden. 1955 hat die Blindengesellschaft Fortbildungskurse eingerichtet, in denen neue Lehrkräfte für Blinde ausgebildet worden sind. In solchen Kursen konnten auch Blinde verschiedene Berufe wie die eines Masseurs oder eine handwerkliche und landwirtschaftliche Arbeit erlernen oder auch verschiedene technische und künstlerische Fähigkeiten wie das Musizieren. Nach und nach haben 290.000 Absolventen die Fortbildung erfolgreich abgeschlossen, sind ins ganze Land verschickt worden und die haben dann als Säulen für die Entwicklung der Blinden viel geleistet. Im Juli desselben Jahres ist die chinesische Blindengesellschaft in die internationale Union der Blinden eingetreten. Auf deren zweiter Versammlung ist China zum Mitglied des Exekutivkomitees gewählt worden.

Im April 1957 hat das Erziehungsministerium den „Hinweis über Aufbau der Blindenschulen und Taubstummenschulen" verabschiedet. Darin ist festgelegt worden, dass die Grundschule für Blinde sechs Jahre dauert und Schule für Taubstumme zehn Jahre. Das Einschulungsalter für blinde und taubstumme Kinder liegt zwischen sieben und elf Jahren.

Im Juli 1958 ist das Reformkomitee für die Gebärdensprache der Taubstummen gegründet worden. 1959 haben das Erziehungsministerium und das Innenministerium die „Gemeinsame Mitteilung über die Durchführung der Gebärdensprache für Taubstumme" verabschiedet mit der Auflage, dass alle Schulen für Taubstumme und alle Arbeitseinheiten für Taubstumme die Gebärdensprache lernen müssen und diese als Verständigungshilfe gebrauchen sollen. Nach einigen Jahren experimenteller Erprobung dieser Gebärdensprache ist sie 1963 standardisiert worden und gilt jetzt als offizielle Sprache für Taubstumme.

Im Dezember 1958 haben das Innenministerium, das Erziehungsministerium, das Ministerium für Medizin und die chinesische Blindengesellschaft einem Beschluss der internationalen Union der Blinden entsprechend gemeinsam den internationalen Tag der Blinden verkündet. Demzufolge sollte jedes Jahr der vierte Sonntag im September der internationale Tag der Blinden sein. Der erste internationale Tag der Blinden war der 28. September 1958. Dieser Tag ist auch im ganzen Land gefeiert worden.

Im Mai 1960 haben die chinesische Blindengesellschaft und die chinesische Taubstummengesellschaft gemeinsam ihre erste nationale Versammlung in Peking veranstaltet. An dieser Versammlung haben 359 Vertreter teilgenommen, und einige wichtige Führungskräfte wie Zhou En Lai, Deng Xiaoping u.a. haben die Vertreter der Versammlung empfangen. Im Januar 1961 fand die erste Shanghaier Versammlung der Taubstummen statt. Im November 1962 hat das Innenministerium die „Entschlüsse über finanzielle Unterstützung für Behinderte" verabschiedet. 1963 fand die zweite Sitzung der ersten nationalen Versammlung der Blinden und Taubstummen in Peking statt. 1964 folgte die zweite derartige nationale Versammlung in Peking, an der 254 Vertreter teilgenommen haben.

## 1.2. Die zögerliche Entwicklungsphase der Behinderten

In der Zeit von 1968 bis 1978 hat die zögerliche Entwicklungsphase der chinesischen Behinderten stattgehabt, was auf die „Kulturrevolution" zurückzuführen ist. In diesen Jahren ist der Schutz der Behinderten kaum vorangekommen. 1968 hat die chinesische Blindengesellschaft ihre Arbeit eingestellt. Allerdings kann man von einem totalen Stillstand eigentlich nicht reden, denn in dieser Zeit ist doch noch einiges hinsichtlich des Schutzes der Behinderten unternommen worden. Beispielsweise hat 1970 die Pekinger Taubstummen-Schule nach jahrelanger Unterbrechung zu Beginn der „Kulturrevolution" wieder neue Schüler aufgenommen. Im Juli 1974 haben der Linguist Zhou You Guang und der Taubstummenlehrer Shen Jia Ying das System der Gebärdensprache auf der Basis der alten Gebärdensprache weiterentwickelt und zusätzlich 20 Fingergesten hinzugefügt. So kann man mit der rechten Hand Konsonanten angeben und mit der linken Vokale. So lässt sich mit der Bewegung beider Hände auf einmal eine vollständige chinesische Silbe bilden.

## 1.3. Die rasante Entwicklungsphase der Behinderten.

Die Zeit von 1978 bis heute gilt als die rasante Entwicklungsphase der chinesischen Behinderten. In den Jahren zuvor hatte man den Schutz der Behinderten, der Blinden und Taubstummen hauptsächlich auf die Soldaten und demobilisierte Militärangehörige eingeschränkt. Mit der Zeit der Reform und Öffnung zur Welt hat dann eine neue Phase der Schutzmaßnahmen für Behinderte begonnen. Die Zentralregierung sowie die lokalen Regierungen haben die Probleme der Behinderten nun zu ihrem Arbeitsschwerpunkt erklärt und haben im Inland den Aufbau eines Schutzsystems für Behinderte mit entsprechenden Institutionen beschleunigt; und im Ausland die internationale Zusammenarbeit sowie den Erfahrungsaustausch in dieser Hinsicht intensiviert. Zu gleicher Zeit hat die Regierung verschiedene gesellschaftliche Organisationen finanziell unterstützt, damit diese sich schnell vergrößern und ihre Arbeit erweitern konnten. In vielfacher Hinsicht hat China in den letzten 30 Jahren mit dem Aufbau von entsprechenden Institutionen und Initiativen im sozialen Schutz, für die Arbeitssuche und in den Sport- und Kulturbereichen für Behinderte große Erfolge errungen.

Im August 1978 hat das Zivilverwaltungsorgan der Zentralregierung und dem Staatsrat den „Arbeitsbericht über die Wiederherstellung der Gesellschaft der Blinden und Taubstummen und deren Tätigkeit" überreicht. Mit Billigung der Zentralregierung hat man die Arbeit der Gesellschaft der Blinden und Taubstummen sofort wiederaufgenommen. Auch die „Monatszeitschrift der Blinden" ist wieder erschienen. 1979 hat der Zivilverwaltungsrat die „Mitteilung über die Wiederherstellung der Gesellschaft der Blinden" herausgegeben. Anschließend ist die Arbeit der Vereine der Blinden auf allen Ebenen, in den Provinzen, autonomen Gebieten und Städten, wiederbelebt worden.

Im Februar 1980 haben das Finanzamt und der Zivilverwaltungsrat gemeinsam die „Resolution zur Steuerabgabe der Betriebe der Sozialfürsorge" verabschiedet. In diesem Dokument hat man festgelegt, dass „die Einnahmen der Betriebe der Sozialfürsorge steuerfrei sind, wenn in einem dieser Betriebe mehr als 35% der Beschäftigten Blinde, Taubstumme und sonstige Behinderte tätig sind. Die Einkommenssteuern der Betriebe, in denen mehr als 10% oder bis zu 35% aller Beschäftigte blinde, taubstumme und sonstige behinderte Mitarbeiter sind, werden um die Hälfte reduziert."

Im April 1980 fand die 3. Nationale Versammlung der Blinden und Taubstummen in Peking statt. An dieser haben insgesamt 297 teilgenommen, darunter 81 Blinde und 127 Taubstumme. Der Vizepremierminister Bo Yi Po, der Minister des Erziehungsministeriums Jiang Nan Xiang und der Minister der Medizin Qian Xin Zhong haben der Eröffnung der Versammlung beigewohnt und haben dort Reden gehalten. Im April 1981 fand eine chinesische Versammlung anlässlich des internationalen Jahres der Behinderten in der Pekinger Volkskongresshalle statt. Im September desselben Jahres fand die 2. Sitzung der 3. Nationalen Versammlung der Blinden und Taubstummen statt und im Juni 1983 die Preisverleihung der Musterpersonen und Musterbetriebe der Behinderten. Im Juni desselben Jahres hat eine chinesische Delegation der Taubstummen unter Leitung des Vizevorsitzenden der chinesischen Gesellschaft der Blinden und Taubstummen Li Shi Ze an der 11. Internationalen Konferenz der Union der Blinden und an der 9. Internationalen Konferenz der Taubstummen teilgenommen. 1987 hat man in China erstmals mit einer stichprobenartigen Untersuchung der Situationen der Behinderten begonnen.

Im Januar 1988 hat die Vorbereitungskonferenz für die 1. Nationale Versammlung der chinesischen Behindertenunion in Peking stattgefunden, gefolgt von der 1. Nationalen Versammlung der chinesischen Behindertenunion im März. Mehr als 500 gewählte Vertreter der Behinderten oder die Behindertenbeauftragten aus dem ganzen Land haben an der Versammlung teilgenommen. Die Vertreter haben die Arbeitsberichte geprüft und schließlich die Satzung der Behindertenunion verabschiedet und die Führungsorgane, nämlich den Vorstand der Behindertenunion gewählt. Im Mai hat sich die 1. Versammlung der Behindertenunion der Provinz Liaoning zusammengefunden. Im Februar 1990 hat die 2. Nationale Arbeitskonferenz der Behindertenunion in Peking stattgefunden. Im selben Jahr hat die 17. Sitzung des ständigen Ausschusses des 7. Nationalen Volkskongresses „Schutzgesetze für Behinderten" verabschiedet. So hat man allmählich ein Schutzsystem für Behinderte aufgebaut.

## II. Rechtsschutz für Behinderte

Der Rechtsschutz für Behinderte ist ein wichtiges Ziel und auch ein unverzichtbarer Bestandteil des sozialistischen Aufbaus und der Etablierung einer harmonischen Gesellschaft gewesen. Die chinesische Regierung hat verschiedene Maßnahmen ergriffen, um den Behinderten möglichst umfassend Hilfe und

Schutz zu gewährleisten. Inzwischen hat sich China auch der Internationalen Menschenrechtskonvention angeschlossen.

## 2.1. Rechtsschutz der Behinderten

Um die Rechte der Behinderten zu gewährleisten und zu schützen, hat die chinesische Regierung eine Reihe von Gesetzen für den Schutz der Behinderten herausgegeben. Neben den allgemeingültigen Gesetzen der Verfassung, die zum Schutz der Rechte aller Bürger gelten und natürlich auch für die Behinderten, hat der Staat noch Sondergesetze speziell für den Schutz der Rechte der Behinderten herausgegeben. Hierzu zählen (als typisches Beispiel) die „Schutzgesetze für Behinderten".

Das chinesische Schutzsystem für Behinderten ist in der Anfangszeit der Gründung der Volksrepublik entworfen worden. 1951 wurden die „Bestimmungen für Arbeitsversicherung" herausgegeben. So hat der Staat die Altersversorgung für Behinderte und Kranke in die Bereiche des Sozialschutzes integriert. Nach der „Kulturrevolution" hat man den Schutz der Behinderten von der privaten Wohlfahrt in den gesellschaftlichen Sozialschutz umgewandelt.[1] Mit den 1990 erlassenen „Gesetzen zum Schutz der Behinderten" ist der Sozialschutz der Behinderten allmählich zum Rechtsschutz der Behinderten geworden.

Im Großen und Ganzen hat der Schutz der Behinderten einen Wandlungsprozess durchgemacht und ist zu einem Rechtssystem geworden. In diesem Umwandlungsprozess ist erst durch Gesetzbestimmungen ein Rechtsschutzsystem für Behinderte entstanden. Bis heute ist dieses Rechtsschutzsystem ziemlich vollständig in Form von gesetzlichen Grundlagen. Zentral für dieses Rechtssystem sind „Gesetze für den Schutz der Behinderten", dazu kommen noch Ergänzungen der Bestimmungen für den Schutz der Behinderten im Strafrecht, Zivilrecht und in der Verwaltung wie zum Beispiel die „Regeln für die Bildung der Behinderten", die „Regeln für die Beschäftigung der Behinderten" und andere Regeln zugunsten der Behinderten.[2]

A. Bestimmungen der Verfassung für den Schutz der Behinderten

Die Verfassung ist das grundlegende Gesetz eines Staates und das Manifest der Rechte des Volks. Sie ist auch die Grundlage für die Handlungen der Regierung. 1954 ist die chinesische Verfassung erlassen worden. Im Paragraph 93 steht: Alle Arbeitenden der Volksrepublik China haben das Recht auf materielle Hilfe, wenn sie alt, krank und nicht mehr arbeitsfähig sind. Der Staat baut Sozialversicherungen auf und wird dieses Sozialsystem erweitern, um Rechte der Arbeitenden zu gewährleisten. Die 1982 gültige Verfassung enthält auf Grundlage dieser alten Verfassung noch einige Zusätze: Alle chinesischen

---

1  Qi Weiping, „Schutz der Rechte der Sozialschwächeren", Shandong Volksverlag, 2006, S. 382.
2  Bian Cuiping, „Rechtsschutz der Rechte der Behinderten", Magisterarbeit des Instituts für Diplomaten Jahrgang 2005.

Bürger haben das Recht, vom Staat und der Gesellschaft eine materielle Unterstützung zu bekommen, wenn sie alt, krank oder nicht mehr arbeitsfähig sind. Der Staat baut weiterhin das Sozialschutzsystem einschließlich der Sozialhilfe und medizinischer Versorgung auf. Staat und Gesellschaft sorgen für das Leben der behinderten Soldaten, kümmern sich um die Hinterlassenen der gefallenen Helden und behandeln vorzugsweise die Verwandten der Soldaten. Staat und Gesellschaft arrangieren die Arbeit, das Leben und die Bildung der Blinden, Taubstummen und anderer Behinderter.

B. Bestimmungen der Verfassung für den Schutz der Rechte der Behinderten.

Im Dezember 1990 hat der ständige Ausschuss des Nationalen Volkskongresses „Schutzgesetze für Behinderte" verabschiedet. Diese Gesetze markieren „Gleichheit", „Anteilnahme" und „gemeinsamen Genuss" als Zielsetzung. Einerseits hat man betont, dass die Behinderten wie alle anderen Bürger die Rechte beanspruchen können, andererseits besondere Maßnahmen ergriffen, um die Probleme der Behinderten zu lösen und dafür zu sorgen, dass die Behinderten tatsächlich wie alle anderen am gesellschaftlichen Leben teilnehmen und die Früchte der kulturellen und gesellschaftlichen Entwicklung genießen können. In einer mehr als 10jährigen Praxis haben diese Gesetze ihre positiven Wirkungen gezeigt und den Schutz der Behinderten vorangetrieben. Im April 2008 hat die 2. Sitzung des ständigen Ausschusses des 11. Nationalen Volkskongresses die „Gesetze für den Schutz der Behinderten" korrigiert. Die revidierten Gesetze bestehen aus 9 Kapiteln und 68 Paragraphen. Man hat ganze Reihe von Rechten der Behinderten hinzugefügt. Diese korrigierten Gesetze betonen auch die Verantwortung der Regierung. Sie haben viele Lücken der alten Gesetze gefüllt und viele Regeln konkretisiert. Diese revidierten Gesetze sind zweimal auf der Sitzung geprüft worden, ehe sie erlassen worden sind. Daran kann man erkennen, welch großen Wert die zuständigen Behörden, Institutionen und die Mitglieder des ständigen Ausschusses dem Schutz der Behinderten zumessen. Man hatte begriffen, dass man aus Gründen der Humanität den Behinderten legale Rechte gewährleisten muss, damit auch sie wie alle anderen Bürger in den Genuss der Früchte der Reformen kommen können. Dies ist zweifellos ein wichtiger Aspekt für den Aufbau einer harmonischen Gesellschaft.

Außerdem hat man bei der Gesetzgebung darauf geachtet, die Meinungen der Behinderten und ihrer Organisationen zu hören. Beim Entwurf und bei der Korrektur der Gesetze der Bürger, der Ehegesetze, der Gesetze für Erbschaft, Wahlrecht, Arbeit, Wehrpflicht, Schulpflicht, Verkehrsregeln, Frauenschutz, Gerichtsverfahren und einigen weiteren Gesetzen sind eine Reihe neuer Gesetze zugunsten der Behinderten hinzugefügt worden. Hier sind einige Beispiele:

In den „Bestimmungen der Gewähr öffentlicher Sicherheit" steht: Blinde oder Taubstumme können beim Zuwiderhandeln öffentlicher Sicherheit mit leichten Strafen rechnen oder auch unbestraft bleiben.

Im „Strafrecht" steht: Wenn ein Blinder oder Taubstummer ein Verbrechen begeht, wird er milde behandelt oder geht ganz straffrei aus. Außerdem steht in den neu korrigierten Gesetzen: Diejenigen, die ihrer Pflicht nicht nachkommen, für die Alten, Jungen, Kranken und Arbeitsunfähigen zu sorgen, können mit einer Freiheitsstrafe unter 5 Jahren verurteilt werden. Wer Jugendliche unter 14 Jahren gewaltsam oder unter Drohung zum Betteln nötigt, muss mit einer Freiheitsstrafe unter 3 Jahren Haft und mit einer Geldstrafe rechnen. In schweren Fällen kann es auch eine Strafe unter 7 Jahren sein zuzüglich einer Geldstrafe.

Im „Gesetz für die Adoption" steht: Alle, unabhängig davon, ob sie schon eigene Kinder haben, dürfen Waisenkinder, behinderte Kinder und vermeintliche Findelkinder in uneingeschränkter Anzahl adoptieren.

Im „Gesetz der Schulpflicht" heißt es: Die Regierungen ab den Kreisebenen müssen nach Bedarf für Sehbehinderte, hörbehinderte und geistig behinderte Kinder und Jugendliche entsprechende Schulen oder Klassen einrichten, damit diese ihre Schulpflicht erfüllen können. Die Sonderschulen oder Klassen für behinderte Kinder sollten auch entsprechende Einrichtungen und Plätze für sie zur Verfügung stellen. Die allgemeinen Schulen sollten auch die lernfähigen behinderten Kinder aufnehmen und ihnen entsprechende Hilfe leisten.

Im „Gesetz für Sport" steht: Die ganze Gesellschaft sollte sich um sportliche Aktivitäten für Alte und Behinderte kümmern. Die Regierungen auf allen Ebenen sollten Maßnahmen ergreifen, um den Alten und Behinderten einige Bequemlichkeiten zu ermöglichen.

240

Im „Gesetz für Gerichtsverfahren" liest man: Wenn der Angeklagte ein Blinder oder Taubstummer oder Minderjähriger ist, dann sollte der Gerichtshof hier Pflichtanwälte bereitstellen.

C. Politik, Regeln und Vorschriften der lokalen Regierungen für den Schutz der Rechte der Behinderten.

Neben den vom ständigen Ausschuss des Volkskongresses erlassenen Bestimmungen haben die Regierungen auf allen Ebenen auch Regeln und Vorschriften herausgegeben, um die Behinderten zu schützen.

Im November 1988 haben die staatliche Plankommission, die Bildungskommission, das Innenministerium, das Finanzamt, das Ministerium für Arbeit, das Ministerium für Medizin und die chinesische Union der Behinderten gemeinsam den fünfjährigen Grundriss der Arbeit für Behinderte (1988-1992) publiziert. Dieser Grundriss besteht den vier Teilen „Hintergründe", „Prinzipien", „Aufgaben" und Maßnahmen". Der umfassende Inhalt betrifft fast alle für Behinderte in Betracht kommenden Sachbereiche, Theoriefragen, Fragen der Organisation, klare Vorschriften, konkrete Aufgaben bis hin zu durchführbaren Maßnahmen. Im Dezember 1991 hat der Staatsrat den „Grundriss des 8. Fünfjahresplans für den Schutz der Behinderten (1991-1995) „ gebilligt. Damit ist die Sache der Behinderten in den gesamten Entwicklungsplan des Staates aufgenommen worden. Man wollte die materiellen Bedingungen der Behinderten verbessern, damit sie wie alle anderen Bürger am gesell-schaftlichen Leben teilnehmen könne und damit die Sache der Behinderten nicht länger der wirtschaftlichen und gesellschaftlichen Entwicklung hinter-herhinkt. Man hofft, dass mit den neuen Bestimmungen und Regelungen die Behinderten größere Chancen haben, sich in die Gesellschaft zu integrieren, und ihre Gesundheitszustände und Lebensumstände verbessert werden. Später sind der „Grundriss des 9. Fünfjahresplans der Behinderten (1996-2000)" und der „Grundriss des 10. Fünfjahresplans der Behinderten (2001-2005)" verab-schiedet worden. Danach haben 30 Provinzen „Durchführungsmethoden für den Schutz der Behinderten" veröffentlicht.

2006 hat der 16. Parteitag „Die Resolution zu einigen wichtigen gesell-schaftlichen Fragen beim sozialistischen Aufbau" verabschiedet, in der die Begriffe „Gleichheit und Gerechtigkeit" und „harmonische Kultur" beson-ders betont worden sind. Denn der Sozialismus bedeutet die Wohlfahrt für die ganze Bevölkerung. Deshalb muss die Regierung möglichst für alle Bürger einschließlich der Behinderten öffentliche Dienstleistungen anbieten können. Überdies ist „die soziale Gerechtigkeit die Grundbedingung für eine harmoni-sche Gesellschaft." Unter Gerechtigkeit versteht man hier gleiche Chancen und gleiche Regeln für alle. Alle müssen die gleichen Entwicklungschancen ha-ben. Alle sollten von der wirtschaftlichen Entwicklung profitieren können, und nicht nur ein kleiner Teil der Gesellschaft. Die Behinderten sollten genau die gleichen Rechte wie alle anderen haben. Dies ist nicht nur eine Forderung der Behinderten, sondern auch Postulat der Grundpolitik des Staates. Letztendlich ist der „Aufbau der harmonischen Gesellschaft ist eine wichtige Aufgabe des Staates beim Aufbau des Sozialismus." Humanität ist auch ein idealer Wert der harmonischen Kultur. Das Grundprinzip der Humanität ist „der Mensch als Ausgangspunkt" und bedeutet, Wert und Würde des Menschen zu respektieren, für die Gleichheit zu plädieren, gegen die Diskriminierung zu kämpfen und die Menschenrechte anzuerkennen. Außerdem ist die Humanität ein wichti-ger Bestandteil der marxistischen Weltanschauung und eine der Grundlagen des Sozialismus.[3] Deshalb muss man beim Aufbau des Schutzsystems der Behinderten die Idee der Humanität unbedingt berücksichtigen.

2006 hat die chinesische Regierung den „Entwicklungsgrundriss des 11. Fünfjahresplans der Behinderten (2006-2010)" herausgegeben. Dieses Dokument erfasst die leitenden Gesichtspunkte, Grundprinzipien, Aufgaben und konkreten Maßnahmen für Heilung, Bildung, Beschäftigung, Sozialschutz, materielle Hilfe, Kultur, Sport und soziales Umfeld der Behinderten. 2008 haben die Zentralregierung und der Staatsrat in der einer „Resolution zur Entwicklung der Behinderten" darauf hingewiesen, die Regierungen auf allen Ebenen müss-ten gemäß der Maxime „dem Volk dienen" und der Idee des Aufbau einer harmonischen Gesellschaft die Bedeutung der Entwicklung von Behinderten erkennen. Sie müssten ein noch größeres Verpflichtungsbewusstsein und

---

3    Deng Pufang, „Drei große Sachen im Jahr 2006", aus „Zeitschrift der Behinderte", 2007, Februar.

Missionsbewusstsein haben und noch entschiedenere Maßnahmen ergreifen, um die Entwicklung der Sache der Behinderten zu beschleunigen.

Die Bestimmungen, die die Behinderten betreffen, sind „Regeln für die Bildung der Behinderten" (1994) und „Regeln für die Beschäftigung der Behinderten" (2007), „Regeln der hygienischen Verwaltung öffentlicher Plätze" (1987), „Regeln der Gewährleistung der elementaren Lebensbedingung" (1999) , „Regeln der medizinischen Unfälle" (2002), „Regeln der öffentlichen Sporteinrichtungen" (2003), „Regeln der Versicherung bei Arbeitsunfällen" (2003), „Regeln der Arbeitskontrolle" (2004), „Regeln der Impfung und Vorbeugung" (2005), „Regeln der Versorgung der Hilfsbedürftigen auf dem Land" (2006), „Regeln der Vorbeugung von HIV" (2006) .

Bis 2008 haben die entsprechenden Institutionen zahlreiche Gesetze, Bestimmungen und Regelungen für Behinderte korrigiert oder neu entworfen. Vier dieser Gesetzestexte sind von den Provinzen, 23 von den Städten herausgegeben worden, 14 dieser Dokumente von den Provinzen und 36 von Städten. Die Union der Behinderten hat bei der Revidierung und bei den Entwürfen vieler neuer Vorschriften mitgewirkt. Insgesamt sind 63 Dokumente mit neuen Vorschriften von Provinzen, 171 von Städten und 559 von Kreisen ediert worden.

Erwähnenswert ist darüber hinaus noch die Herausgabe des „Handlungsplans der Menschenrechte (2009-2010)" vom Jahr 2009. China wollte dem Appell der Menschenrechtskonvention der UN Folge leisten und hat deshalb die aktuelle Situation und die Erfahrungen mit dem Schutz der Behinderten analysiert und einen Handlungsplan entworfen, in welchem die Arbeitsziele und konkreten Maßnahmen für die Förderung des Schutzes der Menschenrechte eindeutig definiert worden sind. Dieser Plan enthielt ein besonderes Kapitel über die „Rechte der Behinderten." In diesem Kapitel steht: Der Rechtsschutz für Behinderte ist zu verbessern, die Vorbeugemaßnahmen und Heilungsversuche im Falle von Behinderungen müssen gefördert werden, ebenso der Bau von freundlichen Einrichtungen für Behinderte. obligatorisch ist zudem die Gewährleistung der Ausbildung Behinderter, eine leichtere und angemessene Beschäftigung der Behinderten, die finanzielle Unterstützung armer Behinderter auf dem Land, die Sicherung der Rechte für Behinderte auf Kultur und Sport usw.

## 2.2. Neuerlicher Appell für den Eintritt in die internationale Organisation der Behinderten.

China partizipiert an den Aktivitäten der internationalen Organisationen der Behinderten. Seit der Gründung der Volksrepublik haben die chinesische Regierung und nichtstaatliche Organisationen mehrfach an den internationalen kulturellen, sportlichen und beruflichen Tagungen der Behinderten teilgenommen, wo man Erfahrungen ausgetauscht und voneinander gelernt hat, sich besser kennengelernt und Freundschaften geschlossen hat. Besonders seit der Zeit der Reform und Öffnung zur Welt und seit China die internationale Menschenrechtskonvention gebilligt hat, hat China 2001 auch den „Internationalen Pakt über wirtschaftliche, soziale und kulturelle Rechte" akzeptiert. Von der „Behindertenrechtskonvention" im Jahre 1971 über den „Handlungsgrundriss der Behinderten der Welt" von 1982, die „Deklaration der Genesung und Beschäftigung der Behinderten" 1983 über die „Prinzipien des Schutzes der geistig Behinderten" von 1991, die „Bestimmungen der gleichen Chancen der Behinderten" 1993, den „Handlungsgrundriss des Pipa-Sees" 2002 bis hin zur „Charta der Menschenrechte der Behinderten" 2006 hat chinesische Regierung sich unentwegt bemüht, die internationalen Bestimmungen zu respektieren und sie durchzuführen.

1982 haben die UN die Jahre 1983 bis 1992 als „zehn Jahre der UN-Behinderten" bezeichnet. Danach hat China die in der UN-Versammlung verabschiedete „Behindertenrechtskonvention" gebilligt und ein aus 22 staatlichen Institutionen und der chinesischen Union der Behinderten bestehendes „chinesisches Komitee der zehn Jahre UN-Behinderten" gegründet. 1987 hat die chinesische Regierung die „Internationale Deklaration für die medizinische Behandlung und Beschäftigung der Behinderten" gebilligt. Aller dieser Bemühungen der chinesischen Regierung und ihrer Erfolge wegen sind China und die chinesischen Organisation für Behinderte international allgemein gelobt worden. 1988 hat der UN-Generalsekretär den chinesischen Organisationen der Behinderten den „Friedensbotschaftspreis" und einen „Sonderpreis" verliehen.

Im Jahr 2006 ist auf der 61. UN-Versammlung in New York die „Behindertenrechtskonvention" und damit erstmals eine internationale Konvention für die Rechte der Behinderten erlassen worden. 2007 hat China, das überhaupt als erstes Land und entschieden für diese Konvention plädiert hatte, diese Konvention unterzeichnet. Der Direktor des Komitees der Behinderten der UN hat dies wie folgt kommentiert: „ Die chinesische Regierung hat großen Wert auf den Schutz der Rechte der Behinderten gelegt und in den vergangenen 30 Jahren erstaunliche Erfolge erzielt. Wir danken China für seine bedeutende Rolle bei der Unterzeichnung der Konvention." In der Tat hat die chinesische Regierung umfassende Gesetze zum Schutz der Behinderten herausgegeben und damit im Sinne der Konvention gehandelt.[4]

243

Selbstverständlich ist die Rede vom Schutz der Behinderten nicht bloß ein Papiertiger. Vielmehr bemüht sich die chinesische Regierung ernstlich, die Bestimmungen für den Schutz der Behinderten auch in die Tat umzusetzen. Darüber hinaus hat China im Hinblick auf die körperlichen Schwächen und besonderen Einschränkungen der Behinderten die nötigen Bestimmungen noch erweitert mit dem angestrebten Hauptziel, dass die Behinderten selbständig leben und am gesellschaftlichen Leben ungehindert teilnehmen können. Diese Gesetzgebung ist die Grundlage für den Schutz der Behinderten und verspricht vielleicht die effektivste Wirkung.

---

4 „Vor- und Nachgeschichten der ‘Behindertenrechtskonvention' Interview von Zhang Guo Zhong der Union der Behinderten", „Menschenrechte" Februar 2007, S. 38.

## 2.3. Die verschiedenen Institutionen des Schutzes der Behinderten und deren Arbeit

„Wenn es an entsprechenden Institutionen für den Schutz der Behinderten mangelt, richten auch die besten Gesetze und Erlasse nichts aus."[5] In China sind hauptsächlich das Justizwesen, die Verwaltungsorgane und verschiedene Organisationen dafür zuständig, die Gesetze für den Schutz der Behinderten durchzuführen.

A. Die Arbeit des Justizwesens beim Schutz der Rechte der Behinderten.

Beim Aufbau des sozialistischen Rechtsstaats und der harmonischen Gesellschaft spielt die Justiz bei der Schlichtung oder Minderung von Konflikten eine entscheidende Rolle. 2009 hat der oberste Gerichtshof in seinem Arbeitsbericht betont, dass ein Gericht bei einem Verfahren besonders auf die Interessen der Bevölkerung zu achten habe, und überdies 17 neue Regelungen, die für die Bevölkerung günstig scheinen, erlassen. Beispielsweise soll ein Gerichtsverfahren vereinfacht werden, Stellen für Klagende sollen eingerichtet werden, die der Bevölkerung juristisch beraten, Schlichtungsverfahren vorschlagen und schwierige Fragen beantworten. Die Richter können dann dorthin gehen und dort zu einem Urteil kommen, um der Bevölkerung unnötig weite Wege zu ersparen, wodurch die Kosten für die Gerichtsverfahren reduziert werden können. Vor allem ältere und behinderte Menschen profitieren von diesen neuen Maßnahmen. Im Juli 2000 hat der oberste Gerichtshof eine „Regelung betreffs juristischer Hilfe für die in ein Gerichtsverfahren geratenen behinderten Personen mit finanziellen Schwierigkeiten" publiziert, die besagt: Wenn es sich um derart betroffene Behinderte ohne regelmäßiges Einkommen oder um Einheiten der sozialen Wohlfahrt wie Krankenhäuser für geistig Behinderte, um Altenheime und Waisenhäuser handelt, dann wird das Gericht den Situationen entsprechend in konkreten Fällen von ihnen keine Kosten für das Gerichtsverfahren verlangen oder nur eine geringe Summe. 2009 hat die Staatsanwaltschaft in ihrem Arbeitsbericht darauf hingewiesen, dass die juristischen Institutionen in Fällen des Amtsmissbrauchs beim sozialen Schutz, bei der Arbeitsvermittlung, der Zwangsumsiedlung, dem Schadensersatz für Umgesiedelte, in der medizinischen Behandlung und bei der Aufnahmeprüfung der Hochschulen die Behinderten bevorzugt behandeln. Die Staatsanwaltschaft wird in zivilen Fällen eines Arbeitskonfliktes, eines Versicherungsproblems verstärkt juristische Überwachung leisten. Besonders soll man die legitimen Rechte der Soldaten und ihrer Verwandten, der Verwandten von Überseechinesen, der Frauen, Kinder, Behinderten, Wanderarbeiter und Arbeitslosen schützen und gewährleisten. Strafrechtlichen Opfern mit Schwierigkeiten soll Hilfe angeboten werden, womit das Grundprinzip der Justiz verdeutlicht werden kann. Denn die Justiz dient dem Volk.

244

---

5  Waltraud Tuscher, „Menschenrechte der Behinderten", übersetzt von Liu Cuixiao, Rechtsverlag 1998, S. 130.

B. Die Arbeit der Verwaltung für den Schutz der Behinderten.

Mit der Entwicklung der Wissenschaft und Technik und der Globalisierung verändert sich das gesellschaftliche Leben ständig und alles wird komplizierter. Dies verlangt von der Verwaltung ein entsprechend fachkundiges und schnelles Reagieren. Das sozialistische Rechtssystem ist dafür verantwortlich, den sozial Schwächeren juristische Hilfe zu leisten. Um die Rechte der Behinderten zu schützen, haben die chinesische Regierung und die zuständigen gesellschaftlichen Organisationen für die medizinische Betreuung, die Bildung, die Arbeitsbeschaffung, das kulturelle Leben, die Wohlfahrt und die Lebensumstände der Behinderten viel getan. Um die Zusammenarbeit der entsprechenden Institutionen zu fördern, hat China 1993 im Staatsrat das Arbeitskomitee der Behinderten gegründet. Dies Komitee soll mit Grundprinzipien, politischen Konzepten und ihrer Durchführung Angelegenheiten der Behinderten bearbeiten, die wichtigen Probleme der Behinderten lösen und die wichtigen Aktivitäten der UN hinsichtlich der Behinderten in China organisieren. Auch die Regierungen der unteren Ebenen von den Kreisen abwärts haben jeweils Arbeitskomitees der Behinderten ins Leben gerufen.

Um die Anzahl der Behinderten und die Orte zu eruieren, in denen viele Behinderte leben, um zudem die Ursachen für die Behinderung und die jeweiligen Familienumstände der Behinderten genauer bestimmen zu können, hat chinesische Regierung im ganzen Land zweimal stichprobenartig umfangreiche Untersuchungen veranlasst. Insbesondere 2006 hat man stichprobeweise eine zweite Zählung der Behinderten im ganzen Land durchgeführt. Das Ergebnis hat dem Staat viel statistisches Informationsmaterial geliefert, sodass der Staat die Bedürfnisse der Behinderten, ihre Bildung und Ausbildung, ihre Berufsbeschäftigungen besser einschätzen konnte.

Um die Gesetze für Behinderte in der Bevölkerung bekanntzumachen, hat man im Jahr 2008 6.572 propagandistische Veranstaltungen organisiert, auf denen über Gesetze für Behinderte informiert worden ist. Im ganzen Land hat man 1.966 Kurse zur Verbreitung der Gesetze für Behinderte angeboten und beinahe 29.000 Menschen haben einen solchen Kurs besucht. Im ganzen Land hat man 9.526.000 Exemplare einer Broschüre über Gesetze für Behinderte verteilt. Außerdem sind für die Mitarbeiter der Justiz 813 Fortbildungskurse veranstaltet worden, an denen 22.000 Menschen teilgenommen haben. Auf diese Weise versucht der Staat, das Bewusstsein aller Menschen für den Schutz und die Gewähr der Rechte Behinderter zu schärfen.

Auch hat der Staat ein Interesse daran, den Behinderten entsprechende juristische Beratungen zu bieten. Bis Ende 2008 hat man im ganzen Land 2.711 Zentren für juristische Beratung und Hilfen eingerichtet, in denen insgesamt 21.000 Fälle bearbeitet worden sind. Außerdem hat man 6.717 Stationen zur Umsetzung der Gesetze etabliert, in denen 30.000 Zivilrechtsfälle abgewickelt worden sind, wobei Behinderte die Betroffenen waren. Das spiegelt wider, was die Verfassung vorschreibt, dass der Staat verpflichtet ist, den Behinderten entsprechende juristische Hilfe zu leisten. Erfreulicherweise beschränkt sich diese Hilfe nicht nur auf den Staat allein, sondern auch viele gesellschaftliche Organisationen haben in dieser Hinsicht tüchtig mitgewirkt.

C. Die Arbeit der gesellschaftlichen Organisationen für den Schutz der Rechte der Behinderten.

Seit der Gründung der Volksrepublik haben die sehr viele Bürger in der Bevölkerung bei Tätigkeiten in der Selbstverwaltung und in aktiver Anteilnahme am öffentlichen Leben erstaunlichen Enthusiasmus bewiesen. Mit der Verbesserung des staatlichen Rechtssystems sind auch zahlreiche gesellschaftliche Organisationen der Behinderten entstanden. Denn die einzelne Stimme und Kraft eines Behinderten ist schwach und wird oft überhört. Doch er kann ja seinen Willen durch die Organisation zur Geltung bringen. 1953 ist die chinesische Wohlfahrtgesellschaft der Blinden in Peking gegründet worden mit der Zielsetzung, dem Staat zu helfen und den Behinderten zu dienen. 1956 ist die chinesische Wohlfahrtgesellschaft der Taubstummen in Peking entstanden. 1982 hat man das Forschungszentrum der chinesischen Bildungsgesellschaft mit einer Sektion für Bildung der Behinderten in Nanchang gegründet mit dem Ziel, in Zusammenarbeit mit allen Mitarbeitern der Sonderbildungssektion die Ausbildungsmöglichkeiten der Blinden, Taubstummen und geistig Behinderten zu erforschen, die wissenschaftliche Entwicklung der Sonderbildung zu fördern und vor allem das Unterrichtsniveau in dieser Hinsicht zu erhöhen. 1984 hat

man eine Versammlung der chinesischen Wohlfahrtgesellschaft für Behinderte veranstaltet, deren Ziel lag darin, den Behinderten zu dienen, damit sie bei medizinischer Behandlung, beim Lernen, im Beruf und im Leben, in der Ehe und in anderen Lebensbereichen die gleichen Chancen wie andere Menschen erhalten und in der Gesellschaft ihre Fähigkeiten vollständig entfalten können.

1988 ist die chinesische Behindertenunion begründet worden. Sie vertritt die gemeinsamen Interessen aller Behinderten und spielt nun bei allen Organisationen der Behinderten eine entscheidende Rolle. Sie ist eine gesellschaftliche Organisation auf nationaler Ebene und besteht aus Vertretern der Behinderten und Mitarbeitern für Behinderten. Sie vertritt nicht nur alle Behinderten und kooperiert mit dem Staat. Sie motiviert auch freiwillige Helfer, damit diese den Behinderten in kulturellen, wissenschaftlichen und technischen und juristischen Bereichen helfen können.

Die chinesische Behindertenunion hat nach der Verwaltungteilung im Land überall lokale Institutionen gebildet. In allen Provinzen außer in Taiwan, in Städten und Kreisen sind lokale Einrichtungen der Behindertenunion ins Leben gerufen worden. In einem Drittel der Gemeinden, Straßen und Betrieben, in denen viele Behinderte beschäftigt sind, hat man lokale Behindertenvereine gegründet. Die lokalen Sektionen der Behindertenunion arbeiten mit den Regierungen vor Ort zusammen und kümmern sich um das Wohl der Behinderten. Zum Beispiel hat die Pekinger Behindertenunion in den letzten Jahren mit der Regierung kooperiert und viel für die Behinderten getan. Erstens haben sie gemeinsam

„Regelungen zum Schutz der Pekinger Behinderten" entworfen und herausgegeben. Sie haben viele Trainingskurse für geistig behinderte Kinder veranstaltet. Für die taubstummen Kinder hat man Sprachtrainingskurse organisiert.
Man hat mehr als hundert Genesungsstationen für geistig Behinderte gebaut,
zudem einige Sonderschulen, eine Blindenschule, vier Taubstummenschulen,
sechs Sonderschulen für psychisch und geistig behinderte Kinder. Für die
Behinderten hat man Arbeitsstellen geschaffen, so dass 90% der Behinderten
Arbeit haben. Darüber hinaus hat man alle Behinderten registriert, hat Archive
angelegt, ist den Gründen der Behinderungen nachgegangen und hat entsprechende Maßnahmen ergriffen.

Im Dezember 2003 hat der damalige Vorsitzende der chinesischen
Behindertenunion Deng Pu Fang auf der 59. Versammlung den „Preis der UN
für Menschenrechte" verliehen bekommen. Dieser Preis ist zum ersten Mal einem Chinesen verliehen worden und auch zum ersten Mal einem Behinderten.
Das zeigt, wie hoch die UN die hervorragenden Leistungen von Deng Pu Fang
geschätzt hat. Es war gleichzeitig eine Bestätigung der UN für die jahrelange
chinesische Arbeit im Bereich des Schutzes der Behinderten. 2008 haben die
Sektionen der Behindertenunion der Provinzen in Zusammenarbeit mit den jeweiligen Regierungen 60 Fälle der Verletzung von Rechten der Behinderten
entdeckt und die Opfer entsprechend entschädigen können. Die Sektionen der
Behindertenunion aller Ebenen haben insgesamt 450.000 Petitionsbriefe der
Behinderten bearbeitet und 385.000 Menschen empfangen.

247

In den letzten Jahren arbeiten zahlreiche Behinderte als Funktionäre. Fast
alle Vorstände der 32 lokalen Sektionen der Behindertenunion sind Behinderte.
50% der lokalen Sektionen haben auch Blinde im Vorstand, 46,9% haben
Taubstumme im Vorstand.

Außerdem ermutigt der Staat die Gründung von Gesellschaften und
Vereinen Behinderter. Bis Ende 2008 sind im ganzen Land 15.204 verschiedene
Behindertenvereine ins Leben gerufen worden, darunter 3.081 Blindenvereine,
3.055 Taubstummenvereine, 3.125 Vereine der körperlich Behinderten und
2.922 Vereine geistig Behinderter und ihrer Verwandten. Diese Vereine und
Gesellschaften verteilen sich auf alle Provinzen und Städte.

Auch die Gewerkschaften, Jugendverbände, Frauenverbände und
Gesellschaften der Älteren unterstützen die Arbeit für Behinderte und helfen
mit, die Rechte der behinderten Berufstätigen, der behinderten Frauen, behinderten Jugendlichen und Kinder, der behinderten Älteren zu bewahren. Auch
das Rote Kreuz, Wohlfahrtgesellschaften, die Stiftung der Behinderten und
ähnliche Wohltätigkeitsorganisation sammeln für die Entwicklung der Sache
der Behinderten Spenden, damit die Rechte der Behinderten in allen Bereichen
gewährleistet werden können.

## III. Der Schutz des Rechts der Behinderten auf Existenz

Das allererste Problem für Behinderte ist ihre Existenz. Aufgrund ihrer körperlichen Schwächen und Mängel brauchen sie besondere medizinische Behandlungen und erträgliche soziale Lebensbedingungen, Sozialschutz und Fürsorge durch Familien. Seit der Gründung der Volksrepublik, insbesondere seit der Zeit der Reform und Öffnung zur Welt in den letzten 30 Jahren hat die chinesische Regierung zahlreiche Maßnahmen ergriffen, um den Behinderten entsprechende Lebensbedingungen zu ermöglichen. Und sie hat ein soziales Schutzsystem für Behinderte aufgebaut und den Familien der Behinderten entsprechende Hilfe zu leisten zugesichert.

### 3.1. den Behinderten medizinische Behandlung zu garantieren.

Für eine mögliche Heilung der Behinderten bedarf es einer fachgerechten medizinischen Behandlung, eines psychotherapeutischen Trainings und der Rehabilitation, will man die Folgen der Behinderung reduzieren. Erst dann können die Behinderten selbständig leben und sich in das gesellschaftliche Leben integrieren. Heilung bedeutet für Behinderte eine Befreiung, und die umfasst die Aspekte einer „medizinischen Behandlung", einer „Bildungsgenesung", einer „Berufsgenesung" und einer „Gesellschaftsgenesung". „Medizinische Behandlung" intendiert die Verbesserung und Wiederherstellung der Körperfunktionen der Behinderten, damit sie ihre Hindernisse im Alltagsleben leichter bewältigen oder überwinden können. Unter „Bildungsgenesung" versteht man eine normale Ausbildung für physisch Behinderte, eine Sonderbildung für Taubstumme und Blinde sowie für psychisch Behinderte. Diese Ausbildung und Bildung ermöglicht ihnen Bedingungen für die Integration ins Gesellschaftsleben. Als „Berufsgenesung" bezeichnet man das berufliche Training und eine berufliche Ausbildung wie die Befähigung zur Arbeitssuche und die Aufnahmefähigkeit beruflicher Beratung der Behinderten, damit sie geeignete Berufe und eine angemessene Arbeit finden und sich selbst ernähren können. Unter „Gesellschaftsgenesung" versteht man die medizinische Behandlung aus der gesellschaftlichen Perspektive. Außerdem die Motivierung der Gesellschaft, die Sonderbildung und das notwendige berufliche Training für Behinderte zu fördern, um den Behinderten im Leben, beim Lernen, bei der Arbeit und in der gesellschaftlichen Aktivität eine bessere Umwelt zu schaffen, damit sie wie alle anderen am gesellschaftlichen Leben teilhaben und die Chance wahrnehmen können, ihr individuelles Potential zu entfalten und sich selbst zu verwirklichen, selbständig zu leben, die Rechte und Würde des Menschen zu genießen, auch ihre gesellschaftlichen Pflichten erfüllen können und ihren jeweiligen Beitrag für die Gesellschaft zu leisten fähig werden.[6]

---

6  Yao Shangman, „Über die Theorie und Methode der Sozialarbeit der Behinderten unseres Landes", aus „Zeitschrift der Sozialwissenschaft der Shanxi Hochschulen"\ September 2006.

Dafür hat die Regierung viel unternommen. 1988 hat der Staatsrat „Handlungsprogramme für eine Genesung von Behinderung durch drei Krankheiten" gebilligt. Seither haben die Regierung und Gesellschaft viel Personal und Sachmittel investiert und umfangreiche Genesungsmethoden in Fällen einer Behinderung durch den Grauen Star, Muskelschwund und Gehörschäden durchgeführt und ein Training für taubstumme Kinder erprobt. Manche dieser taubstummen Kinder haben nach einem solchen Training wieder eine normale Schule besuchen können, manche haben sogar nach einer solcher Behandlung beim Gedichtvortragswettbewerb des Landes Preise gewonnen. Die Sektionen der Behindertenunion und die medizinischen Institutionen auf allen Ebenen schicken jedes Jahr zahlreiche Gruppen von Medizinern aufs Land, nach Xinjiang, Tibet und in die entlegenen Gebirge und in die ärmeren westlichen Gegenden, um Kinder, die am Grauen Star oder an Muskelschwund leiden, vor Ort zu behandeln. Trotz schwieriger Bedingungen haben diese Gruppen erfreuliche Erfolge zu vermelden.

Damit die ärmeren Familien nicht hoher Kosten wegen auf eine Behandlung ihrer behinderten Kinder verzichten müssen, hat man den neuen „Bestimmungen für den Schutz der Behinderten" einen Zusatz hinzugefügt, dass die „Regierungen auf allen Ebenen" „alle gesellschaftlichen Kräfte mobilisieren" sollen, „Genesungsinstitutionen für Behinderte aufzubauen". Außerdem sollten die Regierungen aller Ebenen „die Notaufnahme und Heilung oder Genesung der Behinderten als ihre erste Aufgabe betrachten". Da die Vorbeugung der Behinderung ein wichtiges Thema ist, haben die „Bestimmungen für den Schutz der Behinderten" festgelegt: „Der Staat muss planmäßig Vorbeugungsmaßnahmen treffen und dies noch intensivieren, d.h. durch Propaganda und Informationen über Schwangerschaft und Kinderernährung Kenntnisse über Vorbeugungsmöglichkeiten hinsichtlich auftretender Krankheiten Einfluss ausüben. Man muss gezielt gegen Erbkrankheit, Vergiftung durch bestimme Arzneimittel, Unfälle, Umweltverschmutzung und andere Faktoren vorgehen, die eine Behinderung verursachen könnten, damit möglichst wenig neue Behinderungen entstehen."

Seit der Zeit der Reform und Öffnung zur Welt nimmt der Umgang mit Behinderten zunehmend erfreuliche Formen an, und man kann schon über große Fortschritte berichten. Im Juni 1984 hat die internationale Konferenz der Heilung Behinderter der UN stattgefunden, auf der alle Länder einstimmig die chinesische Wohlfahrtgesellschaft der Behinderten als neues Mitglied begrüßt haben. Im Februar 1986 haben die chinesische Wohlfahrtgesellschaft der Behinderten und die amerikanische Organisation für Heilung und Genesung eine erste gemeinsame internationale Fachkonferenz in Peking veranstaltet. 1986 ist die chinesische Wohlfahrtgesellschaft der Genesung der Behinderten in Peking gegründet worden. 1987 fand der erste Fortbildungskurs für Direktoren der Sonderschulen und Mitarbeiter der Genesungszentren in Fuzhou statt. Im Oktober desselben Jahres hat man das chinesische Forschungszentrum für Genesung eingerichtet.

Seit 1990 sorgt ein medizinisches System für die Betreuung und günstige Dienstleistungen der Behinderten. Der Staat hat viele Maßnahmen ergriffen, um die Behinderten in das medizinische Versicherungssystem der städtischen Beschäftigten und in das neue ländliche medizinische System aufzunehmen, um die staatliche medizinische Hilfszusage für die Behinderten in die Tat umzusetzen und allmählich alle Behinderten in Fällen einer medizinischen Behandlung, in die grundmedizinische Versicherung der Städter aufzunehmen. Man wollte erreichen, dass alle Behinderten eines Tages von der medizinischen Genesung profitieren können. Außerdem liegt es im Interesse des Staates, das Problem der medizinischen Genesung der armen Behinderten auf dem Land und in abgelegenen Orten zu lösen. Deshalb hat man hier die Trainingsgeräte für Genesungsübungen der Behinderten staatlich subventioniert. Vor allem behinderte Kinder dieser armen Gegenden werden bevorzugt und mit finanzieller Unterstützung medizinisch behandelt. Hinzu kommt, dass man in der medizinischen Heilung und Genesung Behinderter gründliche wissenschaftliche Forschungen angestellt hat, weil man die Chancen einer erfolgreichen Behandlung Behinderter erheblich verbessern wollte.

Der Staat verfolgt konsequent die Umsetzung eines allgemeinen Vorbeugungsplans und hat ein Vorbeugungssystem mit wissenschaftlichen Methoden, einer effektiver arbeitenden Verwaltung und mit einem Kontrollnetz aufbauen lassen. So hat man ganz unten, also in den Dörfern angefangen, auf die gesundheitliche Qualität der Neugeborenen zu achten, entsprechend nötige Kenntnisse zu vermitteln, auf eine Ernährung mit hinreichendem Jod und sauberes Trinkwasser zu achten, wodurch Arbeitsunfälle vermieden werden können; auf den Arbeitsschutz und auf Verkehrssicherheit zu achten und die Entwicklung der Behinderung zu kontrollieren. Darüber hinaus hat man standardisierte Behinderungsnormen festgelegt und ein Anmeldesystem für Behinderte aufgebaut, um die Behinderungen rechtzeitig unter Kontrolle zu bringen. Außerdem hat man über Möglichkeiten der Vorbeugung bestimmter Krankheiten informiert, um hier das Bewusstsein für solche Mittel zu schärfen und auf diese Weise weiteren Behinderungen mit Gegenmaßnahmen zu begegnen.

Eine Zielsetzung des Fünfjahresplans 1988-1992 hat darin bestanden, 830.000 Behinderten zur Verbesserung ihrer Gebrechen, wenn nicht gar zur Genesung zu verhelfen. In den Jahren 1988 bis 1990 sind 580.000 Behinderte entweder ganz geheilt worden oder man hat ihnen doch geholfen, wieder ein normales Leben führen zu können. Während des 8. Fünfjahresplans 1991-1995 hatte man eine Quote von 850.000 als wünschenswertes Ziel angestrebt, doch wenigstens 208.000 sind tatsächlich geheilt worden oder man hat ihnen doch immerhin geholfen. Im 9. Fünfjahresplan 1996-2000 hatte man die Genesung von 30.000.000 Behinderten als Zielvorgabe gewählt und 4.330.000 ist in der Tat wirklich geholfen worden. Im 10. Fünfjahresplan 2001-2005 hatte man 51.000.000 Behinderte als Zielvorgabe gesetzt, von denen tatsächlich 6.423.000 Behinderte erfolgreiche Hilfe erfahren haben. Im 11. Fünfjahresplan

2006-2010 hatte man eine Genesung von 8.300.000 Behinderten als erstrebenswert angenommen und 6.250.000 haben in dieser Zeit wirklich erfolgreich Hilfe bekommen. Nach der Statistik der Entwicklung der Sache der Behinderten 2008" sind bei Schwerpunktprojekten 2008 mehr als 5.562.000 Behinderten mehr und wenig geheilt worden. Außerdem hat die chinesische Behindertenunion 2008 mit ihren Finanzmitteln aus der Lotterie 370.000 armen Behinderten geholfen.

## 3.2. Aufbau des sozialen Schutzsystems der Behinderten

Der Staat ist verpflichtet, die Existenz der Behinderten, der Alten, Armen und sozial Schwächeren zu sichern. Dies sind ein allgemeines Prinzip des modernen demokratischen politischen Systems und auch ein Postulat der Humanität. Nach der Verfassung umfasst der Sozialschutz eine medizinische Behandlung, Versorgung im Falle von Krankheiten, Arbeitslosigkeit, im Alter, bei Arbeitsunfällen, in der Familie, bei Entbindungen und im Falle einer Behinderung. Der Schutz im Fall einer Behinderung ist also ein wichtiger Teil des Sozialschutzes. In China bedeutet der Sozialschutz Hilfe für alle, die kein Einkommen haben oder doch nur ein sehr niedriges; oder auch für diejenigen, die durch eine unerwartete Katastrophe nicht mehr für ihren eigenen Lebensunterhalt aufkommen können; oder Hilfe für Alter, Behinderte, Kranke, oder durch Arbeitsunfälle nicht mehr Arbeitsfähige, auch für die Mütter, die der Entbindung wegen nicht mehr arbeiten können. Mit der wirtschaftlichen und gesellschaftlichen Entwicklung wird das öffentliche Wohlfahrtsniveau ständig erhöht und die Lebensqualität der Bevölkerung gewinnt an Niveau. Hauptverantwortlich für den Sozialschutz ist der Staat, der den Reichtum des Landes jeweils zeitlich und räumlich neu verteilt.[7] Ein wesentlicher Aspekt des Sozialschutzes liegt darin, das Leben der Behinderten zu sichern. Dieser Sozialschutz umfasst den Genesungsschutz, Bildungsschutz, Berufsschutz, Lebensschutz und Schutz der Sozialleistungen. Der Lebensschutz beinhaltet Sozialhilfe, Sozialversicherung, Sozialwohlfahrt. Der Schutz der Sozialleistungen umfassen verschiedene Vorzüge, die das Leben der Behinderten erleichtern, und eine Fürsorge, die die Gesellschaft den Behinderten in allen Bereichen leistet.

In China bilden die Behinderten eine enorm große Gruppe. Viele von ihnen sind Ältere, Ungebildete und Arme. Sie sind besonders hilfebedürftig und auf staatliche Hilfe angewiesen. Heutzutage bedeutet die Lösung der Probleme der Behinderten für den Staat angesichts der wirtschaftlichen und gesellschaftlichen Entwicklung und im Hinblick auf den Aufbau einer harmonischen Gesellschaft eine große Herausforderung. Denn der Sozialschutz für Behinderte ist als wesentliche und unverzichtbare Komponente bei der Umwandlung Chinas in das

---

7    Jiang Yue „Sozialschutz", „Über die Gesetze des Sozialschutzes", Rechtsverlag 1999, Liu YuAn „Analyse der nordeuropäischen Wohlfahrtstaate", Verlag der Shandong Universität 1995. Liu Cuixiao, „Analyse der Vergleiche des Rechtsschutzes der Behinderten", Verlag der chinesischen Sozialwissenschaft 1994, Lu Liancai, „Analyse des Sozialschutzes der Behinderten", Huaxia Verlag, 1997.

Marktwirtschaftssystem inzwischen zu einem Problem geworden. Doch ist der Sozialschutz für Behinderte für die Reformen, die Entwicklung, Stabilität und den Schutz der Menschenrechte anhaltend von großer Bedeutung.

Um das Schutzsystem der Behinderten zu verbessern, hat chinesische Regierung viele Maßnahmen ergriffen. Dazu zählen die Konstituierung eines Sozialschutzsystems nach den besonderen Bedürfnissen und Forderungen der Behinderten, die Sicherung der Kosten für einen elementaren Lebensunterhalt der Städter und eine Verbesserung finanzieller Hilfe für die Hilfsbedürftigen auf dem Land. Der Staat muss gewährleisten, dass die ärmeren Behinderten wie die ärmeren Stadtbewohner die lebensnotwendigen Unterhaltskosten bekommen. Er muss für den Lebensunterhalt der Schwerbehinderten sorgen, auch für den Lebensunterhalt der Familien mit mehreren Behinderten und für die alten Behinderten. Und er muss für die Familien Behinderter mit niedrigem Einkommen finanzielle Unterstützung gewähren. Sodann die behinderten Soldaten versorgen, die baufälligen Unterkünfte der ärmeren Behinderten renovieren und die Kontrollen verstärken, damit die behinderten Arbeitnehmer in den Städten tatsächlich legal ihre Rente, ihr Arbeitslosengeld oder Schadenersatz für Arbeitsunfälle erhalten. Außerdem ermutigt der Staat selbständige Behinderte, eine Sozialversicherung abzuschließen. In manchen Gegenden hat der Staat ein Versuchssystem der Sozialversicherung für Behinderte auf dem Land eingeführt, um durch Experimente die Politik der Sozialwohlfahrt zu verbessern, damit noch mehr Behinderte vom Sozialschutz profitieren können. Der Staat mobilisiert die Gesellschaft und wirbt um eine willige Spendenbereitschaft für die Behinderten, um dadurch die Wohltätigkeit für die Behinderten zu fördern.

Die neuen „Gesetze für den Schutz der Behinderten" haben über verschiedene soziale Unterstützungen, die die Behinderten genießen können, festgelegt, wie Sozialversicherung, Lebensunterhaltsgeld, Zuschuss für Genesung, finanzielle Unterstützung für besondere Pflege. Die Regierung hat mit allen diesen Maßnahmen das Leben der Behinderten zu verbessern beabsichtigt und ihnen ein menschenwürdiges Leben zu gewährleisten versucht.

Es gibt in China ca. 1,4 Millionen arbeitsunfähige Behinderten, die keinen Fürsorger und kein Lebenseinkommen haben. Auf dem Land werden solche Behinderten durch die Aktion „fünffacher Schutz" (kostenloses Essen, kostenlose Kleidung, kostenlose Unterkunft, kostenlose medizinische Behandlung und kostenlose Bestattung) oder in einem Wohlfahrtshaus ernährt. In den Städten erhalten sie regelmäßig finanzielle Unterstützung oder werden in einem Wohlfahrtshaus untergebracht. Im ganzen Land existieren 40.000 verschiedene Wohlfahrtshäuser, in denen 80.000 Behinderte ihr Zuhause gefunden haben. Arbeit, Ausbildung, medizinische Behandlung, Leben und kulturelle Unterhaltung der Behinderten werden von den Regierungen auf allen Ebenen vorzugsweise behandelt. Für die Ausstattungen oder Geräte, die für die Behinderten aus dem Ausland importiert werden, muss man keinen Zoll bezahlen. Die Blinden dürfen kostenlos alle öffentlichen Verkehrsmittel benutzen.

Nach dem 8. Fünfjahresplan 1991-1995 ist der Lebensunterhalt der 640.000 Behinderten mit Schwierigkeiten durch den Sozialschutz gesichert worden. Nach dem 9. Fünfjahresplan 1996-2000 ist diese Zahl auf 2,69 Millionen gestiegen, nach Vollendung des 10. Fünfjahresplans 2001-2005 sogar auf

10,615 Millionen gestiegen. Mit der Zielvorgabe des 11. Fünfjahresplans 2006-2010 wollte die Regierung erreichen, dass ärmere Behinderte für ihren Lebensunterhalt, Unterkunft, Medizin und Ausbildung der Kinder Sozialhilfe erhalten. Bis Ende 2007 konnten 10,672 Millionen Behinderte davon profitieren. In den Städten haben 7,386 Millionen Behinderte die finanziellen Mittel für ihren elementaren Lebensunterhalt erhalten. 627.000 Behinderte sind in verschiedenen Wohlfahrtshäusern betreut und ernährt worden. 3,773 Millionen Behinderte haben regelmäßig eine provisorische Finanzhilfe oder eine regelmäßige Beihilfe bekommen.

Verschiedene Einrichtungen für Behinderten sind geplant, entworfen und gebaut worden. Bis Ende 2008 hat man im ganzen Land 2.205 derartige Gebäude für Behinderte schlüsselfertig übergeben. Weitere 291 Projekte sind gebaut, 307 wenigstens geplant worden.

Nach dem Erdbeben in Wenchuan 2008 haben Regierungen auf allen Ebenen und gesellschaftliche Organisationen viel für die durch dies katastrophale Ereignis behinderten Menschen getan. Die chinesische Behindertenunion hat all denen, die in diesem Erdbeben Verletzungen erlitten haben, je nach Bedarf Prothesen und Rollstühle bereitgestellt. Die Chengdu Behindertenunion hat allen, die in diesem Erdbeben Behinderungen davongetragen haben, einmalige eine finanzielle Unterstützung zukommen lassen. Für durch diese Katastrophe Behinderte hat man einsturzgefährdete Häuser renoviert und ihnen auch psychische Betreuung und Gesundheitsberatung angeboten. Und man hat ihnen entsprechende Arbeitsstellen vermittelt. In den 23 vom Erdbeben schwerstgetroffenen Kreisen und Gemeinden hat man für Behinderte Berufsausbildungskurse angeboten. Die Behinderten sind motiviert worden, neue Berufe zu ergreifen und selbständig zu werden. Für Behinderte hat man auch Anwerbungsveranstaltungen organisiert. Behinderte hat man ermutigt, Viehzucht zu betreiben oder zu Hause Handarbeiten anzufertigen. Außerdem sind behinderte Schüler betreut worden, und man hat sie mit Stipendien versehen.

### 3.3. Behinderten wird in der Ehe und im Familienleben geholfen.

Familien sind die Grundeinheiten der Gesellschaft. Eine glückliche Familie ist die Grundlage für eine gesellschaftliche Harmonie. Eine gute Ehe ist der Kern der Familien. Eine stabile Ehe ist Voraussetzung und Bedingung für eine glückliche Familie. Eine Ehe ist die vertraulichste und intimste Beziehung der Menschheit. Eine Ehe kann den Behinderten oft materielle Sicherheit und Lebenskraft schenken. Oft ist die Familie für die Behinderten die einzige Stütze im Leben. Zurzeit gibt es in China eine große Anzahl von Behinderten, insgesamt 70,50 Millionen Familien mit Behinderten, das sind 17,8% aller Familien. Davon haben 8,76 Millionen Familien mehr als zwei behinderte Mitglieder, also 12,43% aller Familien mit Behinderten. Im ganzen Land haben 19,98% der Familien behinderte Mitglieder, und(wie man hier sieht) fast ein Fünftel der Familien haben in ihren Reihen behinderte Mitglieder. Diese Behinderten können ihrer körperlichen und psychischen Behinderungen, ihrer finanziellen und gesellschaftlichen Einschränkungen wegen nur sehr schwer passende Ehepartner finden und eine Familie gründen.

Seit der Gründung der Volksrepublik hat der Staat ein Auge auf die Rechte der Bevölkerung in Ehe und Familien. Die Verfassung sieht ausdrücklich vor, dass der Staat Ehe und Familien der Bevölkerung schützt. Der Staat verbietet die Misshandlung und Ausstoßung von Familienangehörigen. Die nicht mehr arbeitsfähigen oder nicht autonom lebensfähigen Behinderten dürfen nach dem Gesetz von ihren Familienangehörigen verlangen, die ihnen vom Gesetz aufgebürdete Verpflichtung zu erfüllen, behinderte Familienangehörige zu versorgen. Der gesetzlichen Fürsorgepflicht gegenüber Behinderten muss man unbedingt nachkommen. Seit 1981 gilt das neue „Ehegesetz" , welches folgende Bestimmung festgeschrieben hat: „Der Schadenersatz für die medizinische Behandlung der durch Unfälle behinderten Ehepartner und die finanzielle Hilfe, die der behinderte Ehepartner erhält, gelten als Eigentum des behinderten Partners, aber nicht als das gemeinsame Eigentum beider Ehepartner." Darüber hinaus ist festgelegt worden: „Diejenigen, die von den älteren Geschwistern aufgezogen sind, haben die Verpflichtung, ihre arbeitsunfähigen älteren Geschwister, die ihren Lebensunterhalt nicht bestreiten können, zu ernähren." „Nach einer Scheidung muss einem Geschiedenen mit finanziellen Schwierigkeiten von seinem Partner geholfen werden." Mit diesem Paragraphen hat man in Wirklichkeit den schwächeren Parteien, nämlich den Behinderten Schutz zusichern wollen. Außerdem genießen die Behinderten die gleiche Freiheit wie alle anderen, eine Ehe zu schließen. Man darf hier nicht für die Behinderten den Vormund spielen und entscheiden, wen sie heiraten sollen. Man darf und muss die Behinderten bei der Heirat und auch bei der Scheidung sowie der Schwangerschaft und Adoption besonders gut beraten und ihnen entsprechende Unterstützung gewähren. Da eine Genesung der Behinderten meist von der Betreuung der Familienangehörigen abhängig ist, werden auch den Familienangehörigen gesundheitliche und medizinische Kenntnisse und methodische Ratschläge für Pflege und Genesung der Behinderten vermittelt.

## IV. Gewährleistung und Schutz der Rechte der Behinderten auf gleiche Entwicklung

Die Behinderten brauchen nicht einen grundsätzlichen Lebensschutz, sondern sie benötigen auch die gleichen Chancen für ihre lebensgeschichtliche Entwicklung wie alle andere. Seit der Gründung der Volksrepublik China und vor allem seit der Zeit der Reformen und Öffnung zur Welt in den letzten 30

Jahren hat die chinesische Regierung in dieser Hinsicht viele Maßnahmen ergriffen.

## 4.1. Den Behinderten wird geholfen, sich aus der Armut zu befreien.

Oft ist Armut eine Ursache von Behinderung, zugleich aber auch eine Folge der Behinderung. Die Armut und die Behinderung verschlimmern sich wechselseitig. Eine gefährliche Arbeit, schlechte Lebensbedingungen, ungenügender Impfschutz und eine unzureichende medizinische Behandlung, mangelnde Medizinkenntnisse, Kriege oder Naturkatastrophen sind oft die Ursachen für manche Behinderungen. Von allen diesen Fällen könnten viele eigentlich vermieden werden, insbesondere durch eine Bekämpfung der Armut können Gründe für Behinderungen und Gefährdungen reduziert werden. Wenn man den Behinderten in der Armut hilft, können sie eines Tages selbständig leben, sich womöglich von der Armut verabschieden, und sich aus ihrer Not befreien und ein normales Leben führen.

Durch Behinderung verliert man oft die Fähigkeit, seinen eigenen Lebensunterhalt zu verdienen, und dies führt oft dazu, dass die Behinderten den Zugang zum Arbeitsmarkt verlieren und in finanzielle Notlage geraten. Dies beeinträchtigt nicht nur die Behinderten selbst, sondern auch deren Familien. Im ganzen Land leben 70% der ärmeren Menschen in den vom Staat anerkannten armen Kreisen, und der Staat investiert hier viel Geld, um diese Regionen zu unterstützen. Doch 70% der ärmeren Behinderten leben in den vom Staat nicht anerkannten armen Regionen, in denen also staatliche Unterstützung eine Mangelware ist. Wie man das Leben dieser Millionen Behinderter verbessern könnte, das ist schon lange eine Herausforderung für den Staat gewesen.

Man hat dafür verschiedene Projekte durchgeführt, u.a. den „Plan der Unterstützung der armen Behinderten (1998-2000)". Neben direkten finanziellen Hilfen der armen Behinderten hat der Staat die Behinderten beim Anbauen, bei der Viehzucht und häuslichen Handarbeit unterstützt. Man hat den Behinderten dafür Kleinkredite angeboten. In den Städten ist ein Schutzsystem für die Garantie eines elementaren Lebensunterhalts aufgebaut worden und auf dem Land das Schutzsystem des Namens „Fünfschutz". Außerdem hat der Staat einen Appell an die Gesellschaft gerichtet, hier zu helfen. Nach einem Jahre langen großen Engagement hat China am Ende des 20. Jahrhunderts einige Zielsetzungen weitgehend erreicht. Im Großen und Ganzen ist das Problem des Lebensunterhalts der bedingt arbeitsfähigen Behinderten gelöst worden. Und auch der Sozialschutz hat eine wichtige Rolle gespielt und Lebensprobleme der arbeitsunfähigen Behinderten beseitigen können.

In den letzten Jahren haben alle Provinzen, autonomen Gebiete und regierungsunmittelbaren Städte die Hilfe der Behinderten in die Programme ihrer Regierungen als verpflichtende Punkte ihrer Politik aufgenommen und haben an die ganze Gesellschaft appelliert, bei dieser Arbeit mitzuwirken. Nach dem 8. Fünfjahresplan 1991-1995 hat man im ganzen Land 2,11 Millionen

Behinderten geholfen. Nach dem 9. Fünfjahresplan 1996-2000 hat man das Problem des Lebensunterhalts von 8,29 Millionen Behinderten lösen können. Nach dem 10. Fünfjahresplan 2001-2005 ist wiederum 11,659 Millionen Behinderten geholfen worden. Und nach dem 11. Fünfjahresplan 2006-1010 hat man wie geplant die Probleme von 10 Millionen Behinderten lösen können. In den Jahren 2006-2007 hat man schon 2,541 Millionen Behinderte aus der Armut befreien können. 2008 sind es 1,798 Millionen gewesen. Im selben Jahr haben 870.000 Behinderten an einer technischen Ausbildung und Schulung teilgenommen. Dafür hat man 200 Millionen Yuan ausgegeben. 2008 hat man für verschiedene Projekte der Armutsbekämpfung Behinderter 300 Millionen Yuan investiert (exklusiv der 800 Millionen Yuan Kleinkredite) . Insgesamt haben 5,344 Millionen Behinderte von all diesen Projekten profitiert. Darüber hinaus hat man noch 3.157 Einrichtungen für Behinderte gebaut, wofür man 350 Millionen Yuan aufgewendet hat. In diesen Einrichtungen sind 1.378.000 Behinderte untergebracht worden. 98.000 einsturzgefährdete Häuser von Behinderten sind renoviert worden. Dafür wurden 820 Millionen Yuan ausgegeben und davon haben 140.000 Behinderte profitiert.

## 4.2. Schutz der Rechte der Behinderten auf gleiche Bildung

Auch die Behinderten sind ein Teil der Bevölkerung und ihre Ausbildung ist ebenfalls ein unverzichtbarer Bestandteil der Ausbildung der ganzen Bevölkerung. Eine angemessene Ausbildung ist die Grundlage für die Behinderten, um sich zu verwirklichen. Nur mit einer guten Bildung können sich Behinderte in die Gesellschaft integrieren. Heutzutage wird der Ausbildung und Bildung der Behinderten von der internationalen Gesellschaft eine immer größere Bedeutung zugmessen. Das Bildungsniveau der Behinderten ist inzwischen zu einem wichtigen Indiz für die Zivilisation einer Gesellschaft geworden. Das neue „Schutzgesetz der Behinderten" hat festgelegt: „Die Regierungen aller Ebenen müssen den schulpflichtigen behinderten Kindern und Kindern der behinderten Familien alle Lehrmaterialien erstatten, den Lebensunterhalt im Internat bezuschussen und behinderten Schülern oder Studenten und denjenigen, die aus ärmeren Behindertenfamilien kommen, finanzielle Hilfe leisten."

Damit den Behinderten wie allen anderen die gleiche Ausbildung zugutekommt, hat die Regierung viel für die Ausbildung der Behinderten unternommen. In den letzten Jahren hat der Staat ein System für Behinderte aufgebaut, das vorsieht, dass die behinderten Kinder und Jugendlichen neben Sonderschulen auch noch Sonderklassen besuchen können. In 27 Provinzen, autonomen Gebieten und regierungsunmittelbaren Städten des ganzen Landes und in 70 Regionen und Städten hat man Bildungspläne für Behinderte entworfen. Das Finanzamt hat einen besonderen Fond für die Sonderbildung der Behinderten eingerichtet. Die schulpflichtigen Kinder und Jugendlichen brauchen keine Schulgebühren zu bezahlen. Neben finanzieller Hilfe hat man noch Stipendien und Prämien für das Selbststudium vorgesehen, um die Behinderten beim Selbststudium zu unterstützen.

Neben der Grundausbildung für Behinderte bemüht sich der Staat durch Gesetze, das Bildungsniveau der Behinderten zu erhöhen. Damit die Behinderten wie alle anderen ihre Bildungsrechte genießen können, muss die Gesetzgebung entsprechende Gesetze herausgeben, deren Durchführung durch entsprechende Behörden überwacht werden muss. Auch müssen die juristischen Behörden die Behinderten in dieser Hinsicht schützen. 8 Der Staat legt auch großen Wert auf die berufliche Ausbildung der Behinderten. Nach dem Gesetz haben alle Behinderten gleiche Bildungschancen und gleiche berufliche Möglichkeiten.

Das seit 1995 gültige „Gesetz der Bildung" schreibt vor: Der Staat, die Gesellschaft, die Schulen und andere Bildungsinstitutionen müssen die Erziehung Behinderter mit Rücksicht auf deren physische und psychische Besonderheiten abstimmen ihnen Hilfe und Bequemlichkeit bieten. 1996 hat das „Gesetz für berufliche Ausbildung" festgelegt: Der Staat ergreift Maßnahmen, um den Frauen bei der beruflichen Ausbildung zu helfen. Für die Arbeitslosen werden verschiedene berufliche Fortbildungskurse angeboten. Neben den Bildungsinstitutionen speziell für Behinderte müssen auch alle beruflichen Schulen und Fortbildungsinstitutionen Behinderte aufnehmen und ihnen je nach ihrer Situation die Gebühren reduzieren. Nach dem „Gesetz der höheren Bildung" 1999 müssen die Hochschulen alle Behinderten aufnehmen, wenn diese die Kriterien für Hochschulaufnahme erfüllt haben. Niemand darf diesen ihrer Behinderung wegen die höhere Bildung verweigern. 2003 haben die chinesische Behindertenunion, das Erziehungsministerium und das Ministerium für Medizin gemeinsam die „Resolution zur Gesundheitsuntersuchung der neuen Studenten der Hochschulen" verabschiedet, in der die gesundheitlichen Kriterien für Behinderte nicht mehr so streng gefasst sind. Die Abteilung der Hochschulen des Erziehungsministeriums hat eine „Mitteilung über die Abschaffung des Hörverständnisses in der Englischprüfung der Behinderten" herausgegeben. So hat man ein Hindernis für Behinderte bei der Hochschulaufnahmeprüfung beseitigt.

Im Grunde hat China im Bereich des Schutzes und der Gewährleistung der Bildungsrechte für Behinderte viele Erfolge errungen. Nach Angaben des staatlichen Statistikamts 2007 ist das Bildungsniveau der Behinderten im Vergleich zum Jahr 1987 erheblich gestiegen. Früher hatten von je 100.000 Behinderten nur 287 einen Hochschulabschluss. Bis 2007 lag diese Zahl bei 1139. Früher hatten nur 1.665 Behinderte von 100.000 einen höheren Mittelschulabschluss. Diese Zahl ist dann 2007 auf 4.893 gestiegen. Die Zahl der Behinderten mit Mittelschulabschluss ist von 6.156 auf 15.039 gestiegen, die mit Grundschulabschluss von 24.268 auf 31.851. Der Analphabetismus der Behinderten über 15 Jahren ist um 15,71% gesunken.

---

8 Tang Zhonghui, Yu Haiyan, „Über den Rechtsschutz der höheren Bildung der Behinderten in unserem Land", „Forschung der Bildung und Lehren"\ 6. Ausgabe 2009.

1987 konnten nur 6% der schulpflichtigen behinderten Kinder die Schule besuchen. Nach dem 8. Fünfjahresplan 1991-1995 konnten 62,5% der schulpflichtigen behinderten Kinder in die Schule gehen. Nach dem 9. Fünfjahreplan 1996-2000 ist diese Zahl auf 77,2% gestiegen, nach dem 10. Fünfjahresplan 2001-2005 sogar auf 80%. Das Ziel des 11. Fünfjahresplans 2006-2010 war die konsequente Verbreitung der Schulpflicht aller behinderten Kinder. Bis Ende 2008 gab es 1.667 Sonderschulen für Blinde, Taubstumme und psychisch behinderte Kinder und Jugendliche (1953 gab es nur 64 Sonderschulen mit 5.000 behinderten Kindern) . Es hat 2.803 Sonderklassen mit 580.000 blinden, taubstummen und psychisch behinderten Kindern in normalen Schulen gegeben, und inzwischen verzeichnen 83 höhere Sondermittelschulen 4.978 behinderte Schüler. 5.234 Behinderte sind von den Hochschulen aufgenommen worden und 1.086 konnten in Sonderhochschulen studieren. Außerdem gab es 4.032 berufliche Ausbildungsinstitutionen für Behinderte. Beinah 730.000 Behinderte sind beruflich aus- oder fortgebildet worden. 90.000 haben ein berufliches Zertifikat erhalten.

## 4.3. Schutz und Gewährleistung der Rechte der Behinderten auf ein kulturelles und sportliches Leben und auf Unterhaltung

Da die Behinderten die gleichen Rechte wie alle anderen genießen, müssen auch deren Bedürfnisse nach einer höheren Lebensqualität, nämlich nach kulturellem Leben, nach Freiheitunterhaltung, nach religiösen und sportlichen Aktivitäten befriedigt werden. Die Regierung bemüht sich darum, für die Behinderten verschiedene, gesundheitsfördernde kulturelle und unterhaltsame Veranstaltungen zu organisieren, um das kulturelle Leben der Behinderten zu bereichern. Besonders unterstützt hat man die Publikation von Lesematerialien für Blinde. Auch hat man darauf geachtet, die besonderen künstlerischen Gaben der Behinderten zu entfalten, behinderte Künstler mit einem besonderen künstlerischen Potenzial auszubilden. Auch hat man sportliche Aktivitäten der Behinderten gefördert. Behinderte dürfen bevorzugt alle öffentlichen kulturellen und sportlichen Einrichtungen benutzen. Für alle Behinderten hat man Sportfeste aller Art im Inland und Ausland veranstaltet.

Um das geistige und kulturelle Leben der Behinderten zu bereichern, hat man weitere Möglichkeiten vorgesehen. 1.) Durch Rundfunk, Filme, Fernsehen, Zeitschriften, Bücher und das Internet hat man viel über das Leben und Arbeit der Behinderten berichtet. 2.) Publikationen von Büchern und Hörbüchern für Blinde und andere Behinderte sind erheblich gefördert worden. In öffentlichen Bibliotheken stehen auch Bücher für Blinde zur Verfügung. Außerdem hat man den Blinden besondere Räume für Hörbücher eingerichtet. 3.) Das Fernsehen bietet besondere Programme für Behinderten. Die meisten Fernsehprogramme und Filme haben Untertitel oder man operiert mit Fingersprache. 4.) Für die Behinderten hat man kulturelle, sportliche und unterhaltsame Veranstaltungen organisiert. Künstlerische Aufführungen von Behinderten und besondere sportliche Fähigkeiten Behinderter hat man gefördert. 5.) Alle öffentlichen

Kultur- und Sportstätten wie auch andere Plätze bieten den Behinderten eine besondere Bequemlichkeit. Außerdem hat man Plätze für Aktivitäten der Behinderten gebaut. Der Staat fördert außerdem das gegenseitiges Verstehen und den Austausch zwischen der Bevölkerung und den Behinderten, indem man viel über die guten Taten Behinderter und über rührende Geschichten von und mit ihnen berichtet und indem man für Solidarität, Empathie und gegenseitige Hilfeleistungen in der Gesellschaft appelliert. Im „Gesetz des Sports" 1995 steht: Die ganze Gesellschaft sollte die sportlichen Aktivitäten der Älteren und Behinderten unterstützen. Die Regierungen aller Ebenen sollten Maßnahmen ergreifen und den Älteren und Behinderten bei ihrer sportlichen Aktivität Bequemlichkeit bieten. Auch die Schulen sollten für behinderte Schüler entsprechende Bedingungen für sportliche Aktivitäten schaffen. Alle öffentlichen sportlichen Einrichtungen sind auch den Schülern, Älteren und Behinderten zugänglich, und diese werden bevorzugt behandelt.

China achtet sehr auf Förderung der Entwicklung des Sports der Behinderten. Im Oktober 1983 hat das nationale Sportfest der Behinderten in Tianjing stattgefunden. Während des Sportfestes hat man eine nationale Versammlung der Vertreter der behinderten Sportler und Mitarbeiter veranstaltet und die Gründung der chinesischen Sportgesellschaft der Behinderten ausgerufen. Diese Versammlung hat noch die Satzung der Sportgesellschaft der Behinderten erlassen. Zurzeit ist diese Sportgesellschaft sieben internationalen Sportorganisationen der Behinderten beigetreten. Im Juni 1984 haben 67 namhafte chinesische Maler zahlreiche Werke der chinesischen Wohlfahrtstiftung der Behinderten geschenkt. Diese Bilder sind dann in der chinesischen Galerie ausgestellt worden. 1985 ist die Sportgesellschaft geistig Behinderter gegründet worden. Diese Gesellschaft ist gleich danach der internationalen SOI beigetreten. Im Juli desselben Jahres fand das erste nationale Konzert der Blinden in Peking statt. 1987 haben Zentralrundfunk und Zentralfernsehen mit Themenprogrammen für Behinderte begonnen, in denen Geschichten mit der Idee der Humanität und Erfolgsgeschichten der Behinderten eine bedeutende Rolle gespielt haben. Im August 1987 fand das 2. Nationale Sportfest der Behinderten in Tangshan statt. Im Januar 1989 ist die erste Ausgabe der „Zeitschrift der chinesischen Behinderten" ediert worden. Im Mai 1990 haben die Sportwettkämpfe in Leichtathletik und im Schwimmen stattgefunden und 323 körperlich Behinderte, Blinde und Taubstumme aus 28 Provinzen haben an diesen Kämpfen teilgenommen. Auf dieser Sportveranstaltung haben zwei Sportler zwei internationale Sportrekorde der Behinderten gebrochen. Zurzeit gibt es im ganzen Land 1.770 Versammlungsorte für Behinderte, an denen Behinderte verschiedene Aktivitäten wie Kalligraphie, Fotografie, Briefmarkensammeln, Leichtathletik, Ballspiele oder auch das Schachspiel betreiben können und wo kulturelle Aufführungen stattfinden.

Chinesische behinderte Sportler nehmen aktiv an internationalen Sportwettkämpfen teil. Bei zahlreichen internationalen Sportveranstaltungen haben chinesische behinderte Sportler oft gut abschnitten und waren beim

Gewinn der Medaillen und selbst der Weltrekorde ganz vorne. Im November 1982 haben chinesische behinderte Sportler am 3. fernöstlichen und südpazifischen Sportfest in Hongkong teilgenommen. Im Juni 1984 haben chinesische behinderte Sportler zum ersten Mal an den internationalen Para Olympics in New York partizipiert. Auf diesem Sportfest haben chinesische Sportler neunmal Weltrekorde gebrochen und insgesamt 24 Medaillen, darunter 2 Gold-, 13 Silber- und 9 Bronzemedaillen gewonnen. Auf den 1988 stattgefundenen 8. Para Olympics in Südkorea haben chinesische Sportler insgesamt 17 Gold-, 17 Silber- und 10 Bronzemedaillen gewonnen und sechs Weltrekorde gebrochen. 1992 ist die chinesische Delegation der behinderten Sportler triumphierend mit 11 Gold-, 7 Silber- und 7 Bronzemedaillen aus Barcelona heimgekehrt. 2008 haben chinesische behinderte Sportler bei 44 internationalen Wettkämpfen mitgewirkt. Darunter waren Para Olympics, SOI, Sportwettkämpfe der Blinden, Wettkämpfe im Schwimmen, in der Leichtathletik, im Tennis auf dem Rollstuhl, Schießen auf dem Rollstuhl, Basketball auf dem Rollstuhl, Bogenschießen und Segeln. Insgesamt haben sie 200 Gold-, 138 Silber- und 109 Bronzemedaillen gewonnen.

2008 hat man weitere 139 Sportstätten für Behinderte in vielen Provinzen und 1.053 in den Städten gebaut, zudem 174 Trainingsplätze für Behinderte in den Provinzen und 533 in den Städten. Man hat 645 Trainer für Behinderte in den Provinzen und 1.301 Trainer in den Städten gezählt. Es wurden in den Provinzen schon 57 Sportfeste der Behinderten veranstaltet, an denen 11.964 behinderte Sportler teilgenommen haben. In den Städten sind 784 Sportveranstaltungen der Behinderten organisiert worden, an denen 62.107 behinderte Sportler teilgenommen haben.

In den Jahren des „10. Fünfjahresplans" sind hunderte Abhandlungen und Fachaufsätze über die Entwicklung der Sache der Behinderten veröffentlicht worden. Die theoretischen Forschungen und deren praktische Umsetzung über Behinderte haben stark an Niveau gewonnen. Alle Medien haben sachkundig über Musterbeispiele der Behinderten und über Menschen und Arbeitseinheiten berichtet, die den Behinderten geholfen haben. 2008 hat man in dieser Hinsicht noch mehr geleistet und erwirkt, dass in der Gesellschaft mittlerweile eine behindertenfreundliche Stimmung herrscht. Am 18. Nationalen „Tag der Hilfe der Behinderten" sind zahlreiche Veranstaltungen zum Thema „Behinderte und Hilfe für sie" organisiert worden und man hat damit größere Aufmerksamkeit in der Gesellschaft für diese Thematik erweckt. Bis Ende 2008 ist in 40 Rubriken der Provinzzeitungen, auf 296 besonderen Seiten, in 31 Radioprogrammen und in 22 Fernsehsendungen mit Fingersprache über Probleme der Behinderten gehandelt worden. In den städtischen Zeitungen sind 495 Rubriken, 938 Sonderseiten, 616 Radioprogramme und 143 Fernsehprogrammen mit Fingersprache und 455 Fernsehprogrammen zur Thematik der Behinderten und über Hilfe der Behinderten ausgestrahlt und gedruckt worden. In den Provinzen hat man 41 Räume für Hörlektüre in den Bibliotheken eingerichtet worden. Für Behinderte hat man 56 kulturelle

Plätze gebaut und entsprechend eingerichtet. Es sind 75 kulturelle und künstlerische Wettkämpfe der Behinderten und Ausstellungen veranstaltet worden. Es wurden 16 Ensembles bestehend aus behinderten Künstlern gegründet. In den Städten hat man 308 Räume für Hörlektüre in den Bibliotheken eingerichtet, 3.474 verschiedene kulturelle Orte für Behinderte geschaffen, 657 künstlerische Wettkämpfe und Ausstellungen veranstaltet. Man hat 153 Ensembles behinderter Künstler ins Leben gerufen.

## V. Schutz der Rechte der Behinderten auf gleiche Anteilnahme

Unter dem Recht der Behinderten auf gleiche Anteilnahme versteht man das Recht auf gleiche Partizipation am wirtschaftlichen und politischen Leben. Um dieses Recht der Behinderten zu schützen und zu gewährleisten, benötigt man außer Gesetzen noch eine freundliche Umwelt ohne Hindernisse, womit man den Behinderten ihre Anteilnahme am gesellschaftlichen Leben begünstigen kann.

### 5.1. Schutz und Gewährleistung der Rechte der Behinderten auf gleiche Arbeitschancen

Das Recht auf Arbeit ist das Grundrecht aller Bürger. Es umfasst das Recht auf Arbeit, auf angemessenen Arbeitslohn, auf berufliches Training und berufliche Ausbildung, auf Pausen und Urlaub, auf Rente, auf demokratische Verwaltung des Betriebs, auf gleichen Lohn bei gleicher Arbeit, auf Anerkennung und Hilfe. Durch Arbeit können die Behinderten als Besitz schaffende Bürger wie alle in Würde und mit Selbstbewusstsein am gesellschaftlichen Leben und Geschehen teilnehmen.

Durch Arbeit können Behinderte ihre Lebenssituation verbessern und ihre Lebensqualität erhöhen. [9] Durch Arbeit können Behinderte ihren menschlichen Wert bewähren. Aufgrund der körperlichen Besonderheiten genießen die Behinderten nicht nur die Rechte wie alle anderen, sondern noch besondere Rechte, die der Staat zu ihrem Schutz geltend gemacht hat. Die Behindertengesetze beziehen sich auf vier Aspekte: 1.) Das Recht auf Arbeit umfasst die Freiheit der Berufswahl, das Recht auf Arbeitslohn, ein angemessene Arbeitszeit und Urlaub, adäquate Arbeitsbedingungen und Arbeitssicherheit. 2.) Das Recht auf Gleichheit, die Chancengleichheit umfasst, gleichen Lohn für gleiche Arbeit, gleiches Recht auf Beförderung, auf Versicherung und Lebenswohlfahrt. 3.) Das Recht auf staatliche Hilfe. Dies umfasst eine bevorzugte staatliche Behandlung, die Sozialversicherung, besondere Förderungsmaßnahmen hinsichtlich der Arbeit. 4.) Das Recht auf Bildung. Dies betrifft auch die Phase der beruflichen Vorbereitung und das berufliche Training oder die berufliche Fortbildung.

---

9 Xie Hui, „Schutz der Interessen der Behinderten aus der Perspektive der Chancengleichheit", „Wirtschaftliche und gesellschaftliche Entwicklung", 4. Ausgabe 2009.

Als ein großes Land, das die Entwicklung der Menschenrechte der Behinderten in besonderer Weise achtet, ist die chinesische Regierung ständig bemüht, ein effektiveres Modell für Beschäftigung der Behinderten zu entwickeln. Dabei hat man viel experimentiert. Am Anfang hat die Regierung versucht, staatliche Wohlfahrtbetriebe für Behinderte zu gründen. Später hat man das System prozentualer Beschäftigung von Behinderten in einem Betrieb eingeführt, um die Arbeitschancen der Behinderten zu sichern. Darüber hinaus hat der Staat verschiedene Formen und Modelle der Beschäftigung der Behinderten erprobt. In dem 8. Fünfjahresplan sind die Frage der Humanität und der Chancengleichheit und die Frage der Anteilnahme der Behinderten schlagwortartig gestellt worden.[10] Im 11. Fünfjahresplan hat man eindeutig die Forderung erhoben, „mehr Behinderten in der Ausbildung und bei der Arbeit" zu helfen, wodurch man „den Behinderten günstige Voraussetzungen für ihre Anteilnahme am gesellschaftlichen Leben" schaffen kann.

Das Sozialschutzsystem ist ganz wichtig für die Arbeit der Behinderten. In diesem Bereich hat der Staat ständig versucht, ein Modell des Sozialschutzsystems zu entwerfen, das den Behinderten die Gewährleistung eines optimalen Schutzes verspricht. Ausgangpunkte waren hier Überlegungen, dass die Behinderten einerseits staatliche Hilfe erhalten, zugleich aber andererseits auch, dass sie möglichst selbst, sofern sie körperlich dazu in der Lage sind, eine geeignete Arbeit finden und nicht mehr ausschließlich auf solche Hilfe angewiesen sind. Diesem Modell zufolge können sich die Behinderten wirklich wieder in die Gesellschaft integrieren. Natürlich hat man hier die noch einigermaßen arbeitsfähigen Behinderten im Blick. Die arbeitsunfähigen Behinderten werden weiterhin hinreichend vom Staat unterstützt.[11] Um die Arbeit der Behinderten zu fördern, hat der Staat einige weitere Maßnahmen ergriffen wie die Bestimmung einer Quote, eines Prozentsatzes der Behinderten in einem Betrieb, wie die bevorzugte Behandlung der Behinderten bei der Arbeitssuche, wie steuerliche Begünstigungen für Betrieb mit Behinderten und staatliche Unterstützung solcher Betriebe oder wie die Förderung der beruflichen Ausbildung der Behinderten und die Einführung ihrer Unkündbarkeit. Der Staat fördert außerdem die Institutionen, in denen Blinde als Masseure arbeiten, außerdem die Betriebe, in denen viele Behinderten beschäftigt sind. Und er motiviert die Behinderten, eigene Unternehmen zu gründen und selbständig zu werden. Der Staat appelliert an die Staatsorgane, Behörden und staatlichen Unternehmen, sie möchten als Vorbilder fungieren und möglichst viele Behinderte beschäftigen. Bei gleichen Bedingungen kauft der Staat zuerst die Produkte der Betriebe mit vielen behinderten Beschäftigten.

Das „Gesetz des Schutzes der Behinderten" hat gefordert, dass die Betriebe einen bestimmten Prozentsatz von Behinderten einstellen sollten. Nach der 2. stichprobenhaften Untersuchung der Behinderten 2006 hat man festgestellt,

262

---

10    Zhang Qi, Wu Jiang, „Forschung über den Schutz der Arbeitschancen der chinesischen Behinderten", Verlag des chinesischen Arbeitsschutzes, 2004, S.5.
11    Qi Yanping, „Schutz der Rechte der sozial Schwächeren", Shandong Volksverlag, 2006, S. 384-385.

dass noch 8,58 Millionen arbeitsfähige Behinderten ohne Arbeit sind, und jedes Jahr kommen noch weitere 300 arbeitsfähige, aber unbeschäftigte Behinderte dazu. Im Hinblick auf diese Situation zeigt sich, wie schwer das Quotengesetz „Prozentsatz der Behinderten" durchzusetzen ist. Der Staat steht hier noch vor einer großen Herausforderung. Dem Gesetz nach darf niemand bei der Arbeitsanwerbung, der Förderung, bei Eintritt in ein festes Arbeitsverhältnis, bei Beurteilung einer Rangordnung, hinsichtlich des Arbeitslohns, des Urlaubs und der Sozialversicherung Behinderte diskriminieren.

Die Beschäftigung von Behinderten ist ein großes gesellschaftliches Projekt unter der Aufsicht und Leitung des Staates und notwendiger Mitwirkung der Gesellschaft. Die chinesische Regierung ist bemüht, möglichst viele Wohlfahrtsbetriebe für Behinderte zu gründen. Außerdem unterstützt der Staat diese Betriebe weitreichend hinsichtlich der Produktion, der Wirtschaftsführung, Technik, Steuern und des Verkaufs seiner Produkte. Aufgrund der politischen Vergünstigungen des Staates entwickeln sich die Wohlfahrtsbetriebe rasant. 1979 hat es nur 1.022 solche Betriebe gegeben. 1990 waren es schon 420.000. In diesen Betrieben hat man zahlreiche Behinderte beschäftigt, in den achtziger Jahren waren es jedes Jahr durchschnittlich 67.000 mehr. Neben den Wohlfahrtsbetrieben versuchen auch staatliche Organe und Behörden möglichst viele Behinderten zu beschäftigen.

Alle die oben genannten Maßnahmen waren von Erfolg gekrönt: 1988 waren im ganzen Land 58,13% der Behinderten zwischen 16 und 59 Jahren berufstätig. Nach dem 8. Fünfjahresplan 1991-1995 ist diese Rate auf 70% gestiegen; nach dem 9. Fünfjahresplan 1996-2000 sogar auf 80%. Nach dem 10. Fünfjahresplan 2001-2005 hat sich der Anteil nochmals auf 85% erhöht. Die Zielvorgabe des 11. Fünfjahresplans 2006-2010 intendierte in den Städten eine Beschäftigung von 750.000 Behinderten und auf dem Land die Sicherung einer Arbeitsmöglichkeit für 18 Millionen Behinderte. Bis 2008 haben 368.000 Behinderte eine neue Arbeit gefunden. Davon arbeiten 113.000 Behinderte in den Wohlfahrtsbetrieben, 99.000 haben von dem Quotengesetz des Prozentsatzes profitiert und waren in normalen Betrieben eingestellt. Auf dem Land haben 17,171 Millionen Behinderte Arbeit gefunden.

## 5.2. Schutz der Rechte der Behinderten auf gleiche Anteilnahme an der Politik

Das Recht der Behinderten auf Anteilnahme an der Politik bedeutet das Recht auf Partizipation an politischen Aktivitäten und öffentlicher Verwaltung. Die Praktizierung dieses Rechts ist für die soziale und politische Stellung der Behinderten von großer Bedeutung. Alle Rechte der Behinderten einschließlich der Anteilnahme an Politik müssen respektiert und geschützt und gewährleistet werden. Dies ist ein wichtiger Maßstab für die Zivilisation eines Landes.[12] Jiang Zemin hat gesagt: „Alle Behinderten haben ihre Würde und ihre Rechte, haben

---

12  Qin Yubin, „Forschung über Rechte der politischen Anteilnahme der Behinderten", „Hebei Rechtwissenschaft", 7. Ausgabe, 2008.

den Willen und sind auch fähig, am gesellschaftlichen Leben teilzunehmen. Die Geschichte und die Realität haben bewiesen, dass sie auch Schaffende für den gesellschaftlichen Reichtum sind." Die Hilfe der sozial Schwächeren ist ein Indiz für die gesellschaftliche Zivilisation, ist auch ein Zeichen für gesellschaftliche Fortschritte. Für uns Kommunisten ist die Befreiung der ganzen Menschheit unser höchstes Ziel, wir, die sozialistischen Staaten, setzen auch die Verwirklichung des Glücks und Wohlstands der ganzen Bevölkerung als höchstes Ziel, deshalb müssen wir die Rechte und Würde der Behinderten respektieren, schützen und gewährleisten. Zugleich müssen wir dieser besonderen Gruppe mit ihren Schwierigkeiten helfen, damit sie die gleiche gesellschaftliche Position einnehmen und Chancen haben, am gesellschaftlichen Leben und am Aufbau des Landes teilzunehmen und die Früchte der gesellschaftlichen Entwicklung genießen können."[13]

Das Recht der Behinderten auf gleiche Anteilnahme bedeutet, dass sie bei den politischen Aktivitäten, in der öffentlichen Verwaltung und im gesellschaftlichen Leben gleich behandelt werden. Niemand darf sie diskriminieren. Für die Behinderten, die körperlich und geistig fähig sind, bedeutet die Anteilnahme an der Politik die Beseitigung politischer Diskriminierung und politischer Verstoßung und die Gewährleistung gleicher Rechte; für die Behinderten, die körperlich und geistig nicht in der Lage sind, ihr politisches Recht aktiv auszuüben, bedeutet die gleiche Anteilnahme an Politik, dass alle sie einschränkenden Handlungen nur streng nach Gesetzen durchgeführt werden dürfen.[14] Deshalb muss man durch Gesetze die gleichen Rechte der Behinderten schützen. Auch die Kontrollinstitutionen müssen die korrekte Durchführung der Gesetze garantieren. Die 1982 revidierten „Gesetze für Schutz der Behinderten" haben festgelegt: Behinderte genießen in der Politik, Wirtschaft, Kultur, Gesellschaft und im Familienleben die gleichen Rechte wie alle anderen Bürger. Die Rechte der Behinderten und ihre Würde müssen durch Gesetze geschützt werden. Es ist verboten, die Behinderten zu diskriminieren, zu beleidigen und deren Interessen hintanzusetzen. Auch ist es verboten, durch Medien oder andere Methoden die Persönlichkeit der Behinderten zu erniedrigen. Der Staat wird den Behinderten besondere Hilfe leisten, um die Beeinträchtigungen durch ihre Behinderung zu minimieren und die äußerlichen Hindernisse möglichst zu beseitigen. Der Staat wird auch Maßnahmen ergreifen, damit die Behinderten möglichst an Verwaltungsaufgaben staatlicher Angelegenheiten, in der Wirtschaft und Kultur teilhaben können. Außerdem muss der Staat bei der Gesetzgebung und beim Entwurf von Gesetzen, Bestimmungen und Regelungen, welche die Interessen der Behinderten betreffen, die Meinungen der Behinderten oder ihrer Organisationen zuvor anhören. Die Behinderten und deren Organisationen können zu jeder Zeit den staatlichen Organen und Behörden aller Ebenen ihre Meinungen, Wünsche und Vorschläge für Schutzmaßnahmen der Behinderten mitteilen.

13  Jiang Zemin, „Vorwort des Liedes der unermüdlichen Emporarbeit".
14  Qi Yanping, „Schutz der Rechte der sozial Schwächeren", Shandong Volksverlag, 2006, S. 374.

Die gleiche Anteilnahme der Behinderten an politischen Aktivitäten wird hauptsächlich durch passives und aktives Wahlrecht sowie durch ihre Anteilnahme an der öffentlichen Verwaltung realisiert. In den „Bestimmungen für die Wahl der Vertreter der Volkskongresse" heißt es: Nur die geistig Behinderten dürfen ihr Wahlrecht nicht wahrnehmen, und sie dürfen auch nicht in die Kandidatenliste aufgenommen werden. Die analphabetischen und behinderten Wähler dürfen aber die ihnen vertrauten Personen beauftragen, für sie zu wählen.

Die „Gleichheit ist die Tatsache einer Handlung, aber sie ist noch mehr die Widerspiegelung einer Einstellung. Eine Diskriminierung ist zwar der Ausdruck einer Handlung und eines Motivs, aber sie spiegelt auch eine ideologische Auffassung wider"[15]. Einerseits versuchen wir durch Verbesserung des Rechtsschutzsystems die gleichen Rechte der Behinderten zu schützen, andererseits müssen wir die sozialistische Weltanschauung und die entsprechende Auffassung von Ehre und Scham verbreiten und für die gleichen Rechte der Behinderten werben.

Dafür haben die Organisationen der Behinderten und Vertreter der Behinderten in den Volkskongressen viel unternommen. Bei der Wahl des neuen nationalen Volkskongresses und der neuen politischen Konsultationskonferenz sind 4.100 Behinderte, Verwandte von Behinderten und Mitarbeiter der Behindertenorganisationen als Vertreter und Mitglieder der Konsultationskonferenz auf den Provinzebenen gewählt worden. Diese konnten dann im Namen aller Behinderten ihre politischen Forderungen stellen. 2008 haben die Vertreter der Volkskongresse und Mitglieder der Konsultationskonferenzen mehr als 2.082 Vorschläge und Anträge gestellt.

## 5.3. Aufbau einer Umwelt ohne Hindernisse

Um den Behinderten Bequemlichkeiten, sichere Räume und ein Umfeld sympathetischer Anteilnahme sowie eine Möglichkeit zur „Integration in die Gesellschaft zu bieten, ist der Staat bemüht gewesen, mit technischen Mitteln wie dem Umbau von Einrichtungen alle Hindernisse zu beseitigen, die die Bewegung der Behinderten einschränken."[16] Eine Umwelt ohne Hindernisse heißt, die Gebäude und Verkehrsmittel behindertengerecht aus- und einzurichten. Eine Umwelt ohne Hindernisse ist für die Behinderten die Voraussetzung für ein normales Leben, für Reisemöglichkeiten, fürs Lernen, für die Arbeit und für gleiche Anteilnahme am gesellschaftlichen Leben, ist zugleich ein Zeichen des Respekts gegenüber den Behinderten und ein Indiz für die Zivilisation eines Landes. 2008 haben die Zentralregierung und der Staatsrat gemeinsam eine „Resolution zur Förderung der Rechte der Behinderten" verabschiedet, in der man gefordert hat, alle müssten sich an die neuen Bestimmungen des

---

15   Ma Hong, Li Zhizhong, „Forschungsuntersuchung über Momente, die die Berufschancen der sozial Schwächeren beeinträchtigen", „Chinesische Behinderte", 10 Ausgabe 2005.
16   Zhang Qi, Wu Jiang, „Forschung über den Schutz der Arbeit der chinesischen Behinderten", Verlag des Sozialschutzes der chinesischen arbeitenden Gesellschaft, 2004, S.144.

Aufbaus einer hindernislosen Umwelt halten, die Straßen und Gebäude der Städte entsprechend umbauen und neue Straßen und Gebäude entsprechend umweltfreundlich und behindertenfreundlich planen. Dies gilt auch für ländliche Regionen. Auch die Wohnviertel, Schulen, Wohlfahrtinstitutionen und öffentliche Plätze müssen entsprechend umgebaut werden. Wenn irgend möglich sollte man Behinderten mit finanziellen Schwierigkeiten unter die Arme greifen und ihr Zuhause helfen umzugestalten. Auch alle Verkehrsmittel, von der Eisenbahn bis hin zu öffentlichen Bussen müssen auch behindertenfreundlich umgestaltet werden. Auf den Parkplätzen müssen Plätze für Behinderte geschaffen werden. Öffentliche Institutionen müssen auch ihre Dienstleistungen in der Fingersprache und der Blindensprache anbieten. Alle Fernseh- und Filmprogramme sollten mit Untertiteln versehen werden. Zudem wäre die Software für Behinderte zu entwickeln.

1986 haben das Bauamt, das Zivilverwaltungsamt und die chinesische Wohlfahrtstiftung der Behinderten gemeinsam die ersten „Regeln für die Planung von Gebäuden und den Straßenbau zugunsten der Behinderten" veröffentlicht. Seit 30 Jahren haben diese „Regeln" viele positive Veränderungen bewirkt. Das „Gesetz für den Schutz der Behinderten" hat den 3. Sonntag im Mai in jedem Jahr als den „Tag der Hilfe der Behinderten des ganzen Landes" bestimmt. Im Oktober 2004 hat die erste Konferenz zum Thema „Medien ohne Hindernisse" stattgefunden. Im November 2005 hat man die nationale Union der Medien ohne Hindernisse gegründet.

Bis 2008 haben im ganzen Land sieben Provinzen, 83 Städte, 330 Kreise ihre eigenen Verwaltungsregeln über die Errichtung von Bauten ohne Hindernisse herausgegeben. Acht Provinzen, 148 Städte und 720 Kreise haben Koordinationskommissionen für Bauten ohne Hindernisse gegründet. 874 Städte, Kreise und Bezirke haben systematisch Bauten ohne Hindernisse durchgeführt. Im ganzen Land haben 1.668 Kontrollen in dieser Hinsicht stattgefunden. 18.000 Experten hat man in dieser Hinsicht architektonisch fortgebildet. Man hat in den Medien 4.383 Propagandasendungen dafür organisiert und 2.243.000 Flyer verteilt.

Auch in der elektronischen Nachrichtübertragung ohne Hindernisse hat man viel unternommen. Die Webseiten der staatlichen Institutionen für Behinderte sind zu Plattformen für Behinderte geworden. Seit 2002 nach der Etablierung solcher Plattformen hat man jedes Jahr 3.400.000 Millionen Menschen registriert. Auch im Netzwerk ist viel geschehen. Bis Ende 2008 haben 29 Provinzen ihr Netzwerk für Behinderte eingerichtet. Inzwischen haben 199 Städte ihr Netzwerk und 641 Kreise verfügen über Webseiten für Behinderte. Diese Webseiten sind spezialisiert für Nachrichten und Aktivitäten der Behinderten und bieten ihnen verschiedene Dienstleistungen.

Eine Umwelt ohne Hindernisse bezieht sich im weiteren Sinn nicht nur auf materielle Hindernisse, sondern meint auch eine Umwelt ohne psychische Hindernisse, d.h. eine Umwelt ohne Diskriminierung. Der Staat bemüht sich zwar durch Gesetze und verschiedene Bestimmungen die Rechte der Behinderten in allen Bereichen zu schützen und zu gewährleisten, damit die Behinderten wie alle anderen gleiche Rechte genießen können. Doch in der Gesellschaft existieren immer noch vielfältige Vorurteile überkommener Einstellungen gegenüber den Behinderten. Noch immer tun sich viele schwer damit, die Behinderten bedingungslos zu akzeptieren. Man muss erst ein neues Klima des Respekts gegenüber Behinderten in der Gesellschaft schaffen. Man muss die Vorurteile beseitigen. Hier muss man zuerst bei den Behinderten selber anfangen und ihnen die Minderwertigkeitskomplexe nehmen und psychische Hindernisse in ihrem Herzen beseitigen. Dann muss man die Gesellschaft über die Grundrechte der Behinderten aufklären. Der Staat richtet deshalb den Appell an die Gesellschaft, eine neue zivilisierte Haltung einzunehmen und für „Gleichheit, gleiche Anteilnahme und gemeinsamen Genuss" mit den Behinderten einzutreten. Der Staat ist mit allen Mitteln bemüht, ein neues gesellschaftliches Umfeld einer harmonischen Gesellschaft von Behinderten und allen anderen Menschen zu schaffen; eine harmonische Gesellschaft, die durch Solidarität und wechselseitige Hilfeleistung charakterisiert ist.

Um ein solches neues Umfeld für Behinderte zu schaffen, hat man zuerst versucht, die Behinderten stärker in das gesellschaftliche Leben einzubinden. Mit den Behinderten zusammen haben alle zuständigen Behörden und Institutionen tüchtig Propaganda gemacht und regelmäßig große Propagandaveranstaltungen organisiert, auf denen die sozialistische Humanität und die Hilfe der Behinderten postuliert worden ist. Man wollte damit in der Gesellschaft eine neue Wertschätzung der Ehre und des Schamgefühls bewirken und den Diskriminierungen entschieden entgegentreten. Man wollte durch alle diese Aktivitäten eine neue Medienlandschaft zugunsten der Behinderten schaffen. Deshalb hat man regelmäßig an bestimmten Tagen, in einer bestimmten Woche verschiedene humanitäre Veranstaltungen mit Themen wie „Die Gesellschaft für Behinderte und Behinderte für Gesellschaft" oder „Freundschaft mit Behinderten" organisiert, an denen oft tausend Millionen Menschen teilnehmen.

Seit der Gründung der Volksrepublik China in den letzten 60 Jahren ist der Schutz der Rechte der Behinderten ein unverzichtbarer Bestandteil des Aufbaus des Sozialismus chinesischer Prägung. Diese Arbeit für Behinderte ist großartig, aber auch zugleich sehr hart. Der Weg ist noch weit, und die Aufgaben sind schwer. Aber die chinesische Regierung ist zuversichtlich und wird auch künftig das Rechtsschutzsystem der Behinderten weiter verbessern, den Behinderten die medizinische Behandlung zusichern, das Vorbeugungssystem gegen Krankheiten perfektionieren, die Hilfe für Behinderte und deren Betreuung intensivieren, das Sozialversicherungssystem für Behinderte verbessern, die soziale Wohlfahrt und die wohltätigen Einrichtungen für Behinderte noch mehr fördern, die Ausbildung der Behinderten verbessern, die berufliche Beschäftigung der Behinderten weiterhin fördern, das Dienstleistungssystem vervollständigen, die Konstituierung einer behindertenfreundlichen Umwelt beschleunigen, das Bewusstsein der ganzen Gesellschaft für notwendige Hilfeleistungen für die Behinderten schärfen, die internationale Zusammenarbeit und den internationalen Austausch hinsichtlich des Schutzes der Rechte der Behinderten fördern und intensivieren. Die chinesische Regierung wird versuchen, immer mehr Behinderte in die Führungspositionen zu bringen und sie wird die Arbeit der behinderten Organisationen noch stärker als bisher unterstützen. Es wartet noch sehr viel Arbeit auf uns.

Im Grunde ist die Situation der chinesischen Behinderten bereits wesentlich verbessert worden. Ein einigermaßen vollständiges Rechtsschutzsystem für Behinderte ist aufgebaut. Die Behinderten können heute ihre Rechte auf Politik, Wirtschaft, Gesellschaft und Kultur geltend machen und wahrnehmen. Zugleich ist uns bewusst, dass durch die Einschränkung der wirtschaftlichen und gesellschaftlichen Entwicklung noch vieles in dieser Hinsicht zu verbessern ist. Die chinesische Grundlage erscheint in dieser Hinsicht noch sehr schwach. Die bisherigen Maßnahmen für den Schutz der Rechte der Behinderten sind noch nicht perfekt, viele Behinderte haben noch Schwierigkeiten im Leben, bei ihrer Partizipation am Gesellschaftsleben, in der Arbeit und bei der Arbeitsuche, in der medizinischen Behandlung und im Genesungsprozess, in ihrer Ausbildung, im kulturellen Leben und im Sport. Im Grunde ist der Lebensstandard der Behinderten im Vergleich mit einem Durchschnittsbürger noch ziemlich niedrig. Einige Orte und Behörden achten nicht genug auf die Probleme der Behinderten. Einige in der Gesellschaft haben noch kein adäquates Bewusstsein für Hilfsnotwendigkeiten, und es geschehen immer noch oft Diskriminierungen und Verletzungen der Interessen Behinderter. Die Verbesserung ihrer Situation ist unterdessen für alle eine dringende und wichtige Aufgabe beim Aufbau einer wohlhabenden und harmonischen Gesellschaft geworden.

Die Regierung wird jetzt zuerst die unmittelbaren und aktuellen Probleme lösen, die für die meisten Behinderten von Interesse sind. Dann soll unter der Leitung der Regierung und der Anteilnahme der ganzen Gesellschaft, unter der Förderung der Marktwirtschaft und im Hinblick auf die Motivierung der ganzen Bevölkerung das Rechtsschutzsystem der Behinderten und das Sozialschutzsystem für Behinderte verbessert werden. Das betrifft auch die Dienstleistungen für Behinderte, ein behindertenfreundliches Klima in der Gesellschaft, eine Verringerung des Unterschieds im Lebensstandard zwischen den Behinderten und den anderen Menschen, die Gewährleistung gleicher Chancen für Behinderte, die Ermöglichung einer harmonischen Beziehung zwischen den Behinderten und den gesunden Menschen, zwischen den Behinderten untereinander, zwischen den Behinderten und der Regierung, zwischen den Behinderten und ihren Organisationen, in der Hoffnung, dass die Behinderten schließlich mit der ganzen Bevölkerung zusammen dem höheren Ziel einer wohlhabenden und harmonischen Gesellschaft entgegenschreiten.

# Kapitel 8

# Aktives Mitwirken bei der internationalen Menschenrechtskonvention

Seit der Gründung der Volksrepublik unterstützt China fortwährend die internationale Menschenrechtskonvention nachdrücklich. In der Zeit nach den Reformen und der Öffnung zur Welt partizipiert China noch stärker an den Angelegenheiten der internationalen Menschenrechte und führt gewissenhaft die Postulate der Menschenrechtskonvention durch. Unter Voraussetzung gegenseitigen Respekts arbeitet China mit anderen Ländern eng zusammen, um die Entwicklung der Menschenrechte in der Welt voranzutreiben, auch um den internationalen Einfluss der chinesischen Menschenrechte zu vergrößern. Im Dezember 2008 hat der Generalsekretär Hu Jintao in seinem öffentlichen Brief an das Forschungsinstitut für Menschenrechte geschrieben: „Das chinesische Volk wird weiterhin die Zusammenarbeit mit den internationalen Organisationen der Menschenrechte intensivieren und versuchen, mit den Völkern der Welt die Entwicklung der Menschenrechte voranzutreiben, um für einen dauerhaften Frieden und ein gemeinsames Gedeihen sowie eine Welt in Harmonie seinen Beitrag zu leisten."

## I. Die Entwicklung der internationalen Menschenrechte

Die Entwicklung der internationalen Menschenrechte ist die Folge allgemeiner Bemühung der Menschheit um Frieden nach dem 2. Weltkrieg. Obwohl manche Länder in den letzten Jahren die Menschenrechte als Vorwand eigener strategischer Interessen haben durchsetzen wollen und unter Berufung auf die Menschenrechte als Alibi sich in die Angelegenheiten anderer Länder haben einmischen wollen, überwiegt noch immer die internationale Zusammenarbeit als entscheidende Motivation.

## 1.1. Die Entwicklung der internationalen Menschenrechte nach dem 2. Weltkrieg

Die Menschenrechte sind auf die europäische Aufklärung in der Neuzeit zurückzuführen. Beim Kampf zwischen der religiös legitimierten Macht und der feudalistischen Diktatur hat die neu entstandene Bourgeoisie die Menschenrechte als ihre politischen Waffen geltend gemacht und hat sie nach ihrer Machtergreifung in ihre politischen Programme aufgenommen. Seit der Begriff der Menschenrechte im 17. und 18. Jahrhundert aufgekommen ist, haben einige Repräsentanten westlicher Länder die Menschenrechte für ihr eigenes Patent deklariert. Über längere Zeit der Beziehung zwischen Ost und West haben viele westliche Länder das Wort „Menschenrechte" nicht verwendet. Sie haben sich nur für die Ausbeutung kolonisierter Länder interessiert. Erst Mitte des letzten Jahrhunderts, als die grausamen Faschisten im 2. Weltkrieg Leben und Würde der Menschen mit Füssen getreten haben, hat das Thema der Menschenrechte allmählich an Aktualität und Brisanz gewonnen und hat allgemein Aufmerksamkeit in der Welt erregt. Schließlich sind Menschenrechte ein politisches Ziel der Länder bei ihrem Kampf um Staatsunabhängigkeit und um ihre Souveränität geworden.

Der 2. Weltkrieg erinnert an den Wendepunkt der internationalen Entwicklung der Menschenrechte. Die von deutschen, italienischen und japanischen Faschisten initiierten aggressiven Kriege mit ihren brutalen Auswirkungen hatten die internationale Gemeinschaft in dem Glauben bestärkt, dass ein enger Zusammenhang zwischen individuellen Menschenrechten, internationalem Frieden und Gewährleistung der Sicherheit bestehen müsse. Staaten, welche die natürlichen, angeborenen Rechte ihrer Bürger verletzten, so die allgemeine Überzeugung, würden ihre Nachbarn und das internationale System im Prinzip in Frage stellen und gefährden. Aus diesem Grund ist man zu der begreiflichen Einsicht gekommen, dass nur ein internationales Friedens- und Sicherheitssystem in Zukunft für geordnete Verhältnisse sorgen kann. Die Errichtung einer Menschenrechtskommission war die logische Konsequenz dieser neuen Weltanschauung, in der „Frieden, Sicherheit und Menschenrechte als interdependent erachtet wurden."[1]

Nach dem Ende des 2. Weltkriegs ist der Ruf nach Schutz und Gewährleistung der Menschenrechte auf der internationalen politischen Bühne immer lauter ertönt und die Entwicklung der internationalen Menschenrechte hat einen energischen Anstoß erhalten und ist zu einer unaufhaltsamen historischen Strömung angewachsen. Die UN haben zwar über längere Zeit keine besonders wichtige Rolle für die internationale Sicherheit und Förderung der internationalen Entwicklung gespielt, aber hinsichtlich der Förderung der internationalen Menschenrechte haben die UN eine nicht zu leugnende Bedeutung gewonnen. Dank der Bemühungen der UN ist das Rechtsschutzsystem der Menschenrechte

---

1 Jochen Hanfer, „Menschenrechtskonvention", chinesische Übersetzung, Verlag Weltwissen, 1992, S.19.

immer perfekter geworden. Thom J. Faler hat das auf die These gebracht: „Von Anfang an scheint die UN eine Institution für Menschenrechte"[2]. Die „Charta der UN" ist zwar kein Dokument über internationale Menschenrechte, doch in deren Vorwort hat man eindeutig und klar den Schutz der Menschenrechte als Ziel anvisiert. „Wir, d.h. alle Länder der UN, bekräftigen hiermit die Werte der Menschenrechte und Menschenwürde sowie die gleichen Rechte von Mann und Frau und von großen und kleinen Ländern, damit die nächsten Generationen von den letzten zwei grausamen Kriegen verschont bleiben."[3]

Die historische Strömung internationaler Entwicklung der Menschenrechte nach dem Weltkrieg und die „Charta der UN" haben die Grundlage für die Legitimität und für die Grundprinzipien der internationalen Menschenrechtsentwicklung gelegt: 1.) Die potentielle Bedeutung der UN – Menschenrechte mit ihren Zielsetzungen hat lediglich in der theoretischen „Forschung", „Förderung", „Motivierung" und in „Vorschlägen" bestanden. Hauptsächlich hat man ein Klima zugunsten der Menschenrechte schaffen und die Länder in ihrer Entwicklung der Menschenrechte unterstützen wollen. 2.) Die Gewährleistung der Menschenrechte ist ein gemeinsamer Imperativ für alle Länder und alle Völker. Die Kriterien der Menschenrechte der UN sind von allen Mitgliedstaaten anerkannt worden. Und deshalb müssen sich alle daran halten. Für keinen Staat gilt dabei eine Ausnahme. 3.) Im Wesentlichen gehört das Problem der Menschenrechte zum Bereich der inneren Angelegenheiten eines Staates. Die Charta hat deutlich erklärt, dass die UN sich nicht in die verantwortlichen inneren Angelegenheiten eines Landes einmischen werde. Alle Prinzipien der UN entsprechen den Grundprinzipien der internationalen Beziehungen und des internationalen Völkerrechts.

In den letzten 60 Jahren seit dem Ende des 2. Weltkriegs bis heute hat die internationale Menschenrechtsentwicklung ein paar wichtige historische Phasen hinter sich. Obwohl die Schwerpunkte der Menschenrechtsentwicklung und das Entwicklungstempo in den einzelnen Ländern und auch deren Standpunkte und Verhalten in jeder dieser Phasen unterschiedlich waren, haben sich doch alle grundsätzlich fortbewegt und verändert.

Zu Beginn der 40er bis zum Ende der 50er Jahre hat sich die Entwicklung der internationalen Menschenrechte noch in einer Anfangsphase befunden. Doch hat die internationale Menschenrechtsentwicklung in diesem Zeitraum schon einiges erreicht:

Zunächst sind kraft der Bemühung aller Länder eine Reihe von internationalen Dokumenten für die Menschenrechte verabschiedet und anschließend von allen Ländern befürwortet und anerkannt worden. Die „Charta der UN" hat für die internationale Menschenrechtsentwicklung die Richtlinien

2 Thom J. Faler, „UN und Menschenrechte", „Nachschlagwerke der Forschung der UN" 17. Ausgabe, S.4.
3 „Charta der UN", Dong Yunhu, Liu Wuping, „Lexikon der Bestimmungen der Menschenrechtskonvention", Sichuan Volksverlag, 1990, S.928-945.

und Grundprinzipien festgelegt. Die „Menschenrechtskonvention" spiegelt den Geist der Menschenrechte wider und hat die Zielsetzung der Menschenrechtsentwicklung festgelegt. Die heutzutage von allen Ländern anerkannten Grundprinzipien und Ziele, die entscheidenden Organisationen, deren Potenzen und die Hauptinhalte der Menschenrechtsentwicklung sind zumeist in diesem Zeitabschnitt entworfen und erlassen worden.

Zweitens hat man die Bewahrung des Friedens, eine Bestrafung der Kriegsverbrecher und damit verbundene Fragen als Schwerpunkte für eine Gewährleistung der internationalen Menschenrechte geltend gemacht. In diesem Zeitraum sind die „Deklaration des Friedens" und die „Deklaration der Konferenz des internationalen Friedensschutzes" verabschiedet worden, in denen der dringende Ruf nach internationalem Frieden nicht zu überhören war.

Zur gleichen Zeit haben das Nürnberger internationale Kriegsgericht und das Militärgericht im fernen Osten nach und nach die deutschen und japanischen Kriegsverbrecher verurteilt. Man hat dadurch die faschistischen Kräfte niederschlagen wollen, damit deren unmenschliche, grausame und todbringenden Aktionen nie wieder vorkommen.1948 hat die Generalversammlung der UN die „Charta zur Verhinderung menschenvernichtender Verbrechen" verabschiedet. Das ist das erste Dokument der UN speziell zum Thema von Menschenrechten gewesen.

Drittens hat sich die Gewährleistung persönlicher Rechte in erster Linie auf Bürger und deren politische Rechte konzentriert. Vergleichsweise hat man die kollektiven Rechte sowie die Rechte auf Wirtschaft, Gesellschaft und Kultur kaum berücksichtigt. Von den im „Pakt über bürgerliche und politische Rechte" erwähnten 29 Rechten betreffen 21 persönliche Bürgerrechte und individuelle politische Rechte. Grund dafür war die Tatsache, dass die meisten asiatischen und afrikanischen Kolonie- und Halbkolonieländer gerade entstanden waren und noch keine Autonomie hatten. Die westlichen und die lateinamerikanischen Länder, die den westlichen Ländern ideologisch gleichgeschaltet waren, hielten 2/3 der Sitze der UN besetzt. Unter den damaligen klimatischen Bedingungen des Kalten Kriegs ist die Frage der Menschenrechte mutmaßlich durch den internationalen politischen Kampf beeinflusst gewesen. Die westlichen Lager unter Führung der USA haben ihren Vorteil der Mehrheit genutzt und auf die Entwicklung der internationalen Menschenrechte nach westlichen Kriterien maßgeblichen Einfluss ausgeübt.

## 1.2. Die rasante Entwicklung der internationalen Menschenrechte von der Mitte 50er bis in die 70er Jahren des 20. Jahrhunderts

Der Zeitabschnitt von der Mitte der 50er bis hin zu den 70er Jahren des 20. Jahrhunderts ist eine geradezu rasante Entwicklungsphase der Menschenrechtsentwicklung gewesen. Die Bandong- Konferenz im Jahr 1955, an der 25 asiatische und afrikanische Länder teilgenommen haben, war zwar keine globale Versammlung der Menschenrechte, doch sie war die erste Konferenz der Entwicklungsländer, die gerade nach dem Weltkrieg von Fesseln des westlichen, kolonialen Systems befreit worden und gerade unabhängig geworden waren. Und diese Konferenz war für die Globalisierung der Menschenrechtsentwicklung von großer Bedeutung. In ihrem „Letzten Kommuniqué" hat man einige neue Grundprinzipien nationaler Unabhängigkeit, gleichberechtigter Selbstbestimmung, gegenseitiger Förderung der kollektiven und persönlichen Rechte und gegenseitiger Vervollständigung der Rechte und Pflichten geltend gemacht. Dies hat den Blick für die Gewährleistung der internationalen Menschenrechte erweitert und das Monopol westlicher Auffassung und Kriterien der internationalen Menschenrechte zunichte gemacht. Die oben erwähnte Konferenz selbst hat demonstriert, wie die gerade erst unabhängig gewordenen Länder als eine neue politische Kraft die Weltbühne der internationalen Politik betreten haben. In den 60er Jahren sind viele asiatische, afrikanische und lateinamerikanische Länder infolge ihrer nationalen Befreiungsbewegung nach und nach unabhängig geworden. Der dadurch verursachten neuen Situation entsprechend haben die westlichen Lager nicht mehr die Mehrheit in der UN behaupten können. Auch ihre Auffassungen und Kriterien der Menschenrechte haben fortan die historische Entwicklung der internationalen Menschenrechte tendenziell nicht mehr bestimmen können. Da die neu unabhängigen Staaten allmählich in den UN die Mehrheit der Sitze gewonnen hatten, haben die Menschenrechte eine Abkehr vom dominant „europäischen und amerikanischen Stil" zu einem „gemeinsamen Profil" gefunden.

1.) Der „Internationale Pakt bürgerlicher und politischer Rechte" und der „Internationale Pakt wirtschaftlicher, sozialer und kultureller Rechte" sind nach bald 20 Jahren der Diskussionen und Entwürfe verabschiedet und 1966 von der UN-Generalversammlung gebilligt worden.

2.) Die Gewährleistung nationaler Selbstbestimmung und der Anerkennung der Souveränität nationaler Naturressourcen sind Schwerpunkte für die Verwirklichung der internationalen Menschenrechte geworden. Die 1960 erlassene „Deklaration für die Rechte der Unabhängigkeit der kolonialen Länder" und die 1962 erlassene „Deklaration für das ewige Hoheitsrecht der Naturressourcen" haben erklärt: „Alle Völker verfügen über das Selbstbestimmungsrecht und können selbst über ihre politische Systeme entscheiden, können ihre Wirtschaft, Gesellschaft und Kultur frei entwickeln. Alle Länder müssen nach den Prinzipien gleichberechtigter nationaler Souveränität und des wechselseitigen Respekts die Hoheitsrechte über ihre Naturressourcen wahrnehmen und fördern."

3.) Auch der Kampf gegen den Rassismus, die Sklaverei, das Sklavensystem und die Sklavenarbeit und vergleichbare kollektive Rechte sind allmählich als Programmpunkte in die internationalen Menschenrechte aufgenommen worden. 1957 hat man die „Deklaration eines Verbots der Zwangsarbeit" verabschiedet, in der alle Länder aufgefordert worden sind, Zwangsarbeit aller Formen zu untersagen. 1965 ist die „Deklaration zur Beseitigung der Rassendiskriminierung in jeder Form" publiziert worden, worin die politische

Absicht betont worden ist, dass man mit allen Mitteln den Rassismus jeglicher Art bekämpfen und die Völkerverständigung fördern müsse. 1973 hat man die „Deklaration des Verbots der Rassentrennung bei gravierenden Strafen" erlassen, in der alle Organisationen und Institutionen sowie einzelne Person, die die Rassentrennung und damit eine Diskriminierung betreiben, als kriminell bezeichnet werden.

4.) Die Gleichheit der Rechte in den Ländern mit unterschiedlichem Entwicklungsniveau im internationalen Wirtschaftsbereich ist auch auf die Tagesordnung der internationalen Menschenrechte gesetzt worden. 1969 hat die Generalversammlung der UN die „Deklaration über Sozialfortschritt und Entwicklung" erlassen, worin man betont hat, dass die entwickelten Länder und die Entwicklungsländer in gleicher Weise ihre technischen Fortschritte berechtigt genießen können. Zugleich sollte man für die ökonomische Entwicklung ständig günstige Bedingungen schaffen, vor allem aber in den Entwicklungsländern solche ermöglichen.

5.) Die Entwicklungsländer haben im Entwicklungsprozess der internationalen Menschenrechte immer eine dominante Rolle gespielt. Doch 1968 hat in Teheran die erste internationale Konferenz der Menschenrechte stattgefunden, auf der die Auffassungen der Entwicklungsländer die Oberhand gewonnen haben. Im „Teheraner Manifest" hat man die Allgemeinheit der Menschenrechte betont und zudem die obligatorischen Pflichten der einzelnen Länder für die Menschenrechtsentwicklung definiert. Außerdem hat man als neue Programmpunkte die Grundfreiheit, den Kampf gegen Rassentrennung und den Rassismus, das Recht auf Souveränität, die Beseitigung des Unterschieds zwischen Reich und Arm, die Verhinderung des Analphabetismus, den Schutz der Frauen und Kinder, den Schutz der Familien und Jugendlichen und eine umfassende Abrüstung in die Menschenrechte aufgenommen. Diese Momente sind dann als „die neuen Kriterien und neuen Pflichten" für die internationalen Menschenrechte gewichtet worden.

## 1.3. Die stabile Entwicklungsphase der internationalen Menschenrechte vom Ende der 70er bis in die 80er Jahre des 20. Jahrhunderts.

In der Zeit seit dem Ende der 70er bis in die 80er Jahre des 20. Jahrhunderts habe sich die internationalen Menschenrechte in einer stabilen Phase bewegt. Nach der rasanten Entwicklungsphase zwischen den 50er und den 70er Jahren hat sich die Überzeugung notwendiger Gewährleistung der Menschenrechte tief in die Herzen der internationalen Gesellschaft eingebrannt. Die Kriterien für die Gewährleistung der internationalen Menschenrechte haben schon längst die westlichen Auffassungen transzendiert. Die neuen Gesichtspunkte sind allmählich von den meisten Ländern der Welt anerkannt und akzeptiert worden.

Erwähnenswert sind zwei Themen wie Frieden und die Mobilisierung internationaler Entwicklung als wichtige Programmpunkte, die der Bewegung der Menschenrechte zugeschlagen worden sind. Man hat dadurch die Gewährleistung der internationalen Menschenrechte mit den fundamentalen Problemen von Leben und Tod der Menschheit in einen unlösbaren Zusammenhang gebracht.

Was das Thema „Frieden" betrifft, so hat man mit der Bedeutung der Globalisierung der Menschenrechte die Notwendigkeit betont, Kriege zu unterbinden. Früher ist die Bewahrung des Friedens gewiss das Hauptziel der internationalen Menschenrechte gewesen. Aber man hat den Frieden nicht als die wesentliche Voraussetzung für die Gewährleistung der Menschenrechte betrachtet. Dies hat sich in den 70er Jahren geändert. 1978 hat die Generalversammlung der UN eine „Deklaration für die Vorbereitung eines friedlichen Lebens aller Länder" verabschiedet, in der es heißt: „Alle Länder und alle Menschen, unabhängig ihrer Nation, von ihrem Gewissen, ihrer Sprache, von ihrem Geschlecht haben das Recht auf ein friedliches Leben". Hier ist zum ersten Mal von der internationalen Gesellschaft der Frieden als ein Menschenrecht betrachtet worden. 1984 hat die Generalversammlung der UN wiederum ein „Kommuniqué für das Recht der Bevölkerung auf Frieden" erlassen. „Alle Völker der Welt haben das heilige Recht auf Frieden". „Die Bewahrung des Rechts der Bevölkerung aller Länder auf Frieden ist für alle Länder ein kategorischer Imperativ".

Dass darüber hinaus das Recht auf Entwicklung auch als neuer Programmpunkt der Menschenrechte markiert worden ist, muss als ein großer Erfolg der internationalen Menschenrechtsentwicklung gedeutet werden. 1977 und 1979 hat die Menschenrechtskommission mit zwei Resolutionen den Generalsekretär der UN und der UNESCO aufgefordert, auf der Basis der internationalen Zusammenarbeit das Recht auf Entwicklung ins Programm der Menschenrechte aufzunehmen. 1986 hat die Generalversammlung der UN offiziell die „Deklaration für das Recht auf Entwicklung" verabschiedet, worin betont worden ist: „Das Recht auf Entwicklung ist ein nicht zu entziehendes Menschenrecht." Aufgrund dieses Rechts haben alle Menschen und Länder das Anrecht auf Anteilnahme, auf Förderung und den Genuss der wirtschaftlichen, gesellschaftlichen, kulturellen und politischen Entwicklung." Die Entwicklungsländer haben hier ihre Ansichten durchgesetzt und erreicht, dass das Recht auf Entwicklung schließlich als eins der Menschenrechte akzeptiert worden ist. Das könnte man auch als den Durchbruch der neuen Kriterien der Menschenrechte interpretieren. Die Welt ist damit in die sogenannte „dritte Generation" der Menschenrechtsentwicklung eingetreten.[4]

---

4 Unter „Menschenrechten der 1. Generation" versteht man hauptsächlich die politischen Rechte und Grundrechte der Bürger. Mit „Menschenrechten der 2. Genration" sind die Bereiche die Erweiterung der Rechte auf Wirtschaft, Gesellschaft und Kultur gemeint. Unter „Menschenrechten der 3. Generation" versteht man, dass zum Programm der Rechte auch die nationale Selbstbestimmung, das Entwicklungsrecht und ähnliche kollektive Rechte gehören.

## 1.4. Die neue Entwicklung in den 90er Jahren des 20. Jahrhunderts.

Nach 90er Jahren des 20. Jahrhunderts und mit Ende des Kalten Krieges hat sich die internationale Struktur stark verändert. Die internationale Beziehung hat sich in zwei Lager verwandelt, die einander konfrontativ und mit komplexen Strukturen gegenüber stehen. Die wirtschaftliche Globalisierung mit ihrem offenen Markt als Zentrum treibt die Welt zu einer gegenseitig abhängigen und wechselseitig profitablen Einheit. Diese neuen Veränderungen in der Welt haben die internationalen Menschenrechte unvermeidlich in eine neue Entwicklungsphase gebracht.

Seit den 90er Jahren des 20. Jahrhunderts bis heute haben viele Länder hinsichtlich der internationalen Menschenrechte harte Diskussionen ausgetragen, und es hat sogar heftige Auseinandersetzungen gegeben. Denn einerseits haben sich einige westliche Länder ständig in die inneren Angelegenheiten anderer Staaten eingemischt und wollten sich als Schiedsrichter aufspielen oder in dominanter Absicht darauf hinwirken, dass diese Staaten ihren Vorstellungen und ihrer Auffassung entsprechend agieren. Andererseits waren die meisten Mitgliedstaaten der UN mit der Auffassung und der Handlungsweise der westlichen Länder nicht einverstanden und haben nicht mit ihnen kooperiert. Dass sich der Westen in Fragen der Menschenrechte ständig in die inneren Angelegenheiten anderer Länder eingemischt hat, ist von den betroffenen Ländern häufig nicht geduldet worden, und man hat dagegen boykottiert. Angesicht dieser Situation der internationalen Menschenrechtsentwicklung im 21. Jahrhundert steht die Welt vor einer neuen schweren Herausforderung, und es gibt zugleich viele neue Tendenzen:

1.) Die Gewährleistung der Menschenrechte ist schon immer in der internationalen Gesellschaft hoch geachtet worden. 1990 hat die UN die 90er Jahre als die „10 Jahre der Menschenrechte" verkündet. Und so standen die Menschenrechtsfragen aller Länder unter der Überwachung und Kontrolle der UN. Jedes Jahr hat die Menschenrechtskommission getagt, und dessen Berichte sind von allen Ländern beachtet worden. Das hat den Druck auf die kritisierten Länder erhöht. 2006 hat der Menschenrechtsrat die Menschenrechtskommission abgelöst. Seither fungieren Menschenrechte, Sicherheit und Entwicklung als die „3 Säulen" der UN.

2.) Die Einmischung der westlichen Staaten in die internationale Menschenrechtsentwicklung ist immer deutlicher geworden. Nach Ansicht vieler westlicher Länder war der Sieg des Kalten Krieges eigentlich ein Sieg der westlichen Auffassung der Menschenrechte. Deshalb haben die westlichen Länder die Forderung erhoben, dass alle Länder bei ihrer Praktizierung und Förderung von Menschenrechten „zuerst das persönliche Recht auf Freiheit respektieren". Damit haben diese westlichen Länder andere Staaten unter Druck gesetzt, Vorwürfe gegen sie erhoben und verlangt, das Schutzsystem der Menschenrechte nach ihren Kriterien aufzubauen. Das hat bei vielen Ländern wenig Sympathie geweckt und sogar Blockaden hervorgerufen.

3.) Die internationale Menschenrechtsentwicklung ist immer stärker unter den Einfluss der internationalen Politik und der wirtschaftlichen Verhältnisse geraten. Die Widersprüche zwischen Ländern mit unterschiedlicher Geschichte, Kultur und Tradition sind immer größer geworden. Alle Länder haben aus jeweils eigener Perspektive, entweder aus Hegemonismus oder rationalen Überlegungen und eigenem Interesse ihre Position in Menschenrechtsfragen vertreten. Das ist am Ende als Ergebnis des Versuchs westlicher Länder, bei der internationalen Menschenrechtsentwicklung immer eine führende Rolle zu spielen, herausgekommen.

4.) Als eine weitere Tendenz in der internationalen Menschenrechtsentwicklung ließ sich beobachten, dass man zunehmend unter Zwang und nur beschränkt die Kriterien der internationalen Menschenrechte durchzusetzen versucht hat. Der renommierte amerikanische Experte für Menschenrechte Jack Tonally hat hinsichtlich der Gewährleistung der internationalen Menschenrechte vier Stadien unterschieden: die Deklaration, die Entwicklung, die Durchführung und den Zwang[5]. Seit langer Zeit hat sich die internationale Menschenrechtsentwicklung im Stadium ihrer „Deklaration" und der „Entwicklung" befunden. Die UN haben kaum Möglichkeiten, auf die Mitgliedstaaten hinsichtlich der Menschenrechte einzuwirken. Deshalb hat man die früheren Prinzipien der UN nicht hinreichend beachtet. Heutzutage ist man tendenziell offensichtlich im Stadium der „Durchführung" angelangt. Noch bei der „humanistischen Einmischung" hat man manchmal von „Zwang" reden können. Auch wenn sich viele Staaten noch ziemlich skeptisch gegenüber solchen „Zwangsmaßnahmen" verhalten haben, ist diese Tendenz doch eine unvermeidliche Tatsache geworden.

Blickt man zurück auf ein halbes Jahrhundert Entwicklung der internationalen Menschenrechte, dann kann man von großen Erfolgen sprechen. Unter Leitung der UN sind inzwischen zahlreiche Richtlinien und grundsätzliche Regelungen von beinah allen Mitgliedstaaten veröffentlicht, anerkannt und akzeptiert worden. Viele internationale Institutionen der Menschenrechte einschließlich des Menschenrechtsrates der UN haben in aller Welt ihre Aufgaben erfüllt.

Sie haben für die nationale Unabhängigkeit und Selbstbestimmung, für die Verhinderung von Diskriminierung, Rassenhass und Rassentrennung, bei der Förderung der Volkswirtschaft, der Bewahrung gesellschaftlicher und kultureller Rechte, der Bürgerrechte und politischen Rechte, beim Schutz von Frauen und Kindern, bei Kontrollen der Verfahrensweise der Länder in Fragen der Menschenrechte, für respektables Verhalten gegenüber den Menschenrechten und für deren Gewährleistung wirklich einen großen Betrag geleistet. Erfreulich zu sehen, dass die internationalen Menschenrechte sich im 21. Jahrhundert weiter entwickeln. Hinsichtlich der Entwicklung der internationalen Menschenrechte verspricht dies ein hoffnungsvolles Jahrhundert zu werden.

---

5  Jack Tonally, „International Human Rights: A Regime Analysis", Internationale Organization, Herbstausgabe 1986, S. 599.

## II. Der Prozess der chinesischen Anteilnahme an Aktivitäten der internationalen Menschenrechte

China gehört zu den ersten Staaten, die an der internationalen Menschenrechtsentwicklung teilgenommen und diese Entwicklung vorangetrieben haben. Schon 1945 hat China zu den initiativen Staaten gehört, die an der Gründungsversammlung der UN in San Francisco teilgenommen und hat zur Gründung der UN und der „Charta der UN" beigetragen haben. China hat 1947 dann bei Gründung der Menschenrechtskommission die „Allgemeine Erklärung der Menschenrechte" mitentworfen. In der damaligen kontroversen Diskussion der Standpunkte einzelner Länder hat China immer darauf bestanden, dass man nicht immer nur die westlichen Vorstellungen und Kriterien zum Maßstab nehmen sollte, sondern auch die chinesische konfuzianische Kultur als eine Norm für die allgemeinen Kriterien der Menschenrechte zu berücksichtigen habe.[6]

Seit der Gründung der Volksrepublik hat China ständig und energisch die Aktivitäten der internationalen Menschenrechte unterstützt und daran produktiv teilgenommen. In der Anfangszeit nach Gründung der Volksrepublik hat man China zwar seiner Sympathie für die sozialistischen Länder wegen vonseiten des westlichen Lagers unter der Führung der USA kritisiert und blockiert. Doch konnte China in vieler Hinsicht bei den internationalen Menschenrechten mitwirken. Vor allem hat China 1955 an der Bandong- Konferenz der Entwicklungsländer teilgenommen und zum Erfolg dieser Konferenz maßgeblich beigetragen. Im „Letzten Kommuniqué" haben alle asiatischen und afrikanischen Länder, die diese Konferenz besucht haben, gemeinsam zugesichert, „nachdrücklich die Grundprinzipien der Charta der UN hinsichtlich der Menschenrechte und die Charta der Menschenrechte mitzutragen." Im selben Jahr hat Zhou En Lai auf der Sitzung des ständigen Ausschusses des nationalen Volkskongresses noch einmal diese Zusagen des „Kommuniqués" betont: „Die 10 Prinzipien des „Kommuniqués" von Bandong schließen den Respekt und die Anerkennung der Grundrechte der Menschen, der Grundprinzipien und Richtlinien der „Charta der UN" mit ein(…). Das sind eigentlich die Prinzipien, denen China schon immer nachgekommen ist."

An der 1968 in Teheran stattgehabten 1. Konferenz der internationalen Menschenrechte hat China nicht teilgenommen. Aber China hat die Forderung der Entwicklungsländer, die nationale Selbstbestimmung zu garantieren, ausgesprochen gelobt.

1971 ist China wieder in die UN aufgenommen worden. Seither spielt China auf der internationalen Bühne der Menschenrechte eine aktive Rolle. Zu allen Sitzungen und Konferenzen hat China seine Delegation entsandt und hat an der Überprüfung aller Entwürfe partizipiert und seine eigene Position präzisierend erläutert. Inzwischen ist China von der internationalen Gesellschaft

---

6   Huang Mo, „40 Jahre internationale Menschenrechte", „Intellektuelle", Sommerausgabe 1986.

anerkannt und mit hohem Lob bedacht worden. Seit 1979 hat die chinesische Delegation drei Jahre nacheinander als Beobachter an Sitzungen der UN- Menschenrechtskommission teilgenommen. 1980 hat man China zum Mitgliedstaat der Menschenrechtskommission gewählt, und daran hat sich bis heute nichts geändert.

In den 80er Jahren des 20. Jahrhunderts hat China aktiv bei Entwürfen zahlreicher wichtiger Dokumente der UN hinsichtlich der internationalen Menschenrechte mitgewirkt. Darunter waren „Kinderrechtskonvention", die „Internationale Konvention zum Schutz der Rechte aller Wanderarbeiter und ihrer Familienangehörigen", das „Übereinkommen gegen Folter und andere grausame, unmenschliche oder demütigende Behandlungen und Strafen", das „Übereinkommen für den Schutz der Nationen, Rassen, Sprachen und Religionen" und viele ähnliche Resolutionen, Deklarationen und Abkommen. Die chinesischen Delegationen haben bei all diesen Entwürfen konstruktive Ideen und Verbesserungsvorschläge unterbreitet, die später in die endgültigen Fassungen aufgenommen worden sind.

Darüber hinaus hat China 1980 bis 1988 25 weitere internationale Dokumente die Menschenrechte betreffend mitentworfen, unterzeichnet und gebilligt. Hierzu zählen die „Anti-Völkermordkonvention", die „Anti-Rassendiskriminierungskonvention", die „Frauenrechtskonvention", die „Flüchtlingskonvention" und die „Anti-Folterkonvention". China ist ständig bemüht gewesen, nach der Menschenrechtskonvention zu handeln, seine internationale Verpflichtung zu erfüllen und der UN regelmäßig Berichte über seine Durchführung der Aufgaben zu liefern.

China ist immer für Gerechtigkeit eingetreten und hat unermüdlich versucht, sich für die Verteidigung der nationalen Selbstbestimmung der Entwicklungsländer und für eine Unterbindung der Menschenrechtsverletzungen einzusetzen. Es ist allen bekannt, wie entschieden sich China für eine gerechte Lösung der Probleme in Kambodscha, Afghanistan, Pakistan, Panama und bei einer Reihe weiterer Problemfälle der internationalen Menschenrechte eingesetzt hat.

China hat schon von Anfang auf seiner Unterstützung und Affirmation hinsichtlich der beiden wichtigsten Dokumente der „internationalen Charta der Menschenrechte" und der „Allgemeinen Erklärung der Menschenrechte" beharrt. 1986 hat der chinesische Außenminister in der allgemeinen Diskussion der 41. Sitzung der UN darauf hingewiesen, dass die beiden Dokumente: „Internationaler Pakt über wirtschaftliche, soziale und kulturelle Rechte" und „Internationaler Pakt über bürgerliche und politische Rechte" für die Verwirklichung der Grundprinzipien der „Charta der UN" von großer Bedeutung sind. 1988 hat der chinesische Außerminister auf der 43. Generalversammlung der UN betont, dass die „Charta der Menschenrechte" das erste internationale Dokument ist, das den Respekt und Schutz der Grundrechte der Menschen geltend macht. Obwohl dieses Dokument durch Mängel seiner historischen Beschränkung charakterisiert ist, hat es doch die Entwicklung der internationalen Menschenrechte nach dem Weltkrieg stark beeinflusst und eine folgenreiche Rolle gespielt. 1989 hat man eine Konferenz zur Erinnerung an das 40-jährige Jubiläum der „Charta der Menschenrechte" veranstaltet, auf der dieses internationale Zeugnis hohes Lob erfahren hat. „Die „Charta" hat den Grundstein für einen universellen Menschenrechtsstandard[7] gelegt.

Nach 1989 ist China aufgrund weitreichender Veränderungen im In- und Ausland einige Zeit hinsichtlich der Menschenrechte das Hauptangriffsziel der westlichen Länder gewesen. Angesichts der wirtschaftlichen und militärischen Sanktionen der westlichen Politik hat China einerseits gegen den Westen hart auf hart gekämpft, gleichzeitig aber durch zahlreiche effektive Maßnahmen seine Entschlossenheit hinsichtlich einer Lösung der Menschenrechtsprobleme bewiesen durch einen Austausch mit allen Ländern. Das chinesische Bewusstsein für die Bedeutung der Menschenrechte ist hier fraglos geschärft worden. Im regen Austausch und in der Zusammenarbeit mit allen Ländern hinsichtlich der Menschenrechte hat China bereitwillig die Verpflichtung der internationalen Menschenrechte übernommen und allmählich immer mehr Verständnis in aller Welt und vielseitige Unterstützung gewonnen.

Bevor der chinesische Vorsitzende Jiang Zemin Ende 1997 die USA besucht hat, hat er den „internationalen Pakt über wirtschaftliche, soziale und kulturelle Rechte" unterzeichnet. 2001 hat der ständige Ausschuss des nationalen Volkskongresses diesen Pakt gebilligt. 1998 hat China den internationalen „Pakt über bürgerliche und politische Rechte" unterzeichnet. Das alles demonstriert die Kontinuität der chinesischen Position und seiner aktiven Anteilnahme an der Entwicklung der internationalen Menschenrechte. Hier hat sich auch die Entschlossenheit und Zuversicht der chinesischen Regierung gezeigt, eine zureichende Gewährleistung der bürgerlichen, politischen, sozialen und kulturellen Rechte der Bevölkerung zu verbürgen.

Seit Beginn des 21. Jahrhunderts ist China bemüht, den historischen Aufbauprozess des Sozialismus chinesischer Prägung zu beschleunigen. Und deshalb erweist China bei der Förderung der Entwicklung der internationalen Menschenrechte seine jetzt noch positivere und offenere Haltung. Die chinesische Regierung hat unmissverständlich erklärt, China sei ernstlich bemüht, „mit der internationalen Gemeinschaft zusammen weiterhin sich für die Schaffung einer gerechten und angemessenen neuen Ordnung der internationalen Beziehungen, für die Bewahrung und Förderung der Menschenrechte und Grundfreiheiten einzusetzen." Unter der Prämisse dieses Grundsatzes hat China der Welt in den letzten Jahren bei der Förderung internationaler Entwicklung eine produktive und aufgeschlossene Haltung präsentiert und das Tempo seiner Vorwärtsbewegung unter Voraussetzung vergangener Errungenschaften noch erhöht.

---

7  „Volkszeitung", 11.12. 1989.

## III. Der Kampf zwischen China und den westlichen Ländern hinsichtlich der Menschenrechte

Beim Versuch der Förderung der internationalen Menschenrechte hat sich China schon immer mit einem brennenden Problem konfrontiert gesehen. Die westlichen feindlichen Mächte haben ständig versucht, die Frage der Menschenrechte als Vorwand zu wählen, China zu verwestlichen, zu spalten und zu verunglimpfen. Dies war für China und seine Behauptung nationaler Souveränität, für seine nationale Würde und Sicherheit eine ernsthafte Herausforderung. Mit der Entwicklung im In- Auslandland hat China in der Auseinandersetzung mit den westlichen Ländern hinsichtlich der Menschenrechte mehr und mehr die Initiative ergriffen. Doch die Vereinigten Staaten und andere westliche Länder haben aufgrund ideologischer Vorurteile, aus eigenen Interessen und aus hegemonialer Mentalität nicht aufgegeben, durch Menschenrechtsfragen als Vorwand China unter politischen Druck zu setzen und mit Medienattacken anzugreifen. So gesehen dürfte der Kampf mit westlichen Ländern in Sachen der Menschenrechtsfrage auch im Hinblick auf die chinesische Mitwirkung bei der internationalen Menschenrechtsentwicklung noch ziemlich lang andauern.

### 3.1. Das Verhalten der USA zu China hinsichtlich der Menschenrechte

Der Kampf zwischen China und westlichen Ländern hinsichtlich der Menschenrechte hat sich am deutlichsten an den Auseinandersetzungen mit den USA ablesen lassen. Die Vereinigten Staaten haben aus strategischen Gründen China die Flagge der Menschenrechte gehisst und China damit unter Druck gesetzt in der Absicht, das Sozialsystem Chinas grundlegend zu verändern. Angesichts der Einmischung der USA in chinesische innere Angelegenheiten hat China den USA immer mit Gegenschlägen geantwortet. China hat sich immer darauf berufen, die Menschenrechtsfrage sei eine Frage innerer Angelegenheiten eines Staates. Die Respektierung der Souveränität eines Landes und die Nichteinmischung in die Angelegenheiten anderer Länder gehören schließlich zu den allgemein anerkannten Normen des Völkerrechts. Unter dem starken Widerstand Chinas ist es den USA nicht gelungen, China in Menschenrechtsfragen ihre eigenen Werte, ihre Weltanschauung und ihre politische Auffassung aufzuzwingen. Das gegenwärtige China ist heutzutage, was die Machtprobe mit den USA in Menschenrechtsfragen angeht, immer zuversichtlicher. Wir werden weiterhin aus der Perspektive unserer eigenen Geschichte und Situation, auf der Basis unserer langjährigen praktischen Erfahrung die Entwicklung der Menschenrechte voranbringen. Wir werden inzwischen auch immer mehr und mehr von vielen Ländern verstanden und respektiert.

Die diplomatischen Verhandlungen hinsichtlich der Menschenrechtsfragen mit China sind ein Teil der amerikanischen Menschenrechtsdiplomatie. Die USA haben während der Carter-Regierung in den späten 1970er Jahren die Menschenrechtsdiplomatie offiziell in ihre Außenpolitik aufgenommen. Eigentlich hatten die Amerikaner schon immer die Absicht, ihr Konzept der Menschenrechte in der Welt zu verbreiten. Bereits zu Beginn der Gründung des Staates war Jefferson davon überzeugt, dass „früher oder später die ganze Welt von unseren Menschenrechtskonzepten profitieren wird."[8]

1913 sind amerikanische Soldaten in Mexiko eingedrungen. Der Präsident Woodrow Wilson hat seine Entsendung der Truppen nach Mexiko mit dem Argument gerechtfertigt, Huertas „autoritäre" Regierung verletze ernsthaft die Rechte der Menschen, und hat diese Regierung als eine „Schlächterregierung" bezeichnet.[9] Hier ist zum ersten Mal von den USA die Berufung der Menschenrechte als diplomatische Waffe verwendet worden. Im April 1917 hat Wilson wiederum mit dem Hinweis auf die Verletzung der Menschenrechte als Grund die Beteiligung der USA am ersten Weltkrieg legitimiert. Seiner Meinung nach hat die deutsche Regierung „alle Rechte der Menschheit" verachtet.[10]

Franklin Roosevelt ist stark von Wilson beeinflusst worden. Am 6. Januar 1941 hat er auf dem Kongresses zur Unterstützung der westeuropäischen Demokratien seine berühmten „vier Freiheiten" deklariert und gesagt: „Freiheit bedeutet, dass die Menschenrechte an der erster Stelle rangieren. Wir unterstützen alle Menschen, die für die Verteidigung der Menschenrechte kämpfen".[11] Damit hat er die Legitimität des antifaschistischen Kampfes der Amerikaner erklärt.

Nach dem Ende des 2. Weltkriegs ist die Sowjetunion zum einzigen Weltmachtrivalen avanciert. Die USA und die Sowjetunion haben in Osteuropa, im Nahen Osten und in anderen Regionen der Welt energisch um die Weltmacht gerungen. Die Truman-Regierung hat bald die idealistischen Ausrichtung der Außenpolitik der Roosevelt-Regierung aufgegeben und eine Politik der „Eindämmung" der Sowjetunion und die Politik des „kalten Kriegs" geführt.

Mittels solider Stärke der USA hat er eine globale Konfrontation begonnen. Das hat die Entwicklung der internationalen Menschenrechte stark blockiert. Die Zeitspanne von Mitte der 1950er Jahre bis Mitte der 1970er Jahre war eine Periode ungemein schneller Entwicklungen der Menschenrechte gewesen. Aber die Regierung der USA hatte sich gegenüber der internationalen Menschenrechtsbewegung skeptisch verhalten und einige Zeit die

---

8    Thomas Jefferson: „Jeffersons ausgewählte Werke", Commercial Press, Ausgabe 1963, S. 36.    Arthur S. Link-Verlag.    Guan Han: „Roosevelt Anthologie", Commercial Press, Ausgabe 1982, S. 207.

9    Scott Nearing und Joseph Freeman: „Dollar-Diplomatie", New York, 1925, S. 97.

10    „Woodrow Wilsons Sammelband" ( Arthur S. Link ed,) Band 41, Princeton University Press, 1984, S. 519-527.

11    Guan Han Compilation: „Roosevelt Anthologie", Commercial Press, Ausgabe 1982, S. 207.

Menschenrechtsdiplomatie aufgegeben. Erst Mitte der 1970er Jahre und mit dem Rückgang der politischen wie wirtschaftlichen Blüte der USA ist ihre außenpolitische „Konfrontation" in eine Sackgasse geraten. Und damit hat die amerikanische Regierung die Frage der Menschenrechte erneut in ihrer Außenpolitik Beachtung geschenkt. Das hat man in der Carter-Regierung offiziell als „Menschenrechtsdiplomatie" bezeichnet. 1975 hat der US-Kongress das „Gesetz der internationalen Entwicklung und Lebensmittelhilfe" verabschiedet, worin festgelegt wurde: Der Präsident „darf keine Wirtschaftshilfe für Länder leisten, deren Regierung als eine die Menschenrechte verachtende Regierung bekannt ist. Nachdem Carter sein Amt 1976 angetreten hatte, haben folglich die Menschenrechte in der amerikanischen Außenpolitik wieder an Bedeutung gewonnen. In seiner Antrittsrede machte er deutlich: „Die edelste und ehrgeizigste Mission für die USA besteht darin, eine humane, gerechte und friedliche Welt aufzubauen."[12] Während seiner Amtszeit hat er dem Thema der Menschenrechte großen Wert beigemessen. Seiner Auffassung nach war die „Menschenrechtsfrage ein wichtiges Anliegen" seiner Regierung und die Menschenrechtsverpflichtung „ein Prinzip der amerikanischen Außenpolitik."[13] Von der Zeit der Carter-Regierung an ist die Menschenrechtsdiplomatie später kontinuierlich eine diplomatische Waffe amerikanischer Außenpolitik geworden.

Schon in der Anfangszeit der Gründung der Volksrepublik China hat die USA begonnen, China mit seiner Menschenrechtsdiplomatie davon zu überzeugen, das sozialistische System aufzugeben. Am 20. Juli 1949, kurz vor der Gründung des neuen Chinas hatte der US-Außenminister Dean Acheson in einem Brief an Präsident Truman geschrieben, man solle chinesische „demokratische Individualisten" unterstützen, damit China sich durch eine „friedliche Evolution" in ein kapitalistisches Land verwandelt.

Im Januar 1953 hat dann der neue Außenminister John Foster Dulles vorgeschlagen, China und einige weitere volksdemokratische Länder zu „befreien".

Er dachte dabei an eine Förderung der ideologischen „Befreiung" dieser Länder.[14] Am 11. August 1958 hat das US-Außenministerium ein Memorandum veröffentlicht, in dem stand: „Die Vereinigten Staaten sind der Ansicht, die kommunistische Herrschaft in China wird nicht ewig dauern, eines Tages wird sie bestimmt verschwinden. Sie (die USA) können mittels Nichtanerkennung Pekings diesen Prozess der Aufhebung beschleunigen."[15] Seit den fünfziger und sechziger Jahren des 20. Jahrhunderts haben die Vereinigten Staaten eine Politik der Isolierung Chinas verfolgt. Beide Länder haben sich in einer wirtschaftlichen, politischen und militärischen Konfrontation befunden und hatten

---

12 „Antrittsreden der amerikanischen Präsidenten", Kulturgesellschaft Morgendämmerung 1984, S. 286-287.
13 Das Pressebüro der USA, 22. 05. 1977.
14 „Das Memorandum des US-Außenministeriums über die Nichtanerkennung unseres Landes am 11. August 1958," siehe „Dulles ausgewählte Worte" Weltwissen-Verlag, 1959, S. 403.
15 US-Interessenvertretung in Washington 20. Januar 1953.

außenpolitisch kaum Kontakt. Obwohl die USA immer das Ziel verfolgt haben, das chinesische Sozialsystem zu verändern, ist ihnen dies auch umzusetzen aufgrund des Mangels an notwendigen Kanälen und Mitteln nie gelungen.

Im Februar 1972 hat dann Nixons Besuch in China die 20 Jahre dauernde amerikanische Politik der „Blockade" und „Isolierung" Chinas beendet. Die chinesisch-amerikanischen Beziehungen waren in eine neue Ära gekommen. Dieser positive Schritt hat beiden Ländern Vorteile gebracht. Doch seit der Zeit der Reformen und Öffnung Chinas zur Welt hat eine Phase amerikanischer Menschenrechtsdiplomatie begonnen, die kritisch auf China abzielte. Während Deng Xiaopings Besuch in den Vereinigten Staaten im Januar 1979 hat Präsident Carter China mit einer Reihe von Fragen wie der Freiheit ausländischer Missionare in China und der Freiheit chinesischen Einwanderer konfrontiert. Im März 1979 haben beide Häuser des US-Kongresses die „Deklaration über die Beziehung zu Taiwan" verabschiedet, in der betont wurde, „die Erhaltung und Förderung der Menschenrechte für alle Bewohner in Taiwan ist ein erklärtes Ziel der USA." Der US-Vizepräsident Mondale hat während seines Besuchs in China 1979 an der Universität Peking behauptet, dass „die Amerikaner voller Zuversicht auf eine Verwirklichung der Menschenrechte, des Mitgefühls und sozialer Gerechtigkeit schauen und das amerikanische demokratische System diese Werte fördert."[16] Damals sind aufgrund notwendig scheinender strategischer Opposition Amerikas gegen die Sowjetunion die Unterschiede zwischen den USA und China in den Menschenrechtsfragen noch nicht allgemein bekannt gewesen.

Nach Reagans Amtsantritt im Jahr 1981 hat die US-Regierung nach und nach die chinesisch-amerikanischen Differenzen über Menschenrechtsfragen in die Öffentlichkeit gebracht. Am 8. Februar 1983 hat das US-Außenministerium in Berichten, welche die chinesische „Menschenrechtssituation"[17] betrafen, China kritisch vorgehalten, dass die chinesische „politische Struktur eine schwere Einschränkung der individuellen Rechte und Freiheiten bedeutet." Am 4. April 1983 hat die US-Einwanderungsbehörde der chinesischen Tennisspielerin Hu Na in den USA „Zuflucht" gewährt mit der Begründung, die KPCh zwinge sie, der Kommunistischen Partei Chinas beizutreten. Präsident Reagan hatte erklärt, er werde sie „lieber adoptieren (…) als sie zwingen, nach China zurückzukehren."[18] Das hat zu einer ersten öffentlichen Auseinandersetzung zwischen China und den USA wegen der Menschenrechtsfragen geführt.

Am 1. August 1986 hat das US-Repräsentantenhaus eine Resolution verabschiedet, in der man China expressis verbis aufgefordert hat, die „Situation der Menschenrechte zu verbessern." Man hat dabei übrigens die chinesische

---

16    US-Vizepräsident Mondales Rede an der Peking-Universität, „Volkszeitung", 29. August 1979.
17    Li Liandi, Wang Da Wei: „Überblick über Ereignisse seit der Aufnahme diplomatischer Beziehungen" Shishi-Verlag, 1995, S. 107.
18    Nancy B. Tucker, „China und die USA, 1941 bis 1991", „Außenpolitik", Herbstausgabe, 1991/1992 Winterausgabe, S. 87.

Familienplanungspolitik kritisiert. Und man von China verlangt, die Freiheiten der Presse, der Religion, der Vereinigung und Demonstration zu gewährleisten. Am 18. Juni 1987 hat das US-Repräsentantenhaus die revidierte Resolution über Menschenrechtsverletzungen in Tibet verabschiedet, in der man den Vorwurf erhoben hat, die Volksrepublik China habe im Jahr 1949 gewaltsam Tibet „gewaltsam ihre eigenen Gesetze aufgezwungen und das tibetische Volk weiterhin durch die Anwesenheit von Besatzungstruppen kontrolliert." „Nach dem Vorfall am 4. Juni 1989 hat die US-Strategie gegenüber China eine grundlegende Kehrtwende vollzogen"[19] von früheren Motivierungsaktionen hin zur Verurteilung und zu Sanktionen. Laut amerikanischer Gelehrter hat die „Tiananmen-Krise" hinsichtlich der Menschenrechtsfragen den wunden Punkt der chinesisch-amerikanischen Beziehungen aufgedeckt. Am Tag des 4. Juni-Vorfalls hat US-Präsident George W. Bush eine Erklärung publiziert, in der er die chinesische Regierung ihrer Methoden der Beseitigung der Unruhe wegen verurteilt hat. Am 5. Juni hat Bush die ersten Sanktionen gegen China angekündigt, überdies die Aussetzung wechselseitiger Besuche von militärischen Funktionären beider Länder, einen Exportstopp für Waffen nach China und ein Exportverbot für Technologie der Atomkraftwerke. Zur gleichen Zeit haben einige Mitglieder des Kongresses der Regierung noch härtere Sanktionen gegen China gefordert. Am 6. Juni hat der US-Senat einstimmig eine Resolution verabschiedet, in der man für internationale Sanktionen gegen China plädiert hat, die Subventionen für den Handel mit China zu stoppen. Übrigens hat man auch verlangt, dass „Voice of America" durch Radioprogramme China noch entschiedener kritisieren und verurteilen solle. 1990 hat Bush den „State Department Autorisation Act" unterzeichnet, in dem weitere Sanktionen gegen China auf fast alle Wirtschaftsbereiche erweitert wurden. Am 11. Februar haben die US-State Departments mit ihren jährlichen Länderberichten über Menschenrechte begonnen, wobei China ein Hauptangriffsziel wurde. China wurde unter anderem vorgehalten, ernsthafte Menschenrechtsfragen zu verletzen; es ist sogar des Mordes, der Deportation, der zugelassenen Todesstrafe, der Unterdrückung von Arbeitnehmerrechten, der Verfolgung von Geistlichen u.a.m. beschuldigt worden. Im April hat Bush verkündet, allen in den USA lebenden Chinesen unbefristete Aufenthaltsgenehmigung zu erteilen, weil sie, wie er behauptete, in China verfolgt würden. Außerdem hat er den 13. Mai zum „Tag der Unterstützung der Freiheit und Menschenrechte" erklärt. Nach dem Zerfall der ehemaligen Sowjetunion und des Ostblocks ist China das Hauptangriffsziel der amerikanischen Menschenrechtsdiplomatie geworden. 1992 hat Clinton in einer Rede des Präsidentschafts- Wahlkampfs versprochen, „wenn er zum Präsidenten gewählt würde, würde er in der Menschenrechtsfrage eine unerbittliche Politik gegenüber China betreiben."[20] Der erste Schritt der Clinton-Regierung war dann, China mit allen möglichen

19  Ezra F. Vogel, Die Beziehungen zwischen China und der USA im 21. Jahrhundert, New York 1997, S. 169.
20  Li Yunlong, Die Menschenrechtsfragen in der chinesischen und amerikanischen Beziehung, Xinhua Verlag, 1998, S. 153.

Mitteln der Menschenrechtsdiplomatie zu bekämpfen. Clinton hat versucht, sich in die chinesischen Menschenrechtsfragen einzumischen, indem er erklärt hat, die Menschenrechtsfragen mit Chinas Status als zollbevorzugter Handelspartner (MFN) in Verbindung zu bringen, um die chinesische Regierung unter Druck zu setzen. 1993 hat Clinton die Erweiterung von Chinas MFN-Status für 12 Monate verkündet. Doch die weitere Verlängerung soll davon abhängen, ob China bei der Verbesserung der Menschenrechtslage erkennbare und wesentliche Fortschritte gemacht hat. Clinton sagte: „Wir fordern China auf, in der Menschenrechtsfrage große Fortschritte zu machen."[21] Der Umstand, dass die US-Regierung Chinas MFN-Status ausdrücklich mit den Menschenrechtsfragen verknüpft hat, steht in Verbindung mit der eigentlichen Absicht, einen Übergang Chinas zur Marktwirtschaft zu mobilisieren, damit China baldmöglichst zu einem kapitalistischen Land umgewandelt werde. Nach dem katastrophalen Vorfall am 11, September 2001 ist der internationale Terrorismus immer unberechenbarer geworden. Aufgrund gleicher Interessen in der Bekämpfung des Terrorismus hat die Strategie der internationalen Beziehungen enorme Veränderungen erlebt. China und die USA hatten in der Bekämpfung internationaler terroristischer Kräfte durchaus gleiche Interessen. In den letzten Jahren haben sich die Beziehungen zwischen China und der USA auf strategischer Ebene verbessert. 2001 haben Jiang Zemin und Bush bei einem inoffiziellen Treffen während der APEC-Konferenz in Shanghai einander versprochen, die kooperativen und konstruktiven chinesisch-amerikanischen Beziehungen voranzutreiben. 2002 sind die beiden Staatschefs während des Besuchs von Präsident Bush in China zum gleichen Konsens hinsichtlich der Entwicklung der Beziehungen zwischen beiden Ländern gekommen. Im selben Jahr hat der Regierungschef Jin Zemin die USA besucht. Die beiden Präsidenten haben unter anderem die Bedeutung der chinesisch-amerikanischen Freundschaft und der Zusammenarbeit zwischen beiden Ländern betont. Beide Seiten haben beschlossen, die strategischen Dialoge zwischen hochrangigen Vertretern zu fördern, die Kooperation in der Terrorismusbekämpfung auf Grundlage gegenseitigen Nutzens fortzusetzen und die Zusammenarbeit in Wirtschaft und Handel zu verstärken. Weil die USA bei der Bekämpfung des Terrorismus gleiche Interessen wie China haben, ist die amerikanische Menschenrechtsdiplomatie gegen China in den letzten Jahren nicht mehr derart unerbittlich betreiben worden. Doch unter dem tief verwurzelten ideologischen Vorurteil haben die USA ihre kritischen Invektiven gegen China in den Menschenrechtsfragen nicht vollends aufzugeben vermocht. Alle Jahre wieder haben die USA versucht, durch Menschenrechtsberichte China in Menschenrechtsfragen anzugreifen. Vor allem haben die Amerikaner versucht, einige Vorfälle bei den ethnischen Gruppen, in religiöser Hinsicht, hinsichtlich von Einschränkungen der Pressefreiheit für Menschenrechtsaktivisten in den Medien groß aufzuspielen, um Chinas Image zu schaden. Nach dem Vandalismus im März 2008 in Lhasa haben einige US-Medien die Wahrheit

21 „Presidential Statement auf Chinas MFN-Status", Xinhua Presseagentur, Washington 28. Mai 1993.

verdreht und durch Manipulation und Verleumdung Gerüchte verbreitet und haben schließlich damit einen gemeinsamen Anti-China-Chor in Szene gesetzt. Während der Olympischen Spiele in Peking haben einige westliche Länder unter Führung der USA versucht, den olympischen Fackellauf zu verhindern, und dies große Sportereignis dazu missbraucht, die Menschenrechte in China einzuklagen. So scheinen die Vereinigten Staaten keine Gelegenheit auszulassen, um China zu verleumden und anzugreifen. Die Machtprobe zwischen China und den USA in Menschenrechtsfragen wird weiterhin ein langfristiger, akuter und komplexer Kampf sein.

## 3.2. Die wichtigste Methode der US-Offensive auf die Menschenrechte in China.

Die Menschenrechtsdiplomatie ist ein Bestandteil amerikanischer Strategie gegen China. Das Ziel des außenpolitischen Konzepts Amerikas liegt darin, die amerikanische Weltanschauung hinsichtlich der Menschenrechte in der ganzen Welt zu propagieren und umzusetzen. Nach langer sorgfältiger Planung und Vorbereitung haben die USA ein zielgerichtetes Konzept mit konkreten Maßnahmen, um China in den Menschenrechtsfragen zu attackieren. Im Grunde lassen sich die Angriffe der Amerikaner gegen China in Menschenrechtsfragen auf zwei Methoden reduzieren, eine „weiche" und eine „harte" Methode. Unter der „weichen" Methode sind „Dialog", „Austausch" und „Kooperation" zu verstehen. Mit sanften Mitteln sollten China allmählich beinahe unwissentlich die westlichen Menschenrechtsaspekte suggeriert werden und schließlich beide Länder (USA und China) einen gemeinsamen „Konsens" über Menschenrechtsfragen finden können. Der ehemalige US-Präsident Bill Clinton hat einmal gesagt: „Der direkte Kontakt mit dem chinesischen Volk und ein aufrichtiger Dialog mit ihm ist eindeutig der beste Weg."[22] Die sogenannte harte Methode hingegen meint den unmittelbaren Druck mit den dazu gehörigen Sanktionen, meint Infiltration und Sabotage und bevorzugt ganz andere Mittel, mit denen man China dazu zwingen will, nach und nach die westlichen Anschauungen der Menschenrechte anzunehmen. Der ehemalige US-Sicherheitsberater Anthony Klein hat in diesem Sinne einmal gesagt, Amerika müsse sogar „finanzielle und militärische Kräfte einsetzen",[23] um seiner Menschenrechtsdiplomatie gegen China die gehörige Wirkung zu ermöglichen. Die konkreten Umsetzungen der „weichen" und „harten" Methoden spiegeln sich in allen Aspekten der chinesisch-amerikanischen politischen, wirtschaftlichen, kulturellen und sozialen Beziehungen wider.

---

22    Rede von Clinton auf der Konferenz der amerikanischen Geographie über chinesische und amerikanische Beziehungen im 21. Jahrhundert, am 11. 06. 1998.
23    Li Shian, „Forschung über die Politik der amerikanischen Menschenrechte", Hebei Volksverlag, 2000, S.240.

A. Die politische Methode

Die Menschenrechtsdiplomatie als politisches Mittel ist gängige Praxis der Amerikaner. Die USA haben mit diesem Mittel China bei allen entscheidenden strategischen Fragen zu zwanghaft zu Kompromissen zu bewegen.

1.) Bei allem Austausch auf hoher Ebene haben die Amerikaner nie versäumt, sich hinsichtlich der Menschenrechte in die inneren Angelegenheiten Chinas einzumischen. Viele amerikanische Politiker haben China immer wieder bedrängt, sich mit Menschenrechtsfragen nach amerikanischem Verständnis zu befassen. Der ehemalige US-Vizepräsident Al Gore hat einmal gesagt, zwischen den USA und China gebe es bei vielen wesentlichen Fragen der Menschenrechte, welche die Religion und die Todesstrafe betreffen, erhebliche Differenzen. Die USA „müssen China ständig drängen, Fortschritte in all diesen Fragen zu machen." Die USA haben manchmal China einfach eine Liste der „politischen Gefangenen" vorgelegt und deren Freilassung gefordert. Das hat nur den Unmut der chinesischen Seite erregt.

2.) Amerika hat mittels des jährlichen „Human Rights Report" seine Menschenrechtsdiplomatie durchzusetzen versucht. Zwischen 1990 und 2009 hat das US-Außenministerium 20 Menschenrechtsberichte über China vorgelegt, denen viele Quellen zugrunde liegen, die unwahre Angaben enthalten. Dabei war offenkundig die Absicht der Amerikaner zu erkennen, das chinesische Bild der Menschenrechtssituation zu verzerren.

288

3.) Mit Unterstützung der sogenannten chinesischen „Demokraten" in China haben die Amerikaner versucht, eine Truppe politischer Oppositioneller in China zu mobilisieren, die allmählich das sozialistische System Chinas grundlegend verändern sollte. In dieser Hinsicht sind die Amerikaner unermüdlich. Sie bieten nicht nur den im Ausland lebenden sogenannten „Demokraten" zahlreiche Finanzspritzen, sondern strecken ihre Hörner bis in die letzten Ecken Chinas, und „sorgen" gründlich für die sogenannten „Dissidenten".

4.) Mit sogenannten „demokratischen" Bewegungen in Taiwan, Hong Kong und Macao versucht man das chinesische Festland in Unruhe zu versetzen. Besonders seit der politischen Rückkehr von Hong Kong und Macao zu China haben die USA jeden kleinen Funken der „demokratischen Bewegung" und jedes Zeichen des Protestes gegen die Zentralregierung zu ihrem Vorteil zu nutzen verstanden, um daraus eine Massenbewegung oder einen großen Protest zu machen.

5.) Zu den weiteren verfügbaren politischen Mitteln haben auch der Einsatz von Spionen, der Kauf von Informationen und Durchführung subversiver Aktionen gehört. Die Liste dafür ist lang. Zum Beispiel ist im Juli 2002 der amerikanische Spion Xu Jian durch das Volksgericht von Chongqing verurteilt worden. [24]

---

24 „Ausgewählte Strafrechtsfälle", von der amerikanischen Stiftung für den chinesisch-amerikanischen Dialog, 19. Ausgabe, August 2005, S. 6.

## B. Die wirtschaftliche Methode

Durch wirtschaftliche Sanktionen ist China in wichtigen Fragen zu Kompromissen genötigt worden. Das hat auch zur Menschenrechtsdiplomatie der USA gehört.

1.) Nach dem Vorfall von 1989 haben die USA gegenüber China eine ganze Reihe von Sanktionen verhängt, einschließlich der Einstellung von Krediten, des Verbots privater Investment-Banking-Aktivitäten in China, eines Verbots der Vergabe von Technologielizenzen an China und eines Verbots der privaten Investitionen in China. Die wirtschaftlichen Sanktionen gegen China haben nicht nur ihre eigentlichen Ziele erreicht, nämlich China zu Kompromissen zu zwingen, sondern sie haben auch die Konfrontation zwischen beiden Ländern noch verschärft.

2.) Nach Ansicht der USA ist China stark abhängig von externen Investitionen und vom internationalen Handel. So haben die Amerikaner mit ihrem größten Markt und ausreichendem Kapital das wirksame Mittel in der Hand, China in den Menschenrechtsfragen zu beeinflussen.

Hier ein typisches Beispiel: Vor dem Beitritt Chinas in die WTO haben die USA mit der Frage des MFN-Status China lange Zeit unter Druck gesetzt. Seit 1990 ist das Problem von Chinas MFN-Status zur Kernfrage amerikanischer Menschenrechtsdiplomatie gegen China geworden. Alle China feindlichen Kräfte haben ein großes Theater wegen des MFN-Status von China gemacht. Bevor 1995 die Clinton-Regierung die „Entkopplung" der MFN-Frage und den Menschenrechtsfragen verkündet hatte, ist bei der Prüfung von Chinas MFN-Status im Kongress die Frage der Menschenrechte in China immer das umstrittenste Thema gewesen. Um das Jahr 2000 haben die USA dem Eintritt Chinas in die WTO schließlich zugestimmt. Doch das Repräsentantenhaus hat einen Ausschuss gebildet, der China überwachen und prüfen sollte, ob China sich an den „Internationalen Pakt über bürgerliche und politische Rechte" und an die „Allgemeine Erklärung zu den Menschenrechten" gehalten hat.

3.) Man hat versucht, durch amerikanische Unternehmen China unter Druck zu setzen. Schon 1995 hat die Clinton-Regierung in ihrem „Entwurf von Leitlinien für die amerikanischen Geschäftspraktiken in China" gefordert, man müsse auf einen sicheren Arbeitsplatz achten und müsse alle Menschen, unabhängig von Rasse, Geschlecht und Religion gleich behandeln und die Rechte der organisierten Vereinigungen gewährleisten. Im Mai desselben Jahres hat die Clinton-Regierung offiziell einen „Freiwilligen Ethik-Kodex der Unternehmen" herausgegeben. Die meisten amerikanischen Unternehmen in China haben sich unter Druck gesetzt gesehen. Sie haben gewusst, wenn sie auf den Auflagen der eigenen Regierung hinsichtlich der Menschenrechtsfrage nicht entsprechend nachkommen, dann hätten sie mit kritischen Vorwürfen der Regierung und ihrer Aktienbesitzer rechnen.

4.) Die US-Regierung wollte mittels Handelsbeziehungen China ausspionieren, um auf diese Weise Materialien für ihre Strategie zu gewinnen. Mit den Unternehmen sind auch viele zwielichtige Personen nach China gekommen, die überall vor Ort Spionage betrieben haben, indem sie an allen möglichen Vorträgen teilnahmen, um an Informationsmaterial zu kommen, oder auch selbst Vorträge hielten. Sie verfolgten vor Ort alle Medienberichte, um alle möglichen Materialien zu sammeln und später die Ergebnisse ihrer Nachforschungen der Regierung zu berichten und Vorschläge für mögliche Strategieverfahren zu unterbreiten.

C. Soziale und kulturelle Methoden.

Die US-Menschenrechtsdiplomatie gegen China hat letztlich das Ziel verfolgt, China das amerikanische Konzept der Menschenrechte aufzunötigen. Inzwischen haben die US-Regierung und die Zivilgesellschaft erkannt, dass die politischen und wirtschaftlichen Sanktionen längst keine große Wirkung mehr haben. Man hätte dazu eine langfristige und von der chinesischen Regierung schwer zu blockierende Methode benötigt.

1.) Durch den Austausch von Personal und Kontakte hat man versucht, den eigenen Einfluss in China zu erweitern. Besonders durch gegenseitige Besuche von Fachkräften und durch Fachkonferenzen wollte man die amerikanische Auffassung der Menschenrechte China vermitteln. Nach amerikanischer Ansicht ist es „am dringendsten, die amerikanischen Werte tief in die Herzen der chinesischen intellektuellen Elite zu senken". Wie der amerikanische Menschenrechtsstratege James A. Dorn gesagt hat: Nach gewisser Zeit intensiverer Kontaktpflege der chinesischen Geschäftsleute, Künstler, Wissenschaftler, Studenten und Lehrer mit ihrer Außenwelt werden sie sich nach der Demokratie in China sehnen und werden sie nach einer Verbesserung der Menschenrechte verlangen. Sie werden versuchen, die chinesische Politik zu beeinflussen, um dieses Ziel zu erreichen.

Mit der zunehmenden Öffnung Chinas zur Welt wird China (so die Hoffnung) noch mehr von außen beeinflusst. Und mit dem zunehmenden Wachstum des Wohlstands werden die Stimmen der Menschen immer lauter und äußern auch mehr Forderungen. So wird allmählich eine „friedliche Revolution", gerichtet auf Demokratie und Verwirklichung der Menschenrechte, stattfinden. „Eine lebendige wirtschaftliche Entwicklung führt schließlich zum unabhängigen Denken. Die Menschen hoffen dann, dass ihre Wünsche erfüllt und ihre Rechte gewährleistet werden können. Dann fordern sie bestimmt auch politische Reformen (…) Eine sanfte und lautlose Revolution wird eines Tages in unserem Interesse in China stattfinden."[25]

---

[25] James A. Dorn, „Forschung über Handel und Menschenrechte mit dem Beispiel Chinas", The Cato Journal,16. Band, 1. Ausgabe, S. 1. Siehe http://www.cato.org/pubs/journal/cj16n1-5.html, 2005-8-26.

2.) Man versucht, durch zahlreiche kooperative Projekte zunächst einmal die lokalen Regierungen in China zu beeinflussen. Die USA legen großen Wert auf jeglichen sozialen und kulturellen „Austausch" und auf die „Zusammenarbeit" und haben ein immenses Interesse daran, die Dimensionen des „Austauschs" zu erweitern. Es hat nicht sehr lange gedauert, dass unzählige chinesische und amerikanische „Brüderprovinzen", „Brüderkreise" und „Schwesterstädte" wie Pilze aus dem Boden geschossen sind. Außerdem haben die USA mit allen möglichen Mitteln versucht, noch mehr amerikanische Touristen nach China zu schicken, ja sogar in der Erwartung, dass jeder zehnte Amerikaner einmal China besuchen sollte. Darüber hinaus hat man „die Adoptionen chinesischer Waisenkinder durch amerikanische Familien" gefördert.[26] Gleichzeitig haben die US-Behörden und amerikanische Organisationen unter dem Deckmantel des „Austauschs" chinesische lokalen Beamten in die USA eingeladen, damit diese vor Ort den „Zustand amerikanischer Menschenrechte" „untersuchen" und kennenlernen können. Auch in China haben die Amerikaner unermüdlich Möglichkeiten aufgespürt, in allen Bereichen, die mit dem Thema der Menschenrechte in Berührung kommen, „Projekte der Zusammenarbeit" durchzuführen und beispielsweise Fortbildungskurse zu Themen der Justiz, der Wahlen und der Verwaltung zu veranstalten. Auch haben die Amerikaner versucht, die Reform chinesischen Strafrechts zu beeinflussen, in dem sie Schulungen für das Justizpersonal und die für Gesetzgebung Zuständigen, für Organisatoren von Wahlen und die neu gewählten Dorfvorsteher veranstaltet haben.[27]

291

3.) Man hat versucht, durch eine Vielzahl von Medien auf China Einfluss zu gewinnen. Clinton hat einmal gesagt: „Denken hat eine unwiderstehliche Kraft. Die USA und andere westliche Länder dürfen die Rolle des Fernsehens, der Videos und des Radios nicht unterschätzen. Diese können die demokratische Ideologie verbreiten. Und in den Orten ohne Demokratie vermögen sie demokratische Ideen zu säen."

Zu diesem Zweck haben die USA ihre Unterstützung für die zwei Sendungen von „Radio Freiheit Asien" und „Voice of America" verstärkt. In den 1990er Jahren hat man dazu noch die Sendung „Free China Radio" eingerichtet.

4.) Man hat die Strategie verfolgt, durch Kontakte mit nichtstaatlichen Organisationen und Privatpersonen den Einfluss der USA zu intensivieren. So etwa im Jahr 2000, als China sich für die Veranstaltung der Olympischen Spiele beworben hatte und das US-Repräsentantenhaus die Resolution Nr. IIRES188 verabschiedet hat, in der die chinesische Regierung des Zustands der Menschenrechte in China wegen scharf kritisiert worden ist und man entschieden gegen die Vergabe der Olympischen Spiele an China votiert hat. 2005 haben die amerikanischen Medien über die „zehn Gebote" der US-Intelligente

---

26  John Kamm, „Öffentliche Meinung und amerikanisch-chinesische Beziehungen", 24.10. 2005, Vortrag an der chinesischen Volksuniversität.
27  Chen Xiang Yang, „Gesellschaft der amerikanischen, internationalen Republik", „Internationale Information", 4. Ausgabe, 2005, S. 29.

Agentur gegen China berichtet. Nach diesen „zehn Geboten" sollte man „möglichst mit verlockenden Dingen die chinesischen Jugendlichen verführen und sie schließlich verderben, in dem man sie dazu ermuntert, öffentlich ihre Erziehung öffentlich zu verachten und vor allem kommunistischen Dogmen abzuschwören. Man sollte ihnen Gelegenheiten geben, ihre erotischen Phantasien ausleben zu können. Man sollte sie zum Geschlechtsverkehr ermutigen. Diese Jugendlichen sollten lernen, sich nicht wegen der angeblich amerikanischen Oberflächlichkeit und Angeberei zu schämen.

Wir müssen sie durch Medien, einschließlich von Filmen, Büchern und das Radio beeinflussen. „Wenn sie sich nach unserer Kleidung, unseren Speisen, unseren Wohnungen, unserer Mode, Unterhaltung und Bildung sehnen, dann ist das schon die halbe Miete. Man muss alle Mittel einsetzen; oft genügen sogar Gesten, ein Wort, ein Lächeln, um ihre traditionellen Werte zu zerstören". Hier kann man die strategische Taktik der US-Menschenrechtsdiplomatie gegenüber China erkennen.

D. Strategisches Mittel des Weges der internationalen Politik.

Die USA ließen sich keine einzige Gelegenheit und keine Möglichkeit entgehen, die chinesischen Probleme der Menschenrechte zu „internationalisieren", um China in der internationalen Gemeinschaft zu isolieren. Nach der Ansicht der USA kann man China noch stärker unter Druck setzen, denn China dürfte, um sein internationales Image zu wahren, seine Menschenrechtssituation neu bedenken.

Die USA setzten hauptsächlich unter Berufung auf die Menschenrechtskommission der UN und vergleichbare internationale Organisationen ihre Menschenrechtsdiplomatie gegen China ein. Auf der jährlichen Sitzung der Menschenrechtskommission der UN haben die USA und einige westliche Länder den Antrag auf Verurteilung Chinas wegen seiner Menschenrechtssituation gestellt. Obwohl ein solcher Antrag von den meisten Ländern immer wieder abgelehnt worden ist, haben die USA dennoch unerbittlich an ihrem Vorhaben festgehalten. Sie haben immer wieder versucht, die Menschenrechtskommission der UN zu einer internationalen Schaubühne des Kampfes um die Menschenrechtsfragen zu machen und die Sitzung der Menschenrechtskommission der UN zu einem moralischen Gerichtshof mit der Verurteilung der Entwicklungsländer. Seit 1990 haben die USA und einige westliche Ländern elf Anti-China-Resolutionen in der Menschenrechtkommission der UN eingereicht. Doch alle sind von der Mehrheit der Mitgliedstaaten abgelehnt worden und insofern gescheitert.

In den letzten Jahren haben Europa und einige andere westliche Länder eine gewisse Distanz zu der Menschenrechtsdiplomatie der USA eingenommen und sind nicht mehr blind dem unerhört kritischen Standpunkt der USA gegenüber China gefolgt. Nach der Gründung des Menschenrechtsrats der UN 2006 haben sich die USA geweigert, in dessen Ausschuss mitzuwirken, womit ihnen nicht mehr so viele internationale Gelegenheiten und Möglichkeiten geblieben sind, China wegen seiner Menschenrechtssituation anzugreifen. Aber man muss doch betonen, dass die europäischen und einige andere westliche Länder in Bezug auf die grundlegenden Menschenrechtsfragen im Einklang mit der US-Position stehen. Doch es ist leider Realität, dass zwischen diesen Ländern und China in den Menschenrechtsfragen noch Differenzen herrschen und unterschiedliche Standpunkte existieren. Nur hoffen die meisten europäischen Länder, auf China in einer sanften Art und Weise einzuwirken. Freilich ist es nicht zu vermeiden, dass sie sich in einigen bestimmten Menschenrechtsfragen wieder mit den USA solidarisieren. So hat die Menschenrechtsdiplomatie der USA immer noch einen ziemlich großen internationalen Spielraum.

## III. Die Essenz der chinesischen und westlichen Nationen im Kampf für Menschenrechte

Seit Gründung der Volksrepublik in den letzten 60 Jahren hat die chinesische Regierung keine Mühe gescheut, die Menschenrechtslage in China zu verbessern und hat dabei auch einen bemerkenswerten Erfolg zu verbuchen. China ist aus einem halbkolonialen, halbfeudalen und rückständigen Land zu einem wohlhabenden, starken und einflussreichen Land geworden. Das chinesische Volk hat noch nie so viele Rechte genießen können wie heute. China ist jetzt ein politisch fortschrittliches Land mit wirtschaftlichem Wohlstand, sozialer Stabilität einem soliden Rechtssystem. Wir haben auch weiterhin die Zusammenarbeit mit der internationalen Gemeinschaft für den Schutz der Menschenrechte gefördert. In der internationalen Gemeinschaft haben vorurteilslose Menschen und gründliche Kenner Chinas China voll anerkannt. Doch in den letzten Jahren haben sich einige westliche Länder nicht an die internationalen Normen und ihre Prinzipien gehalten und immer wieder in die inneren Angelegenheiten China eingemischt und damit Auseinandersetzungen provoziert mit der Konsequenz, dass für die normalen Beziehungen Chinas zu den westlichen Ländern neue schwere Hindernisse entstanden sind. Eigentlich ist die Auseinandersetzung zwischen China und dem Westen hinsichtlich der Menschenrechtsfragen von wenigen feindlichen Kräften provoziert worden. Diese wollten durch böswillige Verzerrung der chinesischen Menschenrechtssituation das bestehende Sozialsystem Chinas ändern. Die Konflikte zwischen China und den westlichen Ländern beruhen im Grunde nicht nur auf einem unterschiedlichen Verständnis in Menschenrechtsfragen, sie betreffen vielmehr die Konfrontation der konträren sozialen Systeme und die nationalen Interessen. Es ist gewiss nicht einfach, mache Vorurteile und feindselige Vorstellungen von Leuten aus manchen westlichen Ländern vollkommen zu verhindern und auszumerzen. Denn bei jeder möglichen Gelegenheit werden sie den Konflikt wieder entfachen. Wir müssen nur immer wachsam bleiben.

Aus grundsätzlichen Überlegungen ist den westlichen feindlichen Kräften in den letzten Jahren eine völlig neue Menschenrechtsstrategie gegenüber China hervorgegangen. Das verhindert ernstlich eine normale Entwicklung der chinesischen und westlichen Beziehungen. Niemand kann leugnen, dass hier eben auch die politischen Überlegungen eine Rolle spielen. Das Ziel der westlichen Gegner hat offensichtlich darin bestanden, durch eine grundlose Anschuldigung hinsichtlich der Menschenrechtslage China in eine moralisch ungünstige Situation in der internationalen Gemeinschaft zu bringen und dadurch innerhalb Chinas eine ideologische Verwirrung zu verursachen. Letztlich soll China gezwungen werden, sein bestehendes sozialistisches System aufzugeben. Im Hinblick darauf hat Jiang Zemin gesagt: „Die in- und ausländischen feindlichen Kräfte versuchen, China durch eine friedliche Umwandlung des sozialistischen Systems zu untergraben und der Bevölkerung das Recht zu nehmen, Herr des eigenen nationalen Schicksals zu sein, damit China letztlich zu einem Vasallen der Westmächte wird. Wenn wir die Souveränität, nationale Unabhängigkeit und nationale Würde verlieren, dann verlieren wir damit sogleich die Volksdemokratie und von Grund auf die Menschenrechte."[28]

Der Internationale Menschenrechtskampf war eigentlich die Fortsetzung der machtpolitischen und ideologischen Konflikte des Kalten Krieges. Darin haben sich verschiedene komplizierte Momente aus Politik, Wirtschaft, Sicherheit und Kultur verbunden. Dieser Widerspruch ist kaum in kürzester Zeit zu lösen. Die westlichen Länder unter Leitung der USA werden nicht so leicht aufgeben, China und andere Entwicklungsländer in Menschenrechtsfragen zu kritisieren. Vor allem sind einige der Anti-China-Kräfte in den USA dabei, eine neue Strategie gegen China zu entwerfen. Einige westliche Länder sind zwar gegen antichinesische Sanktionen, haben aber aufgrund einer ähnlichen Auffassung in Menschenrechtsfragen in vielen Fällen ihre Solidarität mit den USA immer noch nicht aufgegeben. Das führt dazu, dass China und einige andere Entwicklungsländer noch einen sehr langen Weg vor sich haben, wenn sie das internationale Menschenrechtsumfeld vollständig ändern wollen. Unsere Aufgaben liegen darin, durch Dialoge und Zusammenarbeit die Gemeinsamkeiten in den unterschiedlichen Vorstellungen zu finden. Wenn aber der Westen erneut der Menschenrechtsfragen wegen auf China mit kritischen Blicken schaut und einen strategisch neuen Angriff startet, dann muss China trotzdem konsequent auf seiner Position beharren. China ist jeder Zeit bereit, sich mit der internationalen Gemeinschaft um die Gestaltung einer multipolaren Welt tatkräftig zu bemühen und das harmonische Zusammenleben der verschiedenen Kräfte und die Stabilität der internationalen Gemeinschaft zu fördern. Wir müssen den gegenseitigen Respekt in den Menschenrechtsfragen anstreben. Niemand darf dem anderen seinen Willen aufzwingen. Vor allem darf man auf keinen Fall der Gegenseite Gewalt androhen oder Gewalt anwenden.

---

28   „Volkszeitung", 4.5.1990.

# IV. Die Zusammenarbeit Chinas mit der internationalen Gemeinschaft im Bereich der Menschenrechte

Seit der Gründung der Volksrepublik China in den letzten 60 Jahren hat die internationale Gemeinschaft Chinas Position im Verlauf seiner langfristigen und engagierten Beteiligung an der Entwicklung der internationalen Menschenrechte und Chinas Leistungen allgemein affirmiert und hoch gelobt. In den letzten Jahren hat sich China an allen Sitzungen und Konferenzen der Menschenrechtsinstitutionen der UN beteiligt, ist den internationalen Menschenrechtskonventionen beigetreten und hat seine internationalen Verpflichtungen auf dem Gebiet der Menschenrechte ernsthaft erfüllt. China hat damit auf der internationalen Bühne seinen Respekt vor den Menschenrechten präsentieren wollen.

Auch bei den Entwürfen zahlreicher internationaler Dokumente zum Thema der Menschenrechte hat China aktiv mitgewirkt. Dazu gehörten das Papier „Über die Verhinderung einer Entführung von Personen" und die „Behindertenrechtskonvention". China ist inzwischen nach und nach dem „Pakt über wirtschaftliche, soziale und kulturelle Rechte" und 25 internationalen Konventionen beigetreten. Außerdem hat China wirksame Maßnahmen ergriffen, um seine Verpflichtungen zu erfüllen. China hat immer rechtzeitig seine Berichte über die Umsetzung der Konventionen vorgelegt und von entsprechenden Institutionen der UN überprüfen lassen. China hat mit ihnen konstruktive Dialoge geführt und sich immer bereit erklärt, auf die Vorschläge und Kommentare der Menschenrechtsinstitutionen einzugehen und die durchführbaren Vorschläge umzusetzen. Zurzeit war China gerade dabei, den zweiten Bericht über die Durchführung des „Internationalen Pakts über wirtschaftliche, soziale und kulturelle Rechte" vorzubereiten. Auch war China damit beschäftigt, den achten Bericht über die Umsetzung der „Frauenrechtskonvention", den vierten Bericht über die Umsetzung der „Kinderrechtskonvention" und den ersten Bericht über die Umsetzung der „Behindertenrechtskonvention" zu präparieren.

China ist seit der Gründung des Menschenrechtsrates der UN zum Mitgliedstaat des ständigen Ausschusses für zwei aufeinanderfolgende Amtszeiten gewählt worden, hat hier seine Pflicht ernsthaft erfüllt und ständig versucht, die Probleme der Menschenrechte möglichst objektiv und gerecht zu lösen. China legt großen Wert auf die Zusammenarbeit mit den Kommissaren für Menschenrechte. Seit Chinas Unterzeichnung des „Memorandums der Verständigung hinsichtlich der Zusammenarbeit mit den Kommissaren" im Jahr 2000 haben beide Seiten erfolgreich eine Reihe von Menschenrechtsprojekten durchgeführt. 2005 haben die Kommissare der UN mit dem chinesischen Außenministerium den zweiten Vertrag der Zusammenarbeit in den Fragen der Menschenrechte unterzeichnet. Seit zwei Jahren machen die gemeinsamen Arbeitsprojekte zügig Fortschritte.

Chinas besonderer Beitrag zu den Menschenrechtsfragen der UN hat sich während der dritten Weltkonferenz der UN gegen den Rassismus im Jahr 2002 gezeigt. Als Kuba und einige andere Entwicklungsländer 2000 auf der Weltkonferenz gegen den Rassismus votiert haben, hat China unverzüglich darauf positiv reagiert. Die chinesische Delegation hat aktiv an der Vorbereitungsarbeit in den asiatischen Gebieten mitgewirkt und im Februar 2001 an der Konferenz in der iranischen Hauptstadt Teheran teilgenommen. Im September hat sich die chinesische Delegation unter der Leitung des stellvertretenden Außenministers Wang Guangya die dritte UN-Weltkonferenz gegen den Rassismus im südafrikanischen Durban beteiligt. In seiner Rede auf der Konferenz hat der stellvertretende Außenminister darauf hingewiesen: „Rassismus ist eine ernste Verletzung der Menschenrechte und die Verachtung der Gleichheit und Würde der Menschheit, eine eklatante Provokation für die internationale friedliche Entwicklung". China hat dafür appelliert, man sollte das gegenseitige Verständnis und die Zusammenarbeit fördern", eine gerechte und neue internationale politische Ordnung aufbauen und Rassismus und Rassendiskriminierung von Grund auf ausmerzen. Unter der gemeinsamen Anstrengung Chinas und anderer Entwicklungsländer hat die Generalversammlung schließlich die „Erklärung und Aktionsplattform von Durban" verabschiedet. Zum ersten Mal hat man in einem Dokument der UN den Sklavenhandel als „Verbrechen gegen die Menschlichkeit" bezeichnet. Man die Verantwortlichen für die frühere Kolonialherrschaft aufgefordert, sich bei den ehemaligen Kolonialländern und Völkern für ihre Taten zu entschuldigen und über die von ihnen verursachten Schäden in diesen Ländern selbstkritisch ins Gericht zu gehen.

In den letzten Jahren hat sich die enge Zusammenarbeit Chinas erweitert und auch auf die der UN untergeordneten internationalen Menschenrechtsorganisationen und Menschenrechtsschutzorgane ausgedehnt. Dies betrifft beispielsweise die Sonderorganisationen der UN wie die FAO, die UNESCO, die Weltgesundheitsorganisation, die Internationale Arbeitsorganisation und anderen einschlägige internationalen Organisationen.

China und die Frauenkommission und andere internationale Organisationen haben fruchtbar zusammengearbeitet. China hat nicht nur an den Beratungen und Konsultationen teilgenommen, sondern auch bei der Prüfung und Umsetzung der „Frauenrechtskonvention" eine konstruktive Rolle gespielt. Vor allem in der 45. Tagung der Frauenkommission der UN hat der Vertreter Chinas detailliert über die Umsetzung des „Grundrisses der Entwicklung der chinesischen Frauen" berichtet. Er betonte in seinem Bericht über die Überprüfung der Länder bei ihrer Umsetzung der 1997 auf der Weltfrauenkonferenz verabschiedeten „Pekinger Erklärung", dass man bei der Berücksichtigung der unterschiedlichen wirtschaftlichen, geographischen, kulturellen und historischen Hintergründe der einzelnen Länder allen Staaten erlauben sollte, beim Vorantreiben der Frauenrechte ihren eigenen Entwicklungsweg wählen zu dürfen.

China hat sich auch energisch an internationalen Aktivitäten des Schutzes der Rechte von Flüchtlingen beteiligt. Im Dezember 2001 hat der Vertreter der chinesischen Regierungsdelegation auf der Ministerkonferenz der „Flüchtlingskonvention" vier Vorschläge zum Schutz der Rechte der Flüchtlinge präsentiert: 1.) die Wahrung des Weltfriedens und schnellere Hilfe für Flüchtlinge; 2.) die Wahrung der Autorität der internationalen Konvention und Suche nach einem neuen Weg für das Flüchtlingsproblem; 3.) Förderung der „internationalen Solidarität" und „gemeinsame Verantwortung"; 4.) eine präzise Definition der Flüchtlinge und die Vermeidung des Missbrauchs des Schutzsystems.[29] Alle diese Vorschläge haben Zustimmung erfahren und sind allgemein gelobt worden. Schutz und Hilfe sind für China nicht nur Mundpropaganda geblieben. China hat vielmehr versucht, den Flüchtlingen humanitäre Hilfe zu leisten, obwohl China selber noch beinahe ein Entwicklungsland ist. 2001 hat die chinesische Regierung nacheinander den Flüchtlingen in Pakistan und Afghanistan humanitäre Hilfe im Wert von einer Million Yuan gespendet. Den Regierungen Pakistans und Persiens hat China jeweils 10 Millionen und 5 Millionen Yuan als humanitäre Hilfe zukommen lassen, damit den afghanischen Flüchtlingen in diesen beiden Ländern geholfen werden konnte. Während des Irak-Krieges im Jahr 2003 war China einer der ersten Staaten, die den irakischen Flüchtlingen humanitäre Hilfe geleistet haben. Die chinesische Regierung hat auch betont, dass die USA und Großbritannien ohne UN-Genehmigung den Irak-Krieg begonnen haben und damit für die irakische Bevölkerung eine humanitäre Katastrophe bewirkt haben.[30]

Auch in den Gebieten der Gewährleistung wirtschaftlicher, sozialer und kultureller Rechte der Bevölkerung haben China und andere Länder sowie Regionen zusammengearbeitet. China hat an der ersten und zweiten Internationalen Konferenz über das Thema alter Menschen teilgenommen. 2001 haben China und die UNESCO in Peking die vierte „Konferenz der Erziehungsminister der neun bevölkerungsreichsten Länder" veranstaltet, auf der über die Entwicklung des Fernstudiums und die Nutzung der Informations- und Kommunikationstechnologien in der Bildung beraten worden ist und man am Ende der Konferenz die „Pekinger Erklärung" verabschiedet hat. Während der 31. UNESCO-Generalversammlung ist China für gemeinsame Maßnahmen eingetreten, die verhindern sollten, dass die Jugendlichen nicht durch Informationsverbreitung schlecht beeinflusst werden.

China hat auch mit der Weltgesundheitsorganisation im Hinblick auf die Wahrung der Gesundheit weitgehend zusammengearbeitet. Während der 54. Weltgesundheitsversammlung der Weltgesundheitsorganisation 2001 in Genf hat China viele Sitzungen mit Vertretern anderer Länder zum Thema Gesundheit organisiert, auf denen über Förderung der Gesundheit der Bevölkerung, über

297

---

29  Forschungsbüro der Außenpolitik, „Chinesische Außenpolitik", Verlag Weltwissen, 2002, S.492.
30  Xinhua Presseagentur, Peking, 8.April 2003.

Kontrolle der Tabakkonsums und über Bekämpfung der AIDS-Krankheit beraten worden ist.

Seit dem Eintritt Chinas in die WTO hat China dem Schutz der Arbeitnehmerrechte hohe Priorität zugemessen. Mit der IAO und anderen Institutionen pflegt China eine gute Kooperation. China hat an allen Sitzungen des IAO-Verwaltungsrats in den letzten Jahren teilgenommen, die „Deklaration über grundlegende Prinzipien und Rechte bei der Arbeit" mitgetragen und deren Maßnahmen unterstützt. Auf der 89. Tagung der Internationalen Arbeitskonferenz 2001 ist der chinesische Vizeminister für Arbeit und soziale Sicherheit Li Yan als Präsident der Versammlung der Regierungsgruppe gewählt worden. Auf der 282. Sitzung des IAO-Verwaltungsrats hat China vorgeschlagen, beim Bericht über die sozialen Auswirkungen durch die Globalisierung den Schwerpunkt auf den Einfluss der internationalen Wirtschaft, auf die Beschäftigung und Reduzierung der Armut zu legen.

In den letzten Jahren hat China mit vielen Ländern bilaterale und multilaterale Dialoge über Menschenrechtsfragen geführt. Dabei hat China stets am Prinzip „Harmonie trotz verschiedener Ansichten" festgehalten und sich auf der Grundlage der Gleichheit und des gegenseitigen Respekts bemüht, durch dialogischen Austausch und Kommunikation das Verständnis zwischen den Nationen zu verbessern. Inzwischen hat China mit Australien, Kanada, Großbritannien, der Europäischen Union, Norwegen, Deutschland, den Niederlanden, Vietnam, Laos, Eritrea, Sierra Leone, Simbabwe und vielen anderen Entwicklungsländern vielfach Gespräche hinsichtlich der Menschenrechtsfragen geführt. Zu gleicher Zeit haben das chinesische Forschungsinstitut für Menschenrechte und einige andere nichtstaatliche Organisationen mit den Regierungen, Delegationen der Parlamente und nichtstaatlichen Menschenrechtsorganisationen der Vereinigten Staaten, Deutschland, Österreich, Irland, Ägypten, Vietnam sich umfangreich ausgetauscht und produktiv zusammengearbeitet. Durch diese kooperativen Gespräche über Menschenrechtsfragen und den Austausch von Erfahrungen haben China und die internationale Gemeinschaft sich besser verstanden und wechselseitig an Vertrauen gewonnen.

## V. Chinas Beitrag zur Entwicklung der internationalen Menschenrechte

2008 hat der Generalsekretär der kommunistischen Partei und Staatspräsident Hu Jintao in seinem offenen Brief an das chinesische Forschungsinstitut der Menschenrechte erklärt, „das chinesische Volk wird weiterhin die internationale Zusammenarbeit in Fragen der Menschenrechte verstärken, mit den Völkern der ganzen Welt gemeinsam die erfreuliche Entwicklung der Weltmenschenrechte vorantreiben und seinen Beitrag für dauerhaften Frieden, eine harmonische Welt und gemeinsamen Wohlstand leisten." Außerdem hat er uns aufgefordert, als Akteure der internationalen Menschenrechte zu fungieren und nicht immer nur als Beobachter, die nur eine passive Rolle spielen.

Er hat von uns verlangt, der Welt noch effektiver die chinesische Realität und Politik der Menschenrechte vorzustellen, die gemeinsamen Punkte der Menschenrechtsfragen mit anderen Ländern zu suchen, das gegenseitige Verständnis der Nationen hinsichtlich der Menschenrechtsfragen durch das Lernen voneinander zu fördern, den Konsens zu erweitern, die Differenzen zu beseitigen und damit eine gemeinsame Entwicklung zu ermöglichen.

Wenn man die historischen Spuren der chinesischen Beteiligung und Beförderung der Menschenrechtsentwicklung seit Gründung der Volksrepublik China verfolgt, kann man einen Prozess von tastender Suche in der Anfangsphase zu einem immer tieferen Verständnis bis hin zur Anerkennung und aktiven Mitwirkung erkennen. Die Zeit von der Gründung des neuen China bis zur Zeit der Reformen und Öffnung zur Welt lässt sich als Anfangsphase bezeichnen. Da hat sich der chinesische Beitrag auf die Unterstützung der Entwicklungsländer für ihr Streben nach Unabhängigkeit und das Recht auf Entwicklung beschränkt. Seit der Zeit der Reformen und Öffnung zur Welt bis in die 1980er Jahre hinein hat China damit begonnen, in die internationalen Menschenrechtsinstitutionen einzutreten, an deren Aktivtäten teilzunehmen und in vielen Bereichen der internationalen Menschenrechte allmählich seine Akzente zu setzen. In den 1990er Jahren hat China sich dann an umfangreichen internationalen Menschenrechtsfragen beteiligt. Chinas Verständnis ist vertieft und sein Bewusstsein für internationale Menschenrechtsfragen geschärft worden. Und China hat sich zum Anschluss an die internationale Gemeinschaft bereitgefunden. Im 21. Jahrhundert haben die chinesische Position und Chinas Rolle hinsichtlich der Beteiligung der Entwicklung der internationalen Menschenrechte eine historische Veränderung erfahren. Angesichts der neuen gesellschaftspolitischen Verhältnisse hat für Chinas Beteiligung an der Entwicklung der internationalen Menschenrechte eine neue Ära begonnen. Mit der kontinuierlich wachsenden Wirtschaftskraft Chinas hat sich sein internationaler Status entsprechend erhöht. China kann jetzt auf der internationalen Bühne der Menschenrechte eine aktive Rolle spielen, größeren Einfluss ausüben und schließlich auch einen gewichtigeren Beitrag leisten.

China tritt mit seinem Appell und seinem Engagement energisch für die internationale Zusammenarbeit in Menschenrechtsfragen ein. China hat schon immer für ein gegenseitiges Verständnis geworben und für die Intensivierung der internationalen Zusammenarbeit auf dem Gebiet der Menschenrechte und hat am Prinzip der Suche nach Gemeinsamkeiten beharrlich festgehalten. Auch für China gilt die Allgemeinheit der Menschenrechte; auch China anerkennt die „Allgemeine Erklärung über Menschenrechte der UN". China befürwortet aber auch, dass jedes Land mit Rücksicht auf die eigene Situation seinen eigenen Weg der Menschenrechtsentwicklung gehen kann. Jedes Land hat ein anderes Verständnis der Menschenrechtsfragen je nach seinem politischen, wirtschaftlichen und sozialen System, je nach seinen historischen, religiösen und kulturellen Voraussetzungen und Bedingungen.

China ist schon immer der Ansicht gewesen, dass die Frage der Menschenrechte zu den inneren Angelegenheiten eines Landes gehört. Und die Achtung der nationalen Souveränität und der Nichteinmischung in die inneren Angelegenheiten anderer Länder sind die allgemein anerkannten Normen des Völkerrechts. Dies gilt für alle Bereiche der internationalen Beziehungen und natürlich auch für die Menschenrechtsfragen. China ist entschieden dagegen, dass manche Länder im Hinblick auf die Menschenrechtsfragen ihre für andere fremden Werte, ihre Ideologie, politischen Standards und ihr Modell der Entwicklung den anderen Ländern aufzwingen. Gleichzeitig befürwortet China auch, dass man gegen alle den Weltfrieden bedrohenden und die Sicherheit gefährdenden Faktoren, gegen alle brutalen Menschenrechtsverletzungen durch den Kolonialismus, Rassismus, ausländische Aggressionen und die Besatzung anderer Länder entschieden vorgehen muss und den Völkermord, den Menschenhandel und den internationalen Terrorismus verhindern und verbieten muss. China ist der Meinung, dass man die Menschenrechtsfragen dialektisch betrachten muss. Die Menschenrechte und die Grundfreiheiten sind miteinander eng verknüpft und als eine untrennbare Einheit anzusehen. Die Menschenrechte umfassen sowohl die individuellen bürgerlichen und politischen Rechte, als auch die kollektiven wirtschaftlichen, sozialen und kulturellen Rechte. Keiner dieser Aspekte darf vernachlässigt werden. China betont ständig, dass die Rechte auf Existenz und Entwicklung die Priorität haben sollten. Nicht nur, weil China ein Land mit einer großen Bevölkerungsanzahl ist, sondern auch ein Land mit sehr wenig Anbauflächen. Für China ist deshalb die Gewährleistung des Rechts der Bevölkerung auf Existenz eine primäre Aufgabe. China besteht immer noch darauf, dass die internationale Gemeinschaft großen Wert auf die Gewährleistung des Rechts auf Entwicklung in den Entwicklungsländern legen sollte, um die ungerechte Weltwirtschaftsordnung zu unterbinden und deren irrationale Faktoren aus dem Weg zu räumen. Man muss eine neue Weltwirtschaftsordnung etablieren, muss alle einer Entwicklung entgegenstehenden Störfaktoren wie Rassismus, Kolonialismus, Hegemonismus, ausländische Aggression und Besatzungen ausschalten und ein günstiges internationales Umfeld für eine positive Entwicklung schaffen.

China versteht die Entwicklung der internationalen Menschenrechte als einen längeren historischen Prozess. Die Verbesserung der Menschenrechtslage kann man nicht von heute auf morgen verwirklichen. Wegen der unterschiedlichen historischen Hintergründe, Sozialsysteme, Kulturtraditionen und der differierender wirtschaftlicher Entwicklungen bestehen hinsichtlich der Interpretation und des Verständnisses der Menschenrechtsfrage große Unterschiede. Dies führte dazu, dass die einzelnen Länder mit unterschiedlichen Maßnahmen dafür aufwarten. Bei der Betrachtung der Menschenrechtslage eines Landes darf man die Geschichte dieses Landes außer Acht lassen. Man darf die Situation dieses Landes nicht ignorieren. Man darf auch nicht mit fremden Maßstäben die Lage der Menschenrechte in einem Land beurteilen.

Dieser Standpunkt Chinas hinsichtlich der Menschenrechtsfragen findet immer mehr Verständnis und ein immer größeres Echo. Viele Länder haben deshalb resignativ erklärt, dass eine Konfrontation in Menschenrechtsfragen „nutzlos" sei und „es keinen Ausweg" gebe. Wir können ohne Scheu behaupten, dass wir nach 30 Jahren der Anteilnahme und des unermüdlichen Einsatzes für die internationale Entwicklung der Menschenrechte allmählich einen eigenen und für unser Land geeigneten Weg der Entwicklung der Menschenrechte gefunden haben. Doch wir werden unser Verständnis über Menschenrechtsfragen niemandem aufnötigen. Die chinesische Regierung und das chinesische Volk haben inzwischen erkannt, wenn China als das größte Entwicklungsland eine ausreichende Gewährleistung der Menschenrechte realisieren kann, dann ist das der größte Beitrag zur Entwicklung der internationalen Menschenrechte.

In den 60 Jahren rasanter wirtschaftlicher Entwicklung hat China auch den riesigen historischen Sprung im Bereich der Menschenrechte gemacht. 2008 hat der chinesische Gesamtproduktionswert 300.000 x 100 Millionen Yuan und beinahe 9% mehr als im ein Jahr zuvor erreicht. Das Leben der Bevölkerung hat sich deutlich verbessert. Das durchschnittliche Einkommen der städtischen Bevölkerung hat 15.781 Yuan betragen und ist um mehr als 8,4% gestiegen, das der Bevölkerung der ländlichen Regionen 4.761 Yuan und hat sich um 8% erhöht. Mit diesen statistischen Zahlen wird niemand die historischen Fortschritte Chinas hinsichtlich der Menschenrechte leugnen können. Chinas Beitrag zur Entwicklung der internationalen Menschenrechte ist auch unbestreitbar. Nach der Ansicht der UN und der Weltbank verdankt man zwei Drittel des Erfolgs in der Armutsbekämpfung während der letzten 25 Jahre China.

China hat immer den Staatsaufbau des eigenen Landes mit der Entwicklung der ganzen Menschheit verbunden und darauf gesehen, dass alle Länder von der wirtschaftlichen Globalisierung und von den Früchten der technischen Fortschritte profitieren. Gegenwärtig pflegt China mit mehr als 200 Ländern und Regionen Handelsbeziehungen und hat mit 27 Ländern und Regionen Verträge über Freihandel unterzeichnet. China ist der dritte Handelsstaat. Die chinesischen Waren werden in alle Länder der Welt exportiert. Und dies hat das Einkommen der Menschen in den importierenden Ländern erhöht, das Wachstum des Konsums gefördert und die Lebensbedingungen dieser Länder verbessert. 2008 hat China Waren im Wert von 25.616 x100 Millionen Dollar importiert. Obwohl China selbst noch ein Entwicklungsland ist, hat es den anderen Entwicklungsländern immer unter die Arme gegriffen. 2006 hat China 31 afrikanische Staaten von ihren 109 x 100 Millionen Yuan Schulden befreit. 190 afrikanische Waren genießen in China bevorzugte Zollbedingungen. Wie man unschwer erkennt, hat China nicht nur die eigene Bevölkerung von seiner wirtschaftlichen Entwicklung profitieren lassen, sondern die ganze Welt und hat dadurch der Weltbevölkerung die Rechte auf Existenz und Entwicklung gewährleistet.

China hat sich bemüht, immer mehr internationale Verpflichtungen übernehmen und engagiert an internationalen und humanistischen Aktivitäten teilzunehmen. Auch beim Kampf gegen Terrorismus, im Bewahren des Friedens und in vielen weiteren Bereichen, die die Menschenrechte betreffen, hinsichtlich der Wanderarbeiter, der Bildung, der Medizin und der Umwelt hat China eine aktive Rolle gespielt. China hat in eigener Initiative beinahe 300 internationale Abkommen, Deklarationen usw. mitunterzeichnet, in 130 internationalen Organisationen und Institutionen mitgewirkt und 110 Ländern und Regionen 2000 Hilfsprojekte geliefert. Seit 1990 hat China bei 17 Aktionen der UN-Friedenstruppen im Sudan, im Libanon und in Libyen mitgewirkt. Zurzeit erfüllen 1.600 Chinesen in den Friedenstruppen der UN an zehn Orten ihre Aufgaben. China gehört zu den Ländern, welche die meisten „Friedensmedaillen" der UN erhalten haben. 2002 hat China internationale Hilfstruppen gebildet und bei zahlreichen Gelegenheiten humanitäre Hilfe geleistet. In letzter Zeit hat die chinesische Hilfstruppe 2003 ihren Einsatz nach Erdbeben in Algerien und Erdbeben im Iran gehabt. Auch 2004 nach dem Tsunami und 2005 nach einem Erdbeben in Pakistan wie 2006 nach einem Erdbeben in Indonesien hat China seine Hilfstruppen hingeschickt.

Aus der Perspektive der Entwicklung gesehen wird es mit den großen Veränderungen in der Welt auch bald entsprechende Veränderungen und neue Gesichtspunkte für die internationalen Menschenrechte geben. Die wirtschaftliche Globalisierung, die Medientechnik und globalen Netzwerke werden die herkömmlichen Deutungen und Auffassungen der Menschenrechte verändern, nicht aber die Regierungsorganisationen. Deshalb muss China in der Theorie neue Ideen evozieren und in der Praxis einen Durchbruch erringen. Da China sich allgemein fortentwickelt hat und seine Stellung auf der Weltbühne an Höhe gewonnen hat, erwartet die internationale Gesellschaft von China nun im Bereich der internationalen Menschenrechte einen noch bedeutenderen Einfluss und größeres Mitspracherecht, wenn auch manche China gegenüber nach wie vor skeptisch sind. China muss dies aber als eine Herausforderung betrachten und sollte den Mut haben, die Verantwortung eines großen Landes zu übernehmen und die Entwicklung internationaler Menschenrechte voranzutreiben.

# Kapitel 9

# Die Entwicklungsperspektive der chinesischen Menschenrechte

In den letzten 60 Jahren seit Gründung der Volksrepublik China hatte die chinesische Entwicklung der Menschenrechte einen holprigen Weg hinter sich. Doch man darf auch von großen Fortschritten sprechen. Vor allem seit der Zeit der Reformen und Öffnung zur Welt in den letzten 30 Jahren haben die kommunistische Partei und die Regierung konsequent eine Politik der Reformen und der Öffnung zur Welt verfolgt und die Wirtschaft und Gesellschaft nach vorn getrieben. Der Staat hat das Postulat der Allgemeinheit der Menschenrechte mit den chinesischen Besonderheiten verbunden. Man hat hinsichtlich des Schutzes der Menschenrechte viel geleistet und ist dabei einen spezifisch chinesischen Entwicklungsweg der Menschenrechte gegangen und hat auf die parallele Entwicklung des Schutzes der Menschenrechte und der chinesischen Politik, der Wirtschaft, der Gesellschaft und Kultur geachtet. Der Lebensstandard der Bevölkerung hat sich in dieser Zeit vom Zustand unzureichender Nahrung und ungenügender Kleidung verwandelt in einen Zustand des allgemeinen bescheidenen Wohlstands. Die Zahl der Armen ist wesentlich gesunken, ein einigermaßen gut funktionierender Rechtsstaat ist aufgebaut worden und die politischen Reformen sind Schritt für Schritt vorwärts gegangen. Man hat überkommene Ansichten ständig revidiert. Die Bürger sind immer disziplinierter geworden und haben gelernt, aktiver am politischen Geschehen teilzunehmen. Heute erscheint die chinesische Gesellschaft wesentlich liberaler und farbigvielseitiger. Und die Bevölkerung kann so viel Freiheiten und Rechte wie noch nie genießen. Das Diktum des Pressebürodirektors des Staatsrates Wang Chen ist insofern zutreffend: „Man kann ohne Übertreibung behaupten, die chinesischen Menschenrechte haben schon historische Fortschritte gemacht und die chinesischen Menschenrechte befinden sich auf dem Niveau eines sehr guten Zustands."[1]

Nur wenn wir den besonderen Entwicklungsprozess der chinesischen Menschenrechte analysieren, können wir aus den Erfahrungen und aus der Geschichte lernen und die situationsbedingten aktuellen Aufgaben besser erkennen und die Richtung weiterer künftiger Entwicklung bestimmen.

# I. Der besondere Weg der Entwicklung der chinesischen Menschenrechte

China ist ein sozialistisches großes Land, was dazu führt, dass die Entwicklung der chinesischen Menschenrechte unmöglich denselben Weg beschreiten konnte wie ihn die entwickelten Länder und andere Entwicklungsländer gegangen sind. China hat dabei auf das eigene Entwicklungsniveau Rücksicht nehmen müssen und konnte nicht unrealistisch handeln. China hat ständig die allgemeinen Prinzipien der Menschenrechte mit den konkreten Situationsbedingungen des eigenen Landes verbinden müssen.

Wenn man sich an den unwegsamen Entwicklungsprozess der Menschenrechte in den letzten 60 Jahren erinnert, vor allem an die Zeit der Reformen und der Öffnung zur Welt während der letzten 30 Jahre, dann wird begreiflich, dass China hinsichtlich der Menschenrechte einen eigenen situationsbedingten und für die besonderen Verhältnisse Chinas geeigneten Weg gehen musste. Zusammenfassend kann man diesen Weg folgendermaßen beschrieben: Ausgangspunkt war immer der Mensch, und die Rechte der Bevölkerung auf Existenz und Entwicklung haben stets als die wichtigsten Rechte gegolten, dies immer unter der Voraussetzung der Stabilität, der Rechtsschutzgesetze und der Entwicklung als Ziel, der Reformen als Motivation und einer umfassenden und kooperierenden Entwicklung der Politik, Wirtschaft, Gesellschaft und Kultur.

Die Praxis hat bewiesen, dass dieser Weg der richtige Weg für China ist und zugleich auch ein erfolgreicher Weg, ein der chinesischen Situation angemessener Weg. Dass man diesen Weg gewählt und verfolgt hat, ist kein Zufall oder die spontane Idee von einer oder zwei Personen, sondern das Ergebnis von wiederholten praktischen Versuchen und Forschungserkenntnissen vieler Menschen.

## 1.1. Die allgemeinen Ideale der Menschenrechte werden mit der Realität eng verbunden.

Der Generalsekretär des Zentralkomitees Hu Jintao hat aus Anlass der 60jährigen Jubiläumsfeier der Menschenrechtskonvention 2008 in seinem offenen Brief an das Forschungsinstitut der Menschenrechte darauf hingewiesen, man sollte „die allgemeinen Prinzipien der Menschenrechte respektieren, muss

---

1 Wang Chen, „Die historischen Fortschritte der chinesischen Menschenrechte", „Menschenrechte", 6. Ausgabe, 2008.

zugleich aber auch die Situation des eigenen Landes berücksichtigen."[2] China hat in seinem Entwicklungsprozess der Menschenrechte nicht blind das Modell irgendeines Landes kopiert, sondern hat stets die realistische Situation eigenen Landes analysiert und berücksichtigt, ohne dabei den Blick auf die internationale und chinesische Situation, auf die Geschichte und Realität, auf Wirtschaft, Politik, Gesellschaft und Kultur zu verlieren und hat auf diese Weise schließlich einen eigenen Weg gefunden.

Nach dem 2. Weltkrieg ist unter Voraussetzung des Appells der UN die „Menschenrechtskonvention" erlassen worden, wo die Menschenrechte als allgemeines und abstraktes Ideengut betrachtet worden sind. Später hat man nach und nach den „Internationalen Pakt über wirtschaftliche, soziale und Kulturelle Rechte" und den „Internationalen Pakt über bürgerliche und politische Rechte" sowie eine Reihe weiterer Dokumente, welche die Menschenrechte betreffen, verabschiedet und gebilligt. Auf diese Weise sind Menschenrechte allmählich ideale Ziele der meisten Länder geworden. China gehörte zu den ersten Ländern, die die Initiative für die „Allgemeine Erklärung über Menschenrechte" ergriffen hat. China akzeptiert auch die allgemeine Gültigkeit der Menschenrechte und strebt nach der Verwirklichung aller dieser Menschenrechte.

Doch die chinesische Regierung und das chinesische Volk haben auch bald erkannt, dass die Entwicklung der internationalen Menschenrechte mit der realistischen Situation einzelner Länder verbunden werden muss. Deshalb muss auch bei der Entwicklung der chinesischen Menschenrechte zuerst die konkrete Situation Chinas berücksichtigt werden.

Dabei kann man nicht nur die aktuelle realistische Situation berücksichtigen, also nicht nur auf die gegenwärtigen Verhältnisse blicken, sondern muss auch auf die Geschichte zurückschauen. Ohne die historische Entwicklung Chinas zu kennen, kann man wahrscheinlich den von China gewählten und beschrittenen Weg der Entwicklung der Menschenrechte nicht recht verstehen.

Die Neuzeit Chinas und des Westens ist sehr verschieden. Die Aufklärung und Revolution der westlichen Neuzeit haben gegen das feudalistische System, welches das Individuum unterdrückt hat, gekämpft. Sie haben dabei hinsichtlich der Menschenrechte die Rechte des Individuums betont und das politische Recht mit dem Ziel und in der Absicht, die monarchistische Gewalt, die religiös legitimierte Macht und die bestehende Ständeordnung zu stürzen. Doch China hatte in der Neuzeit unter der doppelten imperialistischen und feudalistischen Unterdrückung zu leiden. Vor allem haben die Imperialisten die Menschenrechte in China in größte Katastrophen und Krisen geführt. Seit der Neuzeit hat China ständig um Befreiung aus den Fesseln des kolonialen und halbkolonialen Schicksals kämpfen müssen, um Befreiung aus der Armut und Rückständigkeit und für Souveränität der Nation und Unabhängigkeit des Landes. Unter solchen historischen Voraussetzungen und Bedingungen

---

2 „Der Brief von Hu Jintao an das Forschungsinstitut der Menschenrechte", „Menschenrechte", 1. Ausgabe, 2009.

hat China bei der Entwicklung der Menschenrechte die Priorität auf das Streben nach nationaler Selbständigkeit gesetzt und auf den Kampf gegen die imperialistische Aggression und Unterdrückung. Das hat dazu geführt, dass China dabei einen eigenen Weg der Entwicklung der Menschenrechte gehen musste, d. h. China musste einerseits um seine nationale Souveränität kämpfen, andererseits um Freiheit und Rechte der einzelnen Person. Die Ankündigung der Gründung der Volksrepublik bedeutet für die chinesische Bevölkerung die Verwirklichung der kollektiven Menschenrechte. Dies hat für die Verwirklichung der Menschenrechte der einzelnen Person erst eine Basis geschaffen.

Nach der Gründung der Volksrepublik China hat der Staat einerseits erst seine politische Unabhängigkeit bewahren, andererseits hat er nach einer zügigen Entwicklung der Wirtschaft streben müssen. Wenn wir den Westen in kurzer Zeit nicht erreichen oder sogar überholen konnten, dann hat das auch daran gelegen, dass wir mit dem Schicksal rechnen mussten, jeder Zeit wieder vom Westen überfallen werden zu können. Wir haben deshalb innerhalb von nur wenigen Jahren die Modernisierung verwirklichen müssen, wofür der Westen einige hundert Jahre gebraucht hatte. Diese historische Tatsache hat China einen anderen Weg der Entwicklung der Menschenrechte zu wählen gezwungen. Das Land hat eine starke Regierung benötigt, die den Prozess der Modernisierung leitet und befördert und zugleich die Situation der Menschenrechte zu verbessern trachtet. Hierin liegt der große Unterschied im Verständnis der Menschenrechte zwischen dem Westen und China begründet: Der Westen hat immer wieder betont, dass die Menschenrechte die passiven Rechte sind, weshalb der Staat sich möglichst wenig in das Leben der Menschen einmischen dürfe; während China dagegen betont, dass die Menschenrechte nicht nur aus passiven, sondern auch aus aktiven Rechten bestehe. Die Regierung dürfe nicht nur nicht die Menschenrechte verletzen, sie müsse auch effektive Maßnahmen ergreifen, um diese Menschenrechte zu gewährleisten.

China hat sich mit Rücksicht auf die Realität und Erfordernisse der chinesischen Politik, Gesellschaft und Kultur sowie anderer Bereiche für einen eigenen Weg der Entwicklung der Menschenrechte entschieden.

Aus der ökonomischer Perspektive betrachtet war China ein Entwicklungsland. Der Staat hat zunächst die Grundbedürfnisse der Bevölkerung befriedigen und deshalb die wirtschaftliche Entwicklung vorantreiben müssen. Denn das waren nicht nur die dringendsten Bedürfnisse der Mitglieder der ganzen Gesellschaft, das war auch eine ernsthafte Herausforderung für den Staat und für das Volk. Die wirtschaftliche Basis war die Voraussetzung und Grundlage für die Verwirklichung der Menschenrechte.

Aus der politischen Perspektive betrachtet war das politische System Chinas war ein konsultatives System mit mehreren Parteien, doch unter Führung der kommunistischen Partei. Dieses politische System hat entschieden, dass die kommunistische Partei und die chinesische Regierung beim Vorantreiben der

Entwicklung der Menschenrechte die führende Rolle spielen musste, während die politische Konsultativkonferenz hierbei eine wichtige Beratungsrolle gespielt hat. Und der Nationalvolkskongress war zuständig für die Gesetzgebung und die Kontrolle. Die Regierungen aller Ebenen führen die Gesetze durch. Mit der Verbesserung des demokratischen Systems können die Bevölkerung und die Gesellschaft immer mehr am politischen Leben des Staats teilnehmen; und sie bilden eine wesentliche Energiequelle fürs Vorantreiben der Entwicklung der Menschenrechte.

Aus der Perspektive der Gesellschaft betrachtet war China ein Land mit zahlreichen ethnischen Gruppen und mit einer geographisch großen Fläche. Zwischen den Regionen, zwischen den Städten und ländlichen Gegenden bestehen deutliche Unterschiede. Besonders seit der Zeit der Reformen und der Öffnung zur Welt ist die Gesellschaft farbiger und vielfältiger geworden und seither sind viele verschiedene soziale Gruppen mit unterschiedlichen Interessen entstanden. Zwischen diesen einzelnen Gruppen existieren Konflikte. Wenn man diese Probleme nicht adäquat gelöst hat, konnten sogleich Auseinandersetzungen und Konfrontationen entstehen. Deshalb hat man bei der dynamischen Entwicklung der Menschenrechte das Verhältnis von Reformen, Entwicklung und Stabilität gut ausbalancieren müssen. Als Richtschnur der Regierung galt damals: Zuerst die Wirtschaft rasch entwickeln, dann das Leben aller sozialen Schichten der Bevölkerung verbessern und durch Kooperation aller Interessen die gesellschaftliche Stabilität bewahren.

Aus der kultureller Perspektive gesehen hat in China schon immer das Motto gegolten: Harmonie, harmonisches Zusammenleben und harmonische Entwicklung. Gerade hier liegt im Verständnis der Menschen und ihrer Rechte ein großer Unterschied zwischen der westlichen Kultur und der chinesischen. Dies hat Professor Dong Yunhu präzise formuliert: Die westliche, christlich geprägte Kultur hat eine autonome Auffassung der individuellen Persönlichkeit über alle gesellschaftlichen Verhältnisse hinaus vertreten. Man betrachtet den Menschen als ein von allen gesellschaftlichen Verhältnissen unabhängiges Naturindividuum und versteht dessen Rechte als Naturrechte der einzelnen Person; wogegen die chinesische konfuzianische Kultur den Menschen mehr aus der Perspektive der zwischenmenschlichen Beziehungen beleuchtet und deshalb stärker betont, die Menschen müssen die anderen lieben, nur wenn einer die anderen liebt, kann er als wahrer Mensch gelten und darf erst dann menschliche Rechte beanspruchen.[3] Gerade dieser die Harmonie betonenden traditionellen Kultur wegen muss China bei der Entwicklung der Menschenrechte immer wieder die engen Beziehungen zwischen dem Schutz der Rechte des Kollektives und der Rechte der einzelnen Person in Rechnung stellen. Man muss in gleicher Weise auf Wirtschaft, Gesellschaft, Kultur und auf die Rechte der Bevölkerung achten. Und man muss dabei die Rechte mit den sozialen Pflichten sachlich verbinden.

---

3   Dong Yunhu, „30 Jahre Aufbau der chinesischen Menschenrechte", „Xinjiang Zeitung", 10. Januar 2009.

Zusammenfassend gesagt: Die Ausgangpunkte für die Fixierung des chinesischen Entwicklungswegs der Menschenrechte waren die soziale chinesische Realität und chinesische Geschichte. Chinas Interesse hat darin bestanden, die allgemeine Idealvorstellung mit der besonderen chinesischen Situation zu verbinden.

## 1.2. Diagnose der gesellschaftspolitischen Praxis, damit die Maßnahmen zur Gewährleistung der Menschenrechte der Realität entsprechen.

Die Entwicklung der chinesischen Menschenrechte blickt auf einen unterschiedlich verlaufenden Prozess eines auf und ab zurück. Ob es um das Verständnis der Menschenrechte geht oder um die Entscheidung für den Weg hinsichtlich der Entwicklung der Menschenrechte, immer hat es mehrfache Änderungen und Koordinationsprobleme gegeben. Denn China hat in der Umsetzung der Menschenrechte immer wieder entsprechend der jeweiligen realistischen Situation des Landes seine Politik und die dementsprechenden Maßnahmen ändern müssen.

In den ersten 30 Jahren nach der Gründung der Volksrepublik waren die Ziele der Entwicklung der chinesischen Menschenrechte die Befreiung von der Herrschaft des Imperialismus und Feudalismus, das Anstreben der Unabhängigkeit des Landes, damit das Volk wieder Herr im eigenen Land werden konnte. In dieser Zeit hat man die Menschenrechte aus der Perspektive der Theorie des Klassenkampfes gesehen. Im Hinblick auf diesen Sachverhalt hat Dong Yunhu in seinem Interview mit der „Xinjiang Zeitung" gesagt[4]: Damals hat sich das Verständnis der Menschenrechte mehr auf das Verständnis des Sozialismus gestützt. Die Marxisten sind der Meinung gewesen, die Menschenrechte seien wesentlich „Rechte der Bourgeoisie" und unmittelbar verbunden mit dem System der Demokratie. Der Sozialismus ist aber auf der Basis der Demokratie entstanden und ist deshalb höher zu bewerten als die Demokratie. Nach der Gründung der Volksrepublik ist China schnell in die sozialistische Gesellschaft eingetreten. Nach dem damaligen Verständnis waren wir schon damals eine Stufe höher als die Demokratie und hätten nicht mehr von „Menschenrechten" zu reden nötig gehabt. Außerdem hat damals das philosophische Verständnis der Menschenrechte und die Auffassung geherrscht, dass der Begriff der Menschenrechte unter Voraussetzung der abstrakten Theorie menschlicher Natur der Bourgeoisie entstanden ist, während der historische Materialismus marxistischer Provenienz der Interpretation der Menschenrechte im Lichte der Bourgeoisie kritisch gegenüber stand. Nach marxistischem Verständnis lebt der Mensch in bestimmten Sozialverhältnissen, gehört einer bestimmten Klasse an und ist ein konkreter sozialer Mensch. Nach marxistischer Auffassung existiert kein abstrakter Mensch jenseits der Klassenzugehörigkeit und der Grenzen einer Staatszugehörigkeit oder über die Sozialverhältnisse hinaus und insofern gibt es keine abstrakten

---

4    Ebenda.

„Menschenrechte". Deshalb hatten die Chinesen sogar bis zum historischen Beginn der Reformen und der Öffnung zur Welt immer noch eine kritische Einstellung gegenüber der Idee menschlicher Natur und der Humanität. Beim Entwurf der chinesischen Verfassung ist heftig darüber diskutiert worden, ob der Begriff der Menschenrechte in die Verfassung aufgenommen werden sollte. Die meisten sind damals der Meinung gewesen, als juristischer Begriff sei das Wort „Mensch" nicht klar definiert und haben deshalb stattdessen für den Begriff „Bürger" plädiert, denn ein Bürger als soziales Wesen besitze schließlich eine Staatsangehörigkeit. Deshalb ist nur die Formulierung „Grundrechte der Bürger" in die Verfassung aufgenommen worden.

Gerade aus den oben genannten Gründen sind der intendierte Schutz und die Gewährleistung der Menschenrechte nicht mit dem Begriff der Menschenrechte versehen worden. Obwohl wir bei der Gewährleistung der Rechte der Selbstentscheidung durch das Volk und beim Schutz der früher unterdrückten Bevölkerung große Erfolge errungen haben, haben sich in der Praxis noch viele Einschränkungen eingestellt, weil wir die Flagge der Gewährung der Menschenrechte nicht selbstbewusst gehisst haben. Zuerst haben wir die eingeräumten Rechte nur auf bestimmte Klassen beschränkt statt sie auf die Mitglieder der ganzen Gesellschaft auszudehnen. Außerdem haben wir mehr auf die Grundrechte der Bevölkerung in ihrer Sozialität geachtet und dabei die Gewährleistung der Rechte der Freiheit für die einzelnen Personen vernachlässigt. Darüber hinaus haben wir zu einseitig und übermäßig die kollektiven Rechte betont und haben die Gewährleistung der kollektiven Rechte mit der der Rechte der einzelnen Person identifiziert. Die extreme Folge dieser Einstellung ist die 10 Jahre während „große proletarische Kulturrevolution" gewesen, in der die Rechte zahlreicher Menschen gnadenlos mit Füssen getreten worden sind und die Wirtschaft des Landes beinahe an die Grenze des Zusammenbruchs geraten ist. Die schmerzliche Lehre daraus haben die Kommunistische Partei Chinas, die chinesische Regierung und das Volk noch einmal nachdrücklich genötigt, von neuem über die Theorie der Menschenrechte zu reflektieren.

Durch die historische Lehre der „Kulturrevolution" haben die chinesische Regierung und das chinesische Volk neue Kenntnisse über die Frage der Menschenrechte gewonnen. Seit der Zeit der Reformen und der Öffnung zur Welt hat sich in der Auffassung der chinesischen Menschenrechte ein auffälliger Umbruch ereignet und man ist im Vergleich mit früheren Erkenntnissen über Menschenrechte endlich von der „linken" ideologischen Auffassung befreit worden und hat die Rede von den Menschenrechten nicht mehr länger als Slogan der Bourgeoisie betrachtet. Man hat endlich die Frage der Menschenrechte als wesentliches Problem im Zusammenhang mit dem chinesischen, gesellschaftlichen und politischen Leben erkannt. Besonders seit dem 16. Parteitag hat das Zentralkomitee unter der Leitung des Generalsekretärs Hu Jintao die Prinzipien „der Mensch als Ausgangspunkt" und der „Aufbau einer sozialistischen harmonischen Gesellschaft" als Leitideen der sozialistischen Gesellschaft gewichtet. Auch der Respekt der Würde und die Gewährleistung der Menschenrechte sind in die Aufgabenliste der Partei aufgenommen worden. Seit 2004 hat man „Respekt und Gewährleistung der Menschenrechte" in den Text der chinesischen Verfassung eingeschrieben und dies Thema in den 11. Fünfjahresplan des Staates und in die „Satzung der chinesischen kommunistischen Partei" aufgenommen.

Beim Hissen der Flagge der Menschenrechte hat sich der Staat vor die Frage gestellt gesehen, wie der Staat zwischen der Gleichheit der Gewährleistung der Rechte und einem außerordentlichen Schutz eine Balance schaffen kann. Seit der Zeit der Reformen und der Öffnung zur Welt bis zum 16. Parteitag hat sich China für die Förderung der Grundrechte und die Gewährleistung der gleichen Rechte außerordentlich engagiert. In diesem Zeitraum haben sich viele durch marktwirtschaftliche Konkurrenz zu starken sozialen Gruppen entwickelt. Da hat die Regierung leider nicht schnell genug Maßnahmen ergriffen, um die schwächeren Gruppen entsprechend zu schützen, sodass schließlich der Unterschied zwischen den stärkeren und schwächeren immer größer und die Sozialkonflikte immer schärfer geworden sind. In der Wirtschaft hat die Regierung zwar viel für die Gewährleistung des Arbeitsrechts, des Eigentumsrechts und Freiheitsrechts für Handel geleistet, aber es mangelt noch immer an einem gut funktionierenden Schutzsystem für das Einkommen der Arbeitskräfte. Im gesellschaftlichen Bereich hat der Staat für die Chancengleichheit der Bevölkerung in der Bildung, in der Medizin und in Sachen des Wohnungsrechts viel getan, dass die Menschen noch mehr Freiheiten für einen Wohnungswechsel und für persönliche Entwicklungen genießen können. Aber der Staat hat sich dabei zu wenig um die Menschen mit niedrigem Einkommen, um die Älteren, um die Minderjährigen, um die Frauen und um die sozial schwächeren Gruppen gekümmert, die doch gerade besonderen gesellschaftlichen Schutz brauchen. Im politischen Bereich hat der Staat verstärkt das gleiche Recht auf Meinungsfreiheit und das Recht auf gleiche Chancen bei der Anwerbung von Beamten realisiert, so dass Menschen unterschiedlicher politischer Ansichten durchaus gleiche Chancen haben ihre Meinungen äußern können. Doch es mangelt noch an genügend Medien für die Meinungen und Hilferufe der sozialen Schwächeren. Im kulturellen Bereich haben die Menschen inzwischen viel mehr Rechte auf Anteilnahme und Genuss am kulturellen Geschehen, aber es hapert noch mit einem besonderen Schutz für die verschiedenen schwächeren Kulturgruppen und Kulturformen angesichts der großen Konkurrenz auf dem Kulturmarkt. Der Staat hat durch zahlreiche Maßnahmen den Lebensstandard der Bevölkerung erhöht. Und er hat die Entwicklung des gesellschaftlichen und kulturellen Lebens gefördert. Aber dies hat zugleich auch den Unterschied zwischen den Einkommen der Menschen vergrößert, so dass die Sozialkonflikte doch immer gravierender geworden sind.

Nach dem 16. Parteitag haben die Regierung und das Volk die in der Praxis aufgetauchten Probleme analysiert und haben den Schwerpunkt der Gewährleistung der Menschenrechte verlegt. Unter der neuen Flagge des Aufbaus einer sozialistischen harmonischen Gesellschaft hat man den Schwerpunkt auf die Balance zwischen der Gleichheit der Rechte und deren besonderen Schutz gelegt. In der Dimension der Wirtschaft hat man verstärkt die Rechte der Arbeiter, vor allem der Wanderarbeiter gewährleistet, und ein System für den Mindestlohn und für Arbeitsverträge aufgebaut. Außerdem hat der Staat die Gewerkschaft aufgefordert, mehr Verantwortung für den Arbeitsschutz zu übernehmen. Zugleich ist man dem Monopol der Produktion bestimmter Betriebe mit Einschränkungsregeln entgegengetreten und auch der Monopolisierung der Preise bestimmter Handelsbetriebe. In dem gesellschaftlichen Bereich hat der Staat allmählich ein soziales Schutzsystem etabliert, welches die Schulpflicht aller Kinder, den Bau der bezahlbarer Wohnungen, den Zuschuss für Wohnungen einschließt; und man hat ein Gesundheitssystem auf dem Land aufgebaut. Im Politischen ist der Staat bemüht, ein Medium für die politischen Meinungen der sozial Schwächeren einzurichten. In der Sektion der Kultur hat der Staat ein Rechtssystem zum Schutz des geistigen Eigentums geschaffen. Zugleich hat man besonders darauf geachtet, dass auch die sozial Schwächeren am kulturellen Leben teilhaben können, indem man zum Beispiel kostenlose Fernsehgeräte in die rückständigen Regionen geschickt hat. Man hat übrigens versucht, besondere Schutzmaßnahmen für die traditionellen Kulturformen vorzusehen, die nicht so konkurrenzfähig sind. Auch ist man bemüht, die politischen Initiativen für den Schutz der Sprachen und Kultur der nationalen Minderheiten zu beleben.

Im Rückblick auf den Entwicklungsprozess der chinesischen Menschenrechte lässt sich ein dialektischer Fortgang in großen und kleinen Wellen erkennen. Je nach der bestimmten Phase wurde die Politik entsprechend geändert. Inzwischen sind nicht nur die Bereiche der zu gewährleistenden Rechte erweitert worden, auch die Inhalte sind immer konkreter, die Methoden auch immer effektiver geworden.

## 1.3. Beim Austausch mit und von anderen Ländern lernen, und durch internationale Gespräche einander besser verstehen.

Die Menschenrechte sind nicht nur für das chinesische Volk, sondern für die Bevölkerung aller Länder der Welt das angestrebte Ziel. Doch aufgrund der jeweils unterschiedlichen Voraussetzungen und Hintergründe haben die einzelnen Länder verschiedene Wege und unterschiedliche strategische Ziele bei der Entwicklung der Menschenrechte gewählt.

Seit der Zeit der Reformen und Öffnung zur Welt plädiert die chinesische Regierung dafür, dass alle Länder sich unter der Voraussetzung der Gleichheit und des gegenseitigen Respekts durch Gespräche und wechselseitigen Austausch einander besser verstehen sollten, so dass man dadurch die Meinungsunterschiede über Menschenrechte verringern und stärker zusammenarbeiten könne. In diesem internationalen Dialog hat China einerseits seine Ansicht und strategischen Ziele hinsichtlich der Entwicklung der Menschenrechteerläutert. Andererseits hat China auch aufmerksam die unterschiedlichen Meinungen der verschiedenen Länder zur Kenntnis genommen.

Beim regen Austausch haben die chinesische Regierung und das chinesische Volk viel von den wertvollen Erfahrungen und Lehren anderer Länder profitieren können, und zugleich hat China auch seine eigene Meinungen und Erfahrungen der Welt vermittelt. Solche wechselseitigen Gespräche haben zu einem gegenseitigen Verständnis der Länder beigetragen. Mit einem solchen besseren Verständnis können die Länder ihre unterschiedlichen Meinungen leichter tolerieren. Dies ist einer internationalen harmonischen Entwicklung durchaus förderlich.

## 1.4. Über Streitgespräche und Meinungsaustausch zum gemeinsamen Verständnis der Menschenrechte kommen.

Selbst innerhalb Chinas gibt es viele unterschiedliche Ansichten über Menschenrechte. Die chinesische Regierung hat aus der „Kulturrevolution" gelernt und hat nicht versucht, alle zu einer gemeinsamen Auffassung zu zwingen, sondern hat in offenen Diskussionen jedermann seine Ansichten frei äußern lassen, damit alle bei solchem Meinungsaustausch den Blick ausweiten und gemeinsam zu einer sachgerechteren Erkenntnis kommen. Viele Forschungsinstitute für Menschenrechte haben noch ihre eigene Fachzeitschrift begründet und Webseiten eingerichtet und veranstalten regelmäßig Kolloquien über Theorien und strategische Ziele hinsichtlich der Menschenrechte im In- und Ausland. Dabei hat man die Diskussionen mit ihren unterschiedlichen Meinungen ernst genommen. Dies hat nicht nur die chinesische wissenschaftliche Forschung über Menschenrechte vorangetrieben, es war auch für die Behandlung der Menschenrechtsfrage in der chinesischen Politik und in der Praxis hilfreich.

Heutzutage sind die Erwartungen der Bevölkerung durch die Marktwirtschaft vielfältiger, so dass die unterschiedlichen Rechtsanforderungen oft zu Auseinandersetzungen führen. Deshalb hat der Staat die ganze Gesellschaft motiviert, mittels der Massenmedien energisch über die unterschiedlichen Erwartungen der Bevölkerung hinsichtlich der Menschenrechte zu diskutieren in der Hoffnung, dass die unterschiedlichen sozialen Gruppierungen mit ihren unterschiedlichen Interessen durch einen offen ausgetragenen Meinungsaustausch und öffentliche Auseinandersetzungen zu einem besseren Verständnis finden und dadurch die sozialen Konflikte womöglich vermindert werden.

# II. Die Herausforderung in der neuen historischen Phase der Entwicklung der chinesischen Menschenrechte

## 2.1. Die Entwicklung des Menschenrechtsschutzes auf unterschiedlichen Niveau

Die Entwicklung der Menschenrechte der Volksrepublik Chinas hat einen 60 Jahre währenden Verlauf hinter sich. Inzwischen hat sie eine nie zuvor eingetretene neue Phase erreicht. Diese neu begonnene Phase provoziert den Staat mit vielen neuen Aufgaben und zugleich auch mit vielen neuen Problemen. Deshalb steht die Entwicklung der chinesischen Menschenrechte vor einer ganz neuen Herausforderung, die die unterschiedlichen Forderungen nach der Gewährleistung der Menschenrechte umfasst. Mit der rasanten Entwicklung seit der Zeit der Reformen und Öffnung zur Welt in den letzten 30 Jahren ist der Lebensstandard der chinesischen Bevölkerung erheblich erhöht und ihr gesellschaftliches und kulturelles Leben bereichert worden. In vielen rasch entwickelten Regionen mit höherem Lebensstandard haben die Menschen noch mehr Rechte gefordert. Dagegen in den Regionen mit einer zögerlichen Entwicklung und mit einem ziemlich niedrigen Lebensstandard haben die Menschen eher nach einer Gewährleistung der Grundrechte verlangt. Ein typisches Exempel unterschiedlicher Forderungen kann man in Sektion der Bildung am deutlichsten erkennen. In den Großstädten ist die neunjährige Schulpflicht schon längst Tagesordnung, weshalb man jetzt die Schulpflicht von zwölf Jahren fordert. Wogegen es in den ländlichen Regionen an Schulgebäuden, an Lehrkräften und an Finanzmitteln mangelt und man sich hier überdies mit vielen Problemen konfrontiert sah und man sehr viel in die Grundbildung investieren musste.

Infolge der Marktwirtschaft sind die Einkommen der Menschen sogar in denselben Regionen gravierend unterschiedlich. Auch dies hat dazu geführt, dass die Menschen mit unterschiedlichen Forderungen aufgetreten sind. Nehmen wir das Beispiel des Wohnrechts. Die Menschen mit einem höheren Einkommen haben nach einer Verbesserung der Umgebung ihrer Wohnviertel verlangt, wogegen die Menschen mit niedrigerem Einkommen sich die immer teureren Wohnungen nicht mehr leisten können.

Menschen mit unterschiedlichem Bildungsniveau, mit unterschiedlichem Arbeitsumfeld und unterschiedlichem Lebensstandard sind verständlicherweise mit unterschiedlichen politischen Forderungen aufgetreten; und diese Unterschiede sind leider immer größer geworden. Die gesellschaftlich stärkeren Gruppen haben mehr Chancen für die Anteilnahme an der Politik und reichhaltigen kulturellen Lebensformen eingefordert. Dagegen haben die sozial schwächeren Gruppen vom Staat mehr Investitionen für eine Gewährleistung der wirtschaftlichen, gesellschaftlichen, politischen und kulturellen Grundrechte eingeklagt.

Aufgrund dieser unterschiedlichen Forderungen hat die Regierung vor einem Dilemma gestanden: Sollte man die Gewährleistung der Menschenrechte erweitern, nämlich die Forderungen der stärkeren Sozialgruppen akzeptieren, dann musste man die Gewährleistung der elementaren Rechte vieler Menschen in vielen Regionen vernachlässigen. Doch wenn man die Gewährleistung der Menschenrechte nicht erhöhte, dann wird musste das Niveau der Gewährleistung der Menschenrechte das ökonomische Niveau unterbieten.

## 2.2. Die neuen Inhalte der Gewährleistung der Menschenrechte

Mit der rasanten wirtschaftlichen, gesellschaftlichen, politischen und kulturellen Entwicklung verändert sich auch die Lebensweise der Menschen. Durch die schnelle Verbreitung der Internetnetzwerke wird das Internet zu einem unverzichtbaren Bestandteil des menschlichen Lebens. Auch die entwickelten Verkehrsmittel machen die Menschen mobil. Der explosive Zuwachs des neuen Wissens verlangt eine ständige Fortbildung. Durch die Vielfalt möglicher Zahlungsweisen kann man überall in jeder Ecke blitzschnell Handel treiben. Die Veränderung der gesellschaftlichen Bedingungen führt zu einer Vielfalt von bisher nicht gewohnten Lebensweisen. Dazu gehören beispielsweise eine neue Art und Weise der Partnerwahl, neue Eheformen, neue Methoden der Kindererziehung usw.

Es ist nicht zu verwundern, wenn aufgrund solcher Veränderungen der Lebensweisen auch neue Bedürfnisse und Forderungen neuer Rechte entstehen, zum Beispiel das Recht auf einen angemessenen Wohnsitz, das Recht auf Sonnenschein, auf Ruhe, auf Informationen, auf Homosexualität, auf Bildung fürs ganze Leben, auf das Eigentumsrecht einer Phantasiewelt im Internet. Manche beanspruchen jetzt auch Rechte auf Landschaft oder auf den Besitz von Tieren.

Das alles zu akzeptieren und von juristischer Seite gestattet zu bekommen erwartet die Gesellschaft. Das alles erschwert und kompliziert die Entwicklung der Menschenrechte.

## 2.3. Die neuen Aufgaben der Entwicklung der chinesischen Menschenrechte durch Globalisierung

Mit der wirtschaftlichen Globalisierung ist die wirtschaftliche Entwicklung in China mit der internationalen wirtschaftlichen Entwicklung eng verbunden worden. Auch haben Chinesen immer mehr Kontakte mit den Menschen anderer Ländern. Immer mehr Chinesen fahren mittlerweile ins Ausland, studieren dort, arbeiten dort, gründen dort Unternehmen oder investieren im Ausland. Gleichzeitig strömen auch viele ausländische Fachleute, Geschäftsleute und Touristen nach China. Chinesische Produkte werden auf dem Landweg, per Luft- und Schifffahrt ins Ausland exportiert, während ausländische Investitionen, Waren und technische Errungenschaften in China eingeführt werden. Der Zustand der chinesischen Wirtschaft beeinflusst die Weltwirtschaft, und auch die Weltwirtschaft und politische Unruhen der Welt gewinnen an Einfluss auf China.

Unter diesen neuen Umständen mussten die Inhalte der Gewährleistung der Rechte auch entsprechend erweitert werden. Beispielsweise die Gewährleistung der Rechte der Überseechinesen, der Rechte der Ausländer in China, der Rechte der Betroffenen im internationalen Handel. Auch musste China mit anderen Ländern zusammen die Seeräuber bekämpfen, an den Aktivitäten der

UN teilnehmen, am Entwurf der Charta der Menschenrechtskonvention mitarbeiten, die Durchführung der Menschenrechtskonvention mitkontrollieren, der Pflicht nachkommen, die Funktionsfähigkeit der Charta zu erproben. Das alles sind neue Aufgaben bei der Entwicklung der chinesischen Menschenrechte geworden.

## 2.4. Die verschiedenen Medien der Forderung und Klage

Mit der enormen Verbreitung der Massenmedien haben sich auch die Modalitäten und Formen der Bedürfnisse, der Klagen und Hilferufe vermehrt. Über die traditionellen Methoden der Vermittlung hinaus kommen heute noch Internetnetzwerke, Fernsehen und Rundfunk dazu, die zu wichtigen Medien für Postulate einer Gewährleistung der Menschenrechte, der Klagen über die Verletzung der Menschenrechte und für die Überwachung und Kontrolle ihrer Gewährleistung geworden sind. Außerdem haben die unterschiedlichen sozialen Kräfte immer stärker an Aktivität und Dynamik gewonnen und die Entwicklung der Menschenrechte beeinflusst, haben Forderungen erhoben, über Verletzung der Menschenrechte berichtet, den Zustand ihrer Gewährleistung mitkontrolliert und Vorschläge für neue Maßnahmen erhoben.

Die neuen Massenmedien haben sich einerseits als günstige Medien für die Forderung und Klagen sowie für die Kontrolle der Menschenrechte erwiesen, aber sie sind gleichzeitig auch eine große Herausforderung für die Entwicklung der chinesischen Menschenrechte. Veranlasst durch Medienberichte über Ereignisse von Menschenrechtsverletzung sind die staatlichen Institutionen entsprechend genötigt worden, möglichst schnell zu reagieren. Außerdem vermitteln die Medien über dasselbe Ereignis oft ganz unterschiedliche Meinungen und Deutungen der Bevölkerung. Oft ist es zur heftigen Streiterei gekommen. Dies hat die Arbeit der Gesetzgebung erschwert, weil dann unterschiedliche Aspekte und Meinungen abzuwägen und unter einen Hut zu bringen sind. Außerdem können die Massenmedien durch öffentlich bekannt gemachte Meinungen und Interpretationen der Gesetzgebung und den entsprechenden Institutionen starken sozialen Druck ausüben, was eine vernünftige Gesetzgebung wie auch eine gerechte Lösung beeinträchtigen könnte. Alles in allem haben die Massenmedien wohl viele Vorteile, aber sie haben auch viele Nachteile und können eine negative Rolle spielen.

Günstigen Einfluss haben auch viele gesellschaftliche Kräfte für die Gewährleistung der Menschenrechte. Zum Beispiel haben nichtstaatliche Organisationen beim schweren Erdbeben 2008 ungeheuer große Hilfsleistungen erbracht. Anderseits sind sie eine große Herausforderung für die chinesische Regierung, die im Hinblick auf die Tradition als zuständige Leitung des Staates hier zu fungieren hat. Was kann man tun, damit die Anteilnahme der Gesellschaft in bester Ordnung geschieht, damit zwischen der Regierung und der Gesellschaft eine harmonische Beziehung und Koordination möglich wird? Diese Frage artikuliert die neuste Herausforderung für den Staat.

## III. „Der Handlungsplan der nationalen Menschenrechtskonvention" und die Zukunftsperspektive für die Entwicklung der chinesischen Menschenrechte

Die chinesische Regierung treibt konsequent die Entwicklung der Menschenrechte voran und leistet dem Appell der UN an alle Länder entsprechend dem Entwurf der Menschenrechtskonvention durchaus Folge. Nach gewissenhafter Überprüfung der Erfahrungen und kritischer Analyse der gegenwärtigen realistischen Situation des Landes hat China den „Handlungsplan der nationalen Menschenrechtskonvention (2009-2010)" verabschiedet, in dem Arbeitsziele und konkrete Maßnahmen der chinesischen Regierung hinsichtlich der Förderung der Entwicklung der Menschenrechte in den nächsten zwei Jahren festgelegt worden sind.

„Dieser Handlungsplan (2009-2010)" hatte verkündet, die chinesische Regierung werde an den Prinzipien der chinesischen Verfassung „der Mensch als Ausgangspunkt" festhalten und im Respekt gegenüber den anderen Ländern die Gewährleistung der Menschenrechte garantieren. Die Regierung werde einerseits die allgemeinen Prinzipien der Menschenrechte anerkennen, andererseits werde sie unter Voraussetzung der spezifischen Situation des eigenen Landes die Gewährleistung der Rechte der Bevölkerung auf Existenz und Entwicklung mit Priorität behandeln. Später werde sie auf der Basis der wirtschaftlichen und gesellschaftlichen Entwicklung die Rechte der Mitglieder der ganzen Gesellschaft in gleicher Extensität und Intensität mobilisieren und gewährleisten. Die chinesische Regierung beharrt darauf, das Land für die Bevölkerung zu verwalten, sich auf das Volk zu verlassen, die Früchte der ökonomischen Entwicklung allen zugutekommen zu lassen, die unmittelbaren und konkreten Probleme zu lösen, und diejenigen, wofür sich die meisten Menschen interessieren. Die Gerechtigkeit der Gesellschaft zu fördern, damit alle die Schule besuchen können, durch Arbeit angemessenen Lohn bekommen, eine gute medizinische Versorgung genießen, eine angemessene Rente für das Alter haben, eine adäquate Wohnungsunterkunft haben können. Die Regierung wird weiterhin an dem Prinzip halten, dass das Volk Herr im eigenen Land bleibt. Sie wird permanent darauf bedacht sein, die politische Anteilnahme der Bevölkerung erweitern, das Rechtsschutzsystem zu verbessern, die demokratischen Formen zu erweitern, die demokratischen Medien zu expandieren, das demokratische Wahlrecht, das Recht auf demokratische Entscheidung, auf demokratische Verwaltung, auf demokratische Kontrolle, das Recht auf Informationen, auf Beteiligung und auf Meinungsäußerung der Bevölkerung zu gewährleisten. Außerdem bleibt für China programmatisch, den internationalen Austausch, die internationalen Gespräche und Zusammenarbeit zu fördern und für eine gesunde Entwicklung der Menschenrechte, für den ewigen Frieden, für ein gemeinsames Gedeihen und eine harmonische Welt einen gehörigen Beitrag zu leisten.

Der Handlungsplan ist nach drei Grundprinzipen entworfen worden: 1.) nach dem der chinesischen Verfassung im Geist der internationalen Menschenrechtskonvention; 2.) nach dem Prinzip der Förderung einer gleichmäßigen Ausweitung auf alle Rechte und der Entwicklung der kollektiven wie der persönlichen Rechte, denn nach chinesischer Ansicht hängen alle Menschenrechte voneinander ab und bedingen sich; 3.) China geht immer von der Situation eigenen Landes aus und achtet realistisch auf die Durchführbarkeit der Ziele und Maßnahmen, um die Entwicklung der Menschenrechte systematisch und Schritt für Schritt voranzutreiben.

„Der Handlungsplan der nationalen Menschenrechtskonvention (2009-2010)" ist lediglich ein Zeugnis für eine bestimmte Entwicklungsphase der Förderung der chinesischen Menschenrechte. Dessen Inhalt hat politische, wirtschaftliche, gesellschaftliche und kulturelle Bereiche umfasst. Dieses Dokument hat aber nicht nur die konkreten Ziele für die Entwicklung eines bestimmten Zeitabschnittes festgelegt, sondern zugleich für weitere Jahre eine Zukunftsperspektive angezeigt.

## 3.1. Der Mensch als Ausgangspunkt, durch Reformen die gleiche Gewährleistung der Menschenrechte zu fördern.

Eins der Prinzipien der Gewährleistung der Menschenrechte ist die gleiche Gewährleistung der Rechte für alle. Das ist auch eine der chinesischen Erfahrungen beim 60jährigen Aufbau der chinesischen Menschenrechte. Im Bericht des 17. Parteitags hat man formuliert: „Man muss die Menschenrechte respektieren und sie gewährleisten, man muss durch Gesetze die gleiche Anteilnahme und gleiche Entwicklung der Mitglieder der ganzen Gesellschaft gewährleisten."[5]

Reformen sind die wichtigsten Methoden für die gleiche Gewährleistung der Menschenrechte. Man muss zuerst die gleichen Rechte der Bevölkerung auf ein gutes Leben gewährleisten, und erst dann kann man über die Gewährleistung anderer Rechte sprechen. Im Bericht des 17. Parteitags hat man verkündet, dass man durch Reformen die allgemeine und gleiche Gewährleistung der Bevölkerung auf ein gutes Leben garantieren kann. Der Staat sollte „die Sozialgerechtigkeit fördern, damit alle die Schule besuchen, durch Arbeit angemessenen Lohn bekommen, gute medizinische Versorgung genießen, Rente für das Alter haben, eine Wohnungsunterkunft haben können."[6] Der Staat muss sich bemühen, das demokratische System zu verbessern, die demokratischen Formen auszuweiten und „die Rechte der Bevölkerung auf Informationen, auf Anteilnahme, auf Meinungsfreiheit und Recht auf Kontrolle"[7]

---

5 "Der Bericht von Hu Jintao auf dem 17. Parteitag", Xinhua Presse, 24.10.2007, http://news.xinhuanet.com/politics/2007-10/24/content_6939223.htm.

6 Ebenda.

7 Ebenda.

Das Ziel einer allgemeinen Gewährleistung der Menschenrechte liegt darin, hinsichtlich der Inanspruchnahme der Rechte alle Diskriminierungen zu verhindern. Dies schließt ein den Ausschluss einer Diskriminierung der Geschlechter, der Rassen, der Regionen, der sozialen Position und des Status, des Gesundheitszustandes, der Sprachen und Kultur u.a.m. Bei der Förderung der gleichen Gewährleistung der Menschenrechte muss man das Verhältnis zwischen der gleichen Gewährleistung der Rechte mit dem besonderen Schutz für die sozial schwächeren Gruppen ausgleichen. Einerseits muss man die sozialen schwächeren Gruppen besonders schützen, damit diese nicht nur förmlich die gleichen Rechte wie alle anderen Mitglieder der Gesellschaft genießen, sondern tatsächlich auch die Bedingungen dafür gewinnen. Andererseits darf dieser besondere Schutz aber das rechte Maß nicht überschreiten, damit daraus keine Privilegien entstehen.

## 3.2. Verwirklichung einer ausgeglichenen Gewährleistung der Grundrechte der Menschen

Ein Grundsatz für die Gewährleistung der Menschenrechte liegt darin, dass alle Menschen die Gewährleistung der Grundrechte genießen können. Da China noch ein Entwicklungsland ist, existieren noch wesentliche Unterschiede im Lebensstandard der Mitgliedern (Bürger) der Gesellschaft, obwohl nach 30 Jahren die Lebensverhältnisse der Bevölkerung schon wesentlich verbessert worden sind und obwohl der Staat schon einen bescheidenen Wohlstand erreicht hat. Verursacht durch die Einschränkungen der Natur, der historischen Bedingungen, der Kultur und das Entwicklungsniveau der Wirtschaft und Gesellschaft und aufgrund der großen Bevölkerungszahl von 1,3 Milliarden Menschen steht die chinesische Entwicklung der Menschenrechte noch vor vielen Problemen und Schwierigkeiten. Auch ist der Zustand der Menschenrechte noch keineswegs zufriedenstellend. Auf dem Land leben noch viele Millionen arme Menschen. Der Entwicklungsprozess in den Städten und Regionen verläuft recht unterschiedlich. Das politische und ökonomische System ist nicht vollkommen. Das demokratische System ist auch reformbedürftig, das Bewusstsein der Regierungen auf allen Ebenen fürs Regieren durch Gesetze und für den Respekt der Menschenrechte ist noch nicht hinreichend geschärft, die immer größere Diskrepanz der wirtschaftlichen Entwicklungen zwischen den städtischen und ländlichen Regionen, zwischen den einzelnen Regionen, zwischen Reich und Arm ist kaum zu überbrücken. Außerdem existieren immer noch schwerwiegende Probleme bei der Arbeitsbeschäftigung, beim sozialen Schutz, im Bildungswesen, in der Medizin, im Wohnungsangebot, bei der Sicherheit in der Produktion. Das alles beeinträchtigt die Interessen und Rechte der Bevölkerung. Für die chinesische Regierung und das chinesische Volk bestehen hier noch langfristig große Aufgaben. Deshalb muss man kleinere Brötchen backen und bei der Entwicklung der Menschenrechte in China mit einer Gewährleistung der Rechte der Bevölkerung auf Existenz und Entwicklung immer wieder von vorn beginnen.

Das Recht auf Existenz bedeutet nicht nur das elementare Recht auf Leben überhaupt, sondern das Recht auf ein würdiges Leben. Marx und Engels haben damals die Anfangsphase der kapitalistischen Gesellschaft scharf kritisiert. Ihrer Überzeugung nach lebten die Menschen in einer kapitalistischen Gesellschaft nicht wie Menschen und deshalb zielte ihr Appell daraufhin, dass man den Menschen gewährleisten müsse wie Menschen zu leben. „Die internationale Menschenrechtskonvention" und der „Pakt über wirtschaftliche, soziale und kulturelle Rechte" haben das Recht auf ein menschenwürdiges Leben betont. Es muss gewährleistet werden, dass alle ein würdiges Leben mit einem bestimmten Lebensstandard führen können. Mit dem Recht auf Existenz ist auch die Auffassung verbunden, dass niemandem das Leben nehmen darf. Die Garantie eines menschenwürdigen Lebens bleibt gebunden an ein einigermaßen hohes wirtschaftliches, gesellschaftliches und kulturelles Niveau. In China hat das wirtschaftliche Leben der südöstlichen Küstenregionen das Niveau eines bescheidenen Wohlstands erreicht. Aber im Inneren des Landes gibt es noch viele arme Gegenden, und deshalb ist der Weg für die Entwicklung der Menschenrechte in China noch ziemlich weit entfernt, und die zu bewältigenden Aufgaben sind schwer.

Wenn der Staat die Verwirklichung der Gewährleistung der Grundrechte auf Existenz und auf Entwicklung vorerst als die wichtigsten Ziele betrachtet, bedeutet das nicht, dass die Gewährleistung aller anderen Menschenrechte vernachlässigt werden darf. Das Verhältnis zwischen der Verwirklichung der Rechte auf Existenz und Entwicklung und der aller anderen Menschenrechte ist ein dialektisches Verhältnis gegenseitiger Abhängigkeit und Förderung. Denn die Gewährleistung der Rechte auf Existenz und Entwicklung hängt von der Gewährleistung der Rechte auf Wirtschaft, Politik, Gesellschaft und Kultur ab. Um der Gewährleistung der Rechte auf Existenz und Entwicklung willen müssen wir die Produktionskraft steigern und das System der Wirtschaft, der Politik, der Gesellschaft und Kultur reformieren. Andererseits ist die Verwirklichung der Rechte auf Existenz und auf Entwicklung für die Gewährleistung anderer Rechte Grundlage und Voraussetzung.

## 3.3. Aktive Förderung der Globalisierung der Gewährleistung der Menschenrechte

Ein Grundprinzip für die Praktizierung der Menschenrechte ist ihre umfassende Gewährleistung, d.h. nicht nur für die Rechte der Menschen auf ihr eigenes Landes, sondern auch für die Rechte der in China lebenden Ausländer und für die der im Ausland lebenden chinesischen Bürger. Außerdem sind Menschenrechte auch eine internationale Aufgabe, ein Gebot der Zusammenarbeit aller Länder. China als ein großes Entwicklungsland muss die internationale Pflicht erfüllen und die internationale Entwicklung der Menschenrechte vorantreiben.

Der Generalsekretär Hu Jintao hat in seinem offenen Brief an das Forschungsinstitut der Menschenrechte darauf hingewiesen: „Das chinesische Volk wird wie schon bislang die internationale Zusammenarbeit hinsichtlich der Menschenrechte fördern, mit den Völkern aller Ländern zusammen die internationale Entwicklung der Menschenrechte vorantreiben und für den dauerhaften Frieden, ein gemeinsames Gedeihen und für eine harmonische Welt eintreten."[8] China will als ein aktiver Staat für die internationale Entwicklung der Menschenrechte mitwirken und nicht nur als passiver Beobachter. China wird künftig noch mehr bei der Realisierung der internationalen Menschenrechte mitwirken, und offensiv mit allen Ländern konstruktive Gespräche führen, die chinesische Situation und Politik hinsichtlich der Menschenrechte dem Ausland effektiver vermitteln, damit alle Länder sich über das Problem der Menschenrechte besser verständigen, damit alle aus den Erfahrungen und Einsichten anderer Ländern lernen, damit man schließlich zu gemeinsamen Erkenntnissen kommen kann und die Meinungsdifferenzen ausräumt. Als internationaler Akteur der Menschenrechte kann China mit seinen besonderen Erfahrungen ein wirkungsreiches Beispiel liefern.

China respektiert die allgemeinen Prinzipien der Menschenrechte, macht aber präzisierend geltend, dass diese allgemeinen Prinzipien mit Rücksicht auf die spezifischen Situationen der einzelnen Länder differenziert werden müssen. Verursacht durch unterschiedliche politische Systeme, unterschiedliche Entwicklungsstufen, auch verschiedene historische und kulturelle Hintergründe gibt es beim Thema der Menschenrechte unterschiedliche Ansichten und Deutungen. Das ist ein ganz normales Phänomen. China setzt sich dafür ein, bestehende Meinungsdifferenzen unter Voraussetzung der Ebenbürtigkeit und des gegenseitigen Respektes im Dialog und in Zusammenarbeit zu reduzieren und spricht sich entschieden gegen eine Pluralität mit doppelten Bewertungskriterien der Menschenrechte und gegen eine Politisierung dieses Themas aus. China besteht darauf, dass die internationale Gesellschaft die spezifischen historischen, kulturellen und religiösen Bedingungen aller Länder zu respektieren hat und dass man die Probleme der Menschenrechte mit objektiven Methoden gerecht zu lösen versucht.

Zurzeit zeichnen sich im internationalen Bereich der Menschenrechte zwei Besonderheiten ab, denen man anfänglich keine so große Beachtung geschenkt hat wie heute. Das ist erst beim internationalen Austausch und bei der internationalen Zusammenarbeit ein wichtiges Thema geworden. Nach dem Ende des Kalten Krieges ist dies Thema im Kontext der internationalen Beziehungen und in der internationalen Politik immer wichtiger geworden. Besonders im Zuge der wirtschaftlichen Globalisierung und der rasanten Entwicklung der Nachrichtenübertragung im gesellschaftlichen Leben sind alle Länder inzwischen immer enger zusammengerückt. Und dies hat auch das Bild der einzelnen Länder geprägt und verändert. Im Jahr 2006 hat die UN-Generalversammlung eine Resolution verabschiedet, in der der Menschenrechtsrat als subordiniertes Organ der UN- Generalversammlung ins Leben gerufen worden ist. Dies Organ soll die UN-Menschenrechtskommission ablösen. So ist das Thema

---

8 „Der Brief von Hu Jintao an das Forschungsinstitut der Menschenrechte", „Menschenrechte", 1. Ausgabe, 2009.

der Menschenrechte mit dem der Sicherheit und der Entwicklung auf eine Stufe gestellt worden, und diese bilden nach Einschätzung der UN die drei mächtigen Säulen. In den letzten Jahren haben alle Länder nach und nach der Aufforderung der UN entsprochen und einen eigenen Menschenrechtsrat oder andere Menschenrechtsinstitutionen begründet. Überdies hat man auf der internationalen Bühne für Gespräche und einen offenen wechselseitigen Meinungsaustausch über das Problem der Menschenrechte plädiert und sich entschieden gegen die Konfrontation ausgesprochen. Diejenigen, die hinsichtlich des Themas der Menschenrechte auf Konfrontationskurs zwischen den einzelnen Ländern gehen, werden immer unbeliebter.

Doch man darf nicht übersehen, dass es bei der Entwicklung der Menschenrechte immer noch viele strittige Fragen gibt. Da noch keine neue internationale politische und wirtschaftliche Ordnung aufgebaut worden ist, herrschen in der Welt noch ungleiche Verhältnisse und große Diskrepanzen in der wirtschaftlichen Entwicklung. Große Unterschiede bestehen vor allem zwischen dem Süden und dem Norden. Viele Entwicklungsländer sind noch weit entfernt von dem Ziel der Verwirklichung der Rechte der Bevölkerung auf Existenz und Entwicklung. Doch einige Länder und Regionen haben die Menschenrechte zu politisieren versucht und betreiben eine Doppelmoral. Sie leugnen unter Berufung auf die Flagge der Menschenrechte die Souveränität anderer Länder, betreiben eine Hegemonie und Machtpolitik, haben das Klima internationaler Zusammenarbeit in der Frage der Menschenrechte vergiftet und die Entwicklung der Menschenrechte blockiert.

321

Der Direktor des Pressebüros des chinesischen Staatsrats Wang Chen hat darauf hingewiesen, dass man bei der gesunden Entwicklung der internationalen Menschenrechte drei Probleme lösen muss. Zuerst dürfe man nicht übersehen, dass die alten kriegerischen Auseinandersetzungen immer noch fortbestehen, zudem das Problem der Terroristen, eine Verbreitung der Waffen, die Umweltverschmutzung und ähnliche neu entstandene Probleme, die das Leben vieler Millionen Menschen bedrohen. Der Abstand zwischen reichen und armen Ländern ist immer größer geworden. Die Länder mit nur 20% der Weltbevölkerung besitzen 85% des Weltreichtums, während die Länder mit 80% der Weltbevölkerung lediglich über 15% des Welteigentums verfügen. Noch 10 Milliarden Menschen in den Entwicklungsländern leiden ständig qualvoll unter Hunger, Krankheit und Armut. Ihre Existenz und Würde sind ständig bedroht. Erst und nur wenn diese lebenswidrigen und zerstörerischen Faktoren beseitigt werden, können die Rechte der einzelnen Länder verwirklicht werden. Zweitens muss man die allgemeinen Prinzipien der Menschenrechte mit der jeweiligen Realität des einzelnen Landes verbinden. Natürlich sind die Freiheit und Gleichheit gemeinsame Ziele aller Länder und aller Menschen. Doch die Einschränkungen der wirtschaftlichen und gesellschaftlichen Entwicklung führen dazu, dass die Menschen ein unterschiedliches Verständnis der Menschenrechte haben und unterschiedliche Forderungen erheben. Dabei sollte sich jedes Land seiner eigenen Situation und eigenen Bedürfnissen entsprechend für eine eigene Politik, für vordringliche Maßnahmen bei der Lösung spezifischer Probleme entscheiden. Man muss die verschiedenen Entwicklungsmodelle der Menschenrechte in der Welt akzeptieren und die Sachkenntnis und Kreativität dieser Menschen und Länder respektieren. Drittens muss man die Dialoge, den Austausch und die Zusammenarbeit fördern und gegen den Hegemonismus vorgehen. Die Menschenrechte gehören im Grunde zur Souveränität eines Landes. In der „Charta der UN" ist offenkundig eingeschrieben, dass alle Länder verpflichtet sind, die Gleichheit und Souveränität aller Länder zu akzeptieren. Niemand darf sich in die Angelegenheiten anderer Länder einmischen. Hinsichtlich der Entwicklung der Menschenrechte müssen alle Länder auf der Basis der Gleichheit und des gegenseitigen Respekts konstruktive Dialoge führen, um zu einem besseren Verständnis zu finden, die Missverständnisse zu beseitigen, voneinander zu lernen, von den Erfahrungen der anderen zu profitieren, um schließlich gemeinsam voranzukommen. Hegemonismus und Machtpolitik dürfen auf der internationalen Bühne keine Chance mehr haben, denn sie verschlechtern nur die internationalen Beziehungen und schaden der Entwicklung der Menschenrechte. [9]

## 3.4. Die Stabilität bewahren und die Entwicklung der Menschenrechte durch Gesetze ordnungsmäßig vorantreiben

322  Die Menschenrechte kann man nur durch entsprechende Gesetze gewährleisten.

Hu Jintao hat in seinem Brief an das Forschungsinstitut der Menschenrechte darauf hingewiesen: „Die Partei und die Regierung betrachten den Respekt und Gewährleistung der Menschenrechte als wichtige Grundsätze des Staates."[10] Nicht allein der Staat muss die Entwicklung der Menschenrechte vorantreiben, sondern dabei müssen alle gesellschaftlichen Kräfte, alle Bildungs- und Forschungsinstitute, alle volkstümlichen Organisationen, nichtstaatlichen und wohltätigen Vereinigungen aktiv mitwirken. Der Staat sollte bei der Förderung der Menschenrechte mit allen diesen gesellschaftlichen Bewegungen und Organisationen kooperieren, ihnen entsprechende Unterstützung zukommen lassen. Umgekehrt sollten alle diese gesellschaftlichen Bewegungen und Kräfte mit dem Ziel einer Dynamisierung der Entwicklung der Menschenrechte produktiv mit dem Staat zusammenarbeiten und dabei die Rolle der Tätigkeit, die die Regierung nicht zu spielen vermag, übernehmen.

Dass die Regierung und die Gesellschaft bezüglich strategischer Vorgehensweisen, hinsichtlich der Politik, der Methoden und Maßnahmen unterschiedliche Konzepte und Auffassungen vertreten, ist gewiss nicht zu verleugnen. Doch man sollte versuchen, ein legitimes Verfahren für die

9 Wang Chen, „Die historischen Fortschritte der chinesischen Menschenrechte", „Menschenrechte", 6. Ausgabe, 2008.
10 „Der Brief von Hu Jintao an das Forschungsinstitut der Menschenrechte", „Menschenrechte", 1. Ausgabe, 2009.

Diskussion, die kritische Überschau der vorliegenden Meinungen und kritische Auswahl der verschiedenen Positionen zu konstituieren, damit einerseits die verschiedenen Ansichten hinreichend zum Ausdruck gebracht werden können, damit man andererseits aber auch zu einem Entschluss finden kann, der, wenn auch mit Kompromissen, von allen Seiten akzeptabel scheint.

Die fundamentale Voraussetzung für die Verwirklichung der Menschenrechte ist die Hilfeleistung für Menschen, deren Rechte verletzt worden sind. Deshalb muss man die juristische Verwaltungsinstitution für die Hilfe der Menschen entsprechend organisieren, eine Schutzinstitution besonders für Klagen über Menschenrechtsverletzung einrichten, damit die Übel der Menschenrechtsverletzung möglichst rasch entdeckt, erkannt und bestraft werden können und damit die Rechte der Mitglieder der Gesellschaft wirklich gewährleistet werden können.

Wie oben bereits beiläufig erwähnt spielen die elektronischen Medien und Netzwerke im Alltagsleben der Menschen eine immer bedeutendere Rolle. Diese neuen Massenmedien können die Nachrichten schnell übertragen und haben viele Vorteile. Doch auf vielen Plattformen tauchen oft unverantwortliche Kommentare und unüberlegte Äußerungen auf. Deshalb muss man entsprechende Gesetze für deren Einschränkung erlassen, um zu verhindern, dass die Massenmedien zu einer Methode der Verletzung der Menschenrechte und der Zerstörung der gesellschaftlichen Stabilität ausarten.

Zusammenfassend sei gesagt: China hat in einer 60 Jahre währenden widerständigen Zeitepoche der allmählichen Entwicklung der Menschenrechte einen ganz eigenen Weg gefunden und dabei enorme Fortschritte errungen, die in aller Welt Anerkennung gefunden haben. Man weiß sich vor neuen Herausforderungen in einer neuen historischen Phase. Und die chinesische Regierung und das chinesische Volk werden auch weiterhin die Flagge des Respekts und der Gewährleistung der Menschenrechte hissen. Man wird auch künftig immer im Blick auf die Situation des eigenen Landes handeln, in Zusammenarbeit mit allen gesellschaftlichen Kräften und Bewegungen Schritt für Schritt vorwärtsschreiten. Der Vorhang für eine neue Ära der chinesischen Menschenrechtsentwicklung hat sich auf der Weltbühne geöffnet.

# Erster Anhang

## Weißbuch Menschenrechte in China

### 1. November 1991

### Vorwort

Es ist ein lang gehegtes Ideal der Menschheit gewesen, die Menschenrechte im vollen Sinne des Wortes zu genießen. Seitdem dieser große Begriff – Menschenrechte – vor Jahrhunderten geprägt wurde, erzielten die Menschen aller Nationen in ihrem unermüdlichen Kampf um Menschenrechte große Erfolge. Doch im Weltmaßstab blieb die moderne Gesellschaft hinter den hohen Erwartungen, das gesamte Spektrum der Menschenrechte für die Menschen auf der ganzen Welt sicherzustellen, weit zurück. Und das ist der Grund warum zahlreiche Menschen mit hohen Idealen immer noch entschlossen nach dieser Sache streben.

In den langen Jahren der Unterdrückung der "drei großen Berge" – dem Imperialismus, dem Feudalismus und dem bürokratischen Kapitalismus – hatte das Volk im alten China keine nennenswerten Menschenrechte. Das chinesische Volk, das bitter darunter litt, kämpfte, dem Tod und persönlichen Entbehrungen zum Trotz und im brausenden Vormarsch, länger als ein Jahrhundert in einem mühevollen Kampf, um die drei großen Berge umzustürzen und seine Menschenrechte zu erlangen. Die Lage im Bezug auf Menschenrechte in China nahm nach der Gründung der Volksrepublik China eine grundlegende Wende zum Besseren. Weil die chinesische Regierung und das chinesische Volk diese hart erkämpfte Errungenschaft zu schätzen wussten, scheuten keine Mühe, die

Menschenrechte sicherzustellen und die Lage ihrer Menschenrechte ständig zu verbessern und erzielten bemerkenswerte Ergebnisse. Dies erwarb die volle Bestätigung und die aufrichtige Würdigung aller Völker, die ein wirkliches Verständnis von chinesischen Bedingungen haben und nicht voreingenommen sind.

Die Frage der Menschenrechte wurde eine Sache von großer Bedeutung und allgemeinem Interesse in der Weltgemeinschaft. Eine Reihe von Erklärungen und Konventionen, die von den Vereinigten Nationen angenommen wurden, erhielten die Unterstützung und Respekt vieler Länder. Die chinesische Regierung schätzte die Allgemeine Erklärung der Menschenrechte auch hoch, indem sie sie für das erste Zeugnis der Menschenrechte, das die Grundlage für die Praxis der Menschenrechte auf der Weltbühne legte, hielt. Allerdings wird die Entwicklung der Lage der Menschenrechte durch die historischen, sozialen, wirtschaftlichen und kulturellen Bedingungen verschiedener Nationen eingeschränkt und in einem historischen Entwicklungsprozess einbezogen. Wegen der erheblichen Unterschiede der historischen Hintergründe, der Gesellschaftssysteme, der kulturellen Traditionen und der wirtschaftlichen Entwicklung unterscheiden sich die Menschenrechtsauffassungen und -praxen verschiedener Länder. Aus ihren verschiedenen Lagen bezogen sie verschiedene Stellungen zu einschlägigen UN-Übereinkommen. Trotz ihrem internationalen Aspekt fällt die Frage der Menschenrechte im Großen und Ganzen unter die Hoheit des jeweiligen Landes. Daher sollte die Menschenrechtslage eines Landes weder unter völliger Missachtung seiner Geschichte und seiner nationalen Bedingungen beurteilt werden, noch kann sie nach einem vorgefassten Modell oder Bedingungen eines anderen Landes oder Region eingeschätzt werden. Das ist der praktische Standpunkt, der Standpunkt, die die Wahrheit in den Tatsachen sucht.

Aus ihren eigenen historischen Bedingungen, der Wirklichkeit ihres eigenen Landes und ihren langen praktischen Erfahrungen leiteten die Chinesen ihre eigenen Sichtweisen über die Frage der Menschenrechte und formulierten einschlägige Gesetze und Richtlinien. Es ist in der Verfassung der Volksrepublik China vorgeschrieben, dass alle Macht der Volksrepublik China dem Volk gehört. Chinesische Menschenrechte haben drei hervorstehende Eigenschaften. Erstens Umfassendheit. Es ist nicht eine Minderheit des Volkes oder ein Teil einer Klasse oder sozialer Schicht, sondern die gesamte chinesische Bürgerschaft macht das Subjekt aus, das Menschenrechte genießt. Die Menschenrechte, die die chinesischen Bürger genießen, umfassen einen umfangreichen Bereich, der nicht nur das Überleben, die persönlichen und politischen Rechte, sondern auch die wirtschaftlichen, kulturellen und gesellschaftlichen Rechte einschließen. Der Staat legt volles Augenmerk auf die Wahrung sowohl der individuellen als auch der gemeinschaftlichen Rechte. Zweitens Gleichheit. China nahm nach der Abschaffung des Systems der Ausbeutung und die Beseitigung der Ausbeuterklassen das sozialistische System an. Die chinesischen Bürger genießen alle Bürgerrechte in gleicher Weise unabhängig von

Geld- und Vermögensstand sowie der Nationalität, Rasse, Geschlecht, Beruf, Familienhintergrund, Religion, Bildungsniveau und Aufenthaltsdauer. Drittens Rechtsgültigkeit. Der Staat bietet die Gewähr in Bezug auf Institutionen, Gesetze und materielle Mittel für die Verwirklichung der Menschenrechte. Verschiedene Bürgerrechte, die in der Verfassung und in anderen staatlichen Gesetzen vorgeschrieben sind, stehen im Einklang mit dem, was die Menschen im wirklichen Leben genießen. Chinas Menschenrechtsgesetzgebung und -politik werden von Völkern aller Nationalitäten und gesellschaftlicher Schichten und von allen politischen Parteien, gesellschaftlichen Organisationen und allen Bereichen des Lebens gebilligt und unterstützt.

Als ein Entwicklungsland erlitt China während der Wahrung und Entwicklung der Menschenrechte Rückschläge. Obwohl in dieser Hinsicht viel erreicht worden ist, gibt es noch viel Raum für Verbesserungen. Es bleibt eine langfristige historische Aufgabe für das chinesische Volk und die Regierung, die Menschenrechte voranzutreiben und nach dem edlen Ziel der vollen Umsetzung der Menschenrechte zu streben, wie es Chinas Sozialismus erfordert.

Um der Weltgemeinschaft dabei zu helfen, die bestehende Menschenrechtslage in China zu verstehen, stellen wir den folgenden, kurzen Bericht über Chinas grundlegende Position zu und Praxis der Menschenrechte.

## I. Das Recht auf Leben – das oberste Menschenrecht, 327 worum das chinesische Volk lange kämpfte

Es ist eine einfache Wahrheit, dass für jedes Land oder jede Nation, das Recht auf Leben das wichtigste aller Menschenrechte ist, ohne welches die anderen Rechte nicht in Frage kommen. Die Allgemeine Erklärung der Menschenrechte bestätigt, dass jeder das Recht auf Leben, Freiheit und Sicherheit der Person habe. Im alten China, Aggression vonseiten des Imperialismus und Unterdrückung vonseiten des Feudalismus und bürokratischen Kapitalismus beraubte das Volk aller Gewähr für ihr Leben, und eine unzählige Anzahl von ihnen kamen im Krieg und Hunger um. Um ihre Menschenrechtsprobleme zu lösen, das erste, was das chinesische Volk zu tun hatte, war aus historischen Gründen das Recht auf Leben zu sichern.

Ohne nationale Unabhängigkeit, gäbe es keine Garantie für das Leben der Menschen. Wenn die imperialistische Aggression zur Hauptgefahr für ihr Leben wurde, hatte das chinesische Volk die nationale Unabhängigkeit zu erlangen, bevor es das Recht auf Leben erlangen konnte. Nach dem Opiumkrieg von 1840, wurde China, bis dato ein großes Feudalreich, nach und nach in ein halbkoloniales, halbfeudales Land umgewandelt. Während der 110 Jahre von 1840 bis 1949, führten die britischen, französischen, japanischen, amerikanischen und russischen imperialistischen Mächte hunderte von Kriegen in unterschiedlichem Ausmaß gegen China, welche unermessliche Verluste am Leben und Vermögen des chinesischen Volkes verursachten.

- Während ihrer aggressiven Kriege metzelten die Imperialisten Chinesen in unzähliger Anzahl nieder. Im Jahr 1900 töteten, verbrannten, plünderten die Truppen der Vereinigten acht Staaten–Deutschland, Japan, Großbritannien, Russland, Frankreich, die Vereinigten Staaten, Italien und Österreich–Tanggu, eine Stadt mit 50.000 Einwohnern, und zertraten sie zu völligen Ruinen, drückten Tianjins Bevölkerung von einer Million auf 100.000, töteten unzählige Menschen, wenn sie in Peking eintraten, wo allein in Zhuangwangfu mehr als 1.700 geschlachtet wurden. Während Japans Großoffensive in China, die im Jahr 1937 begann wurden mehr als 21 Millionen Menschen getötet oder verwundet, und 10 Millionen Menschen wurden zu Tode verstümmelt. In den sechs Wochen, beginnend ab 13. Dezember 1937, töteten die japanischen Invasoren 300.000 Menschen in Nanjing.

- Die Imperialisten verkauften, misshandelten und verursachten den Tod von zahlreichen chinesischen Arbeitern, stürzten unzählige Menschen im alten China in einen Abgrund des Elends. Nach unvollständigen Statistiken wurden von der Mitte des 19. Jahrhunderts über die 1920er Jahre mehr als 12 Millionen chinesischen Arbeitsverpflichtete an verschiedene Teile der Welt verkauft. Überredet und entführt, wurden diese Arbeiter in Gefängnisse geworfen, die als "Schweinestall" bekannt waren, wo sie mit den Namen ihrer vermeintlichen Zielorte markiert wurden. In der Zeit von 1852 bis 1858 wurden allein in Shantou 40.000 Menschen in einen solchen "Schweinestall" gesteckt, und mehr als 8.000 von ihnen kamen dort um. Ebenso erschreckend war die Zahl der Todesopfer von misshandelten Arbeitern in Fabriken und Bergwerken, die von Imperialisten quer durch China betrieben wurden. Während der japanischen Besetzung kamen nicht weniger als 2 Millionen Arbeiter wegen Misshandlung und Erschöpfung im Nordosten Chinas um. Sobald die Arbeiter starben, wurden ihre Überreste in Bergschluchten oder Gruben hineingeworfen, die in die kahlen Berghänge gegraben wurden. Bislang sind mehr als 80 solcher Riesengruben mit mehr als 700.000 Skeletten der Opfer gefunden wurden.

- Unter kolonialer Herrschaft der Imperialisten hatten die Chinesen genug von Demütigung und es gab keine nennenswerte persönliche Würde. An jenen Tagen genossen die ausländischen Aggressoren den Status der „Exterritorialität". Am 24. Dezember 1946 wurde Shen Chong, ein Student an der Peking-Universität, von einem amerikanischen Soldaten namens William Pierson, vergewaltigt, aber der Straftäter, dessen Fall alleinig von der amerikanischen Seite behandelt wurde, wurde zur großen Empörung des chinesischen Volkes freigesprochen und freigelassen. Imperialistische Mächte übten in den „Konzessionen", die sie in China gründeten, ausführende, gesetzgebende, rechtsprechende, polizeiliche und finanzielle Gewalten aus, indem sie sie in "Staaten im Staat" verwandelten, die durchaus unabhängig von chinesischen Verwaltungs- und Rechtsinstitutionen waren. Im Jahr 1885 hängten ausländische Aggressoren am Eingang eines Parks in der französischen Konzession ein Schild auf, auf dem eine offensichtliche Beleidigung gegen das chinesische Volk zu lesen war: „Chinesen und Hunde verboten!".

- Die Imperialisten zwangen China 1.100 ungleiche Verträge auf und plünderten chinesische Besitztümer im großen Maßstab. Die Statistiken zeigen, dass die ausländischen Aggressoren im vergangenen Jahrhundert durch diese ungleichen Verträge mehr als 100 Milliarden Tael Silber und andere Zahlungen als Kriegsentschädigungen fortschafften. Durch den chinesisch-britischen Vertrag von Nanking, den chinesisch-japanischen Vertrag von Shimonoseki, das internationale Protokoll von 1901und fünf weitere solcher Verträge wurden allein 1.953 Millionen Tael Silber als Entschädigung erpresst, das 16-fache des Umsatzes der Qing-Regierung im Jahre 1901. Allein der Vertrag von Shimonoseki brachte Japan 230 Millionen Tael Silber als Erpressungsgeld ein, etwa das 4,5-fache seiner jährlichen Staatseinnahmen. Die Verluste wegen der Zerstörung und Plünderung durch die Eindringlinge in den Kriegen gegen China waren noch unermesslicher. Während Japans Totalinvasionskrieg gegen China (1937-1945) wurden 930 chinesische Städte besetzt, was einen Direktverlust von 62 Milliarden US\$ und mittelbaren Verluste von 500 Milliarden US\$ verursachte. Bei geschädigter staatlicher Souveränität und geplündertem oder zerstörtem gesellschaftlichen Besitz wurde das chinesische Volk der Grundvoraussetzungen fürs Überleben beraubt.

Angesichts der zerbröckelnden staatlichen Souveränität und des Unheils, das über ein Jahrhundert auf deren Leben geschmiedet wurde, bekämpfte das chinesische Volk die ausländischen Aggressoren in einem unbeugsamen Kampf um die nationale Befreiung und Unabhängigkeit. Der Taiping-Aufstand, der Boxer-Aufstand und die Revolution von 1911, die die Qing-Dynastie stürzte, brachen während dieser Zeit aus. Diese revolutionären Bewegungen versetzten den imperialistischen Einflüssen in China schwere Schläge, aber sie scheiterten, die Nation vom Halb-Kolonialismus zu retten. Eine grundlegende Änderung trat erst ein, nachdem das chinesische Volk unter der Führung der Kommunistischen Partei Chinas die reaktionäre Herrschaft von Kuomintang stürzte und die Volksrepublik China gründete. Nach ihrer Geburt im Jahre 1921 setzte die Kommunistische Partei Chinas das klare Ziel in ihr politisches Programm, „die Unterdrückung durch den internationalen Imperialismus zu stürzen und die vollständige Unabhängigkeit der chinesischen Nation zu erreichen" und „die Kriegsherren zu stürzen und China in einer wirklichen demokratischen Republik zu vereinen"; sie führte das Volk in einem mühseligen Kampf, der seinen Höhepunkt in dem Sieg in der nationalen demokratischen Revolution erreichte.

Die Gründung der Volksrepublik China rottete die Kräfte des Imperialismus, Feudalismus und bürokratischen Kapitalismus auf dem chinesischen Festland aus, setzte der Geschichte der Zerstückelung, Unterdrückung und Demütigung der Nation in den Händen fremder Mächte seit weit über ein Jahrhundert sowie langen Jahren der Aufruhr, die von unaufhörlichen Kriegen und sozialer Zerrissenheit geprägt waren, ein Ende, und verwirklichte den vom Volk gehegten Traum der nationalen Unabhängigkeit und Einheit. Die chinesische Nation, die ein Viertel der Weltbevölkerung umfasst, ist nicht mehr eine Nation, die

die Aggressoren nach Belieben töten und beleidigen könnten. Das chinesische Volk ist aufgestanden als Herr seines eigenen Landes; zum ersten Mal gewann es echte menschliche Würde und den Respekt der ganzen Welt. Das chinesische Volk gewann die grundlegende Garantie für ihr Leben und Sicherheit.

Nationale Unabhängigkeit schützte das chinesische Volk davor, unter den Fersen von fremden Eindringlingen zertreten zu werden. Allerdings kann das Problem des Rechts des Volkes auf Leben wirklich  nur dann gelöst werden, wenn seine grundlegenden Lebensmittel garantiert werden.

Sich satt zu essen und warm anzuziehen war die Grundforderung des chinesischen Volkes, das lange unter Hunger und Kälte litt. Weit davon entfernt, diese Forderung zu erfüllen, brachten die aufeinanderfolgenden Regime im alten China dem Volk noch mehr Katastrophen. In jenen Tagen besaßen die Grundherren und Großbauern, die 10 Prozent der ländlichen Bevölkerung ausmachten, 70 Prozent des Landes, während die armen Bauern und Landarbeiter, die 70 Prozent der ländlichen Bevölkerung ausmachten, nur 10 Prozent des Landes besaßen. Die bürokratische Kompradorenbourgeoisie, die nur einen kleinen Bruchteil der Bevölkerung ausmachte, monopolisierte 80 Prozent des industriellen Kapitals und kontrollierte die wirtschaftlichen Lebensadern des Landes. Das chinesische Volk wurde immer wieder von Grundrenten, Steuern, Wucher sowie industriellem und wirtschaftlichem Kapital ausgebeutet. Die Ausbeutung und Armut, die es erlitt, waren in solch einem Ausmaß, das in einem anderen Teil der Welt selten zu finden war. Laut den Statistiken von 1932 unterlagen die chinesischen Bauern 1.656 Arten von exorbitanten Steuern und Abgaben, die ihnen 60 bis 90 Prozent ihrer Ernten wegnahmen. Das Elend der Menschen wurde verschärft und ihr Leben wurde umso härter durch die reaktionären Regierungen, die, da politisch korrupt und impotent, Chinas Souveränitätsrechte zu demütigenden Bedingungen preisgaben und als Werkzeuge der ausländischen imperialistischen Herrschaft dienten sowie durch das separatistische Regime der Kriegsherren, die in endlose Kriege verwickelt waren. Es wird geschätzt, dass 80 Prozent der Bevölkerung im alten China in unterschiedlichem Maße unter Hunger litt und Zehntausende – in einigen Fällen Hunderttausende –jedes Jahr daran starben. Eine Naturkatastrophe größeren Ausmaßes ließ das Land jedes Mal mit Leichen der Hungeropfer verstreut. Mehr als 3,7 Millionen Menschen verloren ihr Leben, als im Jahre 1931 Überschwemmungen Ost-China trafen. Im Jahr 1943 nahm ein Ernteausfall in der Henan-Provinz 3 Millionen Menschen das Leben und ließ 15 Millionen Menschen obdachlos und an der Schwelle des Todes. Nach dem Sieg des Widerstandskrieges gegen Japan fing die reaktionäre Kuomintang-Regierung einen Bürgerkrieg an, zehrte vom Fleisch und Blut der Menschen und verursachte einen totalen wirtschaftlichen Zusammenbruch. Im Jahr 1946 starben landesweit 10 Millionen Menschen am Hunger. Im Jahr 1947 waren 100 Millionen Menschen oder 22 Prozent der damaligen Bevölkerung ständig vom Hunger bedroht.

Schon seit der Gründung der Volksrepublik China im Jahr 1949 setzten die Kommunistische Partei Chinas und die chinesische Regierung die Aufgabe, den Menschen genug Kleidung und Essen zur Verfügung zu stellen, immer an die Spitze der Tagesordnung. Für die ersten drei Jahre der Volksrepublik konzentrierte das chinesische Volk ihre Anstrengungen, unter der Führung ihrer Regierung, die Wunden des Krieges zu heilen, und stellte die nationale Wirtschaft rasch auf eine historische Rekordhöhe wieder her. Auf dieser Grundlage verlor China keine Zeit, die sozialistische Umgestaltung der Landwirtschaft, des Handwerks und der kapitalistischen Industrie und Handel zu vollenden, damit das Ausbeutungssystem zu entwurzeln, das sozialistische Systems einzuführen und zum ersten Mal in der Geschichte die Menschen das Volk zum Herrn der Produktionsmittel und zum Nutznießer des gesellschaftlichen Reichtums zu verwandeln. Dies spornte die Leute mit wachsender Begeisterung zum Aufbau eines neuen Chinas und eines neues Lebens an, befreite die gesellschaftlichen Produktivkräfte und setze die Wirtschaft auf eine beispiellose Wachstumsfährte. Seit 1979 verlegte China den Schwerpunkt ihrer Arbeit auf den wirtschaftlichen Aufbau, begann die Reform und Öffnung nach außen setzte sich das Ziel, den Sozialismus mit chinesischer Prägung aufzubauen. Dies hat die gesellschaftlichen Produktivkräfte weiter gehoben und ermöglichte es der Nation, das Problem der Ernährung und Bekleidung ihrer 1,1 Milliarden Menschen zu lösen.

Mit einer Anbaufläche von 7 Prozent der weltweiten Gesamtanbaufläche – im Durchschnitt nur 1,3 mu pro Kopf (ein mu ist gleich ein Fünfzehntel von einem Hektar) gegenüber 12,16 mu pro Kopf in den Vereinigten Staaten und durchschnittlich 4,52 mu pro Kopf in der Welt – gelang es China dennoch, eine Bevölkerung zu ernähren, die 22 Prozent der gesamten Welt ausmacht. Im Gegensatz zu den Vorhersagen einiger westlichen Politiker, dass keine chinesische Regierung das Problem der Ernährung seines Volkes lösen könnte, hat das sozialistische China es aus eigener Initiative geschafft. Die letzten 40 Jahre haben eine deutliche Erhöhung des durchschnittlichen jährlichen Pro-Kopf-Verbrauchs der großen Konsumgüter trotz eines Bevölkerungszuwachs von 14 Millionen im Jahresdurchschnitt erlebt. Eine Umfrage zeigt, dass die tägliche Kalorienzufuhr je Einwohner in China im Jahre 1952 2.270, im Jahre 1978 2.311 und im Jahre 1990 2.630 war und sich dem Weltdurchschnitt näherte.

Die Lebensdauer des chinesischen Volkes wurde verlängert und dessen Gesundheit beachtlich verbessert. Laut den Statistiken stieg die durchschnittliche Lebenserwartung der Bevölkerung von 35 Jahren vor der Befreiung in 1988 auf 70 Jahre, höher als das durchschnittliche Niveau in mittleren Einkommensländern der Welt, während die Sterberate von 33 pro tausend vor der Befreiung in 1990 auf 6,67 Promille, auf eine der niedrigsten Sterberaten in der Welt sank. Chinas Kindersterblichkeit von 31 pro tausend in 1987 näherte sich dem Niveau der Länder mit hohem Einkommen. Die Gesundheit der chinesischen Bevölkerung, vor allem die körperliche Entwicklung von Jugendlichen, hat sich im Vergleich mit der Lage im alten China stark verbessert.

Ein durchschnittlicher 15-jähriger Junge im Jahre 1979 war 1,8 Zentimeter größer und wiegte 2,1 Kilogramm schwerer als ein Gleichaltriger, der in der Zeit von 1937 bis 1941 lebte; und ein durchschnittliches Mädchen der gleichen Altersgruppe im Jahr 1979 war 1,3 Zentimeter größer und 1 kg schwerer. Seit 1979 hat die Gesundheit der chinesischen Bevölkerung weiter verbessert. Das Etikett auf dem alten China, „der kranke Mann Ostasiens", landete längst im Mülleimer der Geschichte. Das Problem der Ernährung und Bekleidung wurde im Wesentlichen gelöst, dem Volk wurde das Grundrecht auf Leben gewährleistet. Dies ist eine historische Leistung, die von dem chinesischen Volk und der Regierung im Streben und in der Wahrung der Menschenrechte erzielt wurde.

Das Recht des Volkes auf Leben zu wahren und seine Lebensbedingungen zu verbessern bleibt eine Frage von größter Bedeutung in China heute. China erlangte seine Unabhängigkeit, doch ist es immer noch ein Entwicklungsland mit begrenzter nationaler Macht. Die Bewahrung der nationaler Unabhängigkeit und der staatlichen Souveränität und der Freiheit von der imperialistischen Unterwerfung sind deswegen die grundlegenden Bedingungen für das Überleben und die Entwicklung des chinesischen Volkes schlechthin. Obwohl China sein Ernährungs- und Bekleidungsproblem im Grunde gelöst hat, liegt seine Wirtschaft liegt immer noch auf einem recht niedrigen Niveau, sein Lebensstandard bleibt hinter dem von entwickelten Ländern erheblich zurück, und der Druck einer riesigen Bevölkerung und der verhältnismäßige Mangel an Ressourcen pro Kopf werden die gesellschaftlich-wirtschaftliche Entwicklung und die Verbesserung des Lebens des Volkes weiterhin einschränken. Das Recht des Volkes auf Leben wird im Falle einer gesellschaftlichen Aufruhr oder anderer Katastrophen immer noch unter Bedrohung stehen. Deshalb ist es ein grundlegender Wunsch und Forderung des chinesischen Volkes und eine langfristige, dringende Aufgabe der chinesischen Regierung die nationale Stabilität zu bewahren, ihre Bemühungen auf die Entwicklung der Produktivkräfte entlang der Spur, die sich schon als erfolgreich erwiesen hat, zu konzentrieren, auf Reform und Öffnung nach außen zu bestehen, nach dem Wiederaufleben der nationalen Wirtschaft und der Verstärkung der nationalen zu streben und aufgrund dessen, dass man das Problems der Ernährung und Bekleidung gelöst hat, eine wohlhabende Existenz für das Volk im ganzen Land zu sichern, sodass sein Recht auf Leben nicht länger bedroht wird.

## II. Das chinesische Volk erlangte umfangreiche politische Rechte

Während das chinesische Volk um das Recht auf Leben kämpfte, führte es einen heldenhaften Kampf um seine demokratischen Rechte.

Das Volk hatte keine nennenswerten demokratischen Rechte im halbfeudalen, halbkolonialen China. Die Revolution von 1911 unter der Führung von Dr. Sun Yat-Sen, dem großen Vorläufer der bürgerlich-demokratischen Revolution, stürzte die feudale Qing-Dynastie und brachte die Republik China hervor. Er hoffte, in China ein demokratisches System westlicher Art zu gründen, aber die Früchte der Revolution wurden von einem feudalen Kriegsherrn, Yuan Shikai, eingeheimst. Alsbald wurde das Parlament zu einem bloßen Instrument der Kriegsherren um Machtkampf und da ereigneten sich der sogenannte Skandal von „Parlament der Schweine" und die Bestechung bei der Präsidentenwahl. Da Dr. Suns Traum unerfüllt war, starb er in Leid und Entrüstung, was in seiner berühmten Mahnung „Die Revolution ist noch nicht vollbracht" Ausdruck fand. Viele Chinesen pflegten Illusionen über die Chiang Kai-shek-Regierung, die von USA unterstürzt wurde. Doch Chiang jedoch erwies sich bloß als ein weiterer Kriegsherr, unter wessen faschistischer Herrschaft Millionen von Menschen, die sich nach Demokratie sehnten, in blutigen Massakern umkamen. Gegen den japanischen Einmarsch schlug er eine Politik des Nicht-Widerstands ein und trieb den Bürgerkrieg in die Höhe, wobei er die Opposition der chinesischen Kommunisten, Patrioten und Demokraten aus allen Gesellschaftsschichten und breite Volksmassen missachtete. Nach dem Sieg des Widerstandkriegs begann er einen totalen Bürgerkrieg gegen Japan, indem er noch einmal den sehnlichen Wunsch der Kommunistischen Partei, der demokratischen Parteien und des gesamten chinesischen Volkes nach Frieden, Demokratie und Wiederaufbau verachtete. Das Volk, das über die Grenzen der Geduld hinaus getrieben wurde, erhob sich zum bewaffneten Aufstand und stürzte schließlich die reaktionäre Herrschaft von Chiang.

Seit dem Tag ihrer Gründung hält die kommunistische Partei Chinas die Fahne der Demokratie und Menschenrechte hoch. Dies ermutigte und verhalf Dr. Sun dazu, Kuomintang wieder zu organisieren, bewirkte die Zusammenarbeit von Kuomintang und der Kommunistischen Partei und nahm die Nordexpedition gegen die reaktionäre Herrschaft der Kriegsherren in Angriff. Nachdem Chiang Kai-shek die demokratische Revolution verriet, vereinigte die Partei alle Patrioten und Demokraten und führte das Volk in einem Kampf gegen den Bürgerkrieg, Hunger, Selbstherrschaft und Verfolgung. In den befreiten Gebieten gründete sie demokratische Regierungen, erließ Gesetze, die demokratische Rechte des Volkes gewährleisteten und führte entschieden ihr eigenes demokratisches Programm ein. Das demokratische System in den befreiten Gebieten zog zahlreiche patriotische und demokratische Kämpfer an und wurde zur Hoffnung des ganzen Volkes. Unter der Führung der Partei stürzte das chinesische Volk die diktatorische Herrschaft der Kuomintang-Reaktionäre und gründete die demokratische und freie Volksrepublik China.

Das chinesische Volk erlangte wirkliche demokratische Rechte nach der Gründung des Neuen Chinas. Die Verfassung schreibt ausdrücklich vor, dass alle Macht in der Volksrepublik China dem Volke gehört. Dass das chinesische Volk der Herr seines eigenen Landes ist, ist das Wesen der demokratischen Politik von China. Indem die Verfassung festlegt, dass die Volksrepublik China ein sozialistischer Staat der demokratischen Diktatur des Volkes unter der Führung der Arbeiterklasse und Bauern und auf der Grundlage des Bündnisses der Arbeiter und Bauern ist, legte sie den Status der Arbeiter,

Bauern und anderen Werktätigen als Herren des Landes fest, und stattete somit die Werktätigen, die auf der gesellschaftlichen Leiter im alten China ganz unten standen, mit gesetzlichen demokratischen Rechten aus. Die Gleichheit der Männer und Frauen, so wie die Verfassung verfügt, ermöglichte den Frauen, die die Hälfte der chinesischen Bevölkerung ausmachen, in Politik, Wirtschaft, Kultur, Gesellschaft und Familienleben die gleichen Rechte wie Männer zu erlangen. Die Vorschrift, dass alle Nationalitäten in China gleich sind, gewährleistete, dass alle Minderheiten-Nationalitäten der Nation gleiche demokratische Rechte wie die Han-Chinesen genießen.

Um zu gewährleisten, dass das Volk der wahre Herr des Landes mit dem Recht die wirtschaftlichen und gesellschaftlichen Angelegenheiten zu führen ist, hat China im Lichte seiner wirklichen Bedingungen die Volkskongresse als grundlegendes politisches Staatssystem angenommen. Die Abgeordneten der Volkskongresse auf allen Ebenen werden durch demokratische Wahlen gewählt. Die Verfassung schreibt vor, dass alle Bürger der Volksrepublik China, die das Alter von 18 Jahren erreichen, unabhängig von ihrer Rasse, ihrem Geschlecht, ihres Berufs, ihrem Familienhintergrund, ihrem religiösen Glauben, ihrer Bildung, ihrer Eigentumslage oder ihrer Aufenthaltsdauer, das Recht haben zu wählen und sich zur Wahl zu stellen, mit Ausnahme von Personen, deren politische Rechte gesetzlich abgesprochen wurden. Unter Berücksichtigung ihrer riesige Fläche, ihrer großen Bevölkerung, ihres umständlichen Verkehrs und ihrer verhältnismäßig niedrigen wirtschaftlichen und kulturellen Entwicklung eignete sich China ein Wahlsystem an, das ihren wirklichen Bedingungen entspricht. Das heißt, die Abgeordneten der Volkskongresse auf der Kreisebene oder darunter werden direkt gewählt, während die der Volkskongresse über der Kreisebene indirekt gewählt werden. Dieses Wahlsystem ermöglicht, dass die Menschen die Abgeordneten wählen, die sie kennen und denen sie vertrauen. Das Wahlsystem wurde in den letzten Jahren aufgrund der bisherigen Erfahrungen verbessert. Zum Beispiel, es werden mehr Kandidaten aufgestellt als die Zahl der zu wählenden Abgeordneten Wahl, anstatt früher, wo die Zahl gleich war. Das Wahlrecht wurde von dem chinesischen Volk weithin in Anspruch genommen. Laut Statistiken zu Direktwahlen auf der Kreis- und Gemeindeebene im Jahre 1990 genossen 99,97 Prozent der Bürger im Alter von 18 Jahren oder darüber das Wahlrecht. Allgemein betrachtet nahmen über 90 Prozent der Wähler an den Wahlen, die in den Provinzen, autonomen Gebieten und regierungsunmittelbaren Städten abgehalten wurden, teil. Das hervorstechendste Merkmal des Wahlsystems von China ist, dass die Wahlen nicht von Geld manipuliert werden und dass die Abgeordneten nicht aufgrund der Prahlerei oder leeren Versprechungen gewählt werden, sondern aufgrund ihrer wirklichen Beiträge zum Land und zur Gesellschaft, ihrer Einstellung, dem Volk zu dienen, und ihrem engen Verhältnis zum Volk. Aus den Wahlergebnissen geht eindeutig hervor, dass die Gewählten weitgehend repräsentativ sind, das heißt, repräsentativ für das Volk aller gesellschaftlichen Schichten, aller Gewerbe und Berufe. Von 2.970 Abgeordneten des Siebten Nationalen Volkskongresses sind 684 bzw. 23 Prozent Arbeiter und Bauer, 697 bzw. 23,4 Prozent sind Intellektuelle, 733 bzw. 24,7 Prozent sind Staatsfunktionäre, 540 bzw. 18,2 Prozent sind Mitglieder der demokratischen Partei und Patrioten ohne Parteizugehörigkeit; 267 bzw. 9 Prozent sind aus der Volksbefreiungsarmee und 49 bzw. 1.6 Prozent sind zurückgekehrte Auslands-Chinesen.

Der Nationale Volkskongress ist das höchste Organ der Staatsmacht. Er hat gesetzgebende Macht. Er wählt oder entlässt den Präsidenten und Vizepräsidenten der Volksrepublik China, den Vorsitzenden der zentralen Militärkommission, den Präsidenten des Obersten Volksgerichtshofs, den Generalstaatsanwalt der Obersten Volksstaatsanwaltschaft; er ernennt oder entlässt den Ministerpräsidenten, die Vize-Ministerpräsidenten, die Staatsräte, die Minister, die für die Ausschüsse zuständigen Minister, den Generalrechnungsprüfer und den Generalsekretär. Alle administrativen, gerichtlichen und staatsanwaltschaftlichen Organe des Staates werden vom Nationalen Volkskongress gestiftet, sie alle sind ihm gegenüber verantwortlich und werden von ihm beaufsichtigt. Im Anschluss an den Grundsatz des demokratischen Zentralismus verabschiedet der Nationale Volkskongress wesentliche politische Entscheidungen, nachdem die Meinungen in Fülle an die Öffentlichkeit getragen werden; und einmal verabschiedet, werden diese Entscheidungen durch gemeinsame Anstrengungen ausgeführt. Dadurch kann der Volkskongress nicht nur den allgemeinen Willen des Volkes vertreten, sondern dient dem Volk auch bei der Führung der staatlichen, wirtschaftlichen und gesellschaftlichen Angelegenheiten. Weil sie aus dem Volk kommen, sind die Volksabgeordneten dem Volk gegenüber verantwortlich und werden vom Volk beaufsichtigt; ihre enge Bindung mit den Massen und ihre weitreichende Kenntnis der wirklichen Situation ermöglichen ihnen, die Wünsche des Volkes vollauf zu reflektieren, die Gesetze der Wirklichkeit gemäß zu formulieren und die Arbeit der Regierungsorgane zu überwachen.

Die Kommunistische Partei Chinas ist die regierende Partei des sozialistischen Chinas und der Vertreter der Interessen des Volkes im gesamten Land. Ihre führende Stellung hat sich aus der historischen Wahl ergeben, die das chinesische Volkes während ihres langwierigen und mühsamen Kampfes um Unabhängigkeit und Befreiung getroffen hat. Die Führung der Partei ist hauptsächlich eine ideologische und politische Führung. Die Partei leitet ihre Ideen und ihre Richtlinien vom vereinigten Willen des Volkes her und wandelt sie dann in staatliche Gesetze und Entscheidungen um, die vom Nationalen Volkskongress durch die gesetzlichen Verfahren des Staates beschlossen werden. Die Partei tritt im System der Staatsführung nicht an die Stelle der Regierung. Die Partei führt ihre Tätigkeiten im Rahmen der Verfassung und des Rechts durch und hat kein Recht, die Verfassung und das Rechts zu überschreiten. Alle Parteimitglieder sind wie jeder Bürger im Land vor dem Recht gleich.

Das System der Mehrparteienzusammenarbeit und politischen Konsultation unter Führung der Kommunistischen Partei ist das grundlegende politische System, welches die Demokratie des Volkes zum Ausdruck bringt. Es gewährleistet, dass alle gesellschaftlichen Schichten, Organisationen des Volkes und die Patrioten aus verschiedenen Gegenden ihre Meinungen ausdrücken und im politischen und gesellschaftlichen Leben des Landes eine Rolle spielen können. In China gibt es außer der Kommunistischen Partei acht weitere demokratische Parteien; sie sind: das Revolutionskomitee der Kuomintang Chinas, die Chinesische Demokratische Liga, die Chinesische Gesellschaft für den Demokratischen Nationalen Aufbau, die Chinesische Gesellschaft für die Förderung der Demokratie, die Chinesische Demokratische Partei der Bauern und Arbeiter, die Zhi-Gong-Partei Chinas (Partei für Öffentliche Angelegenheiten), die Gesellschaft des 3. September und die Demokratische Selbstbestimmungsliga Taiwans. Die Zusammenarbeit zwischen der Kommunistischen Partei und diesen demokratischen Parteien nahm ihre Gestalt während der demokratischen Revolution vor 1949, dem Jahr, in dem das Neue China gegründet wurde, an. Die führende Rolle der Kommunistischen Partei in der Zusammenarbeit wird von den demokratischen Parteien anerkannt, so wie sie sich in den langen Jahren des gemeinsamen Kampfes herausgebildet hat. Diese demokratischen Parteien teilten mit der Kommunistischen Partei dieselben politischen Grundideen sowohl im Kampf, „die drei Berge" zu stürzen, als auch während der Periode, das Neue China aufzubauen. Indem sie politische Freiheit und organisatorische Unabhängigkeit genossen, haben sich all diese Parteien stark entwickelt. Sie sind weder aus dem Amt ausgeschiedene Parteien, noch Oppositionsparteien, sondern Parteien, die sich an Staatsangelegenheiten beteiligen. Als die führende Partei Chinas fragt die Kommunistische Partei diese demokratischen Parteien immer wieder nach deren Meinungen über jede Staatsangelegenheit ab und berät mit ihnen über Lösungen. Die Beziehungen zwischen der Kommunistischen Partei und den demokratischen Parteien verfolgen die Richtlinie der „langfristigen Koexistenz und gegenseitiger Überwachung, einer gegenseitige Behandlung mit vollständiger Aufrichtigkeit und des gemeinsamen Tragens von Not und Leid". Der Wirkung der demokratischen Parteien wurde in der Teilnahme an und Diskussion von Staatsangelegenheiten, in der demokratischen Überwachung und Vereinigung des ganzen Volkes freier Lauf gelassen. Viele Mitglieder der demokratischen Parteien übernahmen führende Positionen in den Organen der Staatsmacht, in Regierungsabteilungen und in gerichtlichen Organen. Sieben von 19 Vizevorsitzenden, die auf der Ersten Sitzung des Siebten Nationalen Volkskongresses gewählt wurden, sind Mitglieder der demokratischen Parteien. Ungefähr 1.200 Mitglieder der demokratischen Parteien und Persönlichkeiten ohne Parteizugehörigkeit halten führende Positionen in den Regierungen über der Kreisebene.

Die Politische Konsultativkonferenz des chinesischen Volkes (PKKCV) besteht aus den Vertretern aller politischen Parteien und Organisationen des Volkes und aus Patrioten und Demokraten, die den Sozialismus und die Wiedervereinigung des Mutterlandes unterstützen. Die erste zentrale Volksregierung des Neuen Chinas wurde von der ersten Politischen Konsultativkonferenz des chinesischen Volkes ausgewählt. Nach der Gründung des Nationalen Volkskongresses als das oberste Organ der Staatmacht wurde die PKKCV eine Organisation der patriotischen Einheitsfront. Er bietet ein Forum für die Diskussion über die staatlichen Hauptrichtlinien und -grundsätze und spielt eine überwachende Rolle durch Vorschläge und Kritiken. Die PKKCV trifft üblicherweise gleichzeitig mit dem Volkskongress auf der entsprechenden Ebene zusammen. Das System der politischen Konsultation hat bei der Förderung der Demokratie eine wichtige Rolle gespielt.

China legt auf die Förderung der Demokratie auf der Basisebene großes Gewicht, um zu gewährleisten, dass die Bürger ihre politischen Rechte direkt ausüben. Die Nachbarschaftskommitees sind die basisdemokratischen Organisationen in städtischen Gebieten und ihr Gegenstück sind die Dorfkommitees in ländlichen Gebieten. Als selbstregierende, vom Volk gegründete Organisationen befassen sich diese Kommitees mit Angelegenheiten in Bezug auf die öffentliche Wohlfahrt und das Wohlbefinden der Bewohner, während sie den örtlichen Regierungen bei der Vermittlung von Auseinandersetzungen der Familien und Nachbarschaft helfen, ideologische Bildung betreiben und die öffentliche Ordnung aufrechterhalten. Die meisten chinesischen Unternehmen haben das System der Arbeiterkongresse angenommen, das die grundlegende Form der demokratischen Verwaltung ist, wodurch die Arbeiter an der Entscheidungsbildung und Verwaltung der Unternehmen teilnehmen und die Leiter der Unternehmen überwachen. In den letzten Jahren sind nahezu alle Geschäftsführer und Manager der großen und mittelgroßen Staatsunternehmen untersucht und ihre Arbeit mit Beteiligung und Überwachung der Arbeiterkongresse bewertet worden.

Die Verfassung stellt den Bürgern eine Vielzahl von politischen Rechten zur Verfügung. Zusätzlich zum aktiven und passiven Wahlrecht, die oben genannt wurden, genießen die Bürger auch Rede-, Presse-, Vereinigungs-, Versammlungs- und Demonstrationsfreiheit. Es gibt keine Zensur der Nachrichten in China. Die Statistiken zeigen, dass aus allen Zeitungen und Zeitschriften in China nur ein Fünftel von der Partei und den Staatsorganisationen geführt werden, alle anderen verschiedenen demokratischen Parteien, gesellschaftlichen Organisationen, akademischen Vereinen und Organisationen des Volkes gehören. Per Gesetz haben die Bürger das Recht auf geistiges Eigentum wie das Urheberrecht und das Recht auf Veröffentlichung, Patentrecht, Markenrecht, Recht auf Entdeckung, Erfindung und auf wissenschaftlich-technologischen Leistungen. Es ist eine Sache der persönlichen Freiheit eines Bürgers, zu entscheiden, welches Buch er oder sie schreiben wird, welchen Blickpunkt er oder sie beim Schreiben anwenden wird und welchen Verlag er oder sie auswählen wird, um Bücher herauszugeben. Die Statistiken zeigen, dass eine überwältigende Mehrheit von 80.224 Büchern, die in 1990 mit einer Gesamtauflage von 5,64 Milliarden Exemplaren herausgegeben wurden, von individuellen Schriftstellern geschrieben wurden. Hinsichtlich der Vereinigungsfreiheit zeigten die Statistiken vom 1990, dass es mehr als 2.000 Vereinigungen, darunter Gesellschaften, Forschungsinstitute, Stiftungen, Verbände und Vereine gab. All diese Vereinigungen wirken unbehindert im Rahmen der Verfassung und des Gesetze. Die Verfassung schreibt auch vor, dass die Bürger das Recht auf Kritik und Unterbreitung von Vorschlägen an jeglichem Staatsorgan oder Beamten, das Recht auf Beschwerde an und Klage gegen entsprechende Staatsorganen oder auf Aufdeckung von jeglichem Staatsorgan oder Beamten wegen Gesetzesverletzung oder Pflichtversäumnis.

Die Verfassung verordnet, dass die Freiheit der Bürger der Volksrepublik China unantastbar ist. Gesetzwidrige Verhaftung oder Entzug der persönlichen Freiheiten der Bürger auf anderen Wegen und gesetzwidrige Untersuchung der Bürger sind verboten; die persönliche Würde der Bürger ist unantastbar, und Beleidigung, Verleumdung, falsche Anschuldigung oder falsche Beschuldigung, die sich auf irgendwelche Weise gegen die Bürger richten, sind verboten; die Wohnsitze der Bürger sind unantastbar und gesetzwidrige Untersuchung von oder Eingriff in den Wohnsitz eines Bürgers ist verboten; die Freiheit und Vertraulichkeit des Briefverkehrs sind gesetzlich geschützt und diejenigen, die die Briefe anderer Personen verstecken, verwerfen, beschädigen oder gesetzwidrig öffnen, müssen, sobald sie entdeckt werden, ernstlich behandelt werden und wichtige Fälle sollen verfolgt werden.

Die Verfassung schreibt vor, dass China das System der demokratischen Diktatur des Volkes, das die Demokratie unter dem Volk und die Diktatur gegen die Feinde des Volkes vereinigt, in Kraft setzt. Um die demokratischen Rechte des Volkes und andere gesetzmäßigen Rechte und Interessen zu gewährleisten, schenkt China auf die Verbesserung seines Rechtssystems große Aufmerksamkeit. Es wurden eine Reihe von Hauptgesetzen, unter anderem die Verfassung, das Strafgesetz, das Strafverfahrensgesetz, Allgemeine Vorschriften des Bürgerlichen Gesetzes, das Zivilverfahrensgesetz und das Verwaltungsverfahrensgesetz, verkündigt und in Kraft gesetzt. In der Zeit zwischen 1979-1990 verabschiedeten der Nationale Volkskongress und seine ständigen Ausschüsse 99 Gesetze und 21 Bestimmungen über Gesetzänderungen und verabschiedeten 52 Beschlüsse und Bestimmungen über rechtliche Angelegenheiten; der Staatsrat formulierte mehr als 700 Verwaltungsgesetze und -verordnungen; und die Volkskongresse und ihre ständigen Ausschüsse der verschiedenen Provinzen, autonomen Gebieten, regierungsunmittelbaren Städte und den Provinzhauptstädten formulierten zahlreiche lokale Gesetze und Verwaltungsregeln und -verordnungen, von denen mehr als 1.000 über die Menschenrechte waren.

Die Einheit zwischen den Rechten und Pflichten ist ein Grundprinzip des chinesischen Rechtssystems. Die Verfassung legt fest, dass jeder Bürger Anspruch auf die von der Verfassung und von Gesetzen vorgeschriebenen Rechte hat und zugleich die von der Verfassung und von Gesetzen vorgeschriebenen Pflichten erfüllen muss und dass die Bürger in der Ausübung ihrer Freiheiten und Rechte die Interessen des Staates, der Gesellschaft oder der Gemeinschaft oder die gesetzmäßigen Freiheiten und Rechte anderer Bürger nicht verletzen dürfen. Vor den von der Verfassung und von Gesetzen vorgeschriebenen Rechten und Pflichten ist jeder gleich. Keine Organisation oder kein Einzelner darf das Vorrecht genießen, über der Verfassung oder dem Gesetz zu stehen.

Die Praxis der vergangenen etwas mehr als 40 Jahre seit der Befreiung beweist, dass die sozialistische Demokratie und das sozialistische Rechtssystem, welche China annahm, für die wirklichen Bedingungen des Landes geeignet sind und das Volk damit zufrieden ist. Es versteht sich von selbst, dass die Errichtung dieser demokratischen Politik und dieses Rechtssystems nicht ohne Schwierigkeiten verläuft. Es gab Zeiten, wo die Demokratie und das Gesetz ernsthaft verletzt wurden, wie es während der „Kulturrevolution" (1966-76) geschah. Trotzdem berichtigte die Kommunistische Partei mit der Unterstützung des Volkes diese Fehler und stellte die sozialistische Demokratie und das sozialistische Rechtssystem der Nation auf den Kurs der beständigen Entwicklung zurück. Indem es sich an die allgemeine Richtlinie der Reform und Öffnung nach außen hielt und seine Aufmerksamkeit dem Aufbau der sozialistischen demokratischen Politik widmete, erstrebt China, das sozialistische Rechtssystem zu verbessern und strengstens durchzusetzen, und setzt die Arbeit fort, das politische System umzugestalten und zu verbessern – alles zu dem Zweck, dass die Menschen ihre Bürgerrechte gänzlich genießen und ihre politischen Rechte auf die Führung des Landes besser ausüben können.

## III. Die Bürger genießen ökonomische, kulturelle und gesellschaftliche Rechte

Die Menschenrechte, die von China befürwortet werden, umfassen nicht nur das Recht auf Leben und die bürgerlichen und politischen Rechte, sondern auch ökonomische, kulturelle und gesellschaftliche Rechte. Die chinesische Regierung schenkt die nötige Aufmerksamkeit auf die Wahrung und Verwirklichung der Rechte des Landes, der verschiedenen Nationalitäten und privaten Bürger auf ökonomische, kulturelle, gesellschaftliche und politische Entwicklung.

Das sozialistische China beseitigte das System der Ausbeutung der Menschen durch Menschen und machte damit zum ersten Mal in der Geschichte möglich, allen werktätigen Menschen das Recht auf gleiche ökonomische Entwicklung sicherzustellen. China hält sich an ihrem sozialistischen System des öffentlichen Eigentums an Produktionsmitteln als Hauptsäule fest, während es die geeignete Entwicklung anderer ökonomischer Sektoren als Ergänzung zu der sozialistischen Ökonomie zulässt und fördert. Es wird weder ein einheitliches öffentliches Eigentumssystem annehmen, das von dem gegenwärtigen Entwicklungsniveau der Produktivkräfte der Nation abgelöst ist, noch Privatisierung ausüben, die dazu neigt, die dominierende Lage des öffentlichen Eigentums in der Staatsökonomie zu erschüttern. Das öffentliche Eigentum an Produktionsmitteln bildet die Grundlage für das sozialistische Wirtschaftsystem Chinas. Dies gewährleistet, dass die gesellschaftlichen Hauptproduktivkräfte durch das Eigentum des ganzen Volkes und das gemeinschaftliche Eigentum der werktätigen Massen vom ganzen werktätigen Volk besessen werden. Das werktätige Volk genießt das Recht, die Produktionsmittel zu verwalten, zu kontrollieren und zu verwenden. Laut Statistiken erreichten die gesamten gesellschaftlichen Investitionen in Sachanlagen in China im Jahre 1990 444,9 Milliarden Yuan, von denen 291,9 Milliarden Yuan oder 65,6 Prozent in die Einheiten investiert wurden, die dem ganzen Volk gehören, und 52,9 Milliarden, oder 11,9 Prozent, in die Einheiten investiert wurden, die gemeinschaftliches Eigentum sind. Das heißt, dass der größere Anteil (77,5 Prozent) an gesellschaftlichen Investitionen in Sachanlagen vom Staat und von den Gemeinschaften der werktätigen Massen besessen wird.

Das Verteilungssystem, das China anwendet, beruht hauptsächlich auf dem Grundsatz „Jeder nach seinen Fähigkeiten, jedem nach seiner Leistung". Zugleich erlaubt und fördert die Regierung, dass einige Leute durch den Schweiß auf ihrer Stirn und durch rechtmäßige ökonomische Tätigkeiten zuerst reich zu werden. Diejenigen, die zuerst reich werden, können dann den anderen helfen, sodass Gemeinwohl erreicht werden kann. Dies bringt die Begeisterung der werktätigen Massen ins Spiel und verhindert zugleich Zeit Polarisierung. China ist eines der Länder, in denen die niedrigste Einkommenskluft auf der Welt verzeichnet wird. Laut den Statistiken von 1990 verdienen 20 Prozent der Stadtbewohner mit höchsten verfügbaren Einkommen nur 2,5-mal mehr als 20 Prozent jener mit niedrigsten Einkommen. Genau diese Tatsache ermöglichte es, dass China, ein wirtschaftlich unterentwickeltes Land, den Lebensunterhalt seiner 1,1 Milliarden Bürger zu gewährleisten und gesellschaftliche Konfrontation infolge der Polarisierung zu vermeiden.

Die ökonomische Gleichheit motivierte die werktätigen Menschen in großem Maße und bewirkte das schnelle Wachstum der chinesischen Wirtschaft.

In den vergangenen 40 Jahren nach der Befreiung und vor allem in den letzten zehn Jahren und vielmehr seit der Einführung der Reform- und Öffnungspolitik ist China in Bezug auf wirtschaftliches Wachstum die ganze Zeit in der vordersten Reihe der Welt gewesen. Die jährliche BSP-Wachstumsrate betrug in der Periode von 1953-90 6,9 Prozent und in der Periode von 1979-90 8,8 Prozent. China ist heute in der Produktion vieler wichtiger Güter, unter anderem Getreide, Baumwolle, Schweinefleisch, Rindfleisch, Hammelfleisch, Kleidung, Kohle, Zement, Fernseher, weltweit führend; und es wurde auch zu einem der weltgrößten Hersteller von Stahl, Erdöl, Strom und Kunstfaser.

Mit dem ökonomischen Wachstum haben sich die Gesamtlebensstandards des chinesischen Volkes erheblich verbessert. Die Statistiken zeigen, dass sich das Nationaleinkommen von China im Jahre 1990, auf 1.442,9 Milliarden Yuan oder, in konstanten Preisen gerechnet, 11,9 Mal mehr als die Zahlen von 1952, 58,9 Milliarden Yuan, belief. Ein erheblicher Teil des Nationaleinkommens wurde für Konsumgüter ausgegeben. 1990 machten die Konsumausgaben 944,4 Milliarden Yuan aus, was, in konstanten Preisen gerechnet, 8,4 Mal mehr als die Zahlen von 1952, nämlich 47,7 Milliarden Yuan war. Vom gesamten Konsumvolumen wurden 810 Milliarden Yuan von individuellen Verbrauchern ausgegeben, was, in konstanten Preisen gerechnet, 7,3 Mal mehr als die Zahlen von 1952, nämlich 43,4 Milliarden Yuan war. 1990 war das Pro-Kopf-Konsumvolumen der chinesischen Bevölkerung im Durchschnitt 714 Yuan, in konstanten Preisen gerechnet, 3,7 Mal mehr als in 1952, trotz eines 98,9 Prozent Bevölkerungsanstiegs in den zwischenliegenden Jahren. Da das chinesische Volk heute die grundlegenden Probleme wie Ernährung und Kleidung gelöst hat, arbeitet es sich zu einem wohlhabenden Leben empor. Laut Statistiken hatten im Jahre 1990 jede hundert ländliche Familien 118,3 Fahrräder und 44,4 Fernseher; und jede hundert städtische Familien 188,6 Fahrräder, 111,4 Fernseher, 42,3 Kühlschränke und 78,4 Waschmaschinen. Darüber hinaus verbesserten sich die Wohnbedingungen der chinesischen Bevölkerung, wobei der durchschnittliche Lebensraum pro Kopf für die städtischen Bewohner von 3,6 Quadratmeter im Jahre 1978 im Jahre 1990 auf 7.1 Quadratmeter und für die ländlichen Bewohner von 8,1 Quadratmeter im Jahre 1978 auf 17,8 Quadratmeter stieg. Die Geschwindigkeiten, womit die Wirtschaft wuchs und die Lebensstandarte des Volkes im neuen China sich verbesserte, sind nicht nur etwas Unvorstellbares im alten China, sondern auch unter den schnellsten in der Weltgemeinschaft.

Das Recht auf Arbeit ist ein Grundrecht des Volkes. Im alten China wurde dem Volk das Recht auf Arbeit nach ihrem eigenen Willen vorenthalten. Dieses Recht wurde von den Grundherren und Kapitalisten, den Besitzern der Produktionsmittel, kontrolliert. Das werktätige Volk wurde immer wieder von der Aussicht auf Arbeitslosigkeit bedroht. Als China 1949 befreit wurde, waren insgesamt 4,742 Millionen oder 60 Prozent der gesamten Arbeitskräfte in den Städten arbeitslos. Es steht in der Verfassung vorgeschrieben, dass die chinesischen Bürger sowohl das Recht als auch die Pflicht zu arbeiten haben. Die Regierung ergriff alle Maßnahmen und löste das Problem der Arbeitslosigkeit und ermöglichte dadurch den Massen des werktätigen Volkes, am Aufbau des Sozialismus als Herren der Gesellschaft teilzunehmen. In den 12 Jahren zwischen 1979 und 1990 wurden in den städtischen Gebieten 94 Millionen neue Arbeitsplätze geschaffen. Mit der Hebung der Produktivkräfte trat die Frage des Überschusses an ländlichen Arbeitskräften als eine Hauptfrage auf. Die chinesische Regierung leitete für einige Bauern die Richtlinie „das Feld verlassen, aber im Dorf bleiben" ein und indem sie tüchtig die ländlichen Unternehmen entwickelte und die einzelnen Familien ermutigte, nebst fachbezogenen Bahnen gewerbliche und Nebenbeschäftigungen aufzunehmen, fand sie den grundsätzlichen Ausweg für die überschüssige Arbeitskraft in den ländlichen Gebieten. Seit 1985 blieb die Arbeitslosenrate in städtischen Gebieten bei 2.5 Prozent, die verglichen mit anderen Ländern recht niedrig ist.

Die Verfassung verordnet, dass das öffentliche Eigentum und das rechtmäßige Eigentum der Bürger geschützt sind. Das öffentliche Eigentum, das vom Staat besessen wird, das gemeinschaftliche Eigentum, das vom werktätigen Volk besessen wird, und das rechtmäßige Eigentum, das von den Individuen besessen wird, sind alle gesetzlich geschützt. Jeglicher Organisation oder jeglichem Individuum ist es damit verboten, solche Eigentümer zu besetzen, zu ergreifen, auszuteilen oder zu zerstören. Es ist auch verboten, diese Eigentümer auf illegalen Wegen verschlossen, einzuziehen, einzufrieren oder zu beschlagnahmen. Der Staat beschützt die Eigentums- und Erbschaftsrechte der Bürger auf ihrem rechtmäßigen Einkommen, Ersparnisse, Unterkunft und anderen rechtmäßigen Eigentümer. Die Rechte auf Nutzung und vertragliche Betriebsführung des staatseigenen Grundbesitzes, der Wälder, Berge, Wiesen, der ungenutzten Flächen, der Strände und Gewässer, die unter öffentlichem und gemeinschaftlichem Eigentum von einzelnen Bürgern auf rechtmäßigen Wegen in Einheiten erworben werden, sind gesetzlich beschützt. Wer auch immer diese Rechte verletzt, soll mit gesetzlichen Mitteln behandelt werden. Heute gibt es mehr als 90.000 Privatbetriebe in China. Wie die Eigentümer der Einheiten unter öffentlichem und gemeinschaftlichem Eigentum des werktätigen Volkes stehen die rechtmäßigen Eigentümer der Privatunternehmen unter dem Schutz des Gesetzes und dürfen nicht gesetzwidrig eingezogen, verschlossen oder beschlagnahmt werden. Die chinesische Regierung bietet ebenfalls rechtlichen Schutz für ausländische Investitionen, für Partnergesellschaften mit chinesischer und ausländischer Investition und für die Unternehmen mit ausschließlich ausländischem Eigentum in China.

Das Recht auf Bildung ist eine wichtige Voraussetzung für die allseitige freie Entwicklung des Menschen. Im alten China hatte die Mehrheit der werktätigen Menschen kein solches Recht. Mehr als 80 Prozent der Bevölkerung waren Analphabeten, wobei nur weniger als 20 Prozent der Kinder im Schulalter in die Schule gingen. Nach der Gründung des Neuen Chinas ergriff die Regierung unterschiedliche Maßnahmen, um das Recht der Bürger auf Bildung zu gewährleisten, indem sie der Entwicklung der Bildung große Anstrengungen widmete. Bis 1989 richtete China 1,045 Millionen Schulen auf verschiedenen Stufen in städtischen und ländlichen Gebieten ein. Unter ihnen waren 1.075 regelmäßige Einrichtungen der höheren Bildung. 1990 gingen ungefähr 99,77 Prozent der Kinder im Schulalter in den Städten und 97,29 Prozent der Kinder im Schulalter in den ländlichen Gebieten in die Schule. Die Anzahl der Hochschulen, Mittelschulen und Grundschulen waren jeweils 17,6 Mal, 40,3 Mal und 5 Mal mehr als die Zahlen im Jahre 1949. In der Periode zwischen 1949-90 schlossen insgesamt 7,608 Millionen Absolventen (Master) und Studenten vor dem ersten akademischen Grad (Bachelor) ihre Studien ab, ungefähr das 40-fache aller Studenten zwischen 1921 und 1948 im alten China.

Seitdem China die Reform- und Öffnungspolitik einführte, hat sich die Anzahl der Studenten, die im Ausland studieren, schnell gesteigert. Seit 1978 hat China 150.000 Studenten in verschiedenen Studienfächern zum Studieren nach 86 Länder und Regionen geschickt. Bisher sind ungefähr 50.000 von ihnen zurückgekehrt, nachdem sie ihre Studien abschlossen und über 100.000 von ihnen bleiben im Ausland. Nach dem politischen Vorfall von 1989 hat die Anzahl der chinesischen Studenten, die im Ausland studieren, nicht abgenommen sondern zu einem gewissen Grad zugenommen. 1990 erfüllte China seinen Plan, 3.000 von der Regierung geförderte Studenten für akademische Zwecke ins Ausland zu schicken. Dabei wurden ungefähr 6.000 Studenten von verschiedenen Einheiten ins Ausland geschickt und 20.000 (diejenigen, die sich in den australischen und japanischen Sprachenschulen eingeschrieben wurden, sind nicht eingerechnet) bezahlten ihr Auslandsstudium selbst.

Laut den Statistiken der zuständigen Abteilungen in Peking, Shanghai und Guangzhou kehrten 3.000 Studenten aus dem Ausland zurück und begannen, in den letzten zwei Jahren an ihren neuen Positionen zu arbeiten. Mittlerweile kehrten mehr als 5.700 Studenten zu den Ländern zurück, wo sie studieren, nachdem sie heimkehrten, um ihre Verwandten zu besuchen, Urlaub zu machen und eine kurzfristige Beschäftigung auszuüben. Laut den internationalen Normen haben die chinesischen Studenten, die von der chinesischen Regierung finanziell unterstürzt werden, um im Ausland zu studieren, die Verpflichtung, heimzukehren und ihrer Heimat zu dienen. Die chinesische Regierung schätzte die heimgekehrten Studenten immer hoch und schaffte für sie auf Heimkehr nach China günstige Arbeitsbedingungen, gründete besondere Organisationen, um die unmittelbare Verantwortung beim Empfang und bei der Einrichtung von geeigneten Beschäftigungen für heimgekehrte Studenten zu übernehmen. Es wurde von der Chinesischen Akademie der Wissenschaften und zahlreichen Universitäten mehr als 70 bewegliche Post-Doktoranden Forschungszentren und kurzfristige Arbeitsstandorte gegründet, die für die Heimkehrer gute Forschungs- und Lebensbedingungen anbieten. Außerdem haben die chinesische Regierung und die zuständigen Abteilungen eine Anzahl von Stiftungen gegründet, um für wissenschaftliche Forschung Geldmittel zu sammeln und den heimgekehrten Studenten bei Forschungs- und Lehrtätigkeiten zu helfen.

Die chinesischen Bürger genießen die Freiheit der wirtschaftlichen Forschung und literarischer und künstlerischer Schöpfung. Um die Entwicklung der wissenschaftlichen Forschung zu fördern und kulturelle und künstlerische Bereicherung herbeizuführen, hält die chinesische Regierung die Richtlinie „dem Volk und dem Sozialismus dienen" und den Grundsatz „Lasst hunderte Blumen blühen, lasst hunderte Schulen miteinander wetteifern" hoch. Seit der Gründung des Neuen Chinas hat sich der Anteil an Wissenschaftlern und Facharbeitern stetig erweitert. 1990 beschäftigen die Einheiten, die von dem Staat geleitet werden, 10,808 Millionen Naturwissenschaftler und technische Facharbeiter, 24,4 Mal mehr als die Zahl von 425.000 im Jahre 1952. Die Nationale Stiftung für Naturwissenschaften akzeptierte seit ihrer Einrichtung im Februar 1986 34.847 Bewerbungen für wissenschaftliche Forschungsprojekte, die einer Gesamtzuwendung von 2.31 Milliarden Yuan entspricht. Im Feld Wissenschaft und Technologie wurde eine Vielzahl von ausgezeichneten Leistungen verzeichnet. In der Biologie gelang es den chinesischen Wissenschaftlern, künstliches Rinderinsulin herzustellen und das Hefe-Alanin in die künstliche Ribonukleinsäure (RNS) umzuwandeln; in der Agrarwissenschaft waren die Experimente mit dem hybriden Rohreis erfolgreich; in der Hochenergiephysik wurde ein Elektron-Positron-Speicherring gebaut; andere Leistungen in der Hochtechnologie sind vertreten durch die erfolgreiche Explosion der Atom- und Wasserstoffbomben, die Herstellung von Supercomputern und Quantencomputern, die fähig sind, pro Sekunde 100 Millionen Rechnungen zu machen, den Stapellauf der Trägerrakete Long March III und die Forschung in der Sattelitentelekommunikation und Supraleitfähigkeit. In all diesen Feldern hat China das fortgeschrittene Weltniveau entweder erreicht oder sich ihm angenähert.

China hat ein Rechtssystem ausgebildet, um die geistigen Eigentumsrechte zu schützen. Ein Markenrecht und ein Patentrecht wurden erlassen und in Kraft gesetzt. Am 1. Juni 1991 trat ein Urheberrecht in Kraft. Laut den Statistiken von 1990 wurden mehr als 270.000 gültige Marken verzeichnet; 66 Länder und Regionen beantragten Patentrechte in China. Bis Ende von 1990 haben allein die US-amerikanischen Unternehmen die Registrierung von 12.528 Patentrechten in China beantragt.

344

Die öffentlichen Gesundheitseinrichtungen sind eine notwendige Gewährleistung für die Menschenrechte auf Leben und Gesundheit. Im alten China waren die Gesundheitseinrichtungen und -techniker knapp und auf einem niedrigen Niveau und waren mehrheitlich in den städtischen Gebieten konzentriert. Nach der Gründung des Neuen Chinas wurde nach und nach ein öffentliches Gesundheitsnetz eingerichtet. Dieses Netzwerk, das alle Städte und ländliche Gebiete deckt, beinhaltet vielerlei Arten von Gesundheitsorganisationen auf verschiedenen Ebenen und beschäftigt verschiedene Arten von Gesundheitsarbeitern. 1990 gab es im ganzen Land 209.000 Gesundheitseinrichtungen, 56,9 Mal mehr als die Anzahl von 1949. Die Anzahl der Krankenhausbetten stieg auf 2,624 Millionen, ein 32,8-facher Anstieg; die Anzahl der professionellen Gesundheitsarbeiter erreichte 3,898 Millionen, 7,7 Mal mehr als die Anzahl von 1949. In den ländlichen Gebieten, wo die Mehrheit des chinesischen Volkes lebt, gibt es 47.749 Krankenhäuser auf der Gemeindeebene; es wurden in 86,2 Prozent aller Dörfer Gesundheitszentren und Kliniken eröffnet; die Anzahl der Krankenhausbetten erreichte 1,502 Millionen; und es gibt 1,232 Millionen medizinisches Personal und professionelle Gesundheitsarbeiter. In China behandelt jeder Arzt im Durchschnitt 649 Personen, während in den Ländern mit mittlerem Einkommen diese Anzahl 2.390 ist. Mit der Entwicklung der medizinischen und gesundheitlichen Unternehmungen ist die Befallsrate der ansteckenden und endemischen Krankheiten drastisch reduziert worden. Solche hoch ansteckenden Krankheiten wie Lepra, Cholera, Pest und Pocken wurden grundsätzlich ausgerottet. Die Schistosomiasis, die Kaschin-Beck-Krankheit, die Keshan-Krankheit und andere endemische Krankheiten sind unter Kontrolle gebracht worden. Die Entwicklung der ärztlichen Versorgung und Verhütung vor Epidemien hat die Gesundheit des chinesischen Volkes im großen Maße verbessert. Der Vertreter der Weltgesundheitsorganisation in China Dr. Bernard P. Kean, der, wie er sagte, von Chinas „überraschenden" Leistungen in der medizinischen Versorgung beeindruckt war, sagte, dass er es kaum glauben konnte, dass es sich um ein Entwicklungsland handelt, wenn man auf die Statistiken wie die Lebenserwartung, Kindersterblichkeit und Todesursachen nur mal einen Blick wirft.

Die chinesische Nation hat eine gute Tradition, vor älteren Menschen Respekt zu haben. Diese Tradition wurde ins Neue China fortgetragen. Die älteren Bürger haben das Recht auf materiellen Beistand vom Staat und von der Gesellschaft. Bis Ende 1990 gab es im ganzen Land 23,01 Millionen Menschen, die von Altersrente lebten. Das Verhältnis der Anzahl der Arbeiter im Ruhestand zu der Anzahl derer, die noch im Dienst sind, ist 1:6. 1990 war die Rente für einen durchschnittlichen Arbeiter im Ruhestand 60 Prozent des durchschnittlichen Lohnes von einem Arbeiter im Dienst, was den Lebensunterhalt der älteren Bürger im Ruhestand sicherte, wobei die älteren Bürger auch die Hilfe und Fürsorge von Menschen aus allen Lebensbereichen hatten. In den städtischen Gebieten ist es eine der Hauptaufgaben der Nachbarschaftsausschüsse, den verwitweten Senioren zu helfen und ihre Rechte und Interessen zu wahren. Es sind jeweils vom Staat und von gemeinschaftlichen Unternehmen Wohlfahrtseinrichtungen und Altenheime gegründet worden, um Senioren, die keine Verwandten haben, auf die sie sich stützen können, Unterkunft und Verpflegung und andere kostenlose Dienstleistungen anzubieten. In den ländlichen Gebieten werden den kinderlosen und gebrechlichen alten Menschen von der Gesellschaft und von Gemeinschaften Nahrung, Kleidung, Wohnung, ärztliche Versorgung und Bestattungskosten gewährleistet. Die gesetzlichen Rechte der Senioren sind gesetzlich geschützt; es ist verboten, sie zu missbrauchen, zu beleidigen, zu verleumden, zu misshandeln oder zu verlassen. Die erwachsenen Nachkommen haben die Verpflichtung, um ihre Eltern zu sorgen.

China legt großen Wert auf die Gewährleistung der Rechte der Frauen, der Kinder und der Jugendlichen.

Laut Verfassung haben die Frauen die gleichen Rechte wie Männer im politischen, ökonomischen, kulturellen, gesellschaftlichen Leben sowie im Familienleben. Genauso wie Männer haben sie das Recht zu wählen und gewählt zu werden. Ein erheblicher Anteil der Abgeordneten des Volkes und Beamten auf verschiedenen Ebenen sind Frauen. Aus den Abgeordneten des Volkes, die 1988 zu dem Siebten Nationalen Volkskongress gewählt wurden, waren 634, oder 21,3 Prozent Frauen. Derzeit dienen 5.600 Frauen als Richterinnen in den Volksgerichten. Der Staat legt besonderes Gewicht auf die Ausbildung und Förderung der Frauenkader. Die Anzahl der Frauen, die in den

Regierungsämtern dienen, ist von 366.000 im Jahre 1951 auf 8,7 Millionen gestiegen; dies entspricht 28,8 Prozent der Gesamtzahl von Staatsbeamten. In China erhalten die Männer und Frauen den gleichen Lohn für gleiche Arbeit. Die werktätigen Frauen genießen das Recht auf Sonderarbeitsschutz und Arbeitsversicherung. Die Gesamtzahl der Arbeiterinnen in China hat sich von 600.000 im Jahre 1949 auf 53 Millionen erhöht. Das Recht der Frauen auf Bildung wird ebenfalls ordnungsgemäß eingehalten. 1990 erreichte die Gesamtzahl der Schülerinnen in der Schule 78,81 Millionen. Darin eingeschlossen sind 700.000 Hochschulstudenten, 21,56 Millionen Schüler der Mittelstufe und 56,56 Millionen Grundschüler, welche jeweils 33,7 Prozent, 42,2 Prozent und 46,2 Prozent der Gesamtzahl der Studierenden an Schulen und Hochschulen ausmachen.

Der Staat richtet auch ein besonderes Augenmerk auf die Wahrung des Rechtes der Frauen auf die Freiheit bei der Wahl in der Ehe und verbietet den Brautkauf und arrangierte Ehen und andere Akte der Einmischung in die Freiheit der Ehe anderer Menschen. Laut dem Gesetz gegen die Straftäter, die Frauenverkauf betreiben, haben die gerichtlichen Behörden strenge Maßnahmen getroffen.

Der Staat hat Gesetze und Vorschriften formuliert, um die Kinder zu schützen. Es ist streng verboten, Kinder zu misshandeln und zu verkaufen und Kinderarbeit zu nutzen. Um das Leben und die Gesundheit der Kinder zu schützen, hat der Staat eine Entscheidung über die Stärkung und Verbesserung der Gesundheitsversorgung in den Kinderkrippen und Kindergärten ausgestellt und Sonderregelungen für die Vorbeugung und Behandlung der Krankheiten wie Kinderlähmung, Pocken, Diphtherie und Tuberkulose ausgearbeitet. Im Vergleich zu anderen Entwicklungsländern genießt China eine relativ hohe Rate an Gesundheitsversorgung für Kinder und an Schulbildung für die Kinder im Schulalter. Die Rate an geimpften Kindern in China erreichte beinahe das Durchschnittsniveau der entwickelten Länder.

Allerdings ist China immer noch ein Entwicklungsland, das durch seine rückständige ökonomische und kulturelle Entwicklung gekennzeichnet ist, und vieles bleibt noch zu tun, um die ökonomischen, kulturellen und gesellschaftlichen Rechte des Volkes weiter auszubauen. Im Zehn-Jahre-Programm für die Nationale Wirtschaftliche und Gesellschaftliche Entwicklung (1991-2000) werden konkrete Ziele und Maßnahmen vorgelegt, um die ökonomischen, kulturellen und sozialen Rechte des Volkes weiter zu verbessern.

## IV. Die Gewährleistung der Menschenrechte in der Rechtsprechungsarbeit von China

Das Ziel und die Aufgabe der chinesischen Rechtsprechungsarbeit besteht darin, die Grundrechte, Freiheiten und die sonstigen gesetzlichen Rechte und Interessen des ganzen Volkes im Einklang mit dem Gesetz zu schützen, das öffentliche Eigentum und das rechtmäßig angeeignete Privateigentum der

Bürger zu schützen, die gesellschaftlichen Ordnung zu bewahren, den reibungslosen Fortschritt des Modernisierungsstrebens zu gewährleisten und die geringe Anzahl von Straftätern nach Gesetz zu bestrafen. All dies zeigt, dass China großen Wert auf die Wahrung der Menschenrechte in der Verwaltung der Rechtsprechung legt.

Chinas öffentliche Sicherheits- und gerichtsorgane befolgen die folgenden Grundsätze bei der Ausführung ihrer Aufgaben: (1) Alle Bürgerinnen und Bürger sind in Bezug auf die Geltung von Gesetz gleich. In Übereinstimmung mit dem Gesetz sollen die gesetzlichen Rechte und Interessen jedes Bürgers geschützt und die Verstöße jeglichen Bürgers gegen das Gesetz und seine Straftaten untersucht werden; (2) Chinas öffentliche Sicherheits- und gerichtsorgane sollen sich auf die Tatsachen stützen und bei der Führung aller Fälle das Gesetz als Maßstab betrachten; (3) Die Staatsanwaltschaft und das Gericht sollen ihre jeweiligen staatsanwaltschaftlichen und gerichtlichen Befugnisse unabhängig voneinander ausüben. Sie sollen nur dem Gesetz gehorchen und nicht von einem Verwaltungsorgan, gesellschaftlichen Organisation oder einer Person beeinträchtigt werden. Während sich das Volksgericht, die Volksstaatsanwaltschaft und das öffentliche Sicherheitsorgan mit Strafsachen befassen, sollen sie ihre Arbeit nach dem Gesetz untereinander aufteilen, miteinander zusammenarbeiten und einander mäßigen. Sie sollen ihre Befugnis nur im Rahmen ihrer eigenen Zuständigkeiten ausüben und dürfen nicht einander ersetzen. Die staatsanwaltlichen Organe sollen überwachen, ob die Tätigkeiten in den öffentlichen Sicherheitsorganen, Gerichten, Gefängnissen Umerziehung-durch-Arbeit-Einrichtungen gesetzmäßig sind. Diese Grundsätze der Rechtsprechung stehen im chinesischen Gesetz klar vorgeschrieben und sie bieten die gesetzliche Gewährleistung für die Wahrung der Menschenrechte in Rechtsprechungstätigkeiten des Staates.

In jedem Glied der Arbeit der öffentlichen Sicherheits- und Gerichtsorgane und im Gerichtsverfahren sieht das Chinesische Gesetz eindeutige und strenge Bestimmungen vor, um die Menschenrechte einer wirksam zu schützen und zu gewährleisten.

## 1. Festnahme und Haft

Die Chinesische Verfassung sieht vor, dass es verboten ist, das Volk gesetzwidrig in Haft zu nehmen oder die persönliche Freiheit des Volkes auf gesetzwidrige Weise zu berauben oder einzuschränken. Ohne die Erlaubnis oder Entscheidung der Volksstaatsanwaltschaft oder die Entscheidung des Volksgerichts und ohne die Fügung der öffentlichen Sicherheitsorgane darf kein Bürger verhaftet werden. Um den sachgemäßen Gebrauch der zwanghaften Haftmaßnahme zu gewährleisten und eine Verletzung des Rechtes der unschuldigen Menschen zu verhindern, stattet die Verfassung und das Gesetz die staatsanwaltschaftlichen Organe mit der Befugnis der Ermittlung und Genehmigung aus, bevor eine Verhaftung vorgenommen wird. Laut Gesetz haben die öffentlichen Sicherheitsorgane die Befugnis der Festnahme. Wenn der Inhaftierte von der Festnahme nicht überzeugt ist, kann er bei öffentlichen Sicherheitsorganen und staatsanwaltschaftlichen Organen Einspruch erheben. Falls die Verdächtigen, die von öffentlichen Sicherheitsorganen festgenommen werden, verhaftet werden sollen, muss dies von der Volksstaatsanwaltschaft genehmigt werden; wenn die Volksstaatsanwaltschaft Verhaftungen nicht genehmigt, sollen die öffentlichen Sicherheitsorgane sie entlassen, sobald sie den Bescheid der Staatsanwaltschaft des Volkes empfangen. Chinas staatsanwaltschaftliche Organe und Volksgerichte sollen die Fälle, die die Mitarbeiter in staatlichen Behörden und andere Bürger, die die persönliche Freiheit der Bürger berauben oder einschränken, betreffen, umgehend untersuchen.

Das Chinesische Strafverfahrensgesetz sieht für die Behandlung von Straffällen besondere Fristregelungen vor. Zugleich sind über die Fristen für große und komplizierte Fälle den tatsächlichen Verhältnissen gemäß Sonderregelungen ausgearbeitet worden. Die in Juli 1984 vom Ständigen Ausschuss des Nationalen Volkskongresses ausgestellten Zusatzregelungen über die Fristen in der Behandlung von Straffällen sieht die Verlängerung und Berechnung der Ermittlungs- und Festnahmefristen, der Fristen für Erst- und Zweitverhandlung und der Fristen für zusätzliche Ermittlung von großen und komplizierten Fälle vor.

## 2. Durchsuchung und Erlangung von Beweismitteln

Die Chinesische Verfassung sieht vor, dass es verboten ist, den Körper eines Bürgers gesetzwidrig zu durchsuchen und die Häuser der Bürger gesetzwidrig zu durchsuchen oder in sie einzudringen. Das Chinesische Strafverfahrensgesetz sieht vor, dass die öffentlichen Sicherheitsorgane zur Durchsuchung von Strafbeweisen und zur Erfassung von Straftätern den Körper, die Dokumente, den Wohnsitz und andere betreffende Orte des Beschuldigten sowie derjenigen, die Straftäter oder Strafbeweise zu verstecken vermögen, durchsuchen kann, dies aber streng nach dem gesetzlichen Verfahren tun sollten. Staatsanwaltschaftliche Organe sollen den Strafvollzug in den Ermittlungstätigkeiten der öffentlichen Sicherheitsorgane streng überwachen.

Dem Prinzip und der Disziplin halber ist es Chinas öffentlichen Sicherheits- und gerichtsorganen bei der Behandlung von Fällen streng verboten, Geständnisse durch Folter zu erzwingen. Wann immer ein Fall der Verletzung dieses Prinzip und dieser Disziplin auftritt, sollte dies laut Gesetz behandelt werden. 1990 reichten die staatsanwaltschaftlichen Organe Chinas 472 Fälle, die die Erzwingung von Geständnissen durch Folter einschlossen, zur Ermittlung ein. Dies hat nicht nur die persönlichen Freiheiten der Bürgerinnen und Bürger wirksam geschützt, sondern auch den strafvollziehenden Beamten eine Lehre erteilt.

## 3. Strafverfolgung und Strafverhandlung

Ob ein Fall nach der Ermittlung verfolgt oder von der Strafverfolgung ausgenommen werden soll, soll von staatsanwaltschaftlichen Organen nach umfassender und umsichtiger Untersuchung entsprechend dem gesetzlichen Verfahren entschieden werden; dies dient dazu, die Rechtzeitigkeit, Richtigkeit und die Rechtmäßigkeit einer Bestrafung sicherzustellen und gleichzeitig zu verhindern, dass unschuldige Bürger ungerecht verfolgt und die Rechte der Bürger verletzt werden. 1990 beschlossen die staatsanwaltschaftlichen Organe auf verschiedenen Ebenen des Landes, 3.507 Leute von der Verfolgung auszunehmen, nachdem sie die Fälle, die von Ermittlungsorganen an sie überwiesen wurden, untersuchten.

Die Volksgerichte führt ein öffentliches Verhandlungssystem aus. Die Fälle sollten öffentlich verhandelt werden, mit Ausnahme derer, die Staatsgeheimnisse oder die Privatsphäre von Individuen und Minderjährige, die laut Gesetz nicht öffentlich verhört werden sollten, betreffen. Die Hauptaspekte eines Falles, der Name des Beschuldigten, die Zeit und der Ort der Verhandlung sollten vor dem Verhör angekündigt werden und Zuhörer sollen ins Gericht zugelassen werden. Beim Verhör sollten alle Tatsachen und Beweise, worauf der Fall in den Akten beruht, ermittelt und geprüft werden. Alle Tätigkeiten im Gericht sollten öffentlich ausgeführt werden, außer wenn der Fall während der Gerichtsrezession überprüft wird. Diese umfassen Verlesung der Anklageschrift durch den Staatsanwalt, Gerichtsermittlung, Zeugenbefragung, Streit und Abschlusserklärung des Beschuldigten. Die Urteile sollten in allen Fällen, einschließlich der der laut Gesetz nicht-öffentlicher Verhandlungen, öffentlich verkündet werden.

Während des Rechtssprechungsprozesses legt das Volksgericht Wert darauf, die Beweismittel laut Gesetz so umfassend wie möglich zu sammeln. Beruhend auf keinem anderen Beweis außer dem Geständnis des Beschuldigten kann der Beschuldigte nicht für schuldig gesprochen noch bestraft werden; ohne das Geständnis des Beschuldigten, aber mit zureichendem und zuverlässigem Beweis sollte der Beschuldigte schuldig gesprochen und bestraft werden.

Der Beschuldigte hat das Recht auf Verteidigung. Laut Strafverfahrensgesetz kann der Beschuldigte neben der Ausübung seines Rechts auf Selbstverteidigung auch einen Rechtsanwalt oder nahe Verwandte oder andere Bürger anvertrauen, die Verteidigung seinethalben zu übernehmen. Wenn der Staatsanwalt einen Fall vor Gericht bringt, kann das Volksgericht dem Beschuldigten einen Rechtsanwalt bestellen, falls er seine Verteidigung nicht einem Rechtsanwalt anvertraut. Nach dem das Volksgericht beschließt, einen Fall zu verhören, sollte dem Beschuldigten eine zweite Kopie der Klageschrift dem Beschuldigten sieben Tage vor der Eröffnungssitzung des Gerichtes zur Verfügung gestellt werden, damit der Beschuldigte erfährt, für welche Straftat oder für welche Straftaten er verfolgt, warum er verfolgt, und damit er genug Zeit dafür hat, seine Verteidigung vorzubereiten und sich mit seinem Rechtsanwalt in Verbindung setzen kann. Während der Strafverfolgung sollte das Volksgericht die Bestimmungen der Verfassung und des Strafverfahrensgesetzes streng einhalten und das Recht des Beschuldigten auf Verteidigung aufrichtig gewährleisten.

Der Beschuldigte hat das Recht auf Berufung bei einem höheren Gericht und Recht auf Petition. In der Entscheidung der Fälle verfolgen die chinesischen Gerichte das System, wonach das Gericht der zweiten Instanz das Gericht der letzten Instanz ist. Laut Gesetz darf eine Partei bei einem höheren Gericht Berufung einlegen, falls sie sich weigert, das Urteil und den Entscheid der Erstverhandlung anzunehmen; falls sie vom Urteil und vom Entscheid, welche rechtwirksam sind, nicht überzeugt bleibt, darf sie bei Volksgerichten oder bei staatsanwaltschaftlichen Organen Petition einlegen. Berufung bei einem höheren Gericht wird die Strafe nicht erhöhen.

Das chinesische Strafgesetz hat Sonderregelungen über Jugendkriminalität und strafrechtliche Verantwortlichkeit der Jugendlichen. Diejenigen, die das Alter von 14, aber nicht von 16 erreicht haben, sollten für Straftaten des Mordes, der ernsthaften Verletzung, des Raubes, der Brandstiftung, des schweren Diebstahls und anderen Verbrechen gegen die öffentliche Ordnung verantwortlich sein; diejenigen, die das Alter von 14, aber nicht von 18 erreicht haben, sollten Strafminderung oder Straflinderung erhalten, falls sie Straftaten begehen; was diejenigen, die von Bestrafung ausgenommen sind, weil sie das Alter von 16 nicht erreicht haben, angeht, sollten ihre Eltern oder Vormünder angewiesen werden, sie der Disziplin zu unterziehen und, falls nötig, kann der Staat sie in Gewahrsam oder Erziehung nehmen.

Klageverfahren und Rechtsprechungstätigkeiten werden hinsichtlich ihrer Rechtmäßigkeit streng überwacht. 1990 reichten die staatsanwaltschaftlichen Organe Chinas bei 3.200 Instanzen Vorschläge für die Berichtigung von rechtswidriger Praxis ein, wodurch die gesetzlichen Rechte und Interessen der Bürger in Klageverfahren und Rechtsprechungstätigkeiten wirksam gewährleistet wurden.

Wie die meisten Länder in der Welt hält China die Todesstrafe bei, erlegt aber sehr strenge einschränkende Bestimmungen für den Gebrauch dieser Extremmaßnahme auf. Das chinesische Strafverfahrensgesetz erklärt: „Die Todesstrafe wird nur gegen die Straftäter angewandt wird, die abscheulichsten Straftaten schuldig sind." Es sieht zudem vor, dass die Todesstrafe gegen Straftäter, die das Alter von 18 nicht erreicht haben, wenn sie eine Straftat begehen, oder gegen Frauen, die schwanger sind, wenn sie verurteilt werden, nicht angewandt wird. Das heißt, das Urteil in Todesstraffällen mit Ausnahme von Urteil, die das Oberste Volksgericht laut Gesetz fällt, dem Obersten Volksgericht oder einem nach der zweiten bzw. letzten Instanz von ihm befugten hohen Volksgericht zu melden sind; erst nachdem alle Tatsachen, Beweise, Schuldsprüche, Urteilssprüche und Gerichtverfahren umfassend ermittelt und geprüft werden, kann die Verurteilung Rechtwirksamkeit erlangen. Falls ein niedrigeres Volksgericht nach einer Untersuchung und Genehmigung feststellt, dass die Verurteilung mangelhaft sein dürfte, sollte es den Strafvollzug einstellen und es umgehend einem höheren Volksgericht mit Befugnis der Untersuchung und Genehmigung oder dem Obersten Volksgericht melden, damit sie eine Entscheidung fällen darf.

Das chinesische Recht sieht im Übrigen ein System vor, das bei der Ausführung der Todesstrafe eine zweijährige Gnadenfrist erlaubt. Das heißt, bei Fällen, wo Straftäter die Todesstrafe erhalten sollten, die Strafe jedoch nicht sofort ausgeführt zu werden braucht, kann die Todessprache mit einer zweijährigen Gnadenfrist und Umerziehung durch Zwangsarbeit verkündet werden, um das Verhalten des Täters zu beobachten. Falls der Täter aufrichtige Reue betätigt und Besserung zeigt, so kann die Bestrafung nach Ablauf der zweijährigen Gnadenfrist auf lebenslange Haft reduziert werden; falls ein Straftäter wirkliche Reue betätigt, Besserung zeigt und verdienstvolle Leistungen vollbringt, so kann seine Bestrafung nach Ablauf der zweijährigen Gnadenfrist auf eine befristete Haft von 15-20 Jahren reduziert werden. Die Praxis hat bezeugt, dass die meisten Straftäter, die Todesstrafe mit zweijähriger Gnadenfrist kriegen, nach Ablauf der zweijährigen Gnadenfrist eine Strafminderung auf lebenslange Haft oder auf befristete Haft erhielten. Das System der Verkündung der Todesstrafe mit einer zweijährigen Gnadenfrist und Zwangsarbeit, so wie sie im chinesischen Strafgesetzt vorgesehen ist, ist eine originelle Schöpfung bei der Anwendung von Kapitalstrafen. Es ist ein wirksames System, wodurch über den Gebrauch der Kapitalstrafe in China strenge Kontrolle ausgeübt wird.

## 4. Keine „politischen Häftlinge" in China

In China stellen die Ideen allein in Abwesenheit von Tathandlungen, die das Gesetz verletzen, keine Straftat dar; gegen niemanden wird eine Strafe verhängt werden, nur weil er/sie andersdenkende politische Ansichten hat. Sogenannte politische Häftlinge existieren in China nicht. Im chinesischen Strafgesetz bezieht sich „konterrevolutionäre Straftat" auf Straftaten, die die Staatssicherheit gefährden, das heißt, auf Strafhandlungen, die nicht nur mit dem Ziel begangen werden, die Staatsmacht und das sozialistische System umzuwerfen, sondern auch auf diejenigen, die in den Paragraphen 91-102 des Strafgesetzes als Strafhandlungen aufgelistet sind, wie etwa die Fälle, dass man sich verschwört, den Staat zu stürzen oder das Land zu spalten, eine Menschenmenge für einen bewaffneten Aufruhr zu sammeln und die Spionagetätigkeiten. Solche Strafhandlungen, die die Staatssicherheit gefährden, sind in allen Ländern strafbar. 1980 setzte das Oberste Volksgericht diesen Grundsatz in der Behandlung des Falles der konterrevolutionären Clique von Lin Biao und Jiang Qing streng um, indem es die Mitglieder der Cliquen wegen ihren Strafhandlungen laut Gesetz verfolgte, während es die Angelegenheiten in Bezug auf die politische Linie unbehelligt ließ.

## 5. Gefängnisarbeit und Rechte der Straftäter

Derzeit gibt es in allen 680 Gefängnissen und Umerziehung-durch-Arbeit-Einrichtungen in China 1,1 Millionen Straftäter in Haft. Die Gefangenenrate ist 0,99 von Tausend der gesamten Bevölkerung. Im Vergleich zu einer Gefangenenrate von 4.13 von Tausend in einem der westlichen entwickelten Länder laut den Statistiken des Justizministeriums vom 1990 ist die Rate in China ziemlich niedrig.

Chinas Gefängnisse und Umerziehung-durch-Arbeit-Einrichtungen empfangen die Straftäter, die an sie geschickt werden, damit sie das von den Gerichten verkündete Urteil streng nach Gesetz vollstrecken. Falls sie die betreffenden gesetzlichen Dokumente nicht für vollständig halten oder das Urteil gesetzlich noch nicht in Kraft ist, haben sie das gesetzliche Recht zu verweigern, die Personen in Haft zu nehmen. Die Gefängnisse und Umerziehung-durch-Arbeit-Einrichtungen sollen den Familienangehörigen eines Häftlings innerhalb von drei Tagen melden, wo er sich befindet, nachdem er in Haft genommen wurde. Laut chinesischem Gesetz ist es meisten Häftlingen erlaubt, ihre Strafen in der Gegend abzubüßen, wo sie wohnen, damit es ihren Familienangehörigen dienlich ist, sie zu besuchen und die Einheiten, wo sie arbeiteten, zu helfen, sie zu erziehen. Die Behauptung, dass in China einige Bürger ohne Verhandlung in Arbeitslager geschickt werden oder in einer Form von Exil innerhalb des Landes fortgeschickt werden, ist eine Verfälschung des Systems, wodurch die Gefängnisse und Umerziehung-durch-Arbeit-Einrichtungen in China die Straftäter in Haft nehmen; es ist eine bodenlose Fälschung.

In China sind die Rechte der Häftlinge, während sie ihre Strafen abbüßen, gesetzlich geschützt.

Laut chinesischem Gesetz haben alle Häftlinge, außer denjenigen, denen politischen Rechte gesetzlich abgesprochen wurden, das Recht, zu wählen. Die Häftlinge haben auch das Recht auf Berufung, das Recht auf Verteidigung, das Recht auf Immunität gegen die Beleidigung ihrer Würde und gegen die Verletzung der persönlichen Sicherheit und des rechtmäßigen Eigentums, das Recht auf Beschwerde, das Recht auf Beschuldigung und andere Bürgerrechte, die nicht gesetzlich eingeschränkt wurden.

Die verurteilten Straftäter haben das Recht, sich mit ihren Familienangehörigen und anderen Verwandten regelmäßig durch Briefverkehr oder Besuche in Verbindung zu setzen, während sie ihre Strafe abbüßen. Falls ein wichtiges Ereignis in der Familie des Häftlings wie schwere Krankheit oder der Tod eines nahen Verwandten vorkommt und falls es wirklich notwendig ist, dass der Häftling nach Hause zurückkehren müssen, um Sachen zu erledigen, kann es ihm erlaubt werden, für kurze Zeit nach Hause zu gehen.

Während die Häftlinge ihre Strafen abbüßen, können die Häftlinge Zeitungen, Zeitschriften und Bücher lesen, fernsehen, Radio hören und an Freizeit- und Sportaktivitäten teilnehmen, die gut für den Körper und Geist sind. In Gefängnissen und Umerziehung-durch-Arbeit-Einrichtungen gibt es Bibliotheken, wo die Straftäter hingehen können, um zu lesen. Wie die gewöhnlichen Bürger haben die Häftlinge, die ihre Strafen abbüßen, Glaubensfreiheit. Die Häftlinge mit Glaubensüberzeugungen können ihr Glauben behalten, und man nimmt Rücksicht auf die Sitten und Gewohnheiten der Häftlinge aus Minderheiten-Nationalitäten.

Den Häftlingen wird die materielle Versorgung, die sie in ihrem Alltagsleben brauchen, erteilt. Der Staat deckt ihre Lebens- und ärztliche Kosten, und ihre Getreide-, Speiseöl- und sonstigen Grundnahrungsrationen werden nach den gleichen Standards wie die Anwohner bestimmt. Alle Gefängnisse und Umerziehung-durch-Arbeit-Einrichtungen werden mit einer geeigneten Anzahl von Ärzten besetzt; in den professionellen medizinischen Einrichtungen werden für den ausschließlichen Dienst der Häftlinge medizinische Möglichkeiten und Krankenhausbetten reserviert; im Durchschnitt gibt es 14,8 Betten für alle tausend Häftlinge und diejenigen, die schwer krank sind, werden zur Versorgung an Krankenhäuser außerhalb des Gefängnisses geschickt, und können bei Genehmigung gemäß dem Gesetz auf Kaution medizinische Versorgung suchen. Die Bedürfnisse der Häftlinge nach ärztlicher Versorgung sind gewährleistet.

Die Volksstaatsanwaltschaften sehen die gesetzliche Überwachung des Schutzes der rechtmäßigen Rechte und Interessen der Straftäter. Sie schicken Vollzeit-Staatsanwälte an Gefängnisse und andere Stellen der Überwachung, um zu überprüfen, ob die Arbeits- und Lebensbedingungen und die Überwachungsarbeit rechtmäßig sind, um die Meinungen der Menschen unter Überwachung zu hören, ihre Beschwerden und Einsprüche anzunehmen und die Verletzungen des Gesetzes zu beseitigen, falls sie sie entdecken.

Die Gefängnisse und Umerziehung-durch-Arbeit-Einrichtungen in China sind so konzipiert, dass Straftäter nicht nur bestraft, sondern erzogen und in gesetzestreue Bürger umgewandelt werden, indem sie sie organisieren, an körperlicher Arbeit teilzunehmen, gesetzliche und allgemeine Kenntnisse zu erlernen und produktive Fähigkeiten zu beherrschen. Den Häftlingen, die schulische oder fachliche Ausbildungskurse belegten, und die Prüfungen bestanden, die von den örtlichen Erziehungs- oder Arbeitsabteilungen ausgefertigt werden, werden gemäß ihrem schulischen und fachlichen Grad Zertifikate zuerkannt. Die Gültigkeit solcher Zertifikate ist in der Gesellschaft anerkannt. Bis Ende 1990 wurden denjenigen, die in den Gefängnissen oder Umerziehung-durch-Arbeit-Einrichtungen ihre Strafen abbüßen, etwa 720.000 Zertifikate für Lese- und Schreibfähigkeit oder Diplome für den Abschluss der Kurse bis zu der Hochschulreife ausgestellt; über 510.000 belegten verschiedene Fachausbildungskurse, und 398.000 erhielten Zertifikate der fachlichen Qualifikation. Deshalb fällt es den Häftlingen einfacher, bei Freilassung einen Arbeitsplatz zu finden, nachdem sie ihre Strafen abbüßen.

Das chinesische Gesetz schreibt vor, dass bei Häftlingen, die wirklich Reue zeigen und Verdienste geleistet haben, ihre Strafen umgewandelt werden oder Freigang gewährt werden. 1990 wurden 18 Prozent der Straftäter in Haft solche Behandlungen bewilligt.

Dank der humanitären, systematischen und zivilisierten Leitung der Gefängnisse und Umerziehung-durch-Arbeit-Einrichtungen blieb die Rate der Rückfallkriminalität über viele Jahre hinweg bei 6-8 Prozent. Viele Häftlinge kehrten zur Gesellschaft zurück und wurden zu entscheidenden Mitgliedern oder Ingenieuren in ihren Betrieben und einige von ihnen wurden Vorbild-Arbeiter oder Arbeitshelden. Im Vergleich zur Lage in einem der entwickelten Länder im Westen, wo nach den gerichtlichen Statistiken vom 1989, 41,4 Prozent der Häftlinge ins Gefängnis zurückkehrten, hat China die Verbesserung und Umerziehung der Häftlinge weit vorangetrieben. Chinas Gefängnisse und Umerziehung-durch-Arbeit-Einrichtungen fanden weltweiten Zuspruch für ihre Erfolge bei der Umwandlung einer überwältigenden Mehrheit der Häftlinge, einschließlich des letzten Kaisers der feudalen Qing-Dynastie und der Kriegsverbrecher, in gesetzestreue Bürger und qualifiziertes Personal, die für die Entwicklung des Landes hilfsreich sind.

## 6. Gefangenenarbeit

Das chinesische Gesetz schreibt vor, dass alle Gefangenen, die arbeitsfähig sind, an körperlicher Arbeit teilnehmen sollen. Dies ist auch die Praxis, die in vielen Ländern weltweit angewandt wird. Die chinesische Politik der Verbesserung von Straftätern durch Arbeit ist so konzipiert, dass diejenigen, die ihre Strafen abbüßen, ihre alte Haltung verbessern, indem sie eine Arbeitsgewohnheit erlangen und ein Gefühl für gesellschaftliche Verantwortung, Disziplin und Gesetzestreue pflegen. Diese Politik ermöglicht den Straftätern in Haft, mittels eines regelmäßigen Arbeitslebens gesund zu bleiben und depressive und apathische Gefühle infolge eines anhaltenden monotonen und müßigen Gefängnislebens zu vermeiden. Sie hilft ihnen auch, produktive Fähigkeiten und Kenntnisse der einen oder anderen Art zu erwerben, sodass sie einen Arbeitsplatz finden können, nachdem sie freigelassen werden und es vermeiden, wegen Schwierigkeiten ihr Leben zu bestreiten, neue Verbrechen zu begehen. Die chinesische Politik der Verbesserung der Gefangenen durch Arbeit ist nicht einfach nur zum Zwecke der Bestrafung; sie ist eine humanitäre Politik, die der Verbesserung und der körperlichen und geistigen Gesundheit der Straftäter dienlich ist.

Nach dem chinesischen Gesetz arbeiten die Gefangenen nicht mehr als acht Stunden pro Tag und nehmen sich während der Feiertage und Feste frei; sie haben Anspruch auf die gleichen Getreide-, Speiseöl- und sonstige Grundnahrungsrationen und den gleichen Arbeits- und Gesundheitsschutz, wie den Arbeitern der staatlich geleiteten Betriebe, die in der gleichen Arbeit tätig sind, zusteht; diejenigen, die ihre Produktionsquoten übererfüllen, empfangen Prämien und diejenigen, die einen fachlichen Titel des mittleren Grades oder darüber besitzen, haben Anspruch auf monatliche Facharbeiter-Zuwendungen und Möglichkeit der beruflichen und fachlichen Ausbildung am Arbeitsplatz.

Die Produkte der Gefängnisarbeit werden zumeist dafür genutzt, die Bedürfnisse innerhalb des Gefängnissystems zu befriedigen und nur eine kleine Menge tritt über normale Kanäle in den inländischen Markt ein. Der Export der Produkte der Gefängnisarbeit ist verboten. Die chinesischen Außenhandelsabteilungen, die den Export der chinesischen Waren auf eine einheitliche Weise erledigen, haben den Umerziehung-durch-Arbeit-Einrichtungen nie Außenhandelsrechte gewährt.

## 7. Umerziehung durch Arbeit und die Rechte derer, die durch Arbeit umerzogen werden

Die Arbeit der Umerziehung durch Arbeit in China beruht auf dem Entscheid über die Umerziehung durch Arbeit vom 1957 und anderen Verordnungen, die vom Ständigen Ausschuss des Nationalen Volkskongresses angenommen wurden. Umerziehung durch Arbeit ist nicht eine strafrechtliche, sondern eine verwaltende Bestrafung. Die Verwaltungsausschüsse der Umerziehung-durch-Arbeit sind von den Volksregierungen der Provinzen, der autonomen Gebiete, der regierungsunmittelbaren, großen sowie mittelgroßen Städte aufgestellt worden und die Arbeit ist unter der Aufsicht der Volksstaatsanwaltschaften. Es ist vorgeschrieben, dass diejenigen, die für Umerziehung durch Arbeit geeignet sind, die Anforderungen der entsprechenden Gesetze und Verordnungen erfüllen sollen. Zum Beispiel sollen sie im Alter von 16 Jahren oder darüber sein und die öffentliche Ordnung in einer großen oder mittelgroßen Stadt gestört, aber es trotz mehrmaliger Ermahnung verweigert haben, ihre Haltung zu verbessern, oder ein Vergehen verübt haben, das für eine strafrechtliche Bestrafung nicht schwer genug ist. Die Entscheidung, eine Person unter die Umerziehung-durch-Arbeit zu stellen, wird durch ein strenges rechtliches Verfahren und unter einem System der rechtlichen Aufsicht getroffen, um zu vermeiden, dem Programm die falsche Person zu unterwerfen.

Nachdem der Verwaltungsausschuss der Umerziehung-durch-Arbeit gemäß den entsprechenden Verordnungen die Entscheidung getroffen hat, eine Person unter das Programm der Umerziehung-durch-Arbeit von ein bis drei Jahre zu stellen, sind die Person und ihre Familienangehörigen dazu berechtigt, von den Gründen der Entscheidung und der Dauer des Programms unterrichtet zu werden. Falls die Person an der Entscheidung Anstoß nimmt, darf er nach dem Verwaltungsverfahrensgesetz bei dem Verwaltungsausschuss Berufung einlegen oder beim Volksgericht eine Beschwerde einreichen. Falls die Umerziehung-durch-Arbeit-Einrichtung befindet, dass die Person den Anforderungen für das Umerziehung-durch-Arbeit-Programm nicht genügt oder dass er zur strafrechtlichen Bestrafung verurteilt werden soll, kann sie bei dem Verwaltungsausschuss der Umerziehung-durch-Arbeit die Überprüfung des Falles beantragen.

Diejenigen, die sich der Umerziehung-durch-Arbeit unterziehen, haben Anspruch auf die von der Verfassung und vom Gesetz vorgeschriebenen bürgerlichen Rechte, außer dass sie mit den Maßnahmen übereinstimmen müssen, die nach den Verordnungen der Umerziehung-durch-Arbeit getroffen werden, um einige ihrer Rechte einzuschränken. Sie sind zum Beispiel nicht ihrer politischen Rechte beraubt und haben das Recht, nach dem Gesetz ihre Stimme abzugeben; sie haben die Freiheit des Briefwechsels und das Recht, sich während der Feste und Feiertage freizunehmen; während der Zeit der Umerziehung durch Arbeit dürfen sie sich mit ihren Familienangehörigen treffen; diejenigen, die verheiratet sind, können während der Besuche mit ihren Ehepartnern leben und während der Feiertage können sie Freistellung erhalten oder zu Hause gehen, um die Familie zu besuchen. Denjenigen, die sich während ihrer Erziehung gut durchgeschlagen haben, darf ihre Frist reduziert werden oder sie dürfen vorzeitig freigelassen werden. Jedes Jahr sind 50 Prozent der Menschen, die das Umerziehung-durch-Arbeit-Programm durchmachen, ihre Frist reduziert worden oder sind vorzeitig freigelassen worden.

Die Umerziehung-durch-Arbeit-Einrichtungen befolgen die Richtlinie der Bildung, Überzeugung und Erlösung der Straftäter mit Betonung auf Erlösung. Die Klassen sind offen und die Lehrer sind angewiesen, in diesen Einrichtungen systematische ideologische, kulturelle und fachliche Ausbildung durchzuführen. Die Straftäter unter dem Umerziehung-durch-Arbeit-Programm arbeiten nicht mehr als sechs Stunden pro Tag.

Jährlich wurden durchschnittlich 50.000 Menschen wurde unter das Umerziehung-durch-Arbeit-Programm gestellt, seitdem es eingerichtet wurde. Die überwältigende Mehrheit von denen, die umerzogen wurden, hat eine neue Seite aufgeschlagen, und viele wurden wertvolle Teilnehmer bei dem Aufbau des Landes. Nach den Umfragen, die in den letzten Jahren durchgeführt wurden, verfielen nur 7 Prozent der Menschen, die von dem Umerziehung-durch-Arbeit-Programm entlassen wurden, ins Vergehen oder in die Straftat. Das

Programm tat, was Familien, Arbeitsplätze und Schulen nicht tun konnten: diejenigen, die sich in Verbrechen verwickelten, zu verhindern, weitere antisoziale Handlungen zu begehen und das Gesetz zu verletzen, und sie in konstruktive Mitglieder der Gesellschaft umzuwandeln. Sowohl die Öffentlichkeit als auch die Familienangehörigen der Straftäter loben das Programm in höchsten Tönen für seine Rolle darin, Straftaten zu verhindern und zu reduzieren und die öffentliche Ordnung zu bewahren.

Chinas Organe der öffentlichen Sicherheit und Rechtsprechung führten ihre Verantwortungen streng nach dem Gesetz durch und spielten eine wichtige Rolle beim Schutz und der Gewährleistung der Rechte und Freiheiten der Bürger. Dies erklärt warum China lange Zeit eins der Länder mit der niedrigsten Häufigkeit der Straffälle und Kriminalitätsrate auf der Welt ist. 1990 waren die Häufigkeit der Straffälle und die Kriminalitätsrate 2 von Tausend bzw. 0,6 von Tausend, beträchtlich niedriger als die Zahlen in einigen entwickelten Ländern in Westen, wo sich die Zahlen auf 60 von Tausend bzw. 20 von Tausend beliefen.

## V. Gewährleistung des Rechtes auf Arbeit

Das Recht eines Bürgers auf Arbeit ist die wesentliche Bedingung für sein Recht auf Lebensunterhalt. Ohne das Recht auf Arbeit wird es kein Recht auf Lebensunterhalt geben. Die Verfassung und das Gesetz verfügen, dass die Bürger das Recht auf Arbeit, auf Erholung, auf Berufsausbildung und auf die Vergütung ihrer Arbeit haben und sie Recht auf Arbeitsschutz und Sozialversicherung haben.

Eine Arbeit zu haben ist die direkte Verkörperung des Rechtes auf Arbeit. In China, mit seiner großen Bevölkerung und schwachen Wirtschaft, ist die Beschäftigung eine hervorragende gesellschaftliche Frage. Im alten China führte die Korruption seitens der Kuomintang-Regierung und der Bürgerkrieg, den sie auslöste, die Wirtschaft zum völligen Zusammenbruch und Bankrott einer großen Anzahl an industriellen und geschäftlichen Betrieben. Anfang 1948 wurden 70-80 Prozent der Fabriken in Tianjin geschlossen; in Guangdong sank die Anzahl der Fabriken von mehr als 400 auf weniger als 100; und in Shanghai wurden zahlreiche Fabriken geschlossen und ungefähr 3.000 Fabriken, die überstanden, mussten bei 20 Prozent ihrer normalen Kapazität laufen. Zahlreiche Arbeiter verloren ihre Arbeit infolge der gewaltigen Nummer der industriellen und geschäftlichen Stilllegungen. In 1949, in dem Jahr, als die Nation befreit wurde, waren 4.742.000 Arbeiter, bzw. 60 Prozent der gesamten Nation arbeitslos. Solch war die schwere gesellschaftliche Last, die das Neue China von der alten Gesellschaft erbte.

Nach der Gründung des Neuen Chinas maß die Volksregierung dieser Frage große Bedeutung bei und traf mehrere praktische Maßnahmen, um die Beschäftigung sicherzustellen. In weniger als vier Jahren begannen praktisch alle Arbeitslosen, die vom alten China übrig blieben, wieder zu arbeiten. Mit dem jährlichen Bevölkerungswachstum von 14 Millionen war die Beschäftigung seit damals ein grundsätzliches Thema im wirtschaftlichen Leben von China. Eine deutlich lange Zeit verließen sich die Menschen, die in den ländlichen Orten auf Beschäftigung warteten, auf die Regierung für Arbeitsplatzvermittlung und die meisten wurden in öffentlichen Arbeiten beschäftigt. Seitdem der Reform und die Öffnungspolitik im Jahre 1979 verabschiedet wurde, richtete China ein ökonomisches System mit mehreren Eigentumsformen ein, in dem öffentliches Eigentum der Produktionsmittel die herrschende Stellung besitzt. Das Beschäftigungssystem, wo der Staat praktisch alle Arbeiten zuwies, wurde umgestaltet und das Prinzip durchgeführt, sodass alle Wege für Beschäftigungsgelegenheiten erschlossen wurden, indem die Bemühungen in drei Bereichen zusammengesetzt wurden – die Arbeitsplatzvermittlungen von Arbeitsämtern, die Beschäftigung in Betrieben, die von denjenigen organisiert wurden, die eine Beschäftigung benötigten und Selbstbeschäftigung. Die Arbeitsunternehmen wurden eingerichtet, um den Arbeitsuchenden zu dienen und die Berufsausbildung wurde erweitert, um die Qualität der Arbeiter zu verbessern und sie mit möglichst vielen Arbeitsmöglichkeiten zu versorgen. Um das Problem der Beschäftigung des ländlichen Überschusses an Arbeitskräften infolge der Entwicklung der Produktion und der Verbesserung der Produktivität zu lösen, hat sich die Regierung stark darum bemüht, Betriebe auf dem Land einzurichten und die Bauern zu ermutigen, nebst fachbezogenen Bahnen und auf Haushaltbasis gewerbliche und Nebenbeschäftigungen zu entwickeln. Dadurch können diejenigen Bauern, die Landwirtschaft aufgeben,

arbeiten, ohne ihre Dörfer zu verlassen. Zugleich wurden für einige überschüssige Arbeitskräfte Pläne gemacht, damit sie in den Städten arbeiten. In
der wirtschaftlichen Fehlerbehebung, die für Erhöhung der wirtschaftlichen
Leistungskraft der Betriebe und für die Vertiefung ihrer Reform angelegt war,
wurden in den letzten Jahren eine Anzahl an Betrieben geschlossen, ausgesetzt,
zusammengeschlossen oder auf andere Produktionsbahnen umgelenkt. Da die
Regierung auf die Umsiedlung der Arbeiter in diesen Betrieben großen Wert
legte, stellte sie kurz- und mittelfristige Ausbildungen zur Verfügung, sodass sie
sich schnell an ihre neue Arbeit gewöhnen können. 1990 erreichte die Anzahl
der Arbeiter in städtischen und ländlichen Orten 567 Millionen, ungefähr 3,1-
mal mehr als das was im Jahre 1949 war; die Anzahl der Angestellten in Städten
und Kleinstädten übertraf 147.3 Millionen, 9,6 Mal mehr als das was im Jahre
1949 war; und der Anteil der städtischen und ländlichen Arbeitslosigkeit blieb
bei 2.5 Prozent.

Im alten China litten die Frauen, die die Hälfte der Gesamtbevölkerung
der Nation ausmachten, nicht nur unter Klassenunterdrückung, sondern hatten
auch kein Recht in der Familie, weil sie keine wirtschaftliche Unabhängigkeit
erlangen konnten. Diejenigen, die eine Arbeit in der Gesellschaft finden konnten, waren der Diskriminierung jeglicher Art ausgesetzt. Im Neuen China genießen die Frauen das gleiche Recht auf Arbeit wie Männer. Die Regierung
widmet der Entwicklung der gesellschaftlichen Wohlfahrt einschließlich der
Kindertagesstätten und Kindergärten große Anstrengungen und ermutigt die
Frauen Arbeiten aufzunehmen, wodurch sie wirtschaftliche und politische
Unabhängigkeit erlangen. Das Staatsgesetz und die Richtlinien stellen einen besonderen Schutz für die Beschäftigung der Frauen zur Verfügung. Die
Verfassung schreibt den Grundsatz der gleichen Bezahlung für gleiche Arbeit
für die Männer und Frauen ohne Unterschied vor. Das Arbeitsamt der Regierung
greift ein und gewährleistet, dass ein Fehler umgehend beseitigt wird, immer
wenn die Frauen in ihren Arbeitseinheiten als benachteiligt befunden werden,
und es legt fest, dass die Frauen während des Mutterschutzurlaubs ihren normalen Lohn erhalten. Infolgedessen erhöhte sich die Anzahl der angestellten
Frauen fortlaufend und ihr Feld der Beschäftigung erweiterte sich andauernd.
Heutzutage ist der Anteil der Beschäftigung der Frauen größer als 96 Prozent
in den Kleinstädten und in den ländlichen Gegenden, knapp hinter der Anzahl
den Männern mit nur weniger als zwei Prozent.

Die Beschäftigung der Hochschulabsolventen ist in China völlig garantiert.
Die Situation im alten China, wo der Abschluss der Hochschulabsolventen
gleichbedeutend mit Arbeitslosigkeit war, war weit davon entfernt. Seit der
Gründung des Neuen China, verfolgte die Regierung die Politik der einheitlichen Arbeitszuweisung für alle Hochschulabsolventen und ermöglichte dadurch, dass alle von ihnen die Möglichkeit haben, zu arbeiten. In den letzten 10
Jahren verbesserte die Regierung das Arbeitszuweisungssystem, indem sie die
Auswahl der Schüler und die Arbeitsgewährleistung des Staates zusammensetzen. Der Staat sorgt dafür, dass in Anbetracht der Bedürfnisse verschiedener

Bereiche in der wirtschaftlichen Entwicklung jedem Hochschulabsolventen eine angemessene Arbeit auf willentlicher Basis zur Verfügung gestellt wird. Dies ist der Grund, warum die Arbeitslosigkeit für Hochschulabsolventen in China außer Frage steht.

Im sozialistischen China gewährleistet die Regierung Grundbedürfnisse aller Arbeiter und ihrer Familien und sorgt dafür, dass sich ihr Leben mit dem Wirtschaftswachstum allmählich verbessert. Obwohl die chinesischen Arbeiter verhältnismäßig niedrige Monatslöhne haben, genießen sie einen großen Anfall an Zuschüssen, einschließlich finanzielle Zuschüsse für die Unterkunft, die Besorgung der Kinder an Kindertagesstätten und Schulen und Grund- und Zusatznahrungsmittel sowie Sozialversicherungen wie ärztliche Versorgung, Arbeitsunfall und Rente und mehrere andere Wohlfahrtsgüter, die im Lohn nicht mitgezählt werden. Die Statistiken zeigen, dass die Stadtbewohner in China nur 3-5 Prozent ihres Lebensunterhalts für Aufenthalt, Kommunikation und ärztliche Versorgung ausgeben. Seitdem China die Reformen im Jahre 1979 durchführte, wurden die ehemaligen Maßnahmen der Bezahlung abgeändert. Aufgrund des wirtschaftlichen Wachstums und der Erhöhung der Arbeitsproduktivität wurden die Grade der Arbeitslöhne proportional erhöht. Deshalb steigerten sich die Lohngrade der Arbeiter schnell und es gab eine eindeutige Verbesserung in der Konsumhöhe aller chinesischen Einwohner. Die Statistiken in Jahre 1990 zeigten, dass sich der durchschnittliche Konsum pro Kopf der Einwohner von 149 Yuan im Jahre 1952 auf 1.442 Yuan erhöhte, eine inflationsbereinigte 3,8-fache Erhöhung.

China legt ein besonderes Augenmerk auf den Arbeitsschutz und hat in dieser Hinsicht 1.682 Gesetze, Vorschriften und Verordnungen in 29 Kategorien erlassen, während 28 Provinzen, autonome Gebiete und regierungsunmittelbare Städte, die direkt der Zentralregierung unterstehen, ihre eigenen lokalen Gesetze und Verordnungen für den Arbeitsschutz haben. Außerdem wurden durch das ganze Land 452 Artikel für die fachlichen Standards bezüglich der Arbeitssicherheit und -hygiene erlassen. China hat ein staatliches Aufsichtssystem eingerichtet, das Arbeitssicherheit, -hygiene, -schutz für die Arbeiterinnen und Arbeitszeit- und Urlaubseinteilung sicherstellt. Bisher wurden mehr als 2.700 Arbeitsaufsichtseinrichtungen im ganzen China mit einem Aufsichtspersonal von ungefähr 30.000 Leuten gegründet. Die Aufgabe der Aufsichtseinrichtungen besteht darin, die Arbeit und die Leitung der Betriebe in Bezug auf Arbeitssicherheit und -hygiene zu überprüfen, um die Betriebe dazu anzuregen, die Arbeitsbedingungen beständig zu verbessern.

China wendet in Sachen Arbeitsschutz die Richtlinie der „Sicherheit zuerst und Vorbeugung zuerst" und kombiniert die staatliche Kontrolle mit der Betriebsleitung und der Arbeiteraufsicht zusammen. Die Regierung erfordert, dass 10 bis 20 Prozent des jährlichen Renovierungsfonds für Arbeitssicherheit und -hygiene verwendet werden. Der Arbeitsschutz gilt dem Staat als ein wichtiger Faktor bei der Bewertung der Leitungsfähigkeit eines Betriebs. In Unglücksfällen wird eine Untersuchung durchgeführt werden, um die Verantwortung der zuständigen Leiter und Personal näher zu betrachten.

China stellt kostenlose ärztliche Versorgung in den städtischen Staatseinrichtungen und -unternehmungen und kooperative ärztliche Dienste in den meisten ländlichen Gebieten zur Verfügung. Dadurch ist die ärztliche Versorgung sowohl der städtischen als auch der ländlichen Arbeiter gesichert. Diejenigen, die auf der Arbeit verwundet oder behindert wurden, werden die Lebenskosten von dem Staat oder der Produktionsgemeinschaft zur Verfügung gestellt. Um das Niveau des Arbeitsschutzes zu erhöhen, gründete China mehrere Prüfzentren für die Arbeitssicherheit und -hygiene und Bildungsbüros für Arbeitssicherheit. Dutzende von Universitäten richteten Abteilungen für Sicherheitstechniken ein. Die Arbeits- und Industrie-Abteilungen richteten mehrere Einrichtungen für die wissenschaftliche Erforschung ein, die versuchen, die Arbeitssicherheit zu verstärken und die Arbeitsbedingungen für die Arbeiter durch wissenschaftliche Erforschung, Design, Herstellung, Verwendung und Leitung zu verbessern. Im Vergleich zur Periode des sechsten 5-Jahres-Plans (1981-85) führten diese Bemühungen zu einer Verminderung von 9,53 Prozent an Toden am Arbeitsplatz und einer Verminderung von 37,95 Prozent an schweren Verletzungen in den staatseigenen und großen gemeinschaftlichen Betrieben während der Periode des siebten 5-Jahres-Plans (1986-90).

Die chinesische Regierung legt ein besonderes Augenmerk auf den Schutz der Arbeiterinnen. Im Juli 1988 verkündete der Staatsrat die Verordnung über den Arbeitsschutz der Arbeiterinnen, welche einige besondere Richtlinien festlegte. Zum Beispiel ist es verboten, die Arbeiterinnen in besonders anstrengenden Arbeiten oder in den Arbeiten, die ihrem körperlichen Wohlbefinden schädlich sind, zu beschäftigen. Es wurde auch ein konkreter Schutz für die Arbeiterinnen während der Menstruationsperiode und auch während Schwangerschaft, Mutterschutzurlaub und Stillen festgelegt, wo in diesen Perioden ihr Grundlohn gleich bleiben muss und ihre Arbeitsverträge nicht gekündigt werden können. In den letzten Jahren wurde in vielen Orten ein neuer Fonds eingerichtet, um den Frauen während des Stillens und Urlaubs Lebensmittelzuschüsse anzubieten.

Die chinesischen Arbeiter sind die Herren der Betriebe. Die Interessen der Arbeiter hängen mit dem Wohlstand der Betriebe eng zusammen und es gibt keinen grundsätzlichen Interessenwiderspruch zwischen den Leitern und Arbeitern. Diese Wirklichkeit bestimmt, dass sich das chinesische System der Sicherung von Arbeiterrechten von jenem unter dem Lohnarbeitssystem unterscheidet. Laut dem Chinesischem Gesetz Bezüglich Industrieller Betriebe, Die Dem Ganzen Volk Gehören können die Arbeiter an der Formulierung und Aufsicht der Regelungen in Bezug auf die Operation, Leitung, Arbeit, Personal, Lohn, Wohlfahrt, Sozialversicherung, Kollektivwohlfahrt usw. des Betriebs durch den Arbeiterkongress unmittelbar teilnehmen. Chinas Gewerkschaften spielen eine besonders wichtige Rolle bei der Sicherung des Rechts der Arbeiter auf Arbeit. Seitdem China im Jahre 1979 die Reform und Öffnungspolitik annahm, haben die Gewerkschaften die folgenden fünf Aufgaben erfüllt: Erstens, sie praktizierten aktiv und verbesserten das System der Arbeiterkongresse; zweitens, sie gründeten diverse Arbeiterschulen, um das Ausbildungssystem zu vervollständigen; drittens, sie organisierten Nachbildungskampagnen und mobilisierten die Arbeiter und das Personal, um die Staatspläne zu übererfüllen; viertens, sie schützten die materiellen und geistigen Interessen der Arbeiter und stellten ihre Wohlfahrt sicher; und fünftens, sie richteten die Ausschüsse ein, um die Arbeitskonflikte zu lösen.

Im Juli 1987 veröffentlichte der Staatsrat Übergangsregeln über Arbeitskonflikte in Staatseigenen Betrieben. Dieses auf die Wiederanpassung der Arbeitsverhältnisse in den staatseigenen Betrieben gerichtete Verwaltungsgesetz befasst sich mit Konflikten, die aus der Erfüllung der Arbeitsverträge und der Kündigung der Arbeiter, die die Disziplin stören, hervorgehen. Die Einrichtungen, die auf die Behandlung dieser Konflikte spezialisiert sind, schließen das Vermittlungskomitee für Arbeitskonflikte in Betrieben, das örtliche Schiedskommitee für Arbeitskonflikte und das Volksgericht ein. Viele Konflikte werden durch die Vermittlung der Komitees gelöst. Nur eine Minderheit der Fälle wird durch das Schiedsverfahren oder vom Volksgericht gelöst. Unvollständige Statistiken zeigen, dass 1990 die Vermittlungskomitees für Arbeitskonflikte in Betrieben und die örtlichen Schiedskommitees für Arbeitskonflikte im ganzen China 18.573 Fälle von Arbeitskonflikten behandelten und 16.813 lösten, von denen 15.881 durch Vermittlung, mit einer Erfolgsrate von 94 Prozent, gelöst wurden. Nur 932 Fälle wurden durch Schiedsverfahren erledigt, ungefähr 6 Prozent der gesamten beschlossenen Fälle. Es gab nur 218 Fälle, die von einem Gericht erledigt wurden, nachdem das Schiedsverfahren scheiterte, die ungefähr 1,2 Prozent der gesamten Zahl der gelösten Konflikte ausmachen.

Die chinesische Regierung legt ein besonderes Augenmerk auf die Arbeitsgesetzgebung. In Übereinstimmung mit der Verfassung verkündigten der Staatsrat und die Staatsarbeitsverwaltungsabteilungen Gesetze und Verordnungen in Bezug auf die Löhne, Sozialhilfe, Arbeitersicherheit und Gesundheit sowie Berufsausbildung und -einstufung, Arbeits- und Ruhestunden, Gewerkschaften und demokratische Leitung der Betriebe. Im Augenblick ist der Entwurf eines Arbeitsgesetzes im Gange.

# VI. Die Bürger genießen Glaubensfreiheit

Es gibt viele Religionen in China wie Buddhismus, Daoismus, Islam, Katholizismus und Protestantismus. Unter ihnen sind Buddhismus, Daoismus und Islam weithin akzeptiert. Es ist schwer zu zählen, wie viele Anhänger Buddhismus und Daoismus haben, weil es keine Beitrittsrituale gibt. Die Minderheitsnationalitäten wie Hui, Uiguren, Kasachen, Tataren, Tadschiken, Usbeken, Kirgisen, Dongxiang, Salar und Bonan glauben an Islam, eine Gesamtzahl von 17 Millionen. Es gibt 3,5 Millionen und 4,5 Millionen Menschen in China, die an Katholizismus und Protestantismus beziehungsweise glauben.

Chinas Verfassung schreibt vor, dass die Bürger die Glaubensfreiheit genießen. Der Staat schützt normale religiöse Aktivitäten und die gesetzlichen Rechte und Interessen der religiösen Kreise. Das Strafgesetz, das Privatrecht, das Wahlrecht, das Wehrdienstgesetz und die Schulpflichtrecht und einige anderen Rechte machen es deutlich und bestimmte Regelungen schützen Glaubensfreiheit und gleiche Rechte der religiöse Bürger. Kein staatliches Organ, gesellschaftliche Organisation oder Individuum kann den Bürgern dazu zwingen zu glauben oder nicht glauben an eine Religion; noch können sie die Bürger benachteiligen, die glauben, oder nicht glauben an eine Religion. Die staatlichen Funktionäre, die gesetzwidrig einem Bürger die Glaubensfreiheit vorenthalten, sollen untersucht werden und gemäß dem Artikel 147 des Strafgesetzes die gesetzliche Verantwortung hinzugefügt werden, wenn es nötig ist.

Die Regierung richtete Abteilungen für Glaubensangelegenheiten, die für die Umsetzung des Regelwerkes der Glaubensfreiheit. Während der „kulturellen Revolution" wurde das Regelwerk der Glaubensfreiheit der Regierung verletzt. Nach der „kulturellen Revolution", besonders seitdem China die Neuerung und Öffnung zur Welt begann, machte die chinesische Regierung viel Arbeit und erbrachte großartige Leistungen, indem sie das Regelwerk der Glaubensfreiheit wiederherstellte, erweiterte und ausführte und die Rechte der Bürger in dieser Hinsicht gewährleistete.

Mit der Unterstützung und Hilfe der chinesischen Regierung, wurden die religiösen Einrichtungen, die während der „kulturellen Revolution" zerstört wurden, allmählich restauriert und repariert. Ende 1989 wurden mehr als 40.000 Klöster, Tempel und Kirchen restauriert und nach der Zustimmung der Regierungen auf verschiedenen Ebenen geöffnet. Die Gebäude und die Orte, die für religiöse Zwecke verwendet werden, sind von der Steuer befreit. Die Tempel, Klöster und Kirchen, die Ausbesserung benötigen, aber mangeln an Geld, bekommen Unterstützung von der Regierung. Seit 1980 erreichten die finanziellen Forderungen von der Zentralregierung für die Erhaltung der Tempel, Klöster und Kirchen über 140 Millionen Yuan. Die Erhaltung des Potala-Palastes in Tibet bekam 35 Millionen Yuan von der Regierung. Die örtlichen Regierungen teilten ebenfalls Gelder für die Erhaltung der Tempel, Klöster und Kirchen zu.

Es gibt jetzt acht nationale religiöse Organisationen in China. Sie sind: die Chinesische Buddhistische Gesellschaft, die Chinesische Daoistische Gesellschaft, die Chinesische Islamische Vereinigung, die Chinesische Katholisch-Patriotische Vereinigung, der Nationale Verwaltungsausschuss der Chinesisch-Katholischer Kirche, die Chinesisch-Katholische Bischofsakademie, die Drei-Selbst-Bewegung der Protestantischer Kirchen von China und der Chinesisch-Christliche Rat. Es gibt auch 164 auf provinzieller Ebene und mehr als 2.000 auf Landkreisebene religiöse Organisationen. Alle religiöse Organisationen und alle religiöse Bürger können selbstständig religiöse Aktivitäten veranstalten und ihre religiöse Pflicht unter der Sicherung der Verfassung und des Gesetzes erfüllen. Es gibt 47 religiöse Akademien in China wie das Chinesische Institut für Buddhistische Studien, Das Institut für die Islamische Theologie, das theologische Seminar der Jinling-Union der Chinesisch-Protestantischen Kirchen in Nanjing, das Chinesisch-Katholische Seminar und die Chinesisch-Daoistischen Studien. Seit 1980 wurden mehr als 2.000 junge professionelle Religionspersonale von den religiösen Akademien graduiert und mehr als 100 religiöse Studenten wurden zu 12 Ländern und Gegenden der Welt für weitere Studien geschickt. China hat mehr als zehn religiöse Publikationen und ungefähr 200.000 professionelle religiöse Personale — beinahe 9.000 von ihnen sind Abgeordneten bei den Volkskongressen und Mitglieder der Politischen Konsultativkonferenz des chinesischen Volkes auf verschiedenen Ebenen. Zusammen mit den Abgeordneten und Mitgliedern aus anderen Kreisen nehmen sie an den Diskussionen der Staatsangelegenheiten und genießen politisch die gleichen demokratischen Rechte.

Wegen dieser Regelungen respektieren in China verschiedene religiöse Organisationen sowie religiöse Menschen und nichtreligiöse Menschen einander und leben in Frieden.

Die religiöse Freiheit, die die chinesischen Bürger unter der Verfassung und dem Gesetz genießen, beinhaltet gewisse Pflichten, die von ihnen vorgeschrieben wurden. Die Verfassung legt fest, dass niemand die Religion ausnützen darf, um Aktivitäten zu betreiben, die die öffentliche Ordnung stören, die Gesundheit anderer Bürger verschlechtern oder in Konflikt mit dem Ausbildungssystem geraten. Diejenigen, die kriminelle Aktivitäten mit der Ausrede von Religion betreiben, sollen nach dem Gesetz behandelt werden, ob sie religiöse Menschen sind oder nicht. Die Gläubigen, die das Gesetz verletzen wie die anderen Gesetzesbrecher werden nach dem Gesetz behandelt. Unter den religiösen Menschen, die nach dem Gesetz behandelt wurden, waren einige tätig in den Umsturz gegen die Staatsregime oder Aktivitäten, die die nationale Sicherheit bedrohten, einige fachten den Massen an, damit sie staatliche Gesetze und Regelungen herauszufordern, die anderen trieben die Massen zu inneren Kämpfen, die die öffentliche Ordnung ernsthaft störte und die Reste schwindelten Geld, belästigten andere Menschen physisch und geistig und verführten sie Frauen im Namen der Religion. In Kürze wurden keiner von ihnen wegen ihrer Glaubensüberzeugungen verhaftet.

Sich von den Prinzipien der Unabhängigkeit, Selbstregierung und Selbstverwaltung geleitet, setzen die chinesische Religionen jegliche Außenkontrolle oder Einmischung in ihre internen Angelegenheiten, damit die chinesischen Bürger tatsächlich die Glaubensfreiheit genießen können. Vor der Gründung der Volksrepublik China waren Chinas katholische und protestantische Kirchen unter der Kontrolle der ausländischen religiösen Mächte. Duzende der „Außenmissionen" und „Ordensgemeinschaften und Gemeinden" erkämpften Einflussbereiche im chinesischen Land, dadurch gründeten viele „Staaten im Staate". Damals gab es 143 katholische Diözesen in China, aber nur etwa 20 Bischöfe waren aus der chinesischen Nationalität – und sie waren machtlos – ein gutes Anzeichen der halbfeudalen und halbkolonialen Beschaffenheit der alten chinesischen Gesellschaft. Die chinesischen katholischen und protestantischen Kreise verübelten diese Staatsangelegenheit und schon in den 1920 schlugen einige einsichtsvollen Leute vor, dass die chinesische Kirche ihre eigene Missionsarbeit machen würde, sich unterstützen und seine eine Angelegenheiten behandeln würde. Aber diese Vorschläge wurden im alten China nicht verwirklicht. Nach der Gründung des Neuen Chinas beseitigten die chinesischen religiösen Kreise die ausländische Kontrolle und realisierten die Selbstverwaltung, Selbstversorgung und Selbstverbreitung. Die chinesischen Leute kontrollierten endlich ihre eigenen religiösen Organisationen.

Die chinesische Regierung unterstützt aktiv die chinesischen religiösen Organisationen und das religiöse Personal in ihren freundlichen Austauschen mit ausländischen religiösen Organisationen und Personal auf der Basis der Unabhängigkeit, Gleichheit und gegenseitigen Respekt. Internationale Beziehungen zwischen den religiösen Kreisen werden als ein Teil des nichtbehördlichen Austausches des chinesischen Volkes mit anderen Völkern der Welt. In den letzten Jahren stellten die chinesischen religiösen Organisationen freundschaftliche Beziehungen mit mehr als 70 Ländern und Gebieten her und entwickelten sie, und schickten mehrere internationale religiöse Konferenzen und Symposien. Die chinesischen religiösen Gruppen wurden Mitglied in den religiösen Weltgruppen wie die Weltgemeinschaft der Buddhisten, der Oberste Rat für Islamische Angelegenheiten, die Weltkonferenz der Religionen für den Frieden, die Asiatische Konferenz der Religionen für den Frieden und Ökumenischer Rat der Kirchen. Seit 1955, ausgenommen die Periode der „kulturellen Revolution", unterbrachten die chinesischen Muslime niemals Pilgerfahrten zu Mekka. Die chinesische Regierung bot alle Arten von Einrichtungen und Unterstützung für diese Reisen. Zwischen 1955 und 1990 nahmen mehr als 11.000 chinesische Muslime an den Pilgerfahrten zu Mekka teil, mehrere Duzende Mal vor der Gründung des Neuen Chinas. In letzten Jahren übersteigerten die Zahl der Pilger 1.000 – 1.500 im Jahre 1987, 1.100 im Jahre 1988, 2.400 im Jahre 1989, 1.480 im Jahre 1990 und 1.517 im Jahre 1991.

## VII. Gewährleistung der Rechte der Minoritätsnationalitäten

China ist ein vereinigtes, multinationales Land mit 56 Nationalitäten insgesamt. Die Han-Chinesen umfassen 92 Prozent der Gesamtbevölkerung des Landes, lassen 8 Prozent für die anderen 55 Nationalitäten übrig. Um die Gleichheit, die Einheit und die gemeinsame Wollfahrt unter den Nationalitäten zu verwirklichen, ist Chinas grundlegende Richtlinie die Beziehungen zwischen den Nationalitäten zu betreuen. Die Verfassung schreibt vor, dass alle Nationalitäten in der Volksrepublik China gleich sind. Der Staat schützt die gesetzlichen Rechte und Interessen der Minoritätsnationalitäten und unterstützt und entwickelt die Beziehung der Gleichheit, Einheit und gegenseitigen

Mitarbeit unter allen Nationalitäten Chinas. Die Benachteiligung und Unterdrückung von irgendeiner Nationalität ist verboten und irgendeine Tat, die die Einheit schwächt und Risse unter den Nationalitäten macht, ist ebenfalls verboten. Die Verfassung schreibt deutlich vor, dass China, um die Einheit unter all ihren Nationalitäten anzustreben, den Großnation-Chauvinismus, insbesondere Groß-Han-Chauvinismus sowie den örtlichen Nationalismus ablehnt.

Im alten China existierte ernste nationale Diskrimination und Unterdrückung über einen langen Zeitraum. Viele von den Minoritätsnationalitäten, die in angespannten Lebensverhältnissen waren und nicht toleriert wurden, hatten sich in den Bergen zu verstecken und ein Leben in der Absonderung von der Außenwelt zu führen.

Nachdem die Volksrepublik China 1949 gegründet wurde, wurden die Benachteiligung und Unterdrückung der Minoritätsnationalitäten beseitigt und ihre Bedingungen erlebten eine durchgehende Änderung. In den 1950 organisierte die chinesische Regierung eine umfangreiche Erforschung der Nationalitäten. Nach der wissenschaftlichen Unterscheidung wurden 55 Minoritätsnationalitäten anerkannt und diese Tatsache wurde öffentlich bekannt gemacht. Viele Minoritätsnationalitäten wurden das erste Mal in der chinesischen Geschichte gleiche Mitglieder der Großfamilie der chinesischen Nationalitäten.

Das Neue China brachte das System der regionalen Autonomie für Minoritätsnationalitäten zustande. Die Organe der Selbstregierung wurden in den Gebieten eingerichtet, wo das Volk der Minoritätsnationalitäten in kompakten Gemeinschaften leben und die internen Angelegenheiten der Minoritätsnationalitäten wurden von ihnen selbst behandelt werden. Zurzeit gibt es im ganzen Land 159 nationale autonome Bezirke, einschließend fünf autonome Gebiete, 30 autonome Präfekturen und 124 autonome Landkreise (oder Banner). Die nationalen autonomen Bereiche üben alle Rechte der Selbstregierung in Übereinstimmung mit dem Gesetz der Volksrepublik China über regionale nationale Autonomie und kann eigenständige Regeln und Regelungen nach den lokalen politischen, wirtschaftlichen und kulturellen Eigenschaften aus. Ohne die Verfassung und das Gesetz zu verletzen, haben die autonome Regionen das Recht, besondere Regelwerke und flexible Maßnahmen zu verabschieden; die autonomen Organe können für Erlaubnis beantragen, Änderungen zu machen oder von den Entschließungen, Entscheidungen, Verfügungen und Anweisungen abzusehen, die von einem staatlichen Organ höherer Ebene angenommen werden, wenn sie nicht in Übereinstimmung mit der Situation in den autonomen Regionen. Die Organe der Selbstregierung hat das Recht, die finanziellen, wirtschaftlichen, kulturellen und Bildungsangelegenheiten zu regeln. In Regionen, wo Leute der etlichen Nationalitäten zusammen oder in zerstreuten Gemeinschaften leben, wurden mehr als 1,500 nationale Gemeinden gegründet, damit die Minoritätsnationalitäten gleiche Rechte in vollen Zügen genießen.

Im Neuen China sind die politischen Rechte der Minoritätsnationalitäten gesichert. Vor der Befreiung litten die Minoritätsnationalitäten gleich wie die Mehrheit der Han-Chinesen unter schlimmer Unterdrückung von der reaktionären herrschenden Klasse. Die Unterdrückung in einigen Bereichen nahm eine mehr brutale und grausame Form als in den anderen. Zum Beispiel, im alten Tibet waren 95 Prozent der Tibetaner von Generation zu Generation leibeigene Diener, die den Beamten, Adligen und Lama-Klöstern angehängt waren. Nach dem 13 Gesetzbuchartikel und 16 Gesetzbuchartikel, die mehrere Jahre im alten Tibet durchgeführt wurden, wurden sie Tibetaner in drei Klassen und neun Ränge unterteilt. Die Leben der Eisenschmiede, Metzger und Frauen, die für einen minderwertigen Rang der minderwertigen Klasse auf eine deutliche Weise erklärt wurden, waren so billig und wertlos wie ein Strohseil. Dieses feudale Leibeigenschaftssystem mit ihrer Hierarchie der drei Klassen und neun Ränge wurde durch grausame Strafen verstärkt, wie die Augen ausstechen, die Zunge herausschneiden, die Hände und die Arme abhauen, einen Straftäter aus einem Felsvorsprung abstoßen. Unter solchen Umständen waren die Menschenrechte von der Mehrheit des werktätigen Volkes außer Frage.

Nachdem die Neue China gegründet wurde, wurde das alte System abgeschafft und die demokratischen Neuerungen wurden in den Minoritätsbereichen hintereinander getroffen. In Tibet befreiten sich die Leibeigener von der Sklaverei und sie sind nicht mehr Privateigentum der Besitzer der Leibeigener, die gekauft, verkauft, übersiedelt, in Tausch genommen oder verwendet werden, um eine Schuld zu begleichen, sie leiden nicht mehr unter den oben genannten grausamen Strafen und sie sind nicht mehr in drei Klassen und neun Ränge unterteilt. Dank der demokratischen Neuerung erlangten die Minoritätsnationalitäten, die seit Generationen unterdrückt wurden, die Freiheit und Menschenwürde, gewannen die grundsätzlichen Menschenrechte und zum ersten Mal wurden sie die Meister ihrer eigenen Schicksale.

Heute genießen die Minoritätsnationalitäten, die gleich wie die Han-Nationalität ist, alle Bürgerrechte, die in der Verfassung und im Gesetz festgelegt werden. Außerdem genießen die Minoritätsnationalitäten einige Sonderrechte, die ihnen durch das Gesetz gewährleistet wurden.

Das Recht der Minoritätsnationalitäten an der Ausübung der obersten staatlichen Macht teilzunehmen, ist besonders geschützt. Die Verfassung schreibt vor, dass „alle Minoritätsnationalitäten zu der angemessenen Repräsentation" im Nationalen Volkskongress (NVK), das höchste Organ der staatlichen Macht. Der Anteil der Angestellten, die von den Minoritätsnationalitäten zum NVK in den gesamten Zahl der NVK-Angestellten gewählt werden, ist immer ungefähr zweimal größer als der Anteil der Mitglieder der Minoritätsnationalitäten in der Gesamtbevölkerung des Landes. Aus den Angestellten des Siebten Nationalen Volkskongresses kamen 455 oder 15 Prozent aus den Minoritätsnationalitäten. Und auch die Nationalitäten wie Lhoba, Hezhen und Monba mit nur einigen Tausenden Leuten werden im NVK repräsentiert.

Der örtliche Volkskongress ist das örtliche Organ der staatlichen Macht. Wie es im Wahlrecht vorgeschrieben wurde, in den Bereichen, wo das Volk der Minoritätsnationalitäten in kompakten Gemeinschaften leben, sollen jede Minoritätsnationalitäten einer kompakten Gemeinschaft im örtlichen Volkskongress ihre eigenen Abgeordneten. Das Gesetz hat ebenfalls Bestimmungen für spezielle Berücksichtigung, die den Abgeordneten von jeder Minoritätsnationalität bei der Wahl gegeben werden. Nach diesen Bestimmungen, wenn die Gesamtbevölkerung einer Minoritätsnationalität in einer Region, wo das Volk der Minoritätsnationalität in kompakten Gemeinschaften leben, weniger als 15 Prozent der Gesamtbevölkerung der Region ist, kann die Bevölkerung, die jeder Abgeordneter der Minoritätsnationalität vertritt, weniger als die Bevölkerung, die jeder Abgeordneter in dem örtlichen Volkskongress vertritt.

Die chinesischen Menschen aller Nationalitäten sind wählbar, irgendeine Stelle im staatlichen Organ und Regierungsabteilungen zu besetzen. In dieser Hinsicht gibt es auch keine Benachteiligung von den Minoritätsnationalitäten. Zum Beispiel, nicht nur einige Mitglieder der Minoritätsnationalitäten besetzen oder einmal besetzten solche hochgestellte staatliche Stellen wie Vizepräsident des Staates, Vizevorsitzender der ständiger Kommission der NVK, Vize-Premier des Staatsrates, Präsident des Obersten Volksgerichts und Vizevorsitzender der Politischen Konsultativkonferenz des chinesischen Volkes (PKKCV). Das Gesetz über die Regionale Nationalautonomie schreibt vor, dass die Bürger der Minoritätsnationalitäten, die regionale Nationalautonomie ausüben, sollen als Direktor oder stellvertretender Direktor der ständigen Kommission des Volkskongresses der autonomen Region dienen; und der Vorsitzender der regionalen autonomen Regierung und der Verwaltungschef der autonomen Präfektur und des autonomen Landreises sollen die Bürger der Nationalität, die Selbstregierung ausüben. Das Personal und die Bediensteten der Volksregierungen der autonomen Regionen und der Abteilungen, die mit ihnen verbunden sind, sollen Mitglieder der Nationalität enthalten, die die regionale Nationalautonomie ausübt, und Mitglieder der anderen Minoritätsnationalitäten. Die Statistiken zeigen, dass 1989 die Anzahl der Minoritätsbediensteten 17,27 Prozent der Gesamtzahl der Direktoren und stellvertrenden Direktoren der ständigen Kommissionen der Volkskongresse unterschiedlicher Provinzen, autonomen Regionen und Gemeinden direkt unter der Zentralregierung machten. Die Nummer der Minoritätsbediensteten 12,66 Prozent der Gouverneur oder Vize-Gouverneur der Provinzen, Bürgermeister und stellvertretende Bürgermeister, und Vorsitzender oder Vize-Vorsitzender der autonomen Regionen. Aus den Direktoren oder stellvertretenden Direktoren der Volkskongresse auf der städtischen Ebene, Präfektur und autonome Präfektur, Minoritätsbediensteten erreichten 14,20 Prozent. Die Anzahl der Minoritätsbediensteten unter den Bürgermeistern oder stellvertretenden Bürgermeistern, Beauftragten und Direktoren der Präfekturen umfassen 11,90 Prozent. Aus den Direktoren oder stellvertretenden

Direktoren der ständigen Kommissionen der Volkskongresse auf der ländlichen Ebene, die Minoritätsbediensteten rechneten 17,30 Prozent zusammen. Die Minoritätsbediensteten umfassten 15,16 Prozent der Landkreisbeamten. All diese Anteile übertreffen 8 Prozent, die der von der Bevölkerung der Minoritätsnationalitäten in der Gesamtbevölkerung des Landes besetzte Anteil.

Der Staat schenkt immer scharfe Aufmerksamkeit der Ausbildung der Führungskraft aus den Menschen der Minoritätsnationalitäten. In den letzten Jahren stieg die Zahl der Führungskräfte der Minoritätsnationalitäten zum Satz von mehr als 10.000 Menschen jährlich. Jetzt gibt es 37.000 Tibetaner Führungskräfte im ganzen Tibet, die 66,6 Prozent der Gesamtzahl der Führungskräfte umfassen; dies gliedert zu 72 Prozent auf der Ebene der autonomen Region und 61,2 Prozent auf der Landbezirksebene. Die Zahl der mongolischen Führungskräfte betragen 50 Prozent der Gesamtzahl der Führungskräfte in der Inneren Mongolei.

Den Rechten der nationalen autonomen Regionen für die wirtschaftliche, kulturelle und gesellschaftliche Entwicklung wird besondere Berücksichtigung geschenkt. Vor der Gründung der Volksrepublik China waren die wirtschaftlichen, kulturellen und gesellschaftlichen Entwicklungen in den Minoritätsgebieten äußerst zurückgeblieben. Zu dieser Zeit waren einige Gebiete auf der Stufe der primitiven Klankommunen, deren Anwohner Brandrodung betrieben. Die Minoritätsnationalitäten lebten in schlimmer Armut. Die durchschnittliche Lebenserwartung war nur 30 Jahre und die epidemischen Krankheiten hatten freien Lauf, wodurch die Bevölkerung Jahr für Jahr verminderte. Nach der Gründung des Neuen Chinas half die Volksregierung aktiv den Minoritätsnationalitäten dabei, ihre Wirtschaft und Kulturen zu entwickeln, in dem Bemühen ihre veralteten Produktionsweisen zu verändern. Dies ermöglichte ihnen, mehrere geschichtliche Stufen der gesellschaftlichen Entwicklung zu überspringen. Jetzt lösten die meisten der Minoritätsnationalitäten das Problem der Nahrung und Kleidung und die Gesamtbevölkerung der Minoritätsnationalitäten erhöhten von 35 Millionen im Jahre 1953 zu 91,20 Millionen im Jahre 1990. Die Wachstumsrate der Bevölkerung der Minoritätsnationalitäten ist schneller als die von den Han. Die durchschnittliche Lebenserwartung der Minoritätsnationalitäten ist über 60, eine Steigerung von mehr als 30 Jahren im Vergleich zu der Vergangenheit.

Um den Minoritätsnationalitäten dabei zu helfen, ihre Wirtschaft zu entwickeln, baute der Staat wirtschaftliche Struktur in großem Umfang in den Minoritätsgebieten auf. In einigen dieser Gebiete, wo es überhaupt keine Industrie in der Vergangenheit gab, wurden mehrere moderne industrielle Unternehmungen gegründet. Dazu zählen das Ölfeld Karamay in dem Uigurischen Autonomen Gebiet Xinjiang, Inner Mongolia BaoTau Steel Union, das Longyangxia-Wasserkraftwerk in Qinghai, das Daba-Kraftwerk in Guizhou, Yangbajin Thermal- und Kraftwerk in Tibet, das Guizhou-Aluminiumwerk in Guizhou, das Holingol-Fluss-Kohlenrevier in inneren Mongolei, die Nord-Xianjiang-Eisenbahn in Xianjiang, die Sichuan-Tibet

Landstraße und die Qinghai-Tibet Landstraße. Vor der Befreiung gab es keine Landstraßen in Tibet, die den Namen verdienten. Während die Briten an den Dalai Lama ein Auto als Geschenk schicken wollten, hatte es abgebaut werden, und hinter einem Yak nach Lhasa transportiert werden. Derzeit wurde ein in Lhasa zentriertes Landstraßennetz gebaut, dessen Meilenlänge 21.800 Kilometer erreicht, und viele inländische und ausländische Fluggesellschaften wurden bereits eröffnet. Der Staat leistet immer Hilfe in Form von Arbeit, Material und finanziellen Hilfsmitteln für nationale autonome Gebiete. Heute leistet die Zentralregierung Beihilfe im Umfang von etwa 8 Milliarden Yuan jährlich für die Minoritätsgebiete in acht Provinzen und autonomen Gebieten. Aus ihnen empfängt Tibet mehr als 1,2 Milliarden Yuan. Außerdem teilt der Staat spezielle Mittel im Umfang von 600 Millionen Yuan jährlich zu, um den Minoritätsgegenden zu helfen, wie beispielsweise Entwicklungsfonds, um die unterentwickelten Gebiete zu unterstützen, Fördermittel für die Gebiete, die von den Minoritätsnationalitäten besiedelt sind, spezielle Anlagen für den Bau in den Grenzgebieten, sowie die Betriebsausgaben, um den Grenzenbau bezuschussen. Die Regierung verfolgt das Regelwerk einer Steuerermäßigung und Steuerbefreiung der verarmten Minoritätsgebiete zusätzlich zu zahlreichen speziellen Maßnahmen, die sie traf, um ihre finanzielle Belastung zu vermindern, ihnen bevorrechtigte Anlage zu versorgen und ihnen Hilfe in Form von Intelligenz und Großhandelsvertrag zu senden, damit sie die Armut beseitigen. Die speziellen Fonds wurden eingerichtet, um Nahrung und Kleidung für die Minoritätsgebiete zu beliefern. Die Regierung vereinbarte ebenfalls, dass die wirtschaftlich entwickelten Gebiete bei dem wirtschaftlichen Aufbau in den Minoritätsgebieten Hilfe leisten. Der wirtschaftliche Aufbau in den Minoritätsgebieten machte große Fortschritte aufgrund von der Hilfe vom Staat und den Bemühungen der Einheimischen. Der totale Wert der Produktionsmenge der Industrie und Landwirtschaft in den Minoritätsgebieten im Jahre 1949 war 3,66 Milliarden Yuan; davon, 3,12 Milliarden Yuan kam aus der landwirtschaftlichen Produktion und 540 Millionen Yuan aus der industriellen Produktion. In den gleichen Gebieten erreichte die Gesamtzahl der industriellen und landwirtschaftlichen Produktionsmenge im Jahre 1990 zu 227,28 Milliarden Yuan, eine Steigerung von 23,6 Mal mehr, wenn wir den Preis im Jahre 1980 als konstant annehmen. Davon war der Wert der landwirtschaftlichen Produktionsmenge 97,776 Milliarden Yuan, 8.1 Mal mehr; und 129,506 Milliarden Yuan für die Industrie, eine Erhöhung von 135,5 Mal mehr.

Was das Beschäftigungsregelwerk betrifft, formulierte die chinesische Regierung ein spezielles Regelwerk für die Minoritätsnationalitäten. Die Regierung benötigt, dass die staatlichen Unternehmungen in den Minoritätsgebieten lassen den Vorrang zu den Einheimischen in den Minoritätsnationalitäten über all den anderen, während sie Arbeiter einstellen und mehrere örtliche Gouverneur, während sie Arbeiter für die staatlichen Unternehmungen einstellen, sollen Minoritätsbauern und Hirten aus dem ländlichen und bäuerlichen Gebieten in einer geplanten Weise.

Die chinesische Regierung entwickelte im großen Maße die medizinischen und gesundheitlichen Unternehmen in den Minoritätsgebieten, indem sie das Problem des Mangels an den Ärzten und Medikamenten, die dort seit langem existierten. 1990 erhöhten die gesundheitlichen Organisationen in jenen Regionen auf 31.973, versorgten 359.830 Krankenhausbetten und die Reihen der Ärzte und Krankenschwestern erhöhte auf 488.600. Während sie die Praxis der modernen Medizin voranbringen, ermutigt die Regierung die Entwicklung der traditionellen Minoritätspraxis der Medizin, einschließend die tibetanischen, uigurischen, mongolischen und daoistischen Medizinen. Die Zentralregierung schickte eine große Anzahl von medizinischen Arbeitsgruppen zu den Minoritätsgebieten. Während der Periode von 1973 zur Mitte 1987, organisierte der Staat medizinische Arbeitsgruppen im Umfang von 2.600 Menschen aus etwa Dutzenden der Provinzen und Städten und schickte sie nach Tibet.

Die chinesische Regierung schenkte maßgebliche Aufmerksamkeit, um die großartigen traditionellen Kulturen mehrerer Nationalitäten zu unterstützen und zu entwickeln und machte maßgebliche Anstrengungen, um die Kulturen und Ausbildung der Minoritätsnationalitäten zu befördern. 1990 wurden 75 Einrichtungen der höheren Ausbildung, die in den Minoritätsgebieten gegründet wurden, wo es in vergangenen Jahren keine gab. Eine Gesamtzahl der 12 Hochschulen für Nationalitätshochschulen besonders für die Minoritätsnationalitätsstudenten wurde in den unterschiedlichen Teilen des Landes gegründet. Außerdem gibt es in einigen gut bekannten Universitäten wie Peking-Universität und Qinghua-Universität Klassen, die besonders für Studenten aus den Minoritätsnationalitäten sind. Während neue Studenten einschreiben, lockern die Hochschulen und die berufsbildenden Mittelschulen angemessen ihre Eintrittsstandards für die Prüfungskandidaten der Minorität. Die Regierung schaffte aktiv die Bedingungen für Jugendlichen, die in den ländlichen und entfernten Gebieten leben, indem sie Internatsschulen eröffnete, damit sie Ausbildung bekommen, wo die Studenten aus den ländlichen, bergigen und verarmten Gebieten üblicherweise die Zuschüsse. Der Staat überträgt viele Lehrer aus dem Inland und Küstengebieten zu entfernten Minoritätsregionen, damit sie dabei halfen, die Bildungsunternehmen dort zu erweitern. Zwischen 1974 und 1988 zählten die Anzahl der Lehrer 2.969, die nur in Tibet halfen. Die Einschreibung der Minoritätsstudenten in Hochschulen und Universitäten im ganzen Land im Jahre 1989 war 102,4 Mal mehr als das von 1950; in den üblichen Mittelschulen zählten sie 70,3 Mal mehr als das von 1951; und in den Grundschulen, 11,2 Mal mehr als das von 1951.

Chinas Gesetz schreibt vor, dass alle Minoritätsvölker die Freiheit haben, ihre eigenen schriftlichen und gesprochenen Sprachen zu verwenden und zu entwickeln. Bei der Ausübung ihrer Funktionen, sollen die Selbstregierungsorgane in den autonomen Regionen eine oder mehrere der lokalen Sprachen verwenden, die nach den Regelungen der Autonomie der autonomen Region. Diese Organe, die gleichzeitig mehrere am häufigsten gebrauchten bei ihrer Arbeit verwenden, können die Sprache der Nationalität, die regionale Autonomie hat, in den Vordergrund rücken. Die schriftlichen und gesprochenen Sprachen der Minoritätsnationalitäten sind gleich wie Han-Sprache (Chinesisch) in den gesetzlichen Aktivitäten. Die Bürger aller Nationalitäten haben das Recht, in den gesetzlichen Verfahren die Sprache ihrer eigenen Nationalität zu verwenden. Die Gerichtsverfahren in den Gebieten, wo Minoritätsnationaltäten in kompakten Gemeinschaften leben oder die von mehreren Nationalitäten besiedelt sind, sollen in der am häufigsten gebrauchten Sprache der Ortschaft durchgeführt werden. Die Anklagen, Gerichtsurteile, Kündigungen und andere Dokumente, wenn nötig, sollen in einer oder mehreren Landessprachen geschrieben werden.

Die Zentralregierung unterstützt die Minoritätsnationalitäten bei der Entwicklung der Kultur und Ausbildung durch die Benutzung ihrer eigenen Sprachen und half dabei, dass zehn der Minoritätsnationalitäten ihre eigene Schrift schafften. Sowohl die zentralen und regionalen Fachverlage als auch Nachrichtenagenturen wurden eröffnet, um Zeitungen, Zeitschriften und Bücher in Minoritätssprachen zu veröffentlichen, die 1989 nach den Statistiken beziehungsweise 3,1, 7,6 und 5,8 Mal mehr als die Zahl, die im Jahre 1952 im ganzen Land veröffentlicht wurden. Das Volk in den Minoritätsgebieten kann jeden Tag den Zentralvolksrundfunksendung einstellen, um die Programme in Mongolisch, Tibetisch, Uigurisch, Kasachisch, Koreanisch zu hören. Jedes Minoritätsgebiet haben TV-Programme in einer oder mehreren Minoritätssprachen eigen der Nationalitätsbevölkerung, die dort leben.

Die chinesische Regierung hat großen Respekt vor der traditionellen Kultur und Sitten der Minoritätsnationalitäten, unterstützt mehrere Minoritätskünste, und ermutigt Minoritäten alle Arten von Kunst und Sport zu treiben. Das Volk aus den Minoritätsgebieten kann an ihren eigenen traditionellen Festen ihren Urlaub nehmen. Das Gold, Silber und andere Rohmateriale werden in gewissen Beträgen von der Regierung den Minoritätsvölkern für die Produktion der täglichen Notwendigkeiten oder Luxusartikel, unter anderem Seiden, Samte, Schuhe, Hüte, Schmucke, Jade-Artikel und goldene und silberne Schmuckstücke.

Die Unterschiedlichkeit zwischen den Minoritätsregionen und dem Inland und den Küstengebieten entwickelten sich über einen langen Zeitraum. Seit mehr als 40 Jahren, seitdem die Volksrepublik gegründet wurde, erbrachte die chinesische Regierung positive Leistungen in ihren Bemühungen, die Spalt zu schmälern, gesellschaftliche Entwicklung zu befördern und eine Änderung für die Besserung der unterentwickelten Minoritätsgebiete zu bewirken.

## VIII. Familienplanung und Sicherung der Menschenrechte

Die chinesische Regierung führt in Anbetracht der Verfassung mit dem Zweck der Förderung der wirtschaftlichen und gesellschaftlichen Entwicklung, der Hebung des Lebensstandards des Volkes, der Verbesserung der Qualität ihrer Bevölkerung und der Gewährleistung der Rechte des Volkes auf ein besseres Leben eine Familienplanungspolitik durch.

China ist ein Entwicklungsland mit der größten Bevölkerung der Welt. Viele Menschen, wenige Anbaugebiete, vergleichsweise ungeeigneter pro Kopf Anteil der Bodenschätze sowie eine verhältnismäßig unterentwickelte Wirtschaft und Kultur – diese Eigenschaften verdeutlichen Chinas grundsätzliche nationale Bedingungen.

Die Bevölkerung, die zu schnell zunimmt, stellt einen scharfen Widerspruch zu der wirtschaftlichen und gesellschaftlichen Entwicklung dar, die Verwendung der Mittel und Umweltschutz erlegen eine ernsthafte Beschränkung auf Chinas Wirtschaft und gesellschaftliche Entwicklung auf und schleppt die Verbesserung des Lebensunterhalts und die Qualität des Volkes. Ende 1990 erreichte die Bevölkerung des Festlandes 1.14 Milliarden. Mit einer solch gewaltigen Bevölkerung, trotz der Ausführung der Geburtenbeschränkung hat einen Wachstum von 17 Millionen Menschen, eine Zahl, die der Bevölkerung eines mittelgroßen Landes gleich ist. Was den Bereich des Kulturlandes betrifft, ist es auf 1.3 mu zurückgegangen, die nur 25 Prozent des Weltdurchschnitts darstellt. Chinas Getreideproduktion reiht das erste auf der Welt, aber sie ist unter der Bevölkerung geteilt, der Anteil der Getreide pro Kopf beträgt nur 22 Prozent von jenem in den USA. Mehr als ein Viertel des jährlichen Zusatzes zu dem nationalen Einkommen wird von der Bevölkerung verbraucht, die in demselben Jahr geboren wird. Infolgedessen haben die Fonds für die Aufzinsung abgeschnitten und die Geschwindigkeit des Wirtschaftswachstums verlangsamt zu werden. Die schnelle Zunahme der Bevölkerung brachte viele Drücke auf die Beschäftigung, Ausbildung, Unterkunft, Gesundheitsfürsorge und Kommunikationen und das Transportwesen. Konfrontiert mit dieser ernsthaften Situation kann die Regierung, um die Mindestlebensbedingungen des Volkes zu gewährleisten und den Bürgern nicht nur genug zu essen und sich anzuziehen, sondern auch besser zu wachsen, nicht das machen, was einige Leute vermuten— auf eine hohe Stufe der wirtschaftlichen Entwicklung zu warten, um eine natürliche Abnahme der Geburtenrate zu beginnen. Wenn wir so gemacht hätten, würde die Bevölkerung ohne Einschränkungen zunehmen und die Wirtschaft würde stetig verschlechtern. Deshalb soll China nach dem wirtschaftlichen Wachstum streben, indem es auf jede mögliche Art und Weise die Produktivkräfte zu erhöhen, während zur gleichen Zeit das Regelwerk der Familienplanung ausüben, um die Bevölkerung streng unter der Kontrolle halten, so dass es der wirtschaftlichen und gesellschaftlichen Entwicklung entsprechen kann. Das ist die einzige richtige Wahlmöglichkeit, die irgendeine Regierung, die dem Volk und ihren Nachkommen gegenüber verantwortlich ist, kann angesichts besonderer Umstände Chinas haben.

Es ist allgemein anerkannt, dass China mit der Familienplanung einen gewaltigen Erfolg hatte. Die Geburtenrate nahm mit deutlichem Vorsprung von 33,43 pro tausend im Jahre 1970 zu 21,06 pro tausend im Jahre 1990 ab und das natürliche Bevölkerungswachstum nahm von 25,83 pro tausend zu 14,39 pro tausend ab. 1970 war der Anteil der schwangeren Chinesinnen 5.81 und die Zahl nahm zu 2,31 im Jahre 1990 ab. Im Augenblick sind die drei oben genannten Anzeiger sind niedriger als die durchschnittliche Stufe der anderen Entwicklungsländer. Bis zu einem gewissen Grade milderte den Widerspruch zwischen der explodierenden Bevölkerung und ihre wirtschaftliche und gesellschaftliche Entwicklung. Dies spielte eine wichtige Rolle bei der Weiterentwicklung der sozialistischen Modernisierung und bei der Verbesserung des Lebensstandards und die Qualität der Bevölkerung. Es wurde auch ein wichtiger Beitrag für die Stabilität der Weltbevölkerung.

Die chinesische Regierung, die aus den nationalen Bedingungen vorangekommen ist, beseitigte die Frage des Bevölkerungswachstums und formulierte das folgende Regelwerk der Familienplanung: die verzögerte Ehe und die Verschiebung der Kindergeburt, weniger aber gesunder Kinder gebären, und eine Familie, ein Kind. Die ländlichen Familien, die echte Schwierigkeiten gegenüberstehen, (einschließlich die Familien mit einer einzigen Tochter) können nach einer Zeitspanne mehrerer Jahre ein zweites Kind bekommen. Die Familienplanung wird auch unter den Minoritätsnationalitäten ermutigt, um ihr Wohlbefinden und ihren Wohlstand zu fördern und beruht auf den freien Wille des Minoritätsvolkes. Die besonderen Voraussetzungen für die Minoritäten sind unterschiedlich von denen für Han-Familien und werden von den Regierungen der autonomen Gebiete und Provinzen gemäß der Bevölkerung, Wirtschaft, Mitteln, Kultur und Sitten jeder Nationalität. Solch ein Regelwerk der Bevölkerung, unter Berücksichtigung von der Notwendigkeit, den Bevölkerungswachstum unter der Kontrolle zu halten und den wirklichen Problemen und Akzeptanzgrad übereinstimmen mit Chinas gegenwärtiger wirtschaftlicher und gesellschaftlicher Situation und entsprechen den wesentlichen Interessen des Volkes. Erfahrungsgemäß wurde das Regelwerk verstanden und von den Massen nach der gründlichen Werbung und Ausbildung unterstützt. Die vierte Volkszählung zeigte, dass unter den Kindern, die 1989 im ganzen Land geboren wurden, der Anteil der mehr-als-drei-Kindergeburtsrate zu 19,32 von 62,21 Prozent im Jahre 1970 abnahm.

China hält sich eng an dem Regelwerk der der Regierungsberatung und die Wünsche der Massen, während sie ihr Regelwerk der Familienplanung ausübten. Weil es alle Familien einbezieht, wurde es unmöglich das Regelwerk in einem Land mit einer Bevölkerung von 1,1 Milliarden ohne die Verständigung, Unterstützung und gewissenhafte Teilnahme der Massen in Kraft zu setzen. Die Familienplanung ist auch eine Reform der gesellschaftlichen Bräuche und kann nicht möglicherweise durch die Verordnungen ausgeübt werden. In den ländlichen Gebieten, die von dem 80 Prozent der Bevölkerung besiedelt werden, bleiben die jahrtausendelangen Ideen einflussreich, die Wirtschaft ist zurückgeblieben in einigen Bereichen und die gesellschaftliche Wohlfahrt und Systeme der Sicherungen sind immer noch unzureichend. Das Volk hat wirkliche Schwierigkeiten bei ihrer Produktion und Lebensunterhalt. Unter diesen Umständen rückte die Regierung immer die unermüdliche Werbung und Erziehungsarbeit unter den Massen in den Vordergrund, um das öffentliche Kenntnis zu erweitern, dass die Geburtenregelung, als ein grundsätzliches

Regelwerk, eine große Bedeutung für den Wohlstand der Nation und das glückliche Familienleben des Volkes ist.

Es ist erforderlich, dass die Regierungsbeamten bei der Ausführung der Regelwerke den Hut aufhaben und ein gutes Beispiel abgeben. In den letzten Jahren eröffnete den Verein für Familienplanung mehr als 600.000 Basiszweige mit 32 Millionen Mitgliedern, um den Massen in ihrer Selbsterziehung, Selbstverwaltung und Selbstbedienung zu helfen, indem sie die ideologische Erziehung mit dem Helfen der Massen zusammensetzen, um die praktische Probleme zu lösen.

Zur gleichen Zeit traf die Regierung einige notwendigen wirtschaftlichen und verhaltenden Maßnahmen als zusätzliche Mittel. Diese Maßnahmen wurden alle angenommen, indem sie das Gesetz und den äußersten Zweck der Überzeugung verwandten.

Das Programm der Familienplanung stellt Empfängnisverhütung vor, um die Gesundheit der Frauen und Kinder zu schützen. Die Regierung machte große Anstrengungen, die Kenntnisse der empfängnisverhütenden Methoden zu verbreitern und den Ehepaaren im gebärfähigen Alter, die keine Kinder wollen, zuverlässige, wirkungsvolle, einfache und billige Verhütungsmittel und die Auswahl der Operation der Geburtenkontrolle. Im Augenblick wenden sich 75 Prozent der Ehepaare im gebärfähigen Alter im ganzen Land an mehrere empfängnisverhütende Methoden. Alle Formen der gezwungenen Abtreibungen werden entschieden bekämpft. Artifizielle Abtreibung wird nur als ein Mittel für den Misserfolg der Empfängnisverhütung auf einer freiwilligen Basis und mit der Gewährleistung der Sicherheit. In einer Situation einer deutlich Geburtenrate ist etwa auf mittlerem Niveau in der jetzigen Welt. Dies ist auf die wirkungsvollen Methoden der Empfängnisverhütung zurückzuführen. Jetzt trifft China praktische und wirkungsvolle Maßnahmen, um den Anteil weiter zu verringern.

Chinas Bevölkerungsregelwerk hat zwei Zwecke: die Kontrolle der Bevölkerungswachstum und die Verbesserung der Qualität der Bevölkerung. Die Tätigkeit in diesem Feld nicht nur ermutigt die Ehepaaren im gebärfähigen Alter weniger Kinder zu bekommen, sondern auch versorgt ihnen mit der Mutterpflege, Babypflege und Empfehlungen zu den optimalen Methoden der Schwangerschaft und Kindererziehung. Diese Dienste beinhalten die vorehelichen Untersuchungen, Beratungen über Erbkrankheiten, die vorgeburtlichen Diagnose und die Pflege während der Schwangerschaft, um den Ehepaaren dabei zu helfen, kräftige und gesunde Kinder zu bekommen.

Die Tochter zu ertrinken oder verlassen, ein bösartiger Brauch, der von der feudalen Gesellschaft übrigblieb, geschieht viel weniger jetzt, aber wurde in einigen entfernten Gebieten nicht völlig ausgerottet. Chinas Gesetz verbietet ausdrücklich das Ertrinken der Kinder und andere Betätigungen, wodurch sie sie töten. Die Regierung traf die praktischen Maßnahmen, um diese Arten von kriminellen Vergehen nach dem Gesetz zu behandeln.

Chinas Regelwerk für Bevölkerungsplanung entspricht völlig dem Artikel 9 der Deklaration der Vereinigten Nationen von der Mexiko-Stadt über die Bevölkerung und den Wachstum im Jahre 1984, die erfordert, dass „die Länder, die ansehen, dass ihr Anteil des Bevölkerungswachstums ihre nationalen Entwicklungsplane behindert, sollen angemessene Bevölkerungsplane und Programme annehmen." Es übereinstimmt ebenfalls mit dem Weltbevölkerungsaktionsplan der Vereinten Nationen, die betont, dass jedes Land das oberste Recht hat, ihre eigenen Bevölkerungsregelwerke zu formulieren und umzusetzen. Einige Leute, die Chinas Familienplanung als „verletzen die Menschenrechte" und „unmenschlich" bezeichnen, verstehen sie nicht oder beachten Chinas wirkliche Situation. Aber einige anderen verzerrten absichtlich die Tatsachen in einem Versuch, Druck auf China auszuüben und sich in die innere Angelegenheiten einzumischen. China hat nur zwei Wahlmöglichkeiten, um ihr Bevölkerungsproblem zu lösen: das Regelwerk für Bevölkerungsplanung umzusetzen oder den blinden Wachstum der Bevölkerung. Die vorherige Wahl ermöglicht, den Kindern gesund geboren zu werden und aufzuwachsen und ein besseres Leben zu führen, während die letztere ununterdrückte Zunahme der Bevölkerung verursacht, dass die Mehrheit des Volkes knapp an der Nahrung und Kleidung ist, während einige von ihnen dazu neigen, jung zu sterben. Welche der beiden beachtet mehr die Menschenrechte und ist menschlicher? Die Antwort ist offensichtlich.

## IX. Gewährleistung der Menschenrechte für die Behinderten

Eine Schätzung, die auf eine Beispielsumfrage im Jahre 1987 beruht, zeigt, dass gibt es etwa 51 Millionen der Behinderten im Festland von China oder 5 Prozent der Bevölkerung. Die chinesische Regierung beachtet schenkt große Aufmerksamkeit auf die Frage der Rechte der Behinderten und ermöglichte ihnen spezielle Unterstützung und Schutz, um die Wirkungen der Behinderung und externer Hindernisse zu vermindern und zu beseitigen und ihre Rechte zu gewährleisten.

Chinas Verfassung schreibt vor, dass der Staat gewährleistet, dass die Behinderten die gleichen Bürgerrechte wie die körperlich-leistungsfähigen Menschen. Die ständige Kommission des Nationalen Volkskongresses nahm Dezember 1990 das Gesetz der Volksrepublik China über den Schutz der behinderten Menschen an. Dieses Gesetz, das sich an den Richtlinien der „Gleichheit", „Beteiligung" und „Zusammengenießen" orientiert, schreibt vor, dass die Behinderten die gleichen Rechte wie die anderen Bürger genießen und sind gegen die Verletzung geschützt. Es schreibt auch vor, dass die Maßnahmen der Unterstützung und die Hilfe sollen getroffen werden, um Zusicherungen für die Behinderten zu entwickeln, ihre gleiche Beteiligung im gesellschaftlichen Leben zu fördern und ihre Anteile der Materiale und kulturellen Leistungen in der Gesellschaft zu sichern. Viele wichtige Gesetze wie das Strafgesetz, das Strafverfahrensgesetz, die Allgemeine Prinzipien des Zivilrechtes, das Zivilprozessrecht, das Ehegesetz, das Erbrecht, das Wahlgesetz, das Militärdienstgesetz, das Schulpflichtgesetz haben spezielle Regelungen, um die Rechte und Interessen der Behinderten zu gewährleisten.

In Einklang mit diesen Gesetzen verabschiedete die chinesische Regierung besondere Regelwerke, Regeln und Regelungen, um die Rechte und Interessen der Behinderten zu schützen, zum Beispiel, Chinas Fünf-Jahre-Arbeit-Programm für die Menschen mit Behinderung, Viele Gesichtspunkte über die Entwicklung der Ausbildung für die Menschen mit Behinderung, das Programm für die Ausführung der Drei Rehabilitierungsprojekte für die Menschen mit Behinderung, das Rundschreiben über die Steuerbefreiung für die Privatunternehmen, die von den behinderten Menschen geleitet werden und das Rundschreiben für die Sozialfürsorge der Produktionseinheiten. Die Behörden in einigen Provinzen, Gemeinden und direkt unter der Zentralregierung und autonome Gebiete verabschiedeten örtliche Gesetze und Regelungen, um die Rechte und Interessen der Behinderten sicherzustellen. Viele örtliche Regierungen trafen konkrete Maßnahmen, um die Behinderten mit der bevorzugten Unterstützung, Versorgung und Fürsorge zu versorgen.

Um das Recht der Behinderten zu gewährleisten, dass sie wählen und gewählt werden können, schreibt Chinas Wahlrecht vor, dass diejenigen, die nicht imstande sind, ihre Abstimmung zu schreiben, können anderen Menschen, die sie vertrauen, danach fragen, ob sie für sie schreiben können. Die Bewertung der geistigen und intellektuellen Behinderten, die nicht imstande sind, an den Wahlen teilzunehmen, sollen von den Krankhäusern und anderen zugehörigen Abteilungen abgegeben und von den Wahlausschüssen zugestimmt werden.

Das chinesische Gesetz gewährleistet die Besitzrechte und andere Bürgerrechte und Interessen der Behinderten. Für die Behinderten, die nicht imstande sind, eine Zivilklage zu erheben, legt das Gesetz die Anforderungen für ihre qualifizierten Vormünder fest. Das Erbgesetz der Volksrepublik China beschreibt ausführlich die Maßnahmen der Sicherung der Rechte auf die Erbe des Eigentums der behinderten Menschen, die nicht imstande sind, zu arbeiten und sind ohne Mittel. Das chinesische Gesetz verbietet auch die Misshandlung und Aussetzung der Behinderten durch die Familienangehörigen. Die Behinderten, die nicht selbstständig arbeiten oder leben können, haben das Recht die anderen Familienangehörigen zu bedingen, damit sie sie unterstützen.

Die chinesische Regierung und Sozialorganisationen machten große Anstrengungen, um die Wiedereingliederung, die Ausbildung, die Beschäftigung, das kulturelle Leben, die Wohlfahrt und eine gute Umgebung für die Behinderten sicherzustellen.

Die chinesischen Gesetze verbieten die Diskriminierung, Beleidigung und Verletzung der Behinderten oder ihre Misshandlung und Aussetzung. Diejenigen, die die Behinderung der Behinderten ausnutzen, um ihre Privatrechte oder andere gesetzlichen Rechte und Interessen zu verletzen und dadurch ein Verbrechen begehen, werden streng nach dem Gesetz bestraft. Die behinderten

Verbrecher des Strafgesetzes werden von der Schuldfähigkeit befreit oder in Anbetracht ihrer intellektuellen, geistigen oder psychologischen Kapazität für die Verantwortung ihrer Handlungen ihre Strafen gemildert oder abbedingt. Die Gesetze ebenfalls bieten den Behinderten, besonders die geistigen und intellektuellen Behinderten, die in Straf-, Zivil- oder Verwaltungsverfahren verwickelt sind, spezieller Schutz ihrer verfahrensmäßigen Rechte und die erforderliche gesetzliche Unterstützung an.

März 1988 wurde die Behindertenvereinigung Chinas mit der Zustimmung der chinesischen Regierung gegründet. Die Vereinigung vertritt die Gemeininteressen aller Behinderten, schützt ihre gesetzlichen Rechte und Interessen und mobilisiert die gesellschaftlichen Mächte, damit sie sie bedienen. Sie eröffnete ihre örtlichen Zweigstellen auf der Basis der nationalen Verwaltungseinheiten. Die Vereinigungen der Behinderten wurden in allen Provinzen, Gemeinden, Landkreisen außer Taiwan eröffnet. Und Hauptvereinigungen der Behinderten wurden in etwa ein Drittel der Gemeinden, Unterbezirken und Fabriken mit einer Konzentration der behinderten Arbeiter gegründet. Die Vereinigungen helfen den örtlichen Regierungen damit, die Unternehmungen für die Behinderten zu verwalten und zu entwickeln und spielen eine maßgebliche Rolle bei der Gewährleistung ihrer Rechte. Zum Beispiel, die Peking-Vereinigung für die Behinderten half der Regierung mit der Realisierung der fünf Sachen: die Ausarbeitung der Peking-Regelungen über den Schutz der behinderten Menschen; die Mobilisierung der Gesellschaft, damit sie etwa 100 Ausbildungskurse für die geistig zurückgebliebenen Kinder, Hör- und Sprechkurse für die tauben Kinder und Arbeitsrehabilitationszentren für die geistig zurückgebliebenen Kinder eröffnen und ein Gemeinschaftsrehabilitationsnetz auf mehreren Ebenen gestalten; eine Schule für die Blinden, vier Schulen für die Taubstummen und sechs Schulen für die geistig zurückgebliebenen Kinder gründen; Berufe für die städtischen Behinderten zu finden, ihr Anteil der Beschäftigung zu 90 Prozent erhöhen; und eine Generalübersicht vorbereiten und die Registrierung von fünf Arten der behinderten Menschen in Peking, Akten anlegen, die Ursachen der Kinderbehinderung herauszubekommen und die vorsorglichen Maßnahmen empfehlen. Die vereinigte Organisation der Behinderten spielte eine maßgebliche Rolle bei der Entwicklung der Dienste für die Behinderten und erbrachte große Leistungen.

Um den Behinderten dabei zu helfen, damit sie ihre Fähigkeiten wiedererlangen oder heilen und ihre Teilnahme an dem gesellschaftlichen Leben und Fähigkeit ihre Rechte zu genießen, der Staatsrat im Jahre 1988 bestätigte das Nationale Programm der Drei Projekte für die Rehabilitation der Behinderten. Die Regierung und die Gesellschaft wies riesige Personal- und Materialmittel in den drei Rehabilitationsprojekten: die Heilung der Katarakten, Verbesserung der Folgeschäden der Kinderlähmung und Hör- und Sprechübungen für die tauben Kinder. In den letzten drei Jahren wurden 500.000 Kataraktenoperationen durchgeführt mit einer Erfolgsrate von 99,76 Prozent; 160.000 Folgeschäden der Kinderlähmung wurden mit einem Wirkungsgrad von 98,7 Prozent, das vielen jugendlichen Behinderten ermöglichte, die Funktionen ihrer Glieder zu verbessern, zur Schule zu gehen oder eine Arbeit zu übernehmen; und 10.000 taub-stumme Kinder unter sieben empfingen Sprechübungen mit einem Wirkungsgrad von 80 Prozent. Einige taub-stummen Kinder gingen zu den gewöhnlichen Schulen, nachdem sie rehabilitiert wurde und einige gewannen den ersten Preis im nationalen Gedichtvortragswettbewerb für Kinder. Jedes Jahr versenden die Vereinigung und die Gesundheitsabteilungen ärztliche Arbeitsgruppen zu den Minoritätsgebieten wie Xinjiang und Tibet und entfernten, verarmten und bergigen Gebieten. Diese Gruppen arbeiten unter schwierigen Umständen und trotzdem wurde ihr Erfolg bemerkenswert.

Ein nationales Netzwerk der Gemeinschaftsrehabilitationszentren wurde sowohl in städtischen und ländlichen Gebieten gegründet. Etwa 2,300 Hauptgemeinschaftsrehabilitationszentren, 750 Versorgungzentren für die behinderten Kinder und Übungskurse und 1,300 Arbeitsrehabilitationszentren für die geistigen und intellektuellen Behinderten tauchten in den Städten und Kleinstädten auf. 16 Nachbarschaftsämter des Shenhe-Bezirkes in Shenyang, Liaoning Provinz eröffnete die Vorschulausbildung für die Behinderten und Versorgungszentren, zusammen mit einer Vielzahl von den Dienstprogrammen für die Ausbildung der Behinderten, Rehabilitation, Wollfahrt, Ehevermittlung und soziale Sicherheitsfonds.

378 China machte große Anstrengungen, um die Ausbildung für die Behinderten zu entwickeln, indem es spezielle Klassen in den gewöhnlichen Schulen eröffnete und spezielle Ausbildungsschulen gründete. Siebenundzwanzig Provinzen, autonome Gebiete und Gemeinden direkt unter der Zentralregierung, sowie 70 Präfekturen und Städte entwarfen und setzten das örtliche Ausbildungsprogramm für die Behinderten um.

In den letzten drei Jahren vermehrte sich eine Vielzahl von speziellen Ausbildungsschulen bis 20 Prozent, und die speziellen Klassen in den gewöhnlichen Schulen und Klassen verdoppelten sich. Die Nummer der Blinden, Tauben und geistig zurückgebliebenen Schüler, die zu diesen speziellen Schulen und Klassen gehen, vermehrte sich bis 30 Prozent jedes Jahr. Die Nummer der behinderten Jünglinge, die Hochschulbildung bekommen, erhöht ständig. In den letzten zwei Jahren etwa 4.700 autodidaktische behinderten Menschen gewannen Hochschuldiplom durch die speziellen Prüfungen.

Die chinesische Regierung legt großes Gewicht auf die berufliche Ausbildung für die Behinderten, gründete für sie 28 berufliche Ausbildungszentren. Die speziellen Ausbildungsschulen bieten ebenfalls professionelle Fähigkeitsausbildungskurse an. Der Staat gründete ärztliche Massageschulen für die Blinden in Luoyang, Xian, Nanjing und Taiyuan. Jede Provinz und Stadt begannen auch Kurse und erzogen viele Massageärzte für die Blinden. Die Shanghai Technische Schule für die jugendlichen Taub-Stummen bietet Tischlerei, Metallarbeit und die Kurse für die schönen Künste. Ihre

Absolventen sind in 16 Provinzen, autonomen Gebieten und Gemeinden direkt unter der Zentralregierung beschäftigt und viele von ihnen wurden Ingenieure und Ingenieurassistenten.

Der Staat hat ein bevorzugtes Regelwerk bei der Entwicklung der Ausbildung für die Behinderten. Chinas finanzielle Abteilungen versorgen Unterstützungen für die spezielle Ausbildung. Abgesehen von den Freistellung der Studienbeiträge und Stipendien für die behinderten Studenten, die Schulpflicht haben, gibt es auch Preise, um die autodidaktischen behinderten Jugendlichen zu ermutigen und zu unterstützen.

Die chinesische Regierung unterstützt viele Wohlfahrtsunternehmungen, worin Behindertenangestellt werden. Sie unterstützt sie auf jede Weise, in ihrer Produktion, Geschäftsführung, Technologie, Finanzierung, Besteuerung und Marketing. Mit der Hilfe des bevorzugten Regelwerks, Wohlfahrtsunternehmungen erhöhte schnell von 1.022 im Jahre 1979 zu 42.000 im Jahre 1990. In den Jahren 1980 erhöhte die Nummer der behinderten Arbeiter, die in diesen Unternehmungen arbeiten, bis 67.000 jedes Jahr, wodurch die Gesamtzahl zu 750.000 erreicht. Die Regierungsorgane und andere Einrichtungen und Unternehmungen stellen ebenfalls einige behinderte Leute an. Zur gleichen Zeit ermutigt das Land, dass die Behinderten ihre eigenen Geschäfte zu eröffnen.

Im Augenblick sind unter den 5,18 Millionen Städtischen Behinderten zwischen 16 und 59 Jahren, etwa 2,60 Millionen angestellt. Die Beschäftigungsquote ist jetzt bei 50,19 Prozent. In den ländlichen Gebieten gibt es etwa 17 Millionen Behinderten zwischen 16 und 59 Jahren und 10.30 Millionen von ihnen sind tätig in dem Anbau der Nutzpflanzen oder der Viehzucht. Dies heißt, dass 60,55 Prozent der ländlichen Behinderten haben Berufe.

Die kulturellen Abteilungen der Regierung auf allen Ebenen organisieren und unterstützen die Kultur-, Sport- und Freizeitaktivitäten der Behinderten, womit sie ihr Leben bereichern und ihre gleichen kulturellen Rechte gewährleisten. Heute gibt es in China 1.770 Zentren für die Behinderten, damit sie Aktivitäten wie Kalligraphie, Malerei, Fotografie, Briefmarkensammeln, Leichtathletik, Ballspiele, Schachspiel, Kunstvorstellungen und Frage-und-Antwortspiele ausführen. Chinas Sportvereinigung für die Behinderten wurde 1983 gegründet und vereinte die sieben Sportorganisationen der Welt für die Behinderten. Bei den internationalen Spielen in China gewannen die behinderten Athleten ungefähr 400 Medaillen und stellten viele Weltrekorde auf.

Mittels der Wohlfahrtsmaßnahmen wie Hilfe, Unterstützung, Zuschüsse, Vorräte, Versicherung und spezielle Fürsorge, gewährleistete und verbesserte die Regierung den Lebensunterhalt der Behinderten. Es gibt 1,4 Millionen Behinderte, die nicht imstande sind, zu arbeiten und keine gesetzlichen Fürsorger und keine Mittel haben, um ihr Leben weiter zu führen. In den ländlichen Gebieten ist dieses Volk unter dem fünf-Sicherungssystem geschützt – die Gewährleistung der Nahrung, Bekleidung, medizinische

Versorgung und Beerdigungskosten – oder leben in den Wohlfahrtshäusern, während in den städtischen Gebieten bekommen sie regelmäßige Hilfe oder Kollektivwohneinrichtungen. Im ganzen China gibt es etwa 40,000 Wohlfahrtseinrichtungen, die imstande sind, ungefähr 80,000 behinderte Menschen zu unterbringen. Die Regierungen auf allen Ebenen bieten bevorzugte Bedingungen für die Behinderten an, indem sie die Steuern und die Gebühren in ihrer Arbeit, Ausbildung, ärztliche Versorgung und die Lebens-, Kultur- und Freizeitskosten ermäßigen oder befreien. Die Zollabgaben für die speziellen Güter und Ausrüstungen, die für die Nutzung der Behinderten importiert werden, wurden ermäßigt oder befreit. Die Blinden können mit dem Bus, der Straßenbahn, Unterstraßenbahn und Fähre kostenlos reisen.

Die Regierung und die Vereinigung der behinderten Leute schenkte Aufmerksamkeit, um die Diskriminierung und Vorurteile gegen die Behinderten. Maßgebliche Anstrengungen wurden gemacht, um eine gesellschaftliche Umgebung zu schaffen, worin die Behinderten respektiert und geholfen werden. Zehntausende des Volkes nahmen im Zeichen von „die Gesellschaft für die Behinderten und andersherum" an den Aktivitäten wie Tag der Behinderten, Tag von Den-Behinderten-Helfen und Woche der humanitären Werbung. Die Den-Behinderten- Helfen-Aktivitäten der „jungen Wegbereiter", die mehr als 10 Millionen der Kinder einbeziehen, fahren seit den letzten fünf Jahren fort. Die Aktivitäten wie „Familien für die Behinderten zu gründen und Freunde mit ihnen zu sein" wurden weitgehend belegt. China setzte Mai 19 jedes Jahres als der gesetzliche „der nationale Tag für Hilfe zu den Behinderten."

China erweitert allmählich den Bau der Einrichtungen ohne Hindernisse, so dass die Behinderten an dem gesellschaftlichen Leben viel einfacher teilnehmen können. Die Eingänge für Rollstuhlfahrer und Geländer wurden für die Bequemlichkeit der Behinderten in den Straßen und in Geschäften, Hotels, Theatern, Bibliotheken, Flughäfen, und anderen öffentlichen Orten in Peking, Shenzhen, Shanghai, Shenyang, Guangzhou.

China nahm lebhaft an den Anstrengungen der internationalen Gemeinde teil, um die Rechte und Interessen der Behinderten zu sichern. 1982, als die Generalversammlung der vereinten Nationen bestimmte die Periode von zehn Jahren von 1983 zu 1992 als „das Jahrzehnt der behinderten Menschen" nahm die chinesische Regierung ihr Weltprogramm der Aktion bezüglich der behinderten Menschen. Der chinesische Organisationsausschuss vom Jahrzehnt der behinderten Menschen wurde mit der Beteiligung der 22 staatlichen Abteilungen und der chinesischen Vereinigung der behinderten Menschen gestaltet, um die Arbeit zu leiten und zu koordinieren. 1987 nach der Zustimmung des ständigen Ausschusses des Nationaler Volkskongresses nahm die chinesische Regierung die Versammlung bezüglich Berufsrehabilitation und Beschäftigung (die behinderten Menschen) verabschiedet von der Internationalen Arbeitskonferenz im Jahre 1983 an. Sowohl die Regierung als auch die Organisationen der Behinderten in China wurden von den Vereinigten Nationen und der internationalen Gemeinschaft für ihre Bemühungen und Leistungen bei der

Gewährleistung der Menschenrechte der Behinderten. 1988 verlieh der VN Generalsekretär Perez de Cuellar „Friedensbotschafter" und „Spezieller Preis" den chinesischen Organisationen für die Behinderten.

## X. Aktive Teilnahme an den Aktivitäten der internationalen Menschenrechte

China erkennt an und achtet auf die Ziele und Grundsätze der Charta der Vereinten Nationen im Zusammenhang mit dem Schutz und der Promotion der Menschenrechte. Es schätzt und unterstützt die Anstrengungen der VN bei der Förderung des universalen Respekts für Menschenrechte und grundsätzliche Freiheiten und nimmt an den VN-Aktivitäten im Feld von Menschenrechten teil. China befürwortet gegenseitigen Respekt für die Eigenstaatlichkeit und behauptet, dass der Vorrang der Sicherstellung der Rechte des Volkes der Entwicklungsländer für den Lebensunterhalt und die Entwicklung eingeräumt werden soll, dadurch kann man die nötigen Bedingungen für die ganze Leute auf der Welt schaffen, damit sie unterschiedliche Menschenrechte genießen können. China ist gegen die Einmischung in die inneren Angelegenheiten unter dem Vorwand der Menschenrechte und machte unermüdliche Anstrengungen, um unterschiedliche abartige Phänomene zu beseitigen und die internationale Zusammenarbeit im Feld der Menschenrechte zu verstärken.

April 1955 unterschrieb der chinesische Premier Zhou Enlai „der Endentwurf der Kommunikee der asiatisch-afrikanischen Konferenz" (auch 381 bekannt als „Bandung-Deklaration") bei der asiatisch-afrikanischen Konferenz in Bandung, Indonesien. Die Kommunikee verkündet, dass die Konferenz die grundsätzlichen Richtlinien in Bezug auf die Menschenrechte festgelegt in der VN-Charta und machte „Respekt für die grundsätzlichen Menschenrechte und die Zwecke und die Prinzipien der Charta der VN" das erste von den zehn Prinzipien des friedliches Miteinanders. Im Mai des gleichen Jahres sagte Zhou Enlai, während er in einer ausgedehnten Sitzung des ständigen Ausschusses des Nationalen Volkskongresses sprach, dass „die zehn Prinzipien, die in der Bandung-Deklaration enthalten wurden, schließen auch den Respekt für die grundsätzlichen Menschenrechte und für die Zwecke und Richtlinien der Charta von der Vereinigten Nationen ein... All dies sind die Prinzipien, die durchgehend von dem chinesischen Volk vertreten und zu China eingehalten werden".

In seinem Gespräch während der Generaldebatte bei der 41. Sitzung der Generalversammlung der Vereinten Nationen, die im Jahre 1986 abgehalten wurde, wies darauf hin, während er 20. Jahrestag des Internationalen Paktes über bürgerliche und politische Rechte und Internationalen Paktes über die wirtschaftliche, gesellschaftliche und kulturelle Rechte, dass "die beiden Pakte spielten eine positive Rolle bei der Durchführung der Zwecke und Prinzipien der VN-Charta in Bezug auf den Respekt für Menschenrechte.

Die chinesische Regierung unterstützte diese Zwecke und Prinzipien beständig. "September 1988 wies der chinesische Außenminister in seinem Gespräch bei der 43. Sitzung der Generalsammlung der Vereinten Nationen darauf hin, dass "Allgemeine Erklärung der Menschenrechte" ist das erste internationales Instrument, das die besonderen Inhalte in Bezug auf den Respekt für und der Sicherung der grundsätzlichen Menschenrechte. Trotz ihrer historischen Einschränkungen die Deklaration bat weitreichenden Einfluss bei der Entwicklung der Aktivitäten der internationalen Menschenrechte in der Nachkriegszeiten auf und spielte eine positive Rolle in dieser Hinsicht."

China nahm an den Aktivitäten der VN im Feld der Menschenrechte aktiv teil. Seitdem es sein rechtsmäßiger Sitz in den Vereinigten Nationen im Jahre 1971 wiedererlangte, schickte China seine Delegation zu jeder Sitzung des Wirtschafts- und Sozialrates der Vereinten Nationen und der Generalversammlung der VN und nahm an der Beratung der Fragen von Menschenrechten und sprach seine Ansichten über die Frage der Menschenrechte aus, wodurch es den Beitrag dazu leistete, die Ansichten des Begriffs Menschenrechte zu bereichern. Die chinesischen Delegationen nahmen an den Sitzungen des VN-Ausschusses für Menschenrechte in den Jahren 1979, 1980 und 1981 als Beobachter teil. China wurde als ein Mitglied des Ausschusses für Menschenrechte bei der ersten regelmäßigen Sitzung des Wirtschafts- und Sozialrates der VN gewählt und ist ein Mitglied seitdem. Seit 1984 wurden die Experte über die Angelegenheiten der Menschenrechte, die von China dem Ausschuss der Menschenrechte empfohlen werden, als Mitglied gewählt werden und stellvertretende Mitglieder für die Unterausschuss über die Vermeidung der Diskrimination und den Schutz der Minoritäten. Die chinesischen Mitglieder spielten eine maßgebliche Rolle bei dem Unterausschuss. Sie wurden Mitglieder der Arbeitsgruppe über die einheimischen Bevölkerungen und die Arbeitsgruppe über die zu dem Unterausschuss angehörigen Kommunikationen.

China nahm an der Planung und Formulierung internationaler gesetzlicher Instrumente über die Menschenrechte im Rahmen der VN und schickte Delegationen, damit sie an den Arbeitsgruppen teilnehmen, beauftragt mit der Planung dieser Instrumente, einschließlich die VN-Kinderrechtskonvention, die Internationale Konvention zum Schutz der Rechte aller Wanderarbeitnehmer und ihrer Familienangehörigen, die VN-Antifolterkonvention, Die Deklaration über das Recht und die Verantwortung der Individuen, Gruppen und Organe der Gesellschaft, um die universal anerkannten Menschenrechte und grundsätzlicher Freiheiten zu fördern und zu schützen und die Deklaration über den Schutz der Rechte der Menschen, die den nationalen, ethnischen, religiösen und sprachlichen Minoritäten gehören. Die Versammlung dieser Arbeitergruppen legte ein besonderes Augenmerk auf die Vorschlägen und Änderungen, die von China vorgeschlagen wurden. Seit 1981 nahm China an jeder Sitzung der staatlichen Expertengruppe teil, die von dem VN-Ausschuss über Menschenrechte, um die Deklaration über die Rechte auf Entwicklung zu entwerfen und machte positive Vorschläge bis die Deklaration über das Recht auf Entwicklung verabschiedet von der 41. Sitzung der Generalversammlung der VN im Jahre 1986 verabschiedet wurde. China unterstützte energetisch den Ausschuss über die Menschenrechte, indem sie weltweite Anhörungen über das Recht auf Entwicklung ausführte und den Vorschlag unterstützte, dass das Recht auf Entwicklung als ein unabhängiges Tagesordnungsthema im Ausschuss der Menschenrechte diskutiert wird. China ist von jeher ein Mitsponsor-Land der Entschließung des Ausschusses der Menschenrechte für das Recht auf Entwicklung.

Seit 1980 unterschrieb, bestätigte und stimmte die chinesische Regierung nacheinander sieben VN-Menschenrechteversammlungen zu, nämlich die Konvention über die Verhütung und Bestrafung des Völkermordes, die internationale Konvention über die Unterdrückung und Bestrafung der Verbrechen von Apartheid, die Konvention zur Beseitigung jeder Form von Diskriminierung der Frau, das internationale Übereinkommen zur Beseitigung jeder Form von Rassendiskriminierung, das Abkommen über die Rechtstellung der Flüchtlinge, das Protokoll in Bezug auf den Zustand der Flüchtlinge und die VN-Antifolterkonvention. Die chinesische Regierung legte stetig Berichte über die Durchführung der zugehörigen Konventionen vor und erfüllte ernstlich und aufrichtig die Verpflichtungen, die sie einging.

China hielt immer die Justiz hoch und machte unermüdliche Anstrengungen, um die Rechte der Drittweltländer auf die Selbstbestimmung zu gewährleisten und gewaltige Verletzung der Menschenrechte zu behindern. Wie bekannt, machte China mehrere Jahre unermüdliche Anstrengungen, um eine angemessene Lösung für eine Vielzahl der Menschenrechtethemen, einschließlich die Fragen von Kambodscha, Afghanistan, besetzte Gebiete von Palästina und Arabien, Südafrika und Namibien und Panama anzustreben.

China schenkt besondere Aufmerksamkeit auf das Recht der Entwicklung. China glaubt, dass als die Geschichte sich weiterentwickelt, entwickeln sich das Konzept und die Konnotation der Menschenrechte immerfort. Die Deklaration über das Recht auf Entwicklung bestimmt, dass die Menschenrechte sowohl auf die Privatrechte und als auch die Gruppenrechte hinweisen. Dies heißt einen Durchbruch im traditionellen Konzept der Menschenrechte und vertritt einen Erfolg, der nach einem Kampf von mehreren Jahren von den neuauftauchenden selbstständigen Ländern und der internationalen Gemeinschaft gewonnen wurde, ein Erfolg von großer Bedeutung. In der jetzigen Welt wird der Abstand zwischen reich und arm groß und größer. Das gesellschaftliche und wirtschaftliche Wachstum in vielen Entwicklungsländern ist langsam und ein Drittel der Bevölkerung in Entwicklungsländern leben immer noch unter der Armutsgrenze. Für die Leute in den Entwicklungsländern sind immer noch die meist dringend notwendige Menschenrechte das Recht auf den Lebensunterhalt und das Recht auf die wirtschaftliche, gesellschaftliche und kulturelle Entwicklung. Deshalb muss die Aufmerksamkeit erst dem Recht auf Entwicklung gewidmet werden. China bittet die internationale Gesellschaft, dem Recht auf Entwicklung in Entwicklungsländern Aufmerksamkeit zu widmen und

Bedeutung beizulegen und positive und wirkungsvolle Maßnahmen zu treffen, um das Unrecht und unangemessene Verfahren in der Weltwirtschaftsordnung zu beseitigen. Eine ernsthafte Anstrengung muss gemacht werden, um die internationale, wirtschaftliche Umgebung zu verbessern, die Umstände, die ungünstig für die Entwicklungsländer sind, zu beseitigen und eine neue internationale Wirtschaftsordnung zu gründen. Die Umstände, die einen negativen Einfluss auf das Recht auf Entwicklung haben, wie Rassismus, Hegemonismus und ausländische Aggression, Besetzung und Einmischung sollen beseitigt werden. Eine günstige Umwelt für die Umsetzung des Rechtes auf Entwicklung soll geschafft werden.

Über einen langen Zeitraum in den VN-Aktivitäten im Feld der Menschenrechte stellte China widersetzte sich bestimmt jedem Land, das die Frage der Menschenrechte ausnützt, um seine eigenen Werte, Ideologie, politische Standards und Methode der Entwicklung zu verkaufen und jedem Land, das sich unter dem Vorwand der Menschenrechte in die inneren Angelegenheiten anderer Länder, besonders die inneren Angelegenheiten der Entwicklungsländer, einmischt, und somit verletzen die Eigenstaatlichkeit und die Würde mehrerer Entwicklungsländer. Zusammen mir den anderen Entwicklungsländern nahm China einen entschlossenen Kampf gegen all solche Handlungen auf und hielt die Justiz hoch, indem es mit Gerechtigkeit sprach. China behauptete immer, dass die Menschenrechte grundsätzlich Angelegenheiten in der inländischen Gerichtsgewalt eines Landes sind. Der Respekt für die Eigenstaatlichkeit und Nichteinmischung in die innere Angelegenheiten sind allgemein akzeptierte Grundsätze des internationalen Rechtes, die anwendbar auf alle Felder der internationalen Beziehungen sind und selbstverständlich auch anwendbar auf das Feld der Menschenrechte. Der Absatz 7 vom Artikel 2 der Charta der VN legt fest, dass "nichts, was die gegenwärtige Charta umfasst, darf die Vereinte Nationen bevollmächtigen, in die Angelegenheiten, die grundsätzlich in der inländischen Gerichtsgewalt liegt, einzumischen…" Die Deklaration über die Unzulässigkeit der Einmischung in die inländische Angelegenheiten der Staate und die Sicherung ihrer Selbstständigkeit und Eigenstaatlichkeit, die Deklaration über die Prinzipien des internationalen Rechtes in Bezug auf freundschaftliche Beziehungen und die Zusammenarbeit unter den Staaten in Übereinstimmung mit der Charta der Vereinten Nationen und die Deklaration über die Unzulässigkeit der Einmischung und Beeinflussung in die innere Angelegenheiten der Staate, die alle von der Vereinten Nationen angenommen wurden, umfassen die folgenden eindeutigen Bestimmungen: "Kein Staat oder keine Gruppe von Staaten hat das Recht, direkt oder indirekt aus irgendeinem Grunde in die interne oder externe Angelegenheiten eines anderen Staates einzumischen," und jeder Staat hat die Pflicht, "die Ausnutzung und Verwerfung der Fragen der Menschenrechte als ein Mittel für die Beeinflussung in die interne Angelegenheiten der Staate, der Ausübung des Druckes auf andere Staate oder Verursachung Misstrauen oder Unordnung unter den Staaten oder einer Gruppe von Staaten unterlassen." Diese Bestimmungen der internationalen Instrumente widerspiegeln den Willen einer überwältigenden Mehrheit der Länder, die grundsätzlichen Prinzipien des internationalen Rechtes zu gewährleisten und eine normale Beziehung zwischen den Staaten aufrechtzuerhalten. Sie sind grundlegende Prinzipien, die bei den internationalen Menschenrechteaktivitäten beachtet werden sollen. Das Argument, dass das Prinzip der Nichteinmischung in die interne Angelegenheiten für die Menschenrechte nicht gilt, ist im Wesentlichen eine Anforderung, dass die eigenstaatlichen Staate ihre staatliche Souveränität im Feld der Menschenrechte abgeben, eine Anforderung, die im Widerspruch zu dem internationalen Recht. Die Frage der Menschenrechte für die politischen Zwecke auszunützen, um die Ideologie eines Landes einem anderen aufzudrängen ist nicht mehr eine Frage der Menschenrechte, sondern ein Ausdruck der Machtpolitik in der Form der Beeinflussung in die interne Angelegenheiten anderer Länder. Solch eine abartige Anwendung in den internationalen Menschenrechteaktivitäten soll beseitigt werden.

China ist zugunsten von der Verstärkung der internationalen Zusammenarbeit im Feld der Menschenrechte auf der Basis des gegenseitigen Verständnisses und Suche nach einem gemeinsamen Nenner, während die Unterschiede vorbehalten. Allerdings kann kein Staat eine Route nehmen, die von seiner Geschichte und seiner wirtschaftlichen, politischen und kulturellen Realität getrennt ist. Ein System der Menschenrechte muss von jedem eigenstaatlichen Staat durch ihre inländische Gesetzgebung bestätigt und geschützt. Wie in einer Entschließung der Generalversammlung der VN bei ihrer 45. Sitzung darauf hingewiesen wurde: "Jeder Staat hat das Recht, frei politische, wirtschaftliche und kulturelle Systeme zu wählen und zu entwickeln." Es wurde auch in der Entschließung der 46. Konferenz über die Menschenrechte geäußert, dass keine Einzelmethode der Entwicklung für alle Kulturen und Völker anwendbar ist. Es ist weder geeignet noch durchführbar für ein Land nach den Maßstäben ihrer eigenen Formen einzuschätzen oder sich seine Maßstäbe anderen aufzudrängen. Deswegen soll das Ziel des internationalen Schutzes der Menschenrechte und zusammengehörigen Aktivitäten, normale Zusammenarbeit im internationalen Feld der Menschenrechte und internationale Harmonie, gegenseitige Verständigung und gegenseitigen Respekt zu fördern. Es soll unterschiedliche Aussichten über die Menschentrechte mit verschiedenen politischen, wirtschaftlichen und gesellschaftlichen Systemen, sowie unterschiedliche geschichtlichen, religiösen und kulturellen Hintergründen berücksichtigt werden. Internationale Aktivitäten für Menschenrechte sollen im Geiste von der Suche nach der Gemeinsamkeiten weitergeführt werden, während man die Unterschiede, den gegenseitigen Respekt und die Förderung der Verständigung und Zusammenarbeit bewahren.

China hielt immer entgegen, den internationalen Schutz der Menschenrechte, die internationale Gesellschaft soll mitmischen und Taten aufzuhören, die den Weltfrieden und Sicherung gefährden, wie Große Verletzungen der Menschenrechte verursacht von dem Kolonialismus, Rassismus, der fremden

Aggression und Besetzung, sowie das Apartheid, die Rassendiskriminierung, der Völkermord, der Sklavenhandel und die ernsthaften Verletzungen der Menschenrechte von den internationalen Terrororganisationen. Diese sind die wichtigen Aspekte der internationalen Zusammenarbeit im Feld der Menschenrechte und eine mühsame Pflicht, denen die gegenwärtigen Aktivitäten für den Schutz der Menschenrechte begegnen.

Es gibt jetzt eine Veränderung im Weltmuster von dem Alten ins Neue, und die Welt ist turbulenter als je zuvor. Der Hegemonismus und die Machtpolitik fahren fort, zu existieren und den Weltfrieden und Entwicklung zu gefährden. Die Einmischung in die internen Angelegenheiten anderer Länder und die Machtpolitik unter dem Vorwand der Menschenrechte zu treiben, behindern die Verwirklichung der Menschenrechte und der grundsätzlichen Freiheiten. Angesichts einer solchen Weltsituation ist China bereit, in einer fortgesetzten und unermüdlichen Anstrengung zusammen mit der internationalen Gesellschaft zu arbeiten, um eine gerechte und angemessene neue Ordnung zu gründen und den Zweck der Vereinten Nationen zu verwirklichen um die Menschenrechte und die grundsätzlichen Freiheiten zu behalten und zu fördern.

# Zweiter Anhang

## Nationaler Handlungsplan für Menschenrechte in China 2009-2010

## Das Informationsbüro des Staatsrates der Volksrepublik China

## Einleitung

Die Verwirklichung der Menschenrechte im weitesten Sinn wurde ein lang gehegtes Ideal der Menschheit und auch ein lang verfolgtes Ziel der chinesischen Regierung und des Volkes.

Seit der Gründung der Volksrepublik China im Jahre 1949 unter der Führung der Kommunistischen Partei Chinas, machte die chinesische Regierung, indem sie die universalen Prinzipien der Menschenrechte und die konkreten Realitäten von China zusammensetzte, unermüdliche Anstrengungen, um die Menschenrechte zu fördern und zu sichern. Deshalb änderte sich das Schicksal des chinesischen Volkes grundsätzlich und China erzielte eine historische Entwicklung bei seinen Anstrengungen, um die Menschenrechte zu sichern. Es ist erwähnenswert, dass seit der Ausführung der Reform und Öffnung in die Welt Ende 1978, verankerte China Respekt für den Schutz der Menschenrechte in seiner Verfassung als ein Prinzip der Regierung und traf wirkungsvolle Maßnahmen, um den Fall der Menschenrechte, während sie das materielle und kulturelle Leben des chinesischen Volkes zu bereichern und dauerhafte Sicherungen für ihre politische, wirtschaftliche, kulturelle und gesellschaftliche Rechte verschafften. Somit wurde ein neues Kapitel in der Geschichte der Entwicklung im Feld der Menschenrechte in China geöffnet.

China ist ein Entwicklungsland mit einer Bevölkerung von 1.3 Millionen, einem niedrigen Pro-Kopf-Anteil der Mittel, einer unterentwickelten Produktivität und einer unausgeglichenen wirtschaftlichen und kulturellen Entwicklung. Als es neulich in den Zustand der Errichtung einer mäßigen Gesellschaft ringsherum und Beschleunigung der sozialistischen Modernisierung, ist China mit den mühsamen Pflichten der Reform, Entwicklung und Stabilisierung. Wegen der Einflüsse und Einschränkungen der Natur, Geschichte, Kultur, des wirtschaftlichen und gesellschaftlichen Entwicklungsgrades, und andere Umstände, konfrontiert China mit vielen Herausforderungen und hat noch einen langen Weg vor sich in ihren Anstrengungen, um seine Menschenrechtesituation zu verbessern.

Indem sie das Volk an die erste Stelle setzt, achtet die chinesische Regierung auf das verfassungsmäßige Prinzip, dass "der Staat die Menschenrechte des Volkes respektiert und schützt." ausgeführt ist. Während sie auf das universale Prinzip der Menschenrechte achtet, rückt die chinesische Regierung in Anbetracht der grundlegenden Realitäten von China, den Schutz der Menschenrechte auf Lebensunterhalt und Entwicklung in den Vordergrund, und gesetzlich die Rechte der Mitglieder der Gesellschaft für die gleiche Beteiligung und Entwicklung auf der Basis der tadellosen und schnellen wirtschaftlichen und gesellschaftlichen Entwicklung. In der Praxis der Staatsführung befindet sich die chinesische Regierung bei dem Regelwerk, dass die Entwicklung für das Volk, bei dem Volk und mit dem Volk ist, teilt ihre Früchte , löst die meist bestimmten Probleme der äußersten und unmittelbaren Sorgen des Volkes, fördert gesellschaftliche Gleichheit und Justiz und ist bemüht, dass das ganze Volk ihre Rechte der Ausbildung, Beschäftigung, der ärztlichen und Altersfürsorge und Unterkunft genießen. Die chinesische Regierung besteht auf die Sicherung der Position des Volkes als die Meister des Landes, erweitert die ordnungsmäßige Teilnahme an den politischen Angelegenheiten auf jeder Ebene und in allem Feldern, verbessert die Einrichtungen für die Demokratie, teilt ihre Formen auf und erweitert ihre Kanäle, durchführt demokratische Wahlen, Entscheidungen, Verwaltung und Überwachung in Einklang mit dem Gesetz, um die Rechter der Menschen auf informiert zu sein, auf Teilnahme, auf Gehör und Aufsicht und Leitung zu sichern. Außerdem befürwortet die chinesische Regierung die Verstärkung der internationalen Kommunikation, des Zwiegesprächs und der Zusammenarbeit in Bezug auf die Menschenrechte, indem sie mit den anderen Ländern die gesunde Entwicklung der internationalen Frage der Menschenrechte mitarbeitet und schießt seinen Teil zu dem Bau einer harmonischen Welt des dauerhaften Friedens und gemeinsamen Wohlstands zu.

Die chinesische Regierung bringt unerschütterlich die Fahne der Menschenrechte in China vor und in Erwiderung auf den Ruf der Vereinten Nation für die Einrichtung eines nationalen Menschenrechteplans, gründete den Nationalen Aktionsplan für Menschenrechte von China (2009-2010) auf der Basis der sorgfältigen Zusammenfassung der vergangenen Erfahrungen und der objektive Analyse der gegenwärtigen Situation. Der Plan definiert die Ziele der chinesischen Regierung bei der Förderung und dem Schutz der Menschenrechte und die spezifischen Maßnahmen, die sie für diese Ziele trifft.

Der Plan wurde auf die folgenden grundsätzlichen Prinzipien umrahmt: Erstens, die grundlegenden Prinzipien, die in der Verfassung von China vorgeschrieben wurden, und die Grundlagen der Universalen Deklaration der Menschenrechte und der Internationale Pakt über bürgerliche und politische Rechte, zielt der Plan auf die Verbesserung der Rechte und Regelungen ab, auf die Unterstützung der Menschenrechte und der Verbesserung der Menschenrechte in China in Einklang mit dem Recht; zweitens, das Prinzip aufrechterhalten, dass alle Arten von Menschenrechte ineinandergreifend und untrennbar sind, der Plan ermutigt die abgestimmte Entwicklung der wirtschaftlichen, gesellschaftlichen und kulturellen Rechte, sowie die Bürger- und politische Rechte und die ausgeglichene Entwicklung der individuellen und Kollektivrechte; drittens, in Anbetracht der Durchführbarkeit und Chinas Realität versichert der Plan die Umsetzbarkeit der geplanten Ziele und Maßnahmen und fördert wissenschaftlich die Entwicklung der Fahne der Menschenrechte in China.

Der Nationale Aktionsplan für die Menschenrechte von China (2009-2010) umfasst eine breite Teilnahme von den relevanten Regierungsabteilungen und allen gesellschaftlichen Sektoren. Die chinesische Regierung gründete den "gemeinsamen Versammlungsmechanismus für den Nationalen Aktionsplan für Menschenrechte" zum Zweck der Erarbeitung eines guten Plans. Das Informationsbüro des Staatsrates und das Außenministerium, zwei Mitglieder des "Versammlungsmechanismus", übernehmen die Verantwortlichkeit der zusammenkommenden Sitzungen. Andere Mitglieder beinhalten: der legislative Angelegenheitsausschuss der ständigen Kommission des Nationalen Volkskongresses, der Ausschuss für Gesellschaftlichen und Gesetzlichen Angelegenheiten der Politischen Konsultativkonferenz des chinesischen Volkes, das Oberste Volksgericht, die Oberste Volksstaatsanwaltschaft, die Nationale Kommission für Entwicklung und Reform, das Bildungsministerium, die Staatliche Kommission für ethnische Angelegenheiten, das Ministerium für Zivile Angelegenheiten, das Justizministerium, das Ministerium für Arbeitsreserven und Gesellschaftlichen Sicherheit, das Gesundheitsministerium, Chinas Vereinigung der behinderten Menschen, Chinas Gesellschaft für Menschenrechtestudien, insgesamt 53 Organisationen.

Eine Gruppe von Experten von den Universitäten und Forschungseinrichtungen, einschließlich die Universität von Nankai, die Shanghai Akademie der Gesellschaftswissenschaften, die Universität von Shandong, die chinesische Universität für Politikwissenschaft und Recht, die Chinesische Akademie der Sozialwissenschaften, die Peking-Universität, die Wuhan-Universität, die Chinesische Volksuniversität und die Zentrale Parteihochschule, nahmen ebenfalls an der Planung und Formulierung des Plans. Bei dem Planungs- und Formulierungsprozess, gemeinsame Versammlungen wurden bei verschiedenen Gelegenheiten abgehalten, um die gründlichen Diskussionen mit den relativen Regierungsabteilungen zu führen; mehrere Symposien wurden mit der Repraesentation von mehr als 20 Organisationen veranstaltet, wie Chinas Gesellschaft des Gesetzes, der Verband aller Chinesischen Rechtsanwälte, Die Chinesische Gesetzliche Hilfestiftung, die Chinesische Umweltschutzstiftung, die chinesische Gesellschaft der Ausbildung, die Chinesische Frauen-Entwicklungsstiftung, die Chinesische Stiftung für Armutsverminderung, die Chinesische Stiftung für die behinderten Menschen und die Chinesische Stiftung für die Entwicklung der Menschenrechte, um Vorschläge für Revision durch gründliche Diskussionen unter den gesellschaftlichen und nichtstaatlichen Organisationen, Universitäten und Forschungseinrichtungen und anderen gesellschaftlichen Sektoren zu unterbreiten.

Der Nationale Aktionsplan für Menschenrechte von China (2009-2010) ist ein Dokument, das das Regelwerk der chinesischen Regierung in Bezug auf die Beförderung und den Schutz der Menschenrechte während der Periode 2009-2010 ist und die politischen, wirtschaftlichen, gesellschaftlichen und kulturellen Felder umfasst. Die Regierungen und Regierungsabteilungen auf allen Ebenen sollen den Aktionsplan ein Teil ihrer Verantwortungen machen und proaktiv ihn in Übereinstimmung mit des Regelwerks "alle seine eigene Funktionen ausführen und die Arbeit und Verantwortungen teilen" umsetzen. Alle Unternehmungen, öffentliche Einrichtungen, gesellschaftliche und nicht-staatliche Organisationen, die Pressen- und Medienmittel und das Publikum sollen diesem Aktionsplan energische Werbung verleihen und seine Ausführung beschleunigen. Von dem Auskunftsbüro des Staatsrates und Außenministerium begonnen wurde, ist der "gemeinsame Versammlungsmechanismus für den Aktionsplan für Menschenrechte", die die rechtsetzenden und gerichtlichen Organe und Abteilungen unter dem Staatsrat beinhaltet, verantwortlich für die Koordinierung der Ausführung, Überwachung und Einschätzung des Plans.

Der Staatsrat stimmte diesen Aktionsplan zu und bevollmächtigte sein Auskunftsbüro, um ihn wie folgt zu verkündigen.

# I. Sicherung der wirtschaftlichen, gesellschaftlichen und kulturellen Rechte

2009 und 2010 wird der Staat wird der Staat proaktive und aktive Maßnahmen treffen, um die negativen Einflüsse auf die internationale, finanzielle Krise aus-zugleichen, und die wirtschaftlichen, gesellschaftlichen und kulturellen Rechte aller Mitglieder der Gesellschaft zu sichern.

## (1) Das Recht auf Arbeit

Anstrengungen werden gemacht, um die Beschäftigung und Wiederbeschäftigung gemacht und die gesetzlichen Rechte und Interessen der Arbeiter werden gesichert.

- Die Beschäftigungssituation wird im Einklang mit dem Gesetz auf die Beschäftigungsbeförderung koordiniert, um das Wachstum der Beschäftigung zu sichern. 2009 und 2010 werden zusätzliche 18 Millionen städtische Arbeiter beschäftigt und 18 Millionen ländliche Arbeiter werden in die Städte und in die Kleinstädte umziehen und dort Arbeit finden. Der eingeschriebene städtische Arbeitslosenanteil wird unter 5 Prozent und der Vorrang soll den Hochschul-Absolventen und ländlichen umherziehenden Arbeitern eingeräumt, um Beschäftigung für sie zu finden.

- Eine umfassende Einleitung der Arbeitsverträge wird gemeinsame Verträge fördern, den Mechanismus der Abstimmung unter den Arbeitgebern, Angestellten und der Regierung zu verbessern, das minimale Gehaltsystem durchzuführen und das Gehaltniveau der Arbeiter konstant in Übereinstimmung mit dem Arbeitsvertragsgesetz zu erhöhen.

- Die Berufsausbildung zu erweitern, um die Gesamtzahl der Arbeiter zu 110 Millionen landesweit zu erhöhen, mit Technikern und Seniorentechnikern 5 Prozent aller qualifizierten Arbeiter und Seniorenarbeiter 20 Prozent aller qualifizerten Arbeiter umfassen.

- An den Regelwerken der "Sicherheit erst, mit dem Schwerpunkt auf die Vermeidung und umfangreiche Maßnahmen zu treffen, um die Produktionssicherheit zu gewährleisten" festzuhalten, den Arbeitsschutz zu verstärken und die Produktionsbedingungen in Übereinstimmung mit dem Produktionssicherheitsgesetz. Das Ziel ist die Zahl der Todesfälle, die durch die industriellen Unfälle verursacht werden, pro 100 Millionen Yuan Bruttoinlandsprodukt um 35 Prozent im Vergleich zu der Zahl für 2005 zu vermindern und die Todesfälle pro 100,000 Arbeiter in Fabriken, Bergwerken und Unternehmungen um 25 Prozent.

- Arbeitskonflikte gerecht und unverzüglich zu lösen, um harmonische und dauerhafte Beziehungen zu fördern, die Überwachung über die Gehaltszahlung zu verschärfen, die Praxis der Arbeitgeber die Anzahlung in den Bänken lassen zu verbreiten, und die Rechtsschuld der beabsichtigten Nichtzahlung in Übereinstimmung mit dem Gesetz der Vermittlung und Schlichtung der Arbeitskonflikte.

## (2) Recht auf den Lebensunterhalt

Wirkungsvolle Maßnahmen werden fortfahren, um die Gehälter der ländlichen und städtischen Einwohner zu erhöhen, besonders Leute mit mittlerem und niedrigem Gehalt und das System der Unterhaltszahlung, um das Recht der ländlichen und städtischen Einwohner auf den Lebensunterhalt zu sichern.

- Die Gehälter der Bürger zu erhöhen, so dass der durchschnittliche jährliche verfügbare Einkommen der ländlichen Einwohner zu 15,781 Yuan oder mehr zu erreichen und die ländlichen Einwohner ihre Zunahme des jährlichen Einkommens um 6 Prozent jedes Jahr von 4,761 Yuan im Jahre 2008 erhalten werden.

- Die Anstrengungen für die Armutsminderung zu verstärken, um die Probleme der Nahrung und Kleidung der Zielbevölkerung so schnell wie möglich zu lösen, ihre Einkommen allmählich zu erhöhen und ihnen dabei helfen, die Armut loszuwerden und wiedergutzumachen. In diesem Zusammenhang, das "Regentropfen-Programm" (eingeführt im November 2006 von dem Führungsgruppenbüro des Staatrates für die Armutsminderung und Entwicklung, das Program bezweckt die Ausbildung und Qualifizierung der 5 Millionen verarmten Bauern im jüngeren und mittleren Alter und 300,000 demobilisierten Soldaten aus den von Armut befallenen Gebieten für die Berufe anderswo während des 11. Fünfjahresplans (2006-2010).) wird die Ausbildung vor Beschäftigungsbeginn für 1 Million Arbeiter und praktische Fähigkeiten für 10 Millionen Arbeiter jedes Jahr zu versorgen.

- Mehr geschäftliche und kostengünstige Unterkunft zu errichten, um die Lebensbedingungen der städtischen Familien mit mittleren und niedrigen Einkommen zu verbessern; das Preisgünstige-Unterkunft-Programm zu verbessern und das Tempo zu beschleunigen um das Problem der Unterkunft der städtischen Armen zu lösen; die nötigen Systeme in Bezug auf die Zerstörungserlaubnisse, die Fondsüberwachung, nötige Vereinbarungen, die Auswertung, Überprüfung und die Zustimmung der Projekte, die übertragen werden, Unterkunftssicherheit, Ausgleichzahlung und Hilfe und öffentliche Untersuchungen, um die gesetzlichen Rechte und Interessen des Volkes zu sichern, dessen Wohnungen abgerissen wurden, um neue Bauten zu errichten.

- Das System der Unterhaltsbeihilfe verbessern. Der Staat wird die Regelungen über die Grundunterkunftsbeihilfe für die städtischen Einwohner überarbeiten und die Methoden für die Bewertung und Anordnung über die städtische Grundunterhaltsbeihilfe, die Methoden für die Berechnung der Einkommen der städtischen Familien, die zur Grundunterhaltsbeihilfe berechtigt sind und die Ausführung der Methode für die Einteilung der städtischen Grundunterkunftsbehilfe zu formulieren. Das wird die Planung der Regelungen über die ländliche Grundunterkunftsbeihilfe beschleunigen, um die Ausübungen der ländlichen Grundunterkunftsbeihilfen, die Vorauswahl der Begünstigter und die eingeordnete Hilfe zu ihnen zu vereinhaitlichen, so dass diejenigen im Notfall die nötige Hilfe bekommen und das Grad der Beihilfe sich allmählich steigert.

### (3) Recht auf die gesellschaftliche Sicherheit

Die Versicherungssysteme, die die einfache Pension, die einfache ärztliche Fürsorge, die Arbeitslosigkeit, die wegen des Berufes verursachten Verletzungen und Maternität umfassen, sowie das System der Sozialhilfe werden vervollständigen, um das Niveau der gesellschaftlichen Sicherheit zu steigern.

- Die Planung der Provisionszusätze für die Sozialsicherungsgesetze und Regelungen werden beschleunigt und die nötigen Systeme werden eingeführt oder verbessert, um die Leitung, die Verwendung und die Überwachung der Sozialversicherungsbeihilfen zu verstärken. Die Gesetze, die Regelungen und die Regelwerke in Bezug auf die Sozialversicherungsbeihilfen werden eingeführt, um die vernünftige Geschäftsführung und die Sicherheit der Beihilfen zu sichern.

- Der Umfang verschiedener Arten von Sozialversicherung wird erweitert. Es ist voraussichtlich, dass 2010 die Bevölkerung, die von die städtische einfache Pensionsversicherung haben, 223 Millionen überschreiten; diejenigen, die einfache ärztliche Pflegeversicherung haben, 400 Millionen; diejenigen, die die Arbeitslosigkeitsversicherung haben, 120 Millionen; diejenigen, die Verletzungsversicherung wegen des Berufes haben, 140 Millionen; und diejenigen, die Mutterschaftsversicherung haben, über 100 Millionen. Die Bevölkerung, die ländliche Pensionsversicherung und Firmenpensionen haben werden sich Jahr um Jahr erweitern.

- Die Vereinigung der Sozialversicherungsfonds werden sich auf höhere Niveaus steigern, indem man die Vereinigung der Fonds für die einfachen Pensionsversicherung auf die provinzieller Ebene zu steigert, während die Versicherungen für die ärztliche Pflege, Arbeitslosigkeit und die von dem Beruf verursachten Verletzungen werden auf die städtische (bezirksfreie) Ebene erhöht. Das System der Rücklagenfonds der Verletzungenversicherung, die wegen des Berufes verursacht werden, verbessert.

- Das System der "Fünf Gewährleistungen" (Gewährleistung der Nahrung, der Kleidung, der ärztlichen Pflege und der Beerdigungskosten (Ausbildung) für die Senioren, die Behinderten und die Einwohner, die jünger als 16 sind, in den ländlichen Gebieten leben und die Fähigkeit zu Arbeiten verloren, keine Einkommensquelle und keine Person haben, die sie unterstützen können) wird verbessert. Die Methoden über die Leitung der ländlichen Fünf-Gewährliestungen-Anbierter, die Standards für die ländliche Fünf-Gewährleistungen-Dienste und der Bauplan der ländlichen Fünf-Gewährleistungen-Einrichtungen werden ausgeführt. Das Xiaguang-Programm (eingeführt von dem Ministerium der Zivilangelegenheiten im Januar 2007, verwendet die Regierungsanlagen- und Wohlfahrtslotterienfonds, dieses Programm beabsichtigt, die Pflegeheime für die Menschen unter der Pflege des Systems der Fünf Gewährleistungen in den ländlichen Gebieten in der Periode von 2006-2010 zu gründen und zu renovieren.) wird fortfahren, um zu sichern, dass die ländlichen Einwohner unter der Pflege des Systems der "Fünf Gewährleistungen" den durchschnittlichen Standard des Lebens von den einheimischen Dorfbewohner genießen.

- Das System der Hilfe für die städtischen Landstreicher und Bettler wird verbessert. Der Staat wird die Maßnahmen für Unterstützung und Besorgung der städtischen Landstreicher und Bettler mit keinen Mitteln für den Lebensunterhalt haben, überarbeiten und die Regelungen über die Beihilfe und den Schutz der Landstreicherminderjährigen, Die Dienststandards der Unterstützungs- und Verwaltungszentren, die Dienststandards der Unterstützungs- und Schutzzentren für Landstreicherminderjährigen und andere behördlichen Regeln und Dokumente einzuführen. Mehr Unterstützungs- und Schutzzentren für die Landstreicherminderjährigen mit vollständigen Anlagen werden in den Städten auf der bezirksfreien Ebene oder höher und in Hauptstädten und Bezirken gebaut.

## (4) Recht auf die Gesundheit

Das grundsätzliche Rahmenwerk für eine einfache Gesundheitssystem, das die ganze Nation einbezieht, wird eingeführt, um China unter den Ländern zu zählen, die grundlegende nationale Gesundheitsdienst versorgen.

- Die Hauptziele, die erwartet werden, im Jahre 2010 zu erreichen, sind: die durchschnittliche Lebenserwartung, 73 Jahre; Säuglingssterblichkeitsrate, unter 14,9 pro Tausend; Kindersterblichkeitsrate unter 5 Jahren, niedriger als 17,7 pro Tausend; Sterblichkeitsrate der schwangeren Frauen und die Frauen im Wochenbett, niedriger als 40 pro 100.000; und das freie nationale Impfungsprogramm für die Kinder, 95 Prozent in Städten und 90 Prozent in den ländlichen Gebieten.

- Förderung der Bildung eines grundlegenden ärztlichen Pflegesystems. 2010 werden die Zuschüsse von den Haushalten der Regierungen auf allen Ebenen für die städtischen Einwohner, einbezieht von der Gesundheitsversicherung und die ländlichen Einwohner, einbezieht von der neuen ländlichen kooperativen ärztlichen Dienste zu 120 Yuan pro Person jährlich steigert. 2011 werden die grundlegenden städtischen Gesundheitsversicherung, die grundlegende Gesundheitsversicherung der städtischen Einwohner und neue ländliche kooperative Gesundheitsdienste werden verbreitet, um die ganze Nation einzubeziehen, wobei der Anteil der Leute, die solche Versicherungsmethoden ausführen und diejenigen, die an den ländlichen Gesundheitsdiensten teilnehmen, beide 90 Prozent oder höher erreichen. Der Anteil der Kosten für die stationären Patienten, die erstattet werden, wird allmählich erhöht und der Anteil und Umfang der Kosten für die ambulanten Patienten, die erstattet werden, wird auch erweitert.

- Die Verbesserung der grundlegenden Gesundheitsdienste. Innerhalb von drei Jahren, beginnend im Jahre 2009, werden Anstrengungen werden gemacht, um den Bau der 2,000 Krankenhäuser in den Landeskreisen (einschließlich die chinesischen medizinischen Krankenhäuser) zu unterstützen, so dass jeder Landeskreis mindestens ein Standardkrankenhaus hat; 3,700 öffentliche Gesundheitsdienstzentren und 11,000 öffentliche Gesundheitsdienststationen werden in den Städten gegründet oder renoviert. Der Bau von 29.000 Gemeindenkrankenhäuser die geplant und finanziell von der Zentralautoritäten unterstützt wurden, werden beendet, sowie die Renovierung und die Erweiterung von 5.000 Krankenhäusern in Hauptgemeinden, wodurch es jetzt ein bis drei Krankenhäuser in jedem Landeskreis gibt.

Förderung der Gleichheit im Recht der fundamentalen Gesundheitsdiensten. Beginnend im Jahre 2009 wird eine einheitliche Krankenakte für alle Einwohner im ganzen Land eingeführt. Periodische ärztliche Untersuchungen werden für die Leute über 65 Jahre durchgeführt, sowie Wachstumsteste für die Kinder unter dem Alter von drei, vorgeburtliche Überprüfungen und nachgeburtliche Termine für die schwangeren Frauen und die Frauen, die geboren und die Vermeidungs- und die Beratungsdienste für diejenigen, die unter Bluthochdruck, Diabetes, Geisteskrankheit, AIDS und Tuberkulose leiden. Die größten öffentliche Gesundheitsprogramme werden ausgeführt, um die Tuberkulose und andere tödlichen Krankheiten zu verhindern und unter Kontrolle zu halten, die nationale Impfung zu verbreiten und die stationäre Geburt der ländlichen Frauen zu sichern. Andere Programme werden eingeführt, um denjenigen dabei zu helfen, die unter dem Alter von 15 Jahren sind, Hepatitis B Impfungen zu bekommen, die Gefahr der Kohlenvergiftung, Kataraktentfernung der armen Patienten, um ihnen das Sehvermögen zurückzugeben, das ländliche Wasser und Toiletteneinrichtungen zu verbessern, Folsäure für die ländlichen Frauen, die schwanger werden sein und diejenigen, die in ihrer frühen Schwangerschaft sind, um die Geburt der deformierten Babys zu verhindern.

- Die ansteckenden Krankheiten werden unter Kontrolle gebracht. Die Anstrengungen werden gemacht, um die Vermeidung und die Versorgung von AIDS und die Vermeidung und Kontrolle der hauptsächlichen ansteckenden Krankheiten zu verstärken. Der Umfang der direkten Berichterstattung der ansteckenden Krankheitsvorkommen durch die Gesundheitseinrichtungen auf der Landeskreisebene und höher wird 100 Prozent und diejenigen auf der Kleinstadt- und Gemeindeebene wird 80 Prozent. Die Vollständigkeit und Pünktlichkeit solcher Berichterstattung wird 90 Prozent oder höher. Die geplante Vermeidung wird verbindlich sein; die jetzige Rate Null der Kinderlähmung wird beibehalten und das Vorkommen der vermeidbaren Masern wird im Vergleich zu der Zahl im Jahre 2007 50 Prozent fallen, und das Vorkommen anderer vermeidbaren Krankheiten wie Hirnhautentzündung B, Tollwut und das hämorrhagisches Fieber werden im Vergleich zur Zahl im Jahre 2007 30 Prozent fallen. Die Kategorien der Vermeidungsimpfungen unter Landesplanung werden erweitert, die Impfung für die ländlichen Einwohner und wandernde Bevölkerung wird mit dem Vorrang für die Neugeborenen, Internatsschüler und andere anfälligen Leute verstärkt und die Verbreitung von Hepatitis B wird unter Effektivkontrolle gebracht. Die Vermeidung und die Behandlung der parasitischen und anderen endemischen Krankheiten wird verschärft, um alle einschlägigen Landeskreise (Städte und Gemeinden) bis zu den Standarden der Kontrolle zu bringen.

- Das Gesetz über die Nahrungssicherheit wird gesetzlich verfügt und die Systeme, die die Nahrung und die medizinische Erlaubnisse, obligatorischen Test, Marktzugang, Rückberufung und Import- und Export-Überwachung und Quarantäne regeln, werden eingeführt und die Untersuchung und die Aufsicht über die Ausführung des Gesetzes verstärkt, so dass das Gesetz buchstabengetreu ausgeführt werden und unsere Nahrungsmittel und Medikamente sicher sind.

- Die Versorgung des Trinkwassers für 60 Millionen mehr ländliche Bevölkerung im Jahre 2009, um das Ziel der "Halbierung des Anteils der Bevölkerung, die nicht imstande ist, nachhaltig sicheres Trinkwasser im Jahre 2015 zu bekommen.", das von den Vereinten Nationen gesetzt wurde, dem Plan voraus.

- Mehr öffentliche Sportanlagen werden sowohl für die städtischen als auch für die ländlichen Einwohner gebaut. 2010 werden solche Anlagen pro Kopf 1.4 qm erreichen und öffentliche Sportanlagen in den städtischen Nachbarschaften und ländlichen Kleinstädten und Dörfern werden deutlich verbessert. Die nationalen Fitnessprogramme werden sich weiter verbreiten, Breitensportorganisationen werden gefördert und das nationale Fitnesssystem wird verbessert.

## (5) Das Recht auf Ausbildung

Die Schulpflicht und die ländliche Bildung werden in den Vordergrund gerückt; die Berufsausbildung wird mit großen Anstrengungen entwickelt und die Qualität der höheren Ausbildung wird verbessert; die Ausbildung nach der Schule wird gefördert, um die gleiche Rechte der Bürger auf Ausbildung zu sichern.

- Der Überblick des staatliches Mediums und das langfristige Programm über die Ausbildung und Entwicklung durch 2020 werden aufgegangen und die Ziele, Pflichten und die Hauptmaßnahmen und Reform und Entwicklung werden definiert. Das Endziel ist, das gesamte Ausbildungsgrad des chinessischen Volkes zu erhöhen.

- Die 9-Jahre-Schulpflicht wird umfangreich eingeführt, um einen exakten Einschreibungsanteil von 99 Prozent in den Grundschulen, einen großen Einschreibungsanteil wie 98 Prozent in den Mittelschulen und einen Retentionsanteil von 95 Prozent für Studenten während der drei Jahre in den Mittelschulen. Die Anstrengungen, um die Analphabetismus unter den Leuten im jungen und mittleren Alter zu beseitigen, wird fortfahren, um den Anteil des Analphabetismus unter ihnen niedriger als 4 Prozent zu vermindern. Der Staat wird dafür sorgen, dass fast jede Kinder der wandernden Arbeiter Schulpflicht für 9 Jahre haben, dass die Kinder in mittleren und großen Städten und wirtschaftlich entwickelten Gebieten eine drei jährige Ausbildung vor der Schule empfangen und die Zahl der Kinder aus den ländlichen Gebieten eine ein jährige Ausbildung vor der Schule empfängt, werden deutlich erhöht.

- Die ausgeglichene Entwicklung der Schulpflicht wird gefördert, mit der Betonung auf die Leitung jeder Schule gut und die Sorge um das gesundheitliche Wachstum jedes Kindes. Gemäß der aktiven Antwort zu der "Integrationspädagogik", die von UNESCO verteidigt wird, sowohl die physische als auch die geistige Gesundheit der Kinder werden betont. Spezielle Anstrengung wird gemacht, um die Ausbildungsqualität der ländlichen Schulen zu erhöhen und die städtischen Schulen zu reformieren, die beim Lehren ungenügend bleiben.

- Die Entwicklung der Ausbildung in den ländlichen Gebieten wird beschleunigt. Der Staat wird versichern, dass die Lehrer in den Mittel- und Grundschulen in den ländlichen Gebieten ihre Gehälter völlig und zur Zeit bekommen und die Betriebsauslagen der Schulen sind gesichert. Die Renovierung der Gebäude der Mittelschulen in den ländlichen Gebieten im Zentral- und Westchina und der Bau der Schulcampusse in den neuen ländlichen Gebieten werden durchgeführt. Das Fernunterrichtnetz der Schulen in den ländlichen Gebieten wird vervollständigt. Spezielle Programme werden fortfahren, Hochschulabsolventen zu locken, um in den Schulen in den ländlichen Gebieten zu arbeiten. Zum Beispiel, sie können sich nur für die Arbeitsstellen als Lehrer in den Grund- und Mittelschulen bewerben, oder sich anbieten, im Westchina zu lehren. Sie können eine kostenlose Einschreibung für die Magisterausbildung, wenn sie für eine gewisse Zeit in den Schulen in den ländlichen Gebieten arbeiten.

- Die Berufsausbildung wird durch den Bau von 2,000 Hauptberufsübungszentren mit einer vollständigen Reihe von Disziplinen, guter Anlagen und der reichen Mittel, die unter allem geteilt werden können, unterstützt. Die Unterstützung für den Bau einer Anzahl von den Berufsausbildungszentren, weiterführende Ausbildungszentren und 100 Modellberufshochschulen in den Landeskreisen wird jedenfalls verleiht.

- Die Zentralregierung bewilligte spezielle Fonds für das Projekt der Verbesserung die Qualität der grundständigen Lehre und Reform bei den Einrichtungen des höheren Lehrens. Das 211-Programm (dies ist ein Programm der chinesischen Regierung, um den Bau von 100 Haupteinrichtungen des höheren Lehrens in den Vordergrund zu rücken und eine Anzahl der Hauptzweige des Lernens in dem 21. Jahrhundert) und das 985-Programm (eingeführt durch das Bildungsministerium im Mai 1998, das Programm zielt auf den Bau einer Anzahl der Weltklassenuniversitäten und einiger Universitäten mit dem fortgeschrittenen internationalen Niveau, die weltweit bekannt sind) werden den Bau der Universitäten auf hohem Niveau zu beschleunigen.

- Die Ausbildung nach der Schule wird erweitert. In den Jahren 2009 und 2010 wird die Zentralregierung 3 Milliarden Yuan der Lotteriegewinne vereinigen, um den Bau und die Funktionierung der Anlagen nach der Schule zu unterstützen, und 2010 werden alle Landeskreise (Bezirke) im ganzen Land einen Veranstaltungsort für die Aktivitäten nach der Schule haben, um die Rechte der Minderjähriger auf die Ausbildung nach der Schule zu sichern.

- Das System der Unterstützung für die armen Studenten wird mit der steigernden Budgeteingabe verbesset, in den man alle Regelwerke in Bezug auf die finanzielle Hilfe für solche Studenten ausführt, den Hilfsumfang erweitert und das Niveau der Unterstützung erhöht.

## (6) Kulturelle Rechte

Wirkungsvolle Maßnahmen werden getroffen, um die kulturellen Unternehmungen zu fördern und die grundlegenden kulturellen Rechte der Bürger zu sichern.

- Bau eines öffentlichen kulturellen Dienstsystems. Ein Netz der öffentlichen Diensteinrichtungen, die sowohl die städtischen als auch die ländlichen Gebiete umfassen, wird vervollständigt, das ermöglicht, dass es große Theater, öffentliche Bibliotheken, Museen, Kunstgalerien, Kinos und Massenkulturzentren in allen Hauptstädten gibt; die kulturellen Zentren, Bibliotheken und Kinos in Landeskreisen (Städten); die kulturelle Aktivitätshallen in den ländlichen Verwaltungsdörfern und kulturelle Zentren in städtischen Gesellschaften. In den Zentral und Westregionen werden 26,700 allumfassende kulturelle Stationen werden gebaut, wiedergebaut oder erweitert; und etwa 70,000 Lesesaale für Bauer werden jedes Jahr gebaut. Ende 2010 wird die Anzahl der Lesesaale für Bauern im ganzen Land zu 237,000 erreichen. Ein digitales kulturelles Dienstsystem, das die städtischen und ländlichen Gebiete umfassen, werden mit 1.115 Millionen Yuan der Staatsanlagen, wird eingeführt.

- Erfüllung den Zweck, den das Nationale Teilungsprojekt der kulturellen Mittel in dem 11. Fünfjahresplan setzte. Ende 2010 wird die Bauarbeit der 100 TB digitalen Quellen mit einem Zweigstellenzentrum in jedem Land und einem Basisdienstzentrum in jedem Dorf beendet.

- Die Gesamtproduktion der digitalisierten Film-, Radio- und TV-Dienst. Die nationale terrestrische digitale Fernsehensrundfunksnetzwerk, Satellitenlive-Rundfunkssystem und Mobilmultimedia-Rundfunkssystem werden gegründet und integriert, wodurch man ein enormes Inhaltsquellenverwaltungssystem und eine Informationsintegration, Distribution und Austauschplattform formten, sowie eine Plattform für die Integration der digitalen Filmprogramme. Der digitale Mobilfilmprojektion in den ländlichen Gebieten wird auch gefördert.

398

- Die Realisierung der großen kulturellen Industrieprojektestrategie, um den Bau der kulturellen Industriebasen und regionaler Kulturindustriegruppen mit speziellen Eigenschaften zu beschleunigen. Das Wachstum der Hauptkulturindustrieunternehmungen und strategischen Investoren werden gefördert, wodurch man ermutigt, das nicht öffentliche Kapital in die Kulturindustrien hineinzugehen, das durch die aktuellen Regelwerke zugelassen ist, und die Förderung der Entwicklung der persönlichen artistischen Leistungsgesellschaften. Die Vermittlungskulturagenturen wie die künstlerischen Vorführungsagenturen, die inmaterielle Anlagewertenauswertungsagenturen und Info- und Beratungsagenturen werden im Einklang mit dem Gesetz entwickelt.

- Die Förderung der kulturellen Kreativität und Popularisierung. Ein spezieller Fonds für die kulturelle Entwicklung und ein spezieller Fonds für die Gestaltung und Vorstellung der großartigen theatralischen Programme werden durchgesetzt, um die Gestaltung neuer Programme in den traditionellen Opern sowie ihre Ausbildung der Künstler und Benefizvorstellungen zu unterstützen und die kulturellen und künstlerischen Aktivitäten zum Zweck des Gemeinwohls oder als eine Vorführung zu verstärken. Die staatlichen Kunsttruppen werden ermutigt, in den öffentlichen Spielorten aufzuführen. 2009 und 2010 wird der Staat 100 Millionen Yuan anlegen, um 300 wandernde Bühnen für Kunsttruppen und andere Basiskultureinrichtungen anzubieten, so dass sie problemlos und regelmäßig zu den ländlichen Gebieten fahren können, in den Aufführungen aufzutreten. Die Regierung wird 3,4 Milliarden Yuan zuteilen, um Radio- und TV-Rundfunksendung in 716.600 Dörfern zur Verfügung stellen; jedes dieser Dörfer haben mindestens 20 Haushalte, wo Ende 2010 Elektrizität zur Verfügung gestellt wird. Der Fonds wird auch dazu helfen, die digitale Filmprojektion zu den ländlichen Gebieten im ganzen Land zu bringen, mit einer Projektion in jedem Dorf pro Monat.

- Die Museen und patriotische Ausbildungsbasen für die Öffentlichkeit stetig kostenlos machen und Untersuchungen durchführen, um Gesetze und Einführungssysteme in Bezug auf die Sicherung der kulturellen Unternehmungen einer öffentlichen Wohlfahrtsbeschaffenheit zu formulieren.

- Anstrengungen für den Schutz der Immaterialgüterrechte zu verstärken und alle Verletzungen von IPR in Übereinstimmung mit dem Gesetz zu bestrafen, um die gesetzlichen Rechte und Interessen von IPR-Inhabern zu sicherstellen. Eine öffentliche Patentsuche- und Dienstplattform wird gestaltet.

## (7) Umweltrechte

Das Regelwerk der harmonischen Entwicklung zwischen dem Menschen und Natur unterstützen und die verstandesmäßige Ausnutzung und Verwendung der Bodenschätze, China wird an der internationalen Zusammenarbeit aktiv teilnehmen, in dem Bemühen, eine Umwelt zu gestalten, die für die menschliche Existenz und aufrechterhaltende Entwicklung günstig ist und eine ressourcenschonende und umweltfreundliche Gesellschaft zu gründen, um die Umweltrechte des Volkes zu sichern.

- 2010 werden der Ausstoß von Schwefeldioxid und der Betrag der chemischen Wasserstoffanforderungen werden unter Kontrolle gebracht; die Umweltqualität in den Hauptgebieten und Städten werden verbessert und die Verschlechterung der ökologischen Umwelt wird grundsätzlich überprüft; und die Umwelt ist sicher vor Nuklear- und Strahlungsgefahr. 2010 werden die chemische Wasserstoffanforderungen und der der Ausstoß von Schwefeldioxid 10 Prozent niedriger als die Zahlen im Jahre 2005 und der Anteil der Gebiete von Stufe V, wo sich Oberflächenwasser geringer Qualität befindet, werden unter dem Wasserüberwachungsstandards des Staates 4,1 Prozent niedriger als die Zahlen im Jahre 2005. Währenddessen wird der Anteil der Gebiete in den sieben Hauptwassersystemen, die höher als Stufe III kategorisiert werden, etwa 2 Prozent erhöhen, und der Anteil der Tage pro Jahr, während es 292 Tage mit der besseren Luftqualität als Stufe-II in Hauptstädten übersteigen, wird etwa 5.6 Prozent sein.

- Den Aktionsplan für Nationale Umwelt und Gesundheit (2007-2015) ausführen, indem man die gesetzlichen, betriebswirtschaftlichen, wissenschaftlichen und technologischen Unterstützungssysteme im Zusammenhang mit der Umwelt und Gesundheit verbessert, um die Auswirkungen der gefährlichen Umweltfaktoren über die Gesundheit einzuschränken, das Vorkommen der umweltverbundenen Krankheiten zu vermindern und die öffentliche Gesundheit zu sichern. Dies wird dabei helfen, die obligatorischen Ziele für den Umweltschutz zu verwirklichen, die in dem Entwurf des 11. Fünfjahresplans und Milleniums-Entwicklungsziele der VN gesetzt wurden.

- Der Rechtsgrundsatz im Feld der Umweltschutz verstärken, um die Umweltrechte und Interessen des Volkes sicherzustellen. Spezielle Schritte werden eingeleitet, um die öffentliche Gesundheit zu schützen, indem man die Überwachung über die Unternehmungen verstärkt und diejenigen bestraft, die den Schadstoff gegen das Gesetz entlassen und indem die Aktionen und die Fälle der Verletzungen der Gesetze und Regelungen über den Umweltschutz zu untersuchen. Die Umweltsicherheitskontrolle wird dauernd ausgeführt, gesetzt auf die Unternehmungen in der Erdöl-, Chemie- und Schmelzindustrien, die sich bei den Flüssen oder in den dicht bevölkerten Gebieten befinden, die potenziellen Risikofaktoren zu beseitigen, die die Umwelt gefährden. Die Überwachung und die Leitung der gefährlichen Chemikalien, gefährlichen Abfälle und radioaktiven Abfälle werden verstärkt, um die umweltverbundenen Gefahren abzuwenden. Um die offene Regierungsverwaltung zu fördern, führt China das System der Veröffentlichung der staatlichen Regelwerke, Gesetze, Regelungen und Projektebestätigung sowie Herausgabe der Informationen über die Behandlung im Zusammenhang mit dem Umweltschutz durch. Die Arbeit der Behandlung der öffentlichen Beschwerden und Gesuche werden verbessert, um die Rolle der Umweltschutzhotline "12367" völlig funktionell zu machen, und die Kanäle für das Volk erweitern und ausbügeln, um die Regierung zu berichten und zu beanstanden.

- Alles tun, um den Anteil des Energieverbrauchs pro GDP-Einheit im Jahre 2010 etwa 20 Prozent niedriger als die Zahl im Jahre 2005 zu erhöhen.

- Die erneuerbaren Energierohstoffe entwickeln und auf die Steigerung ihres Verbrauchs zu 10 Prozent des Gesamtenergieverbrauchs im Jahre 2010 hinarbeiten.

- Chinas Nationaler Plan für die Bekämpfung mit der Klimaveränderung ausführen, indem man die Gasemission der Treibhäuser verlangsamt. Während sie die Energieverbrauchleistungsfähigkeit verbessern und die erneuerbaren Energierohstoffe entwickeln, um die Emission des Kohlendioxids zu vermindern, China wird sich darum bemühen, die Abgabe des Lachgases im Prozess der industriellen Produktion im Jahre 2005 erhalten, um den Forstumfang zu 20 Prozent zu erhöhen und die jährliche Kohlendioxidsenke etwa 50 Millionen Tonnen von Kohlendioxid im Jahre 2005 zu erhöhen. 2010 wird es erwartet, dass der Staat 40 Millionen ha von Grünländern hat, 100 Millionen ha von abgebauten, mit Sand übergriffenen und alkalischen Grünländer bearbeitet und zu 0.5 die wirkungsvolle Nützlichkeit Koeffizient der landwirtschaftlicher Berieselungswasser zu erhöhen. Gleichzeitig wird China 90 Prozent seiner typischen Forstökologiensysteme und nationaler Hauptwildtiere und -pflanzen unter angemessenen Schutz stellen, um den Anteil der Naturschutzgebiete im ganzen Land zu 16 Prozent zu erhöhen und 22 Millionen ha vom verwüsteten Land zu bearbeiten. Die Hälfte vom Chinas Gesamtfeuchtgebiet soll zufriedenstellend geschützt werden.

- In der Periode zwischen 2009-2010 wird ein zusätzliches 100,000 km2 vom Land, das früher an dem Bodenabtrag litt, umfangreich bearbeitet, und 120,000 km2 vom Land wird eine ökologische Erneuerung durchmachen. Die ökologisch verletzbare Umwelt solcher Flüsse wie die Heihe, Tarim und Shiyang werden verbessert.

## (8) Die Rechte und Interessen der Bauern Sichern

China wird große Anstrengungen machen, um die Doppelstruktur der städtischen und ländlichen Systeme zu brechen, den Bau ein neues ländliches Gebiet zu beschleunigen und die gesetzlichen Rechte und Interessen der Bauern zu sichern.

- Das Landrecht der Bauern zu sichern. Die Regierung legte Wert darauf, das ländliche Land zu bestätigen und einzutragen und die Landrechtszeugnisse auszufertigen, die Rechte der Bauern auf den Besitz und Verwendung ihres Landes und Erzielung von Profit aus dem Land zu schützen und irgendeine Aktion, die die Regelungen über die Landbewirtschaftung verletzen, zu bestrafen. Der Markt für den Umlauf des Rechtes, das Land zu verkürzen und zu verwalten wird verbessert, wo die Bauern ihre Verwendung des Landes übergeben und Rechte mit Hilfe vom Unterauftrag, Mietvertrag, Austausch oder Transfer oder indem sie einer Stockgenossenschaft beitreten, das Prinzip der Freiwilligkeit und mit Ausgleich befolgen. Es wird erwartet, dass die Gesamtreform des gemeinschaftlichen Forstbesitzersystems Fortschritte macht, indem sie gewährleisten, dass die Bauern gleiche Rechte haben, um das gemeinschaftliche Waldgebiet unter Vertrag zu bewältigen und ihren Status als Hauptspieler der Operation zu sichern.

- Die Nutzrechte der Bauern auf ihre Eigenheime zu schützen. Über die Prinzipien einer strengen und wirkungsvollen Verwaltung zu haben, die Arbeitsleistung zu erhöhen und sie brauchbar und vorteilhaft für die Menschen machen, die Leitung der Eigenheime der Bauern werden verstärkt, um den Bedürfnissen der Bauern bei dem Hausbau besser zu passen. Der Prüfungs- und die Bestätigungsprozess für die Eigenheime werden standardisiert und vereinfacht und durch die öffentlichen Bekanntmachungen bekannt gegeben wurde, um die Aufsicht der Dorfbewohner zu erhalten. Die Aufsicht über die Aufteilung und Verwendung der Eigenheime in den ländlichen Gebieten wird verstärkt, um die Leistungskraft und den Gebrauch der Eigenheime in den ländlichen Gebieten zu erhöhen.

- Das Landanforderungssystem umgestalten, indem man streng das Land für die öffentliche Verwendung und das Land für die geschäftliche Verwendung bestimmt, allmählich den Umfang der Landanforderung vermindert und den Ausgleichmechanismus für das beschlagnahmte Land zu verbessern.

Die Beschlagnahme des Gesamtgrundes in den ländlichen Gebieten soll in Übereinstimmung mit dem Gesetz dem Regelwerk des gleichen Preises für das gleiche Land folgen, indem man im Ganzen und auf einer rechtzeitigen Weise eine angemessene Entschädigung für das Kollektiv oder Bauern, dessen Länder beschlagnahmt wurden. Währenddessen sollen die Beschäftigung, Unterkunft und der gesellschaftlichen Probleme der Bauern ordentlich angesprochen. Die Bauern dürfen in Übereinstimmung mit dem Gesetz an der Entwicklung und Leitung des Gesamtgrundes teilnehmen, den man für die nichtöffentlichen Wohlfahrtzwecke benutzte, die nicht im Gesamtlandverwendungsplan für den städtischen Bau einbezogen ist.

- Das Einkommensgrad der Bauern erhöhen. Die chinesische Regierung wird die Zuschüsse für die Getreidebauern mit einem verhältnismäßig großen Abstand jedes Jahr erhöhen, den dynamischen Mechanismus für den Ausgleich der umfangreichen Zuschüsse für die Landwirtschaftsproduktionsmittel in Übereinstimmung mit ihren Preiserhöhungen verbessern. Anstrengungen werden gemacht, um den preisstellenden Mechanismus für die Getreide und andere Hauptlandwirtschaftsprodukte, sowie das Schutzsystem für die Preise der landwirtschaftlichen Produkte und das regulatorische System des landwirt-schaftlichen Produktmarkts zu verbessern, indem man die Mindestkaufpreise der Getreide stetig erhöht. Der Staat wird die Methoden des Schutzes der Preise anderer Hauptlandwirtschaftsprodukte verbessern und die Preise der Landwirtschaftsprodukte auf einem angemessenen Niveau behält.

-Die Gleichheit zwischen den städtischen und ländlichen Gebieten bei den grundlegenden öffentlichen Diensten fördern. Dies wird dazu helfen, die Verteilung der öffentlichen Hilfsmittel zwischen den städtischen und ländlichen Gebieten zu auszugleichen und die freie Bewegung der Elemente der Produktion zu ermöglichen. Ein ländliches Kreditgarantiesystem wird mit der Unterstützung der Regierung, der Teilnahme der mehreren Parteien, und Marktoperation gegründet und Anstrengungen werden gemacht, um den Bau eines Mechanismus für die Landwirtschaftsrückversicherung, der die Gefahren der großen Unglücke aufteilen kann. Die Regierung wird auch den Bau ei-nes einheitlichen städtisch-ländlichen Personalmarkts beschleunigen, um den Bauern dabei helfen, Arbeiten weit weg von ihren Heimatstädten oder in den nichtlandwirtschaftlichen Beschäftigung innerhalb ihrer Gebiete zu finden oder Geschäfte anfangen, nachdem sie in ihre Heimatstädte zurückkehren.

- Die Gesundheit der Bauern verbessern. 2010 wird ein neues kooperati-ves Gesundheitsfürsorgesystem praktisch alle Einwohner in den ländlichen Gebieten einbeziehen. Jede Gemeinde wird ein staatliches Krankenhaus ha-ben und jedes administrative Dorf wird eine Klinik haben. Die ländlichen Basisgesundheits- und Hygienearbeit werden verstärkt, um zu sichern, dass der Anteil des Arbeitsganges der Gesundheits- und hygienearbeit auf der Basisebene zu 80 Prozent in jedem Landeskreis erreicht. China beabsichtigt, das Trinkwasserproblem für 120 Millionen Leute in den ländlichen Gebieten in der Periode zwischen 2009-2010 zu lösen. Dies wird das Trinkwasser sicher in

Dörfern machen, die jetzt in mäßiger Weise oder ernstlich durch Fluor, Arsen oder Schistosomen gequält werden. Zu diesem Zweck wird die Regierung den 2010-2013 Plan für die Landesweit-Sicheres-Trinkwasser-Projekt in den ländlichen Gebieten ausarbeiten.

- Den Schutz der Rechte und Interessen der ländlichen wanderenden Arbeiter verstärken. Die gleiche Behandlung für die wandernden Arbeiter und städtische Einwohnerarbeiter wird allmählich in Form von Gehalt, Fähigkeit und Ausbildung etc. verwirklicht, und die Behandlung der wandernden Arbeiter in Bezug auf die Ausbildung ihrer Kinder, öffentliche Hygiene sowie die Vermietung und den Einkauf der Häuser werden Schritt für Schritt verbessert. Die Arbeitsbedingungen der wandernden Arbeiter werden verbessert und den Umfang der industrienahen Verletzungsversicherung, ärztliche Pflegeversicherung und Pension für die wandernden Arbeiter werden erweitert. Die Methoden für die wandernden Arbeiter, die die grundlegenden Versicherungspolicen abschließen werden sofort wie möglich formuliert und ausgeführt. Anstrengungen werden gemacht, um die Reform der Haushaltseinschreibungssysteme vorzuschieben, um die Voraussetzungen allmählich zu entspannen, in den kleinen und mittelgroßen Städten sesshaft zu werden.

## (9) Sicherung der Menschenrechte beim Wiederbau der Gebiete, die durch das verheerende Erdbeben in Wenchuan, Sichuan-Provinz

Das gewaltige Erdbeben, am 12 Mai, 2008 das Wenchuan, Sichuan-Provinz schlug, verursachte einen riesigen Verlust am Leben und Eigentum in den Gebieten, wo es geschah. Der Staatsrat erlies besonders die Regelungen über die Rehabilitation und Wiederaufbau nach dem Wenchuan-Erdbeben und der allgemeine Plan für die Restoration nach dem Wenchuan-Erdbeben, beschlossen, die Hauptwiederaufbaupflichten zu beenden, die Grundlebensbedingungen der Opfer zu gewährleisten und das wirtschaftliche Entwicklungsniveau der erdbeben-geschlagenen Gebiete zu ihrem Zustand vor dem Erdbeben in einer Periode von drei Jahren wiederherzustellen oder zu übersteigen und das Ziel zu erreichen, dass jede Familie ein Haus hat, wo sie wohnen können sowie ein Einkommen aus der Beschäftigung mit der gesellschaftlichen Sicherheit für alle.

- Im Wesentlichen den Wiederaufbau der eingestürzten oder schwer zerstörten Häuser der Bauern vervollständigen, um zu sichern, dass die Überlebenden nach dem Erdbeben in die neuen Häuser Ende Dezember 2009 einziehen können.

- Eine Reihe von Schritten einleiten, um das Problem der Beschäftigung für mehr als 1 Million von Leuten in den Restorationsgegenden einschließlich in dem Plan mit Betonung darauf, dass man einen Beruf für am wenigsten ein Mitglied jeder arbeitslosen Familie. In diesen Gebieten werden das durchschnittliche verfügbare Einkommen der städtischen Einwohner und Reinertrag der ländlichen Einwohner die Niveaus vor dem Erdbeben übersteigen, mit einer gesicherten Grundlebensstandard für alle Menschen in den vom Erdbeben zerstörten Gebieten.

- Die Grund- und Mittelschulen auf die Hochqualität restaurieren und umbauen. Die Restauration und Umbau der Landeskreiskrankenhäuser und öffentliche Diensteinrichtungen für die Krankheitsverhütung und Kontrolle, Gesundheitsfürsorge der Frauen und Kinder und Familienplanung, sowie Gemeindekliniken und Hauptgemeindenfamilienplanungsstationen werden in den Vordergrund gerückt.

- Vor Opfern des Erdbebens Respekt haben. Die Namen der Leute aufzeichnen, die beim Erdbeben ums Leben kamen oder verschwunden und sie öffentlich bekannt geben.

- Die ständige Überwachung und Nachprüfung der Verwendung der Hilfsfonds und –materielle, um zu gewährleisten, dass sie alle geschickt und für die Menschen in den von der Katastrophe betroffenen Gebieten und für den problemlosen Prozess der Rehabilitation und Wiederaufbau benutzt werden. Die Regelungen wurden sich für die Verwaltung und Verwendung der Hilfsfonds, die von der Gesellschaft gespendet wurde, eingespielt, und verbessert, indem man besonders auf die Hauptgebiete und Hauptverbindungen konzentriert. Dem Volk wird freien Lauf bei seiner Überwachungsrolle gelassen. Irgendeine gesetzwidrige Tat der Unterschlagung oder unerlaubte Vorenthaltung oder widerrechtliche Verwendung der Hilfsfonds oder –materielle werden untersucht und in Übereinstimmung mit dem Gesetz streng verhandelt.

- Das Gesetz über die Erdbebenverhütung und Katastrophenverminderung und andere wichtigen Gesetze und Regelungen ausführen, um bessere gesetzliche Sicherung für die zukünftigen Vorsichtsmaßnahmen gegen die Erdbeben und die Katastrophenverminderung zu gewährleisten. Die Kenntnisse der Katastrophenverminderung und die notwendigen Vorsichtsmaßnahmen gegen die Katastrophen sollen durch die Kampagnen weitgehender bekannt gemacht, um sie volkstümlich zu machen und die Ausbildung in diesem Zusammenhang soll in dem nationalen Bildungssystem einbezogen. Die Kenntnisse in Bezug auf die Katastrophenverminderung soll auch in die Aktivitäten der Verbreitung der kulturellen, wissenschaftlichen, technologischen und hygienischen Kenntnisse in den ländlichen Gebieten aufgenommen werden. Der Bau der Notunterkünfte und Orte für Katastrophenverminderung sollen in die städtische und ländliche Planung aufgenommen werden.

## II. Sicherung der bürgerlichen und politischen Rechte

In der Periode zwischen 2009-2010 wird China fortfahren, um die Arbeit zu verstärken, die Demokratie und die Rechtsstaatlichkeit zu verbessern, indem es die Systeme für Demokratie verbessert, die Formen der Demokratie aufteilt und die Kanäle der Demokratie erweitert, den Schutz der bürgerlichen Rechte bei der Ausführung der Verwaltungsgesetze und in den gerichtlichen Verfahren verstärkt, und das Niveau für die Sicherung der bürgerlichen und politischen Rechte des Volkes erhöht.

## (1) Rechte des Individuums

China wird seine vorsorglichen und Hilfsmaßnahmen verbessern, um die persönlichen Rechte der Bürger in jedem Prozess der Rechtsdurchsetzung und gerichtlichen Arbeit zu schützen.

- Der Staat verbietet die Erpressung der Geständnisse mit Folter. Die Beweise werden in Übereinstimmung mit dem gesetzlich vorgeschriebenen Prozess gesammelt. Es ist streng verboten, Geständnisse unter Folter zu erpressen und mit Bedrohungen, Verlockung, Betrug oder andere gesetzwidrigen Methoden Beweise zu sammeln. Jeder, der einen Verdächtigen unter Folter, körperlicher Züchtigung, Misshandlung oder Beleidigung zu einem Geständnis zwingt, soll in Übereinstimmung mit der Ernsthaftigkeit der Taten und Auswirkungen bestraft werden. Wenn der Fall ein Verbrechen darstellt, soll die Schuldfähigkeit in Übereinstimmung mit dem Gesetz untersucht.

- Der Staat verbietet gesetzwidrige Verhaftung von dem Strafverfolgungspersonal. Einen kriminellen Verdächtigen in Haft nehmen, den Verwahrungsort verändern oder die Ausdehnung der Dauer der Haft sollen in Übereinstimmung mit dem Gesetz ausgeführt. Die Ungerechte oder ausgedehnte Verhaftung soll verhindert werden. Der Staat wird die Maßnahmen der Versorgung der wirtschaftlichen Entschädigung, gesetzliche Mittel und Rehabilitation der Opfer verbessern. Diejenigen, die verantwortlich für die gesetzwidrigen, ungerechten und ausgedehnten Verhaftung soll der Untersuchung ausgesetzt sein und bestraft werden, wenn es einer Strafe bedarf.

- Die Todesstrafe soll streng unter Kontrolle gehalten und umsichtig angewandt werden. Jede Vorsichtsmaßnahme soll getroffen werden, während man die Todesstrafe zumesst, und das System der Todesstrafe mit Zwei-Jahre-Verschonung soll verbessert werden. Wenn ein Straftäter ist zum Tode verurteilt mit einer Verschonung von zwei Jahren und kein absichtliches Vergehen während der Verschonungsperiode der Strafe verübt, wird er/sie am Ende solcher Verschonungsperiode nicht hingerichtet werden und seine/ihre Strafe wird in Übereinstimmung mit dem Gesetz umgetauscht.

- Der Staat setzt bindende gerichtliche Verfahren für die Todesstrafen ein und verbessert solche Verfahren zur Durchsicht. Die Todesstraffälle sollen in Übereinstimmung mit den einschlägigen Artikeln des Strafgesetzes und Strafverfahrensgesetzes erledigt. China hält sich an die grundlegenden Prinzipien der gesetzlich vorgeschriebenen Strafen für jede festgesetzte Straftat, angemessene Strafe für jede Strafe, Strafgesetz ebenso anwendbar für jeden, öffentliche Verhandlung und gesetzlich festgelegte Verfahren. Es legt gleiche Bedeutung für die verfahrensrechtlichen Objektivität und wesentliche

Objektivität bei und sichert die gesamte Umsetzung der Gerichtsverfahrensrechte (einschließlich das Recht auf Verteidigung) der kriminellen Verdächtiger und Angeklagter. China hält sich an die Prinzipien der öffentlichen Verhandlung für die Todesstraffälle der zweiten Vorgänge, um die Integrität solcher Fälle zu gewährleisten. Abgesehen von Todesstrafen, die von dem Obersten Volksgericht in Übereinstimmung mit dem Gesetz verhängt wird, müssen alle Todesstrafen an das Oberste Volksgericht für die Überprüfung und Zustimmung gemeldet werden. Die Oberste Volksstaatsanwaltschaft soll ihre Überwachung über die Todesstraffälle in Übereinstimmung mit dem Gesetz verschärft.

## (2) Rechte der Gefangenen

Der Staat wird die Gesetzgebung in Bezug auf die Gefängnisverwaltung verbessern und die wirkungsvollen Maßnahmen treffen, um die Rechte der Gefangenen und humanitärer Behandlung zu gewährleisten.

- Der Staat wird Anstrengungen machen, um die Gesetze, Regelungen, Regelwerke und Maßnahmen im Zusammenhang mit dem Schutz der Rechte der Gefangenen und humanitärer Behandlung zu verbessern.

- In Übereinstimmung mit dem Gesetz setzt der Staat streng alle Verfahren bei der Ausführung der kriminellen Strafe, wie einen Verurteilter in Haft nehmen, die Strafmilderung, die Bewährung, die vorläufige Abbüßung einer Strafe außerhalb des Gefängnisses und die Haftentlassung. Die Verfahren für die Rechtsdurchsetzung soll weiter standardisiert, um zu sichern, dass sie strikt und ausführlich sind und die gesetzlichen Dokumente und Haftbefehle, die von jeder Stufe der Gesetzesdurchsetzung angeboten werden, sind authentisch, ordnungsgemäß behalten und in Akten belegt.

- Der Staat verbessert das System der Verantwortlichkeit, das System der Bekanntmachung, das System der Leistungsbewertung und Überprüfung und das System der Untersuchung der Fehlverhalten bei der Rechtsdurchsetzung in Gefängnissen und Hausarresten; er errichtet ein Überwachungssystem und einen Machtbeschränkungsmechanismus für die Rechtdurchsetzung und verstärkt die Untersuchungen für die gesetzwidrigen Aktivitäten, die während der Rechtsdurchsetzung ausgeübt werden, und bestraft diejenigen, die verantwortlich gemacht werden.

- Wirkungsvolle Anstrengungen sollen gemacht werden, um solche Taten wie die körperliche Züchtigung, die Misshandlung, die Beleidigung der Gefangenen oder die Erpressung der Geständnisse unter Folter zu verbieten. Alle Befragungszimmer müssen eine räumliche Trennung zwischen den Gefangenen und Vernehmender haben. Der Staat führt ein und ermutigt das System der Durchführung einer ärztlichen Untersuchung vor und nach der Befragung.

- Der Staat verbessert weiter das System der Versorgung für die Gefangenen. Die Regeln in Bezug auf die Briefe der Gefangenen, neue Menschen kennenlernen, Unterhaltung und Familienbesuche sollen verbessert. Der Staat verbessert das Gesundheitsverwaltungssystem für die Gefangenen sowie ihre ärztliche Versorgung und unterstützt die normgerechte Verwaltung des Lebens und Gesundheitsversorgung der Gefangenen. Der Staat wird Aufmerksamkeit auf die individualisierte Ausbildung und die Verbesserung der Gefangenen schenken, indem er die Ausbildung in Bezug auf die geistige Gesundheit und psychologische Beratung volkstümlich macht und verstärkt. Mehr Fonds werden zur Verfügung stellen, um die Umwelt und die Bedingungen der Gefangenen in den Gefängnissen und Besserungsanstalten zu verbessern, und dabei helfen, die Kosten für die alltägliche Versorgung, Gemeinkosten, den Kauf und Abnutzungskosten der Ausrüstung, Erhaltung und andere Ausgaben.

- Der Staat verbessert das offene System der Rechtsdurchsetzung in den Gefängnissen und Besserungsanstalten, indem er die Rechte der Gefangenen sowie die Rechtsdurchführungsstandards und -verfahren für die Gefangenen, ihre Familien und Gesellschaft im Allgemeinen bekannt macht. Die Überwachung ist über die Rechtsdurchführungsaktivitäten in Gefängnissen und Besserungsanstalten erfolgreich ausgeführt, indem man Beschwerdedienste leistet (Briefkästen oder Telefonnummern), mit den Leitern der Gefängnisse und Besserungsanstalten direkt begegnet, oder öffentliche Aufseher einstellt.

- Der Staat verstärkt die Echtzeitüberwachung, die von der Obersten Volksstaatsanwaltschaft über die Rechtsdurchführung in den Gefängnissen und Besserungsanstalten durchgeführt wird. Für die Bequemlichkeit der Gefangenen wurden Beschwerdebriefkästen in ihren Zellen aufgebaut und ein Gefangener kann den Anwalt, der in einem Gefängnis oder Besserungsanstalt mit einem Termin sehen, wenn der erste glaubt, dass er misshandelt wurde und eine Beschwerde machen wollte.

## (3) Das Recht auf ein faires Verfahren

Der Staat gewährleistet in Übereinstimmung mit dem Gesetz die Rechte der prozessführenden Parteien, insbesondere diejenigen, die mit einem Verbrechen unter Klage gestellt wurden, in einer objektiven Verhandlung.

- Der Staat ergreift wirkungsvolle Maßnahmen, um die gesetzliche, rechtzeitige und objektive Verhandlung aller Fälle zu sichern und gewährleistet eindeutige Fakten, ausreichende Beweise und rechtmäßige Verhandlungsprozesse.

- Die Kenntnisse der offenen Verhandlungen sollen völlig veröffentlicht werden. Was die offenen Verhandlungsfälle betrifft, soll das Volksgericht drei Tagen vor der Öffnung der Session die Zusammenfassung des Falles, damit man sie im Öffentlichen hört, den Namen des Angeklagten und die Zeit und den Platz des Gerichtstermins anmelden. Es ist gesetzlich erforderlich, dass die Volksgerichte die Gründe für die Fälle geben, die nicht öffentlich verhandelt werden.

- Während man die Fälle öffentlich verhandelt, lässt das Gericht, dass man die Beweise öffentlich liefert, die Augenzeugen öffentlich befragt, alle Argumente öffentlich macht und alle Urteile öffentlich verkündet. Die Bürger mit den gültigen Zeugnissen können irgendeinen öffentlichen Gerichtstermin besuchen.

- Die Volksgerichte mit den erforderlichen Bedingungen sollen ihre Gerichtstermine und große einschlägige Gerichtsaktivitäten aufnehmen oder verfilmen und audiovisuelle Archive der Gerichtsverfahren aufstellen. Die betreffenden Parteien können in Übereinstimmung mit dem Gesetz die Materielle, die die Gerichte dokumentierten, berücksichtigen oder vervielfältigen.

- Der Staat ermutigt die höheren Volksgerichte auf allen Ebenen, dass sie ihre Anstrengungen verstärken, um ihre Richterspruchpapiere, die in Kraft traten, wie durch Veröffentlichungen, lokales Netzwerk oder Internet zu veröffentlichen, indem sie die ausführlichen Maßnahmen ausarbeiten.

- Der Staat leitet konkrete Schritte ein, um die Rechte der Geschworenen des Volkes auf die Teilnahme an den Gerichtsterminen in Übereinstimmung mit dem Gesetz zu sichern, wodurch man sie lässt, dass sie ihr Stimmrecht selbstständig in einem kollegialen Ausschuss in Bezug auf die Fakten, die bestimmt wurden und die Anwendung des Gesetzes bei der Beurteilung.

- Der Staat ermutigt die Revision und die Abolition verschiedener Gesetze, Regelungen und behördlichen Dokumente, die uneinheitlich mit dem Anstaltsgesetz; sichert, dass die Rechte der Anwälte erfüllen, übereinstimmen mit und überprüfen die Dokumente der Menschen in der Haft und eine Untersuchung leiten oder Beweise sammeln. Der Staat gewährleistet auch die persönlichen Rechte der Anwälte und ihre Rechte zu verhandeln oder sich zu verteidigen, während sie ihre Pflicht erfüllen.

- Der Staat erweitert die zielorientierten Empfänger und den Umfang der gerichtlichen Unterstützung. In Anbetracht der einschlägigen Regeln und der gegenwärtigen Fallsituation sollen die Gerichtsverfahrensgebühren verringern, indem man die Verfahren vereinfacht und den Umfang und Beträge der Gerichtsverfahrenskosten erhöht, die in Übereinstimmung mit dem Gesetz aufgeschoben, vermindert oder befreit werden können. Der Staat fördert die rechtsetzende Arbeit, um nationale Unterstützung für die Opfer der Verbrechen zu versorgen, indem er die Bedingungen, Standards und Verfahren für solche nationale Unterstützung bestimmt.

- Der Staat verstärkt das gesetzliche Hilfssystem und erfüllt die Verantwortung der Regierung in dieser Hinsicht. Es erweitert auch den Umfang der gesetzlichen Hilfe und erhöht die einschlägige Finanzierung, um geeignete, schnelle und solide gesetzliche Hilfe für ärmere Menschen zu leisten.

- Der Staat überprüft das Staatsversorgungsrecht und verdeutlicht die Versorgungsfragen, einschließlich der Bewerber, die Kategorien und der Umfang, die Organe unter der Ausgleichsobligation sowie die Verfahren, die Mittel und Kalkulationsstandards, wodurch er den Bürgern, den juristischen Personen und anderen Körperschaften bei ihrer Erhaltung der Staatsentschädigung.

## (4) Freiheit der Glaubensüberzeugung

China setzt völlig das Regelwerk der Freiheit der Glaubensüberzeugung um und in Übereinstimmung mit dem Gesetz verwaltet die religiösen Angelegenheiten und schützt die Freiheit der Glaubensüberzeugung der Bürger.

- Der Staat schützt in Übereinstimmung mit dem Gesetz die normalen religiösen Aktivitäten sowie die gesetzlichen Rechte und Interessen der Religionsgemeinschaften, Örtlichkeiten und religiösen Gläubiger.

- Der Staat setzt die Regelungen über die religiösen Angelegenheiten um, verbessert die einschlägigen zusätzlichen Regelungen und erlässt die einschlägigen lokalen Gesetze und Regelungen, um die Freiheit der Glaubensüberzeugung der Bürger zu sichern.

- Der Staat schützt ihre Bürger davor, dass sie dazu gezwungen werden eine Religion zu glauben oder nicht und vor irgendeiner Diskriminierung aufgrund der Glaubensüberzeugung und versichert die Rechte und Interessen der religiösen Gläubiger.

- Der Staat hat Respekt vor den Glaubensüberzeugungen der ethnischen Minoritäten und schützt ihr religiöses Kulturerbe. Er fährt fort, um das nötige Geld für die Erhaltung und Wiederbau der Tempel, Moscheen und anderen religiösen Einrichtungen des wichtigen historischen und kulturellen Wertes in den ethnischen Minderheitsgebieten anlegen.

- Der Staat verleiht große Bedeutung der positiven Rolle der religiösen Kreise bei der Beförderung der gesellschaftlichen Harmonie und gesellschaftlich-wirtschaftlichen Entwicklung. Er ermutigt und unterstützt auch die religiösen Kreise bei der Einführung der gesellschaftlichen Sozialhilfeprogramme, Erforschungsmethoden und -kanäle für die Religionen, um die Gesellschaft besser zu bedienen und die Wohlfahrt der Menschen zu fördern.

## (5) Das Recht auf Informiert zu Sein

Die chinesische Regierung wird mehr Anstrengungen machen, um die Öffentlichkeit informiert von der Regierungsangelegenheiten zu halten und die einschlägigen Gesetze und Regelungen zu verbessern, um die Rechte der Bürger auf informiert zu sein zu sichern.

-Indem er die Regelungen über die Bekanntmachung der Regierungsinformation umsetzt, wird der Staat umfangreiche, regelmäßige Beurteilung der Arbeit der Regierung und die einschlägigen Abteilungen über die Bekanntmachung der Regierungsinformation vornehmen, die Organisationen überprüfen und drängen, die für die öffentliche Angelegenheitsverwaltung verantwortlich sind, die Informationen im Zusammenhang mit den Regierungsangelegenheiten öffentlich zu machen und in Übereinstimmung mit dem Gesetz das zuständige Personal und die Menschen, die direkt verantwortlich für die Verletzung der Regelungen sind, zur Verantwortung rufen.

- Ein umfangreiches System, das Durchsichtigkeit bei den Regierungsangelegenheiten werden allmählich eingeführt. Die Regierungen in den Kleinstädten und Gemeinden sollen die Umsetzung der einschlägigen Staatsregelwerke in Bezug auf die ländliche Arbeit, ihre Einkommen und Ausgaben und ihre Verwendung verschiedener Fonds bekannt geben. Die Regierungen in den Landeskreisen und Städten sollen hauptsächlich die Pläne über die örtliche Entwicklung, die Überprüfung und die Zustimmung der großen Projekte und ihre Ausführung, die Einzelheiten öffentliches Beschaffungswesens, die Beschlagnahme des Landes, den Abbruch der Häuser und so weiter bekanntmachen. Die Landesregierung soll hauptsächlich die Regelwerke und Gesamtpläne für die örtliche wirtschaftliche und gesellschaftliche Entwicklung, Finanzhaushaltsberichte und Schlussabrechnungsberichte und Durchführung des Eigentums bekanntmachen. Die E-Regierung wird befördert, um allmählich das Ziel zu erreichen, dass alle Regierungen in den Landeskreisen und ihre Abteilungen eine Internetseite haben und die meisten Regierungsorgane und öffentliche Einrichtungen eine Hotline haben.

- Das System der Pressemitteilung der Regierung und das Sprechersystem werden verbessert. Der Staat wird größere Anstrengungen machen, um die Sprecher und Pressemitteilungspersonal auszubilden, indem man Nachrichten in verschiedenen Formen veröffentlicht, die Qualität der Pressekonferenzen verbessert, die Informationen der Regierung auf einer rechtzeitigen, richtigen und zuverlässigen Weise herausgibt, um die Durchsichtigkeit der Regierungsarbeit zu erhöhen und das Niveau des Informationsdiensts von der Regierung zu verbessern.

- Der Staat wird Informationen über die Naturkatastrophen, Notfälle und Produktionssicherheitsunfälle auf einer rechtzeitigen und richtigen Weise und in Übereinstimmung mir dem Gesetz herausgeben, und rechtzeitig die Ergebnisse der Untersuchung und die Verfahrensweise der ernsthaften und außerordentlich ernsthaften Produktionssicherheitsunfälle bekanntmachen.

- Der Staat wird große Anstrengungen machen, um die Dorfangelegenheiten durchsichtiger zu machen. Die Kataloge der Informationen in Bezug auf die Dorfangelegenheiten, die öffentlich bekanntgemacht werden, werden von den Organen auf der Landeskreisebene zusammengesetzt, um die Öffentlichkeit der Dorfangelegenheiten normgerechter zu machen.

## (6) Das Recht auf Teilnahme

Die Regierung wird die Teilnahme der Bürger an den politischen Angelegenheiten in einer ordnungsmäßigen Weise auf allen Ebenen in allen Sektoren, um die Rechte der Bürger auf die Teilnahme zu sichern.

- Das Volkskongresssystem wird verbessert. Die Neuregelungen am Wahlgesetz getroffen, um die Wahlsystem zu verbessern. Die Abgeordneten in den Volkskongressen werden nach dem gleichen Anteil der Bevölkerung sowohl in den städtischen als auch in den ländlichen Gebieten gewählt; die Anteile der Abgeordneten aus den ethnischen Minoritäten, die Chinesen, die vom Ausland zurückkehrten, die Frauen, die Basisarbeiter, Bauern und die wandernden Arbeiter in der Gesamtzahl der Abgeordneten für die Volkskongresse auf allen Ebenen werden in geeigneter Weise erhöht und die engen Beziehungen zwischen den Angeordneten und ihren Wahlkreisen werden aufrechterhalten. Ernsthafte Maßnahmen werden getroffen, um zu gewährleisten, dass die Abgeordneten für die Volkskongresse ihre Funktionen und Mächte in Übereinstimmung mit dem Gesetz ausüben.

- Politische Anhörung wird weiter in die Entscheidungsverfahren eingegliedert und die Wirksamkeit der Teilnahme und Beratung der Staatsangelegenheiten von den Persönlichkeiten aus den nichtkommunistischen Parteien und die Menschen mit keiner politischen Zugehörigkeit werden verbessert. Der Anteil der Persönlichkeiten aus den nichtkommunistischen Parteien und die Menschen mit keiner politischen Zugehörigkeit, die in den Regierungen die führenden Positionen, besonders die wesentlichen, haben, werden angemessen erhöht. Respekt wird vor den Meinungen und Vorschlägen gezeigt, die bei den PKKCV-Versammlungen von den Menschen aus den nicht-kommunistischen Parteien und Menschen mit keiner politischen Zugehörigkeit haben gemacht werden, ihr Recht zu sichern, um Besichtigungen zu machen, an den Untersuchungen und Überprüfungen teilzunehmen, Vorschläge zu unterbreiten und gesellschaftliche Bedingungen und öffentliche Meinung zu berichten.

- Das System der Selbstführung des Volkes auf der Basisebene wird verbessert, ihren Umfang erweitert und das System der demokratischen Verwaltung vervollständigt. Die Änderung des Organgesetzes des Dorfbewohnerausschusses wird vorangetrieben und das Niveau der Selbstführung der Dorfbewohner und die demokratische Verwaltung verbessert. Der Umfang der direkten Wahlen der Mitglieder des städtischen Nachbarschaftsausschusses wird erweitert, mit dem Ziel zu 50 Prozent im Jahre 2010 zu erreichen. Die demokratische Verwaltung des Systems in den Unternehmungen und öffentlichen Einrichtungen, mit der Arbeiterkonferenzen als ihre Grundformen, werden verbessert; die Arbeiter und das Personal werden ermutigt, ein Teil der Verwaltungspflichten zu teilen und ihre gesetzlichen Rechte und Interessen sind geschützt.

Die Untersuchung soll für die neuen Methoden und Vorgehen eingeleitet, wodurch die Nachbarschaft und die sozialen Organisationen in den städtischen Gebieten an der Nachbarschaftsverwaltung und Diensten teilnehmen und die existierenden Formen der gesellschaftlichen Teilnahme in die städtische Gemeinschaftsangelegenheiten, einschließlich die demokratische Anhörung und Koordinierungsversammlungen sollen verbessert werden. Wirkungsvolle Methoden und Vorgehen sollen untersucht, um zu lassen, dass die Bevölkerung an der Selbstführung der Einwohner in den Nachbarschaften teilnehmen, wo sie normalerweise leben.

- Die demokratische und wissenschaftliche Entscheidung wird gefördert, um die öffentliche Teilnahme am Entscheidungsprozess zu erweitern. Im Grundsatz werden öffentliche Meinungen werden angesprochen, während die

Gesetze, Regelungen und öffentliche Regelwerke, die eng mit den Interessen der Menschen verbunden sind, werden formuliert. Der Einrichtungsbau wird gefördert, um die öffentliche Anhörungen über die Gesetzgebung der wichtigen Gesetze und Regelungen abzuhalten, öffentliche Meinungen für die Formulierung der großen Regelwerke und Maßnahmen anzufordern und sachkundige Beratung oder Drittüberprüfung zu machen, während man eine Entscheidung über die maßgebliche Fragen fällt.

- Die Sicherung wird bis die Gewerkschaften, Frauenvereinigungen, Jugend-Bündnisse und andere Massenorganisationen reichen, damit sie ihre Arbeiten in Übereinstimmung mit dem Gesetz und ihren jeweiligen Satzungen auszuüben. Die Kanäle werden erweitert, um die Massenorganisationen zu unterstützen, damit sie an der gesellschaftlichen Verwaltung und Staatsdienst teilnehmen, um die gesetzlichen Rechte und Interessen zu schützen. Die Regierung wird ernsthaft die Meinungen aus den Massenorganisationen anfordern, während sie wichtige Gesetze, Regelungen und öffentliche Ordnungen formuliert.

- Der Bau und die Verwaltung der gesellschaftlichen Organisationen werden verstärkt, um ihre Funktionen bei der Bedienung für die Gesellschaft zu verbessern. Die Änderungen zu den Regelungen über die Einschreibung und Verwaltung der gesellschaftlichen Organisationen, die Übergangsbestimmungen über die Einschreibung und Verwaltung der persönlichen Nicht-Unternehmen-Einheiten und die Regelungen über die Verwaltung der Stiftungen werden gemacht, um zu sichern, dass die gesellschaftlichen Organisationen ihre Aktivitäten in Übereinstimmung mit dem Gesetz und ihren jeweiligen Satzungen ausüben. Die Regierung ermutigt die gesellschaftlichen Organisationen, damit sie an der gesellschaftlichen Verwaltung und dem öffentlichen Dienst teilnehmen, ermutigt die Gründung der persönlichen Nicht-Unternehmen-Einheiten in den Feldern der Ausbildung, Wissenschaft und Technologie, Kultur, Gesundheitswesen, Sport und öffentliche Fürsorge. Sie legt Bedeutung die gesellschaftliche Funktionen der gesellschaftlichen Organisationen wie die Industrievereinigungen, Gesellschaften und Handelskammern bei und entwickelt und standardisiert alle Arten von Stiftungen um die Programme für das Wohl der Allgemeinheit zu fördern.

## (7) Das Recht auf Gehör

Der Staat wird wirkungsvolle Maßnahmen treffen, um die Pressen- und Veröffentlichungsindustrie zu entwickeln und sichern, dass alle Kanäle ungeblockt sind, um das Recht der Bürger auf Gehör zu sichern.

- Die Institutionsgewährleistungen für die gesetzlichen Rechte der Nachrichtenagenturen und Journalisten werden verstärkt, die gesetzlichen Rechte und Interessen der Nachrichtenagenturen, Journalisten, Redakteure, und die Mensch(en), die sich mit den Nachrichten beschäftigen, werden gesichert, und das Recht der Journalisten, Materiale zu sammeln, zu kritisieren, Bemerkungen zu machen und zu veröffentlichen werden in Übereinstimmung mit dem Gesetz gewährleistet. Die Regierung wird fortfahren, die Reform und die Entwicklung der Fernsehsender, Radiosender, das Internet und die Zeitungsbranche voranzubringen. Anstrengungen werden gemacht, um das Ziel zu erreichen, dass 2010 im Durchschnitt 1,000 Menschen 90 tägliche Zeitungen und jede Familie 0.3 Zeitungen haben.

- Die Gesetze, Regelungen und Regeln, die das Internet anordnen, werden verbessert, um die planmäßige Entwicklung und Anwendung des Internets zu fördern und die Rechte der Bürger auf die Verwendung des Internets werden in Übereinstimmung mit dem Gesetz gesichert.

- Die Gesetze und Regelungen im Zusammenhang mit der Presse, Veröffentlichung, Radio, Film und Fernsehen werden verbessert. Die Änderung der Regelungen und die Verwaltung der Veröffentlichungen werden eingeführt und die Verantwortung der Volksregierungen auf allen Ebenen bei dem Schutz der gesetzlichen Veröffentlichungen wird verdeutlicht. Die Regierung wird die Regelungen über den Urheberschutz der Volksliteratur und des Kunstschaffens erforschen und entwerfen und die Gesetzgebung und Systeme in Bezug auf die Sicherung der Radio- und Fernsehausstrahlung und Spielfilme verbessern.

- Der Staat wird große Bedeutung auf die positive Rolle der gesellschaftlichen Organisationen bei der Erweiterung der öffentlichen Teilnahme und bei der Stellung ihrer Anträge für die Verbesserung der Selbstführungsfähigkeit der Gesellschaft legen. Die Anteile der Abgeordneten aus den gesellschaftlichen Organisationen für die Politische Konsultativkonferenz des chinesischen Volkes (PKKCV) auf allen Ebenen werden erhöht. Die Volksregierungen auf allen Ebenen, während sie wichtige Gesetze, Regelungen und öffentliche Ordnungen werden Meinungen und Anmerkungen von den gesellschaftlichen Organisationen anfordern. Die Branchenverbände und Handelskammern werden Vorschläge von ihren jeweiligen Handel und Unternehmungen anfordern; Gelehrtengesellschaften und Erforschungsgesellschaften werden die Anforderungen des gemeinen Volkes untersuchen; die Stiftungen und die Organisationen der Art von der öffentlichen Fürsorge wird sich bei den Behörden die Einsprüche und die Anforderungen der Benachteiligten melden; und die Nachbarschaftsorganisationen sowohl in den städtischen und ländlichen Gebieten werden die soziale Bedingungen und öffentliche Meinungen besser erfahren. All diese Maßnahmen zielen auf die Leitung des Volkes ab, damit sie ihre Meinungen in einer ordentlichen Weise äußern und an den öffentlichen Angelegenheiten in einer ordentlichen Weise teilnehmen.

- Die Kanäle für das Volk, um Beschwerden in der Form von Briefen und Besuchen zu machen, werden erweitert und unblockiert bleiben. Die Regierung wird verschiedene Kanäle, einschließlich die Grüne Post, spezielle Telefonleitungen, Online-Beschwerden und –Agenturen aufmachen, um zu gewährleisten, dass das Volk ihre Gesuche durch Briefe, Fax, E-Mail oder andere schriftlichen Formen äußern können. Ein landesweites Beschwerdeinformationssystem wird gegründet, eine Behörde auf der Landesebene wird eröffnet, um die Beschwerden zu verhandeln und ein

System wird eingeführt und verbessert, um die Vorschläge von den Menschen anzufordern, um es praktischer für die Menschen zu machen, ihre Gesuche einzureichen, Probleme zu melden und Vorschläge anzubieten. Wir werden auf das System bestehen, dass die Leiter der Partei und der Regierung die Briefe des Volkes lesen und Kommentare machen oder ihnen Anweisungen geben und regelmäßig Besucher empfangen. Anstrengungen werden gemacht, um das System zu verbessern, in dem die Leiter der Partei und Regierung, die Angestellten an den Parteikongressen, die Angestellten der Parteikongresse und PKKCV-Mitglieder die Initiative übernehmen, um das Volk zu kontaktieren, das Beschwerden durch Briefe und Besuche einreichen, um die gesetzlichen Rechte und Interessen des Volkes zu sichern.

## (8) Das Recht der Aufsicht und Leitung

Der Staat wird die Gesetze und Regelungen verbessern und die wissenschaftlichen und wirkungsvollen Vorgehensweisen untersuchen, um den Mechanismus der Auflage und Überwachung zu verbessern und die Rechte des Volkes auf die demokratische Überwachung sichern.

- Das Gesetz über die Überwachung durch den Ständigen Ausschuss des Nationalen Volkskongresses auf allen Ebenen sollen ausgeführt werden, um die Überwachung von den Volkskongressen über die Verwaltungs-, Probe- und Staatsanwaltschaftsorgane zu verstärken, indem man den Schwerpunkt auf die offensichtlichen Probleme legt, die auf die Gesamtsituation der Reform,

Entwicklung und Stabilität Auswirkungen haben, die gesellschaftliche Harmonie beeinflusst oder starke öffentliche Verbitterung verursachen. In der Periode zwischen 2009-2010 wird der Ständige Ausschuss des Nationalen Volkskongresses Anhörungen halten und Berichte des Staatrates in Bezug auf den Bau der ländlichen gesellschaftlichen Sicherheitssysteme und Anstrengungen bedenken, um die Beschäftigung und Wiederbeschäftigung zu verbessern; und Berichte des Obersten Volksgerichts über die Verstärkung der der Durchsetzung des Gerichtsbeschlusses in den Zivilfällen und spezielle Berichte vom Obersten Volksgericht über dir Verstärkung der Überwachung der Durchstecherei und anderer Arbeit. Es wird fortfahren, um die Überprüfung und Überwachung der Pläne der nationalen, wirtschaftlichen und gesellschaftlichen Entwicklung und des Haushaltes und der Abschlussrechnung zu verstärken. Es wird ernsthaft für die Überwachung der Durchsetzung des Gewerkschaftsgesetzes, Tierzuchtgesetz, das Gesetz über die Nahrungssicherheit und andere Gesetze organisieren, eine gute Arbeit bei der Weiterverfolgung und der Überwachung irgendeiner Vorschläge, die in den Überprüfungsberichten bei der Durchsetzung des Arbeitsvertragsgesetzes, Schulpflichtgesetzes, das Gesetz für den Schutz der Minderjährigen und andere Gesetze untergebracht wurden. Es wird auch die Überprüfung und Überwachung verstärken, ob die normativen Dokumente und die Verfassung und Gesetze übereinstimmen.

- Der demokratische Überwachungsmechanismus der PKKCV wird verbessert, indem man institutionelle Verbesserungen in den Wegen der Informationssammlung, Kommunikation und Rückmeldung macht, um unblockierte Kanäle für die demokratische Überwachung sichern und die Qualität und die Wirksamkeit der demokratischen Überwachung zu erhöhen. Die Gesetzentwürfe und Vorschläge der PKKCV bei der demokratischen Überwachung werden eine große Rolle spielen und die Regierungsabteilungen sollen sie ernstlich behandeln und offizielle Antworten ohne Verzögerung geben.

- Die Überwachung des Volkes über die Verwaltungs-, Proben- und Staatsanwaltschaftsorgane werden verstärkt und Anstrengungen werden vermehrt, um die Durchsetzung von Gesetzen und die Aufrichtigkeit der Regierung und die Wirksamkeit zu ausführen. Das spezielle Aufsichtssystem wird weiter verbessert, um die Überwachung über die Verwaltungsorgane und ihre Funktionäre zu verstärken. Der Staat wird mit dem speziellen Untersuchersystem untersuchen und experimentieren, um zusammen mit den anderen Formen der Überwachung, Gerichtsoperation und juristische Beamter hinsichtlich der Probeart, Art der Arbeit, professionelle Ethik, Aufrichtigkeit und Selbstdisziplin zu überwachen. Der Staat wird mit dem speziellen Aufsichtssystem untersuchen und experimentieren, um das Überwachungssystem des Volkes zu umformen und verbessern und die Staatsanwaltschaftsorgane zusammen mit den anderen Arten der Überwachung zu beaufsichtigen.

415

- Der Staat wird die Rechte der Bürger sichern, die Staatsorgane und Staatsbeamter zu kritisieren, Ratschläge zu geben, zu klagen und zu beschuldigen und die Rolle der Massenorganisationen und die Nachrichtenmedien bei der Überwachung der Staatsorgane und Beamten verstärken.

- Die Rechte der Regelungen für die Vermeidung und Bestrafung der Bestechung wird streng ausgeführt, sowie die Regeln, die erfordern, dass die führenden Kader rein und selbstdiszipliniert sind. Die Überwachung über die hauptsächlichen führenden Kader wird ernsthaft verstärkt, um die richtige Ausübung der Macht auszuüben. Die Rolle der behördlichen Überwachung wird verstärkt, um die ungesunden Verfahren entschlossen anzuhalten und wirkungsvolle Maßnahmen werden getroffen, um die großen Probleme zu verhandeln, die eine strenge öffentliche Verstimmung verursachen.

## III. Gewährleistung der Rechte und Interessen der ethnischen Minoritäten, Frauen, Kinder, älteren Menschen und Behinderten

In der Periode zwischen 2009-2010 wird China weitere Maßnahmen treffen, um die Rechte und Interessen der ethnischen Minoritäten, Frauen, Kinder, älterer Menschen und der Behinderten zu schützen.

## (1) Die Rechte der ethnischen Minoritäten

China ist ein einheitliches Land, das aus den 56 ethnischen Gruppen zusammengesetzt ist, die von der Zentralregierung anerkannt sind. Die 55 ethnische Minoritätsgruppen – die Han-Chinesen sind nicht eingeschlossen – haben eine Bevölkerung von 106.43 Millionen, die 8.41 Prozent der Gesamtbevölkerung von China umfasst (beruht auf die Statistiken, die nach der fünften nationalen Volkszählung im Jahre 2000 veröffentlicht wurden). In China sind alle ethnischen Gruppen gleich, und der Staat schützt die gesetzlichen Rechte und Interessen der ethnischen Minoritäten.

- Die Rechtsetzung in Bezug auf die Angelegenheiten der ethnischen Minoritäten fördern. Der Staat wird die Formulierung der zusätzlichen Regelungen beschleunigen, die die Umsetzung des Gesetzes für die regionale ethniche Autonomie fördert. Die Regelungen für die ethnischen Minoritätsarbeit in den Städten und Regelungen für die Verwaltungsarbeit in den ethnischen Gemeinden werden überarbeitet.

- Sichern, dass die ethnischen Minoritäten das Recht in Anspruch nehmen, die Angelegenheiten der ethnischen autonomen Gebiete zu verwalten und an der Verwaltung der staatlichen Angelegenheiten teilzunehmen. Der Staat wird dafür sorgen, dass alle 55 ethnischen Minoritätsgruppen ihre Abgeordneten im Nationalen Volkskongress haben mit mindestens einem Abgeordneten für jede ethnische Gruppe mit einer sehr kleinen Bevölkerung. Irgendeine ethnische Minoritätsgruppe mit einer Bevölkerung von mehr als 1 Million ist gewährleistet, dass sie ein Mitglied am ständigen Ausschuss des Nationalen Volkskongresses hat. Der Staat wird fortfahren, zu sichern, dass unter den Vorsitzenden und Vizevorsitzenden des ständigen Ausschusses des Volkskongresses eines autonomen Gebietes soll es ein oder mehrere Bürger der ethnischen Gruppe oder Gruppen, die regionale Autonomie in dem betroffenen Gebiet ausüben und der Leiter eines autonomen Gebietes, autonomen Präfektur oder autonomen Landeskreises soll ein Bürger aus einer ethnischen Gruppe sein, die regionale Autonomie in dem betroffenen Gebiet ausübt. Der Staat wird sichern, dass das Volk aus den ethnischen Minoritätsgruppen in den Staatsmachtorganen sowie in den Verwaltungs-, gerichtlichen- und Staatsanwaltschaftsorganen auf der Zentral- und Lokalebenen, um an der Verwaltung des staatlichen und regionalen Angelegenheiten teilzunehmen.

- Die Entwicklung der Ausbildung für die ethnischen Minoritäten fördern. Der Staat wird fortfahren, Schulen zu gründen und entwickeln und Vorbereitungsklassen für die ethnischen Minoritäten zu organisieren, sich bilingualen Lehrsystemen anzueignen und Vorzugsbehandlung für die Studenten der ethnischen Minoritätsgruppen bei der Einschreibung an den Schulen und Universitäten vorzunehmen. Er wird die Bildung der Internatsschulen in den enormen ländlichen Gebieten fördern und tibetanische Mittelschulen und Xinjiang-Oberstufenklassen in den Hinterländern gründen. 2010 sollen mehr als 95 Prozent der Bevölkerung der ethnischen autonomen Gebiete zu der neunjährigen Schulpflicht.

- Die Ausbildung des Personals der ethnischen Minoritäten verstärken und Anstrengungen machen, damit der Anteil des Volkes aus den ethnischen Minoritäten an der Beschäftigung den Anteil der ethnischen Minoritätsbevölkerung im Vergleich zu der Gesamtbevölkerung von China anzunähern. Der Staat wird in Wechsel Kader der ethnischen Minoritäten auf der Bezirk/Landeskreisebene ausbilden und Kader im Feld der ethnischen Minoritätsarbeit haben, die Ausbildung in der modernen Verwaltung und allgemeiner Fähigkeiten erhalten. Er wird Bewerber aus dem Volk im mittleren Alter und jungen Kadern der ethnischen Minoritäten auf der Landeskreis-(Stadt, Fahne, Bezirk) und Gemeindeebenen, um Hochschulbildung zu erhalten, einschließlich die Entsendung des ausgezeichneten Volkes im mittleren Alter und junge Techniker der ethnischen Minoritäten zu den anderen Ländern für die Ausbildungsprogramme.

- Die Rechte der ethnischen Minoritäten auf Lernen, Verwendung und Entwicklung ihrer eigenen gesprochenen und schriftlichen Sprache sichern. Der Staat wird die Menschen ausbilden, damit sie Spezialisten in den gesprochenen und schriftlichen Sprachen der ethnischen Minoritäten werden und die Verwendung solcher Sprachen in den gerichtlichen, behördlichen und Bildungsfeldern sichern. Er wird die finanzielle Hilfe für die Veröffentlichungen erhöhen, indem er die Sprachen der ethnischen Minoritäten verwendet, und die Herausgabe der Bücher und Zeitschriften in den ethnischen Minoritätssprachen unterstützen. Er wird dabei helfen, die Fähigkeiten Filme (auch die Übersetzungsfähigkeiten und Radio- und Fernsehprogramme in den Sprachen der ethnischen Minoritäten zu machen. Er wird den Anteil des Umfangs des Radio- und Fernsehrundfunks in den Sprachen der ethnischen Minoritäten in den Grenzregionen erhöhen und die Standardisierung und Regelung der gesprochenen und schriftlichen Sprachen der ethnischen Minoritäten.

- Die Entwicklung der Kulturen der ethnischen Minoritäten fördern. Die Regierung wird fortfahren, in China und in der übrigen Welt die künstlerischen Leistungen der ethnischen Minoritäten in den Feldern von Literatur, Oper, Musik, Tanz, den bildenden Künsten, Handarbeiten, Architektur, Bräuchen, Kleidungen und Essen vorzustellen. Sie wird gute Filme, Radio- und Fernsehprogramme mit den ethnischen Minoritäten als das Thema machen, und die Veröffentlichungsprojekte unterstützen, die eine große Auswirkung auf die kulturelle Entwicklung der ethnischen Minoritäten haben; Bücher und Zeitschriften in den Sprachen der ethnischen Minoritäten sowie im Chinesischen den Bibliotheken und Grund- und Mittelschulen in den Landkreisen (Städte, Fahnen, Bezirke) spenden, wo die ethnischen Minoritäten in den kompakten Gemeinschaften leben und den Landwirtschafts- und ländlichen Gebieten, die mit den ethnischen Minoritäten besiedelt sind; und die darstellenden Künste mit den Charaktereigenschaften der ethnischen Minoritäten schützen, entwickeln und fördern.

- Die wirtschaftliche Entwicklung in den Gebieten fördern, die mit den ethnischen Minoritäten besiedelt sind und den Standard des Lebens der ethnischen Minoritäten erhöhen. Der Staat wird die Anlage für die wirtschaftlichen und gesellschaftlichen Programme in den Gebieten steigern, die mit den ethnischen Minoritäten besiedelt sind. Während der Periode zwischen 2009-2010 wird der Staat mehr als 2 Millionen Yuan als ein Entwicklungsfonds für die ethnischen Minoritäten zuweisen, um die wirtschaftliche und gesellschaftliche Entwicklung zu beschleunigen. 1 Milliarde Yuan aus diesem Betrag wird verwendet, um bei dem Aufbau der Infrastruktur zu helfen, sowie bei dem Umbau der verfallenen Häuser, bei der Verbesserung der Lebens- und Produktionsbedingungen des Volkes, der industriellen Entwicklung, Gehälter und der gesellschaftlichen Programme in den Gebieten, die mit den ethnischen Minoritäten in verhältnismäßig kleinen Gruppen in den kompakten Gemeinschaften besiedelt sind. Der Staat wird fortfahren, die wirtschaftliche und gesellschaftliche Entwicklung der Grenzgebiete zu unterstützen, indem er den Schwerpunkt auf die Lösung der Schwierigkeiten am Lebensunterhalt des Volkes in diesen Gebieten legt. Die Armutsbeseitigung in äußerst verarmten Dörfern wird eine Priorität sein.

Das Ziel ist es, dass diese Dörfer einen Zugang zu den Straßen, Elektrizität, Telefondienst und Radio- und Fernsehprogrammen haben, und dafür sorgen, dass diese Dörfer Schulen, Kliniken, sicheres Trinkwasser für das Volk und Viehbestand, sichere Unterkunft sowie Felder für Bewirtschaftung oder Weideland, die genug Nahrung und Bekleidung für die Dorfbewohner versorgen können.

### (2) Frauenrechte

Der Staat wird seine Anstrengungen fortsetzen die Ziele zu verwirklichen, die im Programm für die Entwicklung der Chinesischen Frauen (2001-2010) erklärt wurden, in den er die Gleichberechtigung der Geschlechter fördert sowie die gesetzlichen Rechte und Interessen der Frauen sichert.

- Die Teilnahme der Frauen an der Verwaltung des Staates und der gesellschaftlichen Angelegenheiten erhöhen. Die Volkskongresse, die Politischen Konsultativkonferenzen und die örtlichen Regierungen auf allen Ebenen sollen mindestens ein Frauenmitglied in ihrer Leitung haben. Die Frauen sollen wenigstens im 50 Prozent der Regierungsleitung der Zentralregierungsministerien, Provinz-Regierungen (Regierungen der autonomen Gebiete und Gemeinden direkt unter der Zentralregierung) und Stadtregierungen (Regierungen der Verwaltungsbezirke und Bündnisse) anwesend sein. Der Anteil der Beamtinnen in der Leitung der Abteilungen und Bereichen werden in den Regierungskörperschaften über der Stadtebene (Präfektur). Wenigstens 20 Prozent der Reservekader auf der Provinz-, Stadt- und Landeskreisebenen soll Frauen sein. Der Anteil der Frauenbeamtinnen in den staatlichen Organen auf allen Ebenen werden erhöht und bei den Berufen und Industrien, wo die Frauen die Mehrheit haben, soll die Nummer der Frauen, die Verwaltungsstellen besetzen, in einem angemessenen Anteil mit der Gesamtzahl der Arbeiterinnen.

Eine angemessene Zahl der der Frauenmitglieder werden in den Gemeindeausschüssen und Dorfausschüssen einbezogen.

- Die gleichen Rechte für die Frauen an der Beschäftigung und ihren Zugang zu den wirtschaftlichen Mitteln sichern. Die Geschlechterdiskriminierung ist bei der Anstellung neuer Arbeiter und Personal verboten. Spezielle Bestimmungen für den Schutz der Frauen werden in den Arbeitsverträgen und Kollektivverträgen einbezogen und spezielle Arbeitsschutzmaßnahmen für die Frauen werden verbessert. Der Umfang der Mutterschaftsversicherung für die städtischen Angestellten wird zu 90 Prozent erreichen. Die Zugehörigkeit und die gesetzlichen Rechte der Frauen in den ländlichen Kollektivwirtschaftsorganisationen werden gesichert, und die örtlichen Vorgehensweisen gegen die zusammengehörigen Gesetze und Regelungen müssen ausbessern, um zu sichern, dass die Frauen gleiche Landrechte und andere Eigentumsrechte mit den Männern genießen.

- Das Recht der Frauen auf die Ausbildung sichern. Der gesamte Einschreibungsanteil der Mädchen im Schulalter wird 99 Prozent erreichen und der Anteil der Mädchen, die in Grundschulen für fünf Jahre bleiben, wird 95 Prozent erreichen. Der Gesamteinschreibungsanteil der Studentinnen in den Mittelschulen wird 95 Prozent erreichen; diejenigen in den Hochschulen 75 Prozent; und diejenigen in den Einrichtungen der höherer Ausbildung, 15 Prozent. Die Alphabetisierungsrate der erwachsenen Frauen wird auf 85 Prozent gesteigert und der Anteil der Frauen im jungen und mittleren Alter, 95 Prozent. Die Ausbildungsprogramme sollen die Ausbildung über das Gender-Bewusstsein einbeziehen.

- Die Vermehrungsrechte der Frauen sichern und die Gesundheitsfürsorgedienste für die Mutterschaft verbessern. Die Information und Ausbildung über die Familienplanung und Reproduktionsgesundheit werden für die Frauen gesorgt, die bei der Familienplanung die gleichen Rechte mit den Männern genießen. Die Information über die Verhütung und Reproduktionsgesundheitsdienste werden für die Frauen gesorgt, damit sie nach ihren individuellen Bedingungen, sichere, wirkungsvolle und angemessene Verhütungsmethoden auswählen. 2010 wird der Umfang der Mutterschaftsgesundheitsdienste in den städtischen und ländlichen Gebieten werden 90 Prozent und 80 Prozent jeweils übersteigen. Der Verbreitungsanteil der Kenntnisse über die Reproduktionsgesundheit und Familienplanung für die Frauen im gebärfähigen Alter wird 80 Prozent erreichen. In den ländlichen Gebieten wird die Zahl der Frauen, die in den Krankenhäusern entbinden werden 90 Prozent erreichen. In den entfernten Gebieten, wo die Aufnahme in ein Krankenhaus für die Frauen im Wochenbett schwer zu erzielen ist, wird der Anwendungsanteil der neuen Geburtenmethoden 95 Prozent erreichen. Die Komplikationen, die von der Geburtenkontrollenoperation verursacht werden, sollen unter ein pro tausend kontrolliert.

- Die Verbrechen der Entführungen und des Frauenhandels verhindern und durchgreifen. Der Aktionsplan der Durchgreifung der Entführungen und des Frauen- und Kinderhandels (2008-2012) wurde verkündet und ausgeführt und ein Verbindungskonferenzsystem unter den Ministerien der werktätigen Einheiten wird gegründet, um die Verbrechen der Entführung und des Frauen- und Kinderhandels zu verhindern und durchzugreifen, sowie diejenigen, die entführt wurden, zu befreien und umzusiedeln.

- Alle Formen der häuslichen Gewalt gegen die Frauen verbieten, einen funktionierenden Mechanismus untersuchen und einführen, der die Vermeidung, das Verbot und die Unterstützung im Kampf gegen die häusliche Gewalt zusammenfassen.

- Die Formen der Verwaltung, die für die Verurteilten passend sind, annehmen. Der Schwerpunkt wird auf die Verbesserung der Fähigkeiten der Verurteilten gelegt, damit sie einen Beruf finden können, nachdem sie durch Ausbildungskurse und professionelle Fähigkeiten in die Gesellschaft zurückkehren.

## (3) Kinderrechte

Indem sie auf das Prinzip der "Kinder zuerst" zentriert, wird die Regierung nach der Verwirklichung der Ziele streben, die im Programm für die Entwicklung der Kinder von China (2001-2010) gesetzt wurde, dafür wird alle Anstrengungen machen, damit sie die Kinderrechte auf Leben, Entwicklung und Teilnahme in verschiedenen Angelegenheiten sichern.

- Das Gesetz und die Politikgestaltung für die jugendliche Bevölkerung verbessern. Die zusammenhängenden Regelungen für das Gesetz über den Schutz der Minderjährigen werden auf den Provinzebenen überarbeitet und unterstützende Regelungen für das Gesetz der Vermeidung der Jugendlichen Kriminalität werden von den örtlichen Regierungen getroffen.

- Das Recht der Kinder auf Gesundheit sichern. Die Fälle der Kinder unter fünf Jahre alt, die an einer ernsthaften Unternährung leiden, werden ein Viertel von der Zahl im Jahre 2000 vermindert. Der Umfang der Gesundheitsfürsorge für Kinder wird 90 Prozent in den städtischen Gebieten und 60 Prozent in den ländlichen Gebieten erreichen und 90 Prozent der Grund- und Mittelschüler sollen den Test der "Nationalen Physischen Übungsstandards" bestehen.

- Die Teilnahme der Kinder fördern. Der Staat wird eine Umwelt und Möglichkeiten erschaffen, um die Teilnahme der Kinder in der Familie, Schule, Gesellschaft und gesellschaftlichen Angelegenheiten im Zusammenhang mit der physischen und psychologischen Entwicklung der Kinder zu erweitern. Die Rechte der Kinder auf Zugang der erforderlichen Information wird durch den gemeinsamen Einsatz der Medien, Veröffentlichung, Radio, Fernsehen und Filmagenturen.

- Die Beschäftigung der Kinderarbeiter verbieten. Irgendein Individuum oder Unternehmen, die Kinderarbeiter anstellen, werden harte Bestrafungen erhalten.

- Die Verbrechen der Entführung und des Kinderhandel vermeiden und durchgreifen. Die Regierung wird einen Rettungsmechanismus gründen und verbessern, um den Kindern , die von der Entführung gerettet werden, zu helfen, damit sie wieder in die Gesellschaft eingliedern und ihnen bei den praktischen Schwierigkeiten im Leben, gesetzlichen Rechten, Rehabilitation und anderen Problemen zu helfen.

- Der gerichtliche Schutz für die jugendlichen Rechte verstärken. Die Volksgerichte werden, wenn nötig, spezielle Abteilungen für die Verhandlung der jugendlichen Vergehensfälle und die Fälle, die den Schutz der jugendlichen Rechte einbeziehen, gründen. In Übereinstimmung mit den gegenwärtigen Bedürfnissen werden die öffentlichen Sicherheitsorgane und die Volksstaatsanwaltschaften spezielle Arbeitsabteilungen für die Behandlung der jugendlichen Vergehensfälle gründen und spezielles Personal einsetzen, um solche Fälle zu behandeln. Anstrengungen werden gemacht, um die jugendlichen Verbrecher auszubilden und zu rehabilitieren und die Gemeinschaften sollen eine wichtigere Rolle spielen, um ihnen zu helfen, damit sie in die Gesellschaft zurückkehren. Für die jungen Opfer der Vergehen werden mit der physischen und psychologischen Rehabilitation versorgt.

- Die Rechte der benachteiligten Kinder schützen. Die Familien sind ermutigt, die Waisenkinder und die behinderten Kinder zu adoptieren oder zu unterstützen. Für die benachteiligten Kinder mit den Familienangehörigen wird das Vormundschaftssystem mit der Hilfe der Gesellschaft verstärkt. Die Sozialhilfezentren für die Kinder werden standardisiert. 2010 wird jede große Stadt auf der Präfekturebene für die Erziehung, den Schutz, die Rehabilitation und die Ausbildung der Kinder ein Sozialhilfezentrum haben. In den Städten auf und über der Präfekturebene und Hauptlandkreise (Bezirke) wird eine Menge von gut ausgerüsteten Unterkunftszentren für die obdachlosen Kinder gegründet. Für die Kinder mir der Seh-, Hör-, Sprech- oder Intelligenzproblemen werden spezielle Ausbildungen versorgt.

- Die Rechte der Mädchen schützen. Das Geschlecht eines Fetuses außer den ärztlichen Zwecken zu bestimmen und der Schwangerschaftsabbruch in dem Fall eines weiblichen Fetus sind streng verboten. Die Verbrechen der Tötung oder Aussetzung der weiblichen Babys werden streng bestraft.

## (4) Rechte der älteren Bürger

Die Regierung wird fortfahren, das gesellschaftliche Sicherheitssystem für die Älteren zu verbessern, indem sie die Einführung eines Dienstsystems für die Senioren vorschiebt, und ihre gesetzlichen Rechte und Interessen sichert.

- Das Gesetz und über den Schutz der Rechte und Interessen der Senioren überarbeiten, und den gesetzlichen Schutz der Rechte der älteren Bürger auf die Unterkunft, Eigentum, Ehe, ärztliche Fürsorge, Gnadenbrot und in anderen Gebieten verstärken.

- Ein integriertes Dienstsystem für die Älteren gründen, mit Versorgung von zu Hause aus als Basis, Gemeinschaftsfürsorge als Unterstützung und Altersheime als Ergänzung. Die Regierung unterstützt und ermutigt die gesellschaftliche Anstellung in den Altersdiensten durch verschiedene Mittel, einschließlich die Privatleitung der öffentlichen Einrichtungen, Privateinrichtungen mir der Regierungsunterstützung und die Kaufdienste für die Senioren. Die Gemeinschaften werden eine wichtige Rolle bei der Fürsorge der älteren Bürger spielen, indem sie ihre physischen, psychologischen und ärztlichen Bedürfnisse befriedigen.

- Den Bau der Dienstanlagen vorschieben. Eine zusätzliche 2.2 Millionen Betten werden in den Dienstzentren für die ländlichen Haushälter gestellt, die "die fünf Gewährleistungen" (Gewährleistung der Nahrung, Kleidung, Unterkunft, ärztliche Versorgung und Beerdigungskosten für die älteren Menschen, behinderten Menschen und Einwohner unter dem Alter von 16, die in den ländlichen Gebieten leben und ihre Fähigkeit verloren, zu arbeiten und keine Quelle der Einkommen oder keine Leute haben, die sie unterstützen könnten). Etwa 800,000 neue Betten werden in den Altersheimen für die hinterbliebenen Senioren in den Kleinstädten hinzugefügt. Eine Menge von Altersheimen werden in großen und mittelgroßen Städten gegründet. Die Altersheime, Freizeitzentren und umfangreiche Wohlfahrtszentren für die Senioren werden in den ländlichen Gebieten mit einem Umfangsziel von 75 Prozent in den Dörfern und Kleinstädten eröffnet.

- Das kulturelle Leben der älteren Bürger bereichern. Mehr Hochschulen und Schulen für die Senioren werden eröffnet. Mindestens ein gut ausgerüstetes Freizeitzentrum wird in jedem Landeskreis in den westlichen Regionen des Landes und in jeder Gemeinde in den Zentral- und Ostgebieten gegründet.

- Die gemeinnützigen, nichtstaatlichen Organisationen, die Dienste für die Senioren leisten entwickeln und die Nummer der Freiwilliger und Sozialarbeiter erhöhen.

## (5) Die Rechte der Behinderten

Es gibt über 83 Millionen Menschen mit verschiedener Arten von Behinderungen in China, die 6.34 Prozent der Gesamtbevölkerung umfasst. Der Staat machte große Anstrengungen, die Unternehmungen im Zusammenhang mit den Behinderten zu entwickeln und den Bau des gesellschaftlichen Sicherheitssysteme für sie zu verstärken, Gewährleistungen für die gesetzlichen Rechte und Interessen der Behinderten zu versorgen.

- Das Rechtssystem verbessern, um die Entwicklung der Unternehmungen für die Behinderten zu fördern und ihre gesetzlichen Rechte zu sichern. Der Staat schiebt die Formulierung des Gesetzes für das Psychisch-Kranken-Gesetz vor, begann die Formulierung der Regelungen für die Rehabilitation der Behinderten, die Regelungenüber den Bau einer barrierefreie Umwelt und andere Verwaltungsregeln und Regelungen begann, während er die örtlichen Regierungen ermutigt, die Regeln für die Ausführung des Gesetzes für den Schutz für die Behinderten und Regelungen für die Versorgung der zugehörigen bevorzugten Unterstützung überarbeiten.

- Die Behinderungsvermeidung, Rehabilitation und andere Dienste fördern. Der Staat begann einen nationalen Plan für die Vermeidung der Geburtsdefekte auszuarbeiten und die Nummer der Behinderten zu vermindern, und einen Weg zu finden, einen Mechanismus für die frühzeitige Rasteruntersuchung und Rehabilitation für die Kinder bis sechs Jahre alt zu untersuchen. Die Überwachung der Arbeitssicherheit und Hygiene werden verstärkt, um die Behinderungen zu vermeiden und zu verringern, die durch die arbeitsbedingten Verletzungen und Krankheiten verursacht werden. In der Periode zwischen 2009-2010 werden standardisierte Gemeinschaftenrehabilitationsdienste landesweit in 80 Prozent der städtischen Bezirken und 70 Prozent der Landeskreisen geleistet, wodurch man solche Dienste 2 Millionen Behinderten erweisen kann. Die Versorgung der Gemeinschafts- oder Haushaltsdienste wird für die Leute ermutigt, die an der Intelligenz- oder geistige Behinderungen leiden, sowie für die schwer behinderten Menschen.

423

- Den Aufbau der barrierefreien Umwelt fördern. Solche Arbeit wird in 100 Städten ausgeübt. Die Unterstützungsmethoden oder Austauschtechnologien wie Braille-Schrift, die Gebärdensprache, Überschriften und spezielle Kommunikationseinrichtungen werden eingeführt, um den Weg für die Behinderten zu befestigen, Informationen zu empfangen und zu versenden und an den gesellschaftlichen Aktivitäten teilzunehmen. Die Fernsehprogramme mit der Gebärdensprache und spezielle Rundfunkprogramme für die Behinderten werden eingeführt, zusammen mit Untertiteln der Fernsehprogramme und Filme.

- Die Rechte der behinderten Menschen auf Ausbildung sichern. Die Studenten mit den Behinderungen sind gewährleistet, dass sie die wichtigen Vorzugsregelwerke des Staates genießen und nichtstaatliche Programme, die den Behinderten bei der Ausbildung helfen, werden auch gefördert. Im Zentral und Westchina werden eine Menge von der speziellen Ausbildungsschulen gebaut und erweitert. Die sekundären Berufsschulen werden ermutigt, dass sie spezielle Kurse für die Behinderten gründen.

- Das Recht der behinderten Menschen auf die Beschäftigung sichern. Die Regierung wird die Beschäftigungsausbildung für die Behinderten und den Aufbau des Beschäftigungsdienstnetzwerks verstärken und die Firmen standardisieren und entwickeln, die eine beachtliche Nummer der behinderten Menschen auf Anhieb anbieten können. Sie wird die obligatorische Einstellung der Menschen in Übereinstimmung mit ihrem Anteil gemäß der Bevölkerung im Großen und Ganzen fördern. Das protektive Beschäftigungssystem für die Behinderten wird verbessert, das Steuerabzug und Steuerbefreiung und die spezielle Produktion und Vermarktung bestimmter Produkte von den Behinderten einbeziehen. Die Maßnahmen wie Wohlfahrtsarbeitsstellen zu erstellen und gesellschaftliche Sicherheitsbeihilfen werden eingeführt, um zu sicherstellen, dass es 2010, 300,000 zusätzliche Berufe für die Behinderten in Städten und Kleinstädten gibt.

- Die Unterstützung für die verarmten behinderten Menschen in den ländlichen Gebieten verstärken. Die Hilfe wird geliefert, um zu ermöglichen, damit 4 Millionen behinderten Menschen, die in den ländlichen Gebieten leben und Nahrung und Bekleidung brauchen, ausreichend Nahrung und Bekleidung haben, um zu ermöglichen, damit 400,000 behinderte städtische Menschen mit finanziellen Schwierigkeiten in dem Zentral- und Westregionen Ausbildung in praktischen Fähigkeiten erhalten, und zu ermöglichen, damit 128,000 behinderte Menschen in den ländlichen Gebieten ihre verfallenen Häuser wiederaufbauen.

- Die Kultur- und Sportrechte der Behinderten sichern. Die behinderten Menschen werden fortfahren, die öffentlichen Kultur- und Sportanlagen mit Preisnachlass oder gratis zu verwenden. Die chinesische Regierung unterstützt die kulturellen Programme der öffentlichen im Feld der öffentlichen Wohlfahrt wie die Produktion der kulturellen und künstlerischen Produkte für die Behinderten und die Veröffentlichung der Bücher für die Blinden. Die Ermutigung wird auch für die speziellen künstlerischen Fähigkeiten der Behinderten geschenkt. Massensport und Fitnessaktivitäten für die Behinderten werden gefördert, um ihre Teilnahme an den Paraolympischen Spielen und der Speziellen Olympiade und die Deafolympics erhöhen.

## IV. Ausbildung in den Menschenrechten

In der Periode zwischen 2009-2010, zusammen mit der Verbreitung der Kenntnisse der Gesetze unter den in der Öffentlichkeit wird der Staat aktiv auf die gegenständigen Systeme der Schulpflicht, sekundärer Ausbildung, höherer Ausbildung und Berufsausbildung, Ausbildungsorganisationen in Staatsagenturen sowie die Medien, einschließlich Radio, Fernsehen, Zeitungen, Zeitschriften und Internet vertrauen, um die Ausbildung in den Menschenrechten in verschiedenen Formen in einer geplanten Weise durchzuführen, indem er die Kenntnisse der Gesetze und Menschenrechte popularisiert und verbreitet.

- Den Inhalt des Gesetzes und Menschenrechte in den Kursen der Mittel- und Grundschulen allmählich erhöhen. Indem man von den Kursen der ideologischen und sittlichen Werten einen Vorteil zieht, wird China das Bewusstsein der Schüler für die Verpflichtungen und Rechte der Bürger unterstützen und sie mit den Ideen der Demokratie, Rechtsstaatlichkeit, Freiheit, Gleichheit,

Gerechtigkeit und Justiz belehren, sowie eine gesunde Vorstellung über die zwischenmenschliche Beziehungen, Kollektivismus, Nation und Gesellschaft.

- Die Ausbildung der Menschenrechte in den Mittel- und Grundschulen wird in einer flexiblen und lebhaften Weise in Übereinstimmung mit der Charaktereigenschaften der Studenten im jungen Alter durchgeführt. Durch vielfältigen und lebhaften Aktivitäten nach der Klasse werden die Studenten die Ausbildung in den Menschenrechten von den Erfahrungen aus erster Hand erhalten und eine gesunde Persönlichkeit bilden. Die Reform der Lehre und Schulverwaltung wird energisch fortfahren, und eine demokratische, gleiche und interaktive Beziehung wird zwischen den Lehrern und Studenten befürwortet, damit die Studenten ermutigt werden, dass sie an der demokratischen Verwaltung der Klasse und Schule teilnehmen, um ihr Bewusstsein der Demokratie, Rechtsstaatlichkeit und Menschenrechte durch die Erfahrung einer gleichen und demokratischen Beziehung zu verstärken.

- Auf den Hochschulen werden außer der Menschenrechtsausbildung im Allgemeinen, die Ausbildung in den "grundlegenden Rechten und Verpflichtungen der Bürger", die in der Verfassung vorgeschrieben sind, und Kenntnisse der internationalen Menschenrechte eingeführt.

- Der Staat fährt fort, die Einrichtungen der höheren Bildung zu ermutigen, damit sie Forschung und Ausbildung in der Menschenrechtetheorie durchführen. Die Untersuchungen in den Menschenrechtenausbildung werden in einer Anzahl von den Einrichtungen der höheren Bildung durchgeführt, während die Wissenschaftler aus den Universitäten und Hochschulen werden ermutigt, damit sie Menschenrechtestudien durchführen. Der Staat wird die Formulierung der Pläne für die Ausbildung der Menschenrechte in den Einrichtungen der höheren Bildung fördern, indem er die Menschenrechte als ein Wahlfach allen Studenten anbieten und den Kurs des Menschenrechtsgesetzes allen Studenten anbieten, die Rechtswissenschaft im Hauptfach studieren. Er wird die Zusammenstellung der Lehrbücher über das Menschenrechtsgesetz und die Entwicklung des Lehrmaterials für die Kurse fördern. Eine Anzahl der Einrichtungen der höheren Bildung, die die Ausbildung der Menschenrechte früher als die anderen begannen, werden als die Baen für die Ausbildung der Menschenrechte bestimmt.

- Die Ausbildung der Menschenrechte wird besonders unter den Regierungsangestellten durchgeführt, indem man sich auf die Menschen, die in der öffentlichen Sicherheitsagenturen, den Staatsanwaltschaften, den Gerichten, den Gefängnissen, den städtischen Verwaltungsorganen und den Organen des Verwaltungsgesetzesvollzugs konzentrieren. Die Abteilungen der Gesetzesvollstreckung werden ihre eigenen Pläne für die Ausbildung der Menschenrechte im Zusammenhang mit ihren eigenen Arbeitsbedürfnissen aufstellen, indem sie die Werbung und Ausbildung der Regelungen und Gesetze über den Schutz der Menschenrechte unterlegen und die Ausbildung der Menschenrechte regelmäßig anbieten. Die Regierung wird Experte organisieren, um die speziellen Lehrbücher für die Ausbildung der Menschenrechte zu sammeln. Die Staatsagenturen und Städte mit angemessenen Bedingungen werden als Demonstrationseinheiten für die Ausbildung der Menschenrechte und Nachüberprüfungen werden durchgeführt.

- Aktivitäten der Ausbildung für die Menschenrechte unter der allgemeinen Öffentlichkeit durchführen, um die Kenntnisse der Menschenrechte zu verbreiten und das öffentliche Bewusstsein der Menschenrechte zu verstärken. Die Regierung unterstützt die Erforschung der Menschenrechtetheorie und die Untersuchungen am Ort in dem gesamten Gesellschaft, die von der Chinesischen Vereinigung für die Menschenrechtestudien, sowie die Haltung der Ausbildungsklassen und –Vorlesungen über die Menschenrechte. Die Regierung wird die Menschen ermutigen, damit sie Produkte für die Ausbildung der Menschenrechte entwickeln, die auf die allgemeine Öffentlichkeit zielt und einen dauerhaften Mechanismus für die Ausbildung in den Menschenrechten einstellt.

- Von den Medien, einschließlich Radio, Fernsehen, Zeitungen, Zeitschriften und Internet Gebrauch machen, um die Kenntnisse der Menschenrechte unter der allgemeinen Öffentlichkeit zu verbreiten. Der Staat ermutigt die Zentral- und die Lokalnachrichtenmedien, damit sie spezielle Spalten über die Menschenrechte öffnen. Er unterstützt die Entwicklung der Zeitschrift Menschenrechte, Chinas Netz der Menschenrechte und andere nichtstaatliche Internetseiten über die Menschenrechte, indem er von den Medien Gebrauch macht, einschließlich Internet, um die Kenntnisse der Menschenrechte zu verbreiten.

- Internationale Austäusche und Zusammenarbeit bei der Ausbildung der Menschenrechte vornehmen. Der Staat ermutigt und unterstützt die Chinesische Vereinigung für die Menschenrechtestudien, sowie die Erforschungsorganisationen für Menschenrechte in den Einrichtungen der höheren Bildung und Sozialwissenschaftenakademien und Einrichtung, um von ihren Lehr- und wissenschaftlichen Erforschungsplattformen Gebrauch zu machen, um durch verschiedene Kanäle in internationale Austäusche und Zusammenarbeiten betreiben und hart arbeiten, die älteren Experten im Feld der Menschenrechte mit einer internationalen Vision zu erziehen.

## V. Ausführung der internationalen Menschenrechtepflichten und Vornahme der Austäusche und Zusammenarbeit im Feld der internationalen Menschenrechte

In der Periode zwischen 2009-2010 wird China fortfahren, ihre Verpflichtungen für die internationalen Konventionen der Menschenrechte, der es beitrat und leitet ein und nimmt aktiv an den Austäuschen und Zusammenarbeit im Feld der internationalen Menschenrechte teil.

# (1) Die Ausführung der internationalen Menschenrechtepflichten

China schätzt die wichtige Rolle wert, die von den internationalen Instrumenten über die Menschenrechte bei der Förderung und dem Schutz der Menschenrechte gespielt wird. Bisher trat China 25 internationalen Konventionen über die Menschenrechte bei. China wird aufrichtig seine Verpflichtungen für diese Konventionen erfüllen, zeitgemäße Berichte bei der Umsetzung der Konventionen bei den zuständigen Körperschaften einreichen, konstruktive Zwiegespräche mit diesen Körperschaften halten, die Vorschläge, die von ihnen unterbracht wurden, völlig berücksichtigen und die rationalen und plausiblen in Anbetracht der gegenwärtigen Bedingungen von China einführen.

- Vervollständigte den zweiten Bericht über die "Internationale Vereinbarung über die Wirtschaftlichen, Gesellschaftlichen und Kulturellen Rechte" und reichte ihn den zuständigen Körperschaften für die Berücksichtigung ein.

- Vervollständigte den 7. und 8. gemeinsamen Bericht über die "Konvention über die Beseitigung aller Formen der Diskriminierung gegen Frauen" und reichte ihn dem Ausschuss über die Beseitigung der Diskriminierung gegen Frauen für Berücksichtigung ein.

- Vervollständigte den 3. und 4. gemeinsamen Bericht über die Durchführung der "Konvention über die Kinderrechte" und reichte ihn dem Ausschuss über die Kinderrechte für die Berücksichtigung ein.

- Vervollständigte den ersten Bericht über die Durchführung des "Optionalen Protokolls für die Konvention über die Kinderrechte für die Beteiligung der Kinder in den Bewaffneten Auseinandersetzungen" und reichte ihn dem Ausschuss über die Kinderrechte für die Berücksichtigung ein.

- Vervollständigte den letzten Bereich über die Durchführung des "Optionalen Protokolls für die Konvention über die Kinderrechte über den Verkauf der Kinder, Kinderprostitution und Kinderpornographie", einbezog ihn in dem dritten und vierten gemeinsamen Bericht der "Konvention über die Kinderrechte" mit und reichte sie zusammen dem Ausschuss über die Kinderrechte für die Berücksichtigung ein.

- Vervollständigte den ersten Bericht über die Durchführung der "Konvention über die Rechte der Menschen mit Behinderungen" und reichte ihn dem Ausschuss über die Rechte der Menschen mit Behinderung für die Berücksichtigung ein.

- Nahm an der Überlegungskonferenz, die von dem Ausschuss über die Beseitigung der Rassendiskriminierung an dem Chinas 10., 11., 12. und 13. gemeinsamen Bericht teil und reichte es in Übereinstimmung mit der "Internationalen Konvention über die Beseitigung aller Formen der Rassendiskriminierung" ein.

China unterschrieb den "Internationalen Pakt über bürgerliche und politische Rechte (IPBPR)", und wird legislative, gerichtliche und behördlichen Reformen weitermachen, um die inländischen Gesetze mit diesem Pakt mehr verknüpft zu machen und den Grund für die Zustimmung des IPBPR zu machen.

- Führte aufrichtig das "Übereinkommen der Vereinten Nationen gegen Korruption" aus und arbeitete hart, um das Übereinkommen mit den inländischen Gesetzen zu verknüpfen.

(2) Austausche und Zusammenarbeit im Feld der internationalen Menschenrechte

- China ist verpflichtet, Austausche und Zusammenarbeit im Feld der internationalen Menschenrechte vorzunehmen und die gesunde Entwicklung der internationalen Menschenrechte auf der Basis der Gleichheit und des gegenseitigen Respekts zu fördern.

- China nimmt an der Arbeit des UN-Menschenrechtsrates (HRC) teil und hilft dieser Körperschaft bei der Lösung der Probleme der Menschenrechte in einer gerechten, objektiven und nichtalternativen Weise.

- China nahm an der HRCs erste Universale Periodische Überprüfung (UPR) für China teil und hielt konstruktive Gespräche mit verschiedenen Seiten und unterbrachte rationale Vorschläge.

- China fährt ihre Zusammenarbeit mit den Sondervorgehensweisen des UN-Menschenrechtsrates fort, antwortet die Briefe von ihnen und überlegt, einen Sonderberichterstatter einzuladen, China zu besuchen, während es das Prinzip der Ausgleichung verschiedener Menschenrechte und Chinas Aufnahmefähigkeiten beachtet.

- China fährt die technische Zusammenarbeit mit dem Hohen Kommissar der Vereinten Nationen für Menschenrechte fort.

- China fährt fort, die Austäusche und Zusammenarbeit mit der Ernährungs- und Landwirtschaftsorganisation (FAO) der Vereinten Nationen, Organisation der Vereinten Nationen für Erziehung, Wissenschaft und Kultur (UNESCO), Weltgesundheitsorganisation (WHO), Internationale Arbeitsorganisation (ILO) und andere wichtige internationale Organisationen vorzunehmen.

- China fährt fort, gegenseitige Zwiegespräche und Austäusche über die Menschenrechte mit verschiedenen zuständigen Ländern auf der Basis der Gleichheit und des gegenseitigen Respekts zu halten.

- China fährt fort, an den Aktivitäten für Menschenrechte im Rahmen von asiatisch-pazifischen Region und Unterregion.

# Dritter Anhang

## Generalsekretär des Zentralkomitees der Kommunistischen Partei Chinas und Staatspräsident Hu Jintaos Brief an die Chinesische Forschungsgesellschaft für Menschenrechte, vom 21.12.2008

An die Chinesische Forschungsgesellschaft für Menschenrechte:

Eure Gedenkfeier anlässlich des 60. Jahrestags der Veröffentlichung der „Allgemeinen Erklärung der Menschenrechte" ist von großer Bedeutung. Ich richte allen Genossen, die daran teilgenommen haben, meine aufrichtigen Grüße aus! An die Genossen, die der Sache und Entwicklung der Menschenrechte in China einen Beitrag geleistet haben, drücke ich meinen herzlichen Dank aus!

Die „Allgemeine Erklärung der Menschenrechte", welche die Vereinten Nationen vor 60 Jahre veröffentlichten, drückte das gemeinsame Streben der Völker der Welt aus, die Sache der Menschenrechte in der Welt voranzutreiben und hatte einen wesentlichen Einfluss auf die Sache und Entwicklung der Menschenrechte in der Welt.

Seit der Gründung des Neuen Chinas hat die chinesische Gemeinschaft gewaltige, weltweit anerkannte Fortschritte erzielt und das Schicksal der Völker Chinas hat eine gewaltige weltbewegende Veränderung erfahren und auch die Sache Menschenrechte in China hat eine historische Entwicklung erreicht.

Insbesondere in den 30 Jahren der Reform und Öffnung fassen die Partei und die Regierung die Achtung und Garantie der Menschenrechte als ein wichtiges Prinzip der Regierung des Landes auf und verankern sie würdevoll in der Satzung der Kommunistischen Partei Chinas und in der Verfassung der Volksrepublik China und ergreifen praktisch wirksame Maßnahmen zur Förderung der Entwicklung der Menschenrechte, sodass das materielle und kulturelle Lebensniveau breiter Volksmassen sichtbar, die politischen, wirtschaftlichen, kulturellen und gesellschaftlichen Rechte effektiv geschützt, und ein neues Kapitel in der Sache der Menschenrechte in China geschrieben worden ist.

Im Laufe des allseitigen Aufbaus einer Gesellschaft mit bescheidenem Wohlstand und der beschleunigten Förderung der sozialistischen Modernisierung müssen wir weiterhin an dem Prinzip „Der Mensch als Mittelpunkt" festhalten und sowohl das Prinzip der Allgemeinheit der Menschenrechte achten als auch von den grundlegenden Bedingungen des Landes ausgehen, um die Garantie des Rechts auf das Leben und Entwicklung des Volkes in der Wahrung der Menschenrechte auf die vorrangige Stellung zu setzen, sodass das Recht auf gleicher Teilhabe und gleicher Entwicklung aller Mitglieder der Gesellschaft auf der Grundlage der Förderung einer guten und schnellen ökonomischen und gesellschaftlichen Entwicklung und rechtmäßig gewährleistet wird.

Das chinesische Volk wird die internationale Zusammenarbeit über Menschenrechte weiterhin stärken und zusammen und gemeinsam mit den Völkern der ganzen Welt die gesunde Entwicklung der Sache der Menschenrechte in der Welt fördern und für den Aufbau eines dauerhaften Friedens, eines gemeinsamen Wohlstands und einer harmonischen Welt seinen rechten Beitrag leisten.

430    Ich wünsche der Konferenz einen vollen Erfolg!

www.ingramcontent.com/pod-product-compliance
Lightning Source LLC
Chambersburg PA
CBHW031137020426
42333CB00013B/411